Faire la passerelle entre l'EMC et l'histoire-géographie

- **Des dossiers EMC intégrés aux chapitres d'histoire ou de géographie** pour faciliter la passerelle entre les disciplines et mettre en perspective les apprentissages (ex. : p. 196)
- Des dossiers EMC **tenant compte des repères de progressivité** (ex. : p. 189)

Votre nouveau manuel numérique

Travailler en classe

- **L'ensemble des cartes du manuel** disponibles au format **interactif**
- **Tous les fonds de carte et frises téléchargeables** via un mini-lien numérique

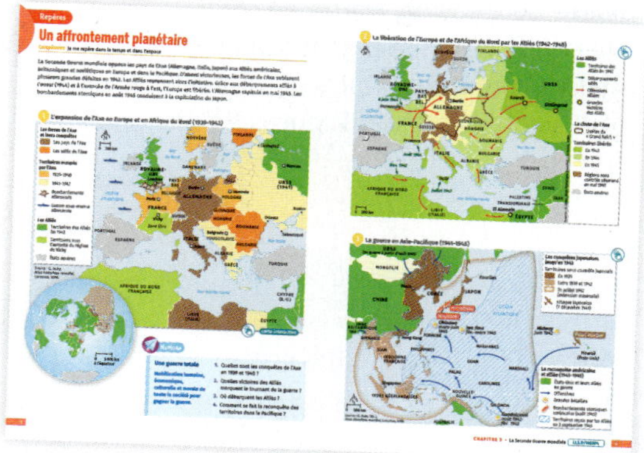

La certification pix

La Première Guerre mondiale en Pecha Kucha (chapitre 1)	LLS.fr/HG3PIX1
L'Europe dans la tourmente de l'après-guerre (chapitre 2)	LLS.fr/HG3PIX2
28°12' nord, 177°21' ouest (chapitre 3)	LLS.fr/HG3PIX3
L'art de la guerre (chapitre 4)	LLS.fr/HG3PIX4

Préparer à la certification pix

- **Un parcours numérique par chapitre pour travailler les compétences PIX** en vue de la certification

Varier les ressources et modes d'apprentissage

- **Des propositions de ressources et de vidéos** en lien avec le chapitre étudié, dans un format court pour faciliter leur usage en classe
- **Une synthèse vidéo** du chapitre pour permettre aux élèves de travailler en autonomie
- **Des questionnements différenciés** accessibles en version numérique pour tous les dossiers et études de cas du manuel

Questions

Questionnement différencié sur LLS.fr/HG3P20

1. Doc. 1 Qui est jugé lors du procès de Nuremberg ?
2. Doc. 2 et 3 De quels crimes sont-ils accusés ? Pourquoi ce procès est-il important selon le procureur Jackson ?
3. Doc. 1 Effectuez une recherche : quel est le verdict pour les accusés suivants : Göring, Ribbentrop, Sauckel, Keitel et Raeder ?
4. Doc. 4 Quand, où et par qui l'ONU est-elle fondée ? Relevez ses objectifs.
5. Doc. 4 Quel espoir l'ONU suscite-t-elle ?
6. Doc. 1 à 4 Montrez que des principes nouveaux sont établis après la guerre.

La communauté d'auteurs et d'autrices

Sous la coordination de
Anne-Claire Paillard, professeure agrégée, Collège Pierre et Marie Curie (42)
Céline Massal, professeure agrégée, Lycée Charlie Chaplin (69)
à partir de l'édition 2016, dirigée par Émilie Blanchard et Arnaud Mercier

Notre comité scientifique

- **Paul Chopelin**, Maître de conférences en Histoire moderne, Université Jean Moulin Lyon 3
- **Valérie Dautresme**, IA-IPR, Histoire-Géographie, Académie de Versailles
- **Bruno Descamps**, IA-IPR, Histoire-Géographie, Académie de Caen
- **Marie-Céline Isaia**, Maître de conférences en Histoire, Université Jean Moulin Lyon 3
- **Claire Marynower**, Maître de conférences en Histoire contemporaine, Sciences Po Grenoble
- **Cécile Roy**, Enseignante en Géographie, CPGE littéraire, Lycée P. Cézanne, Aix-en-Provence (13)
- **Sébastien Velut**, Professeur de Géographie, Université Sorbonne Nouvelle - Paris 3
- **Catherine Vercueil-Simion**, IA-IPR, Histoire-Géographie, Académie de Lyon
- **Caroline Moine**, Maître de conférences en histoire contemporaine, Université Paris-Saclay, UVSQ

23 auteurs d'histoire

20 auteurs de géographie

4 auteurs d'histoire des arts

16 auteurs harmonisateurs

5 auteurs EMC

170 coauteurs

3 coauteurs professeurs documentalistes

8 auteurs activités numériques

13 auteurs EPI

... ont contribué à cette collection d'Histoire-Géographie ou à cette réédition !

ACADÉMIE D'AIX-MARSEILLE

Natalie Albeau Cordillac, Collège Voltaire (84)
Bernard Allègre, Collège La Salle-Saint Charles (84)
Karine Bellier (Français), Lycée Dominique Villars (05)
Florian Besson, Collège Robespierre (13)
Virginie Brel Suppo, Collège La Salle-Saint Charles (84)
Axel Bruneau, Lycée Montgrand (13)
Véronique Choisnet, Collège et Lycée Saint Louis (84)
Christine Cordary (Français), Lycée Dominique Villars (05)
Jacques Muniga, professeur retraité
Cédric Payan, Collège C. Reymond (04)

ACADÉMIE D'AMIENS

Guillaume Gast, Collège Du Servois (60)
Jérémy Monteyne, Lycée H. Martin (02)
Hervé Opsomer, Institution La Providence (02)
Dominique Zuzlewski, Lycée Boucher De Perthes (80)

ACADÉMIE DE BESANÇON

Anne Cardinale, Collège L. Bouvier (39)
Bertille Delhautal, Collège Le Marteroy (70)
Géraldine Duboz, Collège Du Plateau (39)
Safia Moghladj, Collège Les Quatre Terres (25)

ACADÉMIE DE BORDEAUX

Paule Bordes-Haegelin (Français), Collège Leroi-Gourhan (24)
Marie-Pierre Buscail, Lycée Vaclav Havel (33)
Annaig Collias (Français), Collège du Pays d'Orthe (40)
Philippe Crémieu-Alcan, Collège Dupaty (33)
Virginie Darriet-Féréol (Français), Collège Montesquieu (33)
Christophe Delgado, Lycée L. De Foix (64)
Arnold Desaintjean, Collège Anglade (33)
Pierre-Yves Filhol, Collège S. Barranx (40)
Fanny Fouillade (Français), Collège de Biganos (33)
Nathalie Journé-Aubas, Collège A. Césaire (40)
Christophe Léon, Lycée L. Gatet (24)
Catherine Martin, Collège Notre Dame de la Salle (47)
Gaëlle Mestachvili (SVT), Collège H. Emmanuelli (40)

Elodie Pineaud, Collège Sainte-Marie Grand Lebrun (33)
Olivier Quinet, Collège J. Rostand (24)
Antoine Robles, Collège A. Camus (64)
Michel Sol, Collège S. Palay (64)
Catherine Thieffry, Collège G. Crampe (40)

ACADÉMIE DE CAEN

Samuel Alleau, Collège Sévigné (61)
Ronan Glemarec, Collège F. Leclerc (61)
Catherine Glemarec, Collège F. Dolto (61)
François Hamel (EPS), Lycée J. Guehenno (61)
Madeline Henry Fremine, Collège Saint-Rémi (61)
Guillaume Papin, Collège Foch (61)
Jérémy Stanic (Latin-grec), Collège A. Kastler (14)

ACADÉMIE DE CLERMONT-FERRAND

Michel Guilleman, Lycée Godefroy de Bouillon (63)
Thierry Naël, professeur retraité

ACADÉMIE DE CORSE

Xavier Affre, Collège de Baleone (2A)
Jean-Dominique Beretti, Collège de Montesoro (2B)
Anne Bernardeau, Collège J.-F. Orabona (2B)
Isabelle Nicoli, Collège Giraud (2B)

ACADÉMIE DE CRÉTEIL

Marlène Anne, Collège P. Weczerka (77)
Carine Armougom, Collège Sainte-Céline (77)
Nolwenn Azilis Rigollet, Lycée Champlain (94)
Clotilde Bigot, Lycée Condorcet (93)
Ariane Bodin, Collège H. Wallon (94)
Marie-Astrid Deweerdt, Collège D. Féry (94)
Laetitia Chapuis Prevost, Collège Marais de Villiers (93)
Thomas Crispel, Lycée R. Rolland (94)
Marie Demail, Lycée D. Milhaud (94)
Anaïs Fontaine, Collège S. de Beauvoir (94)
Aurélie Fréliez, Collège-Lycée M. Rondeau (77)
Aurélie Gay, Collège-Lycée M. Rondeau (77)
Nicolas Leonard, Collège Grand Parc (77)
Joanna Marques (Français), Réseau Canopé Champigny-sur-Marne (94)
Anne-Sophie Martinez, Collège J. Moulin (94)
Karim Merakchi, Collège Ronsard (93)
François Miquet (Arts plastiques), Collège J. Perrin (94)
Émilie Perraud, Collège Théodore Monod (93)
Pierre Petit, Collège Condorcet (94)
Loïc Prido, Collège Saint Louis-Sainte Clotilde (93)
Anne Salvagniac, Lycée G. Sand (77)
Florence Sampsonis, Lycée Clémenceau (93)
Jan Synowiecki, Université Paris 8 Vincennes Saint-Denis (93)
Céline Vautrey, Collège Saint Louis (77)
Renan Viguié, Lycée P. Éluard (93)
Sébastien Yves-Pillon, Collège F. Mitterrand (93)

ACADÉMIE DE DIJON

Franck Dupire, Collège Fénelon (58)
Fabien Rorgue, Collège Jacques Mercusot (21)

ACADÉMIE DE GRENOBLE

Marie-Hélène Bannou-Chabanis, Collège Les Perrières (07)
Catherine Colbeau, Collège Les Mattons (38)
Monique Dumas Bayle, Lycée Marlioz (73)
Christine Durand, Collège J. Prévert (38)
Alexandra Estatof, Institution Robin (38)
Sylvain Hausard, Collège Lamartine (38)
Stéphane Marzin, Lycée A. Bergès (38)
Jérome Noguera, Collège Saint-F. d'Assise (07)
Benjamin Pélissé, Collège Les Maristes (26)
Patricia Raymond, Institution Saint François (38)

ACADÉMIE DE GUADELOUPE

Murielle Bernard, Collège Métaliane (971)

ACADÉMIE DE LILLE

Aurélie Baron (Français), Collège du Sacré-Cœur (59)
Delphine Chiocci, Collège Gayant (59)
Roland Denhez, Collège Robespierre (59)
Ghislain Dominé (Histoire-Géographie), Canopé Lille (59)
Rémi Dubois, Collège Jean Zay (59)
Laurent Fillion, Collège Lucien Vadez (62)
Pierre Lasalle (Maths), Collège de l'Europe (62)
Jean-Baptiste Leroy, Collège R. Salengro (62)
Aurélien Loriau, Collège G. Sand (62)
Eric Malvache, Collège Des Flandres (59)
Thomas Marmol, Lycée F. Darchicourt (62)
Baptiste Marque, Collège J. Macé (59)
Benoit Milléquant, Lycée Sainte-Marie de Beaucamps-Ligny (59)
Stéphanie Rigaut, Collège George Sand (62)
Hélène Rœlens-Flouneau, Collège A. Rimbaud (59)
Julien Ruffinatto, Collège J. Monnet (59)
Gaëlle Weber, Collège Le Parc (59)

ACADÉMIE DE LYON

Delphine Arsac, Lycée Lacassagne (69)
Aurélie Berthet, Collège Honoré d'Urfé (42)
Jean-Benoît Bouron, Académie de Lyon (69)
Vanessa Brossard, Collège Saint-Louis de la Guillotière (69)
Isabelle Chanal, Collège L. Leprince-Ringuet (69)
Thibault Chevalier, ENS de Lyon (69)
Rémi Comolet, Lycée la Martinière Duchère (69)
Sophie Cusset, Institution Saint-Joseph (69)
Céline Fédou (professeure documentaliste), Réseau Canopé (69)
Thomas Gathier, Collège Jean Jaurès (69)
Caroline Guédan, Collège L. Leprince-Ringuet (69)
Caroline Jouneau-Sion, Collège des Quatre Vents (69)
Michaël Navarro, INSPE de Lyon, Université Lyon 1 (69)
Anne-Claire Paillard, Collège P. et M. Curie (42)
Suzanne Rochefort, ENS de Lyon (69)
Jean-François Simon (Technologie), Collège du Pilat (42)
Julien Treuillot, Collège Déclic (69)

ACADÉMIE DE MONTPELLIER

Daniel Benfredj, Collège E. Vigne (30)
Dominique Christophe, Collège G. Philippe (34)
Yvonne Gracia, Collège de l'Alaric (11)
Arnaud Lemaitre, Collège G. Violet (66)
Daniel Mambe Gnandjue, Collège F. Garcia Lorca (30)
Pascal Riou, Lycée D. de Séverac (66)
Xavier Rothéa, Lycée Dhuoda (30)
Rachelle Ruffle, Collège Jules Verne (30)

ACADÉMIE DE NANCY-METZ

Philippe Bancel, Collège A. Theuriet (55)
Claire Beugnot, Collège J. Ferry (88)
Bruno Conrard, Collège R. Poincaré (55)
Yves Humbert, Collège J. Marquette (54)
Astrid Mavracic, Collège G. Pierné (57)
Aurélie Trinkwell, Collège Pierre Mendès-France Woippy (57)

ACADÉMIE DE NANTES

Cécile Baraton, Collège O. Messiaen (85)
Aïcha Bellanger Faki, Collège P. et M. Curie (49)
Fabien Bertrand, Collège-Lycée G. Deshayes (44)
Françoise Delaunay (Français), Collège J. Prévert (49)
Alexandra Forget, Collège Immaculée Conception-La Salle (44)
Laurent Gayme, Lycée Montesquieu (72)
Dominique Goulay, Lycée Des Mauges (49)
Angélique Landais, Collège E. de Martonne (53)
Frédéric Leroux, Collège de l'Evre (49)
Emmanuel Maugard, Collège Immaculée Conception-La Salle (44)

Lucien Morit, Collège R. Vercel (72)
Natacha Rohaut, Université de Nantes (44)
Alain Sauques, Collège Saint Joseph (49)
Laëtitia Schumacher, Collège R. Schuman (44)
Christophe Tharreau, Lycée C. Péguy (44)
Aurélien Turlan, Collège Stendhal (44)
Romain Viau, Lycée Julien Gracq (49)
Grégory Wallerick, Collège Le Galinet (44)

ACADÉMIE DE NICE

Julien Blanc, Collège de l'Assomption (83)
Clément Bouchy, Collège P. Cézanne (83)
Emeline Bouillot, Collège Bertone (06)
Céline Dujardin, Lycée R. Goscinny (06)
Stéphanie Froger, Institution Sainte-Thérèse (06)
Charlotte Galland, Lycée Audiberti (06)
Nathalie Tiphonnet, Collège des Vallées du Paillon - R. Carlès (06)

ACADÉMIE D'ORLÉANS-TOURS

Aurore Ambrazé, Collège Saint-Charles (45)
Fabrice Leroux, Collège Robert Lasneau (41)
Laura Petitniot, Lycée professionnel J.-F. Paulsen (28)
Edwige Roland, Collège André Chêne (45)
Émilie Serreau, Collège L. et R. Aubrac (37)
Benoît Sommier Riché, Collège L. et R. Aubrac (37)
Marie Tricha, Collège Dunois (45)

ACADÉMIE DE PARIS

Richard Basnier, Lycée P.-Gilles de Gennes (75)
Pierre Boussaguet, Collège Janson de Sailly (75)
Manuel Charpy, CNRS (75)
Marie-Anne Clavier, Collège E. Triolet (75)
Nicolas Fontenit, Collège La Bruyère Sainte Isabelle (75)
Abdelkader Gomeri, Collège D. Meyer (75)
Philippe Petriat, Université Paris I (75)
Hector Solatges (Maths), Collège G. Mélies (75)
Julie Van Rechem, Collège H. Boucher (75)

ACADÉMIE DE POITIERS

Grégoire Berche, Collège L. Pasteur (16)
Marie Cassard, Institution Lasalle-Saint Louis (17)
Karine Caulier, Collège J. Monnet (17)
Deborah Chasseport (Anglais), Collège Bellevue (86)
Julien Leloup, Lycée E. Pérochon (79)
Alain Naury, Collège C. Haigneré (16)
Estelle Recht (Anglais), Collège E. Grimaux (17)

ACADÉMIE DE REIMS

Nicolas Charles, Collège Les Deux Vallées (08)
Christine Chopineaux, Collège du Blanc Marais (08)
Thibault Cordier (Français), Collège des Trois Provinces (52)

ACADÉMIE DE RENNES

Tiphaine Caraes, Collège La Roche aux Fées (35)
Thomas Cassigneul, Lycée Bréquigny (35)
Marie-Ève Glatre, Collège Saint-Joseph (22)
Véronique Gougay (Français), Collège Saint-Jean Lasalle (56)
Philippe Hoyaux, Collège Saint François-Xavier (56)
Gwenaële Le Moignic, Collège Notre-Dame du Vieux Cours (35)
Yann-Fañch Millet, Collège Diwan Bro Dreger (22)
Blandine Moy, Collège Pierre Brossolette (35)
Anne Target, Collège Beaumont (35)

ACADÉMIE DE LA RÉUNION

Pauline Ducret, Université de la Réunion (974)
Guillaume Poulain, Collège Les Alizés (974)

ACADÉMIE DE ROUEN

Édouard Delalande, Lycée J. Rostand (14)
Jean-Marc Goglin, Lycée Camille Saint-Saens (76)
Yanick Marvin, Collège Croix Maître Renault (27)
Nicolas Olivier, Collège Jacques Daviel (27)
Nicolas Prévost, Collège Louise Michel (27)
Jean-Pierre Roncé, Collège Sainte-Croix (76)
Nathalie Verstraete, Délégation régionale académique au numérique éducatif

ACADÉMIE DE STRASBOURG

Audrey Buchholz (Français), Collège J. Monnet (68)
Émilie Burtin, Collège Schœlcher (68)
Marjorie Crugut, Collège du Kochersberg (67)
Guillaume Douté, Collège J.-G. Reber (68)
Arnaud Eckel, Collège J.-G. Reber (68)
Frédéric Letscher, Collège G. Doré (67)
Christel Taube-Le Guern (Latin-Grec), Collège de la Robertsau (67)
Jean-François Tavernier, Collège de Barr (67)

ACADÉMIE DE TOULOUSE

Christelle Dupin, Collège Montesquieu de Cugnaux (31)
Fabien Gil, Collège Saint-Théodard (82)
Victorine Ledet (Latin-Grec), Collège C. Debussy (75)
Karine Nguyen, Collège Stendhal (31)
Nicolas Olivier (Musique), Collège Sainte-Geneviève (31)
Aurélie Rodes, Collège Michelet (31)
Nordine Saïche, Collège Desaix (65)
Florian Tenet, Collège Paul Ramadier (12)

ACADÉMIE DE VERSAILLES

Haphsatou Agne, Collège de Clagny (78)
Fabrice Angevin, Collège L. Lumière (78)
Maryse Broustail, Lycée Saint-Exupéry (78)
Paule Bruneau Demari, Collège Malmaison (92)
Valérie Delette, Collège Les Hauts Grillets (78)
Julien Delmas (Technologie), Collège J. Daguerre (95)
Diana Dreux (Français), Collège Parc de Villeroy (91)
Ayman El Shafey (SVT), Collège J.-B. Clément (92)
Christine Fiasson, Lycée Le Parc des Loges (91)
Éloïse Fraysse, Collège Les Champs Philippe (92)
Émilie Kochert, Collège Les Martinets (92)
Joël Macé, Collège Voltaire (95)
Charline Machin, Collège J. Perrin (92)
Claire Matignon, Collège A. Camus (91)
Anne-Catherine Mourgue (Français), Collège D. Milhaud (78)
Florence Mury, Université Versailles-Saint-Quentin (78)
Peggy Plokarz (Physique-chimie), Collège J. Jaurès (92)
Florence Roques, Lycée Sainte-Marie de Neuilly (92)
Catherine Rossignol, Collège Rabelais (92)
Sébastien Salce (Physique-Chimie), Collège J. Jaurès (92)
Matthieu Tourneur, Collège P. Picasso (91)
Martin Veber, Académie de Versailles

ÉTRANGER

Françoise Allé, Athénée Robert Catteau (Belgique)
Christophe Barthélémy, Lycée Alexandre Dumas (Russie)
Gilles Burtz (Physique-Chimie), LFI M. Duras (Viet Nam)
Sophie Canova, Lycée Stendhal (Italie)
Steven Cazaux, Lycée français de Djibouti (Djibouti)
Patrick Habis, Collège des Sœurs des Saints Cœurs Sioufi (Liban)
Jarrod Inaudi, Institution FANB de Monaco (98)
Julien Levy, École européenne d'Alicante (Espagne)
Fabien Lombard, Lycée français de San Francisco (États-Unis)
José Manuel Luque Romero, Lycée français de Madrid (Espagne)

Programme officiel (B.O. du 30/07/2020)

HISTOIRE Thème 1 L'Europe, un théâtre majeur des guerres totales (1914-1945)

- Civils et militaires dans la Première Guerre mondiale.
- Démocraties fragilisées et expériences totalitaires dans l'Europe de l'entre-deux-guerres.
- La Deuxième Guerre mondiale, une guerre d'anéantissement.
- La France défaite et occupée. Régime de Vichy, collaboration, Résistance.

La classe de 3e donne aux élèves les clefs de compréhension du monde contemporain. Elle permet de montrer l'ampleur des crises que les sociétés françaises, européennes et mondiales ont traversées, mais aussi les mutations sociales et politiques que cela a pu engendrer.

En mobilisant les civils aussi bien que les militaires, la Grande Guerre met à l'épreuve la cohésion des sociétés et fragilise durablement des régimes en place. Combattants et civils subissent des violences extrêmes, dont témoigne particulièrement le génocide des Arméniens en 1915. En Russie, la guerre totale installe les conditions de la révolution bolchevique, le communisme soviétique stalinien s'établit au cours des années 1920. Après la paix de Versailles puis la Grande Dépression, le régime nazi s'impose et noue des alliances. L'expérience politique française du Front populaire se déroule dans ce cadre marqué par une montée des périls. Violence de masse et anéantissement caractérisent la Deuxième Guerre mondiale, conflit aux dimensions planétaires. Les génocides des Juifs et des Tziganes ainsi que la persécution d'autres minorités sont étudiés. À l'échelle européenne comme à l'échelle française, les résistances s'opposent à l'occupation nazie et à la collaboration. Dans le contexte du choc de la défaite de 1940, la Résistance militaire et civile agit contre le régime de Vichy négateur des valeurs républicaines.

HISTOIRE Thème 2 Le monde depuis 1945

- Indépendances et construction de nouveaux États.
- Un monde bipolaire au temps de la guerre froide.
- Affirmation et mise en œuvre du projet européen.
- Enjeux et conflits dans le monde après 1989.

L'effondrement rapide des empires coloniaux est un fait majeur du second XXe siècle. On étudiera les modalités d'accès à l'indépendance à travers un exemple au choix. La guerre froide, l'autre fait majeur de la période, s'inscrit dans une confrontation Est-Ouest qui crée des modèles antagonistes et engendre des crises aux enjeux locaux et mondiaux. États-Unis et URSS se livrent une guerre idéologique et culturelle, une guerre d'opinion et d'information pour affirmer leur puissance. Les logiques bipolaires du monde sont remises en cause par l'indépendance de nouveaux États et l'émergence du tiers monde. Dans ce contexte, les étapes et les enjeux de la construction européenne sont à situer dans leur contexte international et à aborder à partir de réalisations concrètes. Quelle est la nature des rivalités et des conflits dans le monde contemporain et sur quels territoires se développent-ils ? On cherchera quelques éléments de réponse à partir de l'étude d'un cas (on peut croiser cette approche avec le programme de géographie). **L'exemple d'une grande conférence mondiale pour le climat ou d'un sommet mondial pour le développement durable permet d'illustrer le niveau global de l'action politique, les avancées et les difficultés d'une coopération internationale et le rôle des différents acteurs impliqués.**

HISTOIRE Thème 3 Françaises et Français dans une République repensée

- 1944-1947 : refonder la République, redéfinir la démocratie.
- La Ve République, de la République gaullienne à l'alternance et à la cohabitation.
- Femmes et hommes dans la société des années 1950 aux années 1980 : nouveaux enjeux sociaux et culturels, réponses politiques.

En France, la Libération autorise la restauration de la légalité républicaine dans une dynamique de refondation. La République intègre politiquement les femmes. L'important programme de réformes du Conseil national de la Résistance prolonge et complète celui du Front populaire, il élargit la démocratie dans un sens social.

Le retour au pouvoir du général de Gaulle en 1958 donne naissance à la Ve République marquée par le renforcement du pouvoir exécutif et le scrutin majoritaire. L'histoire permet ici de contextualiser l'étude des institutions républicaines, des principes et des pratiques politiques, réalisée aussi dans le cadre de l'enseignement moral et civique. Dans la seconde moitié du XXe siècle, la société française connaît des transformations décisives : place des femmes, nouvelles aspirations de la jeunesse, développement de l'immigration, vieillissement de la population, montée du chômage. Ces changements font évoluer le modèle social républicain. L'étude de quelques exemples d'adaptation de la législation aux évolutions de la société offre l'occasion de comprendre certains enjeux du débat politique et les modalités de l'exercice de la citoyenneté au sein de la démocratie française.

GÉOGRAPHIE Thème 1 Dynamiques territoriales de la France contemporaine

- Les aires urbaines, une nouvelle géographie d'une France mondialisée.
- Les espaces productifs et leurs évolutions.
- Les espaces de faible densité (espaces ruraux, montagnes, secteurs touristiques peu urbanisés) et leurs atouts.

L'orientation de la classe de 3e consiste à proposer aux élèves des bases pour la connaissance de la géographie de la France et de l'Union européenne. Il s'agit d'un moment étape particulièrement important dans le cadre de la scolarité obligatoire. Cette approche peut être utilement articulée avec l'étude du dernier thème du programme d'histoire de l'année de 3e. Le territoire français a profondément changé depuis 50 ans, en raison de l'urbanisation qui a modifié les genres de vie et a redistribué les populations et les activités économiques. Il s'agit de présenter aux élèves ces principaux bouleversements. La géographie des aires urbaines permet de sensibiliser les élèves à la diversité des espaces (centraux, péricentraux, périurbains, suburbains) concernés par l'urbanisation et aux relations entre les aires d'influences urbaines. Les mutations des espaces productifs, à dominante industrielle, agricole, touristique ou d'affaires, sont abordées en lien avec l'urbanisation et la mondialisation qui en redessinent la géographie. Les espaces de faible densité (espaces ruraux, montagnes, secteurs touristiques peu urbanisés) sont abordés sous l'angle de la diversité de leurs dynamiques et de leurs atouts. Ce ne sont pas seulement des marges délaissées et des espaces sans ressources productives via notamment les activités agricoles, touristiques ou liées à l'accueil de nouveaux types d'habitants. Les 3 sous-thèmes peuvent être abordés à travers des études de cas, des exemples concrets, au choix du professeur, et des cartes à différentes échelles. Ce thème se prête à la réalisation de croquis ou de schémas.

GÉOGRAPHIE Thème 2 Pourquoi et comment aménager le territoire ?

› Aménager pour répondre aux inégalités croissantes entre territoires français, à toutes les échelles. › Les territoires ultramarins français : une problématique spécifique.	Il s'agit de présenter aux élèves l'aménagement du territoire considéré comme une tentative des pouvoirs publics de compenser les inégalités entre territoires, qu'elles soient économiques, sociales, d'accès aux équipements publics. Ce thème permet de livrer aux élèves les bases des notions renvoyant à l'étude de l'aménagement de l'espace. Il permet notamment de les sensibiliser aux outils et acteurs de l'aménagement français et européen. Le sous-thème 1 est mis en œuvre à partir d'une étude de cas d'un aménagement local ou/et régional. Les approches de prospective territoriale sont particulièrement intéressantes pour sensibiliser les élèves à la portée de l'aménagement et aux débats qu'il suscite. L'étude de cas est mise en perspective aux échelles nationale et européenne. La démarche se prête à la réalisation d'un croquis de l'organisation du territoire national. L'étude du sous-thème 2 est conduite à partir de cartes à différentes échelles et d'exemples concrets

GÉOGRAPHIE Thème 3 La France et l'Union européenne

› L'Union européenne, un nouveau territoire de référence et d'appartenance. › La France et l'Europe dans le monde.	L'analyse géographique permet d'aborder l'Union européenne dans une perspective de construction et de politiques territoriales. Cette étude est complémentaire de celle menée au thème 2 d'histoire pour cette même classe de 3e . On présente les caractéristiques du territoire de l'UE en insistant sur la position du territoire français dans cette géographie européenne et le potentiel que l'UE représente pour notre pays. On aborde cette question en y intégrant l'examen d'une région transfrontalière. Cette approche permet de poser la question de la place et de l'influence culturelle, géopolitique, économique de la France et de l'Europe dans le monde, qu'on examine à partir d'exemples concrets.

ÉDUCATION MORALE ET CIVIQUE Respecter autrui

Le travail privilégie l'étude de la conscience et de la responsabilité individuelle et collective en lien avec les discriminations, les questions morales et éthiques de la société dans un rapport à la loi. En lien avec le programme d'histoire et en réinvestissant le travail mené en cinquième et en quatrième sur le respect, la tolérance et la responsabilité individuelle et légale, les élèves travaillent sur l'antisémitisme, le racisme et la xénophobie.

Les discriminations religieuses et les formes d'expression des convictions religieuses et philosophiques sont étudiées dans leur rapport avec le principe de la laïcité. La lutte contre toutes les discriminations dans la société d'aujourd'hui est à aborder sur le plan du respect de la dignité et de l'intégrité de la personne humaine. Dans le cas d'une discussion ou d'un débat réglé, les élèves sont amenés à argumenter sur la responsabilité de chacun dans les situations de harcèlement ou de discrimination. Le rôle et l'implication des acteurs étatiques et associatifs sont à considérer.

Les élèves connaissent le rôle de la loi dans la société et sont capables d'en identifier les finalités : volonté de protection avec l'exemple de la mise en place de la justice des mineurs en France, volonté de garantir l'égalité entre les individus pour ce qui est des lois reconnaissant et promouvant l'égalité femme-homme. Le contexte d'instauration des droits sociaux et leur évolution sont travaillés en lien avec le programme d'histoire.

Les élèves découvrent, par des exemples concrets, la dimension internationale du droit.

ÉDUCATION MORALE ET CIVIQUE Acquérir et partager les valeurs de la République

Le travail conduit est plus spécifiquement mené autour des composantes de la communauté nationale : les élèves sont capables de faire le lien entre la fraternité et la cohésion sociale. Ils sont amenés à identifier ce qui permet de se sentir membre de la communauté nationale.

Ce travail peut être mené en s'appuyant sur les temps forts de construction et d'identification nationale qui favorisent la cohésion sociale comme par exemple les journées mémorielles.

Les élèves étudient les institutions de la Ve République.

La connaissance des fonctions régaliennes – défense, diplomatie, justice, police et fiscalité – de l'État permet de comprendre le rôle de garant de la cohésion sociale qui lui revient.

Les élèves savent que la France est une République laïque : ils étudient les grandes lois laïques et savent identifier les enjeux de la laïcité.

En travaillant sur le principe de la décentralisation et sur les rapports entre l'État et les collectivités locales, les élèves comprennent que la communauté nationale qui se veut intégratrice prend aussi en compte les particularités locales.

Par l'étude de la francophonie, ils découvrent qu'elle est également ouverte sur le monde.

Le travail de l'année permet de faire comprendre que les valeurs et les principes de la République peuvent être identifiés dans le fonctionnement et les actions de l'État.

ÉDUCATION MORALE ET CIVIQUE Construire une culture civique

En lien avec les programmes d'histoire et l'étude des institutions de la Ve République, les élèves abordent la place et le rôle du vote, de la représentation et la question de l'opinion publique dans le débat démocratique. Ils comprennent ce qu'est une démocratie représentative.

L'étude de l'opinion publique est enrichie par la prise en compte du contexte actuel qui est celui d'une société numérique marquée par l'importance des réseaux sociaux.

Dans le cadre du parcours de citoyen, les élèves acquièrent des connaissances sur la Défense et la sécurité nationale, les enjeux et le cadrage des engagements militaires européens et internationaux de la France.

Les élèves étudient les différentes modalités de l'engagement : associatif, politique, syndical, au service de l'État et de la nation, et affermissent ainsi leur connaissance de la démocratie participative.

Sommaire

THÈME I
L'EUROPE, UN THÉÂTRE MAJEUR DES GUERRES TOTALES (1914-1945)

Chapitre 1 : La Première Guerre mondiale

Chapitre 2 : Démocraties et totalitarismes dans l'entre-deux-guerres

Chapitre 3 : La Seconde Guerre mondiale

Chapitre 4 : La France dans la Seconde Guerre mondiale

THÈME II
LE MONDE DEPUIS 1945

Chapitre 5 : La guerre froide

Chapitre 6 : De la décolonisation aux nouveaux États

Chapitre 7 : La construction européenne

Chapitre 8 : Le monde après 1989

THÈME III

FRANÇAISES ET FRANÇAIS DANS UNE RÉPUBLIQUE REPENSÉE

Chapitre 9 : 1944-1947, refonder la République

Chapitre 10 : La Ve République

Chapitre 11 : Femmes et hommes dans la société des années 1950 aux années 1980

THÈME I

DYNAMIQUES TERRITORIALES DE LA FRANCE CONTEMPORAINE

Chapitre 12 : Un territoire sous influence urbaine

Chapitre 13 : Les espaces productifs

Chapitre 14 : Les espaces de faible densité et leurs atouts

THÈME II
POURQUOI ET COMMENT AMÉNAGER LE TERRITOIRE ?

Chapitre 15 : Aménager le territoire

Chapitre 16 : Aménager les territoires ultramarins

THÈME III
LA FRANCE ET L'UNION EUROPÉENNE

Chapitre 17 : L'Union européenne, un nouveau territoire d'appartenance

Chapitre 18 : La France et l'Europe dans le monde

L'EMC dans les chapitres

Se préparer au brevet : exercices de révision et sujets brevet

Méthodologie du brevet

La certification pix

LES THÈMES EN INFOGRAPHIES

HISTOIRE

GÉOGRAPHIE

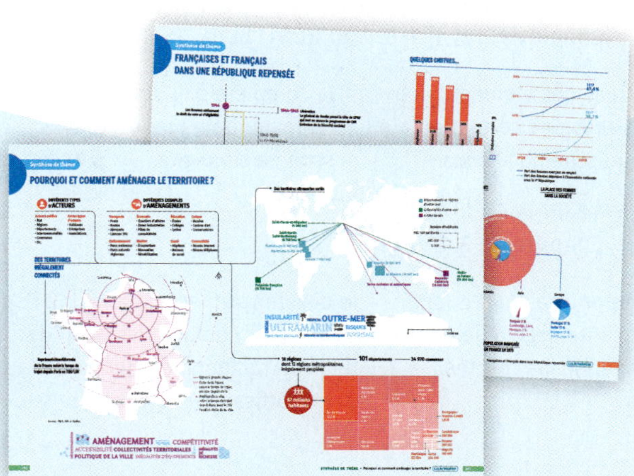

Tableau de maîtrise des compétences

Retrouvez ici les compétences évaluées en histoire-géographie, en EMC et en histoire des arts.

DOMAINES 1 2 3 5

Groupe de compétences

COMPÉTENCE
▶ Chapitre 1

Les compétences sont rassemblées en groupes et par domaine du socle commun de connaissances, de compétences et de culture.

DOMAINES 1 2 3 5 Les langages pour penser et communiquer

Pratiquer différents langages • Pages « Je m'exerce pour le brevet », « Sujet guidé », « Sujet brevet », « J'apprends autrement », « Mise en perspective », « Menez l'enquête »

JE CONNAIS ET J'UTILISE LE VOCABULAIRE ADAPTÉ
▶ Tous les chapitres

J'ai besoin d'un dictionnaire.	Je connais le vocabulaire d'histoire-géographie de base et j'identifie les bonnes définitions.	Je sais définir les mots clés du chapitre avec mes propres mots.	Je définis et j'utilise le vocabulaire adapté dans mes réponses.

JE DÉCRIS ET J'EXPLIQUE
▶ Tous les chapitres

Je réponds à des questions qui guident la description.	J'identifie et relève les éléments à décrire.	Je décris de manière organisée (en distinguant plusieurs parties) et avec mes propres mots.	Je décris de manière organisée et j'utilise le vocabulaire adapté.

JE RACONTE
▶ Tous les chapitres

Je raconte en répondant aux questions qui et quoi.	Je raconte en répondant aux questions qui, quoi, quand et où.	Je raconte en suivant les grandes étapes d'un récit narratif et j'utilise quelques mots de vocabulaire.	Je raconte de manière complète, bien organisée et avec le bon vocabulaire.

JE RÉALISE UN CROQUIS OU UNE CARTE
▶ Chapitres 5, 7, 12, 13, 15, 16

Je complète une légende simple, je localise approximativement, je colorie en suivant des consignes.	Je construis une légende simple, je localise des éléments et je complète un croquis en suivant des consignes.	Je construis une légende organisée, je localise précisément et je réalise un croquis clair.	Je construis une légende organisée en utilisant le vocabulaire adapté, je localise précisément et je réalise un croquis clair et complet.

JE RÉALISE UNE CARTE MENTALE, UN TABLEAU OU UN SCHÉMA
▶ Chapitres 2, 3, 4, 5, 6, 7, 8, 10, 11, 13, 14, 15, 16, 17

Je place des éléments donnés dans une carte mentale ou un schéma à trous.	Je complète seul une carte mentale ou un schéma simple.	Je construis une carte mentale ou un schéma simple et clair, et j'établis des liens logiques.	Je construis une carte mentale ou un schéma clair et complet, et j'établis des liens logiques avec une légende.

JE M'EXPRIME À L'ORAL
▶ Chapitres 2, 3, 11, 17, 18

Je réponds à l'oral quand on m'interroge et je donne des réponses courtes.	Je développe mes réponses à l'oral. Je me tiens correctement et je parle suffisamment fort.	J'utilise quelques mots de liaison et des formulations adaptées, je m'appuie sur mes notes et je regarde mon auditoire.	Je développe à l'oral sans lire un texte, avec dynamisme, je regarde mon auditoire et je suis capable de compléter mes réponses.

DOMAINES 1 2 3 5 Les méthodes et outils pour apprendre

Analyser et comprendre un document • Pages « Dossier », « Dossier guidé », « Étude de cas », « Étude de cas guidée », « Menez l'enquête », « Sujet guidé », « Sujet brevet »

J'IDENTIFIE UN DOCUMENT ▸ Tous les chapitres

Je repère et je recopie la légende du document.	Je relève quelques informations dans la légende et dans le document.	Je fais une présentation complète : nature, auteur ou source, date, sujet.	Je fais une présentation complète et je place le document dans son contexte.

J'UTILISE UN DOCUMENT : JE CITE, J'EXTRAIS ET J'EXPLOITE DES INFORMATIONS ▸ Tous les chapitres

Je relève et je cite une information importante pour répondre à une question.	Je relève et je cite des informations et je sais résumer l'idée principale.	Je relève et je reformule des informations pour répondre à des questions.	Je reformule les grandes idées du document et je les classe.

J'EXPLIQUE UN DOCUMENT, JE VOIS SON INTÉRÊT ET SES LIMITES, JE PORTE UN REGARD CRITIQUE ▸ Tous les chapitres

Je comprends le sens général d'un document.	Je comprends et je complète les informations du document avec mes connaissances.	J'explique l'intérêt du document, ce qu'il apporte par rapport à mes connaissances, et ses limites.	J'explique l'intérêt et les limites du document et je porte un regard critique.

JE METS EN RELATION DES DOCUMENTS ET JE LES CONFRONTE À MES CONNAISSANCES ▸ Tous les chapitres

Je repère le thème commun à deux documents.	Je repère quelques points communs ou différences.	J'explique le lien entre les documents grâce à mes connaissances.	J'explique un document grâce à un autre et à mes connaissances, et je réalise une synthèse.

S'informer dans le monde du numérique • Pages « J'apprends autrement », « Menez l'enquête »

J'UTILISE DES INFORMATIONS NUMÉRIQUES ET J'EXERCE MON ESPRIT CRITIQUE ▸ Chapitres 1, 5, 8, 9, 15, 17

Je trouve une information dans une ressource numérique donnée.	Je trouve plusieurs informations dans plusieurs ressources numériques données et je relève la source.	Je trouve plusieurs informations dans plusieurs ressources numériques données et je relève la source.	Je trouve des ressources, je les croise pour les compléter, je cite précisément la source et j'explique son intérêt et ses limites.

JE RÉALISE UNE PRODUCTION MULTIMÉDIA (AUDIOVISUELLE OU DIAPORAMA) ▸ Chapitres 1, 4, 18

Je réalise une production multimédia combinant un texte et un autre support.	Je réalise une production courte, mêlant plusieurs médias (texte, image, vidéo).	Je réalise une production organisée, mêlant plusieurs médias (texte, image, vidéo).	Je réalise une production courte, mêlant plusieurs médias (texte, image, vidéo) dont le choix est pertinent.

Coopérer et mutualiser • Pages « J'apprends autrement », « Menez l'enquête »

JE TRAVAILLE EN GROUPE, EN ÉQUIPE ▸ Chapitres 3, 4, 5, 7, 9, 11, 16, 17

Je suis les idées et l'organisation du travail proposées par les autres.	Je trouve ma place au sein du groupe, je propose et réalise une tâche au service du groupe, j'écoute les avis des autres.	Je propose l'organisation du travail dans le groupe ou j'aide les autres à trouver leur place, je réalise ma part, je prends en compte les avis des autres.	J'organise le travail, le temps et la présentation de notre production, je prends en compte les avis des autres, j'aide et je donne sa place à chacun.

JE RÉALISE ET JE PRÉSENTE UN EXPOSÉ, UNE PRODUCTION COLLECTIVE ▸ Chapitres 10, 11, 17, 18

Je participe à une partie de la production et je réponds lorsqu'on me donne la parole pendant l'exposé.	Je participe à une partie de la production et je participe à la présentation.	Je participe à plusieurs parties de la production et je participe à la présentation de manière dynamique.	Je connais les différentes parties de la production, je participe et j'aide les autres lors de la présentation.

DOMAINES 1 2 3 5 La formation de la personne et du citoyen

Raisonner, justifier une démarche et les choix effectués • Pages « Dossier », « Dossier guidé », « Étude de cas », « Étude de cas guidée », « Menez l'enquête »

JE ME POSE DES QUESTIONS ET JE FAIS DES HYPOTHÈSES

▶ Tous les chapitres

Je pose des questions simples.	Je pose des questions simples et je sais où chercher les ressources pour y répondre.	Je fais une hypothèse et j'imagine une démarche pour la vérifier.	Je fais des hypothèses et je propose des solutions pertinentes et mobilisant des ressources.

JE JUSTIFIE MA DÉMARCHE, J'ARGUMENTE, JE PARTICIPE À UN DÉBAT

▶ Tous les chapitres

J'ai besoin de questions pour me guider et me faire exprimer mes choix et mes avis.	J'explique mes choix ou mon avis en les justifiant simplement.	J'explique mes choix ou mon avis en utilisant des arguments tirés de ressources.	Je présente plusieurs choix ou avis, je sais les hiérarchiser et montrer leur intérêt et leurs limites.

DOMAINES 1 2 3 5 Les représentations du monde et de l'activité humaine

Se repérer dans le temps : construire des repères historiques • Pages « Repères »

JE SITUE ET J'ORDONNE DANS LE TEMPS

▶ Chapitres 1, 2, 3, 4, 5, 6, 7, 8, 9, 10, 11

J'ai besoin de regarder des frises chronologiques pour dater et situer.	Je classe des faits, des personnages, des périodes les uns par rapport aux autres.	Je nomme, date et explique l'importance d'un fait, d'un personnage ou d'une période.	Je présente, raconte et contextualise un fait, un personnage ou une période, et je les mets en relation.

J'IDENTIFIE LES GRANDES RUPTURES ET LES ÉVOLUTIONS HISTORIQUES

▶ Chapitres 1, 2, 3, 4, 5, 6, 7, 8, 9, 10, 11

Je me repère dans les grandes périodes de l'histoire.	J'utilise quelques mots de vocabulaire et j'identifie une grande rupture historique.	Je repère les principales caractéristiques d'une grande rupture ou d'une évolution historique.	J'explique, j'identifie les causes et les conséquences d'une grande rupture, et je donne des exemples d'une évolution historique.

DOMAINES 1 2 3 5 Les représentations du monde et de l'activité humaine

Se repérer dans l'espace : construire des repères géographiques • Pages « Repères », « Mise en perspective »

JE LOCALISE DES GRANDS REPÈRES ET DES LIEUX

▶ Chapitres 12, 13, 14, 15, 16, 17, 18

Je repère un lieu déjà localisé sur une carte.	Je retrouve une localisation, je localise et nomme des grands repères.	Je localise et nomme des lieux, des espaces et des repères à différentes échelles.	J'utilise les localisations géographiques pour expliquer une réponse, pour construire une carte.

JE SITUE DANS L'ESPACE

▶ Chapitres 1, 2, 3, 4, 5, 6, 7, 8, 9, 12, 13, 14, 15, 16, 17, 18

Je situe un lieu ou un espace par rapport à un autre.	Je situe un lieu ou un espace à différentes échelles.	Je situe un lieu ou un espace, et j'en donne les grandes caractéristiques.	J'explique l'organisation d'un lieu ou d'un espace grâce à sa situation.

DOMAINES 1 2 3 5 La formation de la personne et du citoyen

EMC - Culture de la règle et du droit

JE COMPRENDS LES PRINCIPES ET LES VALEURS DE LA RÉPUBLIQUE FRANÇAISE ET DES SOCIÉTÉS DÉMOCRATIQUES

▶ Les valeurs, principes et symboles de la République (chapitre 2) / La laïcité (chapitre 4) / Libertés et droits syndicaux (chapitre 11) / Les citoyens et la Défense nationale (chapitre 18)

J'identifie les principes et les valeurs de la République française.	J'identifie les principes et les valeurs de la République française, et je comprends leur lien avec la démocratie.	Je connais les principes et valeurs qui régissent notre société. Je sais les expliquer avec le vocabulaire de la règle et du droit, et je les applique.	Je connais les principes et valeurs, et je distingue leur importance dans notre société. Je les explique avec le vocabulaire de la règle et du droit, et je les mets en relation. Je les applique.

JE COMPRENDS LE RAPPORT ENTRE LES RÈGLES ET LES VALEURS

▶ Les valeurs, principes et symboles de la République (chapitre 2) / Justice internationale et droits de l'homme (chapitre 3) / Les institutions de la Ve République (chapitre 10) / La justice des mineurs et les droits de l'enfant (chapitre 11)

Je connais les principales règles et valeurs qui régissent notre société et je les accepte.	Je connais les principales règles et valeurs qui régissent notre société, je sais les expliquer avec mes propres mots et je les applique.	Je connais les principales règles et valeurs qui régissent notre société, je sais les expliquer avec le vocabulaire de la règle et du droit, et je les applique.	Je connais les principales règles et valeurs, et je distingue leur importance dans notre société, je les explique avec le vocabulaire de la règle et du droit, et je les mets en relation, je les applique.

JE RESPECTE LES RÈGLES COMMUNES ▶ La citoyenneté européenne (chapitre 7)

Je connais les règles communes qui régissent la vie collective de la classe, l'établissement ou la société, et je les accepte.	Je connais les règles communes qui régissent la vie collective de la classe, l'établissement ou la société, et je les applique.	Je connais les règles communes qui régissent la vie collective de la classe, l'établissement, la société, et je distingue leur intérêt, je les applique.	Je connais les règles communes qui régissent la vie collective de la classe, l'établissement, la société, je distingue leur intérêt et leur importance dans la vie collective, je les applique.

JE COMPRENDS LES RAISONS DE L'OBÉISSANCE AUX RÈGLES ET À LA LOI DANS UNE SOCIÉTÉ DÉMOCRATIQUE

▶ Les institutions de la Ve République (chapitre 10)

Je connais les notions de droits et de devoirs, et je les accepte.	Je connais les notions de droits et de devoirs, je sais les expliquer avec mes propres mots, et je les applique.	Je connais les notions de droits et de devoirs, je sais les expliquer avec le vocabulaire de la règle et du droit, et je les applique.	Je connais les notions de droits et de devoirs, et leur rôle dans une démocratie, je sais les expliquer avec le vocabulaire de la règle et du droit, je les applique.

EMC - Culture de l'engagement

JE COMPRENDS LE SENS DE L'ENGAGEMENT ET DES RESPONSABILITÉS

▶ L'engagement en politique : les partis et les militants (chapitre 10) / L'engagement citoyen et l'écologie (chapitre 15)

J'ai conscience des différentes formes d'engagement qui existent (sociales, politiques, associatives, etc.).	J'observe les différentes formes d'engagement qui existent et je distingue leurs enjeux.	Je réfléchis à une forme d'engagement et j'explique mon choix.	Je trouve ma place dans une forme d'engagement, je justifie nos actions et je comprends l'importance de l'engagement mené.

JE PRENDS EN CHARGE DES ASPECTS DE LA VIE COLLECTIVE ET DE L'ENVIRONNEMENT ET JE DÉVELOPPE UNE CONSCIENCE CIVIQUE ▶ La décentralisation : un enjeu d'égalité (chapitre 14)

J'identifie des formes d'engagement ou je raconte des initiatives au service du collectif.	J'explique l'importance de l'engagement citoyen, social ou écologique ou je réalise une tâche au service d'un projet collectif.	Je participe à une activité citoyenne, sociale ou écologique, et j'en explique l'importance.	Je participe à une activité citoyenne, sociale ou écologique, et je fais le lien avec les valeurs de citoyenneté.

JE SAIS M'INTÉGRER DANS UNE DÉMARCHE COLLABORATIVE ET J'ENRICHIS MON TRAVAIL OU MA RÉFLEXION GRÂCE À CETTE DÉMARCHE ▶ Les citoyens et la Défense nationale (chapitre 18)

Je suis les démarches proposées par les autres.	Je trouve ma place au sein d'un groupe, je propose une démarche et réalise une tâche au service du groupe.	Je réalise mon travail au sein du groupe, je propose des pistes d'amélioration, je prends en compte les avis des autres.	Je réalise mon travail au sein du groupe, je propose des pistes d'amélioration, je prends en compte les avis des autres.

EMC - Culture de la sensibilité

JE ME SENS MEMBRE D'UNE COLLECTIVITÉ ▶ Journées mémorielles et cohésion nationale (chapitre 1) / La citoyenneté européenne (chapitre 7) / La francophonie pour la promotion de la langue et de la culture françaises (chapitre 18)

J'identifie les symboles et les marques d'appartenance à un groupe, une collectivité.	Je connais les symboles et les marques d'appartenance, et je me sens membre d'un groupe, d'une collectivité.	Je connais les symboles et les marques d'appartenance, et je participe à des tâches au service du groupe, de la collectivité.	Je connais les symboles et les marques d'appartenance, et j'ai une démarche collective dans un groupe, une collectivité.

J'ACCEPTE LES DIFFÉRENCES ▶ La laïcité (chapitre 4)

Je prends conscience de mon rapport aux autres.	J'ai conscience de mon rapport aux autres et des différences qui existent, je les accepte.	J'ai conscience de mon rapport aux autres, j'accepte les différences qui existent, je distingue les différentes inégalités de discrimination.	J'ai conscience de mon rapport aux autres et je lutte contre les inégalités de discrimination, j'accepte les différences des uns et des autres, et je les considère comme mes égaux.

J'IDENTIFIE ET J'EXPRIME MES SENTIMENTS ET MES ÉMOTIONS EN LES RÉGULANT
▶ L'engagement citoyen et l'écologie (chapitre 15)

Je reconnais dans des supports variés (texte, image, vidéo, etc.) des émotions et des sentiments que j'ai déjà éprouvés.	J'identifie mes émotions et mes sentiments, et je les exprime avec mes propres mots.	J'identifie et je partage mes émotions et mes sentiments avec un vocabulaire adapté, et j'aide les autres à identifier les leurs.	J'identifie et je partage mes émotions et mes sentiments avec un vocabulaire précis, j'aide les autres à identifier les leurs, je suis capable d'en discuter.

EMC - Culture du jugement

JE CONFRONTE MES JUGEMENTS À CEUX D'AUTRUI DANS UN DÉBAT ARGUMENTÉ ET RÉGLÉ
▶ Journées mémorielles et cohésion nationale (chapitre 1)

Je prends la parole devant les autres pour répondre à des questions ou exprimer un avis simple.	Je prends la parole pour exprimer mon avis et je le justifie simplement.	J'exprime mon avis en utilisant des arguments tirés de ressources et j'écoute l'argument des autres.	J'exprime mon avis en utilisant des arguments tirés de ressources, j'écoute les arguments des autres et je nuance mon point de vue.

JE DÉVELOPPE MES APTITUDES AU DISCERNEMENT ET À LA RÉFLEXION CRITIQUE
▶ Justice internationale et droits de l'homme (chapitre 3) / Une organisation internationale : l'ONU (chapitre 3) / *Fake news* et théories conspirationnistes (chapitre 8) / La justice des mineurs et les droits de l'enfant (chapitre 11)

J'ai besoin qu'on me pose des questions pour me guider dans ma réflexion et identifier des ressources pertinentes.	Je pose des questions, j'identifie des avis et des ressources utiles, et j'explique leur choix.	Je pose des questions, je compare des avis et des ressources, et j'explique leur intérêt et leurs limites.	Je pose des questions, je consulte et compare des avis et des ressources, je montre leur intérêt et leurs limites et je formule mon propre avis.

JE DIFFÉRENCIE MON INTÉRÊT PARTICULIER DE L'INTÉRÊT GÉNÉRAL ▶ La décentralisation : un enjeu d'égalité (chapitre 14)

Je comprends la différence entre mon intérêt personnel et l'intérêt collectif (de la classe, du collège ou de la société).	Je relève des différences entre une personne et un groupe, entre un individu et un collectif.	Je comprends la notion de bien commun dans la classe, le collège ou la société et je respecte l'intérêt collectif.	Je comprends la notion de bien commun, je respecte l'intérêt collectif et je fais le lien avec les valeurs de la République française et de l'UE.

JE COMPRENDS LE SENS DE L'INTÉRÊT GÉNÉRAL

▶ L'engagement en politique : les partis et les militants (chapitre 10) / Libertés et droits syndicaux (chapitre 11)

Je relève des différences entre une personne et un groupe, entre un individu et un collectif.	Je distingue les intérêts, valeurs ou objectifs qui sont partagés par l'ensemble des membres d'une classe, un établissement ou une société.	Je distingue les intérêts, valeurs ou objectifs qui sont partagés par l'ensemble des membres d'une classe, un établissement ou une société, je les respecte.	Je distingue les intérêts, valeurs ou objectifs qui sont partagés par l'ensemble des membres d'une classe, un établissement ou une société, je prends conscience de leur importance dans le bien-être commun, je les respecte.

JE M'INFORME DE MANIÈRE RIGOUREUSE ▶ Une organisation internationale : l'ONU (chapitre 3) / *Fake news* et théories conspirationnistes (chapitre 8) / La francophonie pour la promotion de la langue et de la culture françaises (chapitre 18)

Je trouve une information dans une ressource donnée.	Je trouve plusieurs informations dans plusieurs ressources données et je relève la source.	Je trouve une ressource, j'y prélève des informations et je cite précisément la source en expliquant ce choix.	Je trouve des ressources, je les croise pour les comparer, je cite précisément leur source, j'explique leur intérêt et leurs limites, et j'exerce mon esprit critique.

DOMAINES 1 2 3 5 Les représentations du monde et de l'activité humaine

Histoire des arts

JE PROPOSE UNE INTERPRÉTATION D'UNE ŒUVRE D'ART ET UNE ANALYSE CRITIQUE

▶ La propagande, un art pour les masses (chapitre 3) / La Révolution nationale dans la propagande vichyste (chapitre 4) / La démocratisation de l'art (chapitre 11)

Je présente une œuvre et je la situe dans un contexte.	Je m'interroge et formule des hypothèses sur sa signification.	Je présente une œuvre et j'exprime les émotions que je ressens face à celle-ci.	J'exprime un avis personnel sur la signification d'une œuvre et sur les émotions qu'elle provoque, en prenant appui sur les données des documents et mes connaissances personnelles.

JE COMPARE DES ŒUVRES D'ART ENTRE ELLES

▶ Les arts face à la guerre (chapitre 1) / Un homme nouveau pour un monde nouveau (chapitre 2)

Je présente des œuvres d'art en prenant appui sur les données des documents et mes connaissances personnelles.	Je dégage une période ou un thème commun à plusieurs œuvres d'art.	Je compare plusieurs œuvres d'art du point de vue technique (matériaux, formes), j'exprime les émotions que je ressens face à celles-ci et m'interroge sur leur signification.	Je compare plusieurs œuvres d'art du point de vue technique et je compare leur signification.

JE PRÉSENTE UN EXPOSÉ D'HISTOIRE DES ARTS

▶ De nouvelles modes et de nouvelles consommations (chapitre 10)

Je choisis une œuvre et je justifie mon choix.	Je présente une œuvre, je la décris et je m'interroge sur sa signification.	Je présente une œuvre, je la décris et présente sa signification.	Je présente une œuvre en la situant dans un contexte, je la décris, j'interpère son sens. Je m'exprime avec aisance.

J'ASSOCIE UNE ŒUVRE D'ART À UNE ÉPOQUE ET UNE CIVILISATION

▶ La séduction des images : l'*American way of life* (chapitre 5) / Regards sur la décolonisation (chapitre 6)

Je me repère dans les grandes périodes de l'histoire des arts en regardant une frise chronologique.	Je retrouve la période ou la civilisation associée à une œuvre parmi plusieurs propositions.	J'associe seul une œuvre majeure à une époque ou à une civilisation.	Je situe une œuvre dans son contexte historique et culturel.

1 Préparer le brevet avec votre manuel

L'épreuve du brevet est une épreuve finale de votre parcours au collège. Voici quelques conseils pour vous y préparer !

L'épreuve du brevet

- L'épreuve porte sur le programme de 3e en histoire-géographie et sur tout le programme de cycle 4 en EMC. Elle vous permet de mettre en œuvre des compétences attendues en fin de cycle 4.
- Cette épreuve dure **deux heures**. Elle se compose de **trois parties**.
- L'épreuve porte sur des **capacités importantes** que vous avez travaillées tout au long du cycle 4 :
  - **lire, analyser, comprendre** et utiliser des documents variés ;
  - **localiser et situer** dans le temps et dans l'espace ;
  - **rédiger** de manière cohérente une réponse à une question ;
  - pratiquer **différents langages**.

Les trois parties de l'épreuve

A. L'étude de document

L'étude de document en histoire et géographie (20 points).

- **Ce qu'on attend de vous** : les questions sur un ou plusieurs documents font appel à votre **capacité à comprendre un document**, c'est-à-dire à identifier le document, en dégager le sens et porter sur lui un regard critique.
- **Comment s'y préparer ? Tout au long de l'année**, travaillez votre méthode de l'analyse de document, à l'aide du manuel.
- **Dans le manuel papier**, à la fin de chaque chapitre :
  - des **sujets brevet** vous permettent de vous entraîner à l'analyse de documents, en autonomie ;
  - des **conseils** qui vous aident à acquérir des **méthodes** pour analyser un document.
- Dans le manuel numérique, retrouvez des centaines d'exercices interactifs pour réviser tous les chapitres de manière ludique.

B. Le développement construit et la maîtrise des langages

La rédaction d'un développement construit qui peut être accompagné d'un croquis, d'un schéma ou d'une frise chronologique (20 points).

- **Ce qu'on attend de vous** : cette partie permet d'évaluer votre **maîtrise des repères** (dates, personnages, lieux) et des **notions** du programme de 3e. On peut, par exemple, vous demander un croquis, de compléter un schéma ou une frise chronologique. Vous allez également rédiger un **développement structuré**.
- **Comment s'y préparer** ? En vous entraînant grâce aux **sujets guidés** dans chaque chapitre et en **révisant les repères** de manière interactive sur www.lelivrescolaire.fr !

C. L'EMC

Une ou plusieurs questions en EMC, qui peuvent s'appuyer sur un ou deux documents (10 points).

- **Ce qu'on attend de vous :** vous devez réfléchir à une question qui se pose à partir d'un exemple concret. Vous devez également être en mesure d'exprimer un avis, de le justifier et d'expliquer l'importance d'une notion clé, par exemple la laïcité à l'école.
- **Comment s'y préparer ?** Dans chacun de nos 15 dossiers EMC, la rubrique « Je retiens l'essentiel » synthétise les points clés. Vous retrouverez les méthodes en EMC p. 26-27 !

La préparation du brevet avec votre manuel

A. Des révisions actives

- Retrouvez dans chaque chapitre :
  - des frises à compléter ;
  - des croquis à compléter ;
  - des mots croisés ;
  - et d'autres types d'exercices.
- Ces exercices vous permettront de travailler spécifiquement la **compétence « pratiquer différents langages »**.

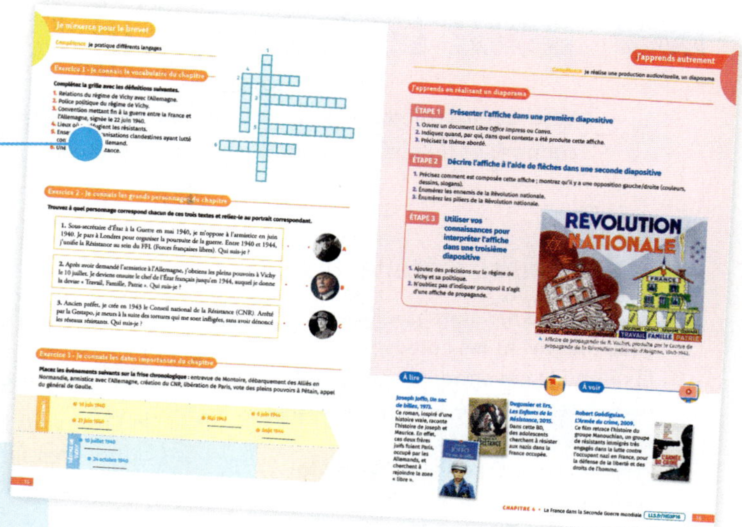

B. Des compétences précises

- Retrouvez l'indication de la **compétence traitée** sur toutes les pages du manuel.
- Retrouvez votre tableau de compétences p. 14.

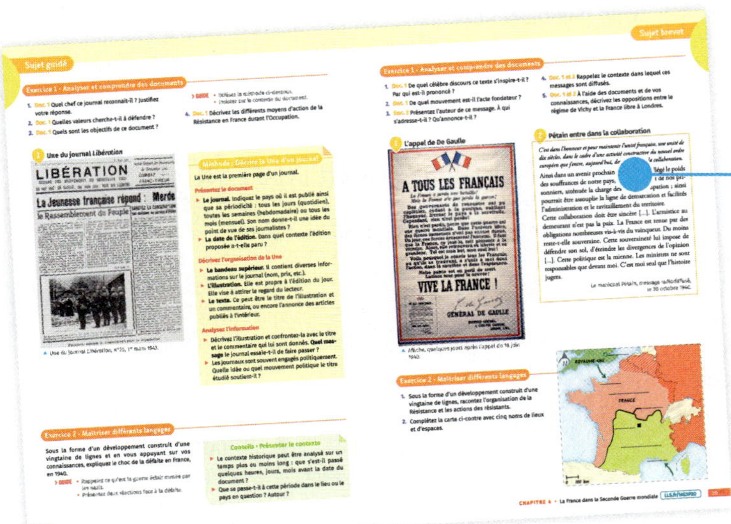

C. Des sujets guidés

- Retrouvez dans chaque chapitre un sujet brevet présenté en deux parties :
  - une étude de documents ;
  - une question de synthèse.
- Ces sujets sont accompagnés de **points méthode** qui permettent de vous entraîner à l'analyse d'un tableau, d'une carte, etc. La liste des points méthode se trouve p. 23.
- Vous retrouverez aussi des **conseils** pour rédiger votre réponse à une question, travailler au brouillon, etc.

D. Des sujets blancs

- Retrouvez dans chaque chapitre un **sujet type brevet** pour vous entraîner dans les **conditions réelles** de l'épreuve.
- Ces sujets sont composés de deux **exercices complets** qui composent l'épreuve d'histoire-géographie : l'analyse de documents et l'exercice de maîtrise de différents langages.

2 Nos conseils pour le jour J

Voici quelques conseils qui vous permettront d'arriver confiant et en pleine forme le jour des épreuves !

A. Les semaines précédentes

- **Planifiez** vos révisions quelques semaines avant les épreuves à l'aide de la méthode ci-contre. N'hésitez pas à demander de l'aide à votre professeur pour vous organiser !
- Préparez et apprenez vos **fiches de révision**, à l'aide de la fiche méthode ci-dessous.
- Mettez en pratique vos connaissances et vos compétences à l'aide des **sujets brevet** donnés par votre professeur et de ceux qui se trouvent dans le manuel.
- Le plus important est d'arriver **re-po-sé** le jour des épreuves. Veillez à ne pas vous coucher tard, pour profiter d'un **bon sommeil** !

Méthode

Faire un planning de révision

- Fixez-vous des **objectifs réalistes** : prévoyez des plages horaires suffisamment souples pour ne pas vous décourager.
- Prenez l'habitude de **travailler toujours aux mêmes heures**.
- Apprendre un chapitre ne se fait pas en une seule fois. Prévoyez donc dans votre planning de revenir **plusieurs fois** sur le même chapitre.
- Emmenez vos **fiches de révision** avec vous, pour utiliser les « temps morts » de la journée (les transports par exemple).
- Ne vous laissez pas impressionner par l'ampleur des révisions : réviser même un peu est toujours plus utile que pas du tout !

Méthode

Faire des fiches de révision

- Pour chaque chapitre, faites une fiche qui vous aidera à **synthétiser** ce que vous devez retenir.
- Chaque fiche doit **résumer brièvement le cours** : ne recopiez pas tout ! Rappelez les mots-clés, les notions, les dates et les lieux à retenir. Aidez-vous des pages de leçon et de révision du manuel.
- Vous pouvez vous inspirer de la présentation ci-contre !

TITRE DU CHAPITRE

Problématique

I. Titre de la 1re partie

1. Titre du 1er paragraphe

· Liste des idées principales du paragraphe, en 2 ou 3 lignes.
· Des exemples, comme un phénomène ou un événement illustrant chacun une idée principale.

2. Titre du 2e paragraphe

· ...

II. Titre de la 2e partie

1. Titre du 1er paragraphe

Etc.

NOTIONS
· Mots-clés : définitions

DOCUMENTS
· Titre pour chaque doc. étudié et ce qu'il apporte, son intérêt

DATES/CHIFFRES
· Dates clés du paragraphe
· Chiffres clés

SCHÉMA/CROQUIS
avec son titre et sa légende

B. La veille

- **Relisez une dernière fois** vos fiches de révision.
- **Couchez-vous tôt** : vous devez avoir l'esprit clair et reposé pour les épreuves.
- **Préparez votre matériel** (règle, crayons de couleur taillés, etc.), ainsi que votre carte d'identité et votre convocation.
- Pensez à prendre une **montre** (mais pas de téléphone), une petite bouteille d'eau et de quoi manger en cas de petit creux !

C. Le jour de l'épreuve

- **Lisez bien** tous les sujets (documents, questions, consignes et nombre de points).
- **Planifiez** votre travail sur les deux heures.
- Le **brouillon** permet de rassembler vos idées et vos connaissances. C'est un compagnon bien pratique pour toute épreuve !
- Présentez une **copie soignée**, car les correcteurs préfèrent lire un travail lisible et bien formulé.

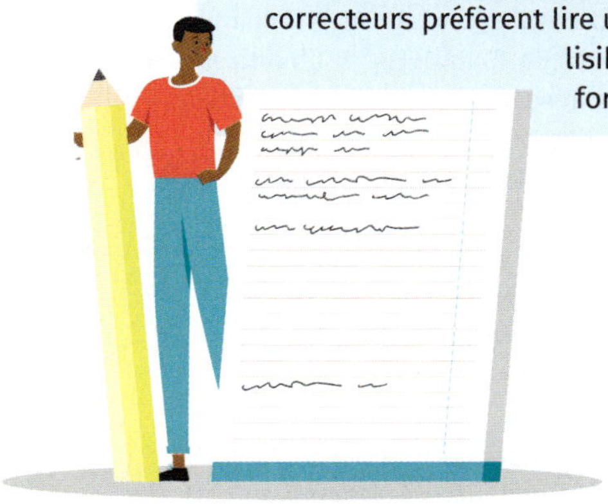

D. Ayez confiance en vous !

- Vous savez beaucoup de choses, **vous êtes prêt** pour l'épreuve ! Vous allez pouvoir mettre en valeur tout ce que vous avez appris au long du cycle et tout ce que vous savez faire !

Méthode

Votre « boîte à outils » pour le brevet

- **Savoir analyser un document**

À chaque document ses particularités ! Vous trouverez des conseils aux pages suivantes pour analyser :

- une affiche de propagande (p. 80) ;
- une affiche publicitaire (p. 434) ;
- un article de presse (p. 214) ;
- une caricature (p. 156) ;
- une carte en géographie (p. 324) ;
- une carte en histoire (p. 110) ;
- un discours politique (p. 192) ;
- un document de prospective (p. 370) ;
- un document du quotidien (p. 388) ;
- un graphique (p. 340) ;
- des mémoires (p. 282) ;
- un paysage (p. 304) ;
- une photographie (p. 258) ;
- un tableau (p. 56) ;
- un tableau statistique (p. 412) ;
- un témoignage (p. 174) ;
- une tribune (p. 236) ;
- la une d'un journal (p. 130).

- **Conseils pratiques**

- Travailler au brouillon (p. 304).
- Écrire avec précision (p. 56).
- Utiliser les mots-clés (p. 80).
- Utiliser les mots de liaison (p. 258).
- Présenter sa copie (p. 344).
- Relire sa copie (p. 434).

3 L'oral au brevet : la soutenance d'un projet

Voici toutes les clés pour préparer l'épreuve orale au brevet.

A. L'épreuve orale au brevet

- L'épreuve orale au brevet est une **soutenance de projet**. Elle se déroule en deux temps : un **exposé de 5 minutes** et un **entretien de 10 minutes** avec le jury (épreuve individuelle) ou un **exposé de 10 minutes** et un **entretien de 15 minutes** avec le jury (épreuve collective).
- Le jury est composé d'au moins deux professeurs de votre collège qui enseignent deux disciplines différentes.
- Lors de l'exposé, vous présentez un **projet que vous avez mené** dans le cadre des enseignements pratiques interdisciplinaires (EPI) ou dans le cadre d'un des parcours éducatifs.
- Vous pouvez présenter une partie de votre exposé dans une langue étrangère ou régionale.

B. Quelles sont les attentes du jury ?

- Lors de l'entretien, le jury évalue **sur 50 points** :
  - la façon dont vous exposez **votre démarche** ;
  - votre capacité à **prendre du recul** sur votre travail et celui de vos camarades ;
  - votre **regard critique** sur votre production ;
  - votre capacité à **raisonner** et à **justifier** votre démarche ;
  - si vous savez **mettre en valeur** ce que le projet vous a apporté.
- Le jury évalue également la qualité de votre prestation orale et votre attitude pendant l'oral **sur 50 points.** Il regarde donc si :
  - vous utilisez un **niveau de langue** correct ;
  - vous arrivez à développer un **exposé construit** pendant 5 minutes, de manière synthétique ;
  - vous êtes capable d'**exprimer des sentiments**, des émotions ;
  - vous formulez un **avis personnel** et exprimez votre opinion **de manière argumentée**, en écoutant votre interlocuteur ;
  - vous connaissez et utilisez le **vocabulaire spécifique** de l'histoire-géographie ou de l'histoire des arts.

C. Bien se préparer à l'épreuve

- La première partie de l'épreuve est un **exposé** sur les connaissances et les compétences que le projet vous a apporté.
  - Organisez votre exposé en **deux ou trois grandes parties** bien définies.
  - Rédigez votre exposé sous forme de notes. Utilisez différentes couleurs pour distinguer les informations les plus importantes : cela vous permettra de retrouver vos idées d'un seul coup d'œil pendant l'oral.
  - N'hésitez pas à vous entraîner en vous **chronométrant**, pour être certain que votre exposé n'est ni trop court ni trop long. Vous pouvez faire votre exposé devant votre famille ou avec vos amis pour vous **habituer à parler** devant un auditoire.
- La seconde partie de l'épreuve est un **entretien** avec le jury. Réfléchissez aux questions que le jury peut vous poser et **anticipez** les réponses que vous pouvez apporter.
  - Préparez-vous à être interrogé sur les **raisons de votre choix** : pourquoi avez-vous choisi de travailler sur ce projet ?
  - Comment avez-vous organisé le travail dans votre groupe ?
  - Quelles sont les **difficultés** que vous avez rencontrées au cours de la réalisation de ce projet ? Comment les avez-vous surmontées ?

D. Le passage de l'épreuve

Le passage d'une épreuve orale est toujours un moment impressionnant. C'est normal ! Prenez le temps de respirer bien profondément.

▶ **1re partie : l'exposé**

- En entrant dans la salle d'examen, **saluez** chacun des membres du jury et attendez leurs consignes.
- Pendant l'épreuve, pensez à vous **tenir bien droit** et à **regarder** les examinateurs.
- Parlez suffisamment fort et **articulez**. Ne vous précipitez pas ! Le plus important est que le jury comprenne sans difficulté les idées que vous voulez exprimer.
- Pendant l'exposé, vous pouvez **utiliser vos notes**. Attention : vous ne devez surtout pas vous contenter de lire sans regarder le jury !
- Exprimez-vous avec **vos propres mots** et n'utilisez vos notes que pour vérifier certaines informations ou retrouver le fil de vos idées.
- Si vous perdez le fil de votre développement ou si vous ne trouvez pas les mots pour répondre à une question, pas de panique ! Reprenez calmement là où vous en étiez et **reformulez** vos idées.
- Pensez à **surveiller votre montre** pour ne pas dépasser le temps.

▶ **2e partie : l'entretien**

- Écoutez **attentivement** les questions. Essayez d'y **répondre avec précision.**
- Le jury peut vous interroger sur les autres projets que vous avez menés au cycle 4. Vous devez être capable d'expliquer **ce que ces projets vous ont apporté**.
- Le jury appréciera que vous lui expliquiez les **émotions** et les **sentiments** que vous avez ressentis.

E. Le jour J !

▶ Voici une petite liste des **éléments à ne pas oublier** le jour de l'épreuve orale. Préparez-les la veille :

- votre convocation et votre pièce d'identité ;
- une montre (mais pas de téléphone) ;
- une petite bouteille d'eau ;
- à manger en cas de petit creux ;
- de quoi écrire : un cahier, votre trousse ;
- vos notes et votre préparation pour l'exposé ;
- enfin, habillez-vous avec soin, tout en choisissant des vêtements dans lesquels vous êtes à l'aise.

FICHE MÉTHODE

4 Les méthodes en EMC

Cette année, en EMC, vous allez travailler à partir de mises en situation et de cas pratiques. Retrouvez dans votre manuel 15 dossiers d'EMC menés au travers de débats argumentés, de présentations orales (individuelles ou de groupe), de dilemmes moraux, d'activités de recherche ou de jeux de rôle.

A. Le débat

Un débat n'est pas une simple discussion, mais un échange d'arguments qui suit des règles. L'objectif est de faire progresser la réflexion collective et de réfléchir à l'intérêt général, au-delà des intérêts particuliers.

▶ **Avant le débat**
- Lisez ou écoutez attentivement le sujet du débat.
- Analysez-le, en définissant les mots-clés du sujet.
- Identifiez les ressources proposées pour trouver vos arguments et les idées principales.

▶ **Les règles du débat**
- Chacun a droit à la parole.
- Toute prise de parole doit être argumentée.
- Chaque élève est responsable de ce qu'il dit.
- La priorité de parole est donnée à celui qui n'a pas encore parlé.

▶ **Les rôles dans un débat**
- Le président de séance présente le sujet et les intervenants et distribue la parole.
- L'assistant du président gère le temps et rappelle à l'ordre ceux qui s'éloignent du sujet.
- Les rapporteurs écrivent un résumé des interventions sur une feuille ou au tableau.
- Les débatteurs ont pour mission de faire avancer le débat.

	Je ne l'ai pas fait	Je peux encore progresser	Je suis satisfait
J'ai pris la parole	☐	☐	☐
J'ai demandé la parole en levant la main	☐	☐	☐
J'ai parlé distinctement	☐	☐	☐
J'ai écouté mes camarades	☐	☐	☐
J'ai apporté un argument nouveau	☐	☐	☐
J'ai utilisé un exemple précis	☐	☐	☐
J'ai constaté que mon point de vue a évolué	☐	☐	☐

B. L'oral

▶ Chaque membre du groupe doit **participer** : répartissez-vous la parole.

▶ Parlez assez fort et en **articulant**, afin d'être entendu par tous.

▶ **Regardez** votre interlocuteur ou votre auditoire (public, classe).

▶ **Mettez le ton** afin de convaincre votre auditoire et ne parlez pas trop vite.

▶ Si vous utilisez un **support** de présentation (diaporama, vidéo, etc.), intégrez-le à votre oral et expliquez ce qu'il apporte.

	Je ne l'ai pas fait	Je peux encore progresser	Je suis satisfait
J'ai pris la parole	☐	☐	☐
J'ai parlé fort et en articulant	☐	☐	☐
J'ai regardé mon auditoire	☐	☐	☐
J'ai été enthousiaste et dynamique	☐	☐	☐
J'ai répondu aux questions posées	☐	☐	☐
J'ai écouté les autres	☐	☐	☐

C. Le dilemme moral

- Un dilemme moral est une **hésitation forte entre deux obligations** qui ont toutes les deux des avantages et des inconvénients.
- Le plus souvent, le dilemme est présenté sous la forme d'une courte histoire, avec un ou plusieurs personnages confrontés à des possibilités contradictoires. Que devrait-il faire face à ce dilemme ?
- Pour réfléchir à un dilemme :
  - commencez par lire ou écouter attentivement la situation présentée en entier, sans réagir trop vite ;
  - envisagez les sentiments du personnage concerné ;
  - demandez-vous ce qu'il veut faire, ce qu'il peut faire et ce qu'il doit faire ;
  - donnez des arguments pour justifier votre avis ;
  - écoutez les arguments des autres.
- On a le droit de **changer d'avis** après avoir entendu les arguments des autres : n'hésitez pas à reconsidérer votre avis ou à demander la parole plusieurs fois.

	Je ne l'ai pas fait	Je peux encore progresser	Je suis satisfait
J'ai compris le dilemme	☐	☐	☐
J'ai réfléchi à toutes les possibilités	☐	☐	☐
J'ai donné un argument	☐	☐	☐
J'ai écouté les arguments des autres	☐	☐	☐

D. Mener une recherche

- Pour mener une recherche sur des documents, il faut savoir :
  - **s'organiser,** pour définir ce que l'on cherche, établir une démarche pour trouver les réponses ou les ressources, et réaliser la recherche ;
  - **noter avec précision les sources** des documents et des ressources utilisés ;
  - **tenir un carnet de bord**, si la recherche est effectuée sur plusieurs semaines ;
  - **travailler en équipe**, si la recherche doit être effectuée en groupe.

	Je ne l'ai pas fait	Je peux encore progresser	Je suis satisfait
J'ai trouvé des réponses dans des ressources	☐	☐	☐
J'ai noté soigneusement mes sources	☐	☐	☐
J'ai organisé mon travail efficacement	☐	☐	☐
En groupe, j'ai participé à la répartition des tâches	☐	☐	☐

E. Le jeu de rôle

- Un jeu de rôle consiste à **se placer en situation**. Il peut s'agir d'une situation imaginaire (participer à une pièce de théâtre, inventer des personnages) ou d'un cas pratique (mettre en place une action au collège, aller vers des intervenants extérieurs).
  - **Suivez les consignes** proposées : lisez attentivement la consigne, afin de bien la comprendre.
  - **Répartissez-vous les rôles** et les tâches pour travailler en équipe.
  - **Appuyez-vous sur les ressources** et les documents proposés pour comprendre votre rôle et votre tâche.

	Je ne l'ai pas fait	Je peux encore progresser	Je suis satisfait
J'ai agi dans un esprit collectif	☐	☐	☐
J'ai mené la tâche demandée	☐	☐	☐
J'ai travaillé dans le calme	☐	☐	☐
J'ai respecté les rôles des autres	☐	☐	☐

THÈME I

L'Europe, un théâtre majeur des guerres totales (1914-1945)

Votre année de 3e est consacrée à l'étude du monde contemporain. Dans le premier chapitre, vous découvrirez la Première Guerre mondiale et la violence de masse qui la caractérise. Les sociétés européennes sortent profondément traumatisées de ce conflit mondial.

Vous étudierez comment les régimes totalitaires s'installent au pouvoir dans l'entre-deux-guerres et comment réagissent les démocraties. La Seconde Guerre mondiale est une guerre d'anéantissement, aux enjeux idéologiques. C'est dans ce cadre que le génocide des Juifs et des Tziganes est perpétré par les nazis. Vous apprendrez enfin comment, en France, la Résistance s'oppose à l'occupation nazie et à la politique de collaboration mise en place par le régime de Vichy, régime autoritaire et antisémite.

◂ Reprise du fort de Douaumont par les troupes françaises, 24 octobre 1916.

Chapitre

1 La Première Guerre mondiale

V. E.
623

LA PREMIÈRE GUERRE MONDIALE

DÉMOCRATIES ET TOTALITARISMES DANS L'ENTRE-DEUX-GUERRES

LA SECONDE GUERRE MONDIALE

LA FRANCE DANS LA SECONDE GUERRE MONDIALE

En août 1914, les grandes puissances européennes entrent en guerre. États et populations sont entraînés dans une guerre mondiale d'un type nouveau.

Comment la Première Guerre mondiale bouleverse-t-elle les sociétés européennes ?

Quiz

1. Quels sont les deux empires coloniaux les plus importants en 1914 ?
   a. Allemand et autrichien
   b. Français et britannique
   c. Espagnol et portugais

2. Qu'est-ce qui transforme les sociétés européennes au XIXe siècle ?
   a. L'humanisme et la Renaissance
   b. La pratique de l'esclavage
   c. La révolution industrielle

3. Quel régime politique, né en 1870, est en place en 1914 en France ?
   a. La IIIe République
   b. Le Second Empire
   c. La IIe République

4. Quel territoire est perdu par la France lors de la guerre contre la Prusse en 1871 ?
   a. Le Nord-Pas-de-Calais
   b. L'Alsace-Lorraine
   c. La Savoie

Dans ce chapitre je vais

- Expliquer ce qu'est une guerre totale et quelle est l'implication des civils dans la guerre.
- Décrire les violences de guerre de la Première Guerre mondiale.
- Raconter le génocide des Arméniens.

Histoire et fiction

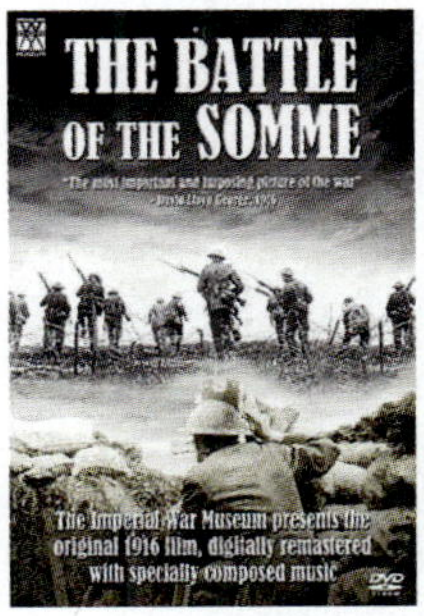

La Bataille de la Somme est un film produit par le Bureau de la Propagande du ministère britannique de la Guerre. Présenté dans les salles en août 1916, le film est vu par la moitié de la population. Un record qui ne sera battu qu'en 1977 !

Numérique

Retrouvez un parcours numérique pour préparer la certification PIX sur LLS.fr/HG3PIX1.

◀ Des soldats allemands dans une tranchée.
L'une des batailles les plus violentes de la Première Guerre mondiale se déroule à Verdun, en 1916. Plus de 300 000 soldats français et allemands y sont tués.

Repères

L'engrenage des alliances

Compétence Je me repère dans le temps et dans l'espace

À la fin du XIXe siècle, le nationalisme des pays européens aboutit à la mise en place de deux systèmes d'alliances. La Triple-Entente (France, Royaume-Uni, Russie) s'oppose à la Triple-Alliance (empires allemands et austro-hongrois, Italie). Après l'assassinat, le 28 juin 1914 à Sarajevo, de l'archiduc François-Ferdinand, héritier de l'empire d'Autriche-Hongrie, le conflit éclate et s'élargit progressivement.

1 La Première Guerre mondiale (1914-1918)

carte interactive

Les alliances en 1914 et les États en guerre

- EMPIRE ALLEMAND : La Triple-Alliance en 1914
- Empires centraux
- Alliés des Empires centraux
- Pays neutres
- FRANCE : La Triple-Entente
- Pays de l'Entente
- Alliés de l'Entente
- Entrée en guerre des États-Unis (1917)
- Attentat de Sarajevo (28 juin 1914)

Civils et militaires dans la guerre

- 1916 : Offensives de la Triple-Entente
- 1917 : Offensives de la Triple-Alliance
- Le front fin 1917
- Principales batailles
- Principales batailles navales
- Génocide des Arméniens

Notions

Une guerre totale

Mobilisation humaine, économique, culturelle et morale de toute la société pour gagner la guerre.

Affiche de propagande du gouvernement français pendant la Première Guerre mondiale.

1. **Doc. 3 et affiche ci-contre** Relevez sur ces deux affiches plusieurs formes d'implication des populations dans la guerre.
2. **Doc. 3** Que représente la bête ? Qui tient-elle entre ses bras ? Que tient-elle dans son autre main ?
3. **Doc. 3 et affiche ci-contre** Quel est le but de ces affiches ?

2 Une guerre mondiale

Des soldats algériens dans l'Oise, 1917.

3 La propagande

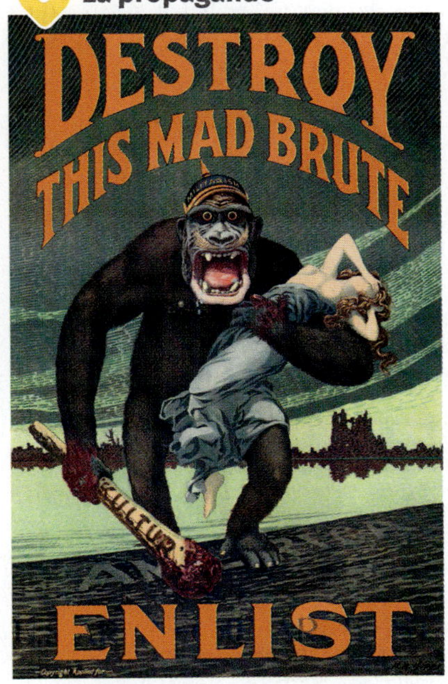

« Détruisez cette bête furieuse, engagez-vous ! », affiche américaine, 1917.

Vocabulaire

Le front : zone dans laquelle les combats ont lieu.

Une guerre mondiale : conflit qui implique des États de plusieurs continents. En 1914, la guerre débute en Europe, puis entraîne les États-Unis et le Moyen-Orient. Des soldats coloniaux (Afrique, Asie) sont mobilisés dès le début du conflit. Des batailles ont également lieu dans l'Atlantique.

Le nationalisme : idéologie politique qui repose sur l'affirmation de la supériorité de la nation.

Repères

Les grandes phases de la guerre

Compétence Je situe et j'ordonne dans le temps

Le conflit débute par une guerre de mouvement. À partir de la fin 1914, c'est la guerre de position, marquée par des offensives violentes et meurtrières dans les tranchées. L'Allemagne reprend l'avantage au printemps 1918. Grâce à l'aide des États-Unis et à l'usage de chars et d'avions, l'Entente remporte la victoire au cours de l'été 1918. L'armistice avec l'Allemagne est signé le 11 novembre 1918.

1914 — 1915 — 1916 — 1917

Guerre de mouvement Août-nov. 1914

Guerre de tranchées Nov. 1914-mars 1918

- **Août 1914** Début de la guerre
- **Avril 1915** Début du génocide arménien
- **Février 1917** Première révolution russe
- **28 juin 1914** Attentat de Sarajevo
- **Fév.-déc. 1916** Bataille de Verdun
- **Avril 1917** Entrée en guerre des États-Unis

▲ Illustration du *Petit Journal*, juillet 1914.

▲ Soldats français à Verdun, 1916.

▲ Voir p. 39.

1 L'arrière

▲ Fabrication d'obus dans l'usine Citroën, Paris, 1915.

Vocabulaire

L'arrière : régions dans lesquelles on ne se bat pas (en arrière du front).

La guerre de mouvement : stratégie militaire de déplacements rapides des armées (offensives).

Le traité de Versailles : le traité de Versailles met fin à la Première Guerre mondiale. Il est signé le 28 juin 1919 entre les vainqueurs et l'Empire allemand, dans la galerie des Glaces du château.

2 La guerre de mouvement

Soldats américains sur des chars Renault, 1918.

1918 — 1919 — 1920

Guerre de mouvement Mars-nov. 1918

- **11 novembre 1918** Armistice entre l'Entente et l'Empire allemand
- **28 juin 1919** **Traité de Versailles**
- **Octobre 1917** Deuxième révolution russe : prise du pouvoir par les bolcheviks
- **Décembre 1917** Armistice germano-russe

Voir p. 47.

Notions

La guerre de tranchées ou guerre de position

Stratégie militaire défensive visant à maintenir les positions, en s'installant dans des tranchées.

Les tranchées sont un ensemble de fossés creusés dans la terre, dans lesquels les soldats vivent et combattent.

Dessin des tranchées, André Devambez, 1915 (musée de l'Armée, Paris).

1. Relevez les dates de la guerre de tranchées.
2. Relevez une grande bataille de la Première Guerre mondiale et situez-la sur la carte p. 32.
3. À l'aide du dessin ci-contre, décrivez les tranchées.

Menez l'enquête

Être soldat pendant la guerre

Novembre 1914
Début de la guerre de tranchées

Fév. - déc. 1916
Bataille de Verdun

Printemps 1917
Mutineries dans l'armée française

Tâche à réaliser

Nous sommes en 1917. Vous êtes Jérôme Canard et vous travaillez au *Canard enchaîné*, journal français fondé en 1915 pour dénoncer la censure. Ce matin, vous avez reçu un courrier étonnant ! Vous décidez d'enquêter sur les conditions de vie et de combat des soldats pendant la Première Guerre mondiale. Réalisez un article illustré pour le journal.

ÉTAPE 1 Expliquer une mutinerie

Doc. 1 et 2

1. Identifiez les auteurs de ces documents.
2. Que demandent-ils ? Comment se justifient-ils ?

1 Un refus de combattre

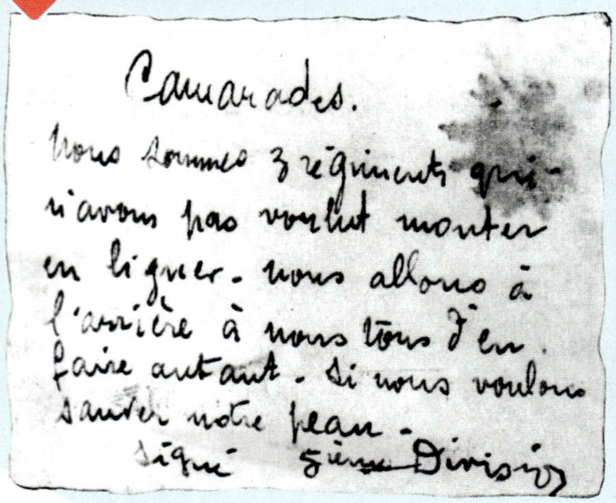

Camarades.
Nous sommes 3 régiments qui
n'avons pas voulut monter
en ligne. nous allons à
l'arrière à nous tous d'en
faire autant. Si nous voulons
sauver notre peau.
signé 3ème Division

▲ « Tract » manuscrit, vers 1916-1918.
Des soldats mutins jettent ce message du camion qui les transfère vers les camps militaires : « Camarades, nous sommes trois régiments qui n'avons pas voulu monter en ligne. Nous allons à l'arrière. À nous tous d'en faire autant si nous voulons sauver notre peau. »

▲ Symboles du journal *Le Canard enchaîné*, créé en septembre 1915 pour lutter contre la censure.

2 Une pétition de soldats français

Les soussignés sous-officiers caporaux et soldats vous prient de soumettre au colonel du 298e Régiment leur intention bien déterminée de ne plus retourner en tranchées dans le cas éventuel où vous auriez reçu des instructions nous y obligeant. Tous nous sommes solidaires les uns des autres car nous nous rendons compte que la continuation de la guerre qui a déjà fait verser le sang de millions de victimes n'est plus qu'une duperie sans aucun profit pour la France et moins encore pour ceux qui la font réellement et espérons par notre attitude qui n'est pas isolée à amener nos gouvernants pendant qu'il est temps encore à une paix honorable.

Pétition du 29 juin 1917, cité par André Loez et Nicolas Offenstadt, *La Grande Guerre. Carnet du centenaire*, Albin Michel, 2013.

Numérique

Pour réaliser ce travail, vous pouvez utiliser l'outil Emaze. En sélectionnant le thème « *Breaking News* », vous pouvez faire une page de journal dynamique. **LLS.fr/HG3Emaze**

ÉTAPE 2 Décrire les conditions de vie dans les tranchées

Doc. 3

1. Commencez à rédiger votre article en décrivant les tranchées.
2. De quoi sont-elles faites ? Qu'y trouve-t-on ?
3. Relevez les indices montrant que les conditions de vie y sont très difficiles.

3 La vie dans les tranchées

Soldats français dans les tranchées en Flandres, en 1917. ▶

▲ Soldats français dans les tranchées, date et lieu inconnus.

ÉTAPE 3 Raconter les combats à Verdun

Doc. 4

1. Pour finir votre article, relevez les éléments montrant les violences physiques et psychologiques.

4 Combattre dans l'enfer de Verdun (1916)

Un soldat français : « La pluie commence à tomber et remplit nos tranchées à moitié [...]. Nous sommes trempés jusqu'aux os, tremblants de froid, et nous souffrons, avant tout, de la faim et de la soif, car nous ne pouvons être ravitaillés. »

Un soldat allemand : « Des odeurs de cadavres qui n'ont pu être enterrés s'élèvent des anciennes tranchées françaises ravagées [...]. Quand vient le vent du nord avec son épouvantable odeur de putréfaction[1] ou avec la puanteur des grenades de soufre et de phosphore[2] et quand le feu de batterie reprend, nos nerfs sont remis à rude épreuve. »

Un soldat français : « Imagine ce que peut être un assaut à l'arme blanche, ces aciers fins et blancs au bout des fusils tenus par nos mains crispées. Ce combat est ce que l'on peut demander de pire à nos corps faibles, tremblants [...]. Nous arrivons tout près des Boches et un terrible corps à corps s'engage. Les fusils ne peuvent plus nous servir et c'est à l'aide de nos pelles que nous frappons [...]. Je saigne du nez et des oreilles, je suis fou, je ne vois même plus le danger. »

Extraits de Jean-Pierre Guéno, *Paroles de Verdun*, Perrin, 2006.

1. Décomposition 2. Gaz de combat

BRAVO !

En menant cette enquête, j'ai appris à :

- Analyser et comprendre des documents
- Réaliser une production audio-visuelle, un diaporama

Dossier 1

Des sociétés mobilisées

Compétence J'analyse et je comprends des documents

Pour obtenir la victoire, les États et les sociétés sont entièrement mobilisés : l'économie de guerre est mise en place, la science, l'industrie et la culture sont sollicitées, la censure et la propagande sont utilisées. Les civils subissent aussi les violences de la guerre.

Comment les civils sont-ils mobilisés dans la Première Guerre mondiale ?

1 Les civils dans les zones de combat

Ce commerçant de Roubaix vit dans le nord de la France, occupé par les Allemands.

19 novembre 1914. Depuis l'occupation l'heure de la mairie est l'heure allemande. [...]

10 janvier 1915. On entend le canon très fort. On commence à accepter l'idée que la guerre pourrait fort bien durer 6 mois.

6 avril 1916. Hier au soir on a emmené 2 à 300 hommes, jeunes gens et jeunes filles de force, pour les faire travailler [...] à couper du bois, sans doute pour les tranchées.

22 octobre 1916. Toujours sans aucune nouvelle des nôtres cela commence à devenir terriblement pénible. Nous pourrions en avoir de morts sans rien savoir ou blessés ou amputés ?!

29 janvier 1917. La pénurie de charbon, le pain noir, les pommes de terre très chers, font une grande misère partout.

12-14 août 1917. Une bombe anglaise provenant d'aéroplane est tombée à Lille [...]. D'autres bombes ont été lancées dans le faubourg sud à Lille, une vingtaine de blessés et 3 morts.

« Le journal de David Hirsch », dans Annette Becker, *Journaux de combattants et civils de la France du Nord dans La grande guerre*, Septentrion, 1998.

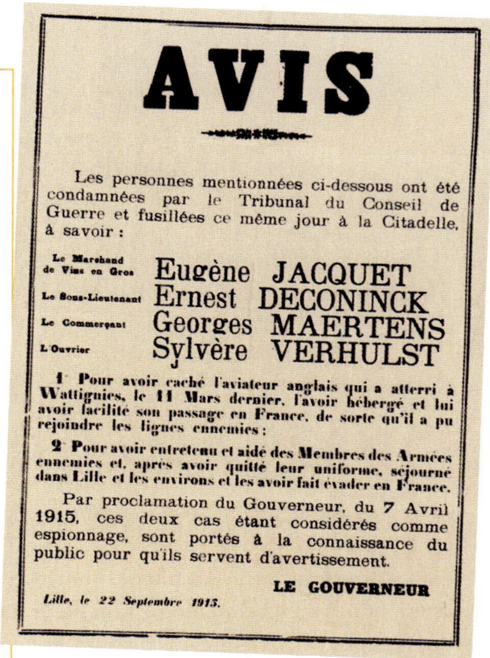

▲ Affiche placardée à Lille, septembre 1915. Ces personnes ont été condamnées par le tribunal du conseil de guerre et fusillées.

2 L'effort de guerre à l'arrière

◀ Une usine de production d'obus en Écosse, 1915. Les usines sont reconverties dans la production de matériel de guerre. Sur les chaînes de montage ou dans les champs pour les travaux agricoles, les femmes remplacent les hommes mobilisés.

Numérique

Retrouvez une vidéo sur le rôle des paysannes dans la guerre sur LLS.fr/HG3Paysannes.

3 Des affiches pour mobiliser la population

◀ Affiche appelant à la mobilisation (« Êtes-vous impliqués ? »), Royaume-Uni, 1916.

▲ Affiche de recrutement (« J'ai besoin de vous pour l'armée ! »), États-Unis, 1917.

Affiche incitant au prêt d'argent ▲ (« Femmes ! Aidez les fils de l'Amérique à gagner la guerre ! Achetez les bons du 2e prêt de la Liberté »), États-Unis, 1917.

4 Le « bourrage de crâne »

L'inefficacité des projectiles ennemis est l'objet de tous les commentaires. Les *shrapnel*[1] éclatent mollement et tombent en pluie inoffensive. Quant aux balles allemandes, elles ne sont pas dangereuses : elles traversent les chairs de part en part sans faire aucune déchirure.

L'Intransigeant (journal français), 17 août 1914.

1. Obus à balles.

Vocabulaire

La censure : voir p. 51.

La propagande : communication destinée à répandre certaines idées dans l'opinion publique.

5 La censure

Le Numéro 10 Centimes — 6 Septembre 1916 ★

Le Canard Enchaîné

JOURNAL HUMORISTIQUE

Paraissant tous les Mercredis

RÉDACTION et ADMINISTRATION : 142, Rue Montmartre — PARIS

ABONNEMENTS : France UN AN : 5 fr. SIX MOIS : 2 fr. 50 — Étranger — 7 fr. — 4 fr.

Dessin censuré

Article censuré

Ici : Néant ! — Incident

LE HÉROS

Chaque soir, sur le boulevard, à l'heure délicieuse de l'apéritif (pour les civils) et du sirop d'orgeat (pour les militaires), je rencontre mon brave ami l'Embusqué.

Mon brave ami l'Embusqué est un homme dans toute la force de l'âge et, ce qui ne gâte rien, un homme riche, extrêmement riche.

Il jouit, en outre, d'une excellente constitution et mesure, pour le moins, de la tête aux pieds, un mètre quatre-vingt-cinq.

[illegible] a toutes les qualités requises pour faire un remarquable *service armé*.

Cependant, à la suite de je ne sais quelles mystérieuses circonstances, il a réussi à se faire affecter, dans Paris même, à un service de tout repos dans lequel il coule, loin des champs de bataille, des jours exempts de complications.

A l'ordinaire, sa large physionomie dénote une inaltérable béatitude. Or, hier, et contrairement à l'accoutumée, mon brave ami l'Embusqué paraissait fort embêté.

Je crus devoir lui en marquer quelque surprise et, comme je lui demandais les raisons de cette attitude insolite, il me dit à brûle-pourpoint :

— Vous connaissiez Baptiste, mon valet de chambre ? Une perle, mon cher, une véritable perle. J'avais cet homme à mon service depuis bientôt dix ans. Dix ans ! Je ne sais si vous vous rendez bien compte du bonheur que l'on peut avoir à conserver dix ans de suite un même domestique ?

— Pas du tout, dis-je, un peu confus. Et pour cause...

— Ça ne fait rien, continua mon ami [illegible]

▲ Une du journal *Le Canard Enchaîné*, septembre 1916.

Questions

Questionnement différencié sur LLS.fr/HG3P39

1. **Doc. 1** Par qui les villes de Roubaix et de Lille sont-elles occupées ? Quelles sont les conséquences sur la vie quotidienne des habitants ?
2. **Doc. 2** Qui travaille à l'usine ? Que fabrique-t-on ?
3. **Doc. 3** Qu'est-il demandé aux citoyens ? Décrivez ce qui doit les convaincre.
4. **Doc. 4** Relevez deux éléments rassurants. Sont-ils vrais ?
5. **Doc. 5** Décrivez la une du journal : que manque-t-il ? Pourquoi ?
6. **Doc. 1 à 5** En vous aidant de la définition p. 33, expliquez pourquoi la Première Guerre mondiale est une guerre totale.

   › GUIDE
   - Décrivez la vie quotidienne difficile des civils (implication économique et morale).
   - Décrivez les formes de violence qu'ils subissent.

Le génocide des Arméniens (1915-1916)

Compétence J'analyse et je comprends des documents

En 1914, la minorité arménienne (plus de deux millions d'habitants de confession chrétienne) vit surtout dans les parties orientales de l'Empire ottoman (majoritairement musulman). Marqué par les défaites militaires et les tensions au sein de l'État, le gouvernement ottoman décide la déportation et le massacre des Arméniens en 1915-1916, provoquant la mort d'environ 1,2 à 1,5 million d'entre eux.

Avril 1915 Arrestation d'Arméniens

Mai - juillet 1915 Premières déportations

Fin 1915 - été 1916 Deuxième vague de déportations

Quelles violences de masse les Arméniens subissent-ils en 1915-1916 ?

1 La décision des autorités ottomanes

En janvier 1915, l'Empire ottoman subit une défaite importante contre les Russes à Sarikamis. Les Arméniens sont désignés comme responsables.

Les Arméniens [...] ayant tenté de troubler la paix et la sûreté de l'Empire ottoman [...], ayant osé se joindre à l'ennemi[1] [...], notre gouvernement se voit forcé de prendre des mesures extraordinaires [...]. Il est rigoureusement enjoint à tous les Ottomans d'obéir de la façon la plus absolue aux ordres ci-après :

1. Tous les Arméniens, à l'exception des malades, seront forcés de partir dans un délai de cinq jours de la date de la présente proclamation, par villages ou quartiers, et sous l'escorte de la gendarmerie [...].

2. Il leur est défendu de vendre leurs propriétés ou leurs biens [...] car leur exil n'est que temporaire [...].

5. Si l'un d'eux tentait de se servir d'armes contre les soldats ou les gendarmes, on devra se servir d'armes contre lui et le prendre mort ou vivant.

Communiqué du ministre de l'Intérieur ottoman Talaat Pacha, 26 mai 1915.

1. Les Arméniens sont accusés de complicité avec la Russie.

2 Le génocide des Arméniens

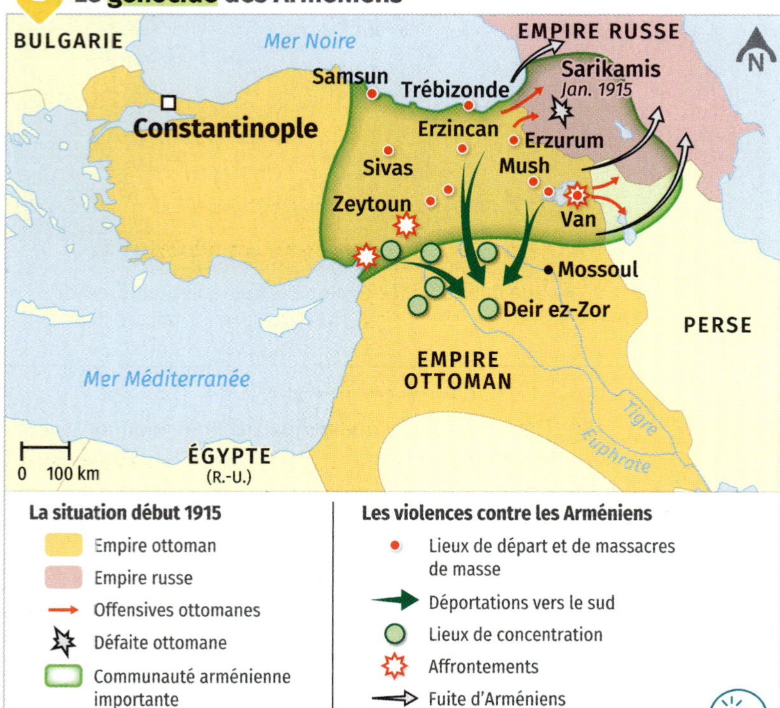

En 1915 et 1916, plus d'un million d'Arméniens sont arrêtés et déportés à pied ou en train depuis les régions orientales de l'Empire ottoman, en direction des régions désertiques du sud. Une grande partie d'entre eux est méthodiquement massacrée en cours de route.

Vocabulaire

Une déportation : déplacement forcé d'une population vers une région isolée ou dans des camps.

Un génocide : mise à mort programmée, méthodique et organisée d'un peuple en raison de son origine, de sa religion, de son appartenance ethnique ou culturelle.

3 Le récit d'un consul américain

S'il s'agissait seulement d'être obligé de partir pour aller ailleurs, ce ne serait pas si terrible, mais chacun sait qu'il s'agit d'aller à la mort. S'il subsistait quelque doute à ce sujet, ce doute a été dissipé par l'arrivée d'un grand nombre de convois réunissant plusieurs milliers de personnes venant d'Erzurum et d'Erzincan [...]. J'ai visité leur campement à de nombreuses reprises et me suis entretenu avec certains d'entre eux. On peut difficilement imaginer spectacle plus cruel. Ils étaient presque sans exception en guenilles, sales, affamés et malades, ce qui n'est pas surprenant étant donné qu'ils avaient été en route pendant près de deux mois sans changer de vêtements, sans possibilité de se laver, sans abri et avec très peu à manger.

Rapport du consul américain Leslie Davis, juillet 1915.

4 Le témoignage d'un Arménien

Au mois de février 1916, avec 30 000 déportés, nous sommes arrivés à Ras ul-Aïn par longs convois ferroviaires [...]. Chaque jour de grands convois étaient mis en route pour être soi-disant expédiés vers Deir ez-Zor ou Mossoul, alors que personne ne parvenait jusqu'à ces endroits. Par la suite, j'ai vu sur les rives du Djürdjüb el-Hamari [...], à quatre heures de Ras ul-Aïn, des quantités de puits remplis d'un nombre incalculable de cadavres [...]. Ceux qui, affamés et assoiffés, n'étaient plus en état de marcher suppliaient « une balle, une balle ». Mais utiliser une balle pour un Arménien était considéré comme du gaspillage. Le poignard, toujours le poignard. Nous avons finalement marché une heure durant en laissant derrière nous nombre de gens qui furent égorgés.

Témoignage de Garabèd K. Mouradian, 13 décembre 1918, cité dans *Revue d'histoire arménienne contemporaine*, 1998.

Photographie prise par l'ambassadeur des États-Unis à Constantinople, Henry Morgenthau, publiée en 1918. ▲

5 Les massacres dans les journaux

Toutes les nouvelles, de toutes les sources, parvenues de Constantinople, de Smyrne, [...] de Van, etc., s'accordent dans la description des horribles scènes de carnage dont les victimes sont, depuis le début de la guerre, les populations arméniennes de l'empire.

Les Turcs ont dressé un plan pour l'extermination complète des Arméniens et ils l'exécutent avec une sauvagerie qui fait dresser les cheveux sur la tête.

Article et illustration du *Petit Journal*, 12 décembre 1915.

Questions

Questionnement différencié sur LLS.fr/HG3P41

1. **Doc. 1** Que reproche le gouvernement ottoman à la communauté arménienne ?
2. **Doc. 1 et 2** Quelles mesures le gouvernement ottoman prend-il ?
3. **Doc. 1, 3 et 4** Quels indices montrent que tous les Arméniens sont concernés par cette mesure ?
4. **Doc. 2 à 5** Quelles sont les violences exercées à l'encontre des Arméniens ?

   > GUIDE
   - Décrivez plusieurs types de violence.
   - Relevez les acteurs impliqués dans ces violences.
5. **Doc. 1 à 5** En vous appuyant sur la définition de génocide et sur les arguments prélevés, trouvez trois arguments pour justifier l'usage du mot génocide pour qualifier le massacre des Arméniens.

Dossier guidé 3

Des sociétés transformées par la guerre

Compétence Je travaille en autonomie
Je raisonne, je justifie une démarche et les choix effectués

En 1920, Otto Dix peint *La Rue de Prague*, qui montre une scène des années 1920 à Dresde, en Allemagne. Cette œuvre témoigne des conséquences de la guerre. Les sociétés européennes sortent bouleversées du premier conflit mondial : le bilan humain et matériel est dramatique et les sociétés sont traumatisées par la « Grande Guerre ».

Quelles sont les conséquences de la guerre sur les sociétés européennes ?

1 Le bilan humain de la guerre

Les années 1920 sont marquées par une « fièvre commémorative ». Les villages construisent des monuments aux morts. Un soldat inconnu est placé sous l'arc de triomphe, à Paris, le 11 novembre 1920. Un ossuaire est construit à Verdun.

Question : racontez les conséquences humaines de la guerre.

› GUIDE
- Relevez les mots employés pour qualifier la guerre sur les monuments aux morts.
- La victoire de la France est-elle mise en avant ? Quels sentiments dominent ?
- Quel chiffre est donné ? Comparez avec le bilan du tableau ci-dessous.

Monument aux morts d'Équeurdreville (Manche), 1932.

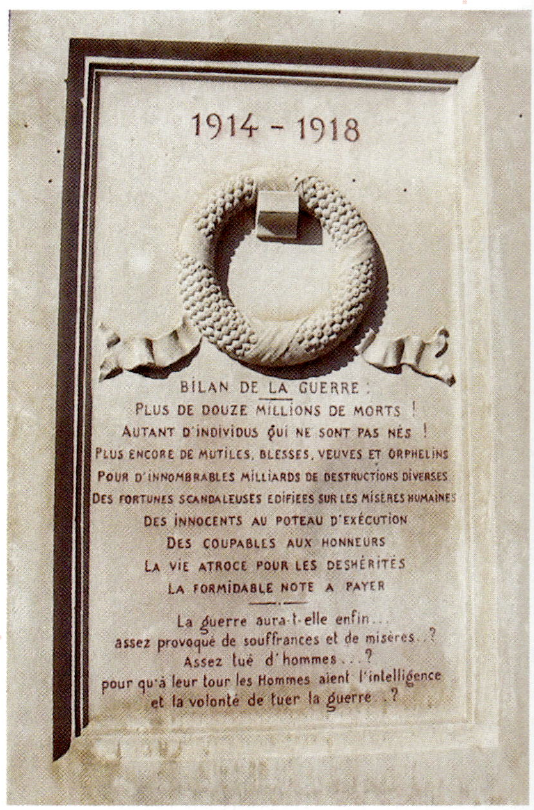

Monument aux morts de Saint-Martin-d'Estréaux (Loire), 1922.

	Soldats mobilisés (en millions)	Morts et disparus (en millions)	Blessés et mutilés (en millions)
Russie	18	1,8	4,9
Allemagne	13,2	2	4,2
Autriche-Hongrie	9	1,1	3,6
Royaume-Uni et ses colonies	9,5	0,9	1,6
France et ses colonies	8,5	1,4	4,2
Italie	5,6	0,7	1
États-Unis	3,8	0,1	0,2
Total	**67,6**	**8**	**19,7**

▲ Source : Centre Robert Schuman.

2 Des sociétés traumatisées

▲ Des « gueules cassées », années 1920.

Des dizaines de milliers de soldats gravement mutilés doivent reprendre une vie civile. Des associations sont créées pour accompagner les mutilés de guerre. Entre la reconnaissance de leur sacrifice et l'horreur de leur état, les sociétés européennes font difficilement face.

Question : quelles sont les conséquences de la guerre pour ces soldats ?

› GUIDE
- Décrivez l'état physique des soldats.
- Quelles sont les difficultés rencontrées par ces soldats après la guerre ?

Affiche d'une association d'aide aux mutilés de guerre, 1917. ▲

3 Les conséquences territoriales et économiques : l'Europe après 1919

Question : décrivez l'évolution des frontières de l'Europe.

› GUIDE
- Comparez avec la carte p. 32 : quels empires ont disparu ? Lesquels apparaissent ?
- Dans le texte, relevez les conséquences matérielles de la guerre.
- Montrez que la domination économique de l'Europe est remise en cause.

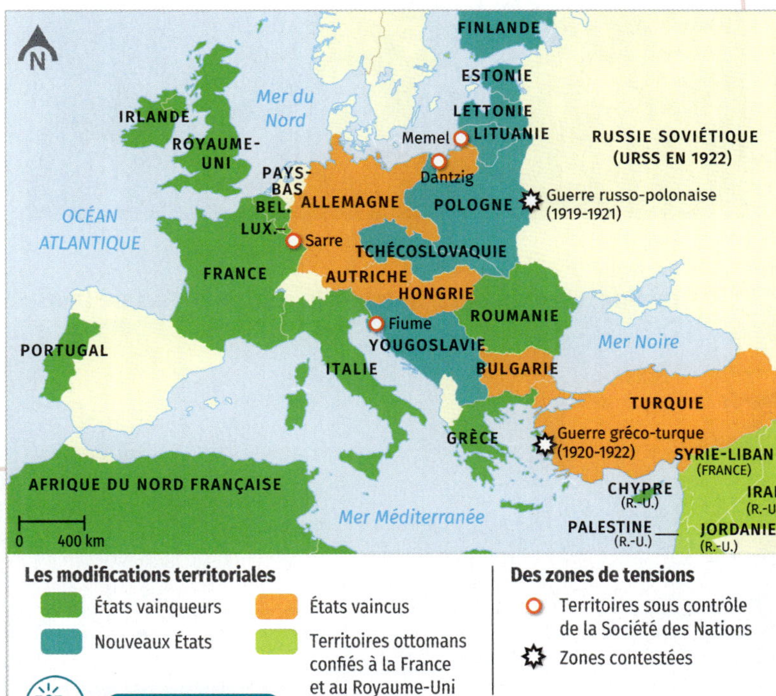

carte interactive

> Nous assistons au déclin de l'Europe [...]. Les héritiers de l'Europe sont les États-Unis et le Japon [...]. Sans les grains du Nouveau Monde, l'Europe ne mangerait pas à sa faim [...]. Dans la France du Nord, c'est un cataclysme qui a tout renversé [...] : la dévastation des forêts, des usines, des mines, des maisons, volontairement accomplie par l'ennemi [...], cette zone de mort, longue de 500 km [...] transformée en un désert.
>
> Albert Demangeon, *Le Déclin de l'Europe*, Payot, 1920.

Numérique

Retrouvez une vidéo sur le redécoupage des empires LLS.fr/HG3Empires.

Synthèse

▶ Décrivez les conséquences humaines, morales, matérielles et économiques de la Première Guerre mondiale sur les sociétés européennes.

Dossier 4

Les révolutions russes et la vague révolutionnaire en Europe

Compétence J'analyse et je comprends des documents

Les difficultés militaires et les souffrances des civils en Russie entraînent une montée de la contestation contre le pouvoir impérial. Les révolutions de l'année 1917 mettent fin au régime impérial, puis permettent l'arrivée des **bolcheviks** au pouvoir. Ces derniers établissent progressivement un régime **communiste**.

Août 1914 Entrée en guerre

Février 1917 1re révolution russe

Octobre 1917 2e révolution russe

Comment la société russe est-elle bouleversée entre 1917 et 1922 ?

1 La fin du régime tsariste

Des milliers de femmes défilent le 23 février 1917 pour réclamer la fin de la guerre, l'augmentation des rations alimentaires et le droit de vote. Le lendemain, des ouvriers et des soldats rejoignent le mouvement. Le départ du tsar est réclamé : Nicolas II abdique le 2 mars 1917.

Numérique
Retrouvez une vidéo sur les révolutions russes LLS.fr/HG3Revolutionrusse.

2 Lénine, chef du parti bolchevik, rentre en Russie (avril 1917)

Lénine (1870-1924)
Vladimir Ilitch Oulianov, dit Lénine, étudie le droit. Partisan des idées de Karl Marx, il s'exile en 1900 et fonde le parti bolchevik en 1912. Il rentre en Russie après la première révolution russe de février 1917.

Isaak Brodsky, *Lénine parlant aux ouvriers de l'usine Poutilov à Petrograd en mai 1917* (détail), 1929 (musée du communisme, Prague).

3 La Révolution d'octobre 1917 vue par Trotski

Léon Trotski est un responsable bolchevik, président du soviet des ouvriers et des soldats de Petrograd. Il est le principal acteur, avec Lénine, de la Révolution d'octobre.

Le 6 octobre, la section des soldats adopta [...] la résolution de Trotski : « Si le gouvernement provisoire est incapable de défendre Petrograd, il a l'obligation de signer la paix ou de céder la place à un autre gouvernement » [...]. Lénine appelle à l'insurrection [...]. Les principales opérations commencèrent vers deux heures du matin [dans la nuit du 24 au 25 octobre] [...]. L'on occupe [...] les gares, la centrale d'électricité [...] et les entrepôts d'approvisionnement [...], le pont du Palais [d'Hiver] [...]. À 2 h 35 de l'après-midi [...], la séance extraordinaire du **soviet** de Petrograd fut ouverte par un rapport de Trotski qui [...] décida que le gouvernement provisoire n'existait plus.

Léon Trotski, *Histoire de la révolution russe*, traduction, Seuil, 1930.

4 Les premières mesures des bolcheviks

Le pouvoir des soviets proposera une paix immédiate et démocratique à tous les peuples et un armistice sur tous les fronts. Il assurera la remise sans indemnité des terres des propriétaires fonciers [...] à la disposition des comités paysans[1] ; [...] il établira le contrôle ouvrier de la production.

Lénine, discours au 2e congrès des soviets des députés ouvriers et soldats de Russie, 26 octobre 1917.

1. Après la révolution de février 1917, la Russie connaît des révoltes de paysans dans les campagnes qui contestent la propriété foncière des nobles.

5 La vague révolutionnaire en Europe

1. La Russie bolchevique
- ☆ Révolution d'octobre 1917
- URSS à partir de 1922

2. La vague révolutionnaire en Europe
- Mouvements de grève importants
- Pays où s'est produite une insurrection communiste

Source : Yves Buffetaut, *Atlas de la Première Guerre mondiale*, 2014.

Vocabulaire

Les bolcheviks : militants du parti ouvrier social-démocrate fondé par Lénine, favorables à une révolution communiste.

Le communisme : idéologie qui veut créer une société sans classes sociales et dans laquelle la propriété privée est abolie.

Un soviet : « conseil » mis en place pendant la révolution russe, rassemblant des ouvriers, des paysans et des soldats.

Questions

Questionnement différencié sur LLS.fr/HG3P45

1. **Doc. 1** Qui dirige la Russie pendant la guerre ? À quelle alliance appartient-elle ?
2. **Doc. 1** Pourquoi et comment le régime tsariste disparaît-il ?
3. **Doc. 2 et 3** Qui organise la Révolution d'octobre ? De quelle façon ? Quelles sont les revendications ?
4. **Doc. 4** Quelles sont les principales mesures voulues par les bolcheviks ?
5. **Doc. 5** Montrez que des mouvements de contestation existent ailleurs en Europe.
6. **Doc. 1 à 5** Réalisez un schéma fléché intitulé « Les révolutions russes et leurs conséquences ».

> GUIDE
- Présentez le contexte dans une première case.
- Présentez les événements successifs dans une ou plusieurs cases.
- Indiquez enfin les conséquences.

Dossier 5

Le traité de Versailles

Compétence J'analyse et je comprends des documents

Quatre traités de paix sont signés après la guerre pour régler le sort des vaincus. Le traité de Versailles est signé le 28 juin 1919 entre les puissances alliées. Il prend des dispositions concernant l'Allemagne vaincue et crée la Société des Nations. Le sort de l'Autriche-Hongrie et celui de l'Empire ottoman sont réglés dans les traités de Saint-Germain-en-Laye et de Sèvres.

11 novembre 1918 Armistice

28 juin 1919 Traité de Versailles

10 septembre 1919 Traité de Saint-Germain-en-Laye

10 août 1920 Traité de Sèvres

En quoi le traité de Versailles conclut-il une paix imparfaite ?

1 Les principales dispositions du traité de Versailles

Art. 42. Il est interdit à l'Allemagne de maintenir ou de construire des fortifications, soit sur la rive gauche du Rhin, soit sur la rive droite, à l'ouest d'une ligne tracée à 50 kilomètres de ce fleuve.
Art. 43. Sont également interdits dans la zone définie à l'article 42, l'entretien ou le rassemblement de forces armées [...].
Art. 51. Les territoires cédés à l'Allemagne [...] par le traité de Francfort du 10 mai 1871 sont réintégrés dans la souveraineté française à dater de l'armistice du 11 novembre 1918.
Art. 119. L'Allemagne renonce, en faveur des principales puissances alliées et associées, à tous ses droits et titres sur ses possessions d'outre-mer.
Art. 160. [...] la totalité des effectifs de l'armée des États qui constituent l'Allemagne ne devra pas dépasser 100 000 hommes [...].
Art. 171. [...] Sont également prohibées la fabrication et l'importation en Allemagne des chars blindés, tanks [...].
Art. 198. Les forces militaires de l'Allemagne ne devront comporter aucune aviation militaire ni navale.
Art. 231. Les gouvernements alliés et associés déclarent, et l'Allemagne le reconnaît, que l'Allemagne et ses alliés sont responsables pour les avoir causés, de toutes les pertes et de tous les dommages subis par les gouvernements alliés et associés et leurs nationaux en conséquence de la guerre qui leur a été imposée par l'agression de l'Allemagne et de ses alliés.
Art. 232. Les gouvernements [...] exigent [...], et l'Allemagne en prend l'engagement, que soient réparés tous les dommages causés à la population civile des [...] alliés [...] et à ses biens.

Extraits du traité de Versailles, signé le 28 juin 1919.

2 La création de la Société des Nations (SDN)

Caricature titrée « Si nous étions dans la Société des Nations » montrant John Bull (Grande-Bretagne) demandant plus de soldats à l'Oncle Sam (représentant les États-Unis), 1920.
Le président américain démocrate Woodrow Wilson a œuvré pour que soit créée la SDN en 1919.
Mais la SDN est fragilisée dès ses débuts : le Sénat américain, à majorité républicaine, rejette le traité.

3 La signature du traité de Versailles

William Orpen, *Signature de la paix dans la galerie des Glaces, Versailles, 28 juin 1919*, 1925 (Imperial War Museum, Londres).
A. Le président des États-Unis, Wilson. **B.** Le président du Conseil français, Clemenceau. **C.** Le Premier ministre anglais, Lloyd George. **D.** Le président du Conseil italien, Orlando. **E.** Les représentants allemands signent le traité.

Numérique
Retrouvez une vidéo sur les conséquences du traité de Versailles en Allemagne sur LLS.fr/HG3Versailles.

4 Vu de l'Allemagne : le « diktat »

Jamais n'a été infligée à un peuple, avec plus de brutalité, une paix aussi accablante et aussi ignominieuse qu'au peuple allemand la paix honteuse de Versailles. Dans toutes les guerres des derniers siècles, des négociations entre vainqueur et vaincu avaient précédé la conclusion de la paix. [...]
Mais une paix sans négociations préalables, une paix dictée comme celle de Versailles, est aussi peu une vraie paix qu'il n'y a transfert de propriété quand un brigand renverse à terre un malheureux et le contraint ensuite à lui remettre son porte-monnaie.
La paix de Versailles nous a ravi plus de soixante-dix mille kilomètres carrés et plus de sept millions d'habitants.

Mémoires du chancelier prince de bülow, t. 3. Plon, 1931.

▲ Caricature allemande de T. Heine parue dans le journal allemand *Simplicissimus*, 3 juin 1919. Sous-titre de la caricature (traduction) : « Voulez-vous que vos poches soient vidées avant ou après l'exécution ? »
A. W. Wilson. **B.** G. Clemenceau. **C.** Lloyd George.

Questions

Questionnement différencié sur LLS.fr/HG3P47

1. **Doc. 1** Classez les différents articles du traité de Versailles en deux ou trois catégories et donnez-leur un titre.
2. **Doc. 2** Quel est le rôle de la SDN ? Pourquoi cette institution est-elle affaiblie dès ses origines ?
3. **Doc. 3** Par qui, où et quand est signé ce traité ?
4. **Doc. 4** Quel est le point de vue de cet auteur allemand sur le traité ? Comment le justifie-t-il ?
5. **Doc. 1 à 4** Dans quelle mesure le traité de Versailles peut-il préparer la paix ?

Vocabulaire

Un diktat : terme péjoratif dénonçant l'écriture du traité de Versailles par les vainqueurs, sans négociation avec l'Allemagne.
La SDN (Société des Nations) : créée par le traité de Versailles et voulue par le président américain Wilson, elle a pour vocation d'éviter les conflits dans l'Europe d'après-guerre.

Histoire des arts

Les arts face à la guerre

Compétence Je compare des œuvres d'art entre elles

Comment l'art représente-t-il les bouleversements subis par les sociétés lors de la Première Guerre mondiale ?

1 L'image pour enthousiasmer et mobiliser

▲ François Flameng, *Les Dragons à cheval lors de la campagne de 1917*, aquarelle (musée de l'Armée, Paris).
François Flameng, un des peintres aux armées français, présente des soldats avant le combat ou des batailles lointaines. Ses illustrations sont reprises par les magazines illustrés. Elles nourrissent le patriotisme.

2 Le spectacle de la guerre

Le Numéro : 25 centimes. — DIMANCHE 8 Octobre 1916.

LE MIROIR

PUBLICATION HEBDOMADAIRE, 18, Rue d'Enghien, PARIS

LE MIROIR paie n'importe quel prix les documents photographiques relatifs à la guerre, présentant un intérêt particulier.

APRÈS UN DUEL A MORT ENTRE UN FRANÇAIS ET UN ALLEMAND DEVANT COMBLES

L'offensive qui devait nous donner Combles les a mis face à face dans une tranchée bouleversée. Comme les guerriers de jadis, ils ont lutté corps à corps de toute leur vigueur, de toute leur haine, jusqu'à la mort.

▲ Une du journal *Le Miroir*, 1916.
Le Miroir lance en avril 1915 un concours des photographies de guerre les plus sensationnelles.

3 La violence et la guerre vues par le futurisme

◀ Gino Severini, *Canon en action*, 1915, huile sur toile, 50 × 60 cm (Museum Ludwig, Cologne).
Severini est un peintre italien du mouvement **futuriste**. Il juxtapose des images et des mots de différents moments de la guerre, afin d'en donner une représentation générale. Il montre une guerre moderne, industrielle, dont l'individu semble absent.

Vocabulaire

L'expressionnisme : mouvement artistique qui cherche à faire partager l'émotion de l'artiste en déformant la réalité.

Le futurisme : mouvement littéraire et artistique européen du début du XXe siècle, qui cherche à représenter le monde moderne, en particulier les machines, les villes, la vitesse.

4 L'enfer de Verdun

Félix Vallotton, *Verdun, tableau de guerre interprété, projections colorées noires, bleues et rouges, terrains dévastés, nuées de gaz*, 1917, huile sur toile, 115 × 146 cm (musée de l'Armée, Paris).

5 Scène de combat

Georges Scott, *Effet d'un obus dans la nuit*, 1915, encre sur papier, 101 × 67 cm (musée de l'Armée, Paris).

6 Le traumatisme de la guerre

▲ Otto Dix, *Les Joueurs de skat* (jeu de cartes allemand), 1920, huile et collage sur toile, 110 × 87 cm (Nouvelle Galerie Nationale, Berlin).

Otto Dix, artiste mobilisé dans l'armée allemande, peint les horreurs de la guerre. Il fait partie des **expressionnistes** allemands qui cherchent à retrouver une forme d'expression plus libre en imitant le dessin des enfants et des fous.

Questions

Questionnement différencié sur LLS.fr/HG3P49

1. **Doc. 1** Quelle image cette œuvre donne-t-elle de la guerre ? Confrontez-la avec la photographie du **doc. 2**.
2. **Doc. 3** Relevez des mots et des symboles de la guerre.
3. **Doc. 3, 5 et 6** Quelle est la place de l'homme dans ces œuvres ? Comment l'homme et l'outil sont-ils mêlés ?
4. **Doc. 4 et 5** Décrivez ces scènes. Comparez-les aux photographies des tranchées (voir p. 30, p. 34 et p. 36). Comment la lumière est-elle utilisée ?
5. **Doc. 1 à 6** Comment ces œuvres montrent-elles la violence de la guerre ? Dans quel but ?

Synthèse

- L'image joue un rôle de premier plan dans la Première Guerre mondiale. Les autorités ont recours au cinéma et à la photographie. Les 900 films et les 115 000 photographies produits pendant la guerre présentent une guerre lisse, pour ne pas démoraliser la population. Les États découvrent qu'ils doivent aussi contrôler les images.
- Le monde des arts est transformé par la guerre. Le futurisme voit dans la guerre le moyen de faire table rase du passé.
- Le traumatisme de la guerre se lit aussi dans les œuvres des expressionnistes, en Allemagne, et des surréalistes, en France.

Leçon

Civils et militaires dans la Première Guerre mondiale

Compétence Je révise mes repères historiques

Numérique Retrouvez une vidéo pour réviser sur LLS.fr/HG3Synthese1

A. Une violence de masse

- Les combattants subissent une **violence de masse** liée à l'usage de l'artillerie (obus) et des mitrailleuses, mais aussi des gaz, avions et chars. Dans les tranchées, les soldats souffrent des conditions de vie et de combat **(dossier enquête)**.
- Les civils subissent des bombardements et le rationnement. Les populations des territoires occupés par les Allemands et les Autrichiens sont victimes de travail forcé, de confiscations ou de représailles. Dans l'Empire ottoman, les Arméniens sont victimes d'un génocide **(dossier 2)**.

B. Des sociétés mobilisées dans la guerre

- La Première Guerre mondiale est une **guerre totale**. L'arrière est mobilisé : les États font appel aux femmes pour travailler dans les champs ou dans les usines de production militaire **(doc. 2 p. 38)**. Des travailleurs étrangers viennent des colonies.
- Les industries se reconvertissent dans la production militaire. Pour financer la guerre, les États s'endettent, augmentent les impôts et les taxes, et font appel à l'épargne des citoyens (emprunts).
- Les États **censurent** les informations et développent la **propagande** pour convaincre les populations que la guerre est juste et que les opérations militaires se déroulent bien **(dossier 1)**.

▲ « Jeanne d'Arc a sauvé la France. Femmes d'Amérique, sauvez votre pays en achetant des bons de guerre », affiche américaine, 1918.

C. La fin de la guerre et ses conséquences

- La Première Guerre mondiale fait plus de 10 millions de morts, dont près de 9 millions de soldats. Des millions d'autres sont gravement mutilés ou traumatisés **(Histoire des arts)**. En grand nombre, les femmes deviennent veuves et les enfants orphelins.
- Les territoires du Nord et de l'Est de la France et de la Belgique sont ravagés par la guerre. L'Europe, endettée, connaît des difficultés économiques. Les États-Unis, préservés des combats, deviennent la première puissance mondiale.
- Les traités de paix imposés par les vainqueurs bouleversent la carte de l'Europe **(dossier 3)**. La Société des Nations (SDN), créée pour maintenir la paix dans le monde, suscite de grands espoirs, vite déçus par le rejet du Sénat américain **(dossier 5)**. L'Europe connaît d'importants troubles sociaux qui trouvent leur origine dans la révolution bolchévique en Russie **(dossier 4)**.

◀ Chars anglais à la fin de la guerre, septembre 1918.

Je retiens

- **La guerre des tranchées, les obus**
- **Les civils, victimes de la guerre**
- **Génocide arménien**
- **L'effort de guerre et la mobilisation des civils**
- **Les États et la mobilisation économique, financière et morale**
- **Bilan humain (plus de 10 millions de morts)**
- **Le traumatisme de la guerre**
- **De nouvelles frontières**

1914 — 1915 — 1916 — 1917 — 1918 — 1919 — 1920

Guerre de mouvement | Guerre de tranchées | Guerre de mouvement

- **28 juin 1914** Attentat de Sarajevo et engrenage des alliances
- **Fév.-déc. 1916** Bataille de Verdun
- **Fév. 1917** • **Oct. 1917** Révolutions russes
- **Avril 1917** Entrée en guerre des États-Unis
- **11 novembre 1918** Armistice
- **28 juin 1919** Traité de Versailles

Je retiens les personnages importants

Georges Clemenceau (1841-1929)
Homme politique français, surnommé le Tigre, il devient président du Conseil fin 1917 et mène la France à la victoire.

Le poilu français
L'usage du mot poilu se développe pendant la Première Guerre mondiale. Il fait écho au courage des soldats.

Vocabulaire

La censure : intervention de l'État visant à contrôler la diffusion de l'information et à interdire les idées ou nouvelles jugées dangereuses.

Une guerre totale : voir p. 33.

La propagande : communication destinée à répandre certaines idées dans l'opinion publique.

La violence de masse : violences extrêmes exercées à grande échelle contre les militaires et les civils.

Je révise avec un schéma

LA PREMIÈRE GUERRE MONDIALE (1914-1918)

Une guerre totale

- Mobilisation des femmes et des travailleurs coloniaux
- Emprunts
- Propagande et censure
- Violences envers les civils

De nouvelles formes de violence

- Des armes meurtrières
- La violence de masse
- Des conditions de vie très dures au front et à l'arrière
- Le génocide des Arméniens

Des conséquences dramatiques

- Des territoires européens dévastés
- Troubles sociaux et politiques
- 10 millions de morts et des millions de blessés
- Déclin économique de l'Europe

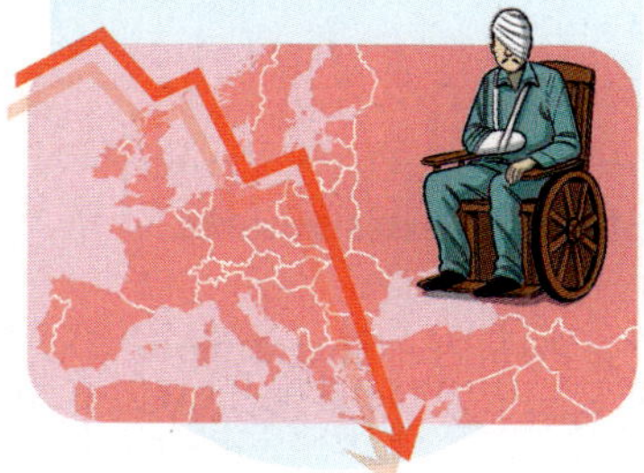

Téléchargez ce schéma sur LLS.fr/HG3Schema1

Je teste mes connaissances

Pour chaque question, il y a une ou plusieurs réponses correctes. Testez-vous sur LLS.fr/HG3Quiz1

Je m'exerce pour le brevet

Compétence Je pratique différents langages

Exercice 1 • Je maîtrise les repères spatiaux

Recopiez et complétez la légende de cette carte.

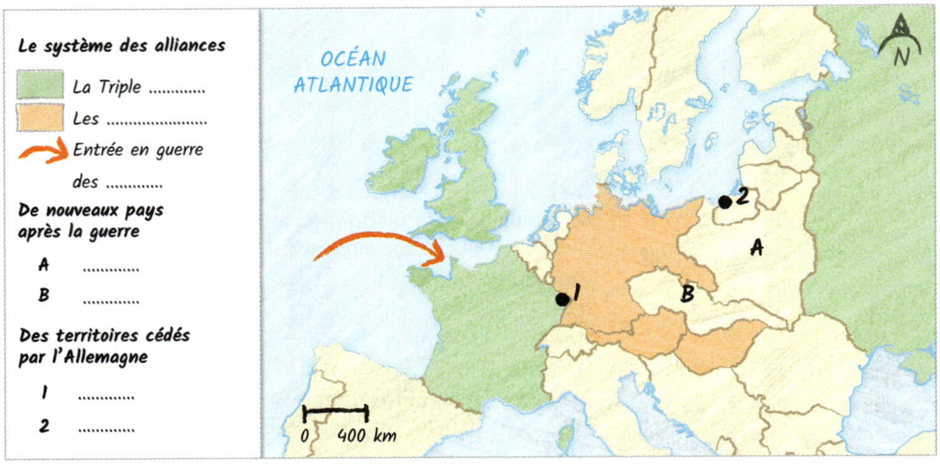

Numérique
Téléchargez la carte à compléter sur LLS.fr/HG3Cartes.

Exercice 2 • Je connais les dates importantes de la Première Guerre mondiale

1. **Nommez les trois phases de la guerre (pointillés en haut de la frise).**
2. **Datez et placez les événements suivants sur la frise chronologique :** Révolution russe, traité de Versailles, attentat de Sarajevo, génocide des Arméniens, entrée en guerre des États-Unis, armistice, bataille de Verdun.

Numérique
Téléchargez la frise à compléter sur LLS.fr/HG3Frises.

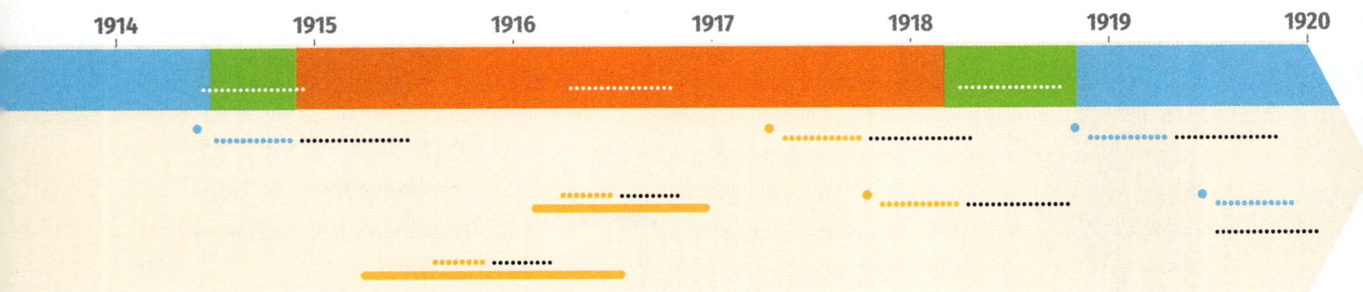

Exercice 3 • Je connais le vocabulaire du chapitre

Complétez les textes suivants.

1. La Première Guerre mondiale met face à face deux systèmes d'alliances, la ...... et la ....

2. Le conflit débute en ...... et prend d'abord la forme d'une guerre de mouvement. La guerre de position, à partir de 1915, se déroule majoritairement dans des .... Les soldats subissent des violences extrêmes, comme à la bataille de ...... en 1916.

3. Les civils à l'arrière sont également mobilisés : on parle d'une guerre .... Les gouvernements cachent la dure réalité du front aux civils par la .... Ils tentent au contraire de convaincre les populations de soutenir la guerre par la ....

4. Les Arméniens subissent une extermination systématique en 1915-1916 : c'est un ....

5. L'Europe est profondément transformée par la guerre. La Russie connaît plusieurs ...... qui portent les bolcheviks au pouvoir. En juin 1919, le traité de ...... fait naître de nouveaux États.

Compétence J'utilise des informations numériques et j'exerce mon esprit critique

J'apprends en m'informant sur la Chanson de Craonne

ÉTAPE 1 Écouter la chanson

1. Étudiez les trois couplets et le refrain : quelle en est l'idée principale ?
2. Relevez les expressions qui montrent la lassitude des soldats.
3. Relevez d'une couleur les mots pour évoquer les soldats, d'une autre ceux pour parler des hommes restés à l'arrière.

ÉTAPE 2 Rédiger une fiche sur le contexte historique de la chanson

1. Relevez et notez qui a composé cette chanson.
2. Indiquez quand elle a été écrite et son titre original.
3. Précisez quand elle a été chantée.
4. Demandez-vous pourquoi cette chanson a été censurée et inscrivez-le sur votre fiche.

Numérique
Retrouvez toutes les paroles sur LLS.fr/HG3Paroles.

Quand au bout d'huit jours, le r'pos terminé,
On va r'prendre les tranchées,
Notre place est si utile
Que sans nous on prend la pile.
Mais c'est bien fini, on en a assez,
Personn' ne veut plus marcher,
Et le cœur bien gros, comm' dans un sanglot
On dit adieu aux civ'lots.
Même sans tambour, même sans trompette,
On s'en va là haut en baissant la tête.
Refrain :
Adieu la vie, adieu l'amour,
Adieu toutes les femmes.
C'est bien fini, c'est pour toujours,
De cette guerre infâme.
C'est à Craonne, sur le plateau,
Qu'on doit laisser sa peau
Car nous sommes tous condamnés
C'est nous les sacrifiés !

Chanson de Craonne, version publiée par Raymond Lefebvre dans *La guerre des soldats*, 1919.

À lire

Jean-Pierre Guéno, *Paroles de Poilus, Lettres et carnets du front 1914-1918*, Poche.
Ce recueil de Jean-Pierre Guéno rassemble une centaine de lettres et de journaux de guerre écrits par des soldats français, allemands et britanniques.

Erich Maria Remarque, *À l'ouest, rien de nouveau*, 1929.
Ce roman pacifiste raconte le quotidien d'un soldat allemand qui combat sur le front ouest. Parce qu'il dénonce l'absurdité de la guerre, il est interdit par les nazis dans les années 1930. Ce roman a été adapté en film.

À voir

Albert Dupontel, *Au Revoir là-haut*, 2017.
Adapté du roman de Pierre Lemaître, ce film raconte le destin de deux soldats. L'un est une gueule cassée issue d'une famille très riche, l'autre est issu de milieu populaire. Ensemble, ils décident d'escroquer l'État en vendant de faux monuments aux morts.

Christian Carion, *Joyeux Noël*, 2005.
Ce film met en scène les fraternisations entre soldats allemands, français et britanniques lors du Noël 1914.

Journées mémorielles et cohésion nationale

Compétences Le jugement : je confronte mes jugements à ceux d'autrui dans un débat argumenté et réglé
La sensibilité : je me sens membre d'une collectivité

TÂCHE À RÉALISER

Dans ce chapitre d'histoire, vous avez appris comment la Grande Guerre a profondément marqué les sociétés européennes. Vous allez découvrir ici le rôle des journées mémorielles dans le rassemblement de la nation, puis vous organiserez un débat en classe sur les moyens de favoriser la cohésion nationale et le sentiment de fraternité.

1 Cérémonie à l'occasion du centenaire de la fin de la Première Guerre mondiale

▲ Des photos de poilus sont projetées sur grand écran le 11 novembre 2018 à Paris, devant l'Arc de triomphe, où se trouve la flamme du Soldat inconnu. Une soixantaine de chefs d'État et d'organisations internationales étaient réunis, dont les chefs d'État européens, américains, russe et africains.

2 Des cérémonies pour favoriser la cohésion nationale

Les cérémonies nationales commémorent la mémoire des faits d'armes des grands hommes, des combattants et le sacrifice des victimes civiles ou militaires des guerres. Le ministre des armées prend en charge l'organisation de ces cérémonies. Dans les départements et les communes, les cérémonies sont organisées par les Préfets, les Sous-préfets et les Maires. Les jeunes générations sont associées à ces cérémonies. Collégiens et lycéens participent aux hommages rendus (lecture de textes historiques, ravivage de la Flamme du Souvenir à l'Arc de Triomphe etc.) ; ils effectuent, avec leurs enseignants, un travail préparatoire sur les événements commémorés. Leur participation est l'un des vecteurs de transmission et de réflexion sur les valeurs républicaines.
Onze journées nationales annuelles ont été instituées par des textes législatifs ou réglementaires.

Extrait du site du ministère de la Défense, 2020.

ÉTAPE 1 Comprendre le rôle des commémorations officielles

Doc. 1 et 2

1. De quelle façon est célébré le centenaire de l'armistice de la Grande Guerre ?
2. Pourquoi ces cérémonies sont-elles importantes pour rassembler la nation (et les nations) autour de la paix ?

ÉTAPE 2 Décrypter un temps fort de la nation

Doc. 3 et 4

1. Faites une recherche pour découvrir Maurice Genevoix et « Ceux de 14 ».
2. Qu'est-ce que le Panthéon ?
3. Quelles sont les valeurs que le président Macron reconnaît à « Ceux de 14 » ? Pourquoi fait-il un lien avec les volontaires de l'an II ?
4. Que devons-nous à « Ceux de 14 » selon Emmanuel Macron ? Comment une telle cérémonie est-elle l'occasion de renforcer la cohésion nationale ?

3 La panthéonisation de Maurice Genevoix et de « Ceux de 14 »

▲ Projection du portrait de Maurice Genevoix sur le Panthéon au cours de la cérémonie.

4 L'hommage du président à Maurice Genevoix et à « Ceux de 14 »

Ceux de 14 est le chant de la volonté d'une Nation, de la force d'âme de tout un peuple. Le carnet de vie et de mort de l'indicible. L'histoire de femmes et d'hommes animés de courage. Du courage de ceux qui savent pourquoi ils se battent. Du courage français. Le même qui avait soulevé ceux de 1789, les Volontaires de l'an II[1], de toutes nos guerres. Le courage de tous nos soldats. Celui-là même qui nous permit de bâtir quelques décennies plus tard, avec notre Europe, la paix que nous leur devions. Non pas une paix faite de lâchetés et de renoncements mais celle d'un dialogue constant, respectueux de nos histoires comme de nos différences, exigeant pour nos valeurs. Ils entrent ici aujourd'hui, enfin.

Discours d'Emmanuel Macron, président de la République, au Panthéon le 11 novembre 2020.

1. Citoyens volontaires venus de tout le territoire pour défendre la « patrie en danger » en 1792.

ÉTAPE 3 Organiser le débat en classe : comment favoriser la cohésion nationale ?

1. Préparez vos arguments, en vous inspirant des documents et de vos réflexions personnelles.
2. Nommez un président de débat, un maître du temps, deux secrétaires et deux observateurs.

Vocabulaire

La cohésion nationale : sentiment de l'ensemble de la population de faire partie d'une même nation.

Une nation : peuple uni autour d'une histoire et de valeurs.

Je retiens l'essentiel

- **Les cérémonies de commémoration permettent de rassembler les populations autour du souvenir des morts passés et de construire une mémoire commune. En cela, elles favorisent la cohésion nationale.**
- **Le Panthéon, « temple de la nation française », accueille les dépouilles des Grands Hommes de la patrie. C'est le président de la République qui décide une entrée au Panthéon. Le choix des hommes ou femmes « panthéonisés » est révélateur des valeurs mises en avant.**
- **Ainsi, une nation forge sa cohésion autour de son passé et de la volonté de continuer à faire vivre les valeurs qui en sont nées.**

Sujet guidé

Exercice 1 • Analyser et comprendre des documents

1. **Doc. 1** Présentez l'œuvre.
2. **Doc. 1** Décrivez une scène représentée.
   › **GUIDE** • Identifiez quatre parties du tableau.
   • Choisissez-en une.
3. **Doc. 1** Commentez les dimensions de l'œuvre.
4. **Doc. 1** Que veut dénoncer l'artiste ?
5. **Doc. 1** En vous appuyant sur cette œuvre, montrez la violence subie pendant la Première Guerre mondiale.

1 La violence de la guerre

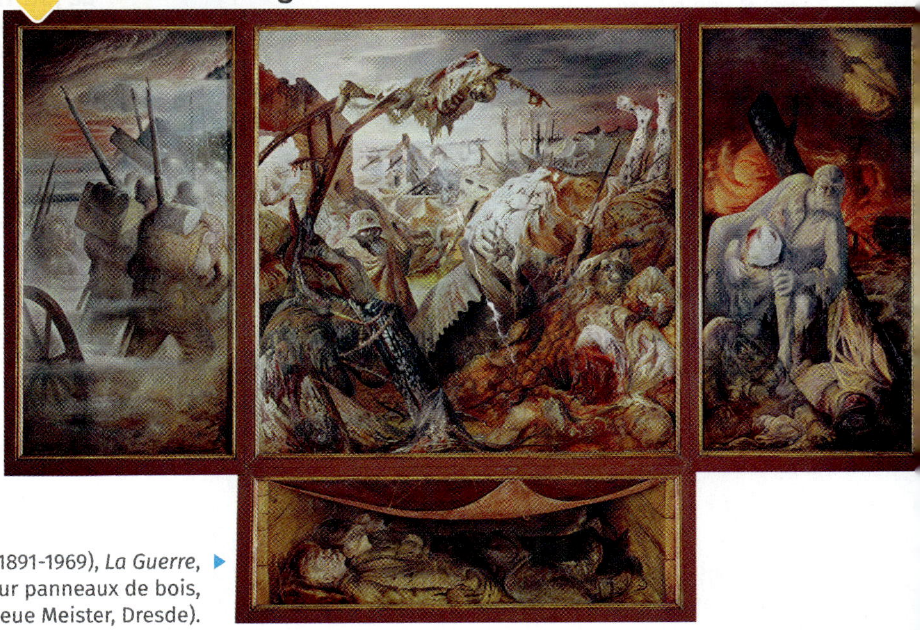

Otto Dix (1891-1969), *La Guerre*, 1932, tempera sur panneaux de bois, 4,68 × 2,04 m (Galerie Neue Meister, Dresde).

Méthode : Analyser un tableau

La présentation

- **L'artiste :** qui est-il ? Quand a-t-il vécu ?
- **Le titre** renseigne sur le genre du tableau (scène, mythologie, paysage, portrait, etc.).
- **La date** permet de situer l'œuvre dans son contexte politique, culturel et religieux.

Le sujet

- **Les personnages :** comment sont-ils représentés ? Que font-ils et comment le font-ils ? Où ?
- **Les plans du tableau :** sont-ils hiérarchisés ?

La manière

Comment l'artiste a-t-il représenté la scène ? Que ressent celui qui la regarde ?

- **La structure du tableau :** est-elle symétrique et équilibrée ?
- **Les lignes :** sont-elles droites ? Courbes ?
- **Les couleurs :** quel est l'effet produit ?

Exercice 2 • Maîtriser différents langages

Sous la forme d'un développement construit d'une vingtaine de lignes, expliquez de quelle façon les civils se retrouvent au cœur de la Grande Guerre.

› **GUIDE** • Commencez par définir le mot « civil ». Annoncez le sujet.
• Caractérisez l'implication des civils dans la guerre.
• Évoquez la situation des civils dans les zones occupées.
• Parlez du génocide des Arméniens.

Conseils • Écrire avec précision

- Faites la chasse aux verbes passe-partout (« faire », « mettre ») et remplacez-les par des synonymes plus précis (« effectuer », « réaliser », etc.). Vous éviterez ainsi les répétitions !

Exercice 1 • Analyser et comprendre des documents

1. **Doc. 1 et 2** Décrivez les lieux de vie des soldats.
2. **Doc. 1 et 2** Relevez cinq éléments sur leurs conditions de vie.
3. **Doc. 1** À quelle phase de la Première Guerre mondiale ce document renvoie-t-il ? Datez-la.
4. **Doc. 2** Relevez ce qui indique la violence des combats.
5. **Doc. 1 et 2** À l'aide des documents et de vos connaissances, montrez que la vie des soldats est difficile pendant la Première Guerre mondiale.

1 Des soldats français dans une tranchée

▲ Poilus dans une tranchée à Massiges (Marne), 1915.

2 Le journal d'un soldat français

28 février. Vers midi, le bombardement reprend [...]. J'avale le reste de mon eau-de-vie d'entrée [...]. Bruit infernal qui vous empêche de vous comprendre [...]. Les tranchées sont étroites, les parapets, faits de sacs de terre, sont déchiquetés [...]. Des obus percutants tombent en avant, en arrière de nous. Je reçois un éclat dans le dos. Cela me fait mal [...]. La fusillade fait rage du côté ennemi ; on entend les mitrailleuses cracher et les balles sifflent au-dessus de nos têtes [...]. Je ne vois plus, je ne sens plus, je suis fou furieux [...].

Nuit du 28 février au 1er mars. On peut constater [...] le nombre de cadavres qui gisent et les plaintes nombreuses de blessés [...]. J'ai faim, j'ai soif, j'ai froid aux pieds et un mal de tête de fou [...].

3 mars. Il peut être 9 heures du soir [...]. Les boches[1] bombardent [...] car sans doute croient-ils que c'est l'heure du ravitaillement. Un obus éclate à moins de 30 m en avant de nous [...]. On patauge dans la boue jusqu'aux genoux.

Émile Lobbedey, sous-lieutenant, *Journal de campagne. 1914-1915*, retranscrit par Éric Malvache, 2015.

1. Les Allemands (expression familière et péjorative).

Exercice 2 • Maîtriser différents langages

Numérique
Téléchargez la frise à compléter sur LLS.fr/HG3Frises.

1. Complétez la frise ci-dessous avec cinq dates et les événements correspondants.

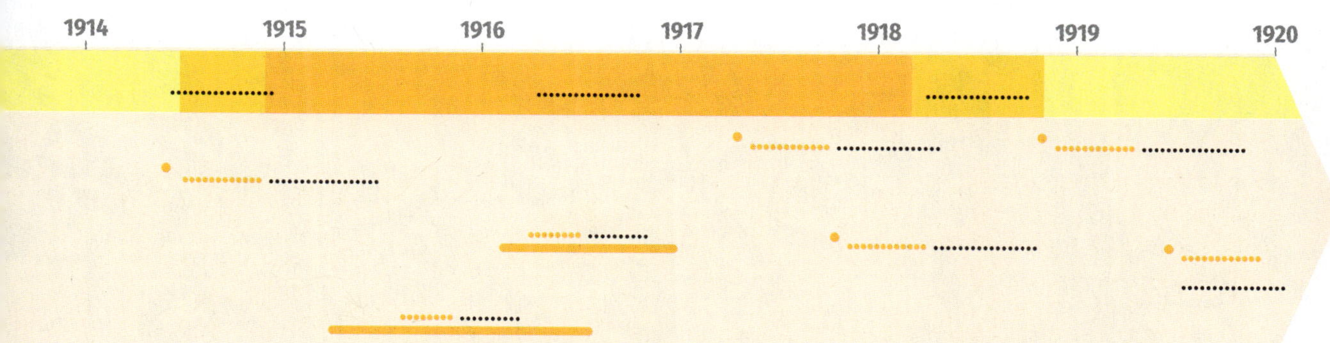

2. Sous la forme d'un développement construit d'une vingtaine de lignes, expliquez les transformations de l'Europe à l'issue de la Première Guerre mondiale.

Chapitre

2

Démocraties et totalitarismes dans l'entre-deux-guerres

LA PREMIÈRE GUERRE MONDIALE

DÉMOCRATIES ET TOTALITARISMES DANS L'ENTRE-DEUX-GUERRES

LA SECONDE GUERRE MONDIALE

LA FRANCE DANS LA SECONDE GUERRE MONDIALE

Après la Première Guerre mondiale, des régimes totalitaires apparaissent (Italie, URSS, Allemagne). Face à eux, les démocraties (France, Royaume-Uni) cherchent à résister.

Quels régimes politiques s'opposent dans l'Europe de l'entre-deux-guerres ?

Quiz

1. Quels pays forment la Triple-Entente pendant la Première Guerre mondiale ?
   a. La France, la Russie et l'Italie
   b. La France, la Russie et la Grande-Bretagne
   c. L'Allemagne, l'Autriche-Hongrie et l'Italie
2. Comment les communistes arrivent-ils au pouvoir en Russie ?
   a. Ils gagnent les élections en octobre 1917.
   b. Ils sont appelés au pouvoir par le tsar Nicolas II en 1917.
   c. Par la force, après la révolution d'octobre en 1917.
3. Quel traité est signé en 1919, à l'issue de la Première Guerre mondiale ?
   a. Le traité de Versailles
   b. Le traité de Francfort
   c. Le traité de Brest-Litovsk

Numérique

Retrouvez un parcours numérique pour préparer la certification PIX sur LLS.fr/HG3PIX2.

Dans ce chapitre je vais

- Décrire les caractéristiques d'un régime totalitaire.
- Expliquer les différences entre les régimes totalitaires et les démocraties.
- Raconter comment l'État contrôle et embrigade les sociétés dans les régimes totalitaires.

Histoire et fiction

Le Dictateur, 1940, de Charlie Chaplin, est directement inspiré d'Hitler, de sa gestuelle et de ses discours, qu'il tourne en ridicule.

◄ Charlotte Salomon (1917-1943), *Accession au pouvoir d'Hitler le 30 janvier 1933*, gouache, vers 1941.
À partir de 1933, la démocratie disparaît, puisque le NSDAP (le parti nazi) est le seul parti politique autorisé en Allemagne.

Repères

L'Europe de l'entre-deux-guerres

Compétence Je me repère dans le temps et dans l'espace

Dans un contexte de difficultés économiques et politiques, plusieurs régimes totalitaires apparaissent en Europe à la suite de la Première Guerre mondiale : le stalinisme dans l'URSS communiste sous Staline, le fascisme en Italie sous Mussolini et le nazisme en Allemagne sous Hitler. Les démocraties sont fragilisées par la crise économique.

1 Les régimes politiques en Europe en 1938

Notions

Un régime totalitaire

Un régime totalitaire est une dictature qui contrôle l'ensemble de la société, au moyen d'un parti unique, de la terreur, de la propagande et du contrôle de l'économie.

Les régimes totalitaires de l'entre-deux-guerres sont fondés sur des idéologies différentes, mais présentent des caractéristiques communes.

1. Quels sont les trois régimes totalitaires en Europe à la veille de la Seconde Guerre mondiale ?
2. Quels sont les chefs et les symboles du nazisme et du communisme ?
3. Lisez la définition de la terreur.

Une démocratie

Régime politique dans lequel le pouvoir appartient au peuple.

4. Dans quels pays européens un régime démocratique est-il en place à la veille de la Seconde Guerre mondiale ?
5. Sur quelles valeurs ces régimes sont-ils fondés ?

2 Le culte de la personnalité

▲ Voir p. 67.

3 Une idéologie

▲ Pancarte « N'allez pas chez les médecins et les avocats juifs », Allemagne, 1933.

4 Les partis uniques

▲ Les emblèmes des partis uniques.

5 La terreur

▲ Prisonniers dans un camp de déportation et de travail (goulag) en URSS, vers 1932.

6 La démocratie

▲ Manifestation contre l'extrême droite, Paris, 1935.

Vocabulaire

Le culte de la personnalité : pratiques diverses (éloges, diffusion de portraits, etc.) qui poussent à considérer un homme comme un héros, un surhomme.

Une idéologie : ensemble d'idées politiques, économiques et sociales qui constituent une vision du monde et guident le choix d'un système politique.

Un parti unique : seul parti politique autorisé dans un régime totalitaire. Il contrôle étroitement l'État.

La terreur : les régimes totalitaires s'appuient sur l'exercice de la terreur. Toute personne jugée « socialement nuisible » peut être arrêtée, déportée dans un camp ou exécutée.

Dossier 1

La construction du régime totalitaire soviétique

Compétence J'analyse et je comprends des documents

La révolution d'octobre 1917 porte Lénine, chef du parti bolchevique, au pouvoir. Pendant la guerre civile, il met en place une dictature. À la mort de Lénine, en 1924, Staline élimine tous ses opposants. Seul à la tête de l'URSS à partir de 1928, il instaure un pouvoir personnel et totalitaire fondé sur la terreur.

1918-1921 Guerre civile

1924 Mort de Lénine

1937-1938 « Grande Terreur » stalinienne

De Lénine à Staline, comment le régime totalitaire soviétique s'établit-il ?

1 L'idéologie de Lénine

La marche en avant, c'est-à-dire vers le communisme, se fait en passant par la dictature du prolétariat[1] ; et elle ne peut se faire autrement, car il n'est point d'autres classes ni d'autres moyens qui puissent briser la résistance des capitalistes exploiteurs. En même temps qu'un élargissement considérable de la démocratie, devenue pour la première fois démocratie pour les pauvres, la dictature du prolétariat apporte une série de restrictions à la liberté pour les oppresseurs, les exploiteurs, les **capitalistes**. Ceux-là, nous devons les mater [...]. C'est seulement dans la société communiste, lorsque la résistance des capitalistes est définitivement brisée [...] et qu'il n'y a plus de classes, c'est alors seulement que l'État cesse d'exister et qu'il devient possible de parler de liberté.

D'après Lénine, *L'État et la Révolution*, 1917.

1. La classe ouvrière exploitée par le capitalisme, d'après l'idéologie socialiste et communiste.

2 Joseph Staline (1878-1953)

Né en Géorgie, Iossif Djougachvili, dit Staline (« homme d'acier »), se rallie aux idées de Lénine à l'âge de 20 ans. Devenu bolchevik, il est arrêté et déporté à plusieurs reprises. Il est élu au poste de Secrétaire général du Parti communiste en 1922. Après la mort de Lénine, il élimine tous ses adversaires, dont Trotski, et instaure, à partir de 1928, une véritable dictature totalitaire.

Numérique
Retrouvez une vidéo sur le goulag et les camps de travail soviétiques sur LLS.fr/HG3Goulag.

3 La terreur stalinienne

▲ « Le fou de Moscou et ses collaborateurs », journal français *Aux Écoutes*, 1938.

2 825 993 condamnations entre 1928 et 1938 (en %)

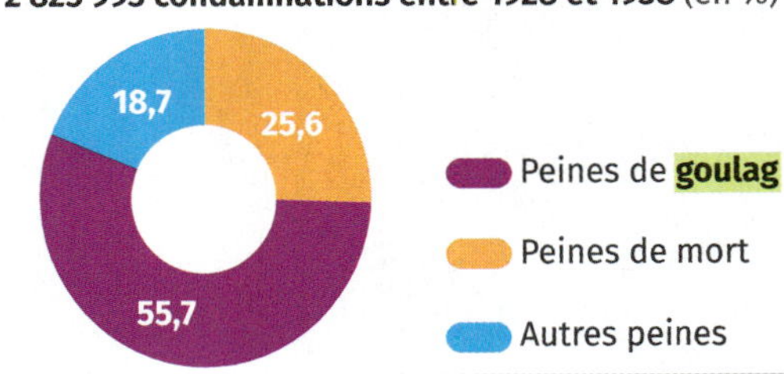

▲ Entre août 1937 et novembre 1938, Staline fait éliminer toutes les personnes soupçonnées de contester sa politique. 1,5 million de personnes sont arrêtées et 750 000 sont exécutées.

4 La collectivisation des terres

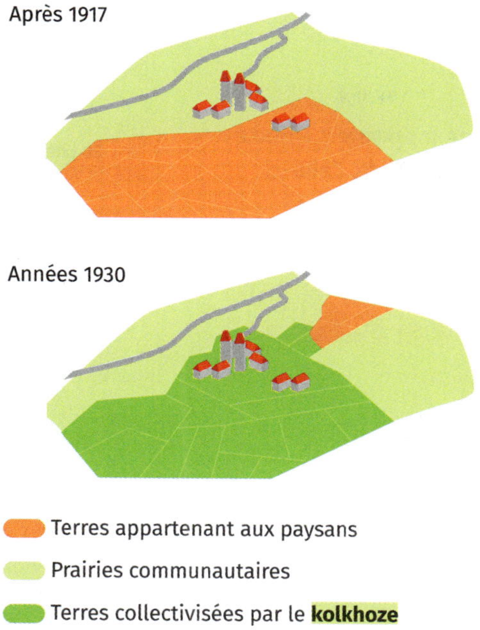

5 Le « Grand Tournant » et la dékoulakisation

En 1929 a lieu le « Grand Tournant » : Staline décide d'exproprier les paysans et de collectiviser les terres. La dékoulakisation est la suppression des koulaks, décidée en 1929.

Peut-être que cela s'est passé autrement dans d'autres régions, mais dans la nôtre ce fut ainsi. On a commencé par arrêter les chefs de famille [...]. C'était la Guépéou[1] qui procédait aux arrestations [...]. Tout le premier contingent a été fusillé. Personne n'en a réchappé [...]. On nous parlait des **koulaks** aux réunions. La radio, le cinéma, les écrivains et Staline lui-même disaient tous la même chose : les koulaks sont des parasites, ils brulent le blé, ils tuent les enfants. Et on nous a déclaré sans ambages : il faut soulever les masses contre eux et les anéantir tous, en tant que classe, ces maudits... Et je cédai à mon tour à l'envoûtement : tout le malheur vient des koulaks. Dès qu'on les aura exterminés, une ère heureuse commencera pour la paysannerie.

Vassili Grossman, *Tout passe*, Le Livre de Poche, 1993.

1. Police politique.

6 Une économie dirigée par l'État

La tâche essentielle du premier plan quiquennal (1929-1933) consistait : à faire passer l'URSS d'un pays agraire et arriéré à un pays industriel et puissant [...] ; à passer de la petite économie rurale morcelée à une grande économie collectivisée [...] ; à créer une base économique pour la suppression des classes sociales en URSS, pour la construction d'une société socialiste.

D'après un discours de Staline, 7 janvier 1933.

Vocabulaire

Le capitalisme : économie fondée sur la recherche du profit et sur la propriété privée.

La collectivisation : mise en commun des terres agricoles.

Un goulag : camp de travail forcé où sont envoyés tous les opposants à la politique de Lénine puis de Staline.

Un kolkhoze : exploitation agricole collective, cultivée par un groupe de paysans avec des outils mis en commun.

Un koulak : paysan aisé. Par extension, paysan opposé à la collectivisation.

7 L'expulsion des koulaks

▲ Expulsion de koulaks, vers 1929.
Sur la bannière : « Nous, kolkhoziens, sur la base d'une collectivisation totale, nous liquidons le koulak en tant que classe. »

Questions

Questionnement différencié sur LLS.fr/HG3P63

1. **Doc. 1** À qui et de quelle manière Lénine veut-il imposer le communisme ?
2. **Doc. 2** Comment Staline établit-il son pouvoir ?
3. **Doc. 4 et 6** Quelles sont les principales transformations économiques ?
4. **Doc. 3, 5 et 7** De quelle manière ces transformations sont-elles imposées ?
5. Construisez une carte mentale répondant à la problématique suivante : comment le régime totalitaire soviétique s'établit-il ?

> GUIDE
- Faites quatre branches.
- Intitulez vos branches : « l'idéologie communiste » (doc. 1), « un chef » (doc. 2), « l'économie dirigée par l'État » (doc. 4 et 6), « la terreur » (doc. 3, 5 et 7).

Dossier 2

La montée du nazisme

Compétence J'analyse et je comprends des documents

En 1919, l'Allemagne est déclarée responsable de la Première Guerre mondiale. Le traité de Versailles lui impose des conditions très dures, que le parti nazi dénonce. Celui-ci arrive au pouvoir dans un contexte de crise économique.

28 juin 1919 Traité de Versailles
1929 Crise économique
30 janvier 1933 Hitler chancelier
Août 1934 Hitler Reichsführer

Comment et dans quel contexte le parti nazi s'impose-t-il en Allemagne ?

1 Adolf Hitler (1889-1945)

Né en Autriche, Hitler s'engage dans l'armée allemande en 1914. Humilié par la défaite, il participe à la fondation du parti nazi (**NSDAP**). Après une tentative de putsch en 1923, il rédige *Mein Kampf* en prison, un livre qui présente le programme du parti nazi. À la suite du succès de son parti aux élections législatives, il est nommé chancelier en janvier 1933.

◀ Hitler « Combatif », photographie de Heinrich Hoffmann, 1925.

2 Le chômage en Allemagne

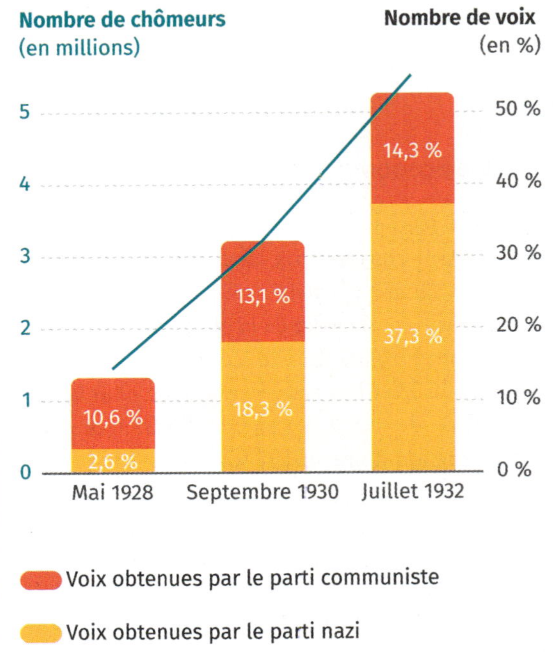

▲ Les partis extrêmes progressent aux élections du Reichstag pendant la crise économique.

3 Le programme du parti nazi

1. Nous exigeons la constitution d'une Grande Allemagne, réunissant tous les Allemands sur la base du droit des peuples à disposer d'eux-mêmes.
2. Nous exigeons l'égalité des droits du peuple allemand au regard des autres nations, l'abrogation des traités de Versailles et de Saint-Germain.
3. Nous exigeons de la terre et des colonies pour nourrir notre peuple et résorber notre surpopulation.
4. Seuls les citoyens bénéficient des droits civiques. Pour être citoyen, il faut être de sang allemand, la confession importe peu. Aucun Juif ne peut donc être citoyen. [...]
6. Nous combattons la pratique parlementaire, génératrice de corruption [...].
7. Nous exigeons que l'État s'engage à procurer à tous les citoyens des moyens d'existence. Si le pays ne peut nourrir toute la population, les non-citoyens devront être expulsés du Reich.

Extraits du Programme du parti nazi, 1920.

4 La propagande nazie

▲ Affiche du parti nazi pour les élections de 1932 : « Femmes ! Des millions d'hommes sans emploi, des millions d'enfants sans avenir, votez Adolf Hitler ! ».

5 L'incendie du **Reichstag**

En février 1933, les nazis prennent prétexte de l'incendie du Reichstag (chambre des députés), attribué abusivement à un membre du parti communiste, pour interdire ce dernier et abolir les libertés fondamentales. Hitler devient **Reichsführer** en août 1934.

Numérique

Retrouvez une vidéo sur l'incendie du Reichstag sur LLS.fr/HG3Reichstag.

6 Les lois de Nuremberg

Article 1er. Les mariages entre Juifs et citoyens de sang allemand ou assimilé sont interdits. [...]

Art. 2. Les relations extraconjugales entre Juifs et citoyens de sang allemand ou assimilé sont interdites.

Art. 3. Les Juifs n'ont pas le droit d'employer des citoyennes de sang allemand ou assimilé de moins de 45 ans dans leur ménage.

Art. 4. Les Juifs n'ont pas le droit de hisser le drapeau national du Reich, ni de porter les couleurs du Reich.

Lois de Nuremberg, 1935.

7 Les autodafés

▲ Autodafé à Berlin, mai 1933.

Vocabulaire

Le Führer : titre par lequel Hitler se faisait appeler : « le guide ».

Le nazisme : idéologie raciste, antisémite, agressive et totalitaire élaborée par Hitler.

Le NSDAP : parti national-socialiste des travailleurs allemands (parti nazi).

Le Reichstag : parlement allemand.

Questions

Questionnement différencié sur LLS.fr/HG3P65

1. **Doc. 1 et 3** Présentez Hitler et son parti politique.
2. **Frise, doc. 2 et 3** Quel contexte favorise la montée du parti nazi après la Première Guerre mondiale et au début des années 1930 ?
3. **Doc. 4 et 5** De quelle façon le parti nazi s'impose-t-il en Allemagne ?
4. **Doc. 5, 6 et 7** Quelles sont les premières mesures prises par les nazis une fois au pouvoir ?
5. **Doc. 1 à 6** À l'aide des questions précédentes, racontez comment Hitler met en place une dictature en Allemagne.

Dossier guidé 3

L'embrigadement des sociétés

Compétence Je travaille en autonomie
Je raisonne, je justifie une démarche et les choix effectués

Dans l'Allemagne nazie et dans l'URSS de Staline, l'État contrôle la vie et la pensée de sa population, en l'encadrant dans des organisations de masse et au moyen de la propagande.

1924
Staline au pouvoir en URSS

1933
Hitler au pouvoir en Allemagne

Comment les régimes totalitaires endoctrinent-ils les sociétés ?

1 Les organisations de jeunesse

▲ Rassemblement sportif pour le Congrès du parti nazi à Nuremberg, 1938.

Dans les régimes totalitaires, la jeunesse reçoit une formation sportive (notamment au maniement d'armes) et idéologique.
En Allemagne, les garçons sont initiés dès 6 ans, puis membres du Jeune Peuple (10 ans) et des Jeunesses hitlériennes (14 ans).
En URSS, les enfants sont membres des Enfants d'Octobre de 5 à 10 ans, puis des Pionniers de 10 à 14 ans et des Komsomols (Jeunesses communistes) de 14 à 25 ans.

Question : décrivez les trois images et expliquez comment la jeunesse est embrigadée dans les régimes totalitaires.

> GUIDE
- Que font ces jeunes ?
- De quels symboles sont-ils entourés ?

▲ « Toute l'Allemagne doit l'être [nazie] ! », défilé à Stuttgart, 1937.

Affiche des Komsomols, « Vive la génération des Komsomols », années 1930. ▶

2 Le culte de la personnalité

Question : expliquez sur quoi repose le culte de la personnalité.

> GUIDE
- Présentez le contexte des deux affiches.
- Identifiez les personnages sur les deux affiches.
- Décrivez leur attitude et leurs gestes.
- Quels objets et quelles personnes les entourent ?

▲ « Vive l'Allemagne », affiche nazie, 1935.

▲ Staline en « petit père des peuples », affiche soviétique, 1937.

3 Les manifestations de masse

▲ Défilé des SS (garde personnelle de Hitler) en l'honneur de l'anniversaire de Hitler, 20 avril 1939.

◀ Défilé sportif des Pionniers sur la place Rouge à Moscou, juin 1935.

Question : quel est le rôle des rassemblements de masse dans les États totalitaires ?

> GUIDE
- Contextualisez ces deux scènes : où et à quelles occasions se déroulent-elles ?
- Quelle impression s'en dégage ? Relevez les symboles.
- Décrivez la population. Où est-elle ? Que fait-elle ?

Numérique

Retrouvez une vidéo sur les Jeunesses hitlériennes sur LLS.fr/HG3JeunesHitler.

Synthèse

▶ À l'oral, présentez l'un des trois aspects de l'embrigadement des sociétés dans les régimes totalitaires :

a. Choisissez l'un des trois sujets.
b. Préparez les questions.
c. Menez des recherches complémentaires lorsque cela est nécessaire.
d. Préparez une courte présentation orale de votre travail.

Un homme nouveau pour un monde nouveau

Compétence Je compare des œuvres d'art entre elles

Comment les arts témoignent-ils du monde nouveau que projettent les régimes totalitaires ?

1 L'idéal nazi d'un corps parfait

Leni Riefenstahl, *Les Dieux du stade*, 1938, film tourné en 1936 pour les Jeux olympiques de Berlin (Allemagne).

2 En URSS, l'ouvrier et la paysanne : le peuple idéalisé

L'Ouvrier et la Kolkhozienne, Vera Moukhina, 1937, construite pour l'Exposition universelle de Paris.

3 Des femmes assignées à la maternité dans l'Allemagne nazie

Calendrier paru dans le magazine de propagande nazie « Nouveau Peuple », édité par le Bureau de la politique raciale du NSDAP, 1938.

4 Une vision moderne de la place des femmes en URSS

Affiche soviétique à l'occasion de la journée internationale des droits des femmes, le 8 mars, années 1930.

5 Germania, le rêve d'une capitale mondiale du IIIe Reich

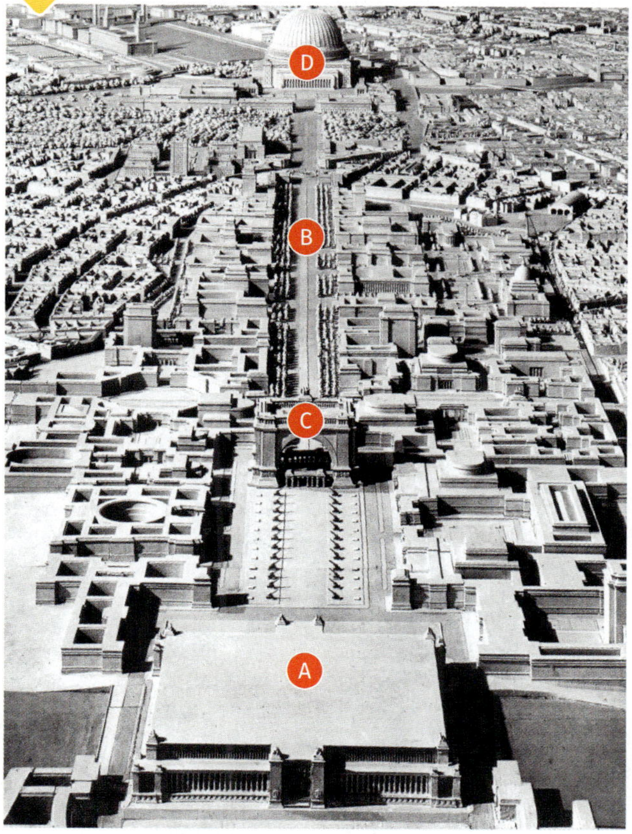

▲ Maquette d'ensemble de la ville de Germania, projet de capitale du IIIe Reich imaginée par Hitler et conçue par l'architecte Albert Speer. Elle devait être plus grande que Rome et Paris. Elle n'a jamais été réalisée, car la guerre éclate. **A.** Gare du Sud **B.** Grande Avenue **C.** Arc de triomphe **D.** Halle du Peuple et place Adolf Hitler.

7 L'idéal aryen et l'inégalité des « races » pour les nazis

Tout ce que nous avons aujourd'hui devant nous de civilisation humaine, de produit de l'art, de la science, de la technique est presque exclusivement le fruit de l'activité créatrice des Aryens[1]. […] La conception raciale ne croit nullement à l'égalité des races, mais reconnaît au contraire leur diversité et leur valeur plus ou moins élevée. […] Les Aryens ont été les seuls fondateurs d'une humanité supérieure, celle qui a créé la civilisation.

Adolf Hitler, *Mein Kampf*, 1925.

1. En référence à la prétendue « race aryenne », race supérieure selon Hitler.

Vocabulaire

Une idéologie : voir p. 61.

6 Une révolution mondiale pour supprimer les classes sociales en URSS

« Le camarade Lénine nettoie la Terre de ses saletés superflues », affiche soviétique, vers 1920.

Questions

Questionnement différencié sur LLS.fr/HG3P69

1. Reproduisez et complétez le tableau à l'aide des documents indiqués :

	Idéal du peuple	Idéal de la femme	Idéal de société
Allemagne nazie	Doc. 1 :	Doc. 3 :	Doc. 5 et 7 : ....
URSS	Doc. 2 :	Doc. 4 :	Doc. 6 : ....

Synthèse

- L'**idéologie** nazie exalte la supériorité de la « race aryenne » et le culte du corps. Les femmes ont pour rôle essentiel de faire perdurer « la pureté de la race » en élevant les enfants dans les valeurs nazies.
- L'idéologie soviétique repose sur une société égalitaire, sans classes sociales, où les hommes et les femmes ont un même rôle à jouer. La révolution mondiale doit permettre de donner le pouvoir aux communistes et de chasser les capitalistes du pouvoir.

Dossier 4

La France du Front populaire

Compétence J'analyse et je comprends des documents

6 février 1934 Manifestation de l'extrême droite

1936-1938 Le Front populaire au pouvoir

Dans l'entre-deux-guerres, les démocraties comme la France et le Royaume-Uni sont confrontées à des difficultés politiques et économiques. Cependant, contrairement à l'Allemagne et à l'Italie, elles ne sombrent pas dans le totalitarisme. En France, le Front populaire est au pouvoir de 1936 à 1938.

Comment la France réagit-elle à la crise dans les années 1930 ?

1 Des ligues d'extrême droite manifestent à Paris

Dans un climat marqué par le chômage et la misère provoqués par la crise économique, les critiques contre les gouvernements successifs culminent le 6 février 1934.

Une vague hurlante de manifestants repart à l'assaut du pont de la Concorde. Un premier barrage de camions est enfoncé. Les gardes [...] sont débordés et contraints de se replier vers le Palais Bourbon[1]. Plusieurs coups de revolver partent de la foule à leur adresse [...]. Les gardes tirent en l'air. Ce n'est pas assez pour les énergumènes[2] qui ont résolu de renverser la République et le régime parlementaire [...]. Les gardes mobiles tirent alors sur la foule pour de bon. Une dizaine de personnes s'écroulent. Le reste s'enfuit.

Le Populaire, journal du parti socialiste (SFIO), 7 février 1934.

1. Siège de la Chambre des députés.
2. Les individus exaltés, excités.

2 La campagne électorale de 1936

Affiche d'un parti d'extrême droite, 1936.

Brochure du Front populaire, 1936.

3 Les réformes du Front populaire

Le Front populaire remporte les élections en mai 1936. Le chef du gouvernement est Léon Blum (SFIO), uni au parti radical-socialiste et au parti communiste (qui soutient pour la première fois le gouvernement à la Chambre des députés).

Le peuple de France a voté pour le pain, la paix, la liberté !

l'Humanité

VICTOIRE !

Le Front Populaire triomphe !

DANS TOUT LE PAYS, DES MANIFESTATIONS PUISSANTES ET ENTHOUSIASTES GROUPANT DES DIZAINES DE MILLIERS DE PERSONNES ONT SUIVI LA PROCLAMATION DU SCRUTIN

SONT ÉLUS

SONT BATTUS

- Semaine de 40 h (au lieu de 48 h).
- Deux semaines de congés payés annuels.
- Billets de train à tarif réduit pour les congés payés.
- Nationalisation des compagnies de chemin de fer et des industries d'armement.
- Scolarité obligatoire jusqu'à 14 ans.

Numérique
Retrouvez un lien sur le Front populaire sur LLS.fr/HG3FrontPop.

4 Un témoignage sur le Front populaire

Au cours des années 1930, [...] ce sont des millions et des millions de chômeurs qu'on recense dans tous les pays industrialisés. [...] C'est l'apparition du fascisme[1] qui commence en Italie, mais qui, dans les années 1930, prend possession de l'Allemagne. [...] L'appellation réelle du Front populaire, c'est le « front populaire anti-fasciste ». [...] Vous comprenez bien que des gens qui avaient travaillé jusque-là 48 h et plus, de travailler 40 h tout à coup, le fait d'avoir pour la première fois des congés payés, [...] eh bien ! c'est ça le Front populaire.

Témoignage de Maurice Kriegel-Valrimont, recueilli par Guylain Chevrier, *Revue d'histoire critique*, 2008.

1. Régime totalitaire du dictateur Mussolini en Italie.

Famille d'ouvriers prenant ses premières vacances à la mer, été 1936.

5 Les « grèves joyeuses »

Couverture du *Miroir du monde*, juin 1936.
En juin 1936, les ouvriers occupent les usines pour exprimer leurs espoirs : ce sont les « grèves joyeuses ».

6 Une critique du Front populaire

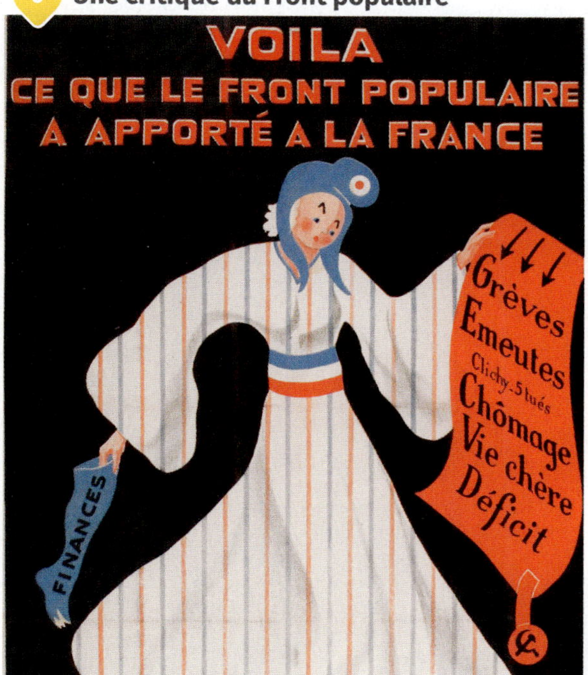

Affiche d'une organisation politique de droite, 1937.

Vocabulaire

Le Front populaire : voir p. 75.

Une ligue d'extrême droite : association qui s'oppose à la république avec une organisation souvent paramilitaire.

Questions

Questionnement différencié sur LLS.fr/HG3P71

1. **Doc. 1** Que se passe-t-il le 6 février 1934 ? Dans quel contexte ces émeutes se déroulent-elles ?
2. **Doc. 2** Présentez les deux affiches. Quels partis représentent-elles ?
3. **Doc. 2** Quel est le programme du Front populaire ?
4. **Doc. 3 et 4** Racontez les avancées apportées par le Front populaire aux ouvriers.
5. **Doc. 5** Dans quelle atmosphère les grèves de 1936 se déroulent-elles ?
   > GUIDE • Décrivez la couverture. Que font les ouvriers ? Pourquoi ?
6. **Doc. 6** Quelles sont les critiques contre le Front populaire ?

Dossier 5

La guerre d'Espagne et la montée des périls

Compétence J'analyse et je comprends des documents

Entre 1935 et 1939, l'Allemagne nazie multiplie les agressions en Europe. En 1936, une guerre civile éclate en Espagne entre républicains et **nationalistes**. Ces derniers sont soutenus par Hitler et Mussolini, tandis que des brigades internationales de toute l'Europe rejoignent le camp des républicains.

1936-1939 Guerre d'Espagne

Mars 1938 Annexion de l'Autriche

30 septembre 1938 Accords de Munich

Août 1939 Pacte germano-soviétique

Comment l'Europe se trouve-t-elle au cœur de nouvelles tensions à la fin des années 1930 ?

1 Les principales étapes de la guerre d'Espagne

carte interactive

2 Guernica, vu par Picasso

Pablo Picasso, *Guernica*, 1937, huile sur toile, 3,49 m × 7,76 m (musée national Reina Sofia, Madrid). Cette œuvre dénonce la violence des troupes franquistes et **fascistes**.

3 La guerre d'Espagne, une répétition ?

Au centre, le général Franco, chef des nationalistes espagnols, assiste au déploiement de la légion Condor envoyée par Hitler en soutien, en août 1936.

4 Les accords de Munich (1938)

En septembre 1938, Hitler, Mussolini, Chamberlain et Daladier se retrouvent à Munich. Ils actent la cession des Sudètes à l'Allemagne, en échange d'une promesse de paix.

L'avion décrivait de larges cercles au-dessus du Bourget, une poix noire et ondulante recouvrait la moitié du terrain d'atterrissage. Léger se pencha vers Daladier[1] et cria en la montrant : « Quelle foule ! » Daladier regarda à son tour ; il parla pour la première fois depuis leur départ de Munich : « Ils sont venus me casser la gueule. » Léger ne protesta pas. Daladier haussa les épaules : « Je les comprends. » [...] L'avion s'était posé. Daladier sortit péniblement de la carlingue et mit le pied sur l'échelle ; il était blême. Il y eut une clameur énorme et les gens se mirent à courir, crevant le cordon de police, emportant les barrières ; [...] ils criaient : « Vive la France ! Vive l'Angleterre ! Vive la paix ! » ils portaient des drapeaux et des bouquets. Daladier s'était arrêté sur le premier échelon ; il les regardait avec stupeur. Il se tourna vers Léger et dit entre ses dents : « Les cons ! »

Jean-Paul Sartre, *Le Sursis*, 1945, © Gallimard.

1. Chef du gouvernement français (avril 1938-mai 1939).

5 Les agressions nazies (1935-1939)

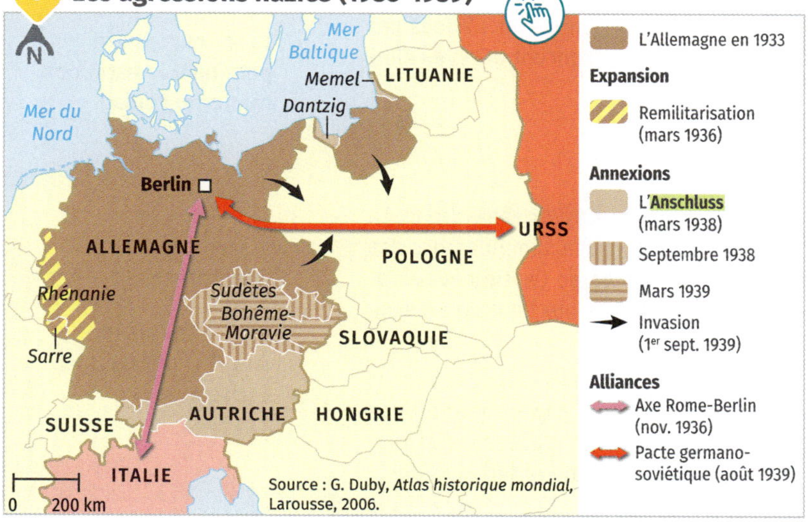

Source : G. Duby, *Atlas historique mondial*, Larousse, 2006.

Vocabulaire

L'Anschluss : annexion de l'Autriche par Hitler.

Le fascisme : idéologie politique adoptée par Mussolini en Italie, qui prône l'autorité du chef, le recours à la force et la supériorité du groupe sur l'individu. Elle s'exprime dans un nationalisme conquérant et la promotion d'une société inégalitaire.

Les nationalistes : nom que se donnent les insurgés qui se soulèvent contre le gouvernement républicain espagnols. Ils sont aussi appelés « franquistes ».

Le pacifisme : mouvement qui s'oppose à toute forme de guerre et veut instaurer la paix.

Questions

Questionnement différencié sur LLS.fr/HG3P73

1. **Doc. 1 à 3** Pourquoi l'enjeu de la guerre civile espagnole dépasse-t-il son territoire ?
   > GUIDE
   - Qui s'oppose dans la guerre civile espagnole ?
   - Par qui sont-ils soutenus ?
   - Pourquoi peut-on parler de « répétition » pour les forces nationalistes ?
2. **Doc. 2** De quelle façon Picasso montre-t-il l'horreur du bombardement de Guernica ?
3. **Doc. 4 et 5** En quoi consiste la politique d'expansion nazie entre 1935 et 1939 ?
4. **Doc. 4 et 5** Pourquoi peut-on dire que les accords de Munich sont un échec pour les **pacifistes** ?

Leçon

L'Europe entre démocraties et régimes totalitaires

Compétence Je révise mes repères historiques

Numérique
Retrouvez une vidéo pour réviser sur LLS.fr/HG3Synthese2

A. La mise en place des régimes totalitaires

› En Allemagne, le nouveau régime créé après la Première Guerre mondiale est très fragile. Le parti nazi apparaît en 1920. Le traité de Versailles est perçu comme un « Diktat » imposé à l'Allemagne.

› Dans le contexte de crise économique, les nazis remportent les élections législatives en novembre 1932. Hitler est nommé chancelier en janvier 1933. Il prend tous les pouvoirs et supprime les libertés individuelles. En 1935, il met en place les lois de Nuremberg. L'Allemagne devient une dictature totalitaire raciste et antisémite **(dossier 2)**.

› En URSS, à la mort de Lénine en 1924, Staline prend le pouvoir et élimine ses rivaux. Il collectivise l'économie dans les années 1930. Il met en place une dictature totalitaire et supprime les libertés **(dossier 1)**.

B. Des sociétés embrigadées et contrôlées

› En Allemagne nazie et en URSS, tous les moyens d'information sont contrôlés par l'État. La propagande développe le **culte de la personnalité**, autour de la figure du chef. Dès leur plus jeune âge, les enfants sont **embrigadés** dans des organisations de jeunesse **(dossier 3)**.

› Toute opposition au parti unique est interdite. Les opposants sont traqués par une police politique et envoyés dans des camps (camps de concentration en Allemagne, goulag en URSS).

C. La résistance des démocraties

› Le Royaume-Uni et la France font face à la montée des partis d'extrême droite. La crise économique des années 1930 fait augmenter le chômage. L'impuissance des gouvernements et leur instabilité provoquent une montée de l'**antiparlementarisme**. En France, les partis de gauche s'unissent en 1935 face aux ligues d'extrême droite : c'est le **Front populaire** **(dossier 4)**.

› Le Front populaire remporte les élections de 1936. De grandes lois sociales donnent de nouveaux droits aux ouvriers (semaine de 40 h, congés payés, création des délégués ouvriers dans les usines). Les accords de Matignon établissent un dialogue entre les syndicats et le patronat. La crise économique et les divisions provoquent la démission de Léon Blum en juin 1937.

› La peur d'un nouveau conflit empêche les **démocraties** de s'opposer aux coups de force d'Hitler : par les accords de Munich (1938), le gouvernement français accepte l'annexion des Sudètes et le démantèlement de la Tchécoslovaquie, alliée de la France **(doc. 5 p. 73)**.

Ouvriers attendant la soupe populaire à Paris, vers 1930.

Je retiens

- **La défaite de 1918, le « Diktat » du traité de Versailles**
- **La crise économique à partir de 1929**
- **Montée des régimes totalitaires**
- **Propagande, culte de la personnalité, organisations de jeunesse**
- **La terreur : police politique, arrestations, camps ou goulag**
- **Crise économique et impuissance des gouvernements**
- **Le Front populaire en 1936, grandes lois sociales**

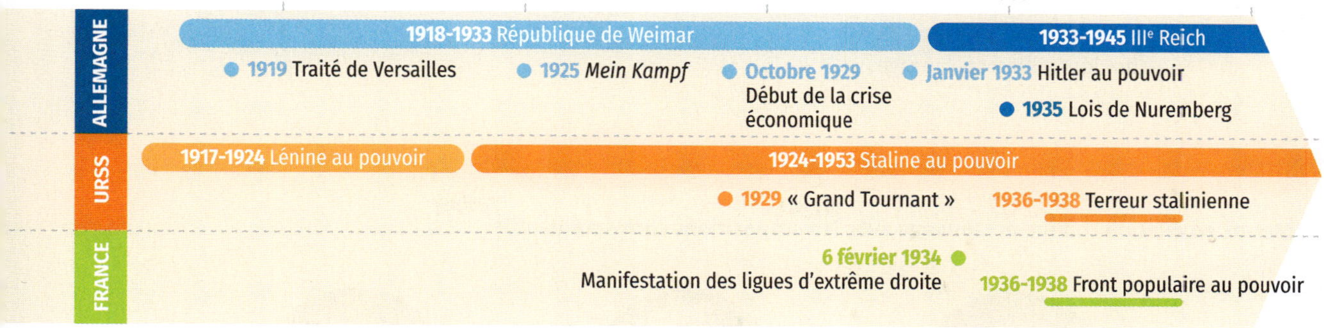

Je retiens les personnages importants

Léon Blum (1872-1950)
Chef du parti socialiste SFIO dans l'entre-deux-guerres, il dirige le gouvernement du Front populaire en 1936.

Joseph Staline (1878-1953)
Staline dirige l'URSS de 1924 jusqu'à sa mort en 1953. Il exerce seul tous les pouvoirs.

Adolf Hitler (1889-1945)
Nommé chancelier en janvier 1933, Hitler installe le IIIe Reich, un État totalitaire, raciste et antisémite.

Vocabulaire

L'antiparlementarisme : opposition au régime parlementaire, accusé de favoriser l'instabilité gouvernementale et la corruption.

Le communisme : idéologie qui veut créer une société sans classe sociale et dans laquelle la propriété privée est abolie.

Le culte de la personnalité : voir p. 61.

Une démocratie : régime politique dans lequel le pouvoir appartient au peuple.

L'embrigadement : contrôle de la pensée et des opinions, par la propagande et l'éducation.

Le Front populaire : alliance électorale des grands partis de gauche en France entre 1935 et 1938 (parti communiste, SFIO et parti radical).

Une idéologie : voir p. 61.

Le nazisme : idéologie raciste, antisémite, agressive et totalitaire élaborée par Hitler.

Un régime totalitaire : dictature qui contrôle l'ensemble de la société.

Je révise avec un schéma

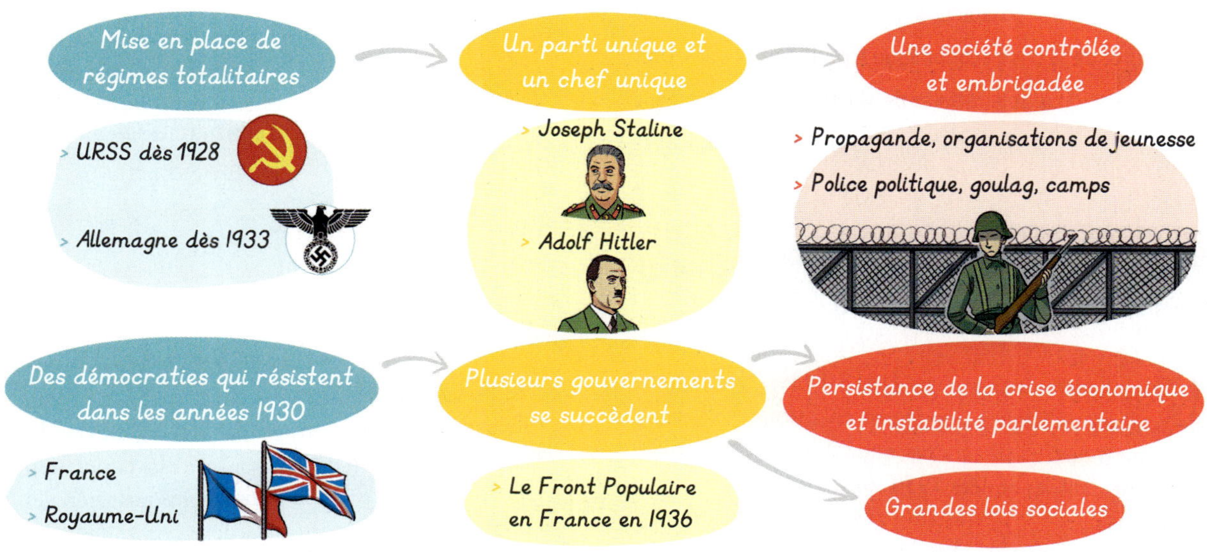

Téléchargez ce schéma sur LLS.fr/HG3Schema2

Je teste mes connaissances

Pour chaque question, il y a une ou plusieurs réponses correctes. Testez-vous sur LLS.fr/HG3Quiz2

Je m'exerce pour le brevet

Compétence Je pratique différents langages

Exercice 1 • Je connais les principaux personnages du chapitre

Mettez en relation chaque personnage avec les propositions correspondantes.

▲ Léon Blum

▲ Adolf Hitler

▲ Joseph Staline

1. Il est au pouvoir en Allemagne.

3. Il met en place les lois de Nuremberg en 1935.

5. Il gagne les élections de 1936 avec le Front populaire.

2. Il lance les plans quinquennaux et la collectivisation.

4. Il succède à Lénine.

Exercice 2 • Je situe les grands événements du chapitre

Reliez ces événements à leur date.

a. Staline au pouvoir en URSS •	• Mai 1936
b. Hitler au pouvoir en Allemagne •	• 1924-1953
c. Élection du Front populaire en France •	• 1929
d. Début de la crise économique mondiale aux États-Unis •	• 1935
e. Lois raciales de Nuremberg en Allemagne •	• Été 1936
f. Premiers congés payés en France •	• 1933-1945

Numérique
Retrouvez le quiz en version autocorrigée sur LLS.fr/HG3ExoAutocorrige2.

Exercice 3 • Je maîtrise le vocabulaire du chapitre

Complétez les textes à trous suivants.

1. Dans l'entre-deux-guerres (1918-1939), deux types de régimes politiques s'opposent en Europe. Ainsi, la France est une .... alors que l'Allemagne, l'URSS et l'Italie dans les années 1930 sont des ....

2. Dans une démocratie, c'est le .... qui détient le pouvoir, alors que dans les régimes totalitaires, il est détenu par un .... La population vit sous la .... : la police politique arrête les opposants et les déporte dans des .... (appelés .... en URSS). Une intense .... est mise en place pour justifier la politique du régime.

3. En France, le .... gagne les élections de mai 1936. En juin 1936, les .... donnent d'importantes avancées sociales aux ouvriers, comme les deux premières semaines de congés payés ou la semaine de 40 h.

Compétence Je m'exprime à l'oral

J'apprends en m'exprimant à l'oral

ÉTAPE 1 Relever les idées importantes

1. Lisez le document et rédigez une courte présentation au brouillon.
2. Quelle est la situation politique de l'Allemagne évoquée ici ?
3. Quelle est la situation économique de l'Allemagne dans les années 1930 ?
4. Qu'enseigne-t-on aux enfants allemands ?

ÉTAPE 2 Utiliser ses connaissances pour expliquer le document

1. Rappelez, à l'aide de votre cours, ce que l'auteur appelle le « désastre national de Versailles ».
2. Cherchez dans votre cours pourquoi il y a « 6 millions de chômeurs en 1932 ».
3. Pourquoi peut-on dire que les enfants allemands sont embrigadés ?

ÉTAPE 3 Présenter le document à l'oral

1. Présentez le document.
2. Expliquez dans quel contexte le nazisme se développe en Allemagne, à l'aide du texte et de vos connaissances.
3. Concluez sur l'embrigadement de la jeunesse.

L'influence du nazisme sur les jeunes

Melita Maschmann a 17 ans en 1933. Adhérente des Jeunesses hitlériennes, puis fonctionnaire, elle raconte ce qui l'a menée au nazisme.

Nos parents se plaignaient sans cesse de l'appauvrissement croissant de l'Allemagne […]. On comptait à la fin six millions de chômeurs [en 1932]. De plus, mes parents imputaient tout cela aux réparations que l'Allemagne devait payer à ses anciens adversaires, ainsi qu'à la perte des zones industrielles allemandes. On ne parlait pas, en revanche, des conséquences de la grande crise économique qui était durement ressentie partout […], au début des années 1930. Tous nos maux venaient du désastre national de Versailles […]. Les adultes nous enseignèrent que les juifs étaient mauvais, qu'ils faisaient cause commune avec les ennemis de l'Allemagne, etc. […]. Nous rêvions de nous sacrifier à un idéal…

Melita Maschmann, *Ma jeunesse au service du nazisme*, 1964.

À lire

Hans Peter Richter, *J'avais deux camarades*, 1972.
L'histoire de trois adolescents qui grandissent dans l'Allemagne nazie, entre les Jeunesses hitlériennes, le climat antisémite, la marche à la guerre.

Gilles Fontaine, *Noces de larmes*, 2008.
Une histoire d'amour dans la tourmente de la guerre civile espagnole entre Francisco, fils d'un riche propriétaire terrien, et Dolores, d'un milieu plus modeste.

Kressmann Taylor, *Inconnu à cette adresse*, 1938.
Un roman épistolaire écrit en 1938 qui raconte l'amitié entre deux marchands d'art, l'un Allemand, l'autre Juif américain. Leur correspondance entre 1932 et 1934 nous permet de saisir l'atmosphère de la montée du nazisme et des premiers mois du régime.

Enseignement moral et civique

Les valeurs, principes et symboles de la République

Compétences La règle et le droit : je comprends les principes et les valeurs de la République française et des sociétés démocratiques
La règle et le droit : je comprends le rapport entre les règles et les valeurs

TÂCHE À RÉALISER

Dans ce chapitre d'histoire, vous avez appris comment la démocratie et la république peuvent être menacées. Ici, vous allez découvrir les symboles de la République française et leur signification. À vous ensuite de réaliser un livret explicatif intitulé : « Les **valeurs**, **principes** et **symboles** de la République expliqués à mon petit frère/ma petite sœur ».

ÉTAPE 1 Connaître les symboles de la République

Doc. 1 à 4

1. Quels sont les symboles communs aux documents 1, 2, 3 et 4 ?
2. Recherchez leur signification et à quel moment de l'histoire ils sont devenus symboles de la République.
3. Où sont-ils utilisés ? Lors de quelles circonstances ?
4. Recherchez dans quel contexte *La Marseillaise* a été composée, pourquoi, et quel est le sens de ce chant.
5. Recherchez pourquoi et quand la fête nationale a été fixée le 14 juillet.

1 La devise et le drapeau

▲ Fronton de la mairie de Saint-Jean-d'Illac (Gironde).

2 *La Marseillaise*, hymne national

▲ Buvard distribué dans les écoles en 1904 avec *La Marseillaise*, chant composé par Rouget de Lisle en 1792 et devenu hymne national en 1879.

3 Marianne

◄ Exposition « Marianne d'aujourd'hui », 14 juillet 2003.

Numérique
Retrouvez une vidéo sur la devise de la République française sur LLS.fr/HG3Devise.

ÉTAPE 2 Connaître les valeurs et les principes de la République

Doc. 1 et 5

1. Quelles sont les valeurs de la République inscrites dans la devise ? Donnez-en une définition.
2. Quels sont les quatre principes de la République ? Que signifient-ils ? Trouvez un exemple concret de leur application, au collège par exemple.

4 La fête nationale

▲ La Patrouille de France à Paris, le 14 juillet 2019.

ÉTAPE 3 Réaliser un livret explicatif

1. Ouvrez un document *Open Office* et créez plusieurs pages.
2. Pour chaque symbole, trouvez une illustration, expliquez ce qu'il signifie, quand il a été mis en place et dans quelles circonstances il est utilisé. Puis procédez de même pour les quatre principes et les trois valeurs.
3. Indiquez la source de vos illustrations.

5 Les principes de la République

L'article 1er de la Constitution s'inscrit dans ce cadre puisqu'il proclame que « La France est une République indivisible, laïque, démocratique et sociale ».
« Une République indivisible » : aucune partie du peuple, ni aucun individu, ne peut s'attribuer l'exercice de la **souveraineté nationale**. Seul le peuple exerce cette souveraineté par la voie de ses représentants (ex : les députés) ou du **référendum**. L'unité et l'indivisibilité garantissent une application uniforme du droit sur l'ensemble du territoire national.
Le caractère laïque de la République découle à la fois du principe de la liberté de croyance et du principe d'égalité des citoyens devant la loi et implique **la séparation des Églises et de l'État**. Aucune religion n'a ainsi de statut privilégié au sein de la République et chaque individu se voit garantir la liberté de ses opinions et de sa foi.
Le caractère démocratique de la République implique le respect des libertés fondamentales et la désignation des différents pouvoirs au **suffrage universel** (ouvert à tous les citoyens majeurs), égal (chaque électeur dispose d'une voix) et secret (chacun vote librement à l'abri de toute pression).
Enfin, **le caractère social de la République** résulte de l'affirmation du principe d'égalité. Il s'agit de contribuer à la cohésion sociale et de favoriser l'amélioration de la condition des plus démunis.

Extraits du site vie-publique.fr.

Vocabulaire

Un principe : fonctionnement commun qui permet à un groupe de vivre en société et d'appliquer certaines valeurs.
Un symbole : ici, représentation (image, objet, personnage).
Une valeur : idéal, objectif commun qu'un peuple se donne à atteindre.

Je retiens l'essentiel

- **La République française s'est dotée de valeurs fondamentales et de principes inscrits dans sa Constitution. Elle a peu à peu adopté un certain nombre de symboles (huit au total).**
- **Ces symboles évoquent des moments importants de l'histoire de la Nation, en particulier la Révolution française. Ils représentent les trois valeurs de la République : « Liberté, Égalité, Fraternité ». Ces valeurs sont le ciment de la Nation.**
- **Les principes nous permettent de fonctionner en société autour de règles communes, dans l'esprit des valeurs que nous nous sommes fixées.**

Sujet guidé

Exercice 1 • Analyser et comprendre des documents

1. **Doc. 1 et 2** Rappelez ce qu'est la propagande.
2. **Doc. 1 et 2** Repérez les symboles du régime totalitaire nazi.
3. **Doc. 2** À quelle date cette affiche a-t-elle été produite ? Quel pays est intégré à l'Allemagne à cette date ?
4. **Doc. 1 et 2** Quels messages ces affiches de propagande font-elles passer ?
5. **Doc. 1 et 2** À l'aide des documents et de vos connaissances, expliquez comment les régimes totalitaires encadrent leur population.

   › GUIDE
   - Expliquez ce qu'est l'embrigadement.
   - Utilisez des exemples précis tirés des documents.

1 L'embrigadement

▲ « Unité de la jeunesse dans les Jeunesses hitlériennes ! », affiche, 1936.

2 Le culte de la personnalité

▲ « Un Peuple, un Empire, un Chef », affiche, 1938.

Méthode : Analyser une affiche de propagande

Une affiche de propagande est destinée à convaincre la population grâce à des messages simples et incisifs.

Identifier le document

- **Situer l'affiche dans le temps :** date, contexte.
- **L'auteur et le commanditaire :** qui a créé l'affiche ? Par qui a-t-elle été commandée ?
- **Le destinataire :** à qui cette affiche s'adresse-t-elle ?

Décrire l'image

- **Les différents plans ou parties de l'affiche :** sur quels éléments l'attention est-elle attirée ?
- **Les personnages et les objets :** que symbolisent-ils ?
- **Le texte :** quel slogan est associé à l'image ?

Analyser l'affiche

- **L'objectif de l'affiche, son message :** quelle idée tente-t-elle de diffuser ?
- **L'objectif secondaire :** quelle réalité cherche-t-elle à dissimuler ?

Exercice 2 • Maîtriser différents langages

Sous la forme d'un développement construit d'une vingtaine de lignes et en vous appuyant sur vos connaissances, expliquez le contexte de la montée du nazisme en Allemagne.

› GUIDE
- Rappelez les conditions du traité de Versailles.
- Expliquez les conséquences de la crise de 1929.
- Rappelez les principales étapes de l'accession d'Hitler au pouvoir et de l'installation de sa dictature.

Conseils • Utiliser des mots-clés

- Faites apparaître dans votre développement construit les mots-clés qui sont attendus par votre correcteur. Ce sont souvent les mots importants que vous avez notés en cours ou sur votre fiche de révision.

Exercice 1 • Analyser et comprendre des documents

1. D'après vos connaissances, rappelez à quelle date et dans quel contexte le Front populaire arrive au pouvoir en France.
2. **Doc. 1** Présentez l'auteur du texte. Pourquoi Léon Blum dit-il avoir apporté « une embellie, une éclaircie » aux Français ?
3. **Doc. 2** À qui cette affiche s'adresse-t-elle ? Rappelez les grandes réformes apportées par le Front populaire.
4. **Doc. 2** Décrivez l'affiche et expliquez les intentions de son auteur.
5. **Doc. 1 et 2** À l'aide des documents et de vos connaissances, racontez l'expérience du Front populaire en France.

1 Léon Blum témoigne sur le Front populaire

Je ne suis pas sorti souvent de mon cabinet ministériel pendant la durée de mon ministère ; mais chaque fois que j'en suis sorti, que j'ai traversé la grande banlieue parisienne et que j'ai vu les routes couvertes de « tacots », de motos, de tandems avec des couples d'ouvriers vêtus de pull-overs assortis et qui montraient que l'idée de loisir réveillait chez eux une espèce de coquetterie naturelle et simple, j'avais le sentiment d'avoir, malgré tout, apporté une embellie, une éclaircie dans des vies difficiles, obscures. On ne les avait pas seulement arrachés au cabaret ; on ne leur avait pas donné plus de facilité pour la vie de famille ; mais on leur avait ouvert une perspective d'avenir, on avait créé chez eux un espoir.

Déclaration de Léon Blum au procès de Riom, en 1942.

2 Les premiers congés payés en 1936

▲ Affiche publicitaire, 1936.
Le ministre des Loisirs du Front populaire, Léo Lagrange, négocie des billets de train à moitié prix pour que les ouvriers puissent partir en vacances.

Exercice 2 • Maîtriser différents langages

1. Complétez la carte ci-contre avec trois noms d'États totalitaires et deux noms de démocraties.
2. Construisez la légende de la carte.
3. Sous la forme d'un développement construit d'une vingtaine de lignes et en vous appuyant sur des exemples précis, expliquez comment les démocraties et les totalitarismes s'opposent en Europe dans les années 1920 et 1930.

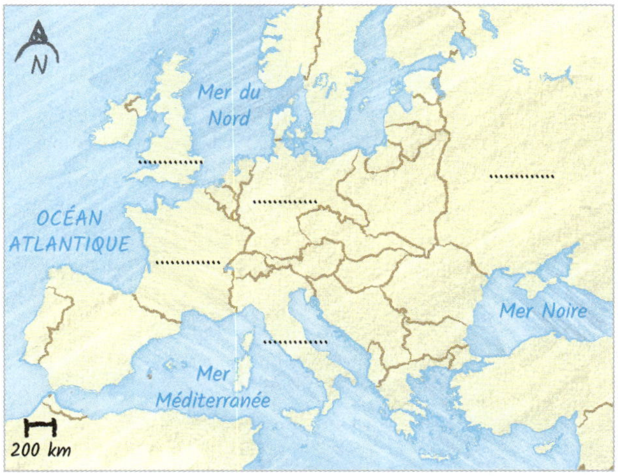

Numérique
Téléchargez la carte à compléter sur LLS.fr/HG3Cartes.

Chapitre 3

La Seconde Guerre mondiale

LA PREMIÈRE GUERRE MONDIALE

DÉMOCRATIES ET TOTALITARISMES DANS L'ENTRE-DEUX-GUERRES

LA SECONDE GUERRE MONDIALE

LA FRANCE DANS LA SECONDE GUERRE MONDIALE

En 1939, l'Allemagne nazie déclenche la Seconde Guerre mondiale. C'est une guerre d'anéantissement marquée par des affrontements militaires exceptionnels et des violences inouïes contre les civils. Les Juifs et les Tziganes sont victimes de génocides.

Pourquoi la Seconde Guerre mondiale est-elle une guerre d'anéantissement ?

Quiz

1. Qu'est-ce qu'un régime totalitaire ?
   a. Une dictature qui contrôle la population par la terreur et la propagande
   b. Un régime reposant sur les principes démocratiques ainsi que le respect des libertés et des droits de l'homme

2. Quelle population est victime d'un génocide en 1915-1916 ?
   a. Les Arméniens
   b. Les Amérindiens
   c. Les Héréros et les Namas

3. Depuis quand Hitler dirige-t-il l'Allemagne ?
   a. Depuis 1919
   b. Depuis 1933
   c. Depuis 1939

Numérique

Retrouvez un parcours numérique pour préparer la certification PIX sur LLS.fr/HG3PIX3.

Dans ce chapitre je vais

- Identifier les grandes phases du conflit.
- Expliquer pourquoi la Seconde Guerre mondiale est une guerre d'anéantissement.
- Décrire le génocide des Juifs et des Tziganes par les nazis.

Histoire et fiction

À travers un témoignage, ce documentaire raconte la vie d'enfants enfermés dans le camp de Terezin qui participèrent à la création d'un opéra aux accents antinazis. La propagande nazie l'utilisa pour faire croire au monde que les Juifs n'étaient pas maltraités.

◀ La ville de Dresde, après les bombardements alliés de février 1945.
Durant la Seconde Guerre mondiale, les bombardements aériens visent non seulement les armées, mais aussi des objectifs économiques et industriels. Ils font de nombreuses victimes parmi les populations civiles. Dresde est détruite aux deux tiers en 1945.

Repères

Un affrontement planétaire

Compétence Je me repère dans le temps et dans l'espace

La Seconde Guerre mondiale oppose les pays de l'Axe (Allemagne, Italie, Japon) aux Alliés américains, britanniques et soviétiques en Europe et dans le Pacifique. D'abord victorieuses, les forces de l'Axe subissent plusieurs grandes défaites en 1942. Les Alliés reprennent alors l'initiative. Grâce aux débarquements alliés à l'ouest (1944) et à l'avancée de l'Armée rouge à l'est, l'Europe est libérée. L'Allemagne capitule en mai 1945. Les bombardements atomiques en août 1945 conduisent à la capitulation du Japon.

1 L'expansion de l'Axe en Europe et en Afrique du Nord (1939-1942)

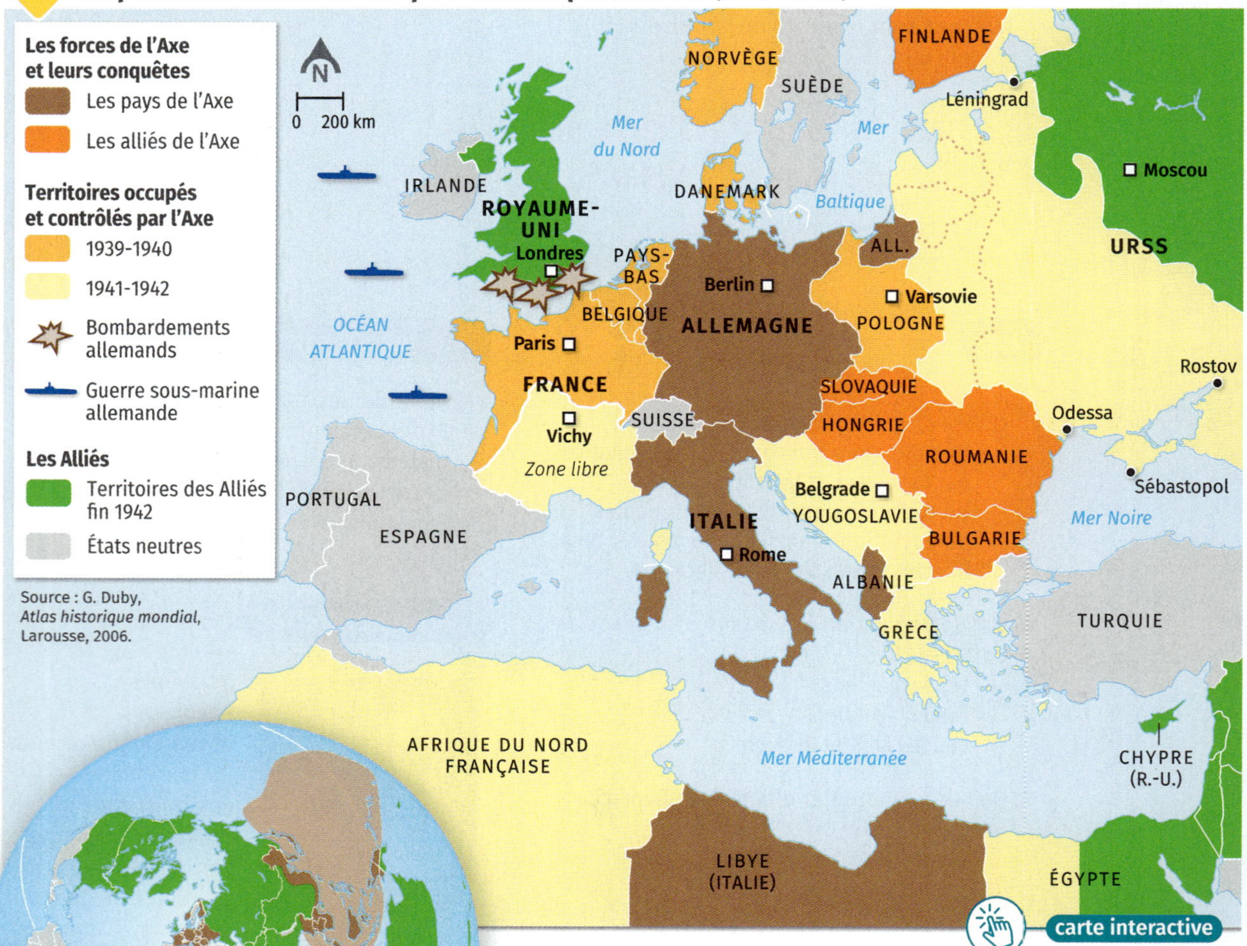

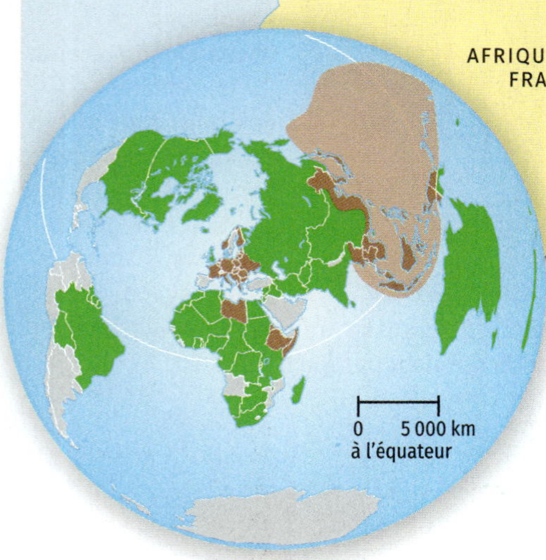

Source : G. Duby, *Atlas historique mondial*, Larousse, 2006.

Notions

Une guerre totale

Mobilisation humaine, économique, culturelle et morale de toute la société pour gagner la guerre.

1. Quelles sont les conquêtes de l'Axe en 1939 et 1940 ?
2. Quelles victoires des Alliés marquent le tournant de la guerre ?
3. Où débarquent les Alliés ?
4. Comment se fait la reconquête des territoires dans le Pacifique ?

2 La libération de l'Europe et de l'Afrique du Nord par les Alliés (1942-1945)

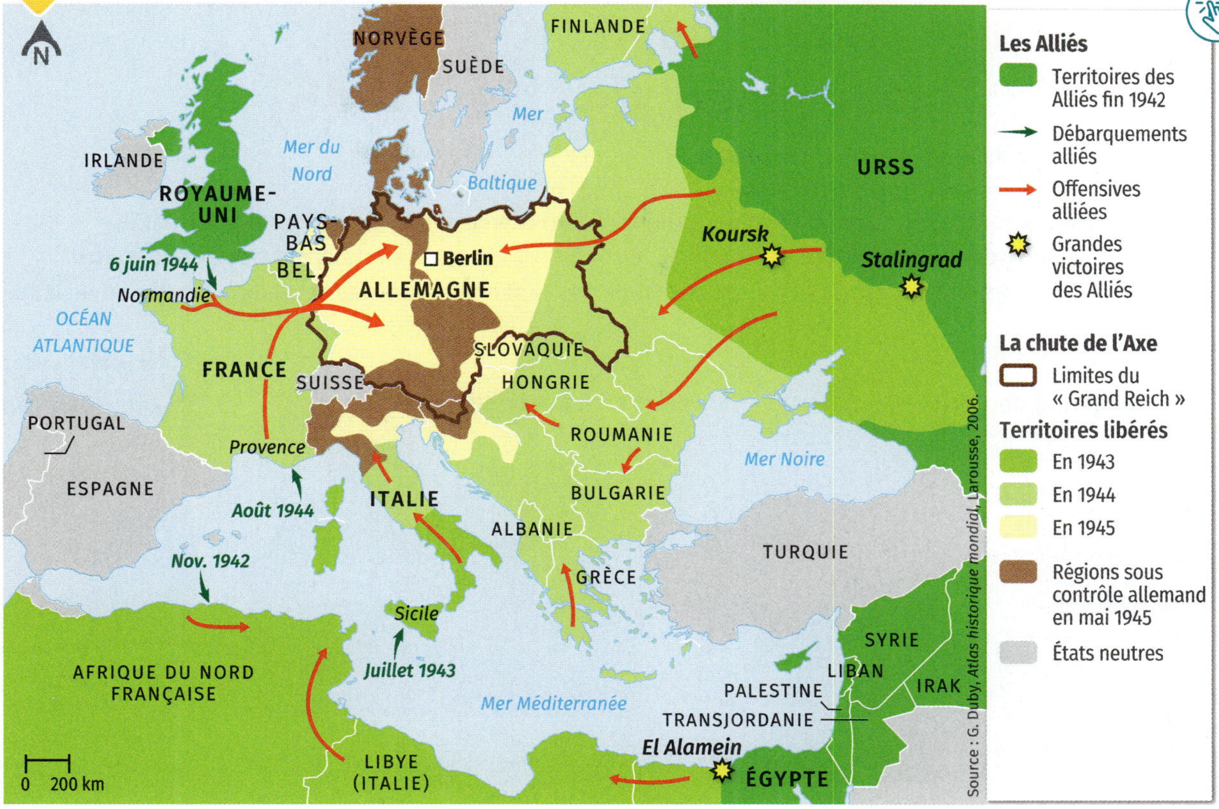

3 La guerre en Asie-Pacifique (1941-1945)

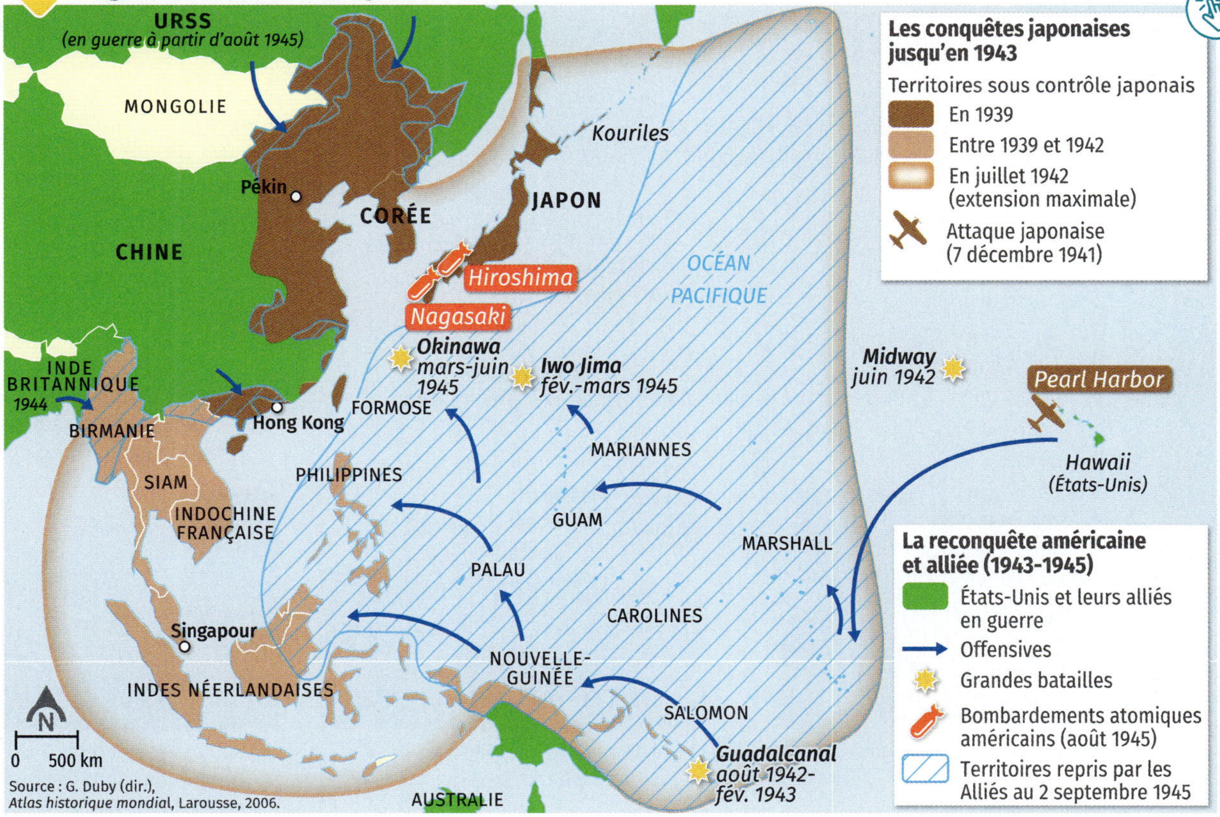

Repères

Les grandes phases de la Seconde Guerre mondiale (1939-1945)

Compétence Je situe et j'ordonne dans le temps

En 1942, grâce à ses victoires, l'Axe (Allemagne, Italie et Japon) exerce une domination marquée par la terreur sur les territoires occupés. Devenu mondial, le conflit est une guerre totale, mais aussi une guerre d'anéantissement dont le but est de détruire l'ensemble des capacités humaines et matérielles de l'adversaire.

1 Un génocide

▲ Membres des *Einsatzgruppen* exécutant des Juifs en Ukraine, septembre 1941.

2 L'économie de guerre

▲ « Le peuple et l'armée sont invincibles ! », affiche soviétique, 1941.

▲ « On peut le faire ! » affiche américaine, 1942.

1939 | 1940 | 1941 | 1942 | 1943

Victoires de l'Axe — **Le tournant de la guerre**

- **1er sept. 1939** Invasion de la Pologne par l'armée allemande
- **Mai-juin 1940** L'armée allemande attaque les Pays-Bas, la Belgique et la France
- **22 juin 1940** La France vaincue signe un armistice avec l'Allemagne
- **Juin 1941** Invasion de l'URSS par l'armée allemande (opération Barbarossa)
- **7 déc. 1941** Attaque japonaise sur Pearl Harbor, puis entrée en guerre des États-Unis le 8
- **Juil. 1942-fév. 1943** Bataille de Stalingrad
- **2 février 1943** Défaite allemande de Stalingrad (URSS)

▲ Colonne de chars allemands en mai 1940.

▲ L'attaque de Pearl Harbor par les Japonais.

▲ Soldats soviétiques combattant dans Stalingrad, décembre 1942.

Notions

Une guerre d'anéantissement

Conflit qui se caractérise par la volonté d'anéantir toutes les capacités humaines et matérielles de l'ennemi, et de briser toute capacité de résistance.

1. Relevez sur la frise deux événements montrant qu'il s'agit d'anéantir l'ennemi par tous les moyens.
2. Rappelez la définition d'un génocide. Quelles populations en sont victimes pendant la Seconde Guerre mondiale ?

Vocabulaire

L'économie de guerre : ensemble des mesures prises par l'État afin de mettre l'économie au service de la guerre.

Un génocide : mise à mort programmée, méthodique et organisée de tout un peuple en raison de son origine, de sa religion, de son appartenance ethnique ou culturelle.

Une guerre idéologique : guerre dans laquelle les belligérants veulent imposer leur vision du monde.

3 Une guerre idéologique

« Attention ! Nos maisons sont en danger maintenant ! Notre rôle : continuer de les bombarder », affiche américaine, 1942.

« Derrière les forces ennemies : le Juif », affiche nazie, 1942.

1944 — 1945 — 1946

Reconquête et victoire des Alliés

- **6 juin 1944** Débarquement allié en Normandie
- **15 août 1944** Débarquement allié en Provence
- **8 mai 1945** Capitulation de l'Allemagne nazie
- **6-9 août 1945** Bombardements atomiques sur Hiroshima et Nagasaki
- **2 sept. 1945** Capitulation du Japon. Fin de la Seconde Guerre mondiale

Soldats américains sur la plage d'Utah, le 6 juin 1944.

Le champignon atomique sur Nagasaki.

Menez l'enquête

Une guerre totale : l'exemple des États-Unis

Tâche à réaliser

En 1941, quand les États-Unis entrent en guerre, le Royaume-Uni combat l'Allemagne nazie depuis deux ans. Journaliste britannique au *Times*, vous êtes aux États-Unis en août 1945, lorsque votre rédacteur en chef, Robert Barrington-Ward, vous commande un article sur la mobilisation des États-Unis depuis Pearl Harbor. Réunissez votre équipe et mettez-vous au travail !

Numérique

Vous pouvez utiliser le logiciel en ligne *Lucidpress*, pour écrire l'article et l'illustrer comme un journal. LLS.fr/HG3Lucidpress

1 Une usine aux États-Unis pendant la guerre

▲ Usine de production de bombardiers en Californie, octobre 1942.

« Avec plus de femmes au travail, nous gagnerons plus vite ! », affiche américaine en faveur du travail des femmes dans les usines d'aviation, 1943. ▶

ÉTAPE 1 Expliquer l'effort de guerre

Doc. 1

1. Décrivez le lieu de la photographie, puis identifiez ce qui est produit ainsi que les personnes qui travaillent.
2. Montrez deux formes de mobilisation des États-Unis et expliquez par quels moyens ils veulent anéantir l'ennemi.
3. Faites une recherche : qu'est-ce que le *Victory Program* ?

ÉTAPE 2 Résumer le discours du président Roosevelt

Doc. 2

1. Résumez le discours en complétant le tableau :

Guerre idéologique	....
Guerre d'anéantissement	....
Guerre totale	....

ÉTAPE 3 Expliquer la volonté des États-Unis d'anéantir l'ennemi japonais

Doc. 3

1. Finissez votre article en rappelant le contexte dans lequel la bombe atomique est utilisée.
2. Indiquez quelles sont les conséquences pour les Japonais.

2 Discours du président Roosevelt

Un an après avoir annoncé le Victory program, *c'est-à-dire la mobilisation de toute l'économie américaine pour l'effort de guerre des démocraties, Roosevelt tire un premier bilan.*

Pas plus tard que l'année dernière, nous nous étions fixé comme premier objectif dans la guerre du Pacifique de détruire jour après jour [...] plus de matériel japonais que ce que l'industrie nippone était capable de remplacer [...]. Il est certain que bientôt le peuple japonais lui-même en prendra conscience, lorsque nous frapperons leurs îles et les bombarderons sans arrêt [...]. Nous avons produit 48 000 avions militaires – plus que la production de l'Allemagne, de l'Italie et du Japon réunis [...]. Je pense que l'arsenal des démocraties s'en sort bien [...]. Nous tirons notre chapeau devant tous ces hommes et ces femmes anonymes [...] qui ont œuvré [...] et ont enduré les rationnements et autres privations [...]. Nous ne devrions jamais oublier pourquoi nous nous battons [...]. La victoire dans cette guerre est notre premier et plus grand objectif [...]. Cela signifie finalement lutter pour [...] la liberté de vivre à l'abri de la peur.

Discours de Franklin D. Roosevelt, 7 janvier 1943.

« Balance-leur tout ça ! », affiche de propagande américaine publiée par le *USA War Production*, 1942.

3 L'utilisation de la bombe atomique, une première dans l'Histoire

Le 6 août 1945, un bombardier américain largue une bombe atomique (*Little Boy*) sur la ville d'Hiroshima, provoquant la mort sur le coup de 70 000 personnes. Trois jours plus tard, c'est la ville de Nagasaki qui est bombardée à son tour.

BRAVO !

En menant cette enquête, j'ai appris à :

- Confronter des documents à ce que je peux connaître, par ailleurs, du sujet étudié
- Réaliser une production audiovisuelle, un diaporama

Dossier 1

Une guerre totale et d'anéantissement sur le front de l'Est

Compétence J'analyse et je comprends des documents

Avec l'opération Barbarossa en juin 1941, Hitler rompt le pacte germano-soviétique et envahit l'URSS. Dès lors, une guerre d'anéantissement se déroule sur le front est entre l'Armée rouge de Staline et la Wehrmacht d'Hitler. La bataille de Stalingrad marque un tournant avec la défaite décisive de l'armée allemande face à l'URSS.

1939
Signature du pacte germano-soviétique

22 juin 1941
Opération Barbarossa

Juillet 1942 - février 1943
Bataille de Stalingrad

En quoi la guerre sur le front de l'Est est-elle une guerre d'anéantissement ?

1 Des causes économiques

René Payot est journaliste durant la guerre et il travaille pour la radio suisse.

Mais on ne peut isoler l'attaque contre la Russie ; il faut, pour la comprendre, la placer dans le cadre de la guerre qui prend, par la force des choses, un caractère mondial. Exposée à soutenir une très longue lutte, l'Allemagne a besoin de l'appui du continent. Non point dans le domaine militaire, mais dans l'ordre économique. Pour résister, elle doit pouvoir compter sur toutes les ressources de l'Europe, sur ses richesses agricoles et sur sa production industrielle. Dans cet ensemble de pays, l'U.R.S.S. tient une place prépondérante ; or l'U.R.S.S. non seulement n'avait aucun désir de collaborer, mais toute sa politique tendait à contrecarrer le plan germanique.

René Payot, *Journal de Genève*, 24 juin 1941.

2 Le front de l'Est

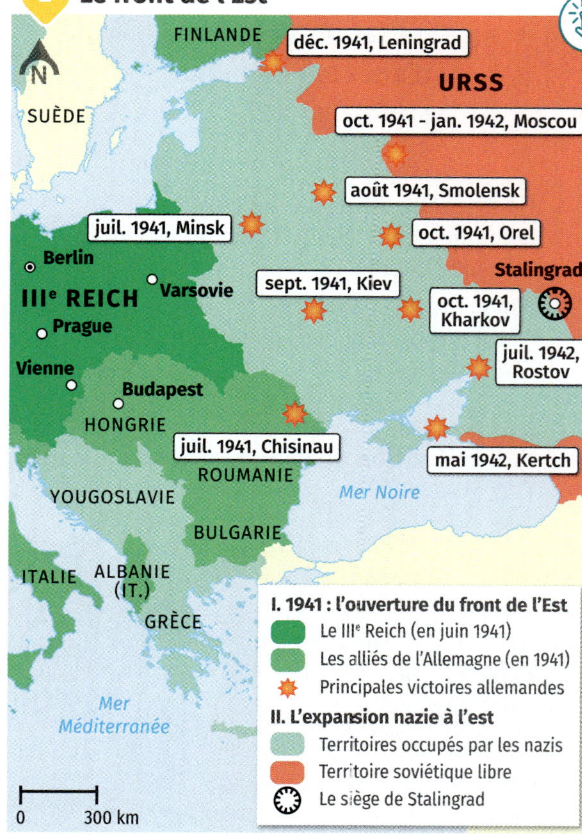

3 Des causes idéologiques

Hitler s'adresse à la Wehrmacht pour lui présenter les buts de guerre à l'est.

Combat de deux visions opposées du monde. Jugement sans appel sur le bolchevisme, qui est une forme de criminalité. Le communisme, danger énorme pour l'avenir. Nous devons abandonner le point de vue de la camaraderie entre soldats. Le communiste n'est, ni avant, ni après le combat, un camarade. Il s'agit d'une guerre d'anéantissement. Si nous ne nous comprenons pas cela, certes nous écraserons l'ennemi, mais, dans trente ans, l'ennemi communiste ressurgira.

Discours d'Adolf Hitler à la Wehrmacht, 30 mars 1941.

Numérique
Retrouvez une vidéo sur la guerre à l'est sur **LLS.fr/HG3FrontEst**

4 Combats urbains à Stalingrad

Soldats de l'Armée rouge en septembre 1942.

6 La capitulation des troupes allemandes

▲ Défilé des prisonniers de guerre allemands en janvier 1943, après la capitulation à Stalingrad de leur chef, le maréchal Von Paulus.

7 Un bilan de la bataille de Stalingrad

	Armée allemande (Wehrmacht)	Armée soviétique (Armée rouge)
Pertes militaires à Stalingrad	264 301 morts et blessés, 60 000 prisonniers	478 741 morts et 650 878 blessés
Pertes civiles à Stalingrad	/	100 000

▲ Source : Infographie de la Seconde Guerre mondiale, Perrin, 2018.

5 La bataille de Stalingrad dans la propagande soviétique

▲ Affiche de propagande soviétique, 1943.

Questions

Questionnement différencié sur LLS.fr/HG3P91

1. **Doc. 2 et frise** Quand Hitler décide-t-il d'attaquer l'URSS ? Pourquoi est-ce un revirement de sa part ?
2. **Doc. 1 et 3** Quelles raisons ont poussé Hitler à attaquer l'URSS ? Expliquez-les.
3. **Doc. 4, 5 et 7** À quels types de combats se livrent les deux camps ? Quelles sont les forces mobilisées ?
4. **Doc. 3 et 7** Relevez l'expression d'Hitler pour parler de cette guerre. Quel est le bilan humain ?
5. **Doc. 1 à 7** Construisez une carte mentale à quatre branches répondant à la problématique en vous appuyant sur vos réponses aux questions :

> GUIDE
- Expliquez le contexte (question 1).
- Donnez les causes économiques et idéologiques (question 2).
- Expliquez pourquoi c'est une guerre totale (question 3).
- Caractérisez la guerre d'anéantissement (question 4).

La propagande, un art pour les masses

Compétence Je propose une interprétation d'une œuvre d'art et une analyse critique

Comment les arts sont-ils mobilisés par les pouvoirs politiques ?

1 La propagande nazie

▲ Affiche de propagande nazie, « Maintenant peuple, lève-toi, la tempête va s'abattre », 1943.

2 La propagande soviétique

▲ Affiche de propagande soviétique, « Toutes les forces à la défense de la ville de Lénine », 1941.

3 Le dessin animé au service de la propagande américaine

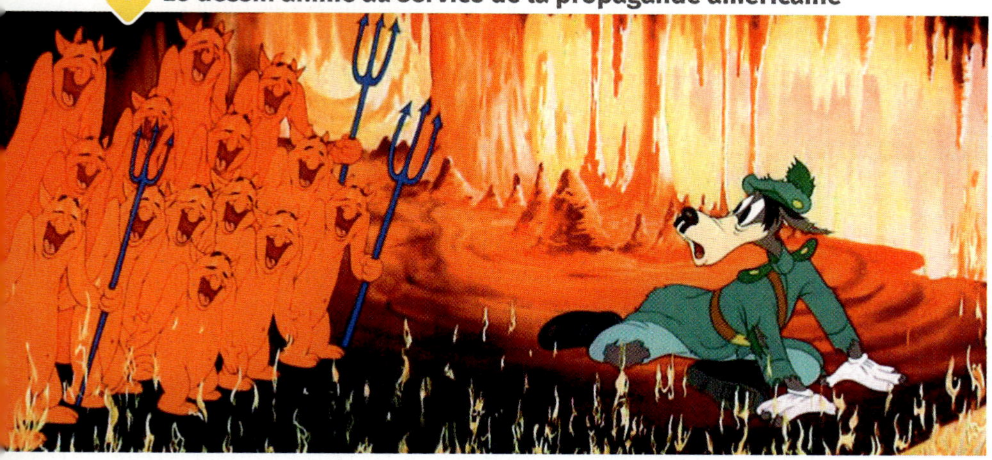

▲ Image finale du dessin animé de propagande américaine, *Der Gross méchant loup*, 1942.

Vocabulaire

La propagande : voir p. 39.

Numérique

Retrouvez un lien vers *Der Gross méchant loup*, pastiche des *Trois petits cochons* en guerre contre Adolf le Loup, réalisé par Tex Avery sur LLS.fr/HG3AdolfLoup

4 Les super-héros des *comics* américains

▲ Couverture du *comics* (bande dessinée) *Captain America* (créé en 1940), mars 1941.

5 La propagande au pays du manga

Affiche représentant l'attaque japonaise contre la flotte américaine à Pearl Harbor (Hawaii, États-Unis), 1942.

Questions

Questionnement différencié sur LLS.fr/HG3P93

1. **Doc. 1 à 5** Par groupe, choisissez un document.
   › GUIDE
   - Présentez ce document en précisant le pays d'origine, la date et le contexte, le destinataire.
   - Décrivez-le précisément : comment est représenté l'ennemi ? Son camp ? Quel est le registre employé (humour, peur, etc.) ?
   - Quel message ce document cherche-t-il à faire passer ?
   - Quelle réalité ce document occulte-t-il ?
2. **Doc. 1 à 5** Après avoir confronté vos travaux, dégagez des points communs entre ces différentes images.
3. **Doc. 1 à 5** En vous appuyant sur vos réponses à la question 2, réalisez une affiche de propagande de la France Libre.
   › GUIDE
   - Pour quel public ?
   - Dans quel but ?
   - Avec quel slogan ?

Synthèse

- La montée des régimes totalitaires s'accompagne d'un renouveau de l'image politique et de sa diffusion à grande échelle. Le langage graphique se simplifie pour être compréhensible par tous : grande typographie, slogan simple, couleurs vives, dans un but de propagande.
- En retour, les sociétés démocratiques font elles aussi appel au langage devenu familier de la publicité et des divertissements pour défendre leurs valeurs.
- La propagande de guerre sert à mobiliser toute la population en vue de la victoire. Jouant sur différents registres (pathétique, épique, ironique, etc.), l'affiche de propagande diabolise l'ennemi et met en avant la force et le courage de son propre camp. Elle vise ainsi à raviver le nationalisme de sa population et à la remobiliser dans l'effort de guerre.
- Outre l'utilisation d'affiches, la propagande s'empare également des nouveaux médias de masse (cinéma, radio) et parfois des *comics* (la bande dessinée).

Leçon

Une guerre totale et d'anéantissement

Compétence Je révise mes repères historiques

A. Une guerre d'anéantissement

› Pendant la Seconde Guerre mondiale, les affrontements militaires atteignent un degré de violence sans précédent. Chaque **belligérant** veut anéantir les capacités militaires ou industrielles de l'ennemi.

› Les combats sont marqués par des crimes de guerre des armées allemande et japonaise contre les prisonniers ainsi que par la déportation et l'exécution de résistants. Les belligérants jettent toutes leurs forces dans de grandes batailles comme celle de Stalingrad, perçue comme un tournant de la guerre et le point de départ de la libération de l'Europe **(dossier 1)**. Les Alliés décident de combattre l'Allemagne et le Japon jusqu'à leur **capitulation** sans condition **(doc. 6 p. 91)**.

Affiche de propagande alliée, 1943.

› Les civils sont durement touchés par la guerre. Les bombardements aériens terrorisent les populations. Les génocides tuent 6 millions de Juifs et environ 250 000 Tziganes **(leçon p. 102)**. Le nombre total de tués atteint 60 millions de personnes, en majorité des civils.

B. Une guerre idéologique

› L'Allemagne nazie veut conquérir son « espace vital » et anéantir les Juifs d'Europe. Les Japonais veulent dominer l'Asie orientale. Les Alliés en Europe et en Asie sont rassemblés autour des valeurs démocratiques. L'URSS veut affirmer la supériorité du système communiste.

› Si certains Européens collaborent avec les nazis, d'autres décident de résister à l'occupation nazie, au nom des principes de liberté ou des droits de l'homme **(chapitre 4)**.

C. Une guerre totale

› Des dizaines de millions de soldats participent aux combats. Les scientifiques sont mobilisés pour développer des armes nouvelles : fabrication de missiles V1 et V2 en Allemagne, élaboration de la première bombe atomique aux États-Unis avec le projet Manhattan.

› Les économies sont mobilisées. Les États-Unis lancent le ***Victory Program*** qui vise à faire du pays « l'arsenal des démocraties ». La population est incitée à participer financièrement et les femmes travaillent dans les usines **(dossier Enquête)**.

› L'Allemagne et le Japon s'appuient sur le travail forcé de centaines de milliers de civils ou de prisonniers de guerre. Les États utilisent la propagande pour obtenir l'adhésion des populations ou dénoncer les ennemis **(Histoire des arts)**.

Numérique
Retrouvez une vidéo pour réviser sur **LLS.fr/HG3Synthese3A**

Je retiens

- **Une guerre mondiale sur terre, sur mer et dans les airs**
- **Anéantir l'ennemi**
- **Des violences sans distinction entre militaires et civils**
- **L'Axe : Allemagne et Japon**
- **URSS communiste**
- **Les Alliés : idéologie libérale, démocratie**
- **Une guerre totale : États, économies et sociétés sont mobilisés**
- **L'effort de guerre : industriel, financier et moral**

1940	1941	1942	1943	1944	1945

Victoires de l'Axe (sept. 1939-juin 1942) — **Le tournant de la guerre** — **Victoires des Alliés (Fév. 1943-sept. 1945)**

- **1er sept. 1939** Invasion de la Pologne
- **22 juin 1941** Attaque de l'URSS par l'Allemagne
- **7 déc. 1941** Attaque japonaise sur Pearl Harbor (États-Unis)
- **Juil. 1942-fév. 1943** Bataille de Stalingrad
- **8 mai 1945** Capitulation de l'Allemagne nazie
- **6 et 9 août 1945** Bombardements atomiques (Hiroshima, Nagasaki)
- **2 sept. 1945** Capitulation du Japon Fin de la Seconde Guerre mondiale

Je retiens les personnages importants

Winston Churchill (1874-1965)
Premier ministre britannique de 1940 à 1945, il mène la « bataille d'Angleterre » face aux bombardements allemands en 1940.

Franklin D. Roosevelt (1882-1945)
Président des États-Unis de 1933 à 1945. Il fait entrer les États-Unis dans la Seconde Guerre mondiale en 1941 et organise la mobilisation totale du pays.

Vocabulaire

Un belligérant : participant à la guerre.

Une capitulation : acte militaire par lequel un pays ou une armée reconnaît sa défaite et se rend.

Une guerre d'anéantissement : conflit qui se caractérise par la volonté d'anéantir toutes les capacités humaines et matérielles de l'ennemi, et de briser toute capacité de résistance.

Une guerre totale : mobilisation humaine, économique, culturelle et morale de toute la société pour gagner la guerre.

Le *Victory Program* : programme d'économie de guerre lancé par le président des États-Unis Roosevelt en janvier 1942.

Je révise avec un schéma

LA SECONDE GUERRE MONDIALE

Une guerre d'anéantissement

- Génocide des Juifs et des Tziganes
- Bombardements atomiques sur Hiroshima et Nagasaki (août 1945)

Un affrontement idéologique

- L'Axe (Allemagne, Italie, Japon) : idéologie guerrière, raciste et antisémite

- Les Alliés : défense de la démocratie et des droits de l'homme (É.-U., R.-U.) et défense du territoire (URSS)

Une guerre totale

- Mobilisation humaine, économique, morale sans précédent
- Économie de guerre

Téléchargez ce schéma sur LLS.fr/HG3Schema3A

Je teste mes connaissances

Pour chaque question, il y a une ou plusieurs réponses correctes. Testez-vous sur LLS.fr/HG3Quiz3A

Dossier 2

La violence nazie : ghettos et *Einsatzgruppen*

Compétence J'analyse et je comprends des documents

Dès 1939, les nazis enferment les Juifs polonais dans des ghettos, où les conditions de vie sont effroyables. Après l'invasion de l'URSS en juin 1941, des unités spéciales nazies, les *Einsatzgruppen*, commettent des massacres à grande échelle.

Octobre 1939 Ouverture des 1ers ghettos polonais

22 juin 1941 Invasion de l'URSS par l'Allemagne nazie

Été 1941 Premiers *Einsatzgruppen* en URSS

Quelles violences sont perpétrées par les nazis à l'encontre des Juifs ?

1 Le ghetto juif de Lodz en Pologne occupée (1940-1941)

▲ Un soldat allemand et un policier juif surveillent la circulation vers le ghetto, fermé par un grillage et dont le panneau indique : « Quartier juif, entrée interdite ».

Numérique

Retrouvez une vidéo sur les *Einsatzgruppen* sur LLS.fr/HG3Einsatz

2 La vie dans le ghetto de Varsovie

Octobre 1940. L'impossibilité pour les Juifs de sortir du ghetto après sept heures du soir est un coup sévère pour la population juive.
Mai 1941. La famine et la mortalité étaient à l'ordre du jour. Ces jours derniers, les décès ont atteint le chiffre de 150 environ par jour.
Août 1941. Après la faim, c'est le typhus qui préoccupe le plus.
Janvier 1942. La semaine dernière, trois Juifs ont été tués en un seul jour à Varsovie en essayant de passer des marchandises à travers le mur.

Emmanuel Ringelblum, *Chronique du ghetto de Varsovie*, Payot, 1995.

Vocabulaire

Les *Einsatzgruppen* : unités de soldats SS et de policiers allemands chargés d'arrêter et d'exécuter les Juifs dans les territoires soviétiques occupés.

Un ghetto : quartier fermé destiné à isoler une communauté.

3 Ghettos et *Einsatzgruppen* dans l'Europe occupée (1939-1942)

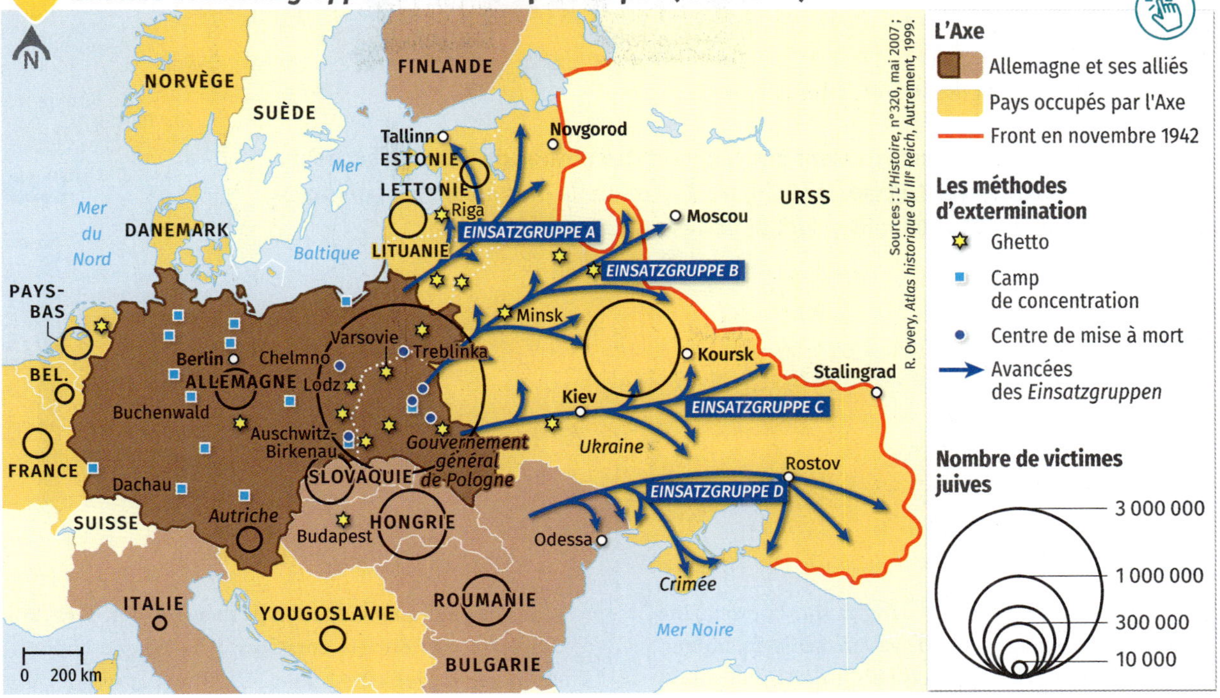

4 Les massacres des Juifs par les *Einsatzgruppen*

Les 27-28 septembre 1941, une semaine après l'arrivée des Allemands à Kiev, on vit apparaître sur les murs des immeubles un avis imprimé en lettres capitales sur du gros papier bleu et rédigé en ukrainien et en russe : « Juifs de la ville de Kiev et de ses environs ! Lundi 29 septembre à sept heures du matin, vous devrez vous présenter avec vos effets personnels [...] près du cimetière juif. »

Ilya Ehrenbourg et Vassili Grossman, *Le Livre noir*, Actes Sud, 1995.

Une fois déshabillés, les Juifs étaient conduits dans [Babi Yar][1]. Deux ou trois entrées étroites menaient à ce ravin vers lequel les Juifs étaient poussés. Quand ils arrivaient au fond, des membres de la *Schutzpolizei*[2] les attrapaient et les forçaient à s'allonger sur ceux qui avaient déjà été tués. Tout se passait très vite. Les cadavres formaient de véritables couches. Un tireur d'élite de la police arrivait avec une mitraillette et tuait chaque Juif dans le cou [...]. Dès qu'un Juif était tué, le tireur marchait sur les cadavres jusqu'au suivant, qui s'était allongé entre temps, et le tuait. Et ainsi de suite, sans arrêt, sans qu'on fasse la différence entre les hommes, les femmes et les enfants.

Récit de Höfer, chauffeur de camion dans un *Einsatzkommando*, cité dans Richard Rhodes, *Extermination : la machine nazie. 1941-1943*, Autrement, 2004.

1. Lieu où 30 000 Juifs sont massacrés en septembre 1941.
2. Police allemande chargée de la sécurité publique.

◀ Un soldat membre des *Einsatzgruppen* devant une fosse commune à Vinnitsa (Ukraine). À l'automne 1941, plus de 10 000 Juifs sont tués à Vinnitsa.

Questions

Questionnement différencié sur LLS.fr/HG3P97

1. **Doc. 1 à 3** Dans quel type de lieu les Juifs sont-ils enfermés à partir de 1939 ? Où ces lieux sont-ils situés ?
2. **Doc. 1 et 2** Dans quelles conditions les Juifs y vivent-ils ?
3. **Doc. 3** Dans quels pays opèrent les *Einsatzgruppen* ?
4. **Doc. 4** Quels crimes ces unités spéciales nazies commettent-elles ?
5. **Doc. 1 et 4** Montrez le caractère systématique et méthodique des crimes nazis envers les Juifs.

> GUIDE
- Décrivez le sort des Juifs en Pologne occupée.
- Décrivez les crimes commis par les nazis à partir de l'été 1941.

Un centre de mise à mort : Treblinka

Compétence J'analyse et je comprends des documents

À partir de 1942, les nazis construisent des camps et des centres de mise à mort pour exterminer les Juifs et les Tziganes. Treblinka est le centre le plus meurtrier, après celui d'Auschwitz. Environ 900 000 Juifs y sont déportés, puis assassinés.

20 janvier 1942 Conférence de Wannsee

Juil. 1942 1ers convois à Treblinka

Automne 1943 Fermeture du camp

Comment les nazis mettent-ils en œuvre l'extermination des Juifs et des Tziganes ?

1 La Solution finale

Désormais, à la place de l'émigration, la prochaine solution à envisager, avec l'aval préalable du Führer, est l'évacuation des Juifs vers l'est [...]. Au cours de la solution finale, les Juifs de l'Est devront être mobilisés pour le travail [...]. En grandes colonnes de travailleurs, séparés par sexe, les Juifs aptes au travail seront amenés à construire des routes dans ces territoires, ce qui permettra une diminution substantielle de leur nombre. Pour finir, il faudra appliquer un traitement approprié à la totalité de ceux qui resteront [...]. Les Juifs évacués passeront d'abord, convoi par convoi, par des ghettos de transit, et de là seront transportés plus loin à l'Est.

Compte rendu de la conférence de Wannsee (près de Berlin), 20 janvier 1942.

2 La déportation vers Treblinka

On nous a ordonné de monter dans le train. Près de 80 personnes ont été entassées dans chaque wagon pour un voyage sans retour [...]. Dans le wagon, il faisait de plus en plus chaud et étouffant. Nous manquions d'air [...]. Après d'infinies souffrances, nous sommes arrivés à Malkinia, où le train est resté immobilisé toute la nuit [...]. Le lendemain matin, le train est reparti, puis s'est arrêté en gare de Treblinka. J'ai vu passer un train, rempli de gens à demi-nus ou en guenilles, de toute évidence affamés.

Témoignage de Yankel Wiernik, rescapé de Treblinka (Pologne, août 1942), 1944.

▲ Déportation de Juifs polonais d'un ghetto vers le camp de Treblinka, 1942.

Vocabulaire

Un centre de mise à mort : lieu fermé et surveillé dans lequel est organisé l'assassinat de masse des détenus.

Une déportation : déplacement forcé d'une population ou de prisonniers vers une région isolée ou dans des camps.

Un génocide : voir p. 103.

La Solution finale : expression employée par les nazis pour désigner l'extermination des Juifs entre 1942 et 1945.

Les Tziganes : populations d'Europe, de tradition nomade.

Numérique

Retrouvez une vidéo sur le camp d'Auschwitz sur LLS.fr/HG3Auschwitz

3 Le plan du camp de Treblinka

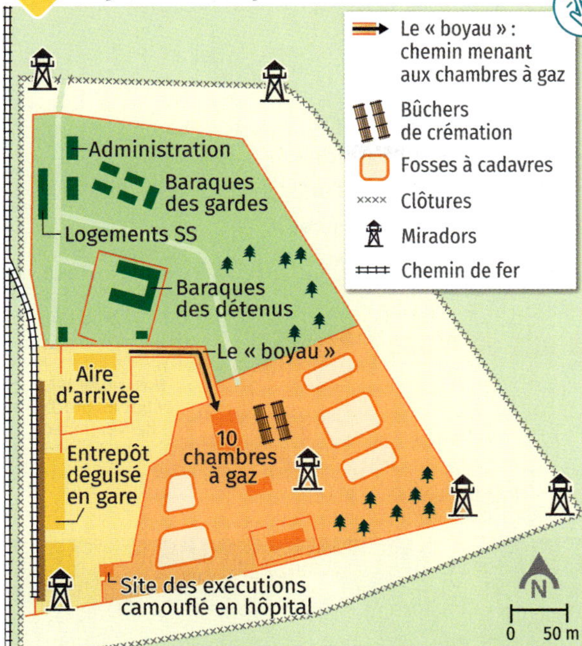

Source : Georges Bensoussan, *Atlas de la Shoah*, Autrement, 2014.

4 L'arrivée au camp

Vassili Grossman est un écrivain juif soviétique qui a participé à la découverte du camp de Treblinka. Son livre est écrit à partir de témoignages de survivants du camp.

Quels étaient ceux que les convois amenaient ? Des Juifs surtout, mais aussi des Polonais, des bohémiens. [...] 40 SS et 60 [gardiens] travaillaient au « transport », c'est-à-dire à ce que j'appellerai la première phase de l'opération : réception du convoi, acheminement des « voyageurs » vers la « gare » et la place [...]. Les objets de valeur étaient emportés au dépôt ; les lettres, les photos de nouveau-nés, de frères, de fiancées, les faire-part de mariage jaunis par le temps, ces milliers de choses infiniment chères et précieuses pour ceux à qui elles appartiennent, mais qui pour les maîtres de Treblinka n'offraient aucun intérêt, étaient réunies en tas et jetées dans d'immenses fosses [...]. Et la place, balayée à la hâte, était prête à recevoir un nouveau contingent. [...] « Achtung[1] ! » La voix du Scharführer[2] jetait dans le silence tragique la formule consacrée [...] : « Les hommes restent où ils sont. Les femmes et les enfants iront se déshabiller dans les baraques à gauche. » Alors c'étaient des scènes affreuses. L'amour maternel, conjugal, filial leur disait à tous qu'ils se voyaient pour la dernière fois.

Vassili Grossman, *L'Enfer de Treblinka*, Arthaud, 1945.

1. « Attention ! » en allemand.
2. Responsable SS.

5 Les chambres à gaz

Quand je suis arrivé dans le camp, il y avait déjà trois chambres à gaz. Durant ma détention, dix autres chambres ont été construites [...]. Un tuyau à gaz arrivait dans la chambre [...]. 400 à 500 personnes à la fois étaient poussées dans une chambre de 25 m2 [...]. En moins de 25 minutes, tous étaient morts, allongés les uns près des autres [...]. À nous revenait la tâche de les transporter jusqu'aux fosses [...]. Il arrivait que l'on gazât jusqu'à 20 000 personnes par jour [...]. Toute la place était jonchée d'objets divers : des millions de vêtements, de lingerie et autres effets avaient été abandonnés par les gens derrière eux [...]. Un jour, un convoi de 70 Tziganes est arrivé de Varsovie [...]. Les bourreaux [...] les ont liquidés exactement de la même manière que les Juifs.

Témoignage de Yankel Wiernik, rescapé de Treblinka, 1944.

6 Bilan

› **876 000 tués dont :**
- 845 000 Juifs des ghettos polonais,
- 29 000 Juifs d'autres régions d'Europe,
- 2 000 Tziganes.

› **Une révolte :** 2 août 1943 (700 morts, 40 survivants).

› **67 survivants** comptabilisés en 1945.

D'après le centre Simon Wiesenthal.

Questions

Questionnement différencié sur LLS.fr/HG3P99

1. **Doc. 1** Que décident les nazis ?
2. **Doc. 2 et 3** Décrivez la déportation à Treblinka.
3. **Doc. 3 à 5** Comment la mise à mort a-t-elle lieu ? Quelles populations sont concernées ?
4. **Doc. 3 à 5** Identifiez les parties du camp consacrées à l'extermination. Que faisait-on des cadavres ?
5. **Doc. 4** Qui est Grossman ? Quelles sont ses sources ?
6. **Doc. 1 à 6** Montrez qu'il s'agit d'un **génocide**.

› **GUIDE**
- Grâce aux informations extraites des documents, présentez le camp de Treblinka.
- Décrivez le processus d'extermination mené par les nazis.

Dossier 4

Punir les crimes, rétablir la paix

Compétences J'analyse et je comprends des documents

En 1945, le monde sort meurtri de la guerre, avec plus de 60 millions de morts et des destructions de masse. Par l'organisation d'un grand procès et la mise en place d'une nouvelle organisation internationale, les hommes cherchent à comprendre les crimes commis en Europe.

8 mai 1945 Capitulation allemande

Juin 1945 Conférence de San Francisco (ONU)

2 sept. 1945 Capitulation du Japon

Novembre 1945 Début du procès de Nuremberg

Comment des principes nouveaux sont-ils mis en place en 1945 ?

1 Les accusés au procès de Nuremberg

▲ **A.** Le maréchal Göring, chef de la Luftwaffe (armée de l'Air). **B.** Rudolf Hess, chef du commandement suprême de la Wehrmacht (armée allemande). **C.** Joachim von Ribbentrop, diplomate allemand. **D.** Le maréchal Keitel. **E.** Les amiraux Dönitz et Raeder, chefs de la marine allemande. **F.** Baldur von Schirach, chef des Jeunesses hitlériennes. **G.** Fritz Sauckel, chargé des réquisitions de main-d'œuvre en Europe. **H.** Alfred Jodl, chef d'état-major de la Wehrmacht. Ces hauts responsables nazis sont accusés de **crimes contre l'humanité**.

Numérique

Retrouvez une vidéo sur les procès de Nuremberg sur LLS.fr/HG3Nuremberg

Vocabulaire

Un crime contre l'humanité : voir p. 103.

2 Le réquisitoire d'un des procureurs

Ce procès représente l'effort pratique de quatre des plus puissantes nations avec l'appui de dix-sept autres, pour recourir au droit international afin de faire face à la plus grande menace de notre temps, la guerre d'agression [...]. Il faut que la loi atteigne également les hommes qui possèdent de grands pouvoirs [...]. Au banc des accusés sont assis une vingtaine d'hommes déchus [...]. Nous montrerons qu'ils sont des symboles vivants des haines raciales, du terrorisme et de la violence, de l'arrogance et de la cruauté du pouvoir [...]. La véritable partie plaignante à votre barre est la civilisation [...]. La civilisation espère que votre décision placera la force du droit international [...] et surtout ses sanctions, au service de la paix, de sorte que les hommes et les femmes, dans tous les pays, puissent avoir la permission de vivre sans en demander l'autorisation à quiconque, sous la protection du droit.

Réquisitoire du procureur
Robert Jackson, le 21 novembre 1945.

3 Les séances du procès

La résistante Marie-Claude Vaillant-Couturier témoigne devant le tribunal de Nuremberg en janvier 1946. Arrêtée en 1942 par la police française, elle a été livrée à la Gestapo et déportée à Auschwitz.

Mme Vaillant-Couturier. – Je suis partie pour Auschwitz le 23 janvier et arrivée le 27 [...]. Le travail à Auschwitz consistait en déblaiements de maisons démolies, constructions de routes et surtout assainissement des marais. [...] Durant tout le travail, les SS hommes et femmes qui nous surveillaient nous battaient à coups de gourdins et lançaient sur nous leurs chiens. Nombreuses sont les camarades qui ont eu les jambes déchirées par les chiens [...]. Du reste, même de faire la queue devant l'infirmerie était dangereux car, lorsque cette queue était trop grande, le SS passait, ramassait toutes les femmes qui attendaient et les conduisait directement au bloc 25.
M. Dubost. – C'est-à-dire à la chambre à gaz ?
Mme Vaillant-Couturier. – C'est-à-dire à la chambre à gaz.

Extrait des dépositions faites
au tribunal de Nuremberg, 1946.

4 La création de l'ONU

Nous, peuples des Nations unies, résolus à préserver les générations futures du fléau de la guerre [...], à proclamer à nouveau notre foi dans les droits fondamentaux de l'homme, dans la dignité et la valeur de la personne humaine, dans l'égalité de droits des hommes et des femmes [...], à favoriser le progrès social et instaurer de meilleures conditions de vie dans une liberté plus grande, et à ces fins à pratiquer la tolérance, à vivre en paix l'un avec l'autre dans un esprit de bon voisinage, à unir nos forces pour maintenir la paix et la sécurité internationales [...], nos gouvernements respectifs, par l'intermédiaire de leurs représentants, réunis en la ville de San Francisco, [...] ont adopté la présente Charte des Nations unies et établissent par les présentes une organisation internationale qui prendra le nom de Nations unies.

Préambule de
la Charte des
Nations Unies,
26 juin 1945.

▲ Illustration, vers 1945.

Questions

Questionnement différencié sur LLS.fr/HG3P101

1. **Doc. 1** Qui est jugé lors du procès de Nuremberg ?
2. **Doc. 2 et 3** De quels crimes sont-ils accusés ? Pourquoi ce procès est-il important selon le procureur Jackson ?
3. **Doc. 1** Effectuez une recherche : quel est le verdict pour Göring, Ribbentrop, Sauckel, Keitel et Raeder ?
4. **Doc. 4** Quand, où et par qui l'ONU est-elle fondée ? Relevez ses objectifs.
5. **Doc. 4** Quel espoir l'ONU suscite-t-elle ?
6. **Doc. 1 à 4** Montrez que des principes nouveaux sont établis après la guerre.

Leçon

Les crimes nazis

Compétence Je révise mes repères historiques

Numérique
Retrouvez une vidéo pour réviser sur LLS.fr/HG3Synthese3B

A. L'univers concentrationnaire nazi

› Dès 1933, la terreur nazie s'abat sur les opposants politiques, les homosexuels, les « asociaux » ou les handicapés (p. 105). Un réseau de camps de concentration nazis est mis en place. Pendant la guerre, la répression contre les résistants entraîne une hausse très importante du nombre de détenus.

› Les conditions de détention sont effroyables : souffrant du froid, de la faim ou de la maladie, les détenus sont soumis à la brutalité et aux violences quotidiennes des SS. Ils sont loués aux usines de guerre installées à proximité des camps, et sont exterminés quand ils ne peuvent plus travailler.

B. Les génocides des Juifs et des Tziganes

› À partir de septembre 1939, les nazis regroupent les Juifs dans des **ghettos** en Pologne, où le surpeuplement et les conditions de vie entraînent une mortalité importante. Après l'invasion de l'URSS en juin 1941, des ***Einsatzgruppen*** fusillent des centaines de milliers de Juifs (dossier 2).

› L'extermination est décidée en janvier 1942 : c'est la **Solution finale**. De nouveaux camps sont mis en place : ce sont des **centres de mise à mort** comme Treblinka ou Auschwitz-Birkenau (dossier 3). Les Juifs déportés sont gazés, puis incinérés dans des fours crématoires. Les Tziganes sont également victimes d'un **génocide**. Environ 6 millions de Juifs et 250 000 Tziganes sont exterminés par les nazis.

C. Nuremberg, condamner les crimes nazis

› Les armées alliées libèrent les camps au printemps 1945. Les crimes sont d'une telle gravité et d'une telle singularité que les Alliés décident de traduire les responsables nazis devant un tribunal international : le tribunal de Nuremberg (dossier 4).

› Vingt-deux responsables nazis sont jugés et, pour la plupart, condamnés. Deux nouveaux termes sont inventés pour qualifier ces crimes : génocide et **crimes contre l'humanité**.

Je retiens

- **Les camps de concentration**
- **Conditions : faim, froid, maladies, mauvais traitements, travail forcé**
- **1939-1943 : les ghettos en Pologne occupée**
- **1941 : la « Shoah par balles » à l'Est**
- **1942-1945 : les centres de mise à mort**
- **Le procès de Nuremberg**
- **Génocide et crimes contre l'humanité**

▲ Entrée de Birkenau (camp d'Auschwitz II), vue depuis l'intérieur du camp, de nos jours.

1940	1941	1942	1943	1944	1945

Victoires de l'Axe (sept. 1939-juin 1942) — **Le tournant de la guerre** — **Victoires des Alliés (Fév. 1943-sept. 1945)**

- **1939** Ouverture des premiers ghettos (Pologne)
- **Été 1941** Début des *Einsatzgruppen* à l'Est
- **1942** La Solution finale
- **Janvier 1945** Libération d'Auschwitz
- **Novembre 1945** Début du procès de Nuremberg

Je retiens les personnages importants

Heinrich Himmler (1900-1945)
Chef des SS, l'organisation paramilitaire nazie. Il organise l'extermination des Juifs pendant la Seconde Guerre mondiale.

Adolf Eichmann (1906-1962)
Responsable SS chargé de la déportation des Juifs, à partir de 1942, en Europe occupée. Il est jugé et exécuté en Israël en 1962.

Primo Levi (1919-1987)
Résistant juif italien arrêté et déporté à Auschwitz en 1943. Survivant, il écrit *Si c'est un homme*, un témoignage sur l'atrocité des camps.

Vocabulaire

Un centre de mise à mort : voir p. 98.
Un crime contre l'humanité : actes inhumains et persécutions commis de façon systématique contre une population.
Les *Einsatzgruppen* : voir p. 96.
Un génocide : mise à mort programmée, méthodique et organisée de tout un peuple en raison de son origine, de sa religion, de son appartenance ethnique ou culturelle.
Un ghetto : voir p. 96.
La Shoah : mot hébreu signifiant « catastrophe », utilisé pour désigner l'extermination des Juifs européens.
La Solution finale : expression employée par les nazis pour désigner l'extermination des Juifs entre 1942 et 1945.

Je révise avec un schéma

LES CRIMES NAZIS

L'univers des camps de concentration
- Opposants politiques, résistants européens, homosexuels, déportés raciaux
- Sévices, surpopulation, maladies, extermination par le travail forcé

Les génocides des Juifs et des Tziganes
- Ghettos
- Einsatzgruppen : la « Shoah par balles »
- Conférence de Wannsee : « la Solution finale de la question juive »
- De la déportation à l'extermination dans les camps

Condamnation de ces crimes
- Génocides
- Crimes contre l'humanité
- Procès au tribunal international de Nuremberg

Téléchargez ce schéma sur LLS.fr/HG3Schema3B

Je teste mes connaissances

Pour chaque question, il y a une ou plusieurs réponses correctes. Testez-vous sur LLS.fr/HG3Quiz3B

Je m'exerce pour le brevet

Compétence Je pratique différents langages

Exercice 1 • Je connais le vocabulaire de la Seconde Guerre mondiale

Reliez ces expressions à leur définition.

Camp de concentration •	• **a.** Programme d'économie de guerre lancé par Roosevelt aux États-Unis en 1942.
Guerre totale •	• **b.** L'Allemagne, l'Italie, le Japon et leurs alliés.
L'Axe •	• **c.** Camp d'enfermement pour les individus jugés dangereux par les nazis.
Centre de mise à mort •	• **d.** Expression employée par les nazis pour désigner l'extermination des Juifs entre 1942 et 1945.
La Solution finale •	• **e.** Guerre qui vise à détruire l'adversaire, en anéantissant ses capacités humaines et matérielles.
Guerre d'anéantissement •	• **f.** Lieu fermé et surveillé dans lequel est organisé l'assassinat de masse des détenus.
Le *Victory Program* •	• **g.** Guerre qui mobilise toutes les ressources d'un pays (humaines, économiques, scientifiques) pour la victoire.

Exercice 2 • Je connais les dates importantes de la Seconde Guerre mondiale

1. Datez et placez les événements suivants sur la frise chronologique : invasion de la Pologne, bataille de Stalingrad, bombardements d'Hiroshima et de Nagasaki, attaque de Pearl Harbor, défaite française contre l'Allemagne, capitulation de l'Allemagne.
2. Pourquoi la bataille de Stalingrad est-elle une bataille importante ?

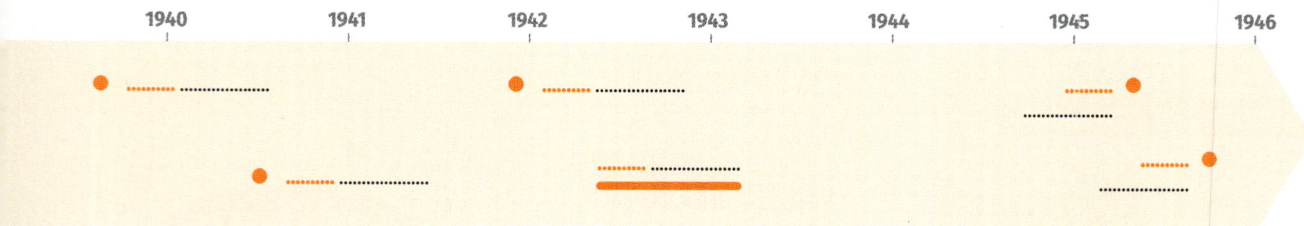

Exercice 3 • Je maîtrise les repères spatiaux

1. Nommez les quatre batailles ou lieux de bombardements (numéros 1 à 4).
2. Attribuez aux quatre lettres de la carte un élément de la légende ci-dessous :
- Pays de l'Axe et leurs alliés (1939)
- Les Alliés
- Zone française occupée
- Zone française libre

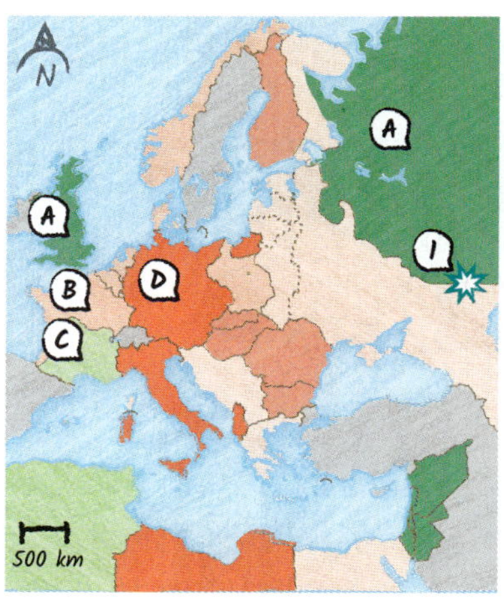

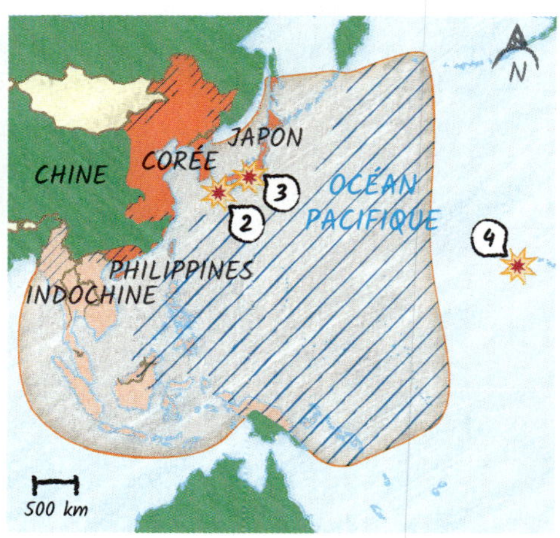

Numérique
Téléchargez les cartes à compléter sur LLS.fr/HG3Cartes.

Compétence Je m'exprime à l'oral

J'apprends en préparant une présentation orale

ÉTAPE 1 Décrire les personnes visées par les persécutions nazies

1. Présentez les deux documents.
2. Relevez dans les documents les différentes personnes discriminées.
3. Classez-les en fonction du type de discrimination : religion, orientation sexuelle, orientation politique, origine, autre.

ÉTAPE 2 Utiliser ses connaissances pour expliquer les documents

1. D'après vos connaissances, quel sort est réservé aux déportés ?
2. Que signifie l'expression « solution définitive de la question tzigane » employée par Himmler ?

ÉTAPE 3 Rendre compte de son travail à l'oral

1. Préparez une présentation orale qui reprendra les différents éléments ci-dessus.
2. Concluez : que nous apprennent ces documents sur les victimes des camps nazis ?

Les Tziganes : « Il a été prouvé que les efforts destinés à sédentariser les Tziganes ont été inefficaces, notamment dans le cas des purs Tziganes, en raison de leur forte propension à nomadiser. Il devient donc nécessaire de faire la distinction entre les purs Tziganes et les demi-Tziganes dans la solution définitive de la question tzigane […]. Les autorités policières signaleront toutes les personnes qui, d'après leur apparence, leurs coutumes ou leur comportement, doivent être considérées comme Tziganes ou demi-Tziganes. »

Circulaire de Heinrich Himmler, 8 décembre 1938.

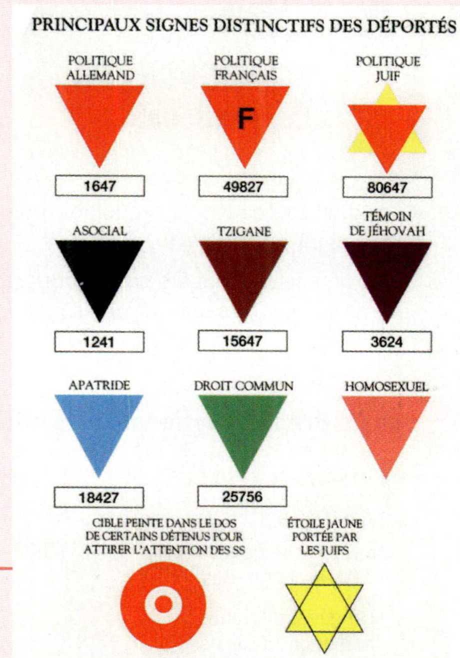

▲ Insignes cousus sur les vêtements des déportés dans les camps de concentration, qui indiquent la raison de leur arrestation (d'après Eugen Kogon, *L'Enfer organisé*, La Jeune Parque, 1947).

À lire

Art Spiegelman, *Maus*, 1991.
Cette B.D. expose l'histoire du père de l'auteur, déporté dans les centres de mise à mort durant la Seconde Guerre mondiale.

Primo Levi, *Si c'est un homme*, 1947.
Communiste italien, Primo Levi a vécu la déportation dans le camp de concentration d'Auschwitz. Ce livre décrit le quotidien des déportés et analyse le système concentrationnaire nazi.

À voir

Roman Polanski, *Le Pianiste*, 2002.
Adapté d'un roman, ce film raconte l'histoire vraie d'un pianiste juif polonais déporté dans le ghetto de Varsovie, puis devenu clandestin après la liquidation du ghetto.

Justice internationale et droits de l'homme

Compétences La règle et le droit : je comprends le rapport entre les règles et les valeurs
Le jugement : je développe mes aptitudes au discernement et à la réflexion critique

TÂCHE À RÉALISER

Dans ce chapitre d'histoire, vous avez appris comment s'est imposée l'idée d'une justice internationale pour juger les crimes de la Seconde Guerre mondiale. Dans ce dossier, vous allez comprendre comment s'organise la justice internationale aujourd'hui.

ÉTAPE 1 Connaître les principes de la justice internationale

Doc. 1 à 3

1. Dans quel contexte et pourquoi les droits de l'homme ont-ils été réaffirmés en 1948 ?
2. Quels organismes ont été créés pour juger les crimes internationaux ? Au nom de quels principes ?

1 La justice internationale : les différents organismes

COUR INTERNATIONALE DE JUSTICE (CIJ)

1945 — Siège à La Haye (Pays-Bas)

- Langues officielles : anglais et français
- Juridiction de l'ONU
- **15** juges élus par l'Assemblée générale et le Conseil de sécurité
- Juge les conflits entre les États

COUR PÉNALE INTERNATIONALE (CPI)

2002 — Siège à La Haye

- **18** juges
- Juge des personnes ayant commis des crimes graves, tels que crimes contre l'humanité, crimes de guerre, etc.

TRIBUNAL PÉNAL INTERNATIONAL POUR LE RWANDA (TPIR)

1994 (dissous en 2015) — Siège à Arusha (Tanzanie)

- Juge les crimes commis lors du génocide au Rwanda en 1994

TRIBUNAL PÉNAL INTERNATIONAL POUR L'EX-YOUGOSLAVIE (TPIY)

1993 (dissous en 2017) — Siège à La Haye

- Juge les crimes commis en ex-Yougoslavie dans les années 1990

AUTRES JURIDICTIONS INTERNATIONALES

- Jugent les litiges économiques, commerciaux ou frontaliers entre États

2 La *Déclaration universelle des droits de l'homme*

L'Assemblée générale[1] proclame la présente Déclaration universelle des droits de l'homme comme l'idéal commun à atteindre par tous les peuples et toutes les nations.

Article premier. Tous les êtres humains naissent libres et égaux en dignité et en droits. Ils sont doués de raison et de conscience et doivent agir les uns envers les autres dans un esprit de fraternité.

Art. 2. Chacun peut se prévaloir de tous les droits et de toutes les libertés proclamés dans la présente Déclaration, sans distinction aucune, notamment de race, de couleur, de sexe, de langue, de religion, d'opinion politique ou de toute autre opinion, d'origine nationale ou sociale, de fortune, de naissance ou de toute autre situation.

Art. 3. Tout individu a droit à la vie, à la liberté et à la sûreté de sa personne.

Art. 4. L'esclavage et la traite des esclaves sont interdits sous toutes leurs formes.

Art. 5. Nul ne sera soumis à la torture, ni à des peines ou traitements cruels, inhumains ou dégradants. [...]

Art. 19. Tout individu a droit à la liberté d'opinion et d'expression [...].

Art. 23. Toute personne a droit au travail, au libre choix de son travail, à des conditions équitables et satisfaisantes et à la protection contre le chômage. Tous ont droit, sans aucune discrimination, à un salaire égal pour un travail égal.

Extraits de la *Déclaration universelle des droits de l'homme*, 1948.

1. Il s'agit de l'Assemblée générale de l'ONU.

ÉTAPE 2 Donner des exemples

Doc. 1, 3 et 4

1. Quel est le rôle du TPIR et de la Cour internationale de justice ?
2. Trouvez des informations supplémentaires sur le génocide au Rwanda ou les crimes au Myanmar (où-quand-qui-pourquoi-comment). Vous pouvez vous appuyer sur le dossier p. 198.

ÉTAPE 3 Réaliser une fiche de synthèse

1. Rappelez dans quel contexte est née la justice internationale. Précisez sur quel texte fondamental elle s'appuie.
2. Indiquez où et par qui est rendue la justice internationale.
3. Donnez des exemples de jugements rendus.

3 Le rôle des juridictions internationales

Suite aux grands conflits qui ont marqué le XXe siècle, des juridictions internationales ont vu le jour. Créées dans le cadre de l'ONU ou par un traité, certaines de ces juridictions sont apparues à la suite d'un conflit spécifique et n'ont vocation à juger, pendant une période déterminée, que des faits qui y sont liés : il s'agit, par exemple, des tribunaux pénaux internationaux pour l'ex-Yougoslavie et le Rwanda. À côté de ces tribunaux ad hoc, des juridictions à vocation plus générale, telles la **Cour internationale de justice** (CIJ) et la Cour pénale internationale (CPI) ont été instituées. Leurs compétences sont variées : elles visent tantôt à juger des personnes, pour les crimes les plus graves (tribunaux pénaux et CPI), ou à trancher des litiges entre États (CIJ).

Extrait du site du ministère de la Justice, justice.gouv.fr.

Le logo de la Cour internationale de justice.

4 La justice internationale au Rwanda

Le **TPIR** a son siège à Arusha (Tanzanie). Créé en 1994 par l'ONU, il a pour mission de juger les crimes commis durant le génocide du Rwanda (1994). Il achève ses travaux en 2015.

Vocabulaire

La Cour internationale de justice : cour de justice créée par la Charte des Nations Unies (1945). Son siège se trouve à La Haye.

Le TPIR : tribunal pénal international pour le Rwanda.

Je retiens l'essentiel

- **Les droits de l'homme ont été réaffirmés en 1948 dans une Déclaration universelle, après les crimes commis durant la Seconde Guerre mondiale.**
- **L'ONU, créée en 1945, s'est dotée d'institutions juridiques afin de juger les crimes et litiges internationaux au nom de la communauté internationale.**
- **La cour internationale de justice de La Haye est le principal organe juridique, elle a notamment jugé récemment les crimes commis en Myanmar (Birmanie) à l'égard des Rohingyas.**
- **D'autres tribunaux internationaux ont été créés pour juger les crimes et génocides de certains pays, par exemple au Rwanda.**

Une organisation internationale : l'ONU

Compétences Le jugement : je développe mes aptitudes au discernement et à la réflexion critique
Le jugement : je m'informe de manière rigoureuse

TÂCHE À RÉALISER

Dans ce chapitre d'histoire, vous avez appris que les Alliés ont décidé de créer l'ONU afin d'éviter tout nouveau désastre international. Vous allez découvrir, puis expliquer ici le fonctionnement de l'ONU, ses missions et ses limites.

ÉTAPE 1 Comprendre le fonctionnement de l'ONU

Doc. 1, 2 et 4

1. Quelle institution de l'ONU représente l'ensemble des pays du monde ?
2. Qui incarne l'ONU ?
3. Quel est le rôle du Conseil de sécurité ? Qui y siège ?

1 Les missions des Casques bleus

L'ONU déploie des contingents militaires pour des opérations de paix depuis 1948 [...] pour : surveiller une frontière contestée ; surveiller et observer des processus de paix dans les régions sortant d'un conflit ; assurer la sécurité dans une zone de conflit ; protéger les civils ; former et aider les forces militaires nationales ; aider les anciens combattants à mettre en œuvre les accords de paix qu'ils peuvent avoir signés.

Site officiel de l'ONU, onu.org, 2016.

2 Les institutions de l'ONU

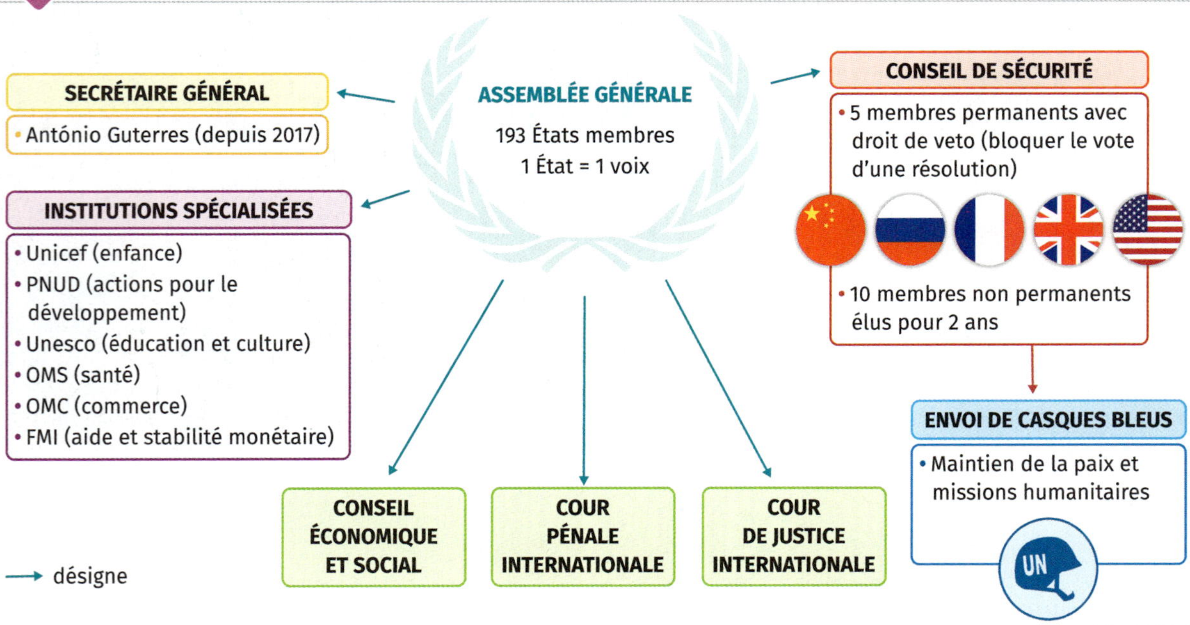

Vocabulaire

Les Casques bleus : soldats originaires de tous les pays membres de l'ONU, envoyés sur le terrain pour remplir des missions sur décision du Conseil de sécurité.

Numérique

Retrouvez une vidéo sur le rôle du Conseil de sécurité de l'ONU sur LLS.fr/HG3ONU.

ÉTAPE 2 Comprendre les missions de l'ONU et ses limites

Doc. 1 à 5

1. Expliquez le rôle des Casques bleus.
2. Donnez des exemples concrets.
3. Qu'est-ce qui peut limiter l'action de l'ONU ?

3 L'ONU sur le terrain

◀ Un Casque bleu brésilien, à Haïti, met un bébé en sécurité après une tempête en octobre 2007.

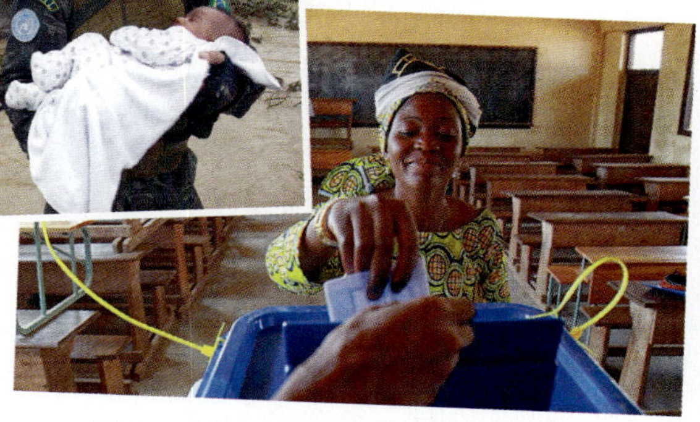

Référendum sous supervision de l'ONU en République centrafricaine, décembre 2015. ▲

4 Le rôle du Conseil de sécurité

Lorsque le Conseil est saisi d'une question qui met la paix internationale en danger, il commence par rechercher les moyens de régler le différend de manière pacifique [...]. En cas de combats, le Conseil s'efforce d'obtenir un cessez-le-feu. Il peut envoyer une mission de maintien de la paix pour aider les parties à observer la trêve et séparer les forces en présence. Le Conseil peut prendre des mesures pour faire appliquer ses décisions. Il peut imposer des sanctions économiques ou ordonner un embargo sur les armes.

Site officiel de l'ONU, onu.org.

5 Une organisation critiquée

▲ Karim Lebhour, dessin extrait de *La Revue dessinée*, numéro 3, mars 2014.

ÉTAPE 3 Rédiger un paragraphe expliquant le rôle, le fonctionnement et les limites de l'ONU

Doc. 1 à 5

1. Commencez par présenter l'ONU (création et rôle).
2. Présentez ensuite son fonctionnement et les différents organismes qui le composent.
3. Enfin, expliquez ses missions concrètes sur le terrain, en donnant des exemples, et ses limites.

Je retiens l'essentiel

- **L'ONU a été créée aux lendemains de la Seconde Guerre mondiale.**
- **Elle est composée de 193 États, représentés au sein de l'Assemblée générale. Elle est dirigée par le Conseil de sécurité, composé de cinq membres permanents. Ce dernier peut prendre des résolutions et décider l'envoi de Casques bleus.**
- **Les Casques bleus sont la force armée de l'ONU. Ils agissent sur les théâtres de conflits pour protéger les civils et faire appliquer les décisions de l'ONU.**

Sujet guidé

Exercice 1 • Analyser et comprendre des documents

1. **Doc. 1 et 2** Comment les déportés sont-ils acheminés jusqu'à Auschwitz ?
2. **Doc. 1 et 2** Décrivez l'arrivée des déportés dans le camp.
3. **Doc. 1 et 2** Décrivez le processus d'extermination au sein du camp.
4. **Doc. 1 et 2** À l'aide des documents et de vos connaissances, montrez qu'Auschwitz est un camp de concentration et un centre de mise à mort.

› GUIDE
- Définissez ces deux notions.
- Citez un extrait du texte.
- Utilisez le plan d'Auschwitz.

Méthode : Analyser une carte

- Une carte ou un plan n'est pas une source d'époque : c'est une représentation graphique d'une situation historique.
- Elle montre la répartition spatiale de réalités historiques et permet de les localiser.
- Elle peut enfin représenter les relations qui existent entre plusieurs espaces.
- Attention ! La carte historique ne montre pas toujours un espace à un moment précis : elle peut aussi représenter une même réalité à plusieurs dates ou époques différentes.

1 Le témoignage d'un déporté

Les portes s'étaient aussitôt refermées sur nous [...]. Nous avions appris notre destination avec soulagement : Auschwitz, un nom alors dénué de signification pour nous [...]. Et brusquement la portière s'ouvrit avec fracas [...]. Une dizaine de SS se mirent à interroger certains d'entre nous [...] : « Quel âge ? En bonne santé ou malade ? » et selon la réponse, ils nous indiquaient deux directions différentes [...]. Aujourd'hui, nous savons que ce tri rapide et sommaire avait servi à juger si nous étions capables ou non de travailler utilement pour le Reich [...]. Nous voilà rasés et tondus [...]. Nous sommes à Monowitz, près d'Auschwitz [...]. Ce camp est un camp de travail [...]. Mon nom est 174 517 [...] ; aussi longtemps que nous vivrons nous porterons cette marque tatouée sur le bras gauche [...]. Il nous a fallu bien des jours et bon nombre de gifles et de coups de poings pour nous habituer à montrer notre numéro [...]. Au bout de quinze jours de Lager [camp], je connais déjà la faim réglementaire [...]. Déjà sont apparues les plaies infectieuses.

Primo Levi, *Si c'est un homme*, Julliard, 1987.

2 Plan du camp d'Auschwitz

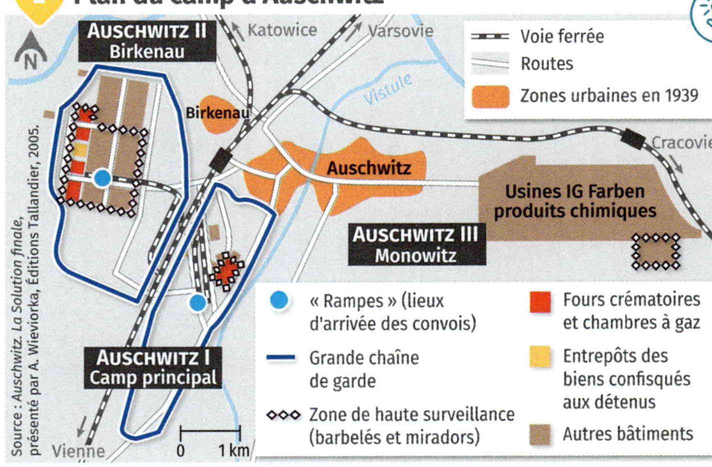

Source : *Auschwitz. La Solution finale*, présenté par A. Wieviorka, Éditions Tallandier, 2005.

Exercice 2 • Maîtriser différents langages

Sous la forme d'un développement construit d'une vingtaine de lignes et en vous appuyant sur des dates précises, présentez l'entrée en guerre des États-Unis.

› GUIDE
- Rappelez et datez l'événement qui provoque l'entrée en guerre des États-Unis et précisez à quelle alliance ils appartiennent.
- Expliquez quels moyens industriels et militaires ils mobilisent.
- Expliquez les conséquences de leur entrée en guerre et la date de leurs actions militaires majeures.

Conseils • Citer un document

- Ne faites pas une simple paraphrase du texte en reprenant exactement les mots de l'auteur : reformulez l'idée principale avec vos propres mots.

Exercice 1 • Analyser et comprendre des documents

1. **Doc. 1** Dans quelle ville et dans quel pays les combats décrits ont-ils lieu ? Qui sont les soldats engagés dans cette bataille ?
2. **Doc. 1** Quels éléments montrent la violence des affrontements ?
3. **Doc. 2** Quel effort demande-t-on aux travailleurs soviétiques ? Au nom de quoi les Soviétiques sont-ils appelés à se mobiliser ?
4. **Doc. 1 et 2** À l'aide des documents et de vos connaissances, expliquez pourquoi la Seconde Guerre mondiale est une guerre d'anéantissement, une guerre totale et une guerre idéologique.

1 Le témoignage d'A. Dragan, officier soviétique

Les Allemands se sauvaient, tirant sauvagement dans le noir [...]. Malgré des assauts des trois côtés, à plusieurs reprises au cours de la nuit, ils échouèrent. À l'aube, des bombardiers allemands se mirent à lancer des centaines de bombes sur la gare. Puis ce fut le tour de l'artillerie. La gare était en feu, les murs explosaient, le fer se déformait, mais nos hommes ne lâchaient pas prise [...]. Un violent combat éclata sur la place devant la gare [...]. Le combat se poursuivit à l'intérieur du bâtiment. Notre compagnie était épuisée [...]. Repoussés par les Allemands sur trois côtés, nous étions à court de munitions, de nourriture et manquions de sommeil. Mais le pire de tout était la soif.

Jonathan Bastable, *Stalingrad. Paroles de combattants*, Éditions Luc Pire, 2008.

2 Mobilisation pour l'économie de guerre en URSS

▲ « Suivez l'exemple de ce travailleur, produisez plus pour aider le front », affiche soviétique, 1942.

Exercice 2 • Maîtriser différents langages

1. Sous la forme d'un développement construit d'une vingtaine de lignes, décrivez et expliquez les génocides des Juifs et des Tziganes, ainsi que les persécutions des minorités par les nazis.
2. Complétez la frise ci-dessous avec cinq événements parmi ceux indiqués.

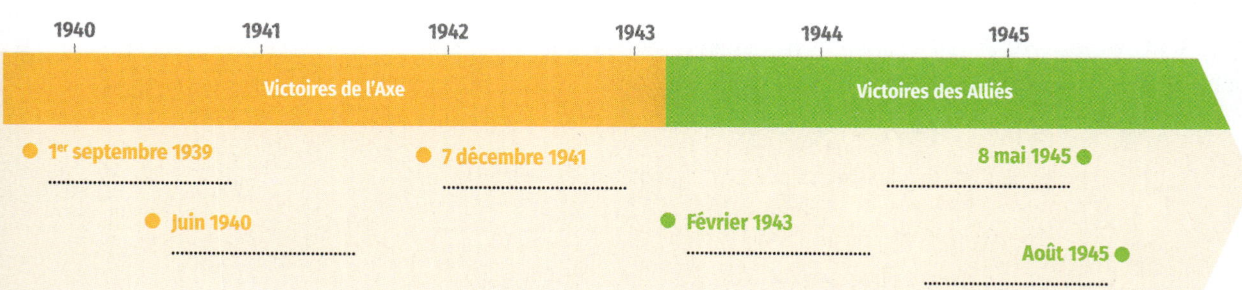

Chapitre 4

La France dans la Seconde Guerre mondiale

En juin 1940, la défaite de la France entraîne l'occupation d'une partie du territoire par les troupes allemandes. Après avoir installé sa capitale en zone libre, le régime de Vichy succède à la République et prend le nom d'État français.

Quelles sont les conséquences de la défaite en France ?

Quiz

1. Lors de quelle bataille de la Première Guerre mondiale Pétain s'est-il distingué ?
   a. La bataille de la Marne
   b. La bataille de Verdun
   c. La bataille de la Somme
2. Quel événement marque le début de la Seconde Guerre mondiale sur le front européen ?
   a. L'annexion allemande de l'Autriche en mars 1938
   b. L'invasion allemande de la Pologne en septembre 1939
   c. L'occupation allemande de la France en juin 1940
3. Qu'est-ce qu'un armistice ?
   a. La fin des combats
   b. La fin de la guerre
   c. Une capitulation

Numérique

Retrouvez un parcours numérique pour préparer la certification PIX sur LLS.fr/HG3PIX4.

Dans ce chapitre je vais

- Expliquer les fondements du régime de Vichy et pourquoi ils s'opposent aux valeurs républicaines.
- Décrire l'organisation, les actions et les grands acteurs de la Résistance.
- Expliquer la politique de collaboration et ses conséquences sur la population française.

Histoire et fiction

La Fille du puisatier est une comédie dramatique réalisée par Marcel Pagnol. Elle présente la particularité d'avoir été tournée pendant les combats de 1940 puis l'armistice. Il s'agit du premier film de la zone libre à être diffusé en zone occupée, à partir d'avril 1941. Il connaîtra un succès important.

◄ La rue de Rivoli à Paris, fin 1940.
L'armée allemande entre dans Paris le 14 juin 1940. La capitale est déclarée « ville ouverte », pour éviter les combats destructeurs. Elle est abandonnée par les trois quarts de ses habitants et par le gouvernement français, replié à Tours.

Repères

Le choc de la défaite de 1940

Compétence Je me repère dans le temps et dans l'espace

Signé en pleine débâcle, l'armistice du 22 juin 1940 divise le territoire français en plusieurs zones. Une ligne de démarcation sépare la zone occupée par l'armée allemande de la zone libre, placée sous l'administration directe du régime de Vichy, au même titre que les colonies. En réponse au débarquement allié en Afrique du Nord, l'armée allemande occupe également la zone libre en novembre 1942.

1 La France dans la Seconde Guerre mondiale

Source : J.-L. Leleu (dir.), *La France pendant la Seconde Guerre mondiale*, Fayard, 2010.

Vocabulaire

La débâcle : expression qui désigne l'effondrement inattendu de l'armée française face à l'attaque allemande en mai et juin 1940.

L'exode : expression qui désigne la fuite de plus de 8 millions de civils français devant l'avancée des troupes allemandes en mai et juin 1940.

Le régime de Vichy : nom donné à l'État français du maréchal Pétain. Celui-ci met en œuvre une politique autoritaire, conservatrice, antirépublicaine et antisémite.

L'Occupation : période pendant laquelle la France est occupée par l'Allemagne de l'armistice du 22 juin 1940 à la libération progressive du territoire national, entre 1944 et 1945.

2 L'exode

▲ Civils français durant l'exode, juin 1940.

Notions

La collaboration

Choix de l'État français de participer activement à la politique de l'Allemagne nazie.

Elle se concrétise par des accords économiques et une coopération policière et militaire, à partir d'octobre 1940.

▲ Entrevue de Montoire (Loir-et-Cher), 24 octobre 1940.
Le maréchal Pétain rencontre Hitler le 24 octobre 1940 et déclare : « Une collaboration a été envisagée entre nos deux pays. J'en ai accepté le principe. »

1. **Doc. 1** Par qui la France est-elle occupée de juin 1940 à 1944-1945 ?
2. **Doc. 1** Que définit la ligne de démarcation, à la suite de l'armistice de juin 1940 ?
3. **Doc. 1** Où s'installe l'État français ? Qui le dirige ?

La Résistance

Ensemble des organisations clandestines luttant contre l'occupation allemande pendant la Seconde Guerre mondiale.

◄ Le 18 juin 1940, le général de Gaulle lance depuis Londres, sur les ondes de la BBC, un appel à poursuivre les combats en dépit de l'occupation du territoire français métropolitain.

4. **Doc. 1** Comment appelle-t-on les lieux où vivent clandestinement les résistants ?
5. Qui incarne la Résistance ?

3 La débâcle

▲ Soldats français se rendant à des soldats allemands, juin 1940.

4 L'Occupation

▲ L'armée allemande sur les Champs-Élysées, 1940.

Dossier 1

La France sous le régime de Vichy

Compétence J'analyse et je comprends des documents

L'**armistice** fixe les conditions de l'occupation de la France par l'Allemagne. Le 10 juillet 1940, la majorité des parlementaires vote les pleins pouvoirs au maréchal Pétain. La IIIe République disparaît et le nouveau chef de l'**État français** instaure un **régime autoritaire**. Pour les Français, la vie quotidienne est marquée par la restriction des libertés.

22 juin 1940 Armistice

10 juillet 1940 Vote des pleins pouvoirs à Pétain

3 octobre 1940 1re loi sur le statut des Juifs

24 octobre 1940 Entrevue de Montoire

Quelles sont les caractéristiques du régime de Vichy mis en place par le maréchal Pétain ?

1 Discours du maréchal Pétain

Après la débâcle, le maréchal Pétain est nommé chef du gouvernement. Il signe un armistice avec l'Allemagne.

Français !
À l'appel de M. le président de la République, j'assume à partir d'aujourd'hui la direction du gouvernement de la France. Sûr de l'affection de notre admirable armée, qui lutte avec un héroïsme digne de ses longues traditions militaires contre un ennemi supérieur en nombre et en armes, sûr que par sa magnifique résistance elle a rempli son devoir vis-à-vis de nos alliés, sûr de l'appui des anciens combattants que j'ai eu la fierté de commander, sûr de la confiance du peuple tout entier, je fais à la France le don de ma personne pour atténuer son malheur. [...] C'est le cœur serré que je vous dis aujourd'hui qu'il faut cesser le combat.

Le maréchal Pétain, discours prononcé à la radio française, le 17 juin 1940.

2 La mise en place de l'État français

Nous, Philippe Pétain, maréchal de France [...], chef de l'État français [...] décrétons [...] :
Article premier. Le chef de l'État français a la plénitude du pouvoir gouvernemental, il nomme et révoque les ministres et secrétaires d'État, qui ne sont responsables que devant lui.
Art. 2. Il exerce le pouvoir législatif, en conseil des ministres [...].
Art. 3. Il promulgue les lois et assure leur exécution.

Extraits de la loi constitutionnelle du 11 juillet 1940.

◄ L'entrevue de Montoire entre le maréchal Pétain (à gauche) et Hitler (à droite), le 24 octobre 1940.

3 Vichy et le redressement national

▲ Une de l'hebdomadaire *Cœurs vaillants* (magazine catholique destiné à la jeunesse), 17 août 1941. Avant d'entrer en résistance (1943), le magazine relaie certaines valeurs du régime de Vichy : loyauté au Maréchal, père de la Nation, patriotisme, promotion d'une renaissance nationale appuyée sur la morale, le courage, la force, la jeunesse, le travail, l'effort.

Numérique
Retrouvez une vidéo sur la rafle du Vél'd'Hiv sur LLS.fr/HG3Rafle.

4 La « Relève »

La Relève consiste à envoyer des jeunes Français volontaires travailler en Allemagne, en échange de la libération de prisonniers de guerre. Elle est remplacée par le **STO** en 1943.

5 Un régime antisémite

Est regardé comme Juif [...] toute personne issue de trois grands-parents de race juive ou de deux grands-parents de la même race, si son conjoint est lui-même juif. L'accès et l'exercice des fonctions publiques et mandats énumérés ci-après sont interdits aux Juifs : chef de l'État, membre du gouvernement, [...] toutes juridictions d'ordre professionnel et toutes assemblées issues de l'élection [...], membres des corps enseignants, officiers des armées de terre, de mer et de l'air [...]. Les Juifs ne pourront, sans conditions ni réserve, exercer [les] professions suivantes : directeurs, gérants, rédacteurs de journaux, revues, agences ou périodiques.

Loi du 3 octobre 1940 portant sur le statut des Juifs.

6 Un camp d'internement pour Juifs

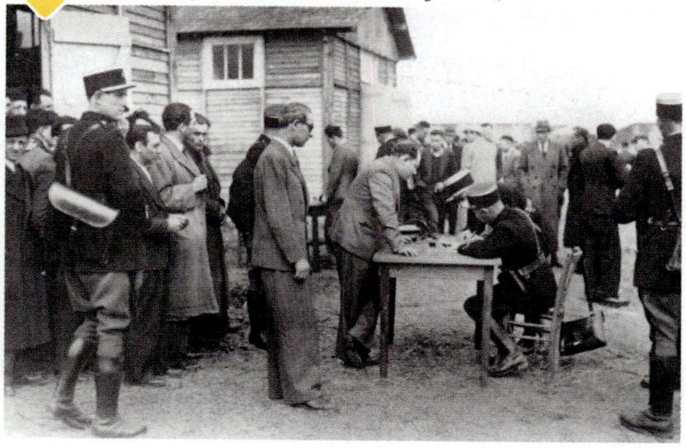

▲ Des gendarmes français enregistrent l'identité de prisonniers juifs à la suite d'une rafle, dans le camp d'internement de Pithiviers (Loiret) en 1941. Entre 1941 et 1943, plus de 16 000 Juifs sont internés dans les camps de Pithiviers et de Beaune-la-Rolande.

Questions

Questionnement différencié sur LLS.fr/HG3P117

1. **Doc. 1 et carte p. 114** Présentez le document. Que savez-vous sur son auteur ? Quelle est la situation de la France à cette date ?
2. **Doc. 1** Comment Pétain explique-t-il la défaite française ? Qu'annonce-t-il ?
3. **Doc. 2 et 3** Pourquoi peut-on dire que le régime mis en place est un régime autoritaire ?
4. **Doc. 4 à 6** Relevez ce que chacun de ces documents montre de la collaboration.
5. Dans une réponse développée, expliquez les caractéristiques du régime de Vichy.
   > **GUIDE**
   - Où, quand, par qui est-il mis en place ?
   - Montrez que c'est un régime autoritaire.
   - Montrez que c'est un régime antisémite qui collabore avec les nazis.

Vocabulaire

Un armistice : arrêt des combats.

L'État français : nom officiel du régime politique de la France, sous l'autorité du maréchal Pétain de 1940 à 1944 (aussi appelé « le régime de Vichy »).

Un régime autoritaire : régime politique dans lequel une seule personne concentre beaucoup de pouvoirs.

Le service du travail obligatoire (STO) : réquisition forcée de civils envoyés travailler en Allemagne à partir de 1943. Pour échapper au STO, beaucoup de Français prennent le maquis et participent à la Résistance.

Dossier 2

S'engager dans la Résistance

Compétence J'analyse et je comprends des documents

Dès le 18 juin 1940, le général de Gaulle refuse la défaite et appelle les Français à résister par tous les moyens. C'est ainsi que naissent les premiers réseaux de résistance, assez isolés au départ. Peu à peu, ils s'organisent, sous l'action notamment de Jean Moulin, qui crée le CNR. Les FFI et les FFL participent à toutes sortes d'actions au sein de mouvements aux tendances politiques très diverses.

18 juin 1940
Appel à la résistance (de Gaulle)

1943
Création du Conseil national de la Résistance

19-25 août 1944
Libération de Paris par les FFI

Comment s'organise la Résistance française ? Comment résiste-t-on ?

1 L'appel du Général de Gaulle

Les chefs qui, depuis de nombreuses années, sont à la tête des armées françaises, ont formé un gouvernement. Ce gouvernement, alléguant la défaite de nos armées, s'est mis en rapport avec l'ennemi pour cesser le combat. Certes, [...] nous sommes submergés par la force mécanique, terrestre et aérienne, de l'ennemi. [...] Mais la défaite est-elle définitive ? Non ! [...] La France n'est pas seule ! [...] Elle a un vaste empire derrière elle. Elle peut faire bloc avec l'Empire britannique qui tient la mer et continue la lutte. Elle peut, comme l'Angleterre, utiliser sans limites l'immense industrie des États-Unis. [...]. Moi, Général de Gaulle, actuellement à Londres, j'invite les officiers et les soldats français, [...] les ingénieurs et les ouvriers spécialistes des industries d'armement qui se trouvent en territoire britannique ou qui viendraient à s'y trouver, à se mettre en rapport avec moi. Quoi qu'il arrive, la flamme de la résistance française ne doit pas s'éteindre et ne s'éteindra pas. Demain, comme aujourd'hui, je parlerai à la radio de Londres.

Discours du général de Gaulle radiodiffusé à la BBC, le 18 juin 1940.

2 Entrer en résistance

Mai 1940, la défaite, l'invasion nazie, mon jeune époux prisonnier de guerre, le discours de Pétain le 17 juin, l'appel du général de Gaulle depuis Londres le 18 juin. Pour moi la guerre n'est pas finie. C'est ma guerre à moi qui commence. Aider de grands élèves à rejoindre Londres, aider mon mari à s'évader [...], démarrer une opposition à Vichy et à l'occupation allemande. [...] Je suis en quelque sorte une femme double : une vie familiale, [...] une vie professionnelle au lycée de jeunes filles à Lyon. Mon double : les rendez-vous cachés, la recherche de complices pour notre propagande clandestine. [...] Je fais la connaissance de gens variés [...]. Seuls comptent, la volonté de vaincre le régime de Pétain, le désir de chasser l'occupant, le souci d'informer une opinion anesthésiée, d'aider tous celles et ceux qui sont les victimes de cette collaboration.

Témoignage de Lucie Aubrac dans *La Lettre de la Fondation de la Résistance*, décembre 2001.

3 La radio et le renseignement

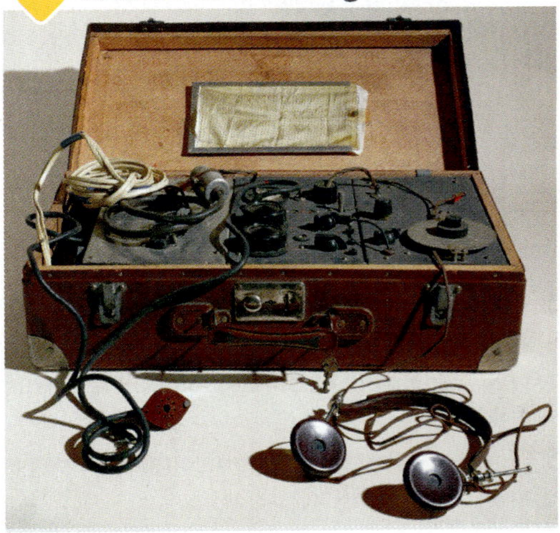

▲ Poste de radio parachuté pour la résistance française (Imperial War Museum, Londres).

Numérique
Retrouvez une vidéo sur Joséphine Baker et la Résistance sur LLS.fr/HG3Baker.

4 Les mouvements de la Résistance

▲ Affiche de propagande de la France libre, 1943.

5 Jean Moulin et le Conseil national de la Résistance

Après avoir réussi à convaincre les mouvements de se rassembler au sein d'une armée clandestine unifiée, de Gaulle souhaite rassembler les différents groupes de résistants en un Conseil national de la Résistance (CNR). Il envoie clandestinement cette lettre depuis Londres, où se trouvent les chefs de la France libre depuis 1940. Il l'adresse au résistant Jean Moulin, en France.

Mon cher ami,

[...] Vous aurez à assurer la présidence du comité de coordination au sein duquel seront représentés les trois principaux mouvements de résistance : Combat, Franc-Tireur, Libération [...]. Toutes organisations de résistance [...] devront être invitées à affilier leurs adhérents à l'un de ces mouvements [...]. Il convient en effet d'éviter la prolifération de multiples petites organisations qui risqueraient de se gêner mutuellement, de susciter des rivalités et de créer la confusion.

Lettre de Charles de Gaulle à Jean Moulin, 22 octobre 1942.

6 Les FFI, forces armées de la Résistance

▲ FFI à Tournon-sur-Rhône, 1944.

7 Le sauvetage d'enfants juifs

Et un jour, les Allemands ont envahi Nice. Ceux qui n'ont pas vécu le jour de l'arrivée des Allemands à Nice ne pourront pas imaginer ce qu'a été cette chasse à l'homme. On ramassait les Juifs - pardonnez-moi d'employer cette expression - à la pelle. Partout. Dans les hôtels, sur les trottoirs, dans les rues. Et nous étions là, deux, avec Odette, à ramasser des enfants qui venaient d'un peu partout. Les concierges nous les envoyaient. Leurs parents venaient avec eux. Ils les déposaient, ils s'en allaient. On commençait à les placer, un peu partout, dans les institutions religieuses, dans les couvents, dans les familles.

Témoignage de Moussa Abadi, fondateur du réseau Marcel, qui sauva la vie de 527 enfants durant la guerre, mai 1995.

Vocabulaire

Le CNR : Conseil national de la Résistance, organe chargé d'unifier les mouvements de résistance intérieure.

Les FFI : voir p. 125.

Les FFL : voir p. 125.

Questions

Questionnement différencié sur LLS.fr/HG3P119

1. **Doc. 1 et 2** Quels ont été les débuts de la Résistance ?
2. **Doc. 2, 3, 4, 6 et 7** Quels étaient les moyens d'action de la Résistance ?
3. **Doc. 1 et 5** Comment est organisée la Résistance ?
4. **Doc. 1 à 7** Réalisez une carte mentale sur l'organisation de la Résistance.

   > GUIDE
   - Faites une branche sur les débuts de la Résistance.
   - Faites une deuxième branche sur les moyens d'action de la Résistance.
   - Faites une dernière branche sur l'organisation de la Résistance en vous appuyant sur la frise et le vocabulaire.
5. Recherchez sur Internet un réseau de résistance dans votre région. Trouvez qui l'a fondé, à quelle date, et les actions qui ont été menées.

Menez l'enquête

Prendre le maquis

Automne 1942
Premiers maquis

Printemps 1943
Mise en place du STO

Printemps-été 1944
Participation des maquis à la préparation du débarquement et à la Libération

Tâche à réaliser

Dès 1942, et plus encore avec l'instauration du Service du travail obligatoire, de nombreux jeunes gens décident de fuir et trouvent refuge dans les maquis. De taille très variable, les maquis deviennent ensuite des lieux de rassemblement et de formation à la lutte armée pour les résistants. Ancien maquisard, vous racontez vos souvenirs du maquis à votre petite-fille.

ÉTAPE 1 Définir et localiser les maquis

Doc. 1

1. Qu'est-ce qu'un maquis ?
2. Dans quelles régions se situent-ils ?
3. Pourquoi le BCRAL s'intéresse-t-il aux maquis ?

Doc. 3

4. Quelle raison pousse de nombreux jeunes gens à prendre le maquis ?

Numérique
Utilisez l'outil numérique Framapad qui permet de rédiger de façon collaborative. LLS.fr/HG3Framapad

1 Les zones d'action des maquis

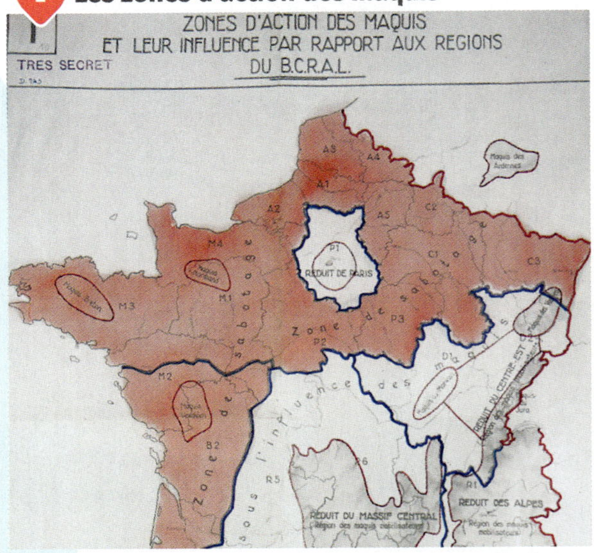

▲ Archives nationales, publiée sur le site du musée de la Résistance. Cette carte, produite pour le Bureau central de renseignement et d'action à Londres (BCRAL), en février 1944, montre les différentes zones de résistance.

2 Le *Chant des partisans*

Également appelé Chant de la Libération, *ce chant devient l'hymne de la Résistance.*

Ami, entends-tu le vol noir des corbeaux sur nos plaines ?
Ami, entends-tu les cris sourds du pays qu'on enchaîne ?
Ohé, partisans, ouvriers et paysans, c'est l'alarme.
Ce soir l'ennemi connaîtra le prix du sang et les larmes.
Montez de la mine, descendez des collines, camarades !
Sortez de la paille les fusils, la mitraille, les grenades.
Ohé, les tueurs à la balle et au couteau, tuez vite !
Ohé, saboteur, attention à ton fardeau : dynamite…

Paroles de Joseph Kessel et Maurice Druon, musique d'Anna Marly, 1943.

Numérique
Retrouvez le *Chant des partisans* sur LLS.fr/HG3Chantpartisans.

3 Manifestation de maquisards contre le STO

▲ Romans-sur-Isère, le 10 mars 1943. Des manifestants, bloquant le passage d'un train transportant des requis du STO, se heurtent à la police française.

ÉTAPE 2 Décrire le maquis et les actions des maquisards

Doc. 2, 3, 5 et 6

1. Expliquez les actions menées par les maquisards.

Doc. 4

2. Décrivez ensuite la vie quotidienne dans le maquis.

5 La fabrication de faux papiers

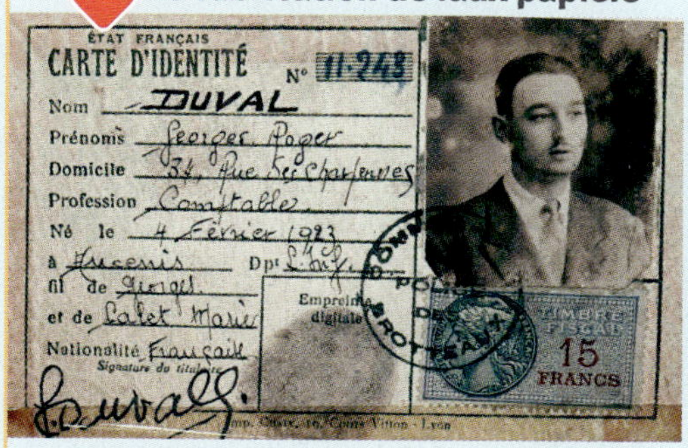

▲ Fausse carte d'identité du résistant Roger Bosse, sous le pseudonyme de Georges Duval, Lyon, juin 1943.

4 La vie quotidienne au maquis

La vie quotidienne au sein d'un maquis se structure autour d'un emploi du temps très strict et assez similaire d'un maquis à l'autre. Les corvées quotidiennes (notamment la recherche d'eau potable et de bois de chauffe) alternent avec les exercices de préparation militaire. Des chants et des jeux sont également organisés pour rompre la monotonie de cet emploi du temps quotidien. Le ravitaillement est une des préoccupations journalières majeures au sein d'un maquis. Plusieurs sources d'approvisionnement sont possibles : à la chasse et la cueillette s'ajoute la possibilité d'être ravitaillés par les villageois (ce qui est très difficile au vu des réquisitions imposées par l'occupant). Des « coups de mains » sont également organisés, notamment pour subtiliser des tickets d'alimentation, avec ou sans le consentement de la population.

Jacques Canaud, *Le Temps des Maquis*, Éditions De Borée, 2011.

6 La lutte armée

▲ De jeunes résistants apprennent le maniement des armes dans un maquis du Vercors, 1944.

7 Des lieux de mémoire

▲ Monument national de la Résistance sur le Plateau des Glières, août 2020. Cette sculpture d'Émile Gilioli, inaugurée en 1973 par André Malraux, célèbre la Résistance et sa devise : « Vivre libre ou mourir ».

ÉTAPE 3 Expliquer comment est célébrée la mémoire du maquis

Doc. 7

1. Décrivez ce lieu de mémoire et le monument.
2. Complétez votre description en vous rendant sur la page « mémoire des maquis » sur le site du musée de la Résistance.

BRAVO !

En menant cette enquête, j'ai appris à :

- Analyser et comprendre des documents
- Travailler en groupe, en équipe

Histoire des arts

La Révolution nationale dans la propagande vichyste

Compétence Je propose une interprétation d'une œuvre d'art et une analyse critique

Quel rôle les images jouent-elles dans le régime de Vichy ?

1 L'exposition « Le Juif et la France »

En septembre 1941 a lieu à Paris une exposition intitulée « Le Juif et la France », organisée par l'Institut d'étude des questions juives, créé avec le soutien du bureau de la Propagande allemande. Cette exposition de propagande antisémite visait à démontrer l'emprise que les Juifs auraient eu sur la France dans les années 1930 et qui aurait conduit à la défaite.
L'exposition attire près de 200 000 visiteurs, ce qui reste en dessous des objectifs affichés par les organisateurs.

2 Portraits officiels

Affiche de propagande, 1940.

3 L'usage des images populaires

Image d'Épinal, 1942. La propagande du régime de Vichy utilise des **images d'Épinal** et les diffuse dans le monde rural.

4 Les valeurs de la Révolution nationale

Une affiche de propagande du régime de Vichy, 1942.

Vocabulaire

Une image d'Épinal : image faite en série par gravure sur bois. Elle se développe à partir du XVIe siècle et connaît un succès considérable au XIXe siècle, notamment dans les campagnes où elle est distribuée par des colporteurs.

La Révolution nationale (idéologie du régime de Vichy) : volonté de transformer en profondeur la société française. Elle s'appuie sur la devise « Travail, Famille, Patrie ».

Questions

Questionnement différencié sur LLS.fr/HG3P123

1. **Doc. 1** Décrivez la photographie. Que cherche à démontrer cette exposition ?
2. **Doc. 2 à 4** Comment le maréchal Pétain est-il mis en scène sur ces documents ? Pourquoi est-ce de la propagande ?
3. **Doc. 3** Quelle technique a été choisie pour cette image ? Quel message transmet-elle ?
   > GUIDE
   - Relevez le support de ces images.
   - Expliquez leur diffusion et le public ciblé.
4. **Doc. 4** Qu'incarne chacun des personnages représentés en bas de l'affiche ?
5. **Doc. 4** Comment la propagande est-elle mise au service de la Révolution nationale souhaitée par Pétain ?

Synthèse

- Le régime de Vichy a recours à la propagande : fêtes publiques, émissions de radio, expositions, livres, mais aussi cartes postales, affiches et photographies largement distribuées.
- Une large part de la propagande vichyste repose sur des valeurs traditionnelles. Les graphistes utilisent donc le plus souvent des images et des typographies anciennes, familières, connues et acceptées de la majorité de la population.
- La propagande de Pétain utilise aussi largement la photographie : les portraits du maréchal Pétain sont partout dans les édifices publics. Commerçants et particuliers sont invités à les acheter et à les exposer.
- La propagande de Pétain vise à diffuser les valeurs du régime dans la population. C'est l'objectif de la Révolution nationale qui doit permettre à la France, portée par les nouvelles valeurs « Travail, Famille, Patrie », de se relever de sa décadence d'avant-guerre.

Leçon

La France défaite et occupée

Compétence Je révise mes repères historiques

Numérique Retrouvez une vidéo pour réviser sur **LLS.fr/HG3Synthese4**

A. Le traumatisme de la défaite

› En juin 1940, l'armée française est battue par l'armée allemande. La signature de l'armistice par le maréchal Pétain, président du Conseil, le 22 juin met fin aux combats qui ont poussé des millions de civils à l'exode **(doc. 1 p. 116)**.

› L'armistice entraîne l'occupation des deux tiers du pays par l'armée allemande. Le gouvernement s'installe à Vichy, en zone libre. La vie sous l'Occupation est difficile.

› Le 10 juillet 1940, une majorité de parlementaires vote les pleins pouvoirs à Pétain, mettant fin à la IIIe République. Pétain instaure l'État français (régime de Vichy).

B. Vichy et la collaboration

› Rejetant les valeurs républicaines et la démocratie, le régime de Vichy encourage une « Révolution nationale » **(p. 127)** résumée dans la devise « Travail, Famille, Patrie ». Il s'agit d'un régime autoritaire reposant sur le culte du Maréchal **(Histoire des arts)**.

› L'entrevue de Montoire entre Pétain et Hitler lance la **collaboration** d'État. Celle-ci prend plusieurs formes : livraison de matières premières, de main-d'œuvre (STO à partir de 1943). La **Milice** traque les Juifs, les réfractaires au STO et les résistants.

› L'État français participe à la politique antisémite nazie par des lois d'exclusion et la déportation de 75 000 Juifs **(dossier 1)**.

Carte d'identité d'une petite fille française internée à Drancy et déportée à Auschwitz en 1942. ▲

C. La Résistance

› La **Résistance** naît en réaction à l'armistice et au régime de Vichy. L'appel du général de Gaulle, le 18 juin 1940, à Londres, en est l'acte fondateur. Il s'impose comme le chef de la **France libre**, aidé par des gouverneurs de certaines colonies françaises, comme Félix Éboué au Tchad.

› Parallèlement, la Résistance intérieure se développe. **Réseaux** et **maquis** assument des missions de renseignement, de sabotage ou de combat **(dossier Enquête)**. Les résistants sont soumis aux dangers de la clandestinité et de la répression : 70 000 sont déportés. Jean Moulin rassemble, en 1943, les différentes organisations au sein du Conseil national de la Résistance (CNR) **(doc. 5 p. 119)**.

› Les débarquements alliés en Normandie et en Provence, ainsi que l'action des **FFI**, permettent la libération du territoire.

◄ Un soldat américain et un soldat résistant français durant un affrontement de rue à la Libération, 1944.

Je retiens

- La débâcle et l'exode
- L'armistice, la ligne de démarcation
- Fin de la IIIe République et début de l'État français
- Le gouvernement de Vichy : un régime autoritaire
- Collaboration avec l'Allemagne
- Un régime antisémite
- Résistance militaire depuis Londres (de Gaulle)
- Réseaux de Résistance intérieure

1940	1941	1942	1943	1944	1945

RÉSISTANCE
- **18 juin 1940** Appel du général de Gaulle
- **22 juin 1940** Armistice
- **Mai 1943** Création du CNR
- **6 juin 1944** Débarquement en Normandie
- **Août 1944** Libération de Paris par la Résistance et la 2e DB

RÉGIME DE VICHY
- **10 juillet 1940** Vote des pleins pouvoirs à Pétain
- **24 octobre 1940** Entrevue de Montoire Début de la collaboration
- **Février 1943** Mise en place du STO

Je retiens les personnages importants

Philippe Pétain (1856-1951)
Vainqueur prestigieux à la bataille de Verdun, il est chef de l'État entre 1940 et 1944. Il s'engage dans la collaboration avec l'Allemagne.

Charles de Gaulle (1890-1970)
Exilé à Londres, il lance un appel à la résistance. À la Libération, il devient chef du Gouvernement provisoire (1944).

Jean Moulin (1899-1943)
Ancien préfet, il est nommé par de Gaulle à la tête du Comité national de la Résistance. Il est arrêté par la police allemande et meurt en détention en juillet 1943.

Vocabulaire

La collaboration : voir p. 115.

Les Forces françaises de l'intérieur (FFI) : regroupement de l'ensemble des groupes armés de la Résistance intérieure à partir de 1944.

Les Forces françaises libres (FFL) : nom donné aux troupes de la Résistance basées à Londres (la France libre). Elles combattent aux côtés des Alliés.

Un maquis : région isolée, souvent en montagne ou dans des zones à la végétation dense, servant de base arrière d'opérations pour un groupe de résistants.

La Milice : organisation policière créée en 1943 par le régime de Vichy pour traquer les Juifs, les réfractaires au STO et les résistants.

Un réseau : organisation clandestine de la Résistance intérieure menant des activités de sabotage, de renseignement ou d'évasion.

La Résistance : voir p. 115.

Je révise avec un schéma

Mai - Juin 1940
- Défaite dans la Seconde Guerre mondiale
- Débâcle
- Exode

Pétain
- Armistice

Régime de Vichy
- « Révolution nationale » : devise « Travail, Famille, Patrie »
- Collaboration : STO, Milice
- Antisémitisme : statut des Juifs, internements et déportations

De Gaulle
- Appel du 18 juin

La Résistance
- France libre
- Résistance intérieure unifiée par Jean Moulin (CNR)
- Des actions diverses : renseignement, sabotage, etc.

Téléchargez ce schéma sur LLS.fr/HG3Schema4

Je teste mes connaissances

Pour chaque question, il y a une ou plusieurs réponses correctes. Testez-vous sur LLS.fr/HG3Quiz4

Je m'exerce pour le brevet

Compétence Je pratique différents langages

Exercice 1 • Je connais le vocabulaire du chapitre

Complétez la grille avec les définitions suivantes.

1. Relations du régime de Vichy avec l'Allemagne.
2. Police politique du régime de Vichy.
3. Convention mettant fin à la guerre entre la France et l'Allemagne, signée le 22 juin 1940.
4. Lieux où se réfugient les résistants.
5. Ensemble des organisations clandestines ayant lutté contre l'occupant allemand.
6. Une action de résistance.

Exercice 2 • Je connais les grands personnages du chapitre

Trouvez à quel personnage correspond chacun de ces trois textes et reliez-le au portrait correspondant.

1. Sous-secrétaire d'État à la Guerre en mai 1940, je m'oppose à l'armistice en juin 1940. Je pars à Londres pour organiser la poursuite de la guerre. Entre 1940 et 1944, j'unifie la Résistance au sein du FFL (Forces françaises libres). Qui suis-je ? •

•  A

2. Après avoir demandé l'armistice à l'Allemagne, j'obtiens les pleins pouvoirs à Vichy le 10 juillet. Je deviens ensuite le chef de l'État français jusqu'en 1944, auquel je donne la devise « Travail, Famille, Patrie ». Qui suis-je ? •

•  B

3. Ancien préfet, je crée en 1943 le Conseil national de la Résistance (CNR). Arrêté par la Gestapo, je meurs à la suite des tortures qui me sont infligées, sans avoir dénoncé les réseaux résistants. Qui suis-je ? •

•  C

Exercice 3 • Je connais les dates importantes du chapitre

Placez les événements suivants sur la frise chronologique : entrevue de Montoire, débarquement des Alliés en Normandie, armistice avec l'Allemagne, création du CNR, libération de Paris, vote des pleins pouvoirs à Pétain, appel du général de Gaulle.

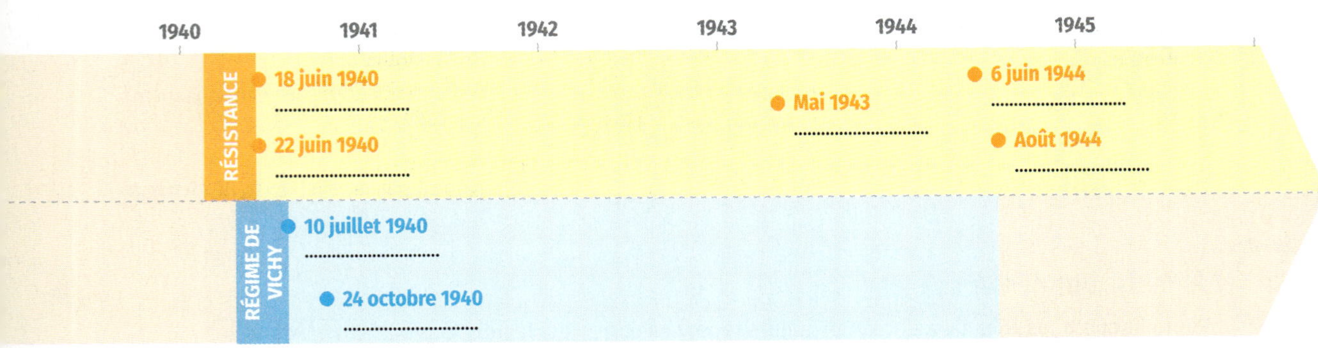

Compétence Je réalise une production audiovisuelle, un diaporama

J'apprends en réalisant un diaporama

ÉTAPE 1 Présenter l'affiche (première diapositive)

1. Ouvrez un document *Libre Office Impress* ou *Canva*.
2. Indiquez quand, par qui, dans quel contexte a été produite cette affiche.
3. Précisez le thème abordé.

ÉTAPE 2 Décrire l'affiche à l'aide de flèches (deuxième diapositive)

1. Précisez comment est composée cette affiche ; montrez qu'il y a une opposition gauche/droite (couleurs, dessins, slogans).
2. Énumérez les ennemis de la Révolution nationale.
3. Énumérez les piliers de la Révolution nationale.

ÉTAPE 3 Utiliser ses connaissances pour interpréter l'affiche (troisième diapositive)

1. Ajoutez des précisions sur le régime de Vichy et sa politique.
2. N'oubliez pas d'indiquer pourquoi il s'agit d'une affiche de propagande.

▲ Affiche de propagande de R. Vachet, produite par le Centre de propagande de la Révolution nationale d'Avignon, 1940-1942.

À lire

Joseph Joffo, *Un sac de billes*, 1973.
Ce roman, inspiré d'une histoire vraie, raconte l'histoire de Joseph et Maurice. En effet, ces deux frères juifs fuient Paris, occupé par les Allemands, et cherchent à rejoindre la zone libre.

Dugomier et Ers, *Les Enfants de la Résistance*, 2015.
Dans cette BD, des adolescents cherchent à résister aux nazis dans la France occupée.

À voir

Robert Guédiguian, *L'Armée du crime*, 2009.
Ce film retrace l'histoire du groupe Manouchian, un groupe de résistants immigrés très engagés dans la lutte contre l'occupant nazi en France, pour la défense de la liberté et des droits de l'homme.

La laïcité

Compétences La sensibilité : j'accepte les différences
La règle et le droit : je comprends les principes et les valeurs de la République française

TÂCHE À RÉALISER

Dans ce chapitre d'histoire, vous avez appris que les discriminations ont été l'objet d'une politique délibérée en France durant la Seconde Guerre mondiale, et que la Résistance les a combattues. Vous allez découvrir ici en quoi la laïcité est une réponse aux discriminations racistes, antisémites ou religieuses, puis préparer un discours en faveur de la laïcité.

ÉTAPE 1 Découvrir l'histoire de la laïcité

Doc. 1 et 2

1. Par qui et quand a été produite cette carte d'identité ?
2. En quoi est-ce contraire au principe de laïcité ?
3. Relevez les dates importantes pour la laïcité en France et les périodes où elle n'a plus été appliquée.

Numérique
Retrouvez une vidéo sur la laïcité en France et dans le monde sur LLS.fr/HG3Laicite.

1 Une carte d'identité sous l'Occupation

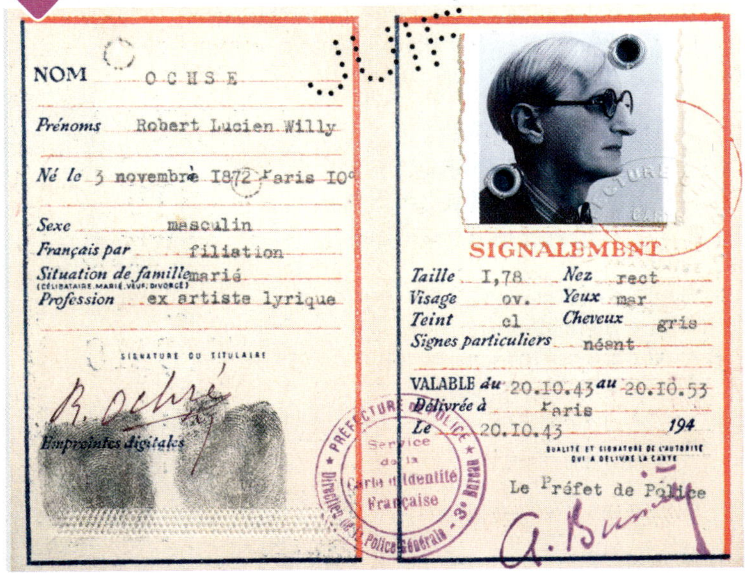
NOM OCHSE
Prénoms Robert Lucien Willy
Né le 3 novembre 1872 Paris 10e
Sexe masculin
Français par filiation
Situation de famille (célibataire, marié, veuf, divorcé) marié
Profession ex artiste lyrique
Signature du titulaire
Empreintes digitales
SIGNALEMENT
Taille 1,78 Nez rect
Visage ov. Yeux mar
Teint cl Cheveux gris
Signes particuliers néant
VALABLE du 20.10.43 au 20.10.53
Délivrée à Paris
Le 20.10.43 194
Qualité et signature de l'autorité qui a délivré la carte
Le Préfet de Police

▲ Carte d'identité française datant de 1943, délivrée par la préfecture de police de Paris.

2 La laïcité en France

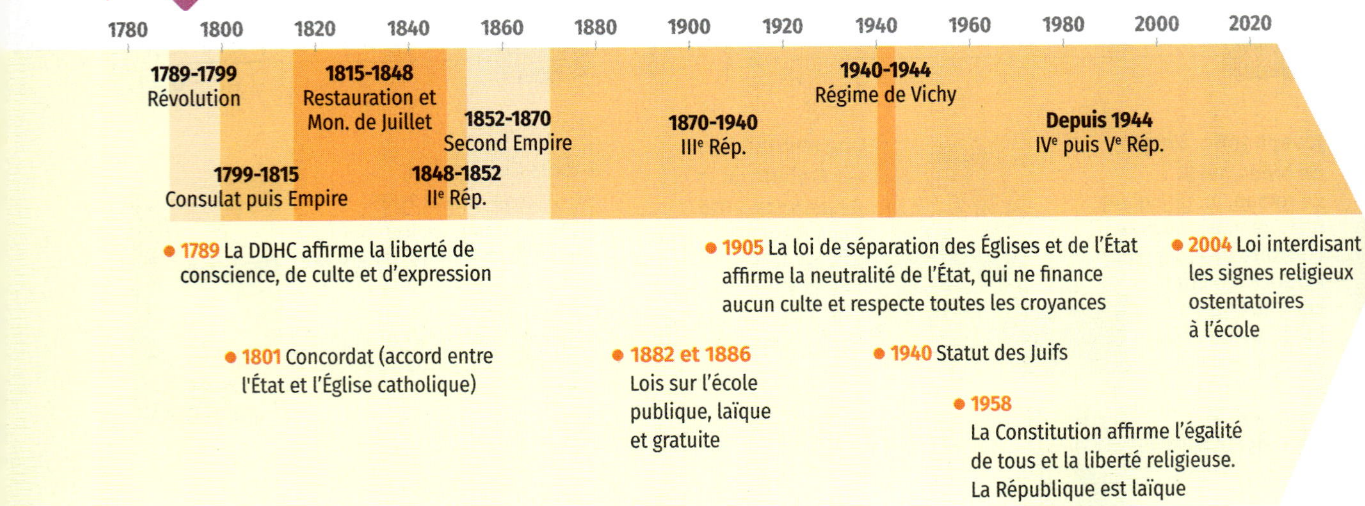

ÉTAPE 2 Comprendre ce qu'est la laïcité et comment elle s'applique

Doc. 3 et 4

1. Relevez les grands textes de lois sur la laïcité.
2. À quelles libertés la laïcité est-elle reliée ?
3. Trouvez deux cas dans lesquels elle s'applique et permet d'éviter des discriminations.

Numérique

Retrouvez la Charte de la laïcité sur LLS.fr/HG3Charte.

ÉTAPE 3 Rédiger un discours en faveur de la laïcité

1. Commencez par rappeler quand et pourquoi la laïcité a été mise en place.
2. Donnez des exemples de périodes où la laïcité n'a pas été respectée, et montrez les conséquences.
3. Citez les textes de lois importants, et expliquez pourquoi ils permettent de lutter contre les discriminations et de vivre ensemble en paix.

Vocabulaire

Le blasphème : propos condamné par une religion.
La discrimination : fait de traiter quelqu'un différemment en raison de son origine, de sa religion, de son orientation sexuelle ou politique.
La laïcité : principe républicain selon lequel chacun est libre de ses opinions et croyances, et l'État est neutre en la matière.

3 La Charte de la laïcité à l'école (extraits)

1 La France est **une République indivisible, laïque, démocratique et sociale**. Elle assure l'égalité devant la loi, sur l'ensemble de son territoire, de tous les citoyens. Elle respecte toutes les croyances.

2 La République laïque organise **la séparation des religions et de l'État**. L'État est neutre à l'égard des convictions religieuses ou spirituelles. Il n'y a pas de religion d'État.

LA RÉPUBLIQUE EST LAÏQUE

4 Que dit la loi ?

Article 10. Nul ne doit être inquiété pour ses opinions, mêmes religieuses, pourvu que leur manifestation ne trouble pas l'ordre public établi par la loi.

Extrait de la Déclaration des droits de l'homme et du citoyen, 1789.

Article premier. La République assure la liberté de conscience. Elle garantit le libre exercice des cultes sous les seules restrictions édictées ci-après dans l'intérêt de l'ordre public.
Article 2. La République ne reconnaît, ne salarie ni ne subventionne aucun culte.

Loi de séparation des Églises et de l'État , 9 décembre 1905.

Article premier. La France est une République indivisible, laïque, démocratique et sociale.

Extrait de la Constitution de la Vᵉ République, 1958.

Je retiens l'essentiel

- **La laïcité est l'un des principes de la République (Constitution). Elle est affirmée dès la Révolution française dans la Déclaration des droits de l'homme et du citoyen. Depuis, d'autres lois ont précisé sa définition et son application, comme la loi de 1905.**
- **La laïcité permet à tous de vivre selon ses croyances et ses convictions. Elle garantit que l'État est neutre en matière de religion et ne discrimine personne.**
- **Au collège, la laïcité s'applique à travers la Charte de la laïcité, qui garantit à chacun la liberté de conscience et le respect de tous.**
- **La liberté de croire ou de ne pas croire implique que le blasphème n'existe pas dans la République laïque. Chacun est libre de dessiner, d'écrire ou de s'exprimer librement sur des personnages religieux.**

Sujet guidé

Exercice 1 • Analyser et comprendre des documents

1. **Doc. 1** Quel chef ce journal reconnaît-il ? Justifiez votre réponse.
2. **Doc. 1** Quelles valeurs cherche-t-il à défendre ?
3. **Doc. 1** Quels sont les objectifs de ce document ?
   › GUIDE • Utilisez la méthode ci-dessous.
   • Insistez sur le contexte du document.
4. **Doc. 1** Décrivez les différents moyens d'action de la Résistance en France durant l'Occupation.

1 Une du journal *Libération*

N° … 1er Mars 1943

LIBÉRATION
ORGANE DES MOUVEMENTS DE RÉSISTANCE UNIS
Un seul chef : DE GAULLE ; une seule lutte : POUR NOS LIBERTÉS

Autres Organes des Mouvements de Résistance Unis
COMBAT ——
FRANC-TIREUR

La Jeunesse française répond : Merde

le Rassemblement du Peuple

La croix gammée a d'abord été le symbole de la Résistance. A Munich en 1920 les hommes d'Hitler étaient contre la collaboration.

A *LIBERATION* aussi, nous sommes les ennemis de la collaboration, mais nous sommes surtout les ennemis du Fascisme. D'un nouveau Fascisme qui tenterait de se lever sur l'imminente défaite allemande, NOUS NE VOULONS PAS.

Le Général DE GAULLE est notre Chef, il n'est pas notre Fuhrer.

Le Général DE GAULLE ne représente pas un césarisme naissant, une ambition personnelle. Il est le garant de la LIBERTE nationale et individuelle.

Les «résistants» de la dernière heure aiment à nous considérer comme de braves jeunes gens qui n'auraient d'autre espoir que celui du martyre.

Des martyrs ? Certes il en fallait. Pour l'Homme, pour le Monde, pour l'Histoire. Le Parti Communiste et nous-mêmes, nous donnons les meilleurs d'entre nous.

Mais nous sommes des VOLONTAIRES nous ne sommes pas des imbéciles. Nous sommes des jeunes que deux années de combat ont mûris. Nous avons beaucoup appris, de Vichy et aussi... d'Alger. Nous savons reconnaître les ennemis de la Liberté quels qu'ils soient.

Le fascisme international, c'est la contre-révolution préventive, c'est la Sainte Alliance des nantis terrifiés, la dernière cartouche contre ce rassemblement populaire qui déjà, dans le monde entier, allait détruire les privilèges d'un capitalisme moribond.

(suite page 2)

Un martyr parmi tant d'autres. Un jeune Français de 17 ans qui avait coupé des fils téléphoniques à Brest est exécuté par la Wermacht. Il est mort très courageusement.

SABOTEZ LA CONSCRIPTION des esclaves au service d'Hitler

La relève n'ayant pas donné les résultats que les Allemands en attendaient, Hitler a exigé de Vichy des mesures plus draconiennes.

Le mot de mobilisation, dans la bouche de ceux qui capitulèrent en Juin 1940 risquait d'indigner le peuple de France. Aussi l'a-t-on remplacé par l'expression atténuée : « Service obligatoire du travail ».

Il s'agit en fait de la déportation massive de notre jeunesse. Non contents de garder nos prisonniers et d'arracher nos ouvriers à leurs foyer, les Allemands nous demandent tous nos jeunes hommes, sans exception.

Il ne s'agit pas, comme le laisse entendre hypocritement le texte officiel, «de répartir équitablement entre tous les Français les charges résultant des besoins de notre économie». Il s'agit de livrer de nouveaux bras à l'Allemagne. Bichelonne qui a quelque raison d'être informé, a précisé que les nouvelles «recrues» seraient affectées à la construction de fortifications en Pologne.

En échange de cette conscription d'esclaves au service d'Hitler, le Reich offre de libérer quelques prisonniers. L'atroce comédie de la relève continue, qui permettra au gouvernement de Vichy de présenter comme un acte de généreuse politique l'un des crimes qui lui sera le plus difficilement pardonné.

Contre ces nouvelles mesures la jeunesse française s'est déjà, en esprit, dressée toute entière.

L'exemple des ouvriers de France doit demeurer constamment présent devant ses yeux. Les ouvriers ont retardé de six mois, par leur résistance, l'application des mesures de réquisition. Jeunes de France, imitez leur exemple. Les mois que vous pourrez gagner compteront double aujourd'hui car l'Allemagne est pressée, car sa défaite est proche.

Manifestez contre le service obligatoire du travail. *(suite page 2)*

Français, sabotez le recensement pour la déportation

▲ Une du journal *Libération*, n°25, 1er mars 1943.

Méthode : Décrire la une d'un journal

La une est la première page d'un journal.

Présentez le document

- ▶ **Le journal.** Indiquez le pays où il est publié ainsi que sa périodicité : tous les jours (quotidien), toutes les semaines (hebdomadaire) ou tous les mois (mensuel). Son nom donne-t-il une idée du point de vue de ses journalistes ?
- ▶ **La date de l'édition.** Dans quel contexte l'édition proposée a-t-elle paru ?

Décrivez l'organisation de la une

- ▶ **Le bandeau supérieur.** Il contient diverses informations sur le journal (nom, prix, etc.).
- ▶ **L'illustration.** Elle est propre à l'édition du jour. Elle vise à attirer le regard du lecteur.
- ▶ **Le texte.** Ce peut être le titre de l'illustration et un commentaire, ou encore l'annonce des articles publiés à l'intérieur.

Analysez l'information

- ▶ Décrivez l'illustration et confrontez-la avec le titre et le commentaire qui lui sont donnés. **Quel message** le journal essaie-t-il de faire passer ?
- ▶ Les journaux sont souvent engagés politiquement. Quelle idée ou quel mouvement politique le titre étudié soutient-il ?

Exercice 2 • Maîtriser différents langages

Sous la forme d'un développement construit d'une vingtaine de lignes et en vous appuyant sur vos connaissances, expliquez le choc de la défaite en France, en 1940.

› GUIDE • Rappelez ce qu'est la guerre éclair menée par les nazis.
• Présentez deux réactions face à la défaite.

Conseils • Présenter le contexte

- ▶ Le contexte historique peut être analysé sur un temps plus ou moins long : que s'est-il passé quelques heures, jours, mois avant la date du document ou de l'événement abordé ?
- ▶ Que se passe-t-il à cette période dans le lieu ou le pays en question ? Autour ?

Exercice 1 • Analyser et comprendre des documents

1. **Doc. 1** De quel célèbre discours ce texte s'inspire-t-il ? Par qui est-il prononcé ?
2. **Doc. 1** De quel mouvement est-il l'acte fondateur ?
3. **Doc. 2** Présentez l'auteur de ce message. À qui s'adresse-t-il ? Qu'annonce-t-il ?
4. **Doc. 1 et 2** Rappelez le contexte dans lequel ces messages sont diffusés.
5. **Doc. 1 et 2** À l'aide des documents et de vos connaissances, décrivez les oppositions entre le régime de Vichy et la France libre à Londres.

1 L'appel de De Gaulle

A TOUS LES FRANÇAIS

La France a perdu une bataille!
Mais la France n'a pas perdu la guerre!

Des gouvernants de rencontre ont pu capituler, cédant à la panique, oubliant l'honneur, livrant le pays à la servitude. Cependant, rien n'est perdu!

Rien n'est perdu, parce que cette guerre est une guerre mondiale. Dans l'univers libre, des forces immenses n'ont pas encore donné. Un jour, ces forces écraseront l'ennemi. Il faut que la France, ce jour-là, soit présente à la victoire. Alors, elle retrouvera sa liberté et sa grandeur. Tel est mon but, mon seul but!

Voila pourquoi je convie tous les Francais, où qu'ils se trouvent, à s'unir à moi dans l'action, dans le sacrifice et dans l'espérance.

Notre patrie est en peril de mort.
Luttons tous pour la sauver!

VIVE LA FRANCE !

TO ALL FRENCHMEN..

LONG LIVE FRANCE!

GÉNÉRAL DE GAULLE

QUARTIER-GÉNÉRAL,
4, CARLTON GARDENS,
LONDON, S.W.1.

▲ Affiche, été 1940.

2 Pétain entre dans la collaboration

C'est dans l'honneur et pour maintenir l'unité française, une unité de dix siècles, dans le cadre d'une activité constructive du nouvel ordre européen que j'entre, aujourd'hui, dans la voie de la collaboration.
Ainsi dans un avenir prochain, pourrait être allégé le poids des souffrances de notre pays, amélioré le sort de nos prisonniers, atténuée la charge des frais d'occupation ; ainsi pourrait être assouplie la ligne de démarcation et facilités l'administration et le ravitaillement du territoire.
Cette collaboration doit être sincère [...]. L'armistice au demeurant n'est pas la paix. La France est tenue par des obligations nombreuses vis-à-vis du vainqueur. Du moins reste-t-elle souveraine. Cette souveraineté lui impose de défendre son sol, d'éteindre les divergences de l'opinion [...]. Cette politique est la mienne. Les ministres ne sont responsables que devant moi. C'est moi seul que l'histoire jugera.

Le maréchal Pétain, message radiodiffusé, le 30 octobre 1940.

Exercice 2 • Maîtriser différents langages

1. Sous la forme d'un développement construit d'une vingtaine de lignes, racontez l'organisation de la Résistance et les actions des résistants.
2. Complétez la carte ci-contre avec cinq noms de lieux et d'espaces.

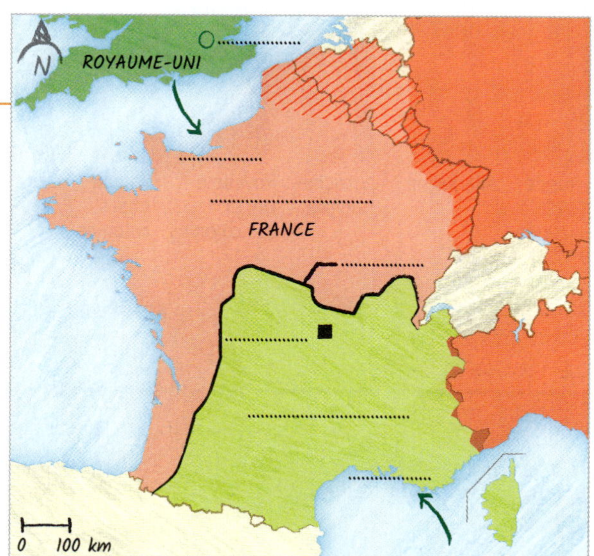

L'EUROPE, UN THÉÂTRE MAJEUR DES GUERRES TOTALES (1914-1945)

LA GRANDE GUERRE

L'Europe après 1920

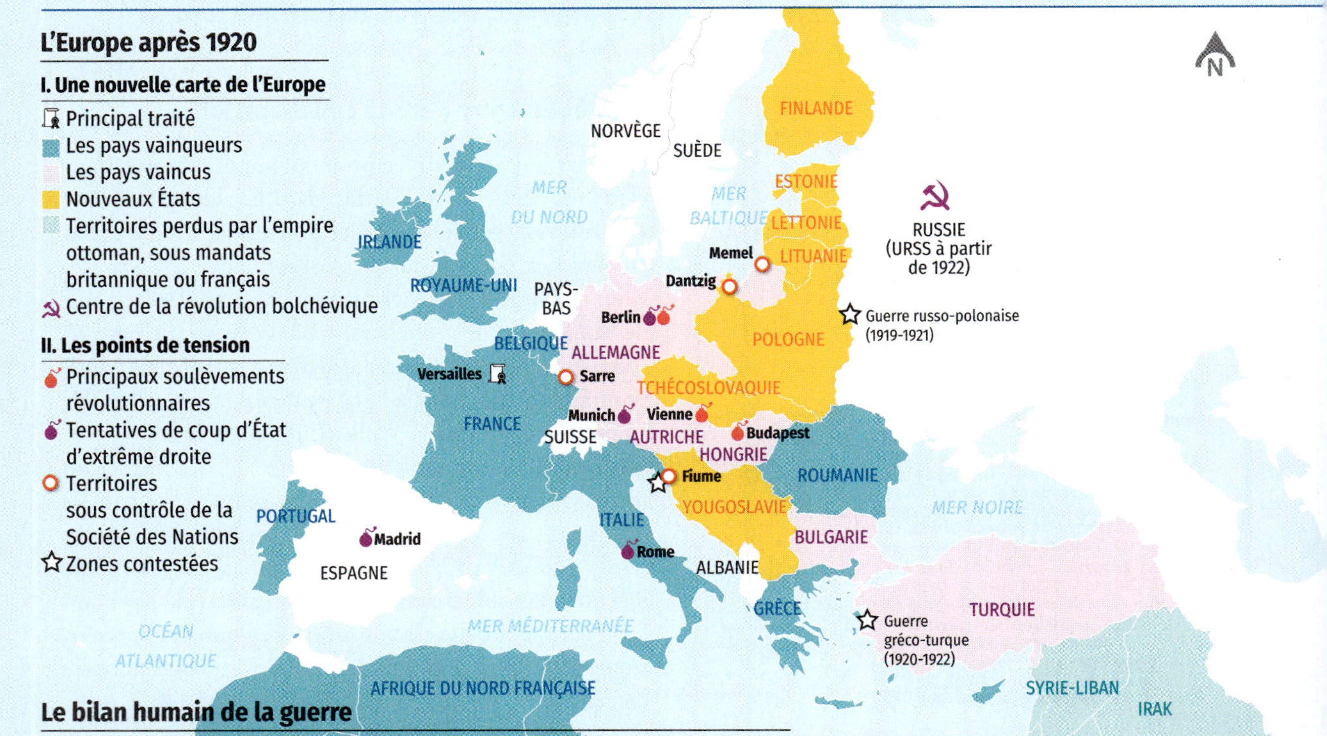

Le bilan humain de la guerre

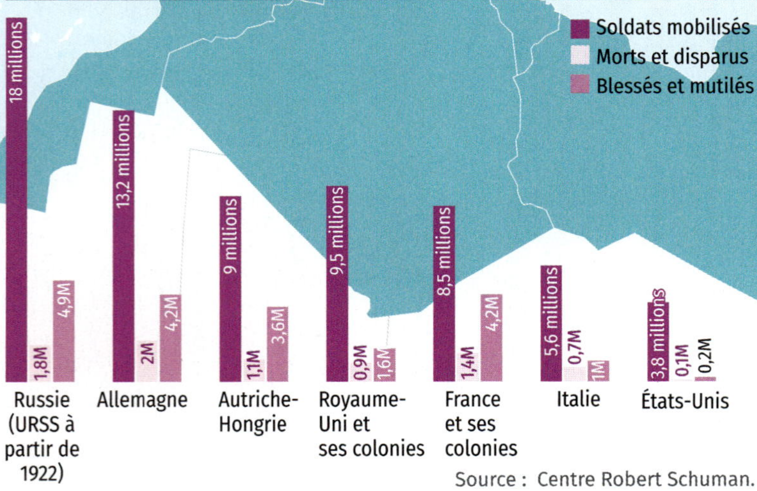

Source : Centre Robert Schuman.

La puissance américaine

Sommes dues par les pays étrangers aux États-Unis en février 1919

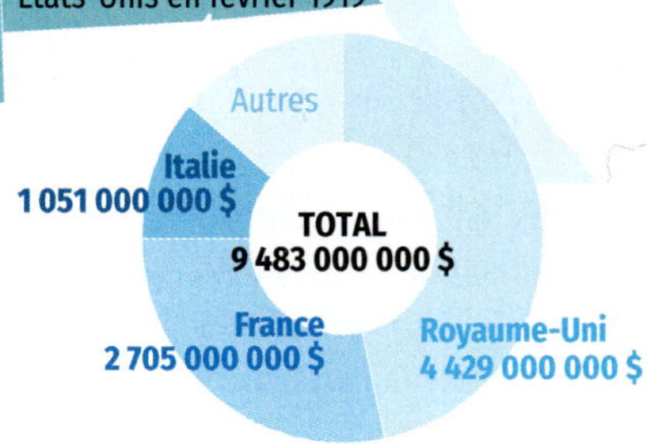

LA SECONDE GUERRE MONDIALE

Le monde dans la Seconde Guerre mondiale

I. Les forces en conflit

- Les régimes totalitaires
- ROYAUME-UNI Les démocraties
- Les pays alliés
- Les pays de l'Axe
- L'extension maximale de l'Axe
- Les pays neutres
- ÉTATS-UNIS Les deux Grands en 1945

II. Une guerre mondiale

- Offensives de l'Axe
- Offensives et débarquements alliés

III. Une guerre d'anéantissement

- Principales batailles
- Deux bombardements atomiques

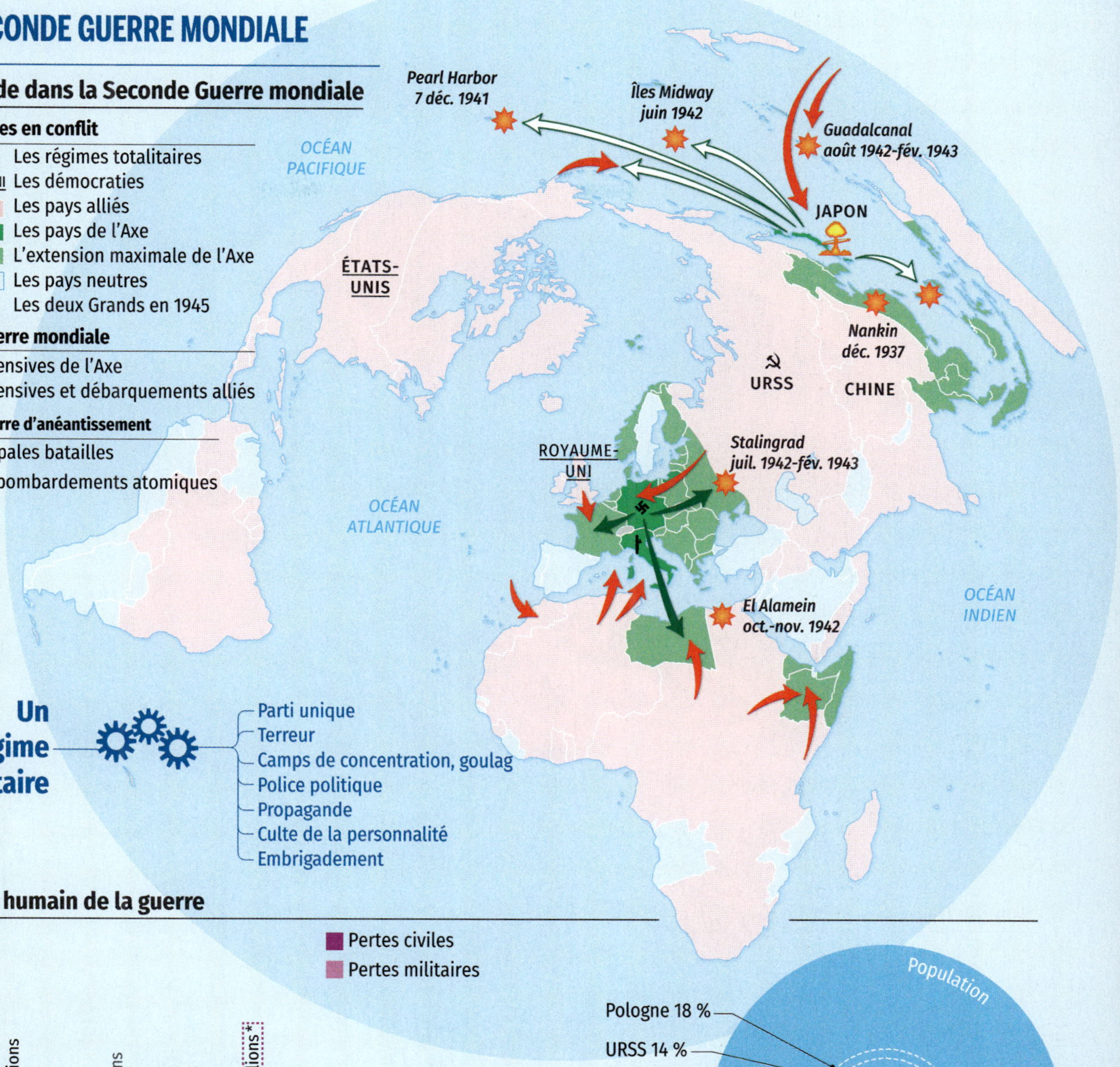

Un régime totalitaire

- Parti unique
- Terreur
- Camps de concentration, goulag
- Police politique
- Propagande
- Culte de la personnalité
- Embrigadement

Le bilan humain de la guerre

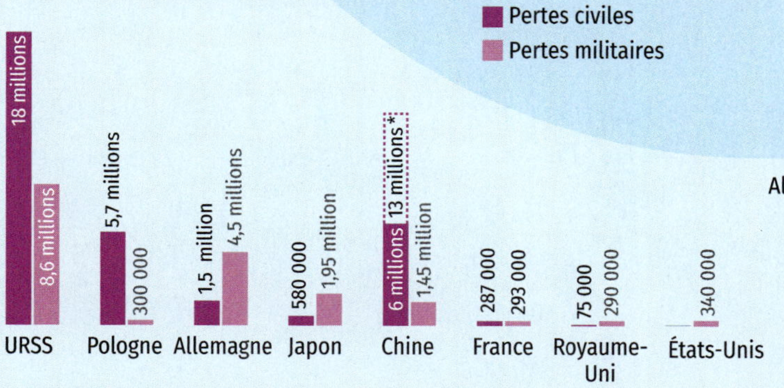

* Estimations approximatives concernant les pertes civiles en Chine.

Source : Claude Quétel, *La Seconde Guerre mondiale*, Perrin, 2015.

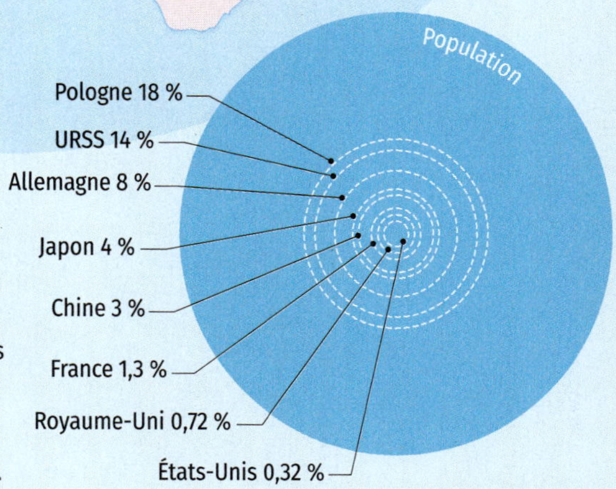

Nombre de morts rapporté à la population de 1939

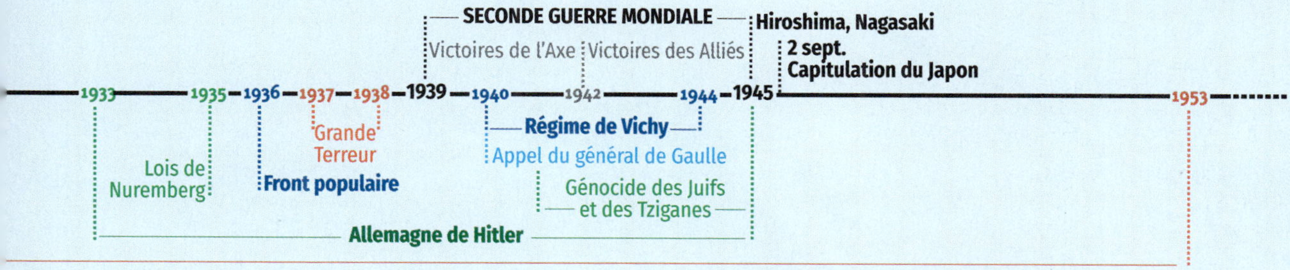

BERLIN

THÈME II

Le monde depuis 1945

Au lendemain de la Seconde Guerre mondiale, les États-Unis et l'URSS s'affrontent pendant la guerre froide. Vous découvrirez pourquoi et selon quelles modalités. Dans la même période, les empires coloniaux s'effondrent : les colonies d'Asie et d'Afrique accèdent à l'indépendance et s'affirment sur la scène internationale. Enfin, au même moment, la construction européenne débute en Europe, répondant à une volonté de paix. Après 1989, de nouvelles rivalités et une multiplication des conflits caractérisent le monde contemporain.

« Comment combler l'écart ? »
Lithographie de D.R. Fitzpatrick, juin 1948.

Chapitre 5

La guerre froide

THÈME II. Le monde depuis 1945

LA GUERRE FROIDE

DE LA DÉCOLONISATION AUX NOUVEAUX ÉTATS

LA CONSTRUCTION EUROPÉENNE

LE MONDE APRÈS 1989

De 1947 à 1991, le monde vit au rythme de la guerre froide opposant les États-Unis et l'URSS. L'Allemagne et Berlin sont particulièrement touchées.

Comment le monde est-il divisé au temps de la guerre froide ?

Quiz

1. Quelles sont les deux grandes puissances qui sortent renforcées de la Seconde Guerre mondiale ?
   a. Le Royaume-Uni et la France
   b. Les États-Unis et l'URSS
   c. Les États-Unis et la Chine

2. Comment l'URSS est-elle dirigée ?
   a. Par des groupements d'ouvriers et de paysans
   b. Par plusieurs partis politiques
   c. Par un régime communiste totalitaire

3. Quelles sont les grandes caractéristiques du modèle américain ?
   a. Il est proche du socialisme
   b. Il repose sur une économie capitaliste libérale
   c. Dans le modèle américain, l'État intervient pour réguler les relations entre patrons et employés

Dans ce chapitre je vais

- Identifier les différences entre les modes de vie américain et soviétique.
- Raconter les crises et les conflits qui en découlent.
- Expliquer que Berlin est au cœur de la guerre froide.

Histoire et fiction

Dans une comédie noire, mais brillante, le film *Docteur Folamour*, de Stanley Kubrick, sorti en 1964, met en lumière les dangers de la nucléarisation du monde.

Numérique

Retrouvez un parcours numérique pour préparer la certification PIX sur LLS.fr/HG3PIX5.

◄ *L'équilibre de la terreur* • Caricature de Rube Goldberg, parue dans le *New York Sun* (journal américain), 1948. Cette caricature, publiée dès le début de la guerre froide, montre le monde dans un état d'équilibre très précaire, installé sur une bombe atomique.

Repères

Un monde bipolaire autour de deux modèles

Compétence Je me repère dans le temps et dans l'espace

Pendant la guerre froide, le monde est bipolaire : il est divisé en deux blocs menés par les États-Unis et l'URSS. L'OTAN et le pacte de Varsovie encadrent militairement chacun des deux blocs. L'Europe est particulièrement représentative de cette division du monde. Elle est coupée en deux par un « rideau de fer », selon l'expression de Winston Churchill en 1946.

1 L'OTAN

▲ Affiche de l'OTAN « Le prix de la liberté est la vigilance », 1963.

2 Les blocs

	Bloc américain	Bloc soviétique
Pays principal	États-Unis 	URSS 
Idéologie	Le capitalisme et le libéralisme	Le communisme
Alliance militaire	L'OTAN	Le pacte de Varsovie
Organisation économique	Le plan Marshall	Le Conseil d'assistance économique mutuelle (CAEM)
États alliés	Royaume-Uni, France, RFA, etc.	Pologne, Hongrie, RDA, etc.

3 La propagande

▲ Couverture du *comics* (bande dessinée) américain *Captain America... Commie smasher* (« Écraseur de communistes »), septembre 1954.

Notions

Un monde bipolaire

Division du monde autour de deux grandes puissances.

À partir de 1947, les États-Unis et l'URSS s'opposent, car ils défendent deux idéologies opposées.

1. Par quelles armées l'Europe est-elle libérée, à la fin de la guerre ?
2. Que décident les Alliés en 1945 concernant l'Allemagne ?
3. Rappelez la définition d'une idéologie. (p. 60)
4. **Doc. 2** Quelle est l'idéologie des États-Unis ? De l'URSS ?
5. **Doc. 4** Relevez sur les cartes les pays alliés de chacun des deux blocs.
6. **Doc. 4** Pourquoi l'Europe est-elle partagée ?

Vocabulaire

Un bloc : coalition d'États alliés partageant la même idéologie.

L'OTAN : organisation militaire qui rassemble les États-Unis et les pays d'Europe de l'Ouest, depuis 1949 (Organisation du traité de l'Atlantique Nord).

Le « rideau de fer » : expression utilisée par Winston Churchill en 1946 pour désigner le partage de l'Europe sous l'influence des deux blocs.

4 Le monde bipolaire

carte interactive

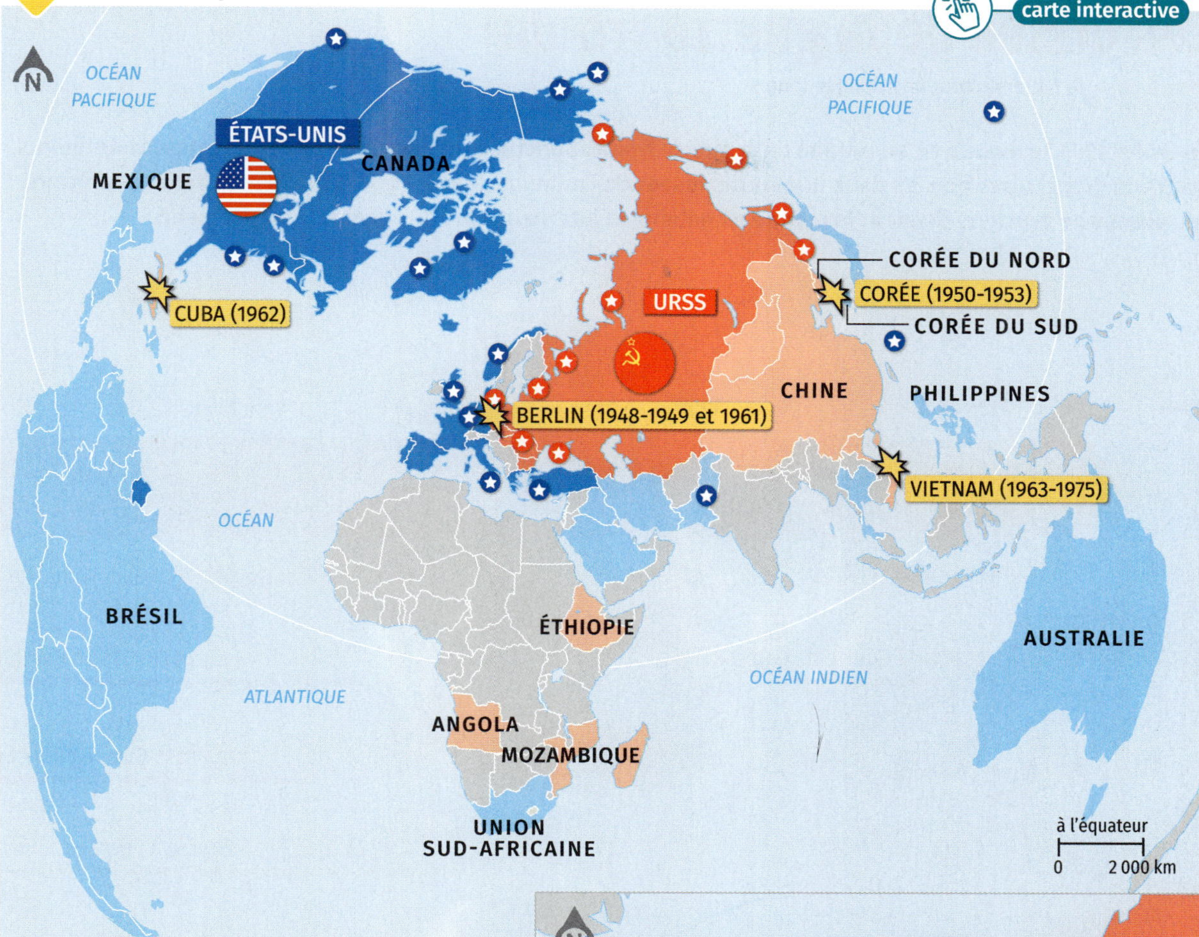

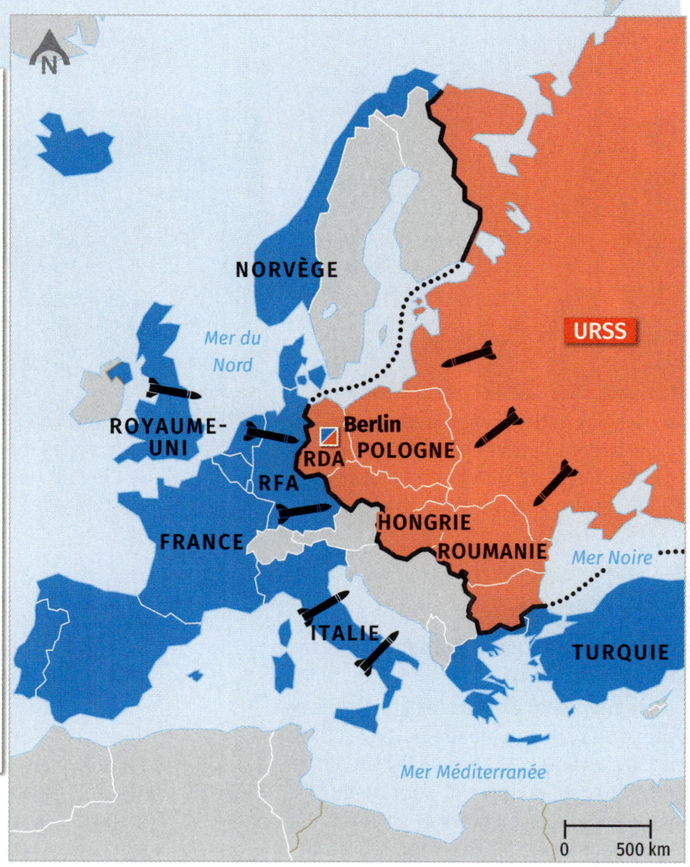

Un monde divisé en deux blocs

- Pays membres de l'OTAN
- Autres alliés des États-Unis
- Principales bases militaires de l'OTAN
- Pays neutres ou officiellement non-alignés
- Pays membres du pacte de Varsovie
- Autres membres du bloc communiste
- Principales bases militaires de l'URSS

Crises et conflits majeurs de la guerre froide

- BERLIN (1948-1949 et 1961)

L'Europe divisée

- Rideau de fer
- Berlin divisé

La crise des euromissiles (1977-1985)

- Zone d'installation des missiles américains
- Zone d'installation des missiles soviétiques

Repères

Les crises de la guerre froide

Compétence Je situe et j'ordonne dans le temps

De 1947 à 1991, le monde vit au rythme de la guerre froide, ponctuée de crises qui se déroulent dans différents points du globe. Alors que les deux Grands disposent de l'arme nucléaire, l'équilibre de la terreur est précaire. Des phases de tensions tiennent le monde en haleine et alternent avec des phases d'apaisement.

1945 – 1950 – 1955 – 1960 – 1965 – 1970

GUERRE FROIDE

- **Février 1945** Conférence de Yalta
- **1948-1949** Blocus de Berlin
- **1950-1953** Guerre de Corée
- **1961** Construction du mur de Berlin
- **Années 1960** Course à l'espace
- **Octobre 1962** Crise de Cuba
- **1962-1975** La **détente**
- **1963-1975** Guerre du Vietnam

▲ Des habitants de Berlin-Ouest regardent l'arrivée des avions de ravitaillement pendant le blocus de Berlin, 15 août 1948.

▲ Des policiers et des militaires consolident le mur de Berlin, du côté est de la ville, 19 avril 1963.

▲ Le cosmonaute soviétique Youri Gagarine, premier homme dans l'espace, 12 avril 1961.

Vocabulaire

La détente : période d'apaisement entre les États-Unis et l'URSS.

L'équilibre de la terreur : les États-Unis se dotent de l'arme nucléaire en 1945, l'URSS en 1949. Les deux Grands se livrent alors à une course à l'armement, pour détenir la même puissance militaire et se dissuader mutuellement de toute attaque.

Les accords de désarmement SALT I, 1972. ▶

Notions

La guerre froide

Affrontement idéologique entre les États-Unis et l'URSS. Les deux superpuissances s'opposent par alliés interposés, sans aucun conflit direct entre elles.

1. Relevez le nom d'une grande conférence lors de laquelle les deux pays se rencontrent, en 1945.
2. À quelle date la guerre froide débute-t-elle ?
3. Relevez sur la frise deux exemples de crises ou de conflits durant la guerre froide.
4. Relevez sur la frise les territoires dans lesquels se déroule la guerre froide.
5. Quel événement marque la fin de la guerre froide ?

1975 | 1980 | 1985 | 1990

Décembre 1991 Dissolution de l'URSS

1979-1989 Guerre d'Afghanistan

3 octobre 1990 Réunification allemande

9 novembre 1989 Chute du mur de Berlin

▲ Bombardement d'un village au napalm, lors de la guerre du Vietnam, photographie de Nick Ut, 8 juin 1972.

▲ Dans la nuit du 2 au 3 octobre 1990, le drapeau allemand est agité devant le Reichstag à Berlin pour célébrer la réunification des deux Allemagne, de l'Ouest et de l'Est.

▲ Des Berlinois attaquent le mur (côté ouest, couvert de graffitis) à la pioche, près de la porte de Brandebourg, dans la nuit du 9 au 10 novembre 1989.

Dossier 1

Des visions du monde en conflit

Compétence J'analyse et je comprends des documents

La guerre froide est une guerre idéologique. Les divergences de fond, masquées par la lutte commune contre l'Allemagne et le Japon pendant la Seconde Guerre mondiale, réapparaissent après 1945 : les États-Unis et l'URSS ont des visions du monde antagonistes et incompatibles.

Février 1945
Conférence de Yalta

Mars 1947
Doctrine Truman et plan Marshall

Octobre 1947
Doctrine Jdanov

Comment les deux Grands, qui affirment vouloir la paix, font-ils basculer le monde dans la guerre froide ?

1 La conférence de Yalta

▲ **A.** Churchill **B.** Roosevelt **C.** Staline
À la conférence de Yalta (en Crimée) en février 1945, les Alliés discutent de l'organisation de l'après-guerre. Ils s'accordent sur la création de l'ONU et sur l'occupation de l'Allemagne. Mais cette entente est de courte durée.

Vocabulaire

L'endiguement : politique qui vise à contenir l'expansion du communisme.

L'impérialisme : tendance d'un État à imposer à d'autres États sa domination politique ou économique.

Le plan Marshall : aide financière apportée par les États-Unis aux pays d'Europe après la guerre.

La propagande : voir p. 39.

2 La **propagande** dans les deux blocs

▲ Affiche anti-américaine du Parti communiste français, 1950.

▲ Affiche du mouvement anticommuniste et antisoviétique français Paix et Liberté, 1952.

3 La doctrine Truman : la politique de « l'endiguement »

Au moment présent de l'histoire du monde, presque toutes les nations se trouvent placées devant le choix entre deux modes de vie. Et, trop souvent, ce choix n'est pas un libre choix. L'un de ces modes de vie est basé sur la volonté de la majorité. Ses principaux caractères sont des institutions libres, des gouvernements représentatifs, des élections libres, des garanties pour la liberté individuelle, la liberté d'expression et de religion [...]. Le second mode de vie est basé sur la volonté d'une minorité imposée à la majorité. Il s'appuie sur la terreur et l'oppression, sur une radio et une presse contrôlées, sur des élections dirigées et sur la suppression de la liberté individuelle. Je crois que les États-Unis doivent pratiquer une politique d'aide aux peuples libres [...]. Je crois que notre aide doit se manifester en tout premier lieu sous la forme d'une assistance économique et financière [...]. Les germes des régimes totalitaires sont nourris par la misère et le besoin.

Discours du président américain
Harry Truman devant le Congrès, 12 mars 1947.

5 La doctrine Jdanov : résister à l'impérialisme américain

Le « secours » économique des États-Unis a pour but d'asservir l'Europe au capital américain [...]. Viennent au pouvoir des partis et des personnalités qui, obéissant aux directives de Washington, sont prêts à réaliser, dans leur politique intérieure et extérieure, le programme désiré par les États-Unis [...]. Dans les conditions actuelles, les pays impérialistes tels que les États-Unis, l'Angleterre et les États qui leur sont proches deviennent des ennemis dangereux de l'indépendance nationale et de l'autodétermination des peuples, tandis que l'Union soviétique et les pays à nouvelle démocratie constituent le rempart sûr dans la défense de l'égalité des droits et de l'autodétermination nationale des peuples.

Rapport de l'homme politique soviétique
Andreï Jdanov, 22 septembre 1947.

▲ Le **plan Marshall** vu par l'URSS, affiche, 1953.

4 Le plan Marshall

En 1947, les États-Unis proposent une aide de 13 milliards de dollars à l'Europe. Dix-sept pays (voir carte p. 157) l'acceptent sous condition d'importer des équipements et produits américains.

La vérité, c'est que les besoins de l'Europe pendant les trois ou quatre prochaines années en vivres et en autres produits essentiels importés de l'étranger - notamment d'Amérique - sont tellement plus grands que sa capacité actuelle de paiement qu'elle devra recevoir une aide supplémentaire très importante ou s'exposer à une dislocation économique, sociale et politique très grave. [...] Il est logique que les États-Unis doivent faire tout ce qu'ils peuvent pour aider à rétablir la santé économique du monde, sans laquelle la stabilité politique et la paix assurée sont impossibles.

Discours de George Marshall, général
et conseiller du président Roosevelt,
5 juin 1947.

Questions

Questionnement différencié sur
LLS.fr/HG3P143

1. **Doc. 1** En rappelant le contexte de cette réunion, relevez les deux principaux points sur lesquels s'accordent ces dirigeants.
2. **Doc. 2** Que cherche à dénoncer chacune de ces affiches ?
   › GUIDE
   - Présentez les affiches (source, date).
   - À qui s'adressent-elles (destinataire) ?
   - Décrivez la composition : image, couleurs, flèches, textes.
   - Commentez les slogans principaux.
3. **Doc. 3** Quelle vision les Américains ont-ils de l'URSS ?
4. **Doc. 3, 4 et 2 p. 157** Quelle initiative les Américains prennent-ils en Europe ? Dans quel but ?
5. **Doc. 5** Comment cette initiative est-elle perçue par l'URSS ?

Dossier 2

Berlin, une ville symbole de la guerre froide

Compétence J'analyse et je comprends des documents

En 1945, les États-Unis, le Royaume-Uni, la France et l'URSS partagent l'Allemagne et Berlin en quatre zones d'occupation. La ville devient un enjeu très important pour les deux puissances. Elle connaît une succession de crises durant la période de la guerre froide.

Juin 1948 - mai 1949
Blocus de Berlin

Mai et octobre 1949
La RFA et la RDA

Août 1961
Construction du mur de Berlin

9 novembre 1989
Chute du mur

Comment Berlin devient-elle un symbole de la guerre froide ?

1 L'Allemagne de 1945 à 1990

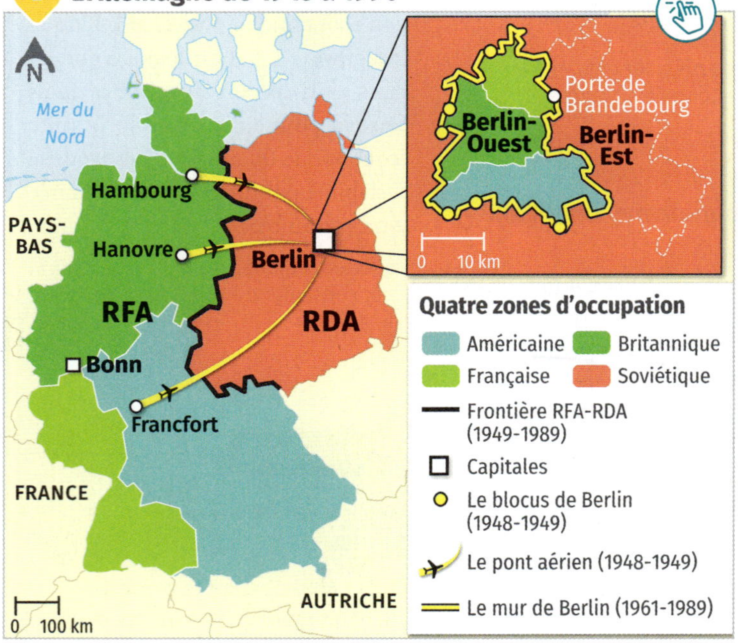

2 Le blocus de Berlin

Caricature américaine, D.R. Fitzpatrick, juin 1948.
En juin 1948, les Soviétiques bloquent tout accès terrestre à Berlin-Ouest. Les Américains mettent en place un pont aérien pour ravitailler les deux millions et demi de Berlinois de l'Ouest.

3 La construction du mur de Berlin

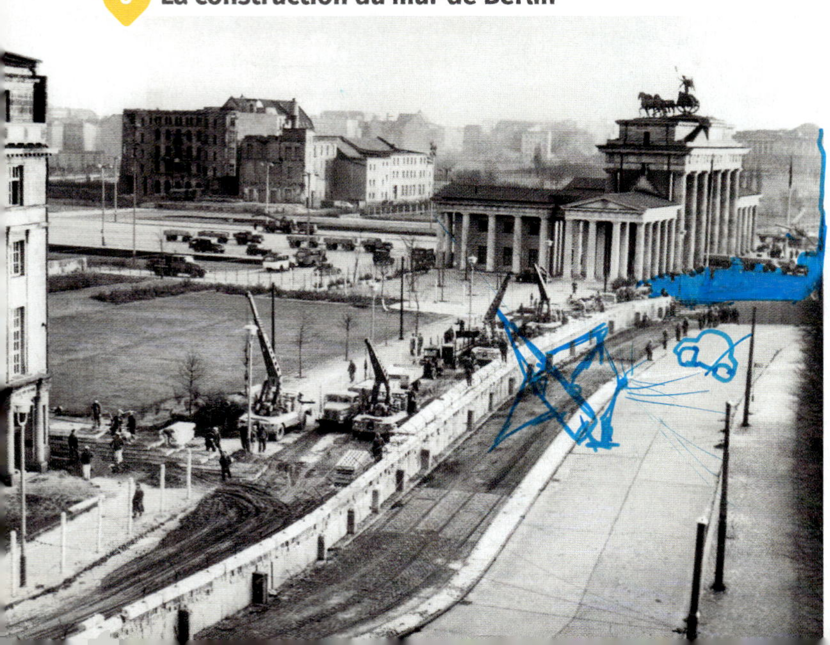

Photographie de la construction du mur de Berlin, août 1961.
Pour mettre un terme à l'émigration massive des habitants de RDA, le 13 août 1961, Berlin-Est est bouclée : des sentinelles surveillent la frontière et des barbelés sont installés. La ville est coupée en deux. Dans les semaines suivantes, le mur est érigé et un *no man's land* est créé (fossé anti-véhicules, miradors, mines).

4 Le président Kennedy à Berlin

Il est beaucoup de personnes dans le monde qui [...] disent qu'ils ne comprennent pas où se situe le problème entre le monde libre et le monde communiste. Qu'ils viennent à Berlin [...]. La liberté rencontre de nombreux obstacles et la démocratie n'est pas parfaite, mais nous n'avons jamais dû monter un mur pour garder notre peuple, pour l'empêcher de nous quitter [...]. Même si le mur est la démonstration la plus évidente et la plus éclatante des échecs du système communiste, nous n'en tirons aucune satisfaction car il [...] [est] un crime contre l'humanité qui désunit les familles, sépare maris et femmes, frères et sœurs, et divise un peuple qui désire être unifié [...]. Tous les hommes libres, où qu'ils vivent, sont citoyens de Berlin, c'est pourquoi, en homme libre, je réclame l'honneur de dire : « *Ich bin ein Berliner* »[1].

Discours du président américain John F. Kennedy à l'hôtel de ville de Berlin, 26 juin 1963.

1. « Je suis un Berlinois ».

5 La chute du mur de Berlin (9 novembre 1989)

▲ Sur la banderole : « Pour une ville de Berlin sans mur, dans une Allemagne sans char, dans une Europe sans frontières ». Le 9 novembre, après des semaines de manifestations en **RDA**, la liberté de circulation est annoncée. Immédiatement, les Berlinois de l'Est forcent le passage vers l'Ouest et la **RFA**, mettant fin à 28 ans de séparation.

Numérique

Retrouvez une vidéo du discours de John F. Kennedy sur LLS.fr/HG3Kennedy.

Berlinois de l'Est passant ▲ le mur, 12 novembre 1989.

Questions

Questionnement différencié sur LLS.fr/HG3P145

1. **Doc. 1 et 2** Décrivez le blocus de Berlin.
2. **Doc. 1 et 3** Qui fait construire un mur ? Quand et pourquoi ?
3. **Doc. 3 et 4** Quelles conséquences cela a-t-il pour les habitants ?
4. **Doc. 4** Relevez les critiques formulées par Kennedy. Pourquoi dit-il : « Je suis un Berlinois » ?
5. **Doc. 5** Que représente la destruction de ce mur ?
6. **Doc. 1 à 5** Mettez en relation l'histoire de la ville de Berlin et la frise chronologique de l'ensemble de la guerre froide (p. 140-141) : que remarquez-vous ?

Vocabulaire

Un blocus : isolement d'un territoire dans le but de couper l'accès à tout ravitaillement.

La RDA : République démocratique allemande. État est-allemand fondé le 7 octobre 1949 (capitale : Berlin-Est), allié du bloc soviétique.

La RFA : République fédérale d'Allemagne. État ouest-allemand fondé le 23 mai 1949 (capitale : Bonn), allié du bloc américain.

Numérique

Retrouvez les extraits vidéo de l'INA sur le blocus (1948) et sur la chute du mur (1989) sur LLS.fr/HG3P145.

Dossier 3

La crise de Cuba, paroxysme de la guerre froide

Compétence J'analyse et je comprends des documents

En octobre 1962, les États-Unis découvrent la présence de rampes de lancement de missiles nucléaires à Cuba. Cette découverte débouche sur une crise majeure de la guerre froide. Pendant plusieurs jours, le monde redoute un conflit direct et nucléaire entre États-Unis et URSS.

1959
Coup d'État de Fidel Castro à Cuba

1961
Échec de l'invasion américaine à Cuba

14 octobre 1962
Découverte des installations soviétiques à Cuba

22 octobre 1962
Blocus américain

28 octobre 1962
Désescalade

Pourquoi la crise de Cuba constitue-t-elle le paroxysme de la guerre froide ?

1 La crise de Cuba en 1962

carte interactive

2 Le blocus américain

Premièrement : [...] Tous les bateaux à destination de Cuba, quels que soient leur pavillon ou leur provenance seront interceptés et seront obligés de faire demi-tour s'ils transportent des armes offensives. [...]
Troisièmement : Toute fusée nucléaire lancée à partir de Cuba, contre l'une quelconque des nations de l'hémisphère occidental, sera considérée comme l'équivalent d'une attaque soviétique contre les États-Unis, attaque qui entraînerait des représailles massives contre l'Union soviétique.

[...] Septièmement et finalement : Je fais appel à M. Khrouchtchev afin qu'il mette fin à cette menace clandestine, irresponsable et provocatrice à la paix du monde et au maintien de relations stables entre nos deux nations. Je lui demande d'abandonner cette politique de domination mondiale et de participer à un effort historique en vue de mettre fin à une périlleuse course aux armements et de transformer l'histoire de l'homme.

Extraits du discours télévisé de J. F. Kennedy, 22 octobre 1962.

3 La réaction soviétique

La menace d'une invasion de Cuba et toutes autres menées visant à créer une atmosphère tendue autour de Cuba n'ont qu'un but : faire hésiter le peuple cubain, l'effrayer, l'empêcher d'édifier tranquillement sa nouvelle vie. […] Le gouvernement soviétique a décidé d'accorder son aide à Cuba, en lui fournissant des moyens de défense contre l'agression, uniquement des moyens visant à la défense. […]
J'éprouve respect et confiance à l'égard de la déclaration que vous avez faite dans votre message du 27 octobre 1962, selon laquelle il n'y aura pas d'attaque contre Cuba, qu'il n'y aura pas d'invasion […].
Alors, les motifs qui nous ont poussés à accorder une aide de telle nature à Cuba disparaissent également. Voilà pourquoi nous avons indiqué à nos officiers de prendre les mesures adéquates pour interrompre la construction des objectifs indiqués, les démonter et les ramener en Union soviétique.

Extraits d'une lettre de N. Khrouchtchev à J.F.Kennedy, 27 octobre 1962.

4 Le monde au bord du gouffre

L'AURORE

DRAMATIQUE SUSPENSE AU LARGE DE CUBA

CHARGÉ DE MISSILES LE CARGO RUSSE "POLOTOVIA" fait route VERS L'ILE

LA FLOTTE U.S. PRETE A L'ARRAISONNER

● Le Conseil de Sécurité examine la triple plainte déposée par Washington, La Havane et Moscou

● Des soldats russes aperçus derrière le mur de Berlin

(Toutes nos informations en pages 4, 5, 7 et 8)

METRO ARRÊT TOTAL CE MATIN POUR LA JOURNÉE

LES PROVOCATEURS

▲ Une du journal *L'Aurore*, 24 octobre 1962.

5 L'équilibre de la terreur

▲ Caricature de Leslie Illingworth, *Daily Mail*, 29 octobre 1962.
Les bombes H sont des bombes nucléaires très puissantes. Les deux dirigeants Khrouchtchev (**A**) et Kennedy (**B**) ont le doigt prêt à appuyer sur le bouton de mise à feu. Ils sont engagés dans un bras de fer, car le contexte est celui de la crise de Cuba.

Questions

Questionnement différencié sur **LLS.fr/HG3P147**

1. **Docs 1 et 2** Pourquoi les installations soviétiques constituent-elles une menace pour les États-Unis ?
2. **Doc 2** Décrivez la réaction américaine.
3. **Doc 3** Comment l'URSS justifie-t-elle ses installations ?
4. **Docs 2 à 4** Montrez que la crise de Cuba met le monde au bord du gouffre.
5. **Doc 3** Quel accord permet de sortir de la crise ?
6. **Doc 5** Montrez que cette caricature illustre parfaitement l'apogée des tensions pendant la crise de Cuba.

> GUIDE • Décrivez la caricature.
• Dégagez son message.

Menez l'enquête

Vivre à l'Est, vivre à l'Ouest

Tâche à réaliser

Durant la guerre froide, chaque bloc rejette le modèle adverse. En groupe, choisissez une appartenance à un bloc et imaginez une rencontre à l'occasion d'un festival culturel Est-Ouest. Vous débattez avec des jeunes de l'autre bloc : défendez votre système et mettez en évidence les problèmes rencontrés par l'adversaire ! Travaillez en groupe et rédigez vos arguments.

1953
Mort de Staline
Réformes en URSS

1961
Gagarine (URSS), 1er homme dans l'espace

1964
Fin de la ségrégation (États-Unis)

1969
Armstrong (États-Unis) sur la Lune

ÉTAPE 1 Confronter ses opinions concernant la société de consommation américaine

Doc. 1

1. Le camp pro-américain : à partir de vos connaissances et de la chanson *America* de *West Side Story*, décrivez l'attrait du bloc de l'Ouest et de la société de consommation américaine.
2. Le camp pro-soviétique : présentez le **doc. 1** (nature, date, auteur) et décrivez-le précisément, pour identifier les principales critiques du mode de vie américain.

Numérique

Écoutez la chanson *America* de *West Side Story* (1957) sur LLS.fr/HG3America

1 Une critique du modèle américain

André Fougeron (peintre français, issu du milieu ouvrier, membre du Parti communiste), *Civilisation atlantique*, huile sur toile, 380 x 559 cm, 1953 (Tate Modern, Londres).

ÉTAPE 2 Débattre des limites du modèle américain

Doc. 2

1. Le camp pro-américain : identifiez l'auteur, retrouvez les critiques formulées par votre adversaire (**doc. 1**) et dressez la liste des défis.
2. Le camp pro-soviétique : présentez le document, puis relevez les maux de la société américaine. Expliquez la contradiction entre la ségrégation des Noirs aux États-Unis et l'idéologie libérale.

2 Les défis de la société américaine

Une révolution urbaine a surchargé nos écoles, désorganisé nos banlieues, aggravé l'insalubrité de nos taudis. Une révolution pacifique pour les droits de l'homme – exigeant la fin de la discrimination raciale[1] [...] a été freinée [...]. Et une révolution de l'automatisation remplace les hommes dans les mines et les usines d'Amérique, sans leur donner en contrepartie revenu, formation, et le moyen d'assurer à leur famille alimentation, logement et soins médicaux [...]. Moi je vous dis que la « Nouvelle Frontière » est là. Au-delà de cette frontière, ce sont les domaines inexplorés de la science et de l'espace, les problèmes non résolus de la paix et de la guerre, des poches d'ignorance et de préjugés non encore réduites, la contradiction entre pauvreté et surproduction.

« La Nouvelle Frontière », discours du président américain John F. Kennedy, 15 juillet 1960.

1. La loi sur les droits civiques est votée après le combat de Martin Luther King, en 1964, et met fin à la ségrégation raciale.

ÉTAPE 3 Débattre du mode de vie à l'Est

Doc. 3

1. Le camp pro-américain : complétez le tableau ci-dessous en y reformulant les trois reproches de Gorbatchev vis-à-vis du système soviétique.

Système économique	Respect des libertés	Système politique
....	....	....
....	....	....

2. Le camp pro-soviétique : relevez dans le reportage les causes de l'« Ostalgie ».

Numérique
Retrouvez un reportage sur l'« Ostalgie », la nostalgie de la RDA, sur LLS.fr/HG3Ostalgie

3 Gorbatchev dresse le bilan de l'échec de l'URSS

Tout ici est en abondance, la terre, le pétrole, le gaz, le charbon, les métaux précieux, d'autres richesses naturelles [...] et pourtant nous vivons bien plus mal que dans les pays développés [...]. Il n'était plus possible de vivre ainsi, il fallait tout changer [...].

1. Le système totalitaire, qui a privé le pays de la possibilité qu'il aurait eue depuis longtemps de devenir heureux et prospère, a été liquidé : une percée a été effectuée sur la voie des transformations démocratiques.

2. Les élections libres, la liberté de la presse, les libertés religieuses, des organes de pouvoir représentatifs et le multipartisme sont devenus une réalité. Les droits de l'homme sont reconnus comme le principe suprême.

3. La marche vers une économie multiforme a commencé, l'égalité de toutes les formes de propriété s'établit.

Déclaration de démission du dirigeant de l'URSS Mikhaïl Gorbatchev, le 25 décembre 1991.

BRAVO !

En menant cette enquête, j'ai appris à :

- Travailler en groupe, en équipe
- Utiliser des informations numériques et exercer mon esprit critique
- Raisonner, justifier une démarche et les choix effectués

Histoire des arts

La séduction des images : l'*American way of life*

Compétence J'associe une œuvre d'art à une époque et une civilisation

Comment les arts promeuvent ou critiquent-ils le modèle américain ?

1 De la conquête de l'Ouest à la conquête du monde

▲ Extrait de la série *Dallas* (feuilleton tourné aux États-Unis entre 1978 et 1991)
Quand les problèmes de riches Américains font rêver le monde entier : la série *Dallas* raconte la vie des Ewing, au Texas, famille d'exploitants pétroliers et de riches éleveurs de bétail.
Diffusées et rediffusées dans le monde entier, les œuvres audiovisuelles américaines ont rencontré un succès mondial.

Affiche du film *La Prisonnière du désert*, de John Ford, 1956. ▲

2 *Supermarket lady*

Sculpture créée par Duane Hanson, 1969 ▶
(Musée d'Art Contemporain Ludwig-Forum, Aix-la-Chapelle).
Réalisée en résine de polyester et fibre de verre à partir d'un modèle vivant, elle dénonce la médiocrité de l' *American way of life*.

Numérique
Retrouvez une video sur l'*American Way of Life* sur LLS.fr/HG3WayOfLife

3 Un regard ironique sur le modèle américain

Richard Hamilton, *Just what is it that makes today's homes so different, so appealing ?* (« Qu'est-ce qui rend les intérieurs d'aujourd'hui si différents, si séduisants ? »), collage, 26 × 24 cm, 1956 (Kunsthalle, Tübingen).

4 La société de consommation

▲ Publicité dessinée par Norman Rockwell, années 1950.

Peintre et dessinateur américain, Norman Rockwell (1895-1978) est connu pour ses couvertures de magazines, ses affiches publicitaires et ses illustrations de romans. Il représente dans la plupart de ses œuvres la vie des Américains moyens, l'*American way of life* (le « mode de vie américain »).

Questions

Questionnement différencié sur LLS.fr/HG3P151

1. **Doc. 1** Quelles images de la société américaine cette série véhicule-t-elle ?
2. **Doc. 2 et 3** Décrivez les personnages. Que font-ils ? Pourquoi est-ce ironique ?
3. **Doc. 3** Identifiez les objets, symboles et références de la société de consommation et des pratiques culturelles cachés dans cette image.
4. **Doc. 4** Quel est le personnage choisi pour promouvoir cette marque ?
5. **Doc. 1 à 4** Répondez à la problématique.

› GUIDE
- Relevez dans chacun de ces documents de quelle façon la société de consommation est évoquée.
- Citez un élément précis à chaque fois.

Synthèse

- Les États-Unis inventent une industrie du divertissement : le théâtre à Broadway, le cinéma à Hollywood, etc. Les films, les *comics* (bandes dessinées) et les disques américains s'exportent dans le monde entier.
- Cette société du divertissement diffuse aussi le modèle de la société de consommation. L'industrie a largement recours aux arts dans les publicités.
- Les artistes s'emparent de ces images et de ces objets pour en proposer une critique. Par le collage, la copie, le détournement, la reproduction d'œuvres ou le recours à des matériaux industriels et bon marché, le pop art pose un regard ironique sur la société du divertissement et de consommation.

Leçon

Un monde bipolaire au temps de la guerre froide

Compétence Je révise mes repères historiques

A. Deux modèles opposés

› En février 1945, la conférence de Yalta décide du sort de l'Allemagne. L'Organisation des Nations Unies (ONU) est créée en juin **(doc. 1 p. 142)**. Tandis que l'URSS met en place des régimes socialistes en Europe de l'Est (**satellisation**), les États-Unis fournissent l'aide du plan Marshall à l'Ouest **(dossier 1)**.

› Les États-Unis et l'URSS reposent sur deux modèles radicalement différents. L'***American way of life*** se fonde sur la réussite individuelle et la liberté d'entreprendre, qui se traduisent par la société de consommation **(Histoire des arts)**. Le modèle de réussite soviétique est collectif : un parti unique dirige le pays et encadre l'économie et la population.

B. Entre crises et détente

› Berlin est au cœur de la première crise de la guerre froide **(dossier 2)**. L'Allemagne est divisée entre la RFA et la RDA. La guerre de Corée éclate en 1950 en Asie. Les Occidentaux se regroupent au sein de l'OTAN (Organisation du traité de l'Atlantique Nord).

› Malgré une période plus calme initiée par la mort de Staline en 1953, les tensions reprennent avec la construction du mur de Berlin en 1961. En 1962, la guerre froide connaît sa crise la plus grave à Cuba **(dossier 3)**.

› Les deux Grands entrent ensuite dans une période de détente et tentent de négocier des traités de désarmement. L'affrontement se poursuit cependant, entre « course aux territoires » effrénée en Asie et en Afrique et « course à l'espace ».

C. La fin de la guerre froide

› À partir de 1975, les tensions reprennent. L'URSS puis les États-Unis installent de nouveaux missiles en Europe. Mais l'URSS, épuisée économiquement, ne peut suivre cette course aux armements **(dossier Enquête)**.

› En 1985, Mikhaïl Gorbatchev arrive au pouvoir et prend des mesures radicales en URSS : la ***glasnost*** et la ***perestroïka***. La chute du mur de Berlin en 1989 met un terme à la domination soviétique en Europe de l'Est. L'URSS implose en décembre 1991.

◂ Caricature soviétique, sommet d'Helsinki entre les présidents Gorbatchev et Bush (qui mettent à terre le monstre de la guerre froide), 9 septembre 1990.

Numérique

Retrouvez une vidéo pour réviser sur **LLS.fr/HG3Synthese5**

Je retiens

- Conférence de Yalta (1945)
- Aide américaine en Europe de l'Ouest : le plan Marshall
- Satellisation des États d'Europe de l'Est par l'URSS
- Première crise : le blocus de Berlin
- Première guerre : la guerre de Corée
- 1961 : construction du mur de Berlin
- La crise de Cuba, apogée de la guerre froide (1962)
- Réformes de Gorbatchev
- Chute du mur et disparition du bloc soviétique

1950	1960	1970	1980	1990

Guerre froide (1947-1991)

- **Février 1945** Conférence de Yalta
- **Février 1947** Doctrine Truman et plan Marshall
- **1948-1949** Blocus de Berlin
- **1950-1953** Guerre de Corée
- **Août 1961** Construction du mur de Berlin
- **Octobre 1962** Crise de Cuba
- **1963-1975** Guerre du Vietnam
- **Années 1960** Course à l'espace
- **Novembre 1989** Chute du mur de Berlin
- **1991** Dissolution de l'URSS

Je retiens les personnages importants

Harry S. Truman (1884-1972)
Président américain de 1945 à 1953, il met en place le plan Marshall.

John F. Kennedy (1917-1963)
Président américain de 1961 à 1963, il obtient le retrait des missiles de Cuba. Il est assassiné en 1963.

Nikita Khrouchtchev (1894-1971)
Dirigeant de l'URSS de 1953 à 1964, il permet la construction du mur de Berlin en 1961, puis déclenche la crise de Cuba.

Mikhaïl Gorbatchev (1931-)
Dirigeant de l'URSS de 1985 à 1991, il met en œuvre des réformes, mais ne parvient pas à empêcher le déclin de l'URSS.

Vocabulaire

L'*American way of life* : le mode de vie américain, fondé sur la société de consommation et le respect des libertés individuelles.

La *glasnost* : programme de réformes pour abolir la censure et restaurer la liberté de pensée et d'expression, y compris dans le domaine économique (« transparence », en russe).

La *perestroïka* : programme de réformes pour améliorer l'économie soviétique et augmenter le niveau de vie (« restructuration », en russe).

La satellisation : domination de pays d'Europe de l'Est (les États satellites) qui deviennent dépendants de l'URSS.

Je révise avec un schéma

LA GUERRE FROIDE

Un affrontement idéologique

- L'URSS communiste opposée aux États-Unis libéraux et capitalistes

Des affrontements indirects

- Des crises :
  - À Berlin (blocus en 1948-1949, mur érigé en 1961)
  - À Cuba en 1962
- Des conflits armés :
  - En Corée, 1950-1953
  - Au Vietnam, 1963-1975
- Un équilibre de la terreur

Des modèles en compétition

- Compétition sportive
- Course à l'espace :
  - 1961 : Youri Gagarine dans l'espace
  - 1969 : Neil Armstrong sur la lune

Téléchargez ce schéma sur LLS.fr/HG3Schema5

Je teste mes connaissances

Pour chaque question, il y a une ou plusieurs réponses correctes. Testez-vous sur LLS.fr/HG3Quiz5

Je m'exerce pour le brevet

Compétence Je pratique différents langages

Exercice 1 • Je connais les repères spatiaux et chronologiques du chapitre

1. Nommez et datez l'événement qui a eu lieu à Yalta.
2. À quoi correspond la ligne noire ?
3. Quel bloc de la guerre froide représente chaque couleur ?
4. Nommez et datez les grandes crises de la guerre froide (numéros 1 et 2).

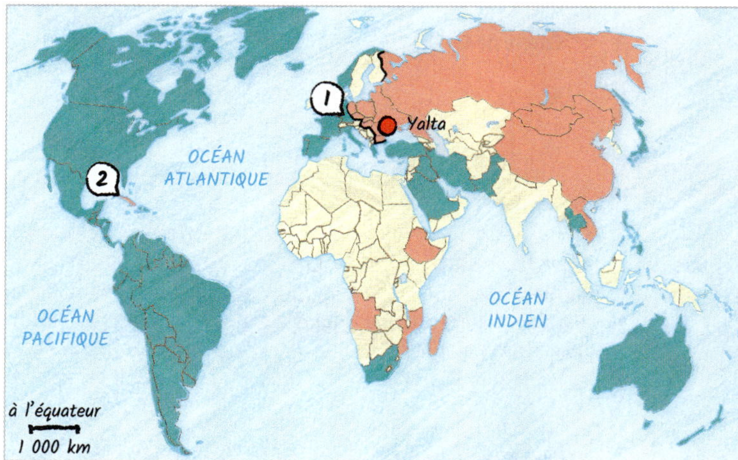

Numérique
Téléchargez la carte à compléter sur LLS.fr/HG3Cartes.

Exercice 2 • Je connais les notions clés du chapitre

Placez les expressions suivantes dans le tableau.

- Économie planifiée
- Socialisme
- OTAN
- Libéralisme
- Parti unique
- Pacte de Varsovie
- Économie de marché
- Pluralisme des partis

	Modèle idéologique	Modèle politique	Modèle économique	Organisation militaire
URSS	....	....	....	....
États-Unis	....	....	....	....

Exercice 3 • Je connais le vocabulaire du chapitre

Trouvez la bonne réponse.

1. Que désigne la satellisation des États d'Europe de l'Est ?
   a. La « course à l'espace » que se livrent les États-Unis et l'URSS
   b. La domination mise en place par l'URSS sur les pays d'Europe de l'Est
   c. L'éloignement entre les États d'Europe de l'Est et l'URSS à la chute de celle-ci

2. Qu'est-ce que le blocus de Berlin ?
   a. La construction du mur de Berlin en 1961
   b. Le blocage par les Soviétiques de tout accès terrestre à Berlin-Ouest entre 1948 et 1949
   c. Une période de manifestations pour la chute du mur de Berlin en 1989

3. Qu'est-ce que la « détente » ?
   a. Le développement de mouvements pacifistes après la Seconde Guerre mondiale
   b. La fin de la guerre froide en 1991
   c. Une période d'apaisement des tensions entre les deux blocs de 1962 à 1975

4. À son arrivée au pouvoir en 1985, Gorbatchev met en place deux politiques :
   a. le développement des soviets et des kolkhozes
   b. la création du goulag et des komsomols
   c. la *glasnost* et la *perestroïka*

Numérique
Retrouvez l'exercice en version autocorrigée sur LLS.fr/HG3Exoautocorrige5.

Compétence Je réalise une carte mentale, un tableau, une frise ou un schéma

J'apprends en construisant une frise

ÉTAPE 1 Préparer un fond de frise de 1950 à 1970

1. Déterminez l'échelle de la frise : combien de centimètres pour quelle durée ?
2. Séparez horizontalement la frise en deux parties, l'une pour les États-Unis, l'autre pour l'URSS.

ÉTAPE 2 Prélever les informations

1. Visionnez l'extrait du documentaire sur les débuts de la conquête spatiale. Relevez les principales dates de la conquête spatiale dans les années 1950.
2. Faites une recherche sur les grandes étapes qui ont permis aux hommes de pénétrer dans l'espace dans les années 1960.
3. Complétez la frise, en distinguant les étapes américaines et les étapes soviétiques.

Numérique
Retrouvez un documentaire sur les débuts de la conquête spatiale sur LLS.fr/HG3Conquete

ÉTAPE 3 Expliquer le sens de la compétition spatiale

1. À partir du résultat de vos recherches, rédigez un court paragraphe pour expliquer l'enjeu de la conquête spatiale dans le contexte de la guerre froide.
2. Montrez que le monde s'empare rapidement d'applications autres que militaires.

▲ La compétition spatiale, affiche soviétique de 1963. « Homme soviétique, sois fier, tu as ouvert la voie de l'étoile de la Terre ».

À lire

Anne-Charlotte Voorhoeve, *Mes deux Allemagne*, 2004
Allemagne, 1988. Lily qui vit à l'Ouest, vient de perdre sa mère. Elle rencontre à l'enterrement sa tante Léna qui vit à l'Est et décide de la rejoindre. Un livre qui nous plonge dans les deux mondes totalement différents que sont la RFA et la RDA.

À voir

Lars Kraume, *La Révolution silencieuse*, 2018
1956. L'histoire d'une classe de lycéens qui improvise une minute de silence en hommage aux victimes du soulèvement de Budapest. Ce geste devient une véritable affaire d'État dans le contexte d'un régime qui se crispe en pleine guerre froide.

Steven Spielberg, *Le Pont des espions*, 2015
1957. Un avocat américain se rend à Berlin pour négocier un échange de prisonniers. Le film met en évidence l'atmosphère pesante de la guerre froide en Europe.

Sujet guidé

Exercice 1 • Analyser et comprendre des documents

1. **Doc. 1** Décrivez la caricature et expliquez à quoi fait référence la phrase « *Ich bin ein Berliner* ».
2. **Doc. 1** Quelle explication à la chute du mur Plantu apporte-t-il ?
3. **Doc. 2** À quelle date cette manifestation a-t-elle lieu ? Rappelez quel événement majeur viennent de vivre les habitants d'Allemagne de l'Est.
4. **Doc. 2** Que réclament les citoyens est-allemands ?
5. **Doc. 2** Ces revendications ont-elles abouti ?
6. **Doc. 1 et 2** À partir des documents et de vos connaissances, racontez la chute du mur de Berlin et expliquez en quoi il s'agit d'un événement majeur.

1 « Ich bin ein Berliner »

▲ « Je suis un Berlinois », Plantu, dessin paru dans *Le Monde* du 11 novembre 1989.

2 La colère des citoyens est-allemands

▲ Manifestation contre le gouvernement est-allemand, Leipzig, 13 novembre 1989.
Sur les banderoles : « Le truquage électoral est un crime. SED (parti communiste de RDA), présente-toi ou dégage » et « L'Allemagne, une seule patrie ».

Méthode : Analyser une caricature

Une caricature est un dessin satirique qui vise à critiquer en exagérant certaines caractéristiques d'une personne, une situation ou un événement.

Présenter le document

- **L'auteur et le mode de diffusion.** Qui a dessiné l'image ? Où a-t-elle été publiée (presse, affiche) ?
- **Situer dans le temps.** Quelle est la date de création ?
- **Le contexte.** Quels sont les événements qui ont inspiré cette image au caricaturiste ?

Décrire le dessin

- **Les différents plans de la caricature.** Quels éléments au premier plan ? À l'arrière-plan ?
- **Les caractères exagérés.** Quels sont les détails des personnages ou des situations qui sont exagérés ?
- **Le texte.** Le caricaturiste fait-il parler ses personnages ? A-t-il complété le dessin par un commentaire ?

Interpréter la caricature

- **Le sujet.** Qui ou quelle situation le caricaturiste veut-il dénoncer ?
- **Le destinataire.** À qui la caricature s'adresse-t-elle ?

Exercice 2 • Maîtriser différents langages

Sous la forme d'un développement construit d'une vingtaine de lignes, caractérisez les deux modèles idéologiques qui s'opposent lors de la guerre froide.

> GUIDE • Nommez précisément les deux idéologies et expliquez ce qui les oppose l'une à l'autre.

Exercice 1 • Analyser et comprendre des documents

1. **Doc. 1** Quelles sont les libertés essentielles pour un peuple selon Churchill ?
2. **Doc. 1** Pourquoi Churchill désigne-t-il Staline comme son « camarade de combat » ?
3. **Doc. 1** Que dénonce Churchill ? Par quelle expression désigne-t-il le partage de l'Europe pendant la guerre froide ?
4. **Doc. 2** Quels sont les pays bénéficiaires de l'aide américaine ? Pourquoi ?
5. **Doc. 1 et 2** À l'aide des documents et de vos connaissances, racontez la division de l'Europe et la formation des blocs.

1 Le rideau de fer en Europe

Les populations de n'importe quel pays ont le droit [...] de choisir ou de changer le caractère ou la forme du gouvernement sous lequel elles vivent, au scrutin secret, dans des élections libres et sans entraves ; cela signifie qu'il faudrait que règne la liberté de parole et de pensée. [...] J'éprouve une profonde admiration et un grand respect pour le vaillant peuple russe et pour mon camarade de combat, le maréchal Staline. [...] Il est toutefois de mon devoir [...] de rappeler devant vous certains faits concernant la situation présente en Europe. De Stettin dans la Baltique jusqu'à Trieste dans l'Adriatique, un rideau de fer est descendu à travers le continent. Derrière cette ligne se trouvent toutes les capitales des anciens États de l'Europe centrale et orientale. [...] Toutes sont soumises [...] au contrôle de Moscou. [...] Les partis communistes, qui étaient très faibles dans tous ces États de l'Est européen, se sont vus élevés à une prédominance et un pouvoir bien au-delà de leur importance numérique et cherchent partout à accéder à un contrôle totalitaire.

Winston Churchill, discours prononcé à Fulton (Missouri, États-Unis), 5 mars 1946.

2 Le plan Marshall (1947) et l'aide américaine

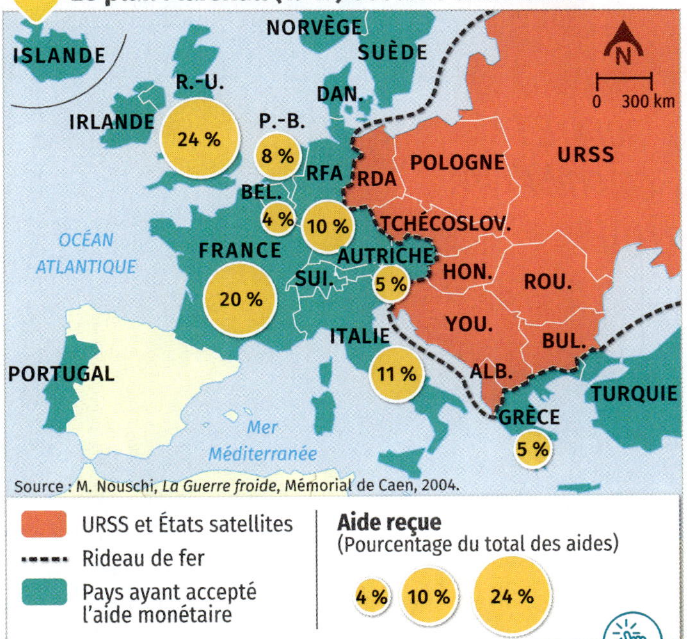

Source : M. Nouschi, *La Guerre froide*, Mémorial de Caen, 2004.

Exercice 2 • Maîtriser différents langages

1. Reconstituez l'histoire de Berlin pendant la guerre froide en plaçant les croquis dans l'ordre chronologique.

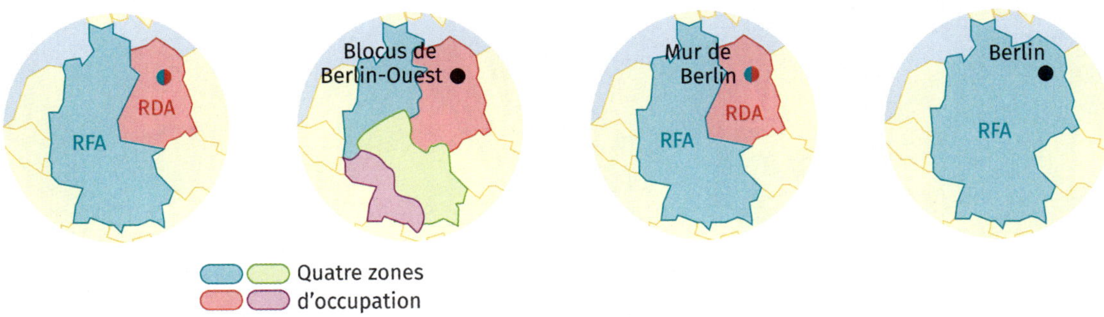

2. Sous la forme d'un développement construit d'une vingtaine de lignes et en vous appuyant sur deux crises majeures, montrez que la ville de Berlin est au cœur de la guerre froide.

Chapitre

6 De la décolonisation aux nouveaux États

THÈME II. Le monde depuis 1945

LA GUERRE FROIDE

DE LA DÉCOLONISATION AUX NOUVEAUX ÉTATS

LA CONSTRUCTION EUROPÉENNE

LE MONDE APRÈS 1989

La décolonisation s'engage après la Seconde Guerre mondiale en Asie, puis en Afrique. Par des conflits violents ou par des négociations politiques, de nouveaux États obtiennent leur indépendance.

Dans quelles conditions les colonies d'Asie et d'Afrique accèdent-elles à l'indépendance ?

Quiz

1. Qu'est-ce que la colonisation aux XIXe et XXe siècles ?
- **a.** La création de nouvelles cités indépendantes autour de la Méditerranée
- **b.** La pratique de l'esclavage et du commerce triangulaire entre l'Afrique, l'Amérique et l'Europe
- **c.** L'occupation et l'exploitation d'un territoire étranger par une métropole

2. Quelles sont les deux plus grandes puissances coloniales ?
- **a.** Le Royaume-Uni et la France
- **b.** L'Espagne et le Portugal
- **c.** Les États-Unis et l'URSS

3. Par quel pays l'Inde et l'Algérie sont-elles respectivement colonisées ?
- **a.** L'Espagne et le Portugal
- **b.** Les Pays-Bas et la France
- **c.** Le Royaume-Uni et la France

Dans ce chapitre je vais

- Expliquer le contexte qui a favorisé le mouvement des indépendances.
- Décrire quels sont les différents modes d'accès à l'indépendance.
- Raconter les difficultés que rencontrent les nouveaux États indépendants.

Histoire et chanson

Improvisée à Bruxelles en 1960 par Grand Kallé, *Independance Cha Cha* célèbre l'annonce de l'indépendance du Congo. La chanson, reprise dans toute l'Afrique noire, y devient l'hymne des mouvements anticolonialistes.

Numérique

Retrouvez un parcours numérique pour préparer la certification PIX sur LLS.fr/HG3PIX6.

◀ Les indépendances africaines • Manifestation à Léopoldville au moment de l'accession à l'indépendance, juillet 1960 (Congo Belge).
Après une vague de décolonisation en Asie, l'Afrique entre à son tour dans une nouvelle ère, libérée dans sa plus grande partie de la domination coloniale.

Repères

Le processus de décolonisation

Compétence Je me repère dans le temps et dans l'espace

En 1939, presque la moitié des habitants de la planète sont dominés par une puissance européenne. En affaiblissant les principales métropoles, la Seconde Guerre mondiale ébranle le système colonial. Après la guerre, les mouvements nationalistes s'affirment et amorcent la décolonisation, d'abord en Asie, puis en Afrique.

2 Une métropole

▲ Bernard Milleret, *C'est avec 76 900 hommes que la France...*, huile sur toile, 1931 (musée du quai Branly, Paris).

3 Un mouvement nationaliste

▲ Des combattants du FLN, mouvement nationaliste en Algérie.

1 Les nouveaux États indépendants

Vocabulaire

Une colonie : territoire occupé, administré et exploité par un État étranger.

Un État : autorité politique exercée sur un territoire, délimité par des frontières. Dans les colonies, l'administration du territoire est exercée directement ou indirectement par la métropole. Les États deviennent indépendants quand ils obtiennent le droit de se gouverner eux-mêmes.

Une métropole : pays qui contrôle des colonies.

Un mouvement nationaliste : organisation qui se bat pour l'indépendance de son pays et sa constitution en nation.

Notions

La décolonisation

Processus par lequel une colonie accède à l'indépendance.

Timbre célébrant l'indépendance au début des années 1960, représentant le Premier ministre du Togo, tenant le drapeau national.

1. Rappelez ce qu'est une colonie et ce qu'est une métropole.
2. Citez des exemples de colonies et de métropoles que vous avez étudiées l'an dernier.
3. Rappelez à quelle période a eu lieu la colonisation.
4. **Doc. 1** Quels sont les deux grands États qui sont hostiles à la colonisation ?

carte interactive

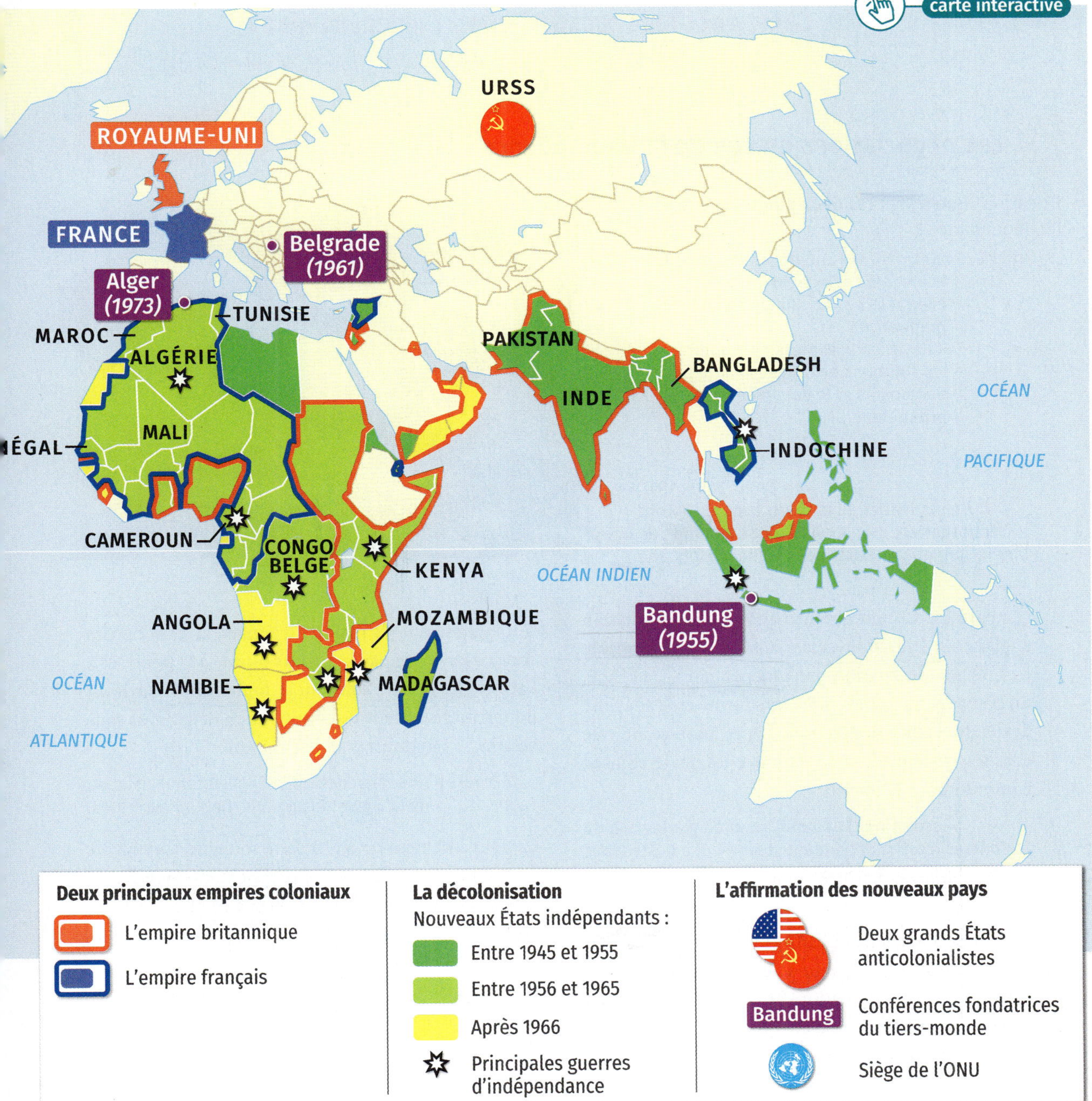

Dossier guidé 1

Décolonisation et indépendance de l'Inde

Compétence Je travaille en autonomie
Je raisonne, je justifie une démarche et les choix effectués

Num.

Dès 1920, les nationalistes indiens, emmenés par Gandhi, se battent pour l'indépendance de l'Inde. Après la participation du pays à l'effort de guerre britannique pendant la Seconde Guerre mondiale, les Britanniques se résignent à l'indépendance du « joyau » de leur empire.

1930 « Marche du sel »

1942 Campagne *Quit India*

17 août 1947 Indépendance

Comment l'Inde accède-t-elle à l'indépendance ?

1 Les négociations en vue de l'indépendance

Question : quels sont les deux points de vue sur l'indépendance ?

> GUIDE
- Présentez les auteurs des trois textes.
- Relevez les deux possibilités évoquées par Ali Jinnah. Laquelle a sa préférence ?
- Relevez deux expressions montrant les solutions envisagées par le parti du Congrès et le gouvernement britannique.

New Delhi, 3 juin 1947.
A. Nehru, leader du parti du Congrès **B.** Lord Mountbatten, dernier vice-roi britannique de l'Inde **C.** Ali Jinnah, leader de la Ligue musulmane

[Le parti du Congrès] pense que [...] la domination anglaise en Inde doit cesser aussi vite que possible [...]. Dès la déclaration de l'indépendance de l'Inde, un gouvernement provisoire sera formé et l'Inde libre deviendra l'alliée des Nations Unies, partageant avec elles ses entreprises et ses épreuves, dans le combat commun pour la liberté.

Résolution *Quit India*, adoptée par le parti du Congrès (parti indépendantiste indien) à la suite des propositions faites par Gandhi et Nehru, août 1942.

J'ai expliqué en détail les différences fondamentales entre hindous et musulmans. Il n'y a jamais eu, pendant tous ces siècles, d'unité sociale ou politique entre ces deux principales nations. L'unité indienne dont on parle aujourd'hui ne relève que de l'administration britannique qui n'a maintenu la paix, la loi et l'ordre dans ce pays que par le recours ultime à la police et à l'armée. [...] Notre solution se fonde sur la partition du territoire de ce sous-continent en deux États souverains : l'Hindoustan et le Pakistan.

Discours d'Ali Jinnah devant la Convention législative de la Ligue musulmane, Delhi, 7 avril 1946.

Le gouvernement de Sa Majesté souhaite faire savoir qu'il est dans son intention définitive de prendre les mesures nécessaires pour effectuer le transfert de pouvoir entre des mains indiennes responsables au plus tard en juin 1948.

Discours du Premier ministre britannique, Clement Attlee, à la Chambre des communes, 20 février 1947.

2 La désobéissance civile (1922-1948)

Gandhi (1869-1948)

Gandhi naît en Inde britannique et fait des études d'avocat à Londres. Surnommé le Mahatma (« grande âme »), il lutte pour l'indépendance dès l'entre-deux-guerres. Il est emprisonné à plusieurs reprises. Il prône la désobéissance civile, c'est-à-dire le refus collectif de se soumettre aux lois jugées injustes. Promoteur de la résolution *Quit India* (doc. 1), favorable à un État multireligieux, Gandhi s'oppose à la partition entre l'Inde et le Pakistan (doc. 3). Il est assassiné par un extrémiste hindou en 1948.

Gandhi fait du rouet un symbole de la résistance aux Britanniques. Le tissage de vêtements traditionnels doit remplacer l'importation du textile britannique. Il mène également la « marche du sel » en 1930 (doc. 4 p. 167).

Question : comment Gandhi milite-t-il pour l'indépendance de l'Inde ?

› GUIDE • Relevez et expliquez un exemple.

▲ Gandhi filant du tissu sur un rouet, Ahmedabad, 1925.

3 L'indépendance et la partition de l'Inde en 1947

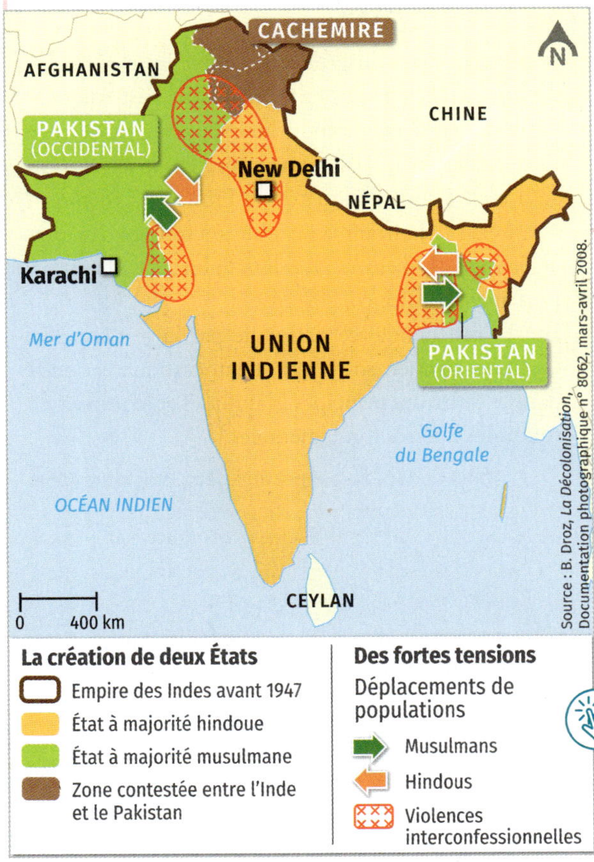

Question : quelles sont les conséquences politiques, territoriales et humaines de l'indépendance ?

› GUIDE
- Décrivez le partage du territoire.
- Relevez les religions des deux États créés.
- Décrivez les mouvements de population et les tensions.

Numérique

Retrouvez les images d'archive de l'INA sur la cérémonie d'indépendance de l'Inde et sur les massacres et violences entre les hindous et les musulmans sur LLS.fr/HG3Inde.

Synthèse

▶ Racontez les grandes étapes de la décolonisation de l'Inde britannique.

Dossier 2

La guerre d'Algérie

Compétence J'analyse et je comprends des documents

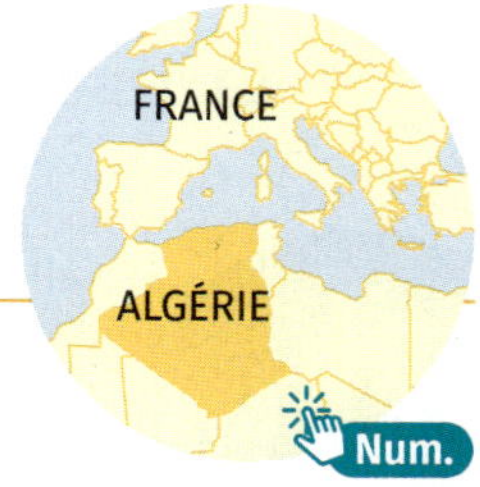

Le 1er novembre 1954, une série d'attentats marque le début de l'insurrection indépendantiste en Algérie. Alors que le Maroc et la Tunisie accèdent à l'indépendance par la négociation en 1956, les trois départements d'Algérie, colonie de peuplement, l'obtiennent au terme d'une guerre longue et douloureuse.

Pourquoi l'accession à l'indépendance de l'Algérie fait-elle l'objet d'une guerre ?

1 Chronologie des événements en Algérie

1955 – 1956 – 1957 – 1958 – 1959 – 1960 – 1961 – 1962

IVe République (1946-1958) | Ve République (à partir de 1958)

- **1er novembre 1954** 1ers attentats du FLN. Début du conflit
- **Août 1955** Envoi du contingent français en Algérie
- **1957** « Bataille d'Alger » entre l'armée et le FLN
- **13 mai 1958** Insurrection des Européens d'Algérie. Retour de De Gaulle au pouvoir
- **16 septembre 1959** Discours de De Gaulle sur l'autodétermination
- **18 mars 1962** Accords d'Évian et exode des Français d'Algérie
- **3 juillet 1962** Proclamation de l'indépendance après un référendum en France et en Algérie

2 Le début de la guerre d'Algérie

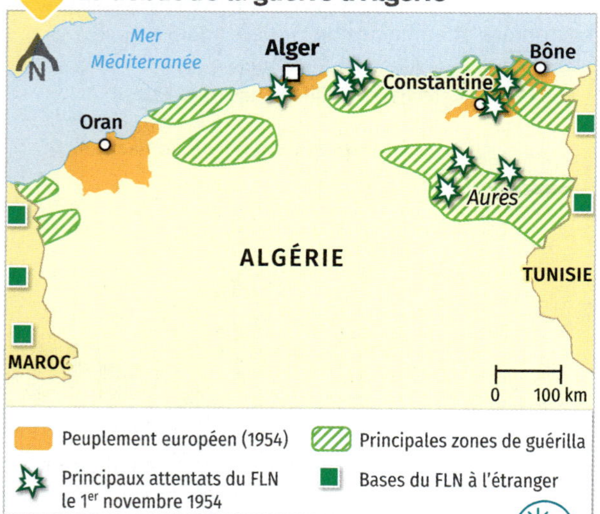

3 L'appel du FLN

Notre action est dirigée uniquement contre le colonialisme, seul ennemi et aveugle, qui s'est toujours refusé à accorder la moindre liberté par des moyens de lutte pacifique. [...] Notre mouvement de rénovation se présente sous l'étiquette de Front de Libération Nationale [...] offrant la possibilité à tous les patriotes algériens [...], de s'intégrer dans la lutte de libération sans aucune autre considération.

But : l'indépendance nationale par la restauration de l'État algérien souverain, démocratique et social dans le cadre des principes islamiques et le respect de toutes les libertés fondamentales [...].

Appel du FLN au peuple algérien, 31 octobre 1954.

4 La population en Algérie en 1954

	Européens	« Français musulmans »
Population	980 000	8 850 000
Mortalité infantile	46 ‰	181 ‰
% de la population agricole	2	98
% des cadres supérieurs	93	7
Enfants scolarisés dans le primaire	100 %	20 %

Source : Germaine Tillion, *L'Algérie en 1957*, Éditions de Minuit, 1957.

5 L'engrenage de la violence

Des suspects sont arrêtés. Les grands moyens sont employés avec l'arrivée d'un spécialiste qui s'attaque aux suspects. Jusqu'ici, quelques coups de poing, deux ou trois gifles, des menaces. Ses méthodes soulèvent la nausée et la protestation de ceux qui l'ont vu. « Nous ne sommes pas des assassins », disent les appelés[1]. « Mais vous savez de quoi les rebelles sont capables ? leur répond-on. Ils ont exécuté trois amis de la France, la compagnie voisine a eu deux tués dans une embuscade. Le saviez-vous ? » Alors, on parle d'efficacité, de sauver des vies humaines, la vôtre peut-être. Ceux qui protestent sont déjà moins nombreux. Tous s'imaginent la gorge ouverte. La fatigue et la peur commencent à agir. Alors quelques-uns bousculent un peu un Arabe, on frappe un suspect. C'est l'escalade.

Jean-Pierre Vittori, *Nous, les appelés d'Algérie*, Stock, 1977.

1. Jeunes soldats français mobilisés en renfort de l'armée. Au total, 1,5 million d'appelés sont envoyés.

▲ Des soldats français contrôlent des passants dans la casbah d'Alger, janvier 1957.

6 Le départ des **harkis** et des **pieds-noirs**

La fin du conflit déclenche une vague importante de départs d'Algérie en juin-juillet 1962. Des massacres d'Européens et de harkis accélèrent les départs : 800 000 pieds-noirs quittent l'Algérie dans la précipitation. Seuls 43 000 harkis réussissent à fuir l'Algérie. À leur arrivée en France, ils sont installés dans des camps.

Ahmed Ben Bella (1916-2012)

Ben Bella est le chef des combattants pour l'indépendance algérienne. Dirigeant du FLN, il est emprisonné en France de 1956 à 1962. Il est ensuite le premier président de la République en Algérie (1963-1965).

Numérique

Retrouvez une vidéo sur les accords d'Évian sur LLS.fr/HG3Evian.

Vocabulaire

Le FLN : mouvement indépendantiste algérien (Front de libération nationale).

Un harki : soldat algérien qui combat aux côtés de l'armée française pendant la guerre d'Algérie.

Un pied-noir : terme qui désigne un Européen qui vivait en Algérie sous autorité coloniale.

Questions

Questionnement différencié sur LLS.fr/HG3P165

1. **Doc. 2** Décrivez la répartition des Européens en Algérie en 1954.
2. **Doc. 4** Quelle est l'importance du peuplement européen ? Calculez un pourcentage.
3. **Doc. 4** Relevez les inégalités entre Européens et « Français musulmans ».
4. **Doc. 1 à 3** Quels événements marquent le début de la guerre ?
5. **Doc. 2, 3 et 5** Relevez les éléments qui montrent le déchaînement de violence pendant la guerre d'Algérie.
6. **Doc. 6** Quelles sont les conséquences humaines de l'indépendance ?
7. **Doc. 1 à 6** Racontez les grandes étapes de la guerre d'Algérie.

> GUIDE
- Expliquez l'origine du conflit.
- Décrivez qui s'oppose à la France et comment la guerre s'installe.
- Présentez le mode de règlement du conflit et ses conséquences humaines.

Regards sur la décolonisation

Compétence J'associe une œuvre d'art à une époque et une civilisation

Comment la colonisation puis la décolonisation donnent-elles naissance à de nouvelles expressions artistiques ?

1 La naissance du concept de négritude

Voici que meurt l'Afrique des empires – c'est l'agonie d'une princesse pitoyable
Et aussi l'Europe à qui nous sommes liés par le nombril. [...]
Ils nous disent les hommes du coton du café de l'huile
Ils nous disent les hommes de la mort.
Nous sommes les hommes de la danse, dont les pieds reprennent vigueur en frappant le sol dur.

Léopold Sedar Senghor, « Prière aux masques », *Chants d'ombre*, 1945.

▲ Les poètes Aimé Césaire, Léopold Sedar Senghor et Léon-Gontran Damas veulent affirmer la grandeur de l'histoire et de la civilisation noires, face au monde occidental qui les avait jusque-là dévalorisées. Le mouvement de la négritude fait de l'ensemble des valeurs culturelles du monde noir une source de fierté.

Ma Négritude point n'est sommeil de la race mais soleil
De l'âme, ma négritude vue et vie
Ma Négritude est truelle à la main, est lance au poing [...]
Ma tâche est d'éveiller mon peuple aux futurs flamboyants
Ma joie de créer des images pour le nourrir,
Ô lumières rythmées de la Parole !

Léopold Sedar Senghor, « Ma Négritude », *L'Étudiant noir*, 1935.

Léopold Sedar Senghor (1906-2001)
Léopold Sedar Senghor est le premier président du Sénégal indépendant (de 1960 à 1980). Il compose l'hymne du pays, *Le Lion rouge*.

2 Dénoncer la colonisation

▲ Image du film *Afrique 50*, de René Vautier, 1950.
Le réalisateur René Vautier est envoyé pour filmer les missions françaises d'enseignement en Afrique de l'Ouest. Il décide de montrer la réalité : manque de médecins et de professeurs, crimes de l'armée française, etc. Le film est interdit pendant plus de 40 ans et vaut à son réalisateur plusieurs mois d'emprisonnement.

3 Image de l'indépendance

▲ Photographie, Malick Sidibé, *Nuit de Noël (Happy Club)*, 1963.
Des photographes africains comme Jean Depara (République démocratique du Congo), Seydou Keïta (Mali) ou Malick Sidibé (Mali) célèbrent l'identité africaine.

4 La « marche du sel »

Érigée dans la capitale New Delhi, la sculpture représente la « marche du sel » en Inde britannique, en 1930. Gandhi mène ses partisans jusqu'à la mer, où ils ramassent une poignée de sel pour défier les Britanniques qui taxent ce produit.
La « marche du sel » est représentée aujourd'hui sur le billet de banque indien de 500 roupies.

5 La mémoire de la guerre d'Algérie en chanson

Médine est un rappeur français né au Havre, de parents immigrés algériens. Il relate dans cette chanson un des épisodes les plus importants de la guerre d'Algérie : le 17 octobre 1961 à Paris, une manifestation de soutien au FLN est réprimée dans le sang par la police française, faisant une centaine de morts.

Alger, capitale, au commencement des « sixties »
Les pieds-noirs quittent le navire, les colons dératisent
1961, période estivale, c'est la guerre d'Algérie et son festival
Et son lot de discriminations, de tortures, d'exactions
tout un ramassis d'ordures.
Quelques degrés au Nord de l'équateur,
Je quitte l'Algérie française, un pincement dans le cœur
[...].
132 ans d'occupation française ont servi à remplacer nos cœurs par des braises
Algérie en vert et blanc, étoile et croissant
Devoir de mémoire grandissant.

Médine, « 17 octobre », *Table d'écoute*, DIN Records, 2006.

Questions

Questionnement différencié sur LLS.fr/HG3P167

1. **Doc. 2** Que dénonce ce film ?
2. **Doc. 1 et 2** En quoi les indépendances africaines permettent-elles une émancipation politique, intellectuelle et artistique ?
   › GUIDE
   - Qui dirige le Sénégal à partir de 1960 ?
   - Quel nouveau concept apparaît ?
   - Dans quel art s'exprime-t-il ?
3. **Doc. 3** Quelle image du Mali (indépendant depuis 1960) cette photographie montre-t-elle ?
4. **Doc. 4** Comment le sculpteur a-t-il rendu visible la détermination des Indiens ?
5. **Doc. 1 et 5** Laquelle de ces deux œuvres vous plaît le plus ? Expliquez pourquoi.

Synthèse

- La poésie (Aimé Césaire, Léopold Sedar Senghor) et le cinéma commencent à critiquer la colonisation dans les années 1950. Les films *Afrique 50* (René Vautier, 1950) et *Les Statues meurent aussi* (1953) sont censurés pendant de longues années.
- Avec les indépendances, un art nourri de la culture coloniale devient visible et participe à la formation de nouvelles identités.
- L'enjeu de la mémoire de la colonisation et de la décolonisation parfois violente devient très important, dans les métropoles comme dans les anciennes colonies.

Dossier 3

L'affirmation du tiers-monde

Compétence J'analyse et je comprends des documents

Dès 1955, alors que le processus de décolonisation est en marche, les nouveaux États cherchent à se faire entendre sur la scène internationale et à affirmer leur indépendance. Cependant, ils se heurtent à de nombreuses difficultés, tant politiques qu'économiques.

1955 Conférence de Bandung

1956 Nationalisation du canal de Suez

1961 Conférence de Belgrade

1964 Naissance du Groupe des 77

Comment les nouveaux États cherchent-ils à s'affirmer sur la scène mondiale ?

1 Un contexte favorable à la décolonisation

Le point de vue américain : « Le président et moi, et tout le gouvernement, souhaitons instamment la liberté pour tous les peuples dépendants, à une date aussi proche que possible. »

Cordel Hull, secrétaire d'État américain, déclaration du 20 novembre 1942.

▲ Les États-Unis accordent son indépendance à leur seule colonie, les Philippines, en 1946.

Le point de vue de l'ONU : « Les buts des Nations Unies sont les suivants [...] : développer entre les nations des relations amicales fondées sur le respect du principe de l'égalité de droits des peuples et de leur droit à disposer d'eux-mêmes, et prendre toutes autres mesures propres à consolider la paix du monde. »

Charte des Nations Unies, 26 juin 1945.

▲ L'ONU défend le principe de l'auto détermination : chaque peuple doit pouvoir choisir (« disposer de ») son propre régime politique.

Le point de vue soviétique : « [L'URSS] est le seul vrai défenseur de la liberté et de l'indépendance de toutes les nations, un adversaire de l'oppression des nations et de l'exploitation coloniale sous toutes ses formes. »

Rapport Jdanov, 22 septembre 1947.

▲ L'URSS ne possède aucune colonie, même si elle maintient les pays de son bloc dans son orbite.

2 La conférence de Bandung (1955)

En 1955, la conférence de Bandung (Indonésie) rassemble les représentants de 29 pays d'Afrique et d'Asie. Elle marque la naissance politique du tiers-monde. En 1961, la conférence de Belgrade (Yougoslavie) donne naissance au mouvement des non-alignés.

La Conférence est d'accord :

1. pour déclarer que le **colonialisme**, dans toutes ses manifestations, est un mal auquel il doit être mis fin rapidement ;

2. pour déclarer que la question des peuples soumis à l'assujettissement de l'étranger, à sa domination et à son exploitation constitue une négation des droits fondamentaux de l'homme, est contraire à la Charte des Nations Unies et empêche de favoriser la paix et la coopération mondiales ;

3. pour déclarer qu'elle appuie la cause de la liberté et de l'indépendance de ces peuples.

Communiqué final de la conférence afro-asiatique de Bandung (Indonésie), 24 avril 1955.

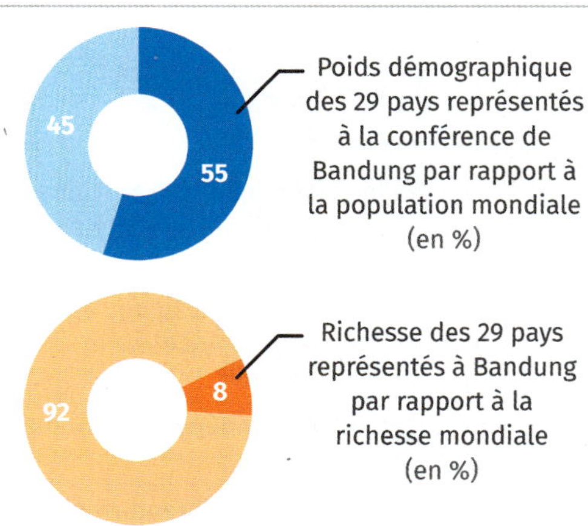

Source : Centre international pour le commerce et le développement durable.

3 La conférence de Bandung et le mouvement des non-alignés

4 La nationalisation du canal de Suez

Le président égyptien Nasser, acclamé par la foule, le 29 juillet 1956.

En 1956, Nasser, à la recherche de ressources pour développer son pays, nationalise le canal de Suez jusqu'alors contrôlé par le Royaume-Uni.

5 Les difficultés économiques du tiers-monde

Le tiers-monde a compris qu'il devait parler d'une seule voix aux sessions de la conférence des Nations Unies sur le commerce et le développement et dans les autres réunions consacrées aux problèmes mondiaux [...]. Nous avons tous découvert qu'il n'y avait pas de lien de cause à effet entre l'ardeur au travail et la prospérité [...]. Le système actuel a été institué par les États industrialisés pour servir leurs intérêts [...]. Nous le tiers-monde, nous exigeons maintenant que l'on change les systèmes qui enrichissent les riches et appauvrissent les pauvres, cela pour rester à l'heure des autres changements intervenus dans le monde : la fin du colonialisme, les progrès de la technologie et l'aspiration nouvelle de l'humanité à l'égalité et à la dignité humaine.

Julius Nyerere (président de la Tanzanie), discours devant le Groupe des 77, 12 février 1979.

Numérique

Retrouvez une vidéo INA sur la crise du canal de Suez sur LLS.fr/HG3Suez.

Vocabulaire

Le colonialisme : idéologie d'origine européenne, justifiant la colonisation.

Le mouvement des non-alignés : groupe de pays refusant de rentrer dans la logique des blocs imposée par la guerre froide.

Le tiers-monde : voir p. 171.

Questions

Questionnement différencié sur LLS.fr/HG3P169

1. **Doc. 1** Quel est le point commun entre ces trois textes ? Justifiez ces positions.
2. **Doc. 2 et 3** Quels sont les pays représentés à Bandung ?
3. **Doc. 2** Quelles aspirations ces pays soutiennent-ils ?
4. **Doc. 4** Que doit apporter à l'Égypte la nationalisation du canal de Suez ?
5. **Doc. 5** Relevez l'expression utilisée par l'auteur pour parler du Groupe des 77.
6. **Doc 5** Que dénonce-t-il ?
7. **Doc. 2 et 5** Les revendications exprimées à Bandung ont-elles abouti ?

Leçon

Indépendances et construction de nouveaux États

Numérique
Retrouvez une vidéo pour réviser sur **LLS.fr/HG3Synthese6**

Compétence Je révise mes repères historiques

A. Des puissances coloniales affaiblies

› Dès le lendemain de la Seconde Guerre mondiale, les revendications d'indépendance ressurgissent, alors que les métropoles sont affaiblies matériellement et moralement.

› Ces mouvements nationalistes sont soutenus par les États-Unis et l'URSS. De plus, pendant le conflit mondial, le droit des peuples à disposer d'eux-mêmes est affirmé comme l'un des buts de guerre des Alliés, puis est inscrit dans la Charte des Nations Unies en 1945 **(doc. 1 p. 168)**.

B. Le processus de décolonisation

› Une première phase de **décolonisation** (1945-1955) touche l'Asie. L'Inde et le Pakistan deviennent indépendants en 1947 à la suite de négociations avec les Britanniques, mais dans un climat de grande violence et d'affrontements interconfessionnels **(dossier 1)**. L'Indochine, sous autorité française, ne s'émancipe qu'en 1954, après un long conflit armé.

› La décolonisation se poursuit en Afrique à partir du milieu des années 1950. Dans le cas des colonies françaises, la Tunisie, le Maroc et les colonies d'Afrique subsaharienne (AEF et AOF) obtiennent leur indépendance après des négociations. En revanche, la France refuse l'indépendance de l'Algérie, colonie de peuplement constituée de trois départements. Le **FLN** n'obtient l'indépendance qu'en 1962, après huit ans de guerre **(dossier 2)**.

Un soldat français pendant la guerre d'Indochine, 1954.

C. Les difficultés des nouveaux États

› En 1955, la conférence de Bandung marque l'affirmation collective de ces nouveaux États, qui déclarent leur **non-alignement** dans le contexte de la guerre froide **(doc. 2 p. 168)**. Ils tentent ainsi de s'émanciper de toute nouvelle domination, pour former le **tiers-monde**.

Timbre représentant la proclamation de l'indépendance du Cameroun, 1960.

› Ils affirment également leur volonté de peser sur les grandes orientations du monde dans tous les domaines, économique, politique et diplomatique. Mais les nouveaux États sont fragiles. Ils peinent à développer leur économie **(doc. 5 p. 169)** et certains connaissent de graves difficultés politiques. Ils sont également confrontés au **néocolonialisme**.

Je retiens

- **Mouvements indépendantistes après la guerre**
- **Contexte favorable à la décolonisation**
- **1re phase de décolonisation en Asie entre 1945 et 1955**
- **2e phase en Afrique à partir de 1956**
- **Naissance du mouvement des non-alignés**
- **Difficultés des nouveaux États**

1945	1950	1955	1960

Guerre d'Indochine (Décembre 1946 - Juillet 1954)

Guerre d'Algérie (Novembre 1954 - Mars 1962)

- **Août 1947** Indépendance de l'Inde
- **1955** Conférence de Bandung
- **1956** Indépendances du Maroc et de la Tunisie
- **1960** Vague d'indépendances en Afrique

Je retiens les personnages importants

Nasser (1918-1970)
Président égyptien de 1956 à 1970, il est l'un des leaders de la conférence de Bandung, puis du mouvement des non-alignés.

Nehru (1889-1964)
Leader indépendantiste indien, il devient Premier ministre de l'Union indienne en 1947. Il est l'un des chefs de file du mouvement des non-alignés.

Vocabulaire

La décolonisation : processus par lequel une colonie accède à l'indépendance.

Le FLN : mouvement indépendantiste algérien (Front de libération nationale).

Le néocolonialisme : domination économique des pays pauvres par les pays riches après leur indépendance.

Le non-alignement : refus de rentrer dans la logique des blocs imposée par la guerre froide.

Le tiers-monde : les pays pauvres qui souhaitent n'appartenir à aucun des deux blocs pendant la guerre froide (l'expression est créée en référence au tiers état sous l'Ancien Régime en France).

Je révise avec un schéma

Un contexte favorable aux indépendances

- Anticolonialisme des États-Unis, de l'URSS et de l'ONU
- Affaiblissement des métropoles

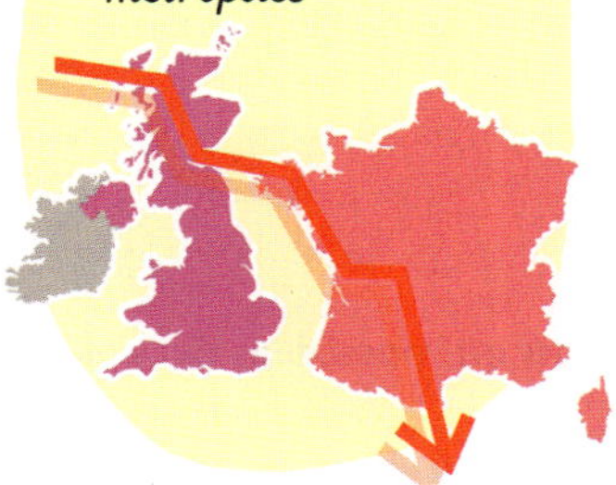

Accéder aux indépendances

Deux phases
- Asie : 1945-1955
- Afrique : 1955-1965

Deux modalités
- Par la négociation

- Par la guerre

L'affirmation sur la scène internationale

- 1955 : conférence de Bandung
- Naissance du mouvement des non-alignés

Des difficultés
- Fragilité économique
- Instabilité politique
- Néocolonialisme

Téléchargez ce schéma sur LLS.fr/HG3Schema6

Je teste mes connaissances

Pour chaque question, il y a une ou plusieurs réponses correctes. Testez-vous sur LLS.fr/HG3Quiz6

Je m'exerce pour le brevet

Compétence Je pratique différents langages

Exercice 1 • Je connais les dates importantes du chapitre

Placez les événements suivants sur la frise chronologique : guerre d'Algérie, début de la vague d'indépendances en Afrique, indépendance de l'Inde, conférence de Bandung, indépendance de l'Algérie.

Numérique
Téléchargez la frise à compléter sur LLS.fr/HG3Frises.

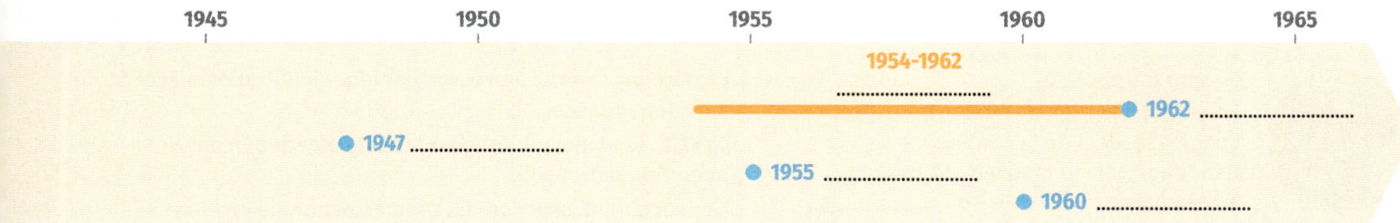

Exercice 2 • Je maîtrise les repères spatiaux

1. Nommez les anciennes colonies numérotées sur la carte et indiquez pour chacune le nom de son ancienne métropole.
2. À quelle ville la lettre A correspond-elle ? Quel événement s'y déroule et en quelle année ?
3. Que représente l'aplat vert ?

Numérique
Téléchargez la carte à compléter sur LLS.fr/HG3Cartes.

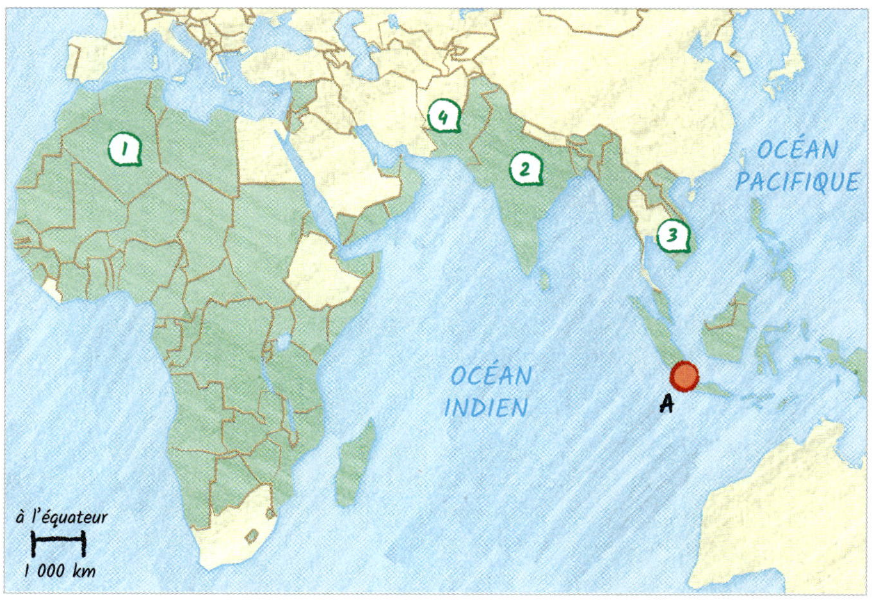

Exercice 3 • Je connais le vocabulaire du chapitre

Remplacez les expressions en gras par les mots de vocabulaire qui conviennent.

- Les mouvements nationalistes
- Non-alignement
- Tiers-monde
- Les métropoles
- Développement
- La décolonisation

Au lendemain de la Seconde Guerre mondiale, les **États qui possèdent des colonies (1)** ont perdu de leur puissance.
Les **organisations politiques réclamant l'indépendance des territoires dominés (2)** s'affirment de plus en plus dans les empires coloniaux.
L'**accès à l'autonomie des colonies (3)** se déroule principalement par deux voies : la violence ou la négociation.
Les jeunes États sont confrontés à des problèmes d'**amélioration de la situation sociale et économique (4)** dans leur pays.
Ils forment le **nouveau groupe de pays en développement (5)** et cherchent à se faire une place dans la communauté internationale à travers le **refus d'appartenir à l'un des deux blocs de la guerre froide (6)**. Leur autonomie est cependant difficile.

Compétence Je réalise une carte mentale, un tableau, une frise ou un schéma

J'apprends en retraçant l'indépendance de l'Inde ou de l'Algérie à l'aide d'un schéma

ÉTAPE 1 Réfléchir au contexte initial

1. Quelle est la puissance colonisatrice ?
2. Quelles sont les sources de tension ?

ÉTAPE 2 Décrire le processus de décolonisation

1. Comment le peuple lutte-t-il pour son indépendance ?
2. Comment réagit la métropole ?

ÉTAPE 3 Indiquer les conséquences de l'indépendance

1. Quel(s) pays naî(ssen)t des accords énonçant l'indépendance ? À quelle date ?
2. Quels mouvements de population en résultent ?

Le contexte initial
....
....
....

→ **Le processus d'indépendance**
....
....
....

→ **Les conséquences de l'indépendance**
....
....
....

À lire

Bertrand Gallic, Kris Javi Rey, *Un maillot pour l'Algérie*, 2016
Le récit en BD de la constitution de la première équipe de football algérienne. Douze footballeurs de ligue 1, bientôt surnommés « les fellaghas du ballon rond », rejoignent les rangs du FLN et participent à leur manière à la lutte pour l'indépendance.

Jean Paul Nozière, *Un été algérien*, 1990
Ce livre reprend l'histoire de deux adolescents qui ont grandi ensemble. Paul est le fils d'un colon français, Salim du régisseur algérien de l'exploitation. Mais, au cours de l'été 1958, les événements vont les obliger à choisir leur camp.

À voir

Gurinder Chada, *Le Dernier Vice-Roi des Indes*, 2017
1947. Lord Mountbatten est chargé de conduire l'Inde à l'indépendance. Dans un contexte de vives tensions, il doit décider de l'avenir du pays : unité ou partition ?

Sujet guidé

Exercice 1 • Analyser et comprendre un document

1. **Doc. 1** Quelle est la nature de ce document ? Présentez-le en suivant la méthode ci-dessous.
2. **Doc. 1 et 2** Comment l'« ordre » est-il « assuré » en Algérie ?
3. **Doc. 2** Comparez la position de Guy Mollet en 1956 et celle de De Gaulle en 1959.

   › GUIDE
   - Présentez ces deux hommes politiques.
   - Relevez et expliquez la position de Guy Mollet.
   - Expliquez en quoi la position de De Gaulle marque un tournant dans la politique algérienne de la France.
4. **Doc. 1 et 2** À l'aide des documents et de vos connaissances, racontez les grandes étapes de la guerre d'Algérie.

Méthode : Analyser un témoignage

Les témoignages sont des récits autobiographiques. Ils doivent être analysés avec précaution pour tenir compte du point de vue de l'auteur.

Présenter un témoignage :

- Qui est l'auteur ? Quel rôle a-t-il joué dans l'histoire ?
- La situation de l'auteur, au moment où il écrit son texte, peut-elle influencer son souvenir et son récit ?

Analyser le texte :

- Identifiez les événements racontés.
- Interrogez-vous sur les impressions que cherche à susciter l'auteur.
- Confrontez le texte à d'autres documents et à vos connaissances.

1 Le témoignage d'un appelé du contingent

Ma guerre à moi fut celle d'Algérie, alors qualifiée par les gouvernants « d'opération de maintien de l'ordre » ! [...] En Algérie, des exactions nombreuses ont été commises honteusement par l'armée française. [...] Or les [...] actes de barbarie commis par l'adversaire ne peuvent justifier ni les déplacements de population, ni les exécutions sommaires ou les viols, ni l'institutionnalisation de la torture au sein de l'armée d'un pays qui se proclame celui des droits de l'homme.

Ugo Iannuci, *Soldat dans les gorges de Palestro*, Aléas, 2001.

2 Deux positions successives du gouvernement

Parce qu'elle compte huit millions de musulmans non assimilés, l'Algérie n'est pas une province française comme les autres [...]. De même, parce qu'elle comprend aussi ce million de Français d'origine métropolitaine auxquels elle doit tout, l'Algérie ne peut pas être un État national musulman. Nous rejetons absolument la conception d'un État algérien [...]. Nous voulons à la fois assurer l'ordre et promouvoir les réformes. [...] La France entend témoigner de son esprit de justice, de sa résolution et de sa puissance de grande nation.

Déclaration de Guy Mollet, chef du gouvernement, 9 mars 1956.

Page 5 : «CHINE A HUIS CLOS» : HUIT MOIS A PÉKIN

LE FIGARO

ÉDITION DE PARIS

17

DE GAULLE : « Les Algériens décideront de leur destin »

RÉFÉRENDUM : Quatre années au plus tard après le retour effectif de la paix

UNE DATE

Trois solutions concevables :
- SÉCESSION : " Un tel aboutissement serait invraisemblable et désastreux"
- FRANCISATION : " Égalité totale des droits de Dunkerque à Tamanrasset"
- GOUVERNEMENT DES ALGÉRIENS : " Par les Algériens, en union étroite avec la France"

WASHINGTON : Nicolas CHATELAIN

Khrouchtchev : " LE BAROMÈTRE EST AU BEAU"

POLICIERS SUR LES DENTS POUR L'ARRIVÉE DU CHEF DU GOUVERNEMENT SOVIÉTIQUE

Catastrophe en Italie du Sud

Un immeuble de quatre étages – où logeaient 106 personnes – s'effondre brusquement

La plupart des occupants auraient péri

Le choix de l'autodétermination par de Gaulle, *Le Figaro*, 17 septembre 1959.

Exercice 2 • Maîtriser différents langages

Sous la forme d'un développement construit d'une vingtaine de lignes, racontez les grandes étapes de l'indépendance de l'Inde.

› GUIDE
- Rappelez à quel empire colonial l'Inde appartenait.
- Présentez les acteurs impliqués dans la négociation de l'indépendance.

Conseils • Citer des acteurs historiques

- Dans vos réponses, citez des acteurs qui ont participé aux événements en donnant leur nom, les dates importantes de leur vie et leur rôle précis.

Exercice 1 • Analyser et comprendre un document

1. **Doc. 1** Identifiez le document (nature, auteur, contexte).
2. **Doc. 1** Que revendique le mouvement des non-alignés ?
3. **Doc. 1** Décrivez le document et expliquez comment il montre l'échec du mouvement des non-alignés.
4. **Doc. 2** Relevez les autres difficultés des nouveaux pays indépendants.
5. **Doc. 2** Sur quelle institution les nouveaux pays s'appuient-ils pour faire avancer leurs revendications ?

1 L'échec du non-alignement

▲ © Plantu, dessin paru dans le livre *Pauvres Chéris*, 1978.

2 Les difficultés des nouveaux pays

L'écart entre les pays riches et les pays pauvres a creusé une sorte de fossé entre le Nord et le Sud. L'accroissement rapide de la population et l'absence du progrès économique et technique dans les pays en voie de développement ont provoqué une situation telle que cet écart inévitable entre pays riches et pays pauvres n'a cessé de s'élargir. […] L'aide économique, à elle seule, ne peut résoudre le problème. On comprend dès lors l'intérêt croissant que les pays neufs manifestent pour l'activité déployée par les Nations Unies dans le domaine économique.

Discours de Sithu U Thant (Secrétaire général de l'ONU), 11 novembre 1963.

Exercice 2 • Maîtriser différents langages

1. Placez cinq anciennes colonies et deux anciennes métropoles sur la carte ci-contre.
2. Sous la forme d'un développement construit d'une vingtaine de lignes, racontez comment le tiers-monde cherche à s'affirmer sur la scène mondiale et à quelles difficultés il se heurte.

Numérique
Téléchargez la carte à compléter sur LLS.fr/HG3Cartes.

Chapitre

7 La construction européenne

LA GUERRE FROIDE

DE LA DÉCOLONISATION AUX NOUVEAUX ÉTATS

LA CONSTRUCTION EUROPÉENNE

LE MONDE APRÈS 1989

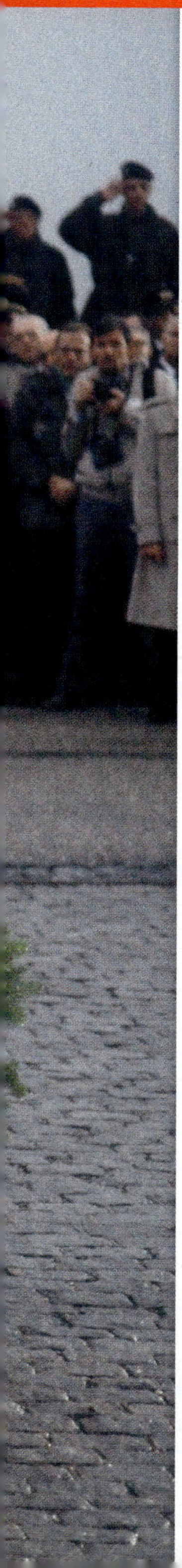

La construction européenne est lancée par six États européens du bloc de l'Ouest, au début des années 1950. Jean Monnet, l'un des pères fondateurs de l'Europe, a joué un rôle actif dans la lutte contre le nazisme, puis a souhaité unir l'Europe pour permettre le maintien de la paix.

Comment le projet européen prend-il forme et est-il mis en œuvre ?

Quiz

1. Quels sont les principaux belligérants entre lesquels débutent les deux guerres mondiales ?
   a. L'Allemagne et l'URSS
   b. Les États-Unis et le Japon
   c. L'Allemagne et la France

2. Pourquoi l'Europe est-elle un enjeu majeur au début de la guerre froide ?
   a. Car des combats directs éclatent à Berlin entre les deux Grands
   b. Car les deux Grands se partagent la libération de l'Europe

3. Quand la construction européenne débute-t-elle ?
   a. Après 1914
   b. Après 1945
   c. En 2002, avec l'euro

Numérique

Retrouvez un parcours numérique pour préparer la certification PIX sur LLS.fr/HG3PIX7.

Dans ce chapitre je vais

- Raconter dans quel contexte démarre la construction européenne et décrire ses objectifs.
- Apprendre que la construction européenne progresse par des réalisations concrètes.
- Expliquer ce que sont l'élargissement et l'approfondissement de la construction européenne.

Histoire et chanson

Dans sa chanson *Göttingen*, Barbara chante la réconciliation franco-allemande. Pourtant Barbara, enfant juive cachée, avait dans un premier temps refusé de chanter en Allemagne. Mais elle célèbre finalement en musique la qualité de l'accueil qu'elle a reçu.

◄ La construction européenne, un projet de paix
Le 22 septembre 1984, à l'Ossuaire de Douaumont (Verdun), François Mitterrand (président français) et Helmut Kohl (chancelier allemand) rendent hommage aux soldats des deux nations tombés pendant la Première Guerre mondiale.

Repères

La construction européenne depuis les années 1950

Compétence Je me repère dans le temps et dans l'espace

La construction européenne est lancée par six États d'Europe occidentale dans les années 1950. Le processus de construction connaît plusieurs étapes : l'approfondissement des relations entre les États membres et les élargissements à de nouveaux pays. L'Union européenne (1992) et l'entrée en circulation de l'euro (2002) sont les aboutissements les plus récents du projet européen.

Notions

Le projet européen

Volonté d'unifier politiquement le continent européen.

Le philosophe Emmanuel Kant (XVIIIe siècle) ou l'écrivain Victor Hugo (XIXe siècle) envisagent déjà la construction européenne dans leurs écrits.

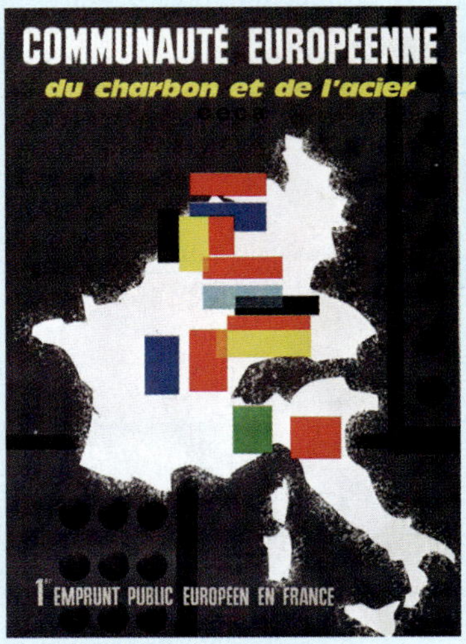

◄ Affiche de la CECA, vers 1951.

1. À quelle date la construction européenne est-elle lancée ?
2. Qui sont les six pays fondateurs ?
3. Que désigne l'élargissement ? Relevez un exemple d'élargissement (pays et date).
4. Quand le dernier élargissement a-t-il eu lieu ?
5. Combien de pays l'Union européenne compte-t-elle en 2020 ?

1950 — 1960 — 1970 — 1980

La CECA (1951-1957) | **La CEE (1957-1992)**

1957
Belgique, France, Italie, Luxembourg, Pays-Bas, République Fédérale d'Allemagne (RFA)

1973
Danemark
Irlande
Royaume-Uni

1981
Grèce

Vocabulaire

L'élargissement : adhésion de nouveaux États membres à la CEE (Communauté économique européenne) puis à l'UE (Union européenne).

1 L'Europe en 2020

Source : Commission européenne, 2020.

carte interactive

1990	2000	2010	2020

L'UE (depuis 1992)

- **1986** Espagne Portugal
- **1990** Réunification de l'Allemagne
- **1995** Autriche, Finlande, Suède
- **2004** Chypre, Estonie, Hongrie, Lettonie, Lituanie, Malte, Pologne, République tchèque, Slovaquie, Slovénie
- **2007** Bulgarie, Roumanie
- **2013** Croatie
- **2016** Référendum britannique en faveur du *Brexit*
- **2020** *Brexit*

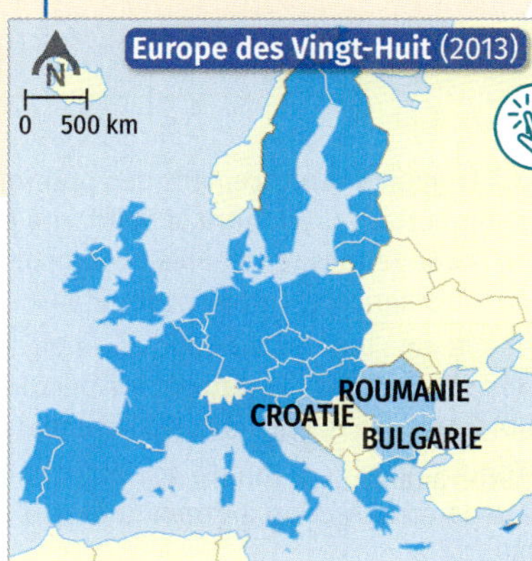

Dossier 1

Les grandes étapes du projet européen

Compétence J'analyse et je comprends des documents

En 1944, peu avant son arrestation, le résistant allemand Carl Goerdeler écrit : « Cette guerre doit déboucher sur une union étroite des peuples européens, si l'on veut que ces vies sacrifiées aient un sens. » Dès l'après-guerre, les pères fondateurs de l'Europe lancent la construction européenne.

1951 CECA

1957 Traités de Rome

1992 Traité de Maastricht Création de l'UE

Pourquoi et comment le projet européen a-t-il été construit ?

1 L'Europe de la paix

▲ Affiche du mouvement anticommuniste Paix et Liberté, 1952.

2 Les débuts du couple franco-allemand

L'Europe n'a pas été faite, nous avons eu la guerre. L'Europe ne se fera pas d'un coup, ni dans une construction d'ensemble : elle se fera par des réalisations concrètes créant d'abord une solidarité de fait [...]. Le gouvernement français propose de placer l'ensemble de la production franco-allemande de charbon et d'acier sous une Haute Autorité commune, dans une organisation ouverte à la participation des autres pays d'Europe. La mise en commun des productions de charbon et d'acier assurera immédiatement l'établissement de bases communes de développement économique [...]. La solidarité de production qui sera ainsi nouée manifestera que **toute guerre entre la France et l'Allemagne devient non seulement impensable, mais matériellement impossible.**

Robert Schuman, ministre des Affaires étrangères, déclaration du 9 mai 1950.

Lancement du plan Schuman pour la Communauté européenne du charbon et de l'acier (CECA), 1951. ▲

Vocabulaire

L'approfondissement : renforcement des politiques communes permettant d'accroître la solidarité et l'intégration européennes (domaines économique, énergétique, puis agricole, culturel, monétaire).

Le marché commun : union économique de pays où les biens, les services, les capitaux et les personnes circulent librement (sans barrières douanières).

Les pères fondateurs : nom donné aux principaux initiateurs de la construction européenne dans les années 1950.

Numérique

Retrouvez une présentation des pères fondateurs de l'Europe en vidéo d'archives, ainsi qu'une explication sur les traités de Rome sur LLS.fr/HG3P180.

3 La CEE et Euratom

▲ Affiche italienne, 1957.
Traduction : « L'Europe unie pour le progrès et pour la paix. "Levons enfin les frontières de l'Europe, créons une seule communauté, avec la libre circulation des hommes, des biens et du travail" De Gasperi (l'un des pères fondateurs de l'Europe). Rome, 25 mars 1957, signature des traités pour le marché commun et pour Euratom ».

5 La création de l'UE (1992)

L'Union [européenne] se donne pour objectifs :
– de promouvoir un progrès économique et social équilibré et durable, notamment par la création d'un espace sans frontières intérieures, par le renforcement de la cohésion économique et sociale et par l'établissement d'une union économique et monétaire comportant, à terme, une monnaie unique [...] ;
– d'affirmer son identité sur la scène internationale, notamment par la mise en œuvre d'une politique [...] de défense commune [...] ;
– de renforcer la protection des droits et des intérêts des ressortissants de ses États membres par l'instauration d'une citoyenneté de l'Union.

Extraits du traité de Maastricht, 7 février 1992.

4 Les traités de Rome créant la CEE (1957)

Article 2. La Communauté a pour mission, par l'établissement d'un marché commun et par le rapprochement progressif des politiques économiques des États membres, de promouvoir un développement harmonieux des activités économiques dans l'ensemble de la Communauté, une expansion continue et équilibrée, une stabilité accrue, un relèvement accéléré du niveau de vie et des relations plus étroites entre les États qu'elle réunit.
Article 3. L'action de la Communauté comporte : l'élimination, entre les États membres, des droits de douane et des restrictions quantitatives à l'entrée et à la sortie des marchandises [...] ; l'abolition, entre les États membres, des obstacles à la libre circulation des personnes, des services et des capitaux ; l'instauration d'une politique commune dans le domaine de l'agriculture ; l'instauration d'une politique commune dans le domaine des transports.

Extraits des traités de Rome, 25 mars 1957.

Questions

Questionnement différencié sur LLS.fr/HG3P181

1. **Doc. 1** Dans quel contexte historique la construction européenne naît-elle ?
2. **Doc. 2** Expliquez la phrase en rouge.
3. **Doc. 3** Décrivez cette affiche, en expliquant la phrase de De Gasperi.
4. **Doc. 4** Dans quel domaine la construction européenne commence-t-elle ?
5. **Doc. 5** Montrez que ce traité approfondit la construction européenne.
6. **Doc. 1 à 5** Présentez les grandes étapes de la construction européenne en complétant le schéma suivant.

Contexte : ....

↓

Pères fondateurs : ....

↓

Date : .... Organisation : .... Réalisation : ....
Date : .... Organisation : .... Réalisation : ....
Date : .... Organisation : .... Réalisation : ....

Dossier guidé 2

L'élargissement et les remises en cause de l'Union européenne

Compétence Je travaille en autonomie
Je raisonne, je justifie une démarche et les choix effectués

La chute du mur de Berlin rend possible l'ouverture de la CEE vers l'est de l'Europe. Les anciens pays satellites de l'URSS, après une période de transition vers la démocratie et l'économie de marché, intègrent l'Union européenne à partir de 2004. En 2013, l'UE compte désormais 28 pays. Cependant, le référendum britannique de 2016 consacre le *Brexit*, le départ du Royaume-Uni, et ouvre une période d'incertitudes pour l'UE.

2004 Adhésion de 10 pays
2007 Roumanie et Bulgarie
2013 Adhésion de la Croatie
2020 *Brexit*

Quels sont les atouts et les limites de l'élargissement ?

1 L'élargissement de l'Union européenne

	L'Europe des 15 (en 2004)	Les 13 nouveaux États admis de 2004 à 2013
Superficie	3 240 000 km²	827 000 km²
Population	380 millions	109 millions
PIB/habitant	23 380 €	8 230 €
Taux de chômage	7,6 %	13 %
Population active dans l'agriculture	4 %	19 %

▲ Sources : L. Carroué, « L'Europe à 25, les paradoxes de l'élargissement », *Images économiques du monde*, Sedes, 2004 et CIA World Factbook, 2015.

Question : quelles difficultés l'intégration de treize nouveaux États pose-t-elle ?

› GUIDE
- Calculez en pourcentage le poids des nouveaux États dans la population de l'UE en 2013.
- Comparez le PIB/habitant et le taux de chômage des deux groupes. Quelle difficulté cela peut-il entraîner ?
- Comparez le taux de population active dans l'agriculture. Qu'est-ce que cela montre de l'économie des nouveaux États ?
- Expliquez ces différences en faisant appel à l'histoire des pays de l'Est.

2 Les avantages de l'élargissement selon la Commission européenne

Question : quels sont les avantages de l'élargissement de l'Europe, selon ce document ?

› GUIDE
- Identifiez la source du document. Est-elle neutre ?
- En quoi le bilan dressé par la Commission répond-il au projet de l'Europe ?

Les élargissements récents de l'Union européenne ont été une étape importante dans le processus d'unification de l'Europe, et ils ont été bénéfiques pour les citoyens dans toute l'Union. Sur le plan économique, l'élargissement a amélioré les niveaux de vie dans les nouveaux États membres et créé des possibilités d'exportation et d'investissement pour les anciens. Il a également contribué à consolider la démocratie et renforcé la stabilité et la sécurité sur notre continent. Par ailleurs, une UE élargie a plus de poids lorsqu'elle prend position sur des questions d'importance internationale, comme le réchauffement climatique ou l'économie mondiale et sa gouvernance. Cinq ans après l'élargissement, l'UE n'est pas seulement plus grande, elle est également plus forte, plus dynamique et culturellement plus riche.

Communication de la Commission européenne, 20 février 2009.

Numérique
Retrouvez une vidéo sur la relation entre le Royaume-Uni et l'Union européenne ainsi que des explications concernant le référendum sur le *Brexit* sur LLS.fr/HG3P182.

3 Dialogue à 27 dans l'Europe élargie

Question : quels problèmes de l'UE sont mis en évidence dans cette caricature ?

› GUIDE
- Décrivez la scène du haut : comment les personnages sont-ils assis ? Qui représentent-ils ? À quel traité fondateur, cette date renvoie-t-elle ?
- Comparez avec la scène du bas : comment le dessinateur suggère-t-il la multiplicité des opinions ? Que s'est-il passé à cette date ?

Caricature de Pierre Kroll, *Le Soir* (journal belge), 6 janvier 2007.

4 Le *Brexit*, un défi pour l'Union européenne

Question : dans quelles incertitudes le *Brexit* plonge-t-il l'Union européenne ?

› GUIDE
- Que s'est-il passé le 31 janvier 2020 ? En quoi est-ce un événement inédit ?
- Qu'est-ce qui change concrètement dans un premier temps pour l'Union européenne ?
- Quelles sont les incertitudes qui demeurent pour l'avenir ?

Pour les uns, c'est un jour de deuil. Pour les autres, un jour de fête. Pour tous, c'est un jour historique. Trois ans, sept mois et huit jours après le référendum qui a vu une courte majorité du peuple britannique décider de quitter l'Union européenne, le *Brexit* interviendra ce vendredi 31 janvier [2020] à minuit, heure française. Commencera alors une période de transition maintenant les relations en l'état et devant prendre fin en théorie le 31 décembre prochain, pour un grand saut dans l'inconnu. […]
Pour la première fois en 63 ans d'histoire, l'Europe perd un membre, et pas n'importe lequel. […]
Dans quelle mesure le Royaume-Uni divergera-t-il de l'UE ? À ce stade, personne ne le sait. […] Londres pourrait chercher à obtenir le meilleur des deux mondes : rester arrimé aux règles de l'UE quand c'est son intérêt, comme dans l'automobile, et s'en éloigner lorsqu'il peut y trouver avantage, comme dans les services financiers.

Derek Perrotte, « *Brexit* : le saut historique de l'Europe et du Royaume-Uni dans l'inconnu », *Les Échos*, janvier 2020.

▲ Dessin de presse de Kroll, *Le Soir*, 31 janvier 2020.

Synthèse

▸ Expliquez quels sont les atouts de l'élargissement de l'Union européenne, puis montrez les difficultés rencontrées et les incertitudes pour l'avenir.

Dossier 3

Le fonctionnement de l'Union européenne

Compétence J'analyse et je comprends des documents

En 1957, les traités de Rome prévoient la mise en œuvre de politiques communes au sein de la CEE. C'est le cas de la PAC (politique agricole commune). Le traité de Maastricht approfondit la construction européenne, à travers un plus grand nombre de politiques communes. Cependant, le renforcement de l'intégration se heurte à l'affirmation des souverainetés nationales.

1957 Traités de Rome
1962 PAC
1992 Traité de Maastricht
2002 Entrée en circulation de l'euro

Quelles sont les réussites et les limites des politiques communes européennes ?

1 Les institutions de l'Union européenne

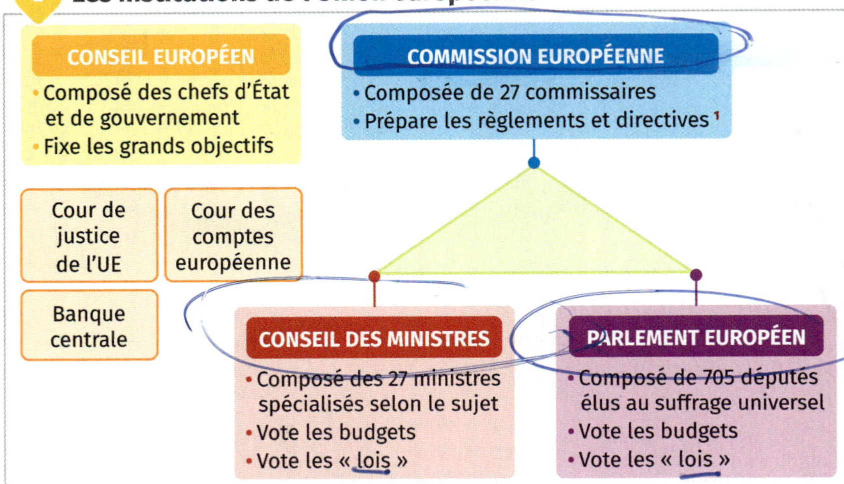

[1] Lois applicables dans les États membres

◄ Le fonctionnement de l'UE est fixé par le traité de Lisbonne entré en vigueur en 2009.
Il s'appuie sur un « triangle institutionnel » :
- la Commission européenne (qui défend l'intérêt général de l'Union européenne),
- le Conseil de l'Union européenne (qui défend les intérêts des États membres), aussi appelé Conseil des Ministres,
- le Parlement européen (qui représente les citoyens de l'Union).

2 Une réalisation concrète : la monnaie commune

Libération souhaite à ses lecteurs une bonne et heureuse année

Libération

1 euro vaut 6,55957 francs

Un billet pour l'aventure

Depuis ce matin, l'euro est la monnaie officielle de la France et de dix autres pays. Le franc n'est plus qu'une fraction d'euro, même si les pièces et les billets ne disparaîtront qu'en 2002. Page 2

◄ Une de *Libération*, le jour de la création officielle de l'euro, 1er janvier 1999.

3 Une réalisation concrète : la politique agricole commune (PAC)

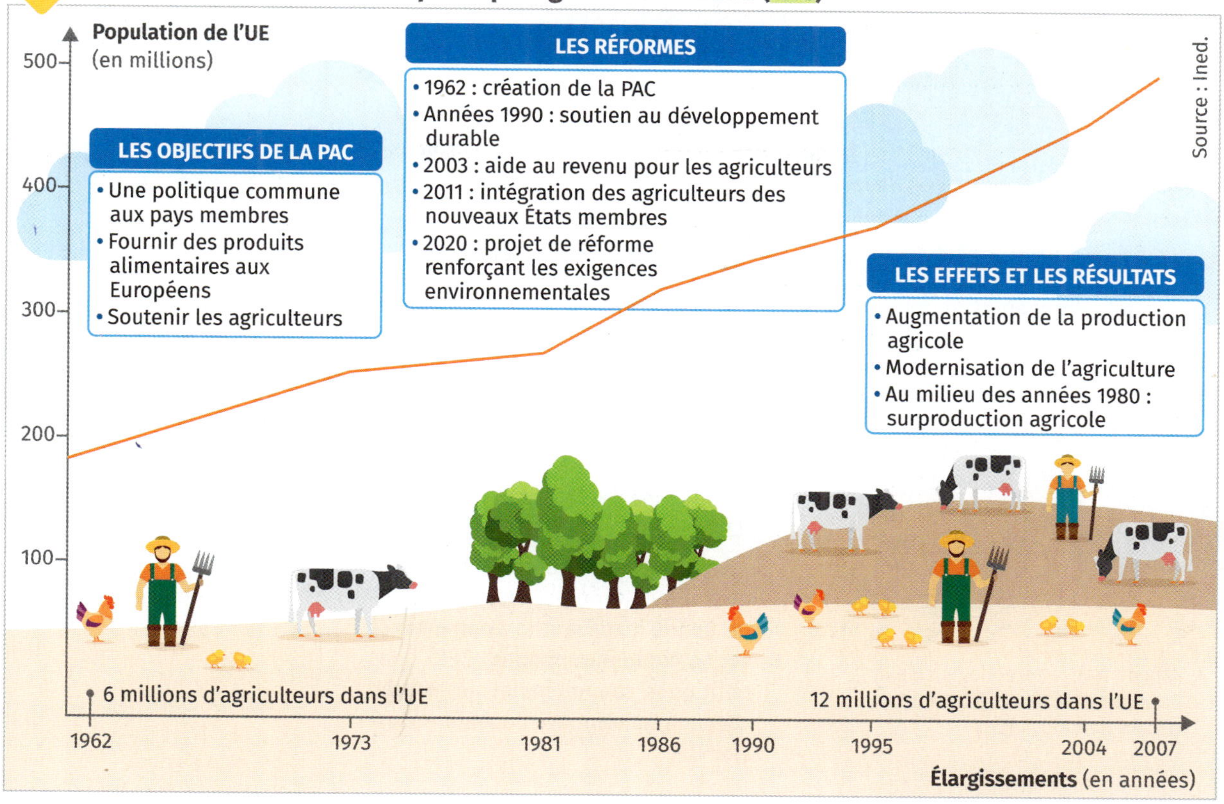

4 Une politique étrangère et de sécurité commune

Le traité de Maastricht (1992) a institutionnalisé une politique étrangère et de sécurité commune (PESC) […]. La PESC consiste avant tout à coordonner les politiques étrangères des États membres […]. La PESC n'est donc pas une politique étrangère unique et les divergences d'approche entre États membres sont nombreuses. Les dissensions lors de la guerre en Irak en 2003, par exemple, ont révélé l'ampleur de ces difficultés puisque les Européens ne sont pas parvenus à afficher une position commune […]. En outre, une politique étrangère doit s'appuyer sur une capacité de défense qui fait défaut à l'UE. Les forces armées de la plupart de ses membres sont intégrées dans l'OTAN. Mais certains États sont neutres et souhaitent le rester (Autriche, Finlande, Irlande, Malte, Suède). […]

« Existe-t-il une politique étrangère européenne ? », www.vie-publique.fr, 2018.

◀ Des soldats de l'**Eurocorps** lors d'une cérémonie en 2003.

Vocabulaire

L'approfondissement : voir p. 180.

L'Eurocorps : force armée constituée de soldats des différents pays de l'UE. Son effectif (environ 1 000 hommes) et le nombre d'interventions restent limités.

La PAC : Politique agricole commune, mise en place en 1962, pour moderniser l'agriculture et atteindre l'autosuffisance alimentaire.

La zone euro : ensemble des pays ayant adopté l'euro.

Questions

Questionnement différencié sur LLS.fr/HG3P185

1. **Doc. 1** Quelles institutions se partagent le pouvoir législatif ?
2. **Doc. 2** Montrez que l'euro n'est pas une condition d'appartenance à l'UE.
3. **Doc. 3** Comment les objectifs de la PAC ont-ils évolué dans le temps ?
4. **Doc. 4** Peut-on parler effectivement d'une politique étrangère et de sécurité commune ?
5. **Doc 1 à 4** Après avoir relu la définition d'approfondissement, donnez-en des exemples, puis montrez-en les limites.

Leçon

La construction européenne des années 1950 aux années 2000

Compétence Je révise mes repères historiques

Numérique Retrouvez une vidéo pour réviser sur **LLS.fr/HG3Synthese7**

A. Les premiers pas du projet européen

› Le projet européen est mis en place dans un contexte difficile : sortie de guerre, reconstruction et menace soviétique.

▲ Affiche française en faveur de la création d'un marché commun, dessin de Viou, 1957.

› Insistant sur la réconciliation franco-allemande, les « pères de l'Europe » lancent la coopération économique avec la Communauté européenne du charbon et de l'acier (**CECA**) en 1951.

› La construction européenne connaît une nouvelle étape avec les traités de Rome, instituant la **Communauté économique européenne** (CEE) : des politiques communes et un **marché commun** sans entrave douanière **(dossier 1)**.

Je retiens

- Création de la CECA (1951)
- Création de la CEE (1957)

B. La CEE et les premiers élargissements

› La CEE mène à bien ses projets : les douanes entre les États membres sont abolies et des politiques communes sont mises en place, comme la Politique agricole commune (PAC) pour la modernisation des campagnes et l'autosuffisance alimentaire **(doc. 3 p. 185)**. L'**intégration économique** se poursuit.

› L'existence d'institutions démocratiques stables est un critère d'adhésion à la CEE. Les élargissements successifs font passer l'Europe de six à quinze États membres, en 1995 **(dossier 2)**.

- Abolition des douanes, mise en place de la PAC (agriculture)
- 1973 : les premiers élargissements
- De 6 à 15 membres en 1995

C. Après l'élargissement vers l'Est, le temps des doutes (2004-2020)

› En 1992, le traité de Maastricht crée l'Union européenne, avec de nouvelles institutions **(doc. 1 p. 184)**, une citoyenneté européenne et une union économique et monétaire. L'euro entre en circulation en 2002 **(doc. 2 p. 184)**.

› L'UE poursuit son élargissement vers l'Est, pour atteindre 28 pays en 2013. Elle aide les anciens pays de l'Est à combler leur retard économique et social. Plusieurs pays sont encore candidats à l'adhésion.

› En 2020, l'UE est ébranlée par le départ du Royaume-Uni, après que les Britanniques ont décidé le ***Brexit*** par référendum en 2016. Ce bouleversement inédit reflète la montée de l'**euroscepticisme** dans tous les États membres. L'Union européenne est fragilisée alors qu'elle doit faire face à de nombreux défis : crise de la zone euro depuis 2010, crise migratoire, crise climatique, crise de la COVID-19 entraînant une crise économique.

◀ Pièce de monnaie commémorative de l'euro, éditée en 2007 pour l'anniversaire des traités de Rome.

- Création de l'UE (traité de Maastricht, 1992)
- 2004 : élargissement à l'Est
- Défis : euroscepticisme, crise de l'euro, crise migratoire
- *Brexit* dans une UE fragilisée

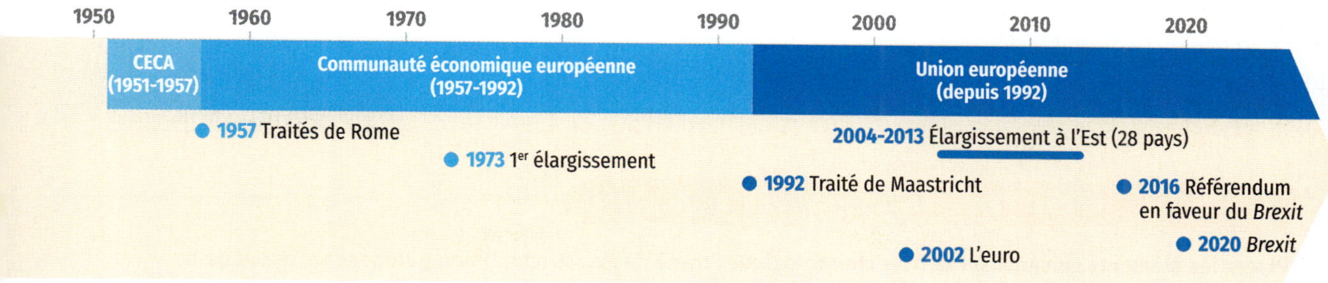

Je retiens les personnages importants

Robert Schuman (1886-1963)
Ministre français sous la IVe République, il est à l'initiative de la CECA, première étape de la construction européenne.

Konrad Adenauer (1876-1967)
Chancelier de la RFA de 1949 à 1963. Il encourage la création de la CECA, puis de la CEE.

Jean Monnet (1888-1979)
Engagé dans la Résistance pendant la guerre, il est l'un des pères fondateurs de l'Europe, notamment l'un des artisans de la CECA, puis des traités de Rome.

Vocabulaire

Le *Brexit* : sortie (*exit*) du Royaume-Uni (*Britain*) de l'Union européenne.

La Communauté économique européenne (CEE) : fondée en 1957 par les traités de Rome, elle organise un marché commun.

La Communauté européenne du charbon et de l'acier (CECA) : marché commun du charbon et de l'acier entre les six États membres (1951).

L'euroscepticisme : fait de mettre en doute l'utilité ou la viabilité de l'Union européenne.

L'intégration économique : processus par lequel des pays réduisent entre eux les barrières commerciales.

Un marché commun : union économique de pays où les biens, les services, les capitaux et les personnes circulent librement (sans barrières douanières).

Je révise avec un schéma

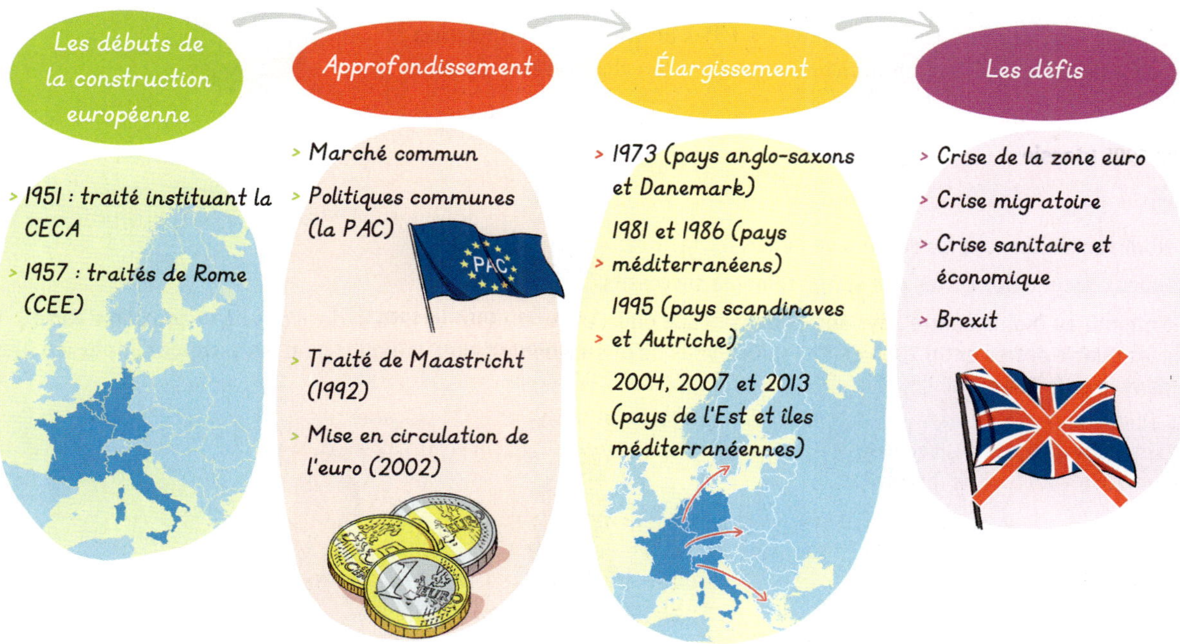

Téléchargez ce schéma sur LLS.fr/HG3Schema7

Je teste mes connaissances

Pour chaque question, il y a une ou plusieurs réponses correctes. Testez-vous sur LLS.fr/HG3Quiz7

Je m'exerce pour le brevet

Compétence Je pratique différents langages

Numérique
Téléchargez la frise à compléter sur LLS.fr/HG3Frises.

Exercice 1 • Je maîtrise les grands repères chronologiques

Placez les éléments suivants sur la frise chronologique : traité de Maastricht, Union européenne, début de la construction européenne, CECA, mise en circulation de l'euro, CEE, traités de Rome, *Brexit*.

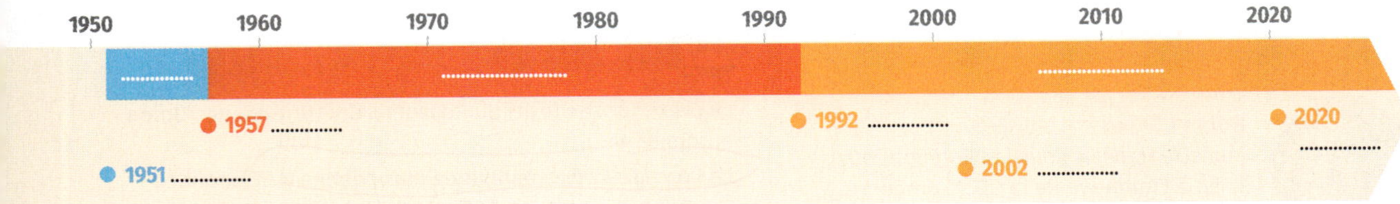

Exercice 2 • Je connais les grands personnages de la construction européenne

Retrouvez la biographie correspondant à chaque père fondateur de l'Europe.

1. Père fondateur de l'Europe, je m'engage pour la CECA, puis pour la CEE. •

2. Chancelier de la RFA de 1949 à 1963, je suis à l'origine du rapprochement franco-allemand. J'encourage la création de la CECA, puis de la CEE. •

3. Convaincu de la nécessité d'une Europe unie et en paix à la fin de la Seconde Guerre mondiale, je propose en 1950 un projet de coopération économique, la CECA (Communauté européenne du charbon et de l'acier). •

•  **A. Jean Monnet**

•  **B. Robert Schuman**

•  **C. Konrad Adenauer**

Exercice 3 • Je connais les grands repères spatiaux

Numérique
Téléchargez la carte à compléter sur LLS.fr/HG3Cartes.

1. Nommez les six pays fondateurs de la CEE.
2. Datez chacune des cartes des élargissements successifs.
3. Nommez au moins quatre pays entrés dans la CEE puis l'UE, entre 1981 et 1995 (aidez-vous de la deuxième carte), puis quatre entrés entre 2004 et 2013 (aidez-vous de la quatrième carte). Indiquez quel pays n'apparaît plus en bleu dans la dernière carte.

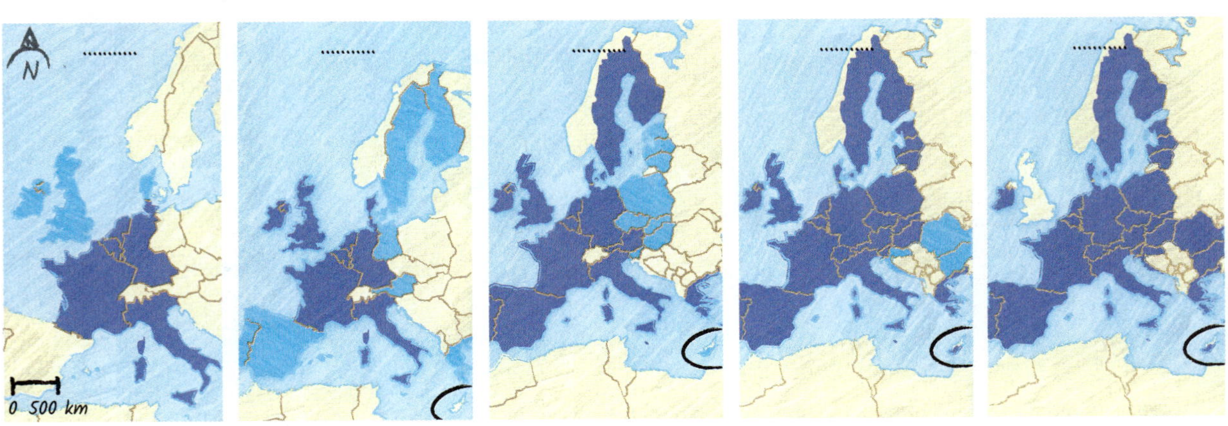

J'apprends en réalisant une carte

ÉTAPE 1 Classer les pays de l'Union européenne en fonction de leur date d'adhésion

1. Identifiez les six pays fondateurs, coloriez-les d'une couleur sur la carte.
2. Regroupez les pays selon la décennie de leur adhésion : années 1970, années 1980, années 1990, depuis 2000. Choisissez une couleur pour chaque groupe.
3. Complétez la première partie de la légende en lui donnant un titre.

ÉTAPE 2 Identifier les pays non membres de l'Union européenne

1. À partir du site touteleurope.eu (menu « Les fondamentaux », puis « Les élargissements », onglet « Pays candidats »), recherchez quels sont les trois pays européens qui ont renoncé à adhérer à l'UE. Choisissez un figuré pour les représenter sur la carte.
2. Identifiez les pays candidats. Choisissez un figuré pour les représenter sur la carte.
3. Représentez par un figuré le *Brexit*.
4. Complétez la légende de cette deuxième partie et donnez-lui un titre.

Numérique

Retrouvez la carte à télécharger sur LLS.fr/HG3Cartes.

ÉTAPE 3 Présenter les centres de l'Union européenne

1. Retrouvez le nom des quatre villes où siège une institution européenne.
2. Représentez-les sur la carte.
3. Complétez la troisième partie de la légende et donnez-lui un titre.
N'oubliez pas de donner un titre à votre carte.

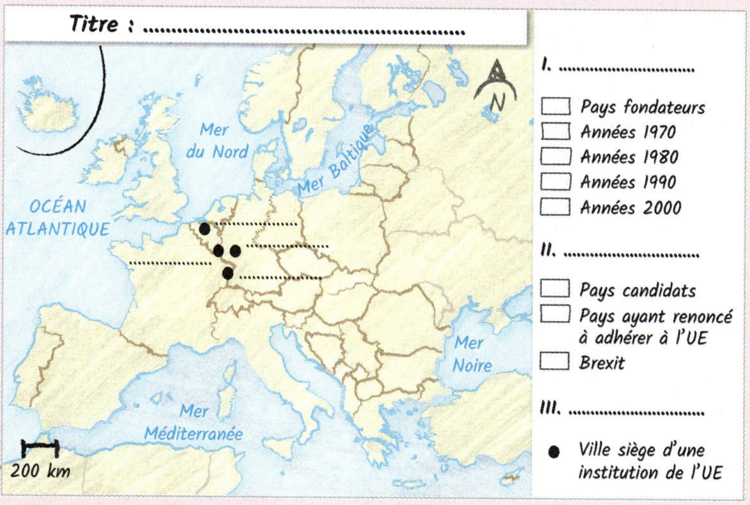

À lire

Clémentine Beauvais, *Brexit romance*, 2018
Cette comédie romantique sur le *Brexit* raconte comment une jeune adolescente anglaise organise des mariages blancs entre Français et Anglais pour s'opposer au divorce entre le Royaume-Uni et l'Union européenne.

À voir

Franck Apprederis, *Nous nous sommes tant haïs*, 2007
Un film qui retrace les débuts de la construction européenne sur fond d'une histoire d'amour entre un journaliste allemand et une jeune Française.

À explorer

Toute l'Europe.eu (site)
Ce site apporte de nombreuses informations sur l'Union européenne, son fonctionnement, ses pays membres et les questions auxquelles elle est confrontée.

La citoyenneté européenne

Compétences La sensibilité : je me sens membre d'une collectivité
La règle et le droit : je respecte les règles communes

TÂCHE À RÉALISER

Dans ce chapitre d'histoire, vous avez appris comment s'est construite l'Union européenne. Dans ce dossier, vous allez découvrir ce que peut apporter la citoyenneté européenne. À l'occasion de la Journée de l'Europe (9 mai), créez une affiche sur la citoyenneté européenne.

ÉTAPE 1 Connaître les symboles de l'UE

Doc. 1 et 2

1. Relevez les symboles de l'Union européenne et leur signification.
2. Écoutez l'*Ode à la joie* et recherchez sur Internet pourquoi il a été choisi comme hymne européen.

Numérique
Écoutez l'hymne européen sur LLS.fr/HG3HymneEurope.

1 Les symboles de l'Union européenne

▲ Affiche pédagogique de la Librairie Citoyenne.

2 Le programme Erasmus

Quelles furent tes motivations pour partir étudier à l'étranger ?
La découverte d'une autre culture, une autre mentalité, une autre façon de vivre et, ne le cachons pas, une manière de mettre en valeur mon CV. Cela permet de s'ouvrir. Étant de nature réservée, cela m'a permis de m'ouvrir aux autres, de leur parler, d'apprendre à les connaître.
Pourquoi as-tu choisi d'étudier en Espagne ?
L'Espagne est un pays extraordinaire. Les gens sont ouverts, chaleureux, accueillants. Cela fait plaisir pour un étudiant français qui part sans connaître la moindre personne.

« Étudier à Toledo », interview d'un étudiant parisien en échange Erasmus à Tolède, sur le site *Jeunesseenaction.fr*.

◀ Logo du programme Erasmus.
On y retrouve les symboles de l'UE, ainsi que la silhouette de l'humaniste hollandais Érasme qui voyagea dans toute l'Europe au XVIe siècle et qui a inspiré le nom de ce programme. Créé en 1987, il a pour but de favoriser les échanges européens entre universités et grandes écoles européennes.

Vocabulaire

Le programme Erasmus : programme d'échanges d'étudiants européens.
Le traité de Maastricht : traité signé en 1992 créant la citoyenneté européenne.

ÉTAPE 2 Identifier les droits liés à la citoyenneté européenne

Doc. 3 à 5

1. Relevez dans les documents les droits que possèdent les citoyens de l'Union européenne.

4 Les élections européennes

▲ Affiche pour les élections européennes de 2019.

ÉTAPE 3 Réaliser son affiche

Doc. 1 à 5

1. Déterminez le titre et la structure de votre affiche, en délimitant des parties.
2. Reprenez les éléments trouvés dans les documents et classez-les : les symboles, les différents droits, le traité fondateur de la citoyenneté européenne.
3. Illustrez et soignez la présentation. Votre affiche doit être attrayante !

3 Des droits et des protections pour les citoyens

Les citoyens européens disposent de **droits liés à leur citoyenneté et garantis par les traités** :

› le **droit de circuler et de séjourner, de travailler et d'étudier** sur le territoire des autres pays membres, reconnu aux actifs et aux « inactifs » (étudiants, retraités, etc.) ;

› des **droits civiques et politiques** : droit de vote et d'éligibilité (être élu) aux élections municipales et aux élections du Parlement européen dans l'État membre où ils résident, droit de pétition devant le Parlement européen ;

› un **droit d'initiative citoyenne créé par le traité de Lisbonne [de 2007]** : un comité de citoyens (ONG, une association, [...]) [peut] présenter une initiative citoyenne européenne, invitant la Commission à exercer son droit d'initiative, en vue de l'adoption d'un texte qu'ils estimeraient nécessaire. Cette initiative doit être soutenue par un million de citoyens ressortissants [...].

Extrait de www.vie-publique.fr, 2016.

5 La mobilité pour les travailleurs

Le principe de base est simple : si vous êtes qualifié pour exercer une profession dans votre pays d'origine, vous l'êtes aussi pour l'exercer dans tout autre pays de l'UE. En tant que citoyen d'un État membre de l'UE, vous avez le droit de vous rendre dans n'importe quel pays de l'Union pour y travailler comme salarié ou comme indépendant, pour y chercher un emploi ou prendre votre retraite. [...] Vous avez le droit de postuler à toutes les offres d'emploi dans tous les pays de l'UE. Toutefois, certains postes de la fonction publique [...] (forces armées, police, justice, administration fiscale, diplomatie, etc.) peuvent être réservés à des nationaux.

Centre d'information sur les institutions européennes, 2015.

Je retiens l'essentiel

- La citoyenneté européenne a été créée lors du **traité de Maastricht** en 1992. Elle a été complétée par le traité de Lisbonne en 2007 et la Charte des droits fondamentaux de 2000.
- Elle se manifeste à travers des symboles qui rassemblent l'ensemble des citoyens européens...
- ...et par un ensemble de droits que possèdent les citoyens de l'Union (vote aux élections européennes, programme Erasmus, droit de circuler et de travailler sur le territoire de l'UE, etc.).

Sujet guidé

Exercice 1 • Analyser et comprendre des documents

1. **Doc. 1** Identifiez le document (auteur, nature, contexte).
2. **Doc. 1** Pourquoi l'Union européenne est-elle une réussite, selon François Mitterrand ?
3. **Doc. 1** Quelles avancées dans la construction européenne Mitterrand attend-il du traité de Maastricht ?
4. **Doc. 1** Les « peuples qui rêvent de nous rejoindre » dont parle François Mitterrand ont-ils adhéré à l'Union européenne ?
   › **GUIDE**
   - Rappelez le contexte de la fin de la guerre froide.
   - Expliquez les élargissements.
5. À partir de vos connaissances, donnez deux exemples concrets qui renforcent chez les peuples le sentiment d'appartenance à l'Union européenne.

1 Le traité de Maastricht : une nouvelle étape de la construction européenne

L'Union européenne représente, à mes yeux, un immense projet politique, l'un des plus ambitieux que nous ayons connus. Elle réunit de grandes, de vieilles nations qui se sont longtemps combattues jusqu'au jour où elles ont compris qu'elles sacrifiaient en vain leurs enfants, et donc leur espoir. Elle rend toute guerre impossible entre ceux qui la constituent. [...] On comprend pourquoi, partout sur notre continent, il n'est pas de peuple qui ne rêve de nous rejoindre et d'appartenir le plus tôt possible à notre Communauté.
Une Europe unie, comme vous le propose le traité que je vous demande d'adopter, sera seule en mesure, avec une monnaie, une banque centrale et un marché uniques, de faire front devant la force économique que représentent des pays extérieurs à notre continent, comme les États-Unis d'Amérique et le Japon. De plus, se développera avec le temps, dans tous les peuples de la Communauté, le sentiment d'être citoyens de l'Europe comme ils sont déjà citoyens de leur propre patrie.

Discours de François Mitterrand, président de la République (1981-1995), annonçant le référendum pour la ratification du traité de Maastricht, le 1er juillet 1992.

Méthode : Analyser un discours politique

- Un discours politique est un texte qui expose à un auditoire les idées, l'action ou les projets de son auteur (l'orateur).
- Toutes les idées exprimées répondent à des objectifs précis : convaincre le plus grand nombre d'auditeurs possible et combattre les idées des adversaires politiques.
- Identifiez la sensibilité politique de l'orateur : à quel parti ou à quel mouvement appartient-il ?
- Identifiez sa fonction : est-il au pouvoir ? Occupe-t-il des responsabilités importantes ? Est-il dans l'opposition ? Interrogez-vous sur ses objectifs, les idées qu'il combat et sur ses adversaires.

Exercice 2 • Maîtriser différents langages

Sous la forme d'un développement construit d'une vingtaine de lignes et en vous appuyant sur des exemples précis, décrivez les grands aspects de la construction européenne et les incertitudes auxquelles elle est confrontée.

› **GUIDE**
- Rappelez le nom d'au moins deux traités fondateurs.
- Donnez des exemples d'approfondissement et d'élargissement.
- Présentez quelques défis auxquels est confrontée l'UE.

Conseils • Rédiger un développement construit

- Pour rédiger un texte structuré, classez vos connaissances dans un plan. Chaque partie doit correspondre à une idée générale, illustrée par des exemples précis. L'enchaînement des parties met en évidence un raisonnement.

Exercice 1 • Analyser et comprendre des documents

1. **Doc. 1** Identifiez le document (auteur, nature, date, contexte).
2. **Doc. 1** À quelle période chaque ligne fait-elle référence ?
3. **Doc. 1** Quel est le point commun aux trois premières lignes ?
4. **Doc. 1** Que représente la quatrième ligne ?
5. **Doc. 1 et 2** Comment le dessin de presse illustre-t-il l'intention du comité Nobel ?

1 L'UE et le prix Nobel de la paix

▲ © Plantu paru dans *Le Monde dossiers et documents* en juin 1984 colorisé en mars 1992.
Dessin republié dans *Le Monde* le 12 octobre 2012, à l'occasion de l'attribution du prix Nobel de la paix à l'Union européenne.

2 Les raisons d'un prix Nobel

« L'Union européenne et ses précurseurs ont œuvré ces six dernières décennies aux progrès de la paix et de la réconciliation, de la démocratie et des droits de l'homme en Europe », a expliqué vendredi 12 octobre le comité Nobel en annonçant la remise du prix Nobel de la paix 2012 à cette institution. [...] En paix aujourd'hui, l'Europe était, il y a un siècle, un champ de bataille par intermittence, des guerres d'une ampleur mondiale s'enchaînant sur son territoire depuis le conflit franco-prusse de 1870 jusqu'à la Seconde Guerre mondiale. [...] La plupart des historiens s'accordent pour dire que cette période de paix, la plus longue de l'histoire du Vieux Continent, tient à la création de l'Union européenne (UE) et d'abord à la réconciliation entre la France et l'Allemagne. Une guerre entre Paris et Berlin est aujourd'hui « impensable », souligne le comité Nobel.

Marianne Meunier, « Union européenne, les raisons d'un prix Nobel de la paix », *la-croix.com@BayardPresse*, 12 octobre 2012.

Exercice 2 • Maîtriser différents langages

1. Sur le fond de carte ci-contre, nommez au moins cinq États membres de l'Union européenne et au moins deux villes qui accueillent des institutions européennes.
2. Sous la forme d'un développement construit d'une vingtaine de lignes, expliquez les étapes et les objectifs de la construction européenne.

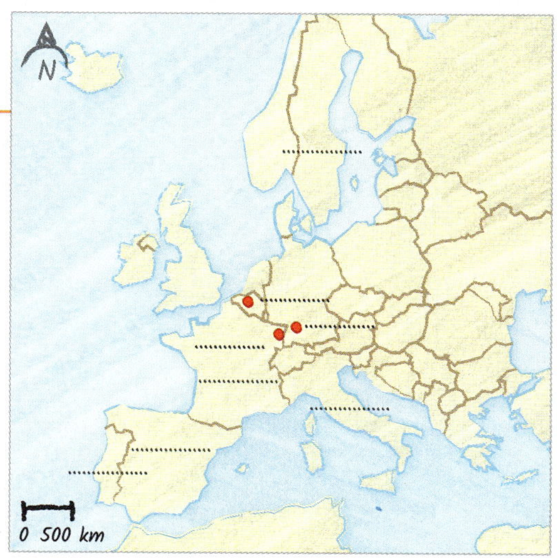

Numérique
Téléchargez la carte à compléter sur LLS.fr/HG3Cartes.

Chapitre

8 Le monde après 1989

THÈME II. Le monde depuis 1945

LA GUERRE FROIDE

DE LA DÉCOLONISATION AUX NOUVEAUX ÉTATS

LA CONSTRUCTION EUROPÉENNE

LE MONDE APRÈS 1989

La fin de la guerre froide laisse place à un monde où les relations internationales sont dominées par les États-Unis. Mais des rivalités apparaissent, avec l'émergence de nouvelles puissances. De nouvelles menaces rendent le monde instable.

Quels sont les conflits et les rivalités qui marquent le monde actuel ?

Quiz

1. Comment le monde est-il organisé pendant la guerre froide ?
   a. Le monde est unipolaire
   b. Le monde est bipolaire
   c. Le monde est multipolaire

2. Quelle est la superpuissance qui domine le monde après 1989 ?
   a. L'URSS
   b. Les États-Unis
   c. Le Japon

3. Quelle organisation régionale fait son apparition en 1992 ?
   a. La CEE
   b. L'Union européenne

Numérique

Retrouvez un parcours numérique pour préparer la certification PIX sur LLS.fr/HG3PIX8.

Dans ce chapitre je vais

- Décrire comment le monde s'organise après la fin de la guerre froide.
- Expliquer quels sont les enjeux du monde actuel.
- Identifier le lien entre un conflit localisé et ses enjeux régionaux ou internationaux.

Histoire et chanson

Au feu rouge est une chanson de Grand Corps Malade qui raconte l'errance des réfugiés chassés par la guerre ou la misère. À la fin de l'année 2019, le monde comptait près de 80 millions de personnes déracinées.

◀ L'impérialisme américain • Andy Singer, *Invading new markets* (« Conquérir de nouveaux marchés »), 1998.
Le caricaturiste américain Andy Singer montre la puissance militaire américaine alliée à la puissance économique des grandes entreprises.

Repères

Anciennes et nouvelles puissances mondiales

Compétence Je me repère dans le temps et dans l'espace

Avec la fin de la guerre froide, la division du monde en deux blocs contrôlés par deux puissances dominantes touche à sa fin. Les rivalités se multiplient. Elles sont de nature économique, avec l'affirmation de l'Union européenne et de la Chine et la croissance rapide des pays émergents. Elles sont également politiques et militaires : apparition de nouveaux États, tensions autour des frontières ou pour l'accès aux ressources (eau, pétrole) et menaces terroristes.

Notions

Un monde unipolaire

Domination du monde par une seule superpuissance : les États-Unis, à la fin de la guerre froide (dans les années 1990).

1. Rappelez les dates de la guerre froide.
2. Quel événement marque la fin de la guerre froide ?
3. Comment qualifie-t-on le monde pendant la guerre froide ?
4. **Doc. 1** D'après la carte, quelle puissance domine le monde après 1989 ?

Un monde multipolaire

Monde dans lequel les relations entre pays sont organisées autour de plusieurs puissances (depuis les années 2000).

5. **Doc. 1** Quelles sont les autres puissances ?
6. **Doc. 1** Qu'est-ce qu'une puissance émergente ? Relevez plusieurs exemples.
7. **Doc. 1** Quels conflits secouent le monde depuis 1989 ? Relevez quelques exemples, avec leurs dates.

Vocabulaire

Une puissance émergente : pays dont l'économie se développe rapidement et où le niveau de vie moyen progresse. Parmi eux, les BRICS désignent le Brésil, la Russie, l'Inde, la Chine et l'Afrique du Sud.

1 Le monde après 1989

2 **L'ONU**
Assemblée générale des Nations Unies, New York.

3 **Les BRICS**
Les dirigeants des BRICS, Johannesburg (Afrique du Sud), juillet 2018.

carte interactive

Menez l'enquête

La guerre civile et le génocide au Rwanda (1994)

Tâche à réaliser

Entre avril et juillet 1994, le génocide des Tutsis par les Hutus au Rwanda fait 800 000 victimes. En dépit des alertes, l'ONU intervient trop tardivement. Observateur de l'ONU, vous produisez un rapport qui présente la situation du Rwanda en juin 1994 : vous devez décrire le génocide, trouver des éléments d'explication et porter un regard critique sur l'action de la communauté internationale.

1922 Colonisation belge
1962 Indépendance
1990 Guerre civile
Avril 1994 Début des massacres

ÉTAPE 1 Décrire le génocide

Doc. 1

1. Rappelez d'abord la définition d'un génocide. Relevez ensuite les caractéristiques du génocide du Rwanda dans ce témoignage.

Numérique
Retrouvez les liens concernant le génocide du Rwanda au Mémorial de la Shoah sur LLS.fr/HG3Rwanda

1 Le génocide des « voisins »

Ici, avec les Hutus du voisinage [...], il y avait beaucoup d'inégalités dans les relations, mais tout de même une entente. C'est un ou deux mois avant le génocide que des confidences très accablantes de massacres ont commencé à circuler dans les parcelles. Les avoisinants hutus clamaient dans notre dos : « Des Tutsis, des Tutsis, ceux-là doivent mourir absolument ! » [...]. Les Interahamwe[1] ont commencé à chasser les Tutsis sur notre colline le 10 avril [1994] [...]. Quand l'attaque a commencé [...], j'ai reconnu beaucoup de visages d'avoisinants, qui tuaient à tour de bras [...]. Quand on entendait les Interahamwe arriver, on courait se disperser en silence [...] et on s'enfonçait dans la boue. Un jour, je me suis fait attraper dans ma cachette d'eau. Ce matin-là, je m'étais enfuie derrière une vieille femme de connaissance [...]. Les tueurs l'ont dénichée [...], ils l'ont coupée devant mes yeux.

Témoignage de Francine Niyitegeka, agricultrice tutsie, recueilli par Jean Hatzfeld, *Dans le nu de la vie*, Seuil, 2000.

1. Milice paramilitaire hutue.

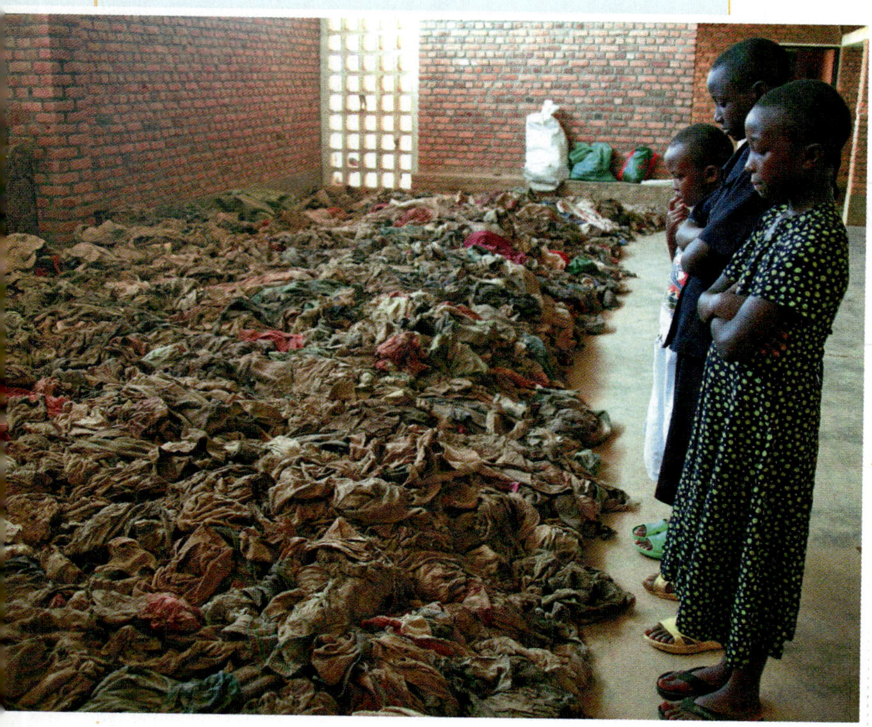

Des enfants devant les restes de vêtements de Tutsis exterminés dans cette église, pendant le génocide de 1994, photographie de 2008.

ÉTAPE 2 Expliquer les raisons de la violence

Doc. 2

1. Dégagez quatre périodes de l'histoire des relations entre les Tutsis et Hutus au Rwanda en précisant :
   - les bornes chronologiques de chacune des périodes ;
   - les relations entre les Tutsis et les Hutus à chacune des périodes.

ÉTAPE 3 Présenter le rôle de la communauté internationale

Doc. 3

1. Identifiez les personnes sur la caricature.
2. Décrivez la scène et expliquez son sens.

2 Un génocide aux racines anciennes

À l'origine, Tutsis et Hutus constituent un seul et même peuple [...]. Ce sont les puissances colonisatrices [...] qui font des Tutsis et des Hutus deux groupes ethniques différents. Les colons [belges] privilégient les Tutsis [...], jugés d'intelligence supérieure, au détriment des Hutus [...]. Inutile de dire que les Hutus vivaient leur relégation comme une injustice [...]. Lorsque les Belges se retirent finalement du Rwanda en 1962, le pouvoir passe aux mains des Hutus, majoritaires dans le pays [...]. [Les Tutsis] deviennent désormais les boucs émissaires des crises à répétition que traverse la nouvelle république rwandaise [...]. Près de la moitié des Tutsis rwandais avaient dû s'exiler entre 1960 et 1973, après plusieurs périodes de massacres et de discriminations [...].

Ces exilés s'organisent en Ouganda et créent en 1987 le Front patriotique rwandais (FPR). Le 1er octobre 1990, le FPR lance sa première offensive sur le Rwanda. C'est le début de la guerre civile. Le président Juvénal Habyarimana [...] prend prétexte de cette attaque pour perpétrer des exactions contre les Tutsis de l'intérieur, accusés de complicité avec les rebelles du FPR [...]. Parallèlement, le pouvoir s'appuie sur les médias [...] pour distiller à travers le pays l'idéologie de haine qui sera le principal ressort du génocide [...]. La bombe génocidaire est en place. Le crash du Falcon du président hutu le 6 avril 1994 servira de briquet pour allumer la mèche.

Tirthankar Chanda, « Rwanda : aux origines du génocide », RFI, 6 avril 2014.

KANGURA

N°26

IJWI RIGAMIJE GUKANGURA NO KURENGERA RUBANDA NYAMWINSHI.

100 FRW

BATUTSI BWOKO BW'IMANA !

NIZIHE NTWARO TUZAKORESHA KUGIRA NGO DUTSINDE INYENZI BURUNDU ??

Twamenyeye icyo NZIRORERA apfa n'Abatutsi.

Uwagarura Revolisiyo y'1959 y'abahutu kugirango dutsinde inyenzi-Ntutsi.

« Quelles armes prendrons-nous pour vaincre définitivement les cafards ? », Une du journal extrémiste *Kangura*, novembre 1991.

3 Une critique de l'ONU

Dessin de Willem, 1994.

BRAVO !

En menant cette enquête, j'ai appris à :

- Analyser et comprendre des documents
- Situer et ordonner dans le temps
- Raisonner et justifier une démarche et les choix effectués

Dossier 1

Un monde instable

Compétence J'analyse et je comprends des documents

À la fin de la guerre froide, le monde espère une période de paix. L'ONU peut enfin jouer son rôle de résolution des conflits avec l'aide des États-Unis, seule superpuissance, qui apparaît comme le « gendarme du monde » . Mais le 11 septembre 2001, les États-Unis sont frappés par des attentats terroristes très meurtriers. Deux décennies plus tard, le monde reste très déstabilisé.

1991 Coalition internationale contre l'Irak

11 septembre 2001 Attaques terroristes aux États-Unis

Octobre 2001 Début de la guerre d'Afghanistan

2003 Intervention américaine en Irak

Comment les attentats du 11 septembre ouvrent-ils une période d'instabilité ?

1 La guerre du Golfe et le renouveau de l'ONU

L'agression dans le golfe Persique constitue une menace non seulement pour la sécurité de toute une région, mais aussi pour la vision mondiale de notre avenir. Elle menace de transformer le rêve d'un nouvel ordre mondial en un cauchemar où règne l'anarchie et où la loi de la jungle remplace le droit international. C'est la raison pour laquelle les Nations unies ont réagi avec une telle unité et une telle détermination [...]. Désormais l'ONU accomplit sa destinée de parlement mondial de la paix.

George H. W. Bush (président américain, 1989-1993), discours devant l'Assemblée générale de l'ONU, 1er octobre 1990.

Numérique

Retrouvez un parcours numérique sur la guerre d'Afghanistan sur **LLS.fr/HG3PIX8**.

2 Les États-Unis en guerre contre le terrorisme 9/11

En quatre mois à peine, notre pays a réconforté les victimes, commencé à reconstruire New York et le Pentagone, formé une grande coalition, capturé, arrêté et mis hors d'état de nuire des milliers de terroristes [...], et libéré un pays[1] d'une oppression brutale [...].

Notre objectif consiste à empêcher les gouvernements qui parrainent le terrorisme de menacer les États-Unis et leurs amis au moyen d'armes de destruction massive [...]. La Corée du Nord a un gouvernement qui s'équipe de missiles et d'armes de destruction massive tout en affamant sa population. L'Iran s'emploie activement à fabriquer de telles armes et exporte le terrorisme tandis qu'une minorité non élue étouffe l'espoir de liberté du peuple iranien [...]. L'Irak continue à afficher son hostilité envers les États-Unis et à soutenir le terrorisme [...]. De tels États constituent, avec leurs alliés terroristes, un axe maléfique et s'arment pour menacer la paix mondiale.

George W. Bush, discours sur l'état de l'Union, janvier 2002.

1. L'Afghanistan.

◀ Les tours jumelles du *World Trade Center* lors des attentats du 11 septembre 2001.

Numérique

Retrouvez une vidéo sur les attentats du 11 septembre sur **LLS.fr/HG3Attentats2001**.

3 L'intervention américaine en Irak en 2003

▲ Un soldat américain observant la statue déboulonnée de Saddam Hussein à Bagdad, le 9 avril 2003.

En 2003, les États-Unis interviennent en Irak pour mettre un terme au pouvoir du dictateur Saddam Hussein, accusé de soutenir le groupe Al-Qaïda et de détenir des armes de destruction massive. Cette intervention **unilatérale** se fait sans mandat de l'ONU.

5 L'enlisement dans le conflit irakien

Les relations diplomatiques entre les États-Unis et la République islamique d'Iran sont houleuses depuis la révolution de 1979. Et l'Irak, où les États-Unis sont intervenus militairement en 2003 pour déloger le dictateur Saddam Hussein, est devenue l'un des foyers centraux de leur rivalité au Moyen-Orient.

Sous la houlette de George Bush, les États-Unis souhaitaient installer un régime démocratique à Bagdad. Mais leur plan ne s'est pas déroulé comme prévu. L'intervention militaire a certes été victorieuse, mais a déclenché une effroyable guerre civile dans le pays, sur fond de rivalités religieuses entre sunnites et chiites.

L'Iran a, de son côté, profité des troubles en Irak pour y renforcer considérablement son influence depuis dix-sept ans. En février 2009, le nouveau président Barack Obama, farouchement opposé à la guerre en Irak, a annoncé le retrait d'ici fin 2011 de ses troupes. Le 18 décembre 2011, les derniers soldats américains quittaient l'Irak. Mais Washington continue à suivre de près l'évolution politique dans le pays. [...]

Les États-Unis conservent 5 200 militaires en Irak, dans le cadre de la coalition antidjihadiste contre **Daesh**. Il est en revanche beaucoup plus difficile de chiffrer le poids des milices pro-iraniennes en Irak.

« Pourquoi l'Irak est un terrain de bataille brûlant entre Washington et Téhéran », *Les Échos*, janvier 2020.

4 Le retrait des troupes américaines

▲ Dessin de Hub, 19 décembre 2011.

Vocabulaire

Daesh ou l'État islamique : organisation djihadiste et terroriste née en 2006, basée en Irak et Syrie, et responsable de crimes contre l'humanité.

Le terrorisme : actions violentes destinées à terroriser une population pour atteindre un but politique.

L'unilatéralisme : politique menée par un État pour défendre ses propres intérêts, sans s'occuper des autres États ni des institutions internationales.

Questions

Questionnement différencié sur LLS.fr/HG3P201

1. **Doc. 1** Sur quoi doit reposer le « nouvel ordre mondial » selon G. H. W. Bush ?
2. **Doc. 2** Que se passe-t-il aux États-Unis le 11 septembre 2001 ?
3. **Doc. 2** Comment réagissent les États-Unis ?
   > GUIDE
   - Dans quel pays les États-Unis interviennent-ils en octobre 2001 ?
   - Relevez le mot qui montre l'unité de la communauté internationale dans cette réaction.
   - Quels autres pays sont ciblés par la réponse américaine ?
4. **Doc. 2 et 3** Comment les États-Unis justifient-ils leur intervention en Irak en 2003 ?
5. **Doc. 4 et 5** Quel bilan peut-on dresser de l'intervention américaine en 2011 ?
6. **Doc. 5** Montrez que le conflit en Irak s'est internationalisé, en citant deux adversaires qu'y combattent les États-Unis.

Dossier 2

Le Sahara et le Sahel, nouveaux territoires d'insécurité

Compétence J'analyse et je comprends des documents

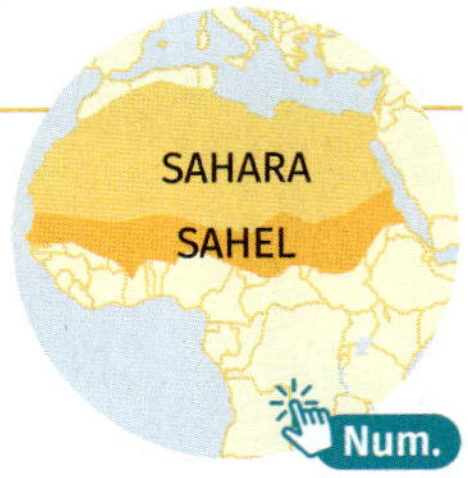

Le Sahara est un immense désert partagé entre une dizaine d'États, parmi lesquels au sud, les pays du Sahel. Marqué par de forts contrastes entre le nord et le sud, le Sahara est devenu un territoire d'insécurité majeur de la planète, alors que s'y concentrent de nombreux enjeux.

Quels enjeux font du Sahara et du Sahel un espace d'insécurité ?

1 Le Sahara, un espace convoité et sous tension

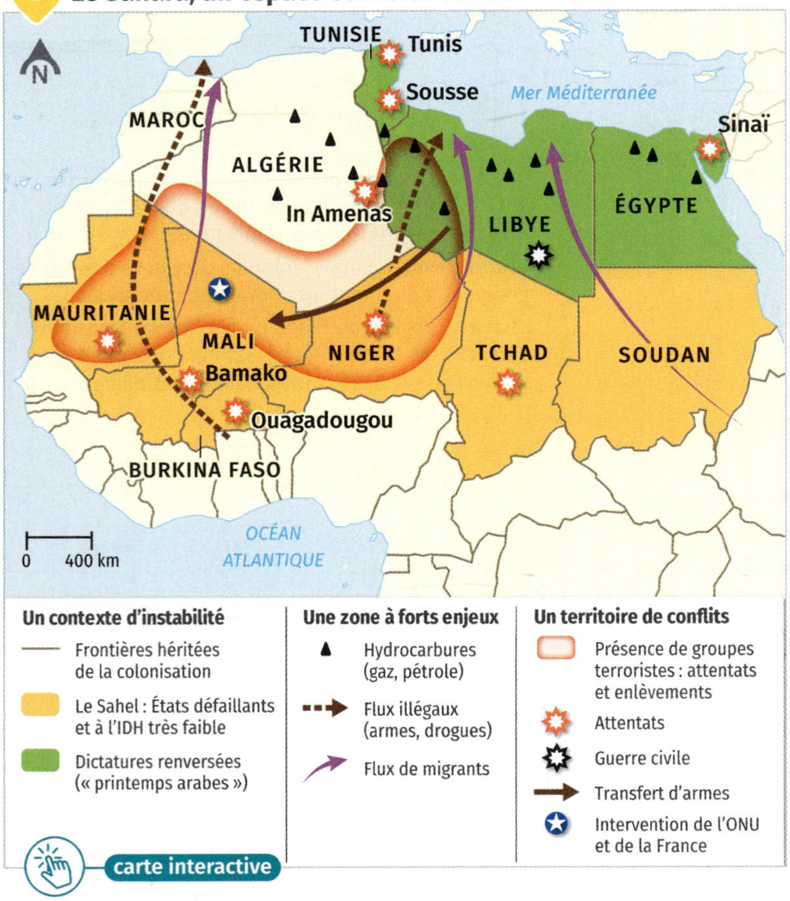

2 Des États en crise

Dans plusieurs pays sahéliens, le manque d'infrastructures et de services de base a naturellement fait le jeu de groupes ou associations prosélytes[1] parfois radicales, qui se sont engouffrées dans le vide laissé par les États et ont pu apparaître comme des facteurs d'ordre ou de développement. Les « associations » et organisations d'abord, les groupes **terroristes** ensuite, ont su jouer sur le levier de la séduction des populations par la satisfaction de leurs besoins primaires. En instaurant une « administration », une police islamique, des structures d'hygiène, en favorisant l'électrification, en distribuant de l'aide alimentaire, ils ont su parfois gagner les cœurs et s'assurer du soutien de la population, créant ainsi un terreau favorable au développement du terrorisme.

Rapport du Sénat, France, 3 juillet 2013.

1. Qui cherchent à susciter l'adhésion.

Vocabulaire

L'islamisme : mouvement politique qui veut créer une société organisée autour des préceptes de l'islam.

Les « printemps arabes » : vastes mouvements de révolte dans le monde arabe ayant abouti au renversement de plusieurs dictateurs.

Le terrorisme : voir p. 209.

Numérique

Retrouvez une vidéo sur l'engrenage de la violence au Sahel sur LLS.fr/HG3Sahel.

3 Le « printemps arabe » en Tunisie

Une du journal *Libération*, 15 janvier 2011.
Les « printemps arabes », en 2011, débutent en Tunisie. Le pays met en place une démocratie. D'autres pays s'enfoncent dans la violence.

5 Une insécurité croissante

La sécurité au Sahel se dégrade rapidement [...]. En premier lieu, les zones touchées par les violences s'étendent. [...] Ensuite, cette extension géographique des zones touchées par la violence s'accompagne très logiquement d'une nette augmentation, ces deux dernières années, du nombre de victimes et de déplacés. [...] Enfin, c'est la variété des formes et des acteurs de la violence qui s'étend. Le terrorisme est évidemment toujours une menace centrale, mais il côtoie et parfois s'hybride avec d'autres phénomènes. Ainsi, dans le nord du Mali, des groupes armés s'affrontent pour le contrôle de points de passage des trafics. Au centre du pays, des milices communautaires sont, elles, entrées dans un cycle de représailles réciproques sur les communautés voisines, comme en témoigne le terrible massacre d'Ogossagou, en mars. Et les forces armées, victimes d'attaques des groupes djihadistes, se vengent parfois sur des civils issus des villages dont viennent les présumés assaillants [...].

Alain Antil, « Au Sahel, les États n'assurent même plus la sécurité ou la justice », *Le Monde*, octobre 2019.

4 La communauté internationale au Mali

Le Conseil de sécurité [...],
– souligne le fait que des groupes terroristes et des réseaux de criminels sont solidement implantés [dans le nord du Mali] et continuent de faire peser une grave menace [...],
– condamne fortement toutes les atteintes aux droits de l'homme commises [...] par des rebelles armés, des terroristes et d'autres groupes extrémistes, notamment celles qui prennent la forme de violences infligées à des civils et particulièrement à des femmes et à des enfants,
– décide d'autoriser le déploiement au Mali [...] de la Mission internationale de soutien au Mali sous conduite africaine (Misma).

Résolution du Conseil de sécurité de l'ONU, 20 décembre 2012.

▲ Panneau d'un groupe **islamiste**, à Gao au Mali, 2013.

▲ Soldats de la mission de maintien de la paix de l'ONU au Mali, 5 juin 2015.

Questions

Questionnement différencié sur LLS.fr/HG3P203

1. **Doc. 1** Montrez que le Sahara est un espace contrasté, présentant de forts enjeux économiques.
2. **Doc. 1, 2 et 3** Pourquoi peut-on dire que les États du Sahara et du Sahel présentent une situation politique instable ?
3. **Doc. 1 et 4** Quelles menaces pèsent sur les populations du Sahel ? Quelles en sont les manifestations ?
4. **Doc. 4** Que décide le Conseil de sécurité de l'ONU ?
5. **Doc. 5** Comment se développe l'insécurité au Sahel ?
6. **Doc. 1 à 5** Expliquez les enjeux qui se concentrent dans le Sahara et le Sahel.

   › GUIDE
   - Rappelez les ressources et les flux qui traversent la région.
   - Décrivez la fragilité des États du Sahel.
   - Montrez qu'en dépit de l'intervention de l'ONU, l'insécurité s'est accrue.

Le monde face à de nouveaux dangers

Compétence J'analyse et je comprends des documents

Si la fin de la guerre froide a fait un temps espérer un nouvel ordre mondial libéré des guerres, le monde est aujourd'hui confronté à de nombreux dangers : persistance de conflits anciens, recrudescence du terrorisme, menace nucléaire, rivalités économiques, cyberguerre.

Quelles sont les nouvelles menaces qui pèsent sur le monde ?

1 La France frappée par le terrorisme

Ceux qui sont tombés le 13 novembre étaient la France, toute la France. Ils étaient étudiant, journaliste, enseignant, restaurateur, ingénieur, chauffeur, […]. Nous connaissons l'ennemi, c'est la haine, celle qui tue à Bamako, à Tunis, à Palmyre, à Copenhague, à Paris et qui a tué naguère à Londres ou à Madrid. L'ennemi, c'est le fanatisme qui veut soumettre l'homme à un ordre inhumain, c'est l'obscurantisme, c'est-à-dire un islam dévoyé qui renie le message de son livre sacré. Cet ennemi nous le vaincrons ensemble, avec nos forces, celles de la République, avec nos armes, celles de la démocratie, avec nos institutions, avec le droit. Dans ce combat, nous pouvons compter sur nos militaires, engagés sur des opérations difficiles, en Syrie, en Irak, au Sahel. Nous pouvons compter sur nos policiers, nos gendarmes, en lien avec la justice, qui se sont encore comportés de façon admirable pour mettre hors d'état de nuire les terroristes.

Discours de François Hollande, président de la République, le 27 novembre 2015, en hommage aux victimes des attentats du 13 novembre.

2 Le terrorisme islamiste

Les 5 pays les plus touchés par le terrorisme islamiste entre 2013 et 2019 (en nombre de morts)

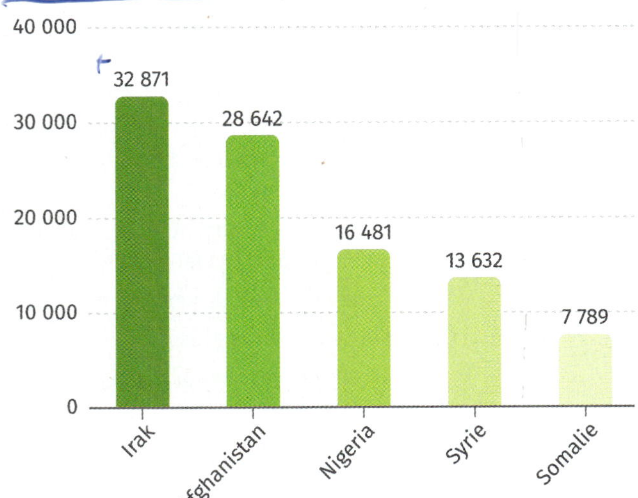

Source : Fondapol, 2019.

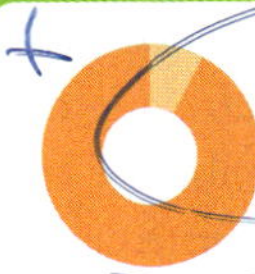

Sur la période 2013-2019 :
92 % des victimes d'attentats islamistes sont des musulmans.

Sur la période 2013-2019 :
30 % des attentats commis dans le monde sont des attentats islamistes.

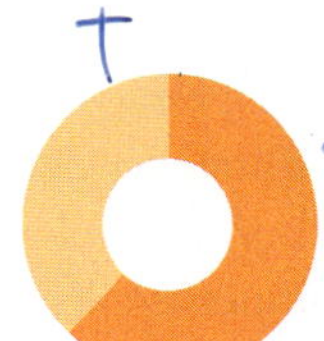

Sur la période 2013-2019 :
Sur **198 000** victimes du terrorisme,
64 % sont des victimes du terrorisme islamiste.

Source : Fondapol, 2019.

3 La prolifération nucléaire

Dans une résolution présentée par les États-Unis, les membres du Conseil ont approuvé à l'unanimité un durcissement des sanctions contre la Corée du Nord [...]. Ce durcissement des sanctions intervient un peu moins d'un mois après le dernier tir de missile balistique (28 novembre) effectué par la Corée du Nord. Un acte condamné par les membres du Conseil dans leur résolution. Depuis le début de l'année, Pyongyang[1] a procédé au tir de 20 missiles et a effectué un essai nucléaire début septembre.
Les sanctions adoptées par les membres du Conseil accentuent les interdictions d'exportation de pétrole vers la Corée du Nord. [...]
Avec cette nouvelle résolution, le Conseil a également décidé que les États membres devront rapatrier « tous les ressortissants de la RPDC[2] qui perçoivent des revenus » présents sur leur sol [...].

Résolution 2397 du Conseil de sécurité de l'ONU, le 22 décembre 2017.

1. Capitale de la Corée du Nord. 2. République populaire démocratique de Corée.

4 Une guerre d'un nouveau type : les cyberattaques

Après l'assassinat par les États-Unis du général iranien Soleimani, l'Iran répond par cyberattaques.

Le groupe iranien Cyber Security Group HackerS a, en effet, pris pour cible, dimanche 5 janvier, le site du Programme fédéral des bibliothèques de dépôt. La page d'accueil a été remplacée par un message à la gloire de Qassem Soleimani avec, en fond, une image détournée du président américain Donald Trump, mis K.O. par le poing vengeur des Gardiens de la révolution. [...]
Le pays s'est doté d'une cyberarmée officielle, placée sous le contrôle des Gardiens de la révolution, et « soutient une cinquantaine de groupes de pirates informatiques qui peuvent à tout moment être utilisés pour lancer des opérations » [...]. [Pour Frans Imbert-Vier PDG de la société de conseil en cybersécurité Ubcom], l'intérêt principal d'une opération de piratage informatique réside dans le fait que « c'est leur seul moyen de frapper les États-Unis sur leur sol ». [...] Et dans une crise opposant deux nations à la puissance économique et militaire aussi différente, l'arme cyber permet de réduire ces inégalités.

Sébastien Seibt, « Assassinat de Qassem Soleimani : pourquoi Washington craint la cybervengeance iranienne », www.france24.com, janvier 2020.

5 La guerre commerciale entre la Chine et les États-Unis

▲ Une du journal *Courrier international*, 27 juin 2019.

Vocabulaire

La cyberguerre : attaques informatiques visant à déstabiliser un État ou de grandes entreprises à l'aide de logiciels malveillants.

La prolifération nucléaire : accroissement du nombre d'États détenant l'arme nucléaire ou cherchant à l'obtenir.

Le terrorisme : voir p. 209.

Questions

Questionnement différencié sur LLS.fr/HG3P205

1. **Doc. 1** Que s'est-il passé à Paris le 13 novembre 2015 ?
2. **Doc. 1 et 2** Montrez que le terrorisme touche l'ensemble de la planète.
3. **Doc. 3** Que reproche l'ONU à la Corée du Nord ? Par quels moyens l'ONU agit-elle pour la faire renoncer ?
4. **Doc. 4** Quelle arme l'Iran utilise-t-il contre les États-Unis ? Pourquoi ?
5. **Doc. 5** Comment les États-Unis et la Chine s'affrontent-ils ?
6. **Doc. 1 à 5** Construisez une carte mentale pour présenter les nouveaux dangers auxquels le monde est confronté.
   > GUIDE
   - Identifiez quatre menaces.
   - Pour chacune d'elle, donnez un exemple pris dans les documents et un exemple trouvé sur Internet.

Dossier guidé 4

La communauté internationale face au défi climatique

Compétence Je travaille en autonomie
Je raisonne, je justifie une démarche et les choix effectués

Depuis la fin du siècle dernier, la prise de conscience du changement climatique global s'est accompagnée de l'affirmation de la nécessité d'une réaction internationale. Elle s'est traduite par la mise en commun de travaux scientifiques et la multiplication des concertations entre États. Elle se heurte cependant aux intérêts particuliers.

Quelles sont les avancées et les difficultés de l'action internationale face au défi climatique ?

1 La prise de conscience de la communauté internationale

Adoption de l'Accord de Paris, le 12 décembre 2015.

1988
Création du GIEC (Groupe d'experts intergouvernemental sur l'évolution du climat). Des scientifiques issus des 195 pays membres sont chargés d'étudier le changement climatique, ses causes, ses effets et les stratégies pour l'atténuer.

1992
Sommet de la Terre à Rio. 175 pays reconnaissent officiellement l'importance du changement climatique et son lien avec les activités humaines.

1997
Protocole de Kyoto. Premier accord pour la réduction des émissions de gaz à effet de serre. Il n'est contraignant que pour les pays développés, mais des pays comme les États-Unis ou l'Australie ne le ratifient pas.

2007
COP15 à Copenhague : rencontre qui se conclut sur un échec. Les divergences de vue, en particulier entre Chine et États-Unis, ne permettent pas d'aboutir à un accord contraignant.

2015
COP21 à Paris. Salué comme une réussite, c'est le premier accord contraignant pour l'ensemble des pays.

Question : comment la communauté internationale cherche-t-elle à répondre à la crise climatique ?

> GUIDE
- De quelle menace la communauté internationale s'empare-t-elle depuis une quarantaine d'années ?
- Quelles sont les étapes de sa prise en compte ?
- Relevez deux difficultés qui freinent l'action internationale.

Numérique
Retrouvez les enjeux de la COP21 en dix chiffres dans une vidéo sur LLS.fr/HG3COP21.

Dessin de Arend van Dam, le 28 novembre 2018.

Vocabulaire

Une COP : conférence des parties (l'Union européenne et les 196 autres pays signataires de la Convention-cadre des Nations Unies sur les changements climatiques) visant à faire le point et fixer de nouveaux objectifs de lutte contre le réchauffement climatique.

2 La COP21, une avancée importante

Des objectifs quant aux températures
Limiter l'augmentation de température à 2 °C maximum, et poursuivre les efforts en visant 1,5 °C d'ici la fin du siècle (par rapport aux niveaux de l'ère pré-industrielle).

Des objectifs quant aux émissions
Réduction la plus rapide possible des émissions de gaz à effet de serre (GES) pour atteindre la neutralité carbone à partir de 2050.

Évaluation tous les 5 ans
Chaque bilan devra mettre en évidence une progression par rapport au précédent.

Des objectifs quant au partage des efforts
Les pays développés doivent verser 100 milliards de dollars par an aux pays en développement, pour les aider dans leur politique de développement durable.

Entrée en vigueur
Novembre 2016, après la ratification de l'Accord de Paris par 97 pays (183 pays depuis janvier 2021).

Source : d'après l'Accord de Paris sur le climat, 2015.

Question : pourquoi la COP21 constitue-t-elle un tournant de l'action internationale ?

› GUIDE
- Qui sont les pays participants à la COP21 ?
- Quels sont leurs objectifs communs et les moyens qu'ils se donnent ?
- Quels sont les deux plus gros pays pollueurs ?
- D'après vous, pourquoi ces pays ne sont-ils pas dans la même situation pour mettre en œuvre une politique climatique ?

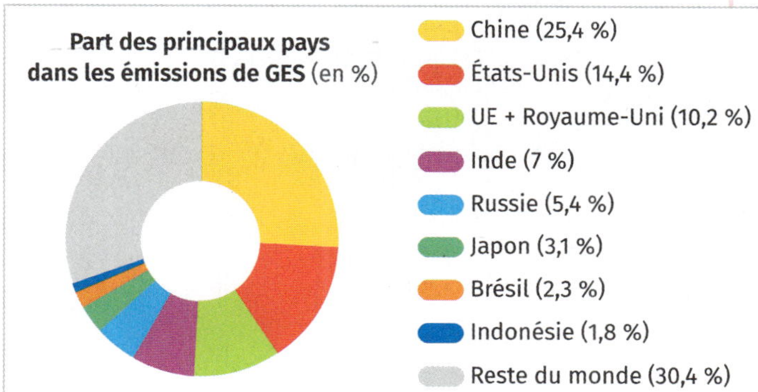

3 Les limites de la coopération internationale

Question : quelles sont les limites de la coopération internationale ?

› GUIDE
- Pourquoi les accords de Paris sont-ils contestés par certains aux États-Unis ?
- Montrez que les citoyens du monde s'emparent de la question climatique (voir p. 368-369).

Pendant la campagne présidentielle, Donald Trump n'avait cessé de critiquer la politique environnementale de Barack Obama, présentée comme destructrice d'emplois. Son élection inattendue à la présidence des États-Unis, le 8 novembre, a entraîné presque immédiatement la mobilisation des organisations de défense de l'environnement. La question du maintien américain dans l'accord de Paris conclu en décembre 2015 a ouvert un débat et mis en évidence la fracture qui sépare deux camps irréconciliables.

Gilles Paris, « Aux États-Unis, le débat sur l'accord de Paris met en évidence la fracture sur le climat », *Le Monde*, juin 2017.

Des gens souffrent, des gens meurent, et des écosystèmes s'écroulent. Nous sommes au début d'une extinction de masse, et tout ce dont vous parlez c'est d'argent, et de contes de fées racontant une croissance économique éternelle. Comment osez-vous ?

Extrait du discours de Greta Thunberg devant l'ONU, 23 septembre 2019.

Synthèse

▶ À travers l'exemple de la COP21, décrivez les avancées et les difficultés de l'action internationale face au défi climatique.

Leçon

De nouveaux enjeux et de nouveaux conflits

Compétence Je révise mes repères historiques

Numérique
Retrouvez une vidéo pour réviser sur **LLS.fr/HG3Synthese8**

A. Une nouvelle organisation du monde

› Avec la disparition de l'URSS dans les années 1990, les États-Unis deviennent la seule superpuissance. Le monde devient **unipolaire**. Les États-Unis jouent le rôle de « gendarmes du monde ». En 1991, lors de la guerre du Golfe, ils prennent la tête d'une coalition de 29 pays pour repousser l'invasion irakienne du Koweït **(doc. 1 p. 200)**.

▲ Des avions de chasse des États-Unis pendant la guerre du Golfe, 1991.

› Ce rôle est de plus en plus contesté dans les années 2000, avec l'affirmation de l'Union européenne, du Japon, ainsi que des **puissances émergentes** (BRICS). Le monde devient **multipolaire**.

B. Un monde instable

› Les conflits sont nombreux, leurs origines variées : frontières contestées (Cachemire, Corée), **guerres civiles** (Rwanda, Algérie, Soudan), conflits liés à la dislocation du bloc de l'Est (ex-Yougoslavie). Le conflit israélo-palestinien est dans l'impasse.

› Le 11 septembre 2001 marque un tournant. Les États-Unis sont frappés par quatre attaques terroristes très meurtrières revendiquées par Oussama Ben Laden, chef d'Al-Qaïda. Le président George W. Bush lance une « guerre contre le terrorisme », en Afghanistan sous mandat de l'ONU, puis en Irak **(dossier 1)**.

› Passées les premières victoires, l'armée américaine se heurte à l'enlisement sur le terrain et les États-Unis affrontent de nombreuses contestations.

C. La communauté internationale face aux nouvelles menaces

› Des mouvements terroristes comme Aqmi ou **Daesh** s'installent dans des pays déstabilisés, en Syrie, en Libye et dans les pays du Sahel **(dossier 2)**. Le **terrorisme** prend de nouvelles formes avec la multiplication des cyberattaques. La menace de la prolifération nucléaire est à nouveau à l'ordre du jour en Corée du Nord et en Iran **(dossier 3)**.

› La communauté internationale est mise au défi face à ces nouvelles menaces : si près de 100 000 Casques bleus sont déployés dans le monde, les tensions au Conseil de sécurité de l'ONU paralysent souvent l'institution.

› La communauté internationale prend conscience de nouveaux défis à relever : réchauffement climatique, régulation économique, crise sanitaire de la Covid-19, etc. La Cop21 signe l'Accord de Paris mais l'annonce du retrait américain en 2017 montre les limites de la gouvernance mondiale, confrontée aux intérêts particuliers **(dossier 4)**. Les citoyens, à travers le monde, se mobilisent de plus en plus pour peser dans ces décisions.

Je retiens

- **Un monde unipolaire : les États-Unis, superpuissance**
- **Monde multipolaire, avec les puissances émergentes**
- **La persistance de conflits anciens**
- **Le tournant du 11 septembre 2001**
- **L'enlisement de nouveaux conflits**
- **De nouvelles menaces**
- **Le rôle de L'ONU**
- **L'action de la communauté internationale et ses limites.**

1990	1995	2000	2005	2010

Monde unipolaire — **Monde multipolaire**

- **9 novembre 1989** Chute du mur de Berlin
- **Décembre 1991** Dissolution de l'URSS
- **11 septembre 2001** Attaques terroristes aux États-Unis
- **2003** Invasion de l'Irak par une coalition dirigée par les États-Unis
- **Octobre 2001-2014** Guerre d'Afghanistan

Je retiens les personnages importants

George W. Bush (1946-)
Président des États-Unis de 2001 à 2009. Il mène une « guerre contre le terrorisme », désignant des pays ennemis (Irak, Iran, Corée du Nord).

Oussama Ben Laden (1957-2011)
Chef de l'organisation terroriste Al-Qaïda (attentats du 11 septembre 2001 aux États-Unis). Il est tué au Pakistan en 2011.

Vocabulaire

Daesh ou État islamique : organisation djihadiste et terroriste qui veut établir un califat dans les territoires qu'elle domine, en Syrie et en Irak. Elle est responsable de crimes contre l'humanité, fortement médiatisés depuis 2013.

Une guerre civile : conflit entre les habitants d'un même pays.

Un monde multipolaire : monde dans lequel les relations entre pays sont organisées autour de plusieurs puissances.

Un monde unipolaire : domination du monde par une seule superpuissance, les États-Unis, à la fin de la guerre froide.

Une puissance émergente : voir p. 196.

Le terrorisme : actions violentes destinées à terroriser une population pour atteindre un but politique.

Je révise avec un schéma

D'UN MONDE UNIPOLAIRE À UN MONDE MULTIPOLAIRE

Une multiplication des conflits
- Conflits frontaliers
- Conflits entre États
- Guerres civiles

De nouvelles menaces
- Trafics illicites
- Prolifération nucléaire
- Cyberguerre
- Montée du terrorisme

De nouveaux enjeux
- Instabilité politique
- Pauvreté
- Contrôle des ressources naturelles
- Réchauffement climatique

Téléchargez ce schéma sur LLS.fr/HG3Schema8

Je teste mes connaissances

Pour chaque question, il y a une ou plusieurs réponses correctes. Testez-vous sur LLS.fr/HG3Quiz8

Je m'exerce pour le brevet

Compétence Je pratique différents langages

Exercice 1 • Je maîtrise les repères spatiaux et chronologiques

1. Localisez la superpuissance mondiale depuis la fin de la guerre froide.
2. Nommez la catégorie à laquelle appartiennent les pays en vert.
3. À quoi correspondent les zones rouges ? Nommez au moins un exemple vu en classe.
4. Que s'est-il passé à New York le 11 septembre 2001 ?

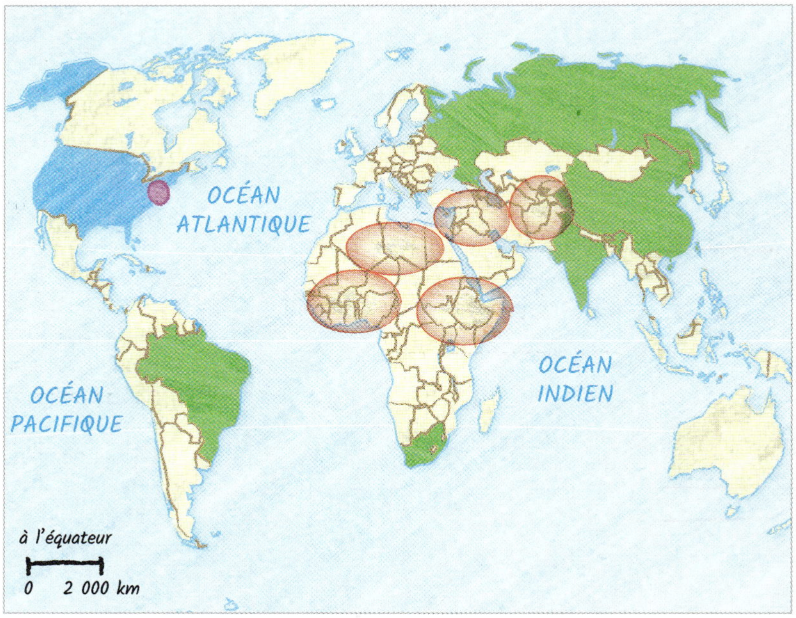

Numérique
Téléchargez la carte à compléter sur LLS.fr/HG3Cartes.

Exercice 2 • Je connais la chronologie du chapitre

Complétez le texte à trous avec les propositions suivantes :

- unipolaire
- génocide
- bipolaire
- guerre civile
- BRICS
- superpuissance
- Daesh
- multipolaire
- terrorisme

Durant la guerre froide, qui opposait le bloc de l'Est et le bloc de l'Ouest, le monde est .... Avec la chute de l'URSS en 1991, il devient .... et les États-Unis sont la seule .... Ce rôle est néanmoins contesté depuis les années 2000 par l'affirmation de l'Union européenne et des .... Le monde devient ....
Les conflits persistent dans les années 1990, notamment entre des habitants d'un même pays (on parle alors de ....). Les violences peuvent aller jusqu'au .... , comme au Rwanda en 1994.
Depuis les années 2000, le monde est confronté à la menace du .... avec des organisations comme Al-Qaïda, ou .... depuis 2013, au Moyen-Orient.

Exercice 3 • Je maîtrise le vocabulaire du chapitre

Pour chaque proposition, dites si elle est vraie ou fausse, et justifiez votre réponse.

1. Dans les années 1990, le monde est multipolaire. ○ Vrai. ○ Faux.
2. Les BRICS se situent majoritairement dans l'Union européenne. ○ Vrai. ○ Faux.
3. Les « printemps arabes » ont abouti au renversement d'un seul dictateur. ○ Vrai. ○ Faux.
4. Une guerre civile oppose les habitants d'un même pays. ○ Vrai. ○ Faux.

Numérique
Retrouvez cet exercice en version autocorrigée sur LLS.fr/HG3Exoautocorrige8.

Compétence J'utilise des informations numériques et j'exerce mon esprit critique

J'apprends en chanson

ÉTAPE 1 Identifier la chanson

1. Écoutez la chanson.
2. Qui incarne chacun des chanteurs ?
3. À quelle date la chanson est-elle écrite ? Dans quel contexte ?

ÉTAPE 2 Analyser les paroles

1. En quoi le Portoricain incarne-t-il le rêve américain ?
2. Décrivez l'existence de la jeune Afghane.
3. Quels événements font basculer l'existence de chacun d'eux ?

ÉTAPE 3 Comprendre la chanson

1. Que dénonce chacun des personnages ?
2. Quelle est la conclusion de la chanson ?
3. Que montre le clip ? Qu'est-ce que cela indique de la portée de ces événements ?

Petit Portoricain
Bien intégré, quasiment New-Yorkais
Dans mon building tout de verre et d'acier
Je prends mon job, un rail de coke, un café
Petite fille Afghane
De l'autre côté de la terre
Jamais entendu parler de Manhattan
Mon quotidien c'est la misère et la guerre
Refrain :
Deux étrangers au bout du monde, si différents
Deux inconnus, deux anonymes, mais pourtant
Pulvérisés sur l'autel
De la violence éternelle
Un 747
S'est explosé dans mes fenêtres
Mon ciel si bleu est devenu orage
Lorsque les bombes ont rasé mon village
So long ! Adieu mon rêve américain
Moi plus jamais esclave des chiens
Ils t'imposaient l'Islam des tyrans
Ceux-là ont-ils jamais lu le Coran ?
Suis redev'nu poussière
Je s'rai pas maître de l'univers
Ce pays que j'aimais tell'ment serait-il
Finalement colosse aux pieds d'argile ?
Les dieux, les religions
Les guerres de civilisation
Les armes, les drapeaux, les patries, les nations
F'ront toujours de nous de la chair à canon
Refrain (x 2).

Renaud, Axelle Red, « Manhattan-Kaboul », album *Boucan d'enfer*, 2002.

Numérique
Retrouvez la chanson de Renaud et Axelle Red sur LLS.fr/HG3P211.

À lire

Gaël Faye, *Petit pays*, 2016

Le récit par un jeune garçon de son enfance au Burundi, bientôt confronté à la guerre civile importée du Rwanda.

Fabien Toulmé, *L'Odyssée d'Hakim*, 2018

En trois tomes, l'auteur raconte la vie d'un jeune Syrien, sa vie avant la guerre, le début du conflit, puis l'exil qui fait de lui un « réfugié ».

À voir

Nora Twomey, *Parvana*, 2017

L'histoire de Parvana, 11 ans, qui grandit dans le Kaboul en guerre, sous le régime des Talibans. Le film met en lumière la condition des femmes et l'oppression de la société.

Fake news et théories conspirationnistes

Compétences Le jugement : je m'informe rigoureusement
Le jugement : je développe des aptitudes au discernement et à la réflexion critique

TÂCHE À RÉALISER

Dans ce chapitre d'histoire, vous avez appris que le 11 septembre 2001 a marqué un tournant par l'ampleur de l'attaque. Cet événement a donné lieu à de nombreuses *fake news* ou théories conspirationnistes. Dans cette activité, vous allez exercer votre esprit critique sur ce type de théories.

ÉTAPE 1 Étudier des théories conspirationnistes

Doc. 1 et 2

1. Visionnez les deux épisodes de la série « Le complot » sur Michael Jackson et sur *Star Wars*.
2. Relevez les éléments avancés pour prouver que Michael Jackson est un extra-terrestre, puis que *Star Wars* est un complot du monde arabe.
3. Ces éléments sont-ils des preuves selon vous ? Pourquoi ?
4. Que pouvez-vous dire de la musique employée ? Des couleurs ?
5. Quel effet est recherché par l'emploi des expressions : « Comme par hasard » ou « Coïncidence ? Je ne crois pas » ?

1 Michael Jackson, un extraterrestre ?

2 *Star Wars*, un complot du monde arabe ?

▲ La série « Le complot » du *Before du Grand Journal* imagine de faux complots, à partir de faux arguments, et reprend tous les procédés habituellement utilisés par les conspirationnistes, sur un ton humoristique.

Vocabulaire

Une *fake news* : fausse information, rumeur destinée à manipuler une partie de la population.

Une théorie conspirationniste : présentation pseudo-scientifique de faits réels comme résultant d'un complot d'un groupe caché, agissant dans l'ombre et l'illégalité pour modifier le cours des événements dans son intérêt particulier.

Numérique

Retrouvez des vidéos sur les théories conspirationnistes concernant Michael Jackson et *Star Wars*, ainsi qu'un épisode de *Datagueule* sur le complot sur LLS.fr/HG3P212.

ÉTAPE 2 Comprendre les mécaniques des théories conspirationnistes

Doc. 3, 4 et 5

1. Relevez deux techniques employées dans les théories conspirationnistes pour manipuler les personnes.
2. Trouvez un exemple pour illustrer ces techniques dans des théories du complot célèbres.

4 Les 7 commandements de la théorie du complot

- Derrière chaque événement un organisateur caché tu inventeras
- Des signes du complot partout tu verras
- L'esprit critique tu auras… mais pas pour tout
- Le vrai et le faux tu mélangeras
- Le « millefeuille argumentatif » tu pratiqueras
- La charge de la preuve tu inverseras
- La cohérence tu oublieras

Extrait du site www.gouvernement.fr, février 2016.

ÉTAPE 3 Fabriquer une théorie conspirationniste

Prouver un fait scientifique, c'est un travail de chercheur. Mais inventer une théorie conspirationniste, tout le monde peut le faire !

1. Trouvez un fait d'actualité : accident, mort, découverte, etc.
2. Inventez de faux arguments qui sont censés prouver votre théorie.

3 La rhétorique complotiste

[Le millefeuille argumentatif] est une technique rhétorique qui vise à intimider celui qui y est confronté : il s'agit de le submerger par une série d'arguments empruntés à des champs très diversifiés de la connaissance, pour remplacer la qualité de l'argumentation par la quantité des (fausses) preuves. Histoire, géopolitique, physique, biologie… toutes les sciences sont convoquées – bien entendu, jamais de façon rigoureuse. Il s'agit de créer l'impression que, parmi tous les arguments avancés, « tout ne peut pas être faux », qu'« il n'y a pas de fumée sans feu ». [...] Incapables (et pour cause !) d'apporter la preuve définitive de ce qu'elle avance, la théorie du complot renverse la situation, en exigeant de ceux qui ne la partagent pas de prouver qu'ils ont raison. Mais comment démontrer que quelque chose qui n'existe pas… n'existe pas ? Un peu comme si on vous demandait de prouver que le Père Noël n'est pas réel.

Extrait du site www.gouvernement.fr, février 2016.

5 Une théorie conspirationniste : les Illuminati

▲ Jean-Marie Olaya, « Théorie du complot en cours de maths », *Cahiers pédagogiques*, mars 2020.

Je retiens l'essentiel

- **Les théories conspirationnistes sont des interprétations d'un ou plusieurs faits qui reposent sur des arguments non prouvés. Elles confondent « preuve » et « argument inventé auquel je crois ».**
- **Pour manipuler, elles rassemblent souvent des arguments et des effets de même nature : anagrammes, chiffres, arguments pseudo-scientifiques ou historiques, musiques effrayantes et fonds sombres.**
- **Les *fake news* circulent parce qu'elles sont partagées, le plus souvent sur les réseaux sociaux. Avant de liker ou de partager un article, il est important de prendre le temps de le lire calmement.**
- **Il est essentiel de confronter les sources et les informations. Dans tous les cas, s'il est difficile d'identifier la source d'une information, il convient de se méfier !**

Sujet guidé

Exercice 1 • Analyser et comprendre des documents

1. **Doc. 1** Décrivez la composition de la caricature.
2. **Doc. 1** Quelle est la notion illustrée par chacune des cartes accrochées au mur ?
3. **Doc. 2** Datez l'effondrement de l'URSS et caractérisez l'organisation du monde après cette date.
4. **Doc. 1 et 2** Par quels pays la superpuissance américaine est-elle remise en cause ?
5. **Doc. 1** Que représentent les dossiers posés sur le bureau ?

1 Un monde multipolaire

▲ Marc Chalvin, 2009.

2 Les États-Unis, une puissance en question

Les États-Unis n'ont aujourd'hui plus d'autre choix que d'accepter la réalité d'un monde qui n'est plus le même. [...] Notre monde ne répond plus à l'ordre de la guerre froide, où deux blocs verrouillés s'opposaient de manière à la fois ouverte et prudente. Ni à celui de la *Pax Americana*[1] caractéristique de la décennie qui suivit l'effondrement de l'Union soviétique, au cours de laquelle les États-Unis furent brièvement la seule et unique superpuissance de la planète. Désormais, le monde repose sur un ordre multipolaire, né de la montée en puissance des économies en voie de développement. Les États-Unis – sans même évoquer les autres pays du G7[2] – doivent aujourd'hui rivaliser et coopérer non seulement avec la Chine, mais également avec l'Inde, le Brésil et d'autres pays, dans le cadre de forums tels que le G20[3].

Paola Subacchi (économiste),
« Quel leadership américain dans un monde multipolaire ? », *Le Monde*, 22 avril 2015.

1. La « paix américaine », sur le modèle de la *pax romana*, expression latine désignant la longue période de paix imposée par l'Empire romain du Ier au IIe siècle après J.-C.
2. « Groupe des 7 » pays parmi les plus grandes puissances économiques du monde.
3. « Groupe des 20 », composé de 19 pays et de l'UE.

Méthode : Analyser un article de presse

- Un article de presse a pour but d'informer le lecteur sur l'actualité. Il rend compte de ce que le journaliste a vu lui-même, rapporte les propos des acteurs des événements évoqués et apporte des analyses sur le sujet traité.
- Distinguez dans l'article les parties factuelles et les parties d'analyse. S'agit-il d'un article de circonstance, relatant un événement ponctuel, ou d'un article de fond, qui prend du recul sur son sujet ?
- Même s'ils cherchent à relayer une information fiable et objective, les journaux sont souvent engagés politiquement. La prise en compte du point de vue du journaliste peut vous permettre de nuancer ou de relativiser les informations qu'il rapporte.

Exercice 2 • Maîtriser différents langages

Sous la forme d'un développement construit d'une vingtaine de lignes, montrez que le monde est confronté aujourd'hui à de nouvelles menaces.

> GUIDE
- Décrivez les nouvelles menaces.
- Donnez quelques exemples montrant comment la communauté internationale cherche à y faire face.

Conseils • Organiser une réponse

- Commencez par rédiger l'introduction : présentez le sujet en deux ou trois phrases.
- Rédigez ensuite le développement en deux ou trois paragraphes. Chaque paragraphe correspond à une idée.

Exercice 1 • Analyser et comprendre des documents

1. **Doc. 1** Présentez le document (nature, date et contexte).
2. **Doc. 1** À quelle période la partie de gauche fait-elle référence ? Caractérisez l'organisation du monde dans cette décennie et justifiez votre réponse.
3. **Doc. 1** Quel événement est-il évoqué dans la partie centrale de l'affiche ? Datez-le.
4. **Doc. 1** À quelle organisation le vautour renvoie-t-il ?
5. **Doc. 1** Qui est le président américain représenté dans la lune ? Quels sont les pays visés par les avions de chasse américains ?
6. **Doc. 1** En vous aidant de la caricature et de vos connaissances, expliquez les grandes évolutions de la puissance américaine depuis 1990.

1 Dix ans après...

▲ « La différence faite en un seul jour », caricature parue sur le site *Seattle PI*, le 8 septembre 2011. Panneaux : « La guerre froide est terminée, nous avons gagné. », « Pourquoi nous haïssent-ils ? »

Exercice 2 • Maîtriser différents langages

1. Sous la forme d'un développement construit d'une vingtaine de lignes et en vous appuyant sur des exemples précis, montrez que les conflits dans le monde se multiplient dans les années 1990 et 2000.
2. Complétez le schéma avec les expressions suivantes : terrorisme, conflits frontaliers, contrôle des ressources naturelles, grande pauvreté, guerres civiles, trafics illicites, réchauffement climatique, prolifération nucléaire.

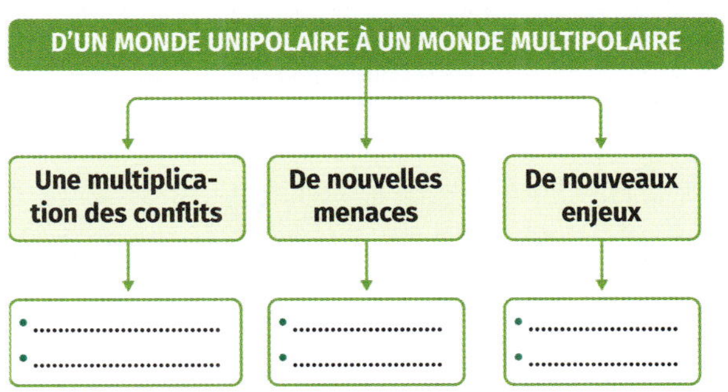

Numérique
Téléchargez le schéma à compléter sur LLS.fr/HG3Cartementale8.

LE MONDE DEPUIS 1945

VERS UN MONDE MULTIPOLAIRE DEPUIS 1989

I. Un monde dominé par la puissance américaine
- La superpuissance américaine
- Les alliés de l'OTAN

II. L'émergence d'un monde multipolaire
- Le siège de l'ONU
- Les anciennes colonies ayant obtenu leur indépendance entre 1945 et 1975
- Les puissances qui s'affirment

III. De nouvelles menaces
- Base arrière du terrorisme
- Pays détenteurs de l'arme nucléaire
- Principaux conflits internationaux
- Principaux flux de réfugiés vers l'Europe

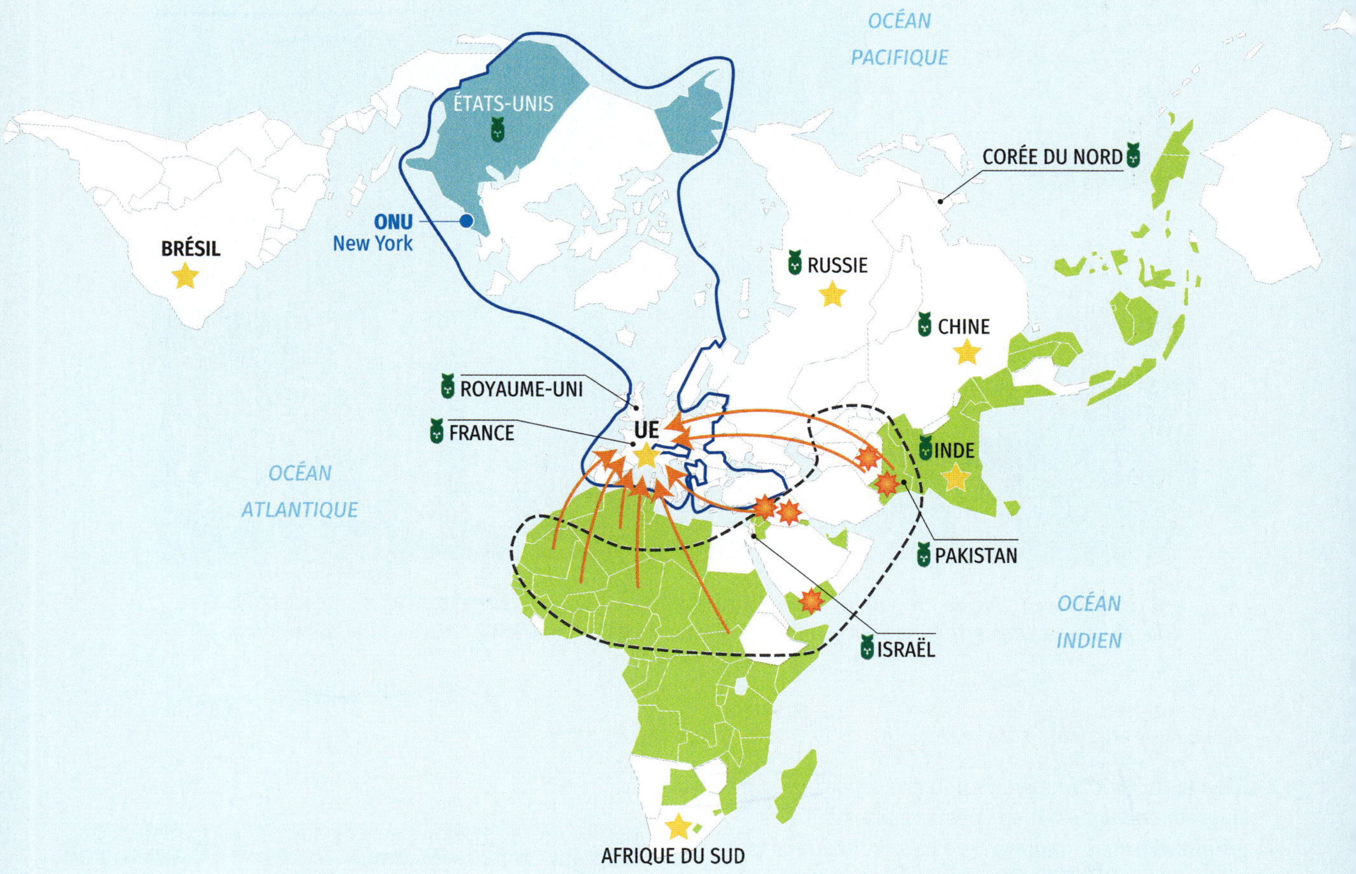

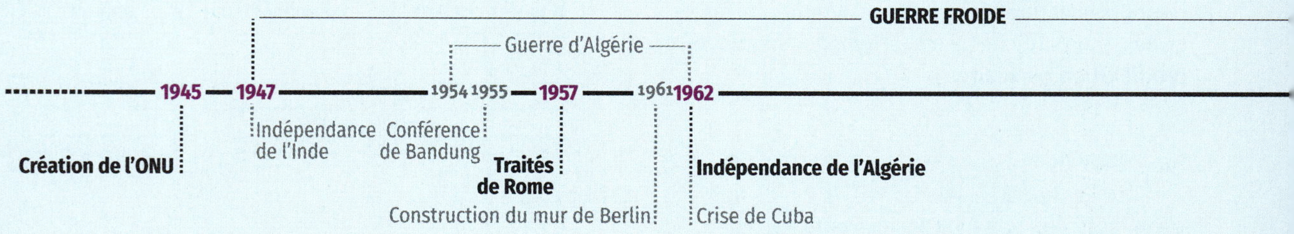

QUELQUES CHIFFRES...

Nombre de morts dans des conflits armés, en milliers

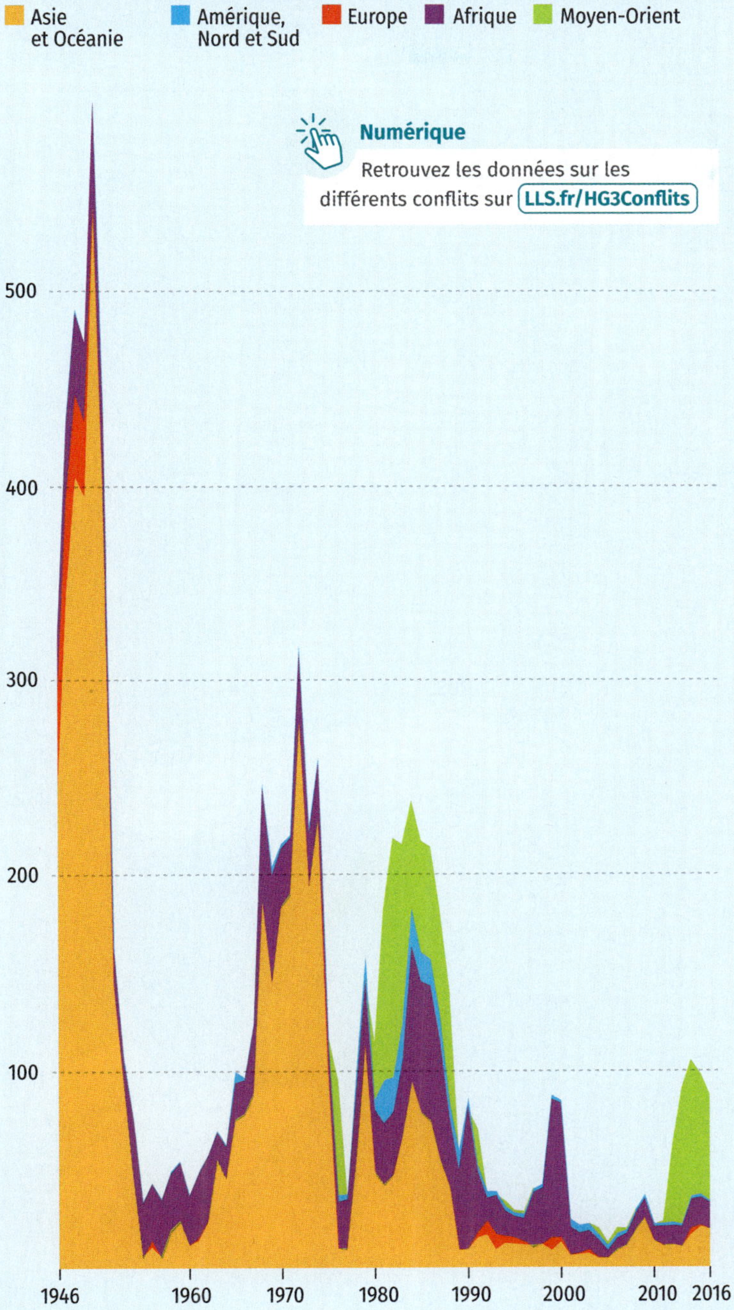

Numérique
Retrouvez les données sur les différents conflits sur LLS.fr/HG3Conflits

Source : UCDP/PRIO, 2016.

Nombre d'interventions de l'ONU depuis 1945

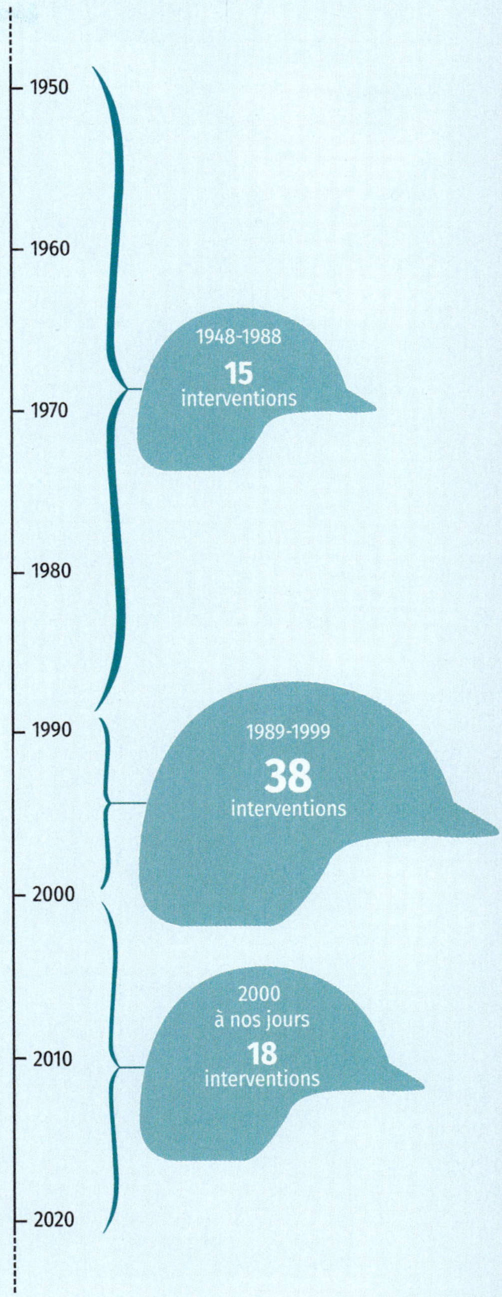

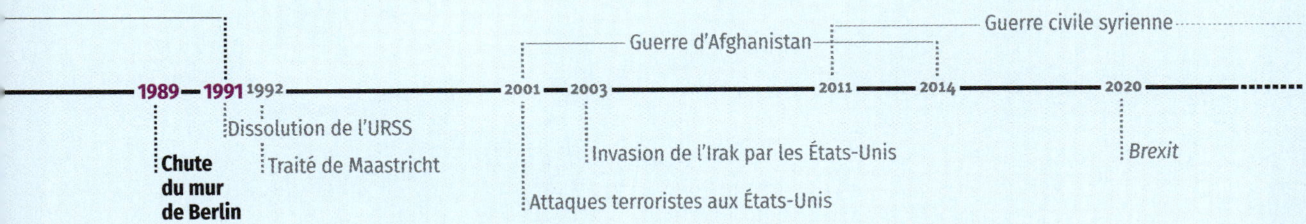

THÈME III

Françaises et Français dans une République repensée

En France, la Libération marque le retour à la République. Vous découvrirez quelles mesures sociales, inspirées du programme du Conseil national de la Résistance, sont mises en œuvre. Les femmes obtiennent ainsi le droit de vote en 1944. Vous étudierez ensuite la naissance de la Vᵉ République, marquée par le retour du général de Gaulle. La vie des Françaises et des Français est profondément transformée au cours des Trente Glorieuses : comment la place des femmes, des immigrés, des jeunes a-t-elle évolué ? Comment les lois se sont-elles adaptées aux évolutions de la société ?

◀ Les femmes votent pour la première fois lors du premier tour des élections municipales, le 29 avril 1945.

Chapitre 9

1944-1947, refonder la République

1944-1947,
REFONDER LA RÉPUBLIQUE

LA V^E RÉPUBLIQUE

FEMMES ET HOMMES DANS
LA SOCIÉTÉ DES ANNÉES 1950
AUX ANNÉES 1980

À la fin de la Seconde Guerre mondiale, l'intervention alliée et l'action de la Résistance permettent à la France de se libérer de l'Occupation allemande. À la Libération, la tâche est immense : il faut reconstruire la France en ruine et rétablir des institutions républicaines.

Comment la République est-elle rétablie après la Libération ?

Quiz

1. Comment s'appelle le gouvernement de trois partis de gauche en France en 1936 ?
   a. L'Alliance démocratique
   b. Le Front populaire
   c. Le Tripartisme

2. Quel régime dirige la France de 1940 à 1944 ?
   a. La IIIe République
   b. Le IIIe Reich
   c. Le régime de Vichy

3. Qui dirige le régime de Vichy ?
   a. Pierre Laval
   b. Philippe Pétain
   c. Charles de Gaulle

4. Quand l'Allemagne nazie capitule-t-elle ?
   a. Le 2 septembre 1939
   b. Le 6 juin 1944
   c. Le 8 mai 1945

Dans ce chapitre je vais

- Raconter comment un nouveau régime est mis en place à la Libération.
- Décrire les mesures prises par ce nouveau gouvernement pour reconstruire la France.
- Expliquer comment la République est refondée et comment la démocratie sociale se met en place.

Histoire et chanson

Fleur de Paris, chanté par Maurice Chevalier, est un chant patriotique. Après 4 ans d'occupation, la France chante sa libération.

Numérique

Retrouvez un parcours numérique pour préparer la certification PIX sur LLS.fr/HG3PIX9.

◄ La libération de Paris • Défilé des troupes alliées sur les Champs-Élysées, 26 août 1944.

La libération du territoire national

Compétence Je me repère dans le temps et dans l'espace

Le 6 juin 1944, le débarquement allié en Normandie ouvre la voie à la libération de la France, ruinée par l'Occupation et divisée par la collaboration. L'heure est à la reconstruction. Pour beaucoup, la poursuite et la fin du combat contre l'Allemagne nazie passent par la défense des valeurs de la République et une volonté de renouveler ses institutions.

1 La libération du territoire national

Sources : Nicolas Beaupré, *Les Grandes Guerres*, Belin, 2010.
Andrew Knapp, *Les Français sous les bombes alliées 1940-1945*, Tallandier, 2014.

Notions

La Libération

Entre 1944 et 1945, période marquée par la fin de l'occupation allemande, la chute du régime de Vichy et le rétablissement de la République.

Photographie de la libération de Grenoble par les Forces françaises de l'intérieur (union de groupes de la Résistance en 1944), 22 août 1944.

1. **Doc. 1** Quelles sont les conséquences de la Seconde Guerre mondiale pour le territoire national ?
2. **Doc. 1** Relevez les opérations des Alliés pour reconquérir le territoire français.
3. Quelles forces participent à ces opérations ?
4. Combien de temps la libération du territoire national prend-elle ?

Une démocratie sociale

Démocratie qui, en plus de donner le pouvoir au peuple, essaie de mettre en œuvre une meilleure répartition des richesses.

À la Libération, beaucoup considèrent que c'est la crise économique de 1929 et les inégalités qui ont entraîné la guerre. Une plus grande justice sociale apparaît donc comme un moyen de prévenir de nouveaux conflits.

Affiche du CNR, mars 1944 (archives départementales de la Sarthe).

5. Quel est le régime en place en France pendant la Seconde Guerre mondiale ?
6. À qui est destiné cet « appel » ? Pour l'inciter à quelle action ?

2 Le débarquement

Débarquement en Normandie, juin 1944. Des enfants montrent le portrait du Général de Gaulle à des soldats américains.

3 La République

La rue du maréchal Pétain, débaptisée après la guerre, Paris, 1946.

Vocabulaire

La République : littéralement, « ce qui appartient à tous ». En France, le régime républicain a presque toujours été associé au suffrage universel et à la démocratie.

Menez l'enquête

Le CNR : de la Résistance à la refondation de la République

Mars 1944
Programme du CNR

Juin 1944
Création du Gouvernement provisoire de la République française

Octobre 1945
Élection d'une assemblée constituante

Octobre 1946
Adoption de la Constitution de la IVe République

Tâche à réaliser

Jeune résistant, membre du CNR, vous racontez les événements que vous avez vécus pendant l'année 1944 dans une lettre adressée à l'un de vos amis. De la Libération au Gouvernement provisoire de la République française (GPRF), vous faites le récit de ce retour à la République. Vous pouvez travailler en groupe.

ÉTAPE 1 Présenter le programme du CNR

Doc. 1

1. Qu'est-ce que le CNR ?
2. Dans quelle situation la France se trouve-t-elle lorsque le CNR élabore son programme ?
3. Dans quel but ce programme est-il écrit ?
4. Relevez trois grands principes républicains et démocratiques réaffirmés dans ce texte.

▲ Réunion du Conseil national de la Résistance (CNR), 1944.
On remarque le portrait de Jean Moulin, tué en juillet 1943, à la place qu'il occupait.

1 Le programme du CNR

Créé en 1943 par Jean Moulin, le CNR réunit les mouvements, partis et syndicats de la Résistance intérieure et coordonne leur action. En mars 1944, il rédige un programme pour la France d'après-guerre.

Les représentants [...] groupés au sein du CNR expriment leur angoisse devant la destruction physique de la nation que l'oppresseur hitlérien poursuit avec l'aide des hommes de Vichy, par le pillage, [...] par la famine organisée, [...] par la déportation d'ouvriers. [Ils] proclament qu'ils sont décidés à rester unis après la Libération :

1. Afin d'établir le Gouvernement provisoire de la République formé par le général de Gaulle pour défendre l'indépendance politique et économique de la nation, rétablir la France dans sa puissance [...].

2. Afin de veiller au châtiment des traîtres et à l'éviction dans le domaine de l'administration et de la vie professionnelle de tous ceux qui [...] se seront associés activement à la politique des gouvernements de collaboration [...].

4. Afin d'assurer :
– l'établissement de la démocratie la plus large [...] par le rétablissement du suffrage universel ;
– la pleine liberté de pensée, de conscience et d'expression ;
– la liberté de la presse [...] ;
– la liberté d'association, de réunion et de manifestation ; [...]
– le respect de la personne humaine ; [...]
– l'égalité absolue de tous les citoyens devant la loi.

5. Afin de promouvoir les réformes indispensables : [...]
– le retour à la nation des grands moyens de production [...],
– un plan complet de sécurité sociale.

Extraits du programme d'action du CNR, 15 mars 1944.

ÉTAPE 2 Raconter la Libération

Doc. 2 et doc. 1 p. 222

1. Quelles sont les principales étapes de la libération du territoire ?
2. Présentez les différents acteurs qui participent à la Libération.

▲ Affiche éditée par le journal résistant *Libération-Nord*, 1944.

2 La Résistance et la libération de Paris

Le général Leclerc à la tête de la 2e DB, 24-25 août 1944.
Pendant la Libération, l'avancée des Alliés est soutenue par les résistants. La 2e division blindée (DB) du général Leclerc (FFL) rejoint Paris le 24 août 1944.

ÉTAPE 3 Expliquer comment le GPRF restaure la République

Doc. 3

1. Dans quel contexte le GPRF naît-il ?
2. Expliquez les deux articles.

3 Une ordonnance du GPRF

Le Gouvernement provisoire de la République française est créé en juin 1944.

Article 1er. La forme du gouvernement de la France est et demeure la république. En droit, celle-ci n'a pas cessé d'exister.
Art. 2. Sont, en conséquence, nuls et de nul effet tous les actes constitutionnels, législatifs ou réglementaires, ainsi que les arrêtés pris pour leur exécution, [...] postérieurement au 16 juin 1940 et jusqu'au rétablissement du Gouvernement provisoire de la République française.

Ordonnance du GPRF du 9 août 1944 relative au rétablissement de la légalité républicaine sur le territoire continental.

Numérique

Retrouvez une vidéo sur le programme du CNR « Les jours heureux » sur LLS.fr/HG3CNR.

BRAVO !

En menant cette enquête, j'ai appris à :

- Analyser et comprendre des documents
- Travailler en groupe, en équipe

Dossier 1

Restaurer la République

Compétence J'analyse et je comprends des documents

À la Libération, les partis politiques sont largement issus de la Résistance. Ils veulent reconstruire le pays et rétablir une nouvelle Constitution, mais peinent à définir les nouvelles institutions. En janvier 1946, de Gaulle démissionne. En octobre 1946 est finalement adoptée la nouvelle Constitution, inspirée du programme du Conseil national de la Résistance (CNR de mars 1944). Le premier objectif est de rétablir la démocratie en France.

Comment les Résistants d'hier restaurent-ils une République démocratique incluant tous les Français ?

1 Les institutions de la IVe République : un régime parlementaire

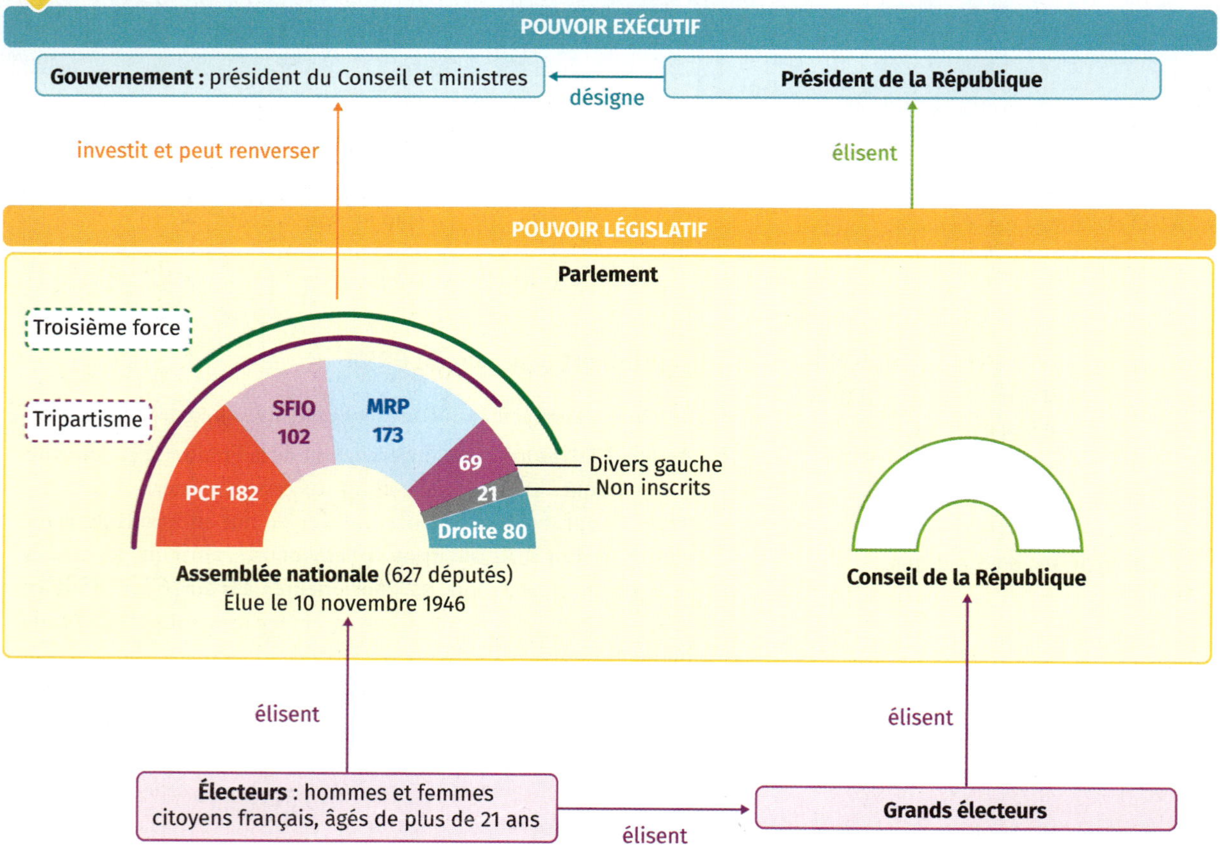

Vocabulaire

Une Constitution : ensemble de lois fixant les règles de fonctionnement du pouvoir au sein d'un État, et précisant ses valeurs.

Les institutions : les organismes de fonctionnement de l'État (Parlement, présidence de la République, etc.).

Une ordonnance : mesure prise par le gouvernement.

Un régime parlementaire : régime politique dans lequel l'essentiel des pouvoirs est détenu par le Parlement, qui exerce le pouvoir législatif.

Numérique

Retrouvez deux vidéos sur le droit de vote des femmes sur LLS.fr/HG3P226.

2 La Libération

▲ Affiche du Gouvernement provisoire de la République française, 1944 (musée de l'Armée, Paris).

3 Le droit de vote des femmes

▲ Photographie, à Paris, octobre 1945.
En 1944, le Gouvernement provisoire donne le droit de vote et d'éligibilité aux femmes, dans les mêmes conditions que les hommes. Les femmes votent pour la première fois aux élections municipales du 29 avril 1945, puis en octobre 1945.

4 De nouvelles citoyennes

Pour mes premiers scrutins, j'ai voté comme mon mari [...]. À notre époque, on ne nous expliquait pas. Les gens, surtout dans les campagnes, s'intéressaient peu à la politique. À Paris, les femmes n'ont pas réagi de la même façon. Elles étaient mieux préparées.
C'est 4 ou 5 ans après le vote de 1945, où j'ai compris que le vote était quelque chose qui manquait aux femmes et qu'il n'y avait pas de raisons que les hommes votent et pas nous. Et comme j'étais très française et que mon idole était le général de Gaulle, ça m'a mis un peu de plomb dans la tête. Là, j'ai essayé de comprendre par moi-même. Avec tout ce que j'entendais et pouvais lire, je me suis construit ma propre opinion.

Témoignage de Christiane Auvray, *TV5 Monde*, 2014.

Questions

Questionnement différencié sur LLS.fr/HG3P227

1. **Doc. 2** Décrivez l'affiche et expliquez son message.
2. **Doc. 1** Quelle institution détient l'essentiel du pouvoir ?
3. **Doc. 1** Montrez que ces institutions sont démocratiques.
4. **Doc. 3 et 4** À qui la IVe République accorde-t-elle de nouveaux droits politiques ?
5. **Doc. 4** Montrez que voter est un apprentissage pour les femmes.
6. **Doc. 1 à 4** Racontez comment est restaurée la République.

› GUIDE
- Expliquez les nouveaux droits des femmes.
- Montrez que la IVe République est démocratique.

Dossier 2

Les réformes économiques et sociales

Compétence J'analyse et je comprends des documents

À la Libération, le GPRF met en œuvre le programme social rédigé en mars 1944 par le Conseil national de la Résistance. Les résistants d'hier contribuent ainsi à créer une démocratie sociale, dans la lignée du Front populaire de 1936.

Comment le GPRF met-il en place une démocratie sociale ?

1 Les nationalisations

L'État seul possède actuellement l'autorité suffisante pour faire concourir les exploitations houillères[1] au relèvement de l'industrie française, imposer aux mines un programme de production, moderniser le matériel, en offrant le concours de ses ressources financières, et, sur le plan social, faire droit aux justes revendications des travailleurs. C'est pour ces motifs impérieux que le gouvernement a décidé la nationalisation des houillères du Nord et du Pas-de-Calais.

Ordonnance du GPRF du 13 décembre 1944.

1. Production de charbon.

2 Les entreprises nationalisées

Publicité, Renault, entreprise accusée de collaboration et nationalisée en 1945.
Entre décembre 1944 et mai 1946, les entreprises nationalisées sont les charbonnages, l'électricité et le gaz, les transports aériens, les transports maritimes, les usines Renault, les grandes compagnies d'assurance, la Banque de France et quatre grandes banques de dépôts.

3 Les mesures sociales

- **1945**
  Instauration des comités d'entreprise.
  Création de la Sécurité sociale.
- **1946**
  Préambule de la Constitution qui garantit une existence convenable en cas de maladie, de vieillesse et de chômage ainsi que le repos et des loisirs.
  Droit de grève et droit à l'emploi reconnus.
  Rétablissement de la loi des quarante heures de travail par semaine.
- **1947**
  Création de la Confédération générale du travail - Force ouvrière (C.G.T. - F.O.).
- **1950**
  Instauration du salaire minimum interprofessionnel garanti (S.M.I.G.).

4 La création de la Sécurité sociale

Affiches, 1945.
Financée par les cotisations des employeurs et des salariés, la Sécurité sociale est un système de redistribution.

5 Le fonctionnement de la Sécurité sociale

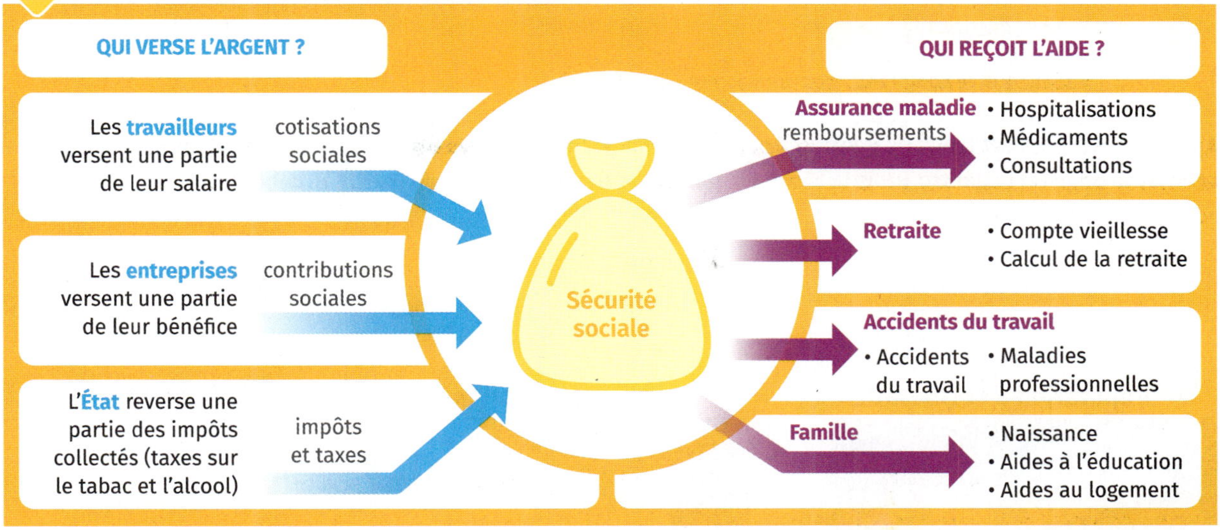

6 Une nouvelle République, démocratique et sociale

Article premier. [...] Le peuple français [...] réaffirme solennellement les droits et libertés de l'homme et du citoyen consacrés par la Déclaration des droits de 1789 et les principes fondamentaux reconnus par les lois de la République. [...]

Art. 3. La loi garantit à la femme [...] des droits égaux à ceux de l'homme. [...]

Art. 5. Chacun a le devoir de travailler et le droit d'obtenir un emploi. Nul ne peut être lésé, dans son travail ou son emploi, en raison de ses origines, de ses opinions ou de ses croyances. [...]

Art. 7. Le droit de grève s'exerce dans le cadre de lois qui le réglementent. [...]

Art. 9. Tout bien, toute entreprise, dont l'exploitation a ou acquiert les caractères d'un service public national ou d'un monopole de fait, doit devenir la propriété de la collectivité. [...]

Art. 11. [La Nation] garantit à tous, notamment à l'enfant, à la mère et aux vieux travailleurs, la protection de la santé, la sécurité matérielle, le repos et les loisirs.

Préambule de la Constitution de la IVe République, 27 octobre 1946.

Questions

Questionnement différencié sur LLS.fr/HG3P229

1. **Doc. 1 et 2** Relevez deux raisons des nationalisations.
2. **Doc. 1 à 4 et doc. 1 p. 224** Observez les mesures économiques et sociales. Montrez que ces mesures s'inspirent du programme du CNR.
3. **Doc. 4 et 5** Qui finance la Sécurité sociale ? À qui profite-t-elle ? Quel est le lien entre la démocratie sociale et la Sécurité sociale ?
4. **Doc. 6** Pourquoi l'affirmation des principes de la démocratie sociale dans la Constitution est-elle importante ?
5. **Doc. 1 à 6** Expliquez comment l'État intervient dans l'économie en mettant en place une démocratie sociale à la Libération.

> GUIDE
- Rappelez la définition de démocratie sociale.
- Décrivez l'intervention de l'État dans l'économie.
- Expliquez la redistribution des richesses.
- Montrez que la démocratie sociale est un fondement de la IVe République.

Numérique

Retrouvez une vidéo faisant un bilan un an après la Libération ainsi qu'une explication sur le fonctionnement de la Sécurité sociale sur LLS.fr/HG3P229.

Vocabulaire

La démocratie sociale : démocratie qui, en plus de donner le pouvoir au peuple, essaie de mettre en œuvre une meilleure répartition des richesses.

La Sécurité sociale : organisme qui garantit aux citoyens une aide dans le paiement des charges liées à la famille, à la santé et à la vieillesse.

Dossier 3

Tourner la page

Compétence J'analyse et je comprends des documents

Après 6 ans d'occupation et de guerre, la paix est enfin là. Passée la joie de la Libération, les Français veulent tourner la page de la guerre, mais la tâche est grande entre restauration de l'ordre républicain et reconstruction.

Comment les Français tournent-ils la page de la guerre ?

1 L'épuration à la Libération

▲ Deux femmes, accusées de collaboration, sont tondues et forcées à marcher pieds nus et dénudées dans les rues de Paris, été 1944.

2 Le bilan de l'épuration légale et illégale

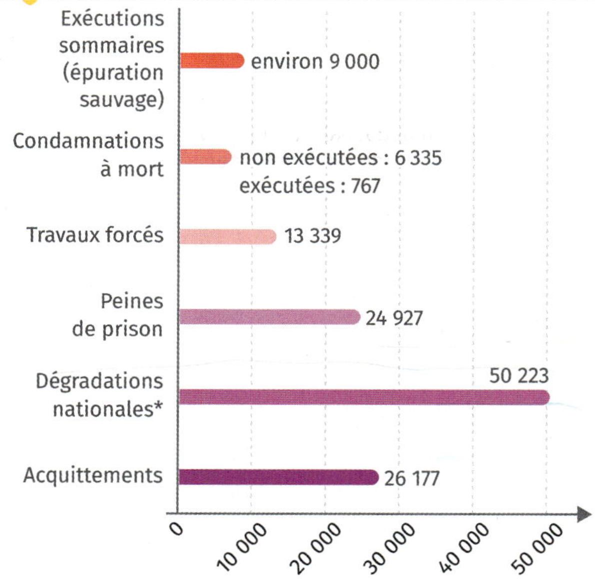

** Peine utilisée de 1944 à 1951 qui consiste à retirer le droit de vote, d'éligibilité, de retraite aux personnes ayant collaboré.*

Source : *La France pendant la Seconde Guerre mondiale : atlas historique*, Paris, Fayard/Ministère de la Défense, 2010.

3 Le procès du maréchal Pétain

Philippe Pétain est jugé, comme de nombreux responsables du régime de Vichy, en août 1945 par la Haute Cour de justice créée en 1944.

Pendant quatre années, [...] j'ai assuré aux Français la vie et le pain, j'ai assuré à nos prisonniers le soutien de la Nation. [...] Pendant que le général de Gaulle, hors de nos frontières, poursuivait la lutte, j'ai préparé les voies de la libération. [...] Je représente une tradition qui est celle de la civilisation française et chrétienne, face aux excès de toutes les tyrannies.

Déclaration du Maréchal à son procès, le 23 juillet 1945.

Philippe Pétain est condamné à mort, mais sa peine est commuée en détention à perpétuité par le général de Gaulle. Il meurt, assigné à résidence, en 1951.

Le gouvernement de Pétain, né [...] d'un abus de confiance, [...] s'est maintenu en collaborant avec Hitler. Cela, messieurs, c'est la trahison. [...] 150 000 fusillés, 750 000 mobilisés pour aller travailler en Allemagne ; [...] ; 110 000 réfugiés politiques, 120 000 déportés [...]. Cette politique a jeté le doute sur la France, sur la fidélité à ses engagements, sur son honneur. [...] C'est le crime auquel je ne vois ni atténuation ni excuse, et auquel une cour de justice chargée d'appliquer la loi ne peut qu'appliquer une peine, la plus haute.

Réquisitoire du Procureur général Mornet au procès du maréchal Pétain, 11 août 1945.

4 La reconstruction

La place Gambetta, dans le centre-ville du Havre, à l'été 1944 (à gauche) et en 1958 (à droite).
Touché par plus de 100 bombardements, visant les navires du port mais aussi les usines de cette ville industrielle, Le Havre est rasée à 80 %. Auguste Perret dirige la reconstruction, privilégiant le béton pour des raisons d'économie. Le Havre devient l'une des villes les plus modernes de France, classée au patrimoine de l'UNESCO en 2005.

5 L'appel à l'union

▲ Affiche du PCF, 1945.

Numérique

Retrouvez une vidéo sur le procès du maréchal Pétain LLS.fr/HG3Petain.

Vocabulaire

Épuration légale : exercice de la justice républicaine à l'encontre de personnes accusées de collaboration. Elle s'oppose à l'épuration sauvage.

Questions

Questionnement différencié sur LLS.fr/HG3P231

1. **Doc. 1 et 2** Quelles sont les deux formes d'épuration ? Sont-elles toutes deux légales ?
2. **Doc. 3** Comment Philippe Pétain caractérise-t-il son action pendant la guerre ?
3. **Doc. 3** De quoi le procureur accuse-t-il le maréchal Pétain pendant la guerre ?
4. **Doc. 4** À quoi ressemble la ville du Havre à la Libération ? Expliquez les choix de reconstruction d'Auguste Perret.
5. **Doc. 5** Qui est à l'origine de cette affiche ? Que demande-t-il ? En quoi est-ce inédit ?
6. À l'aide des documents et de vos réponses précédentes, expliquez comment les Français « tournent la page ».

   › **GUIDE**
   - Indiquez comment sont punis les personnes accusées de collaboration.
   - Donnez un exemple de reconstruction.

Leçon

Reconstruire la France, refonder la République

Compétence Je révise mes repères historiques

Numérique
Retrouvez une vidéo pour réviser sur LLS.fr/HG3Synthese9

A. Un retour progressif à la République

› À la suite des débarquements de Normandie et de Provence (juin-août 1944), la France est libérée par les Alliés, les troupes des Forces françaises libres (FFL) et les résistants (FFI).

De Gaulle descend les Champs-Élysées après la libération de Paris, 26 août 1944.

› Dès juin 1944, le **Gouvernement provisoire de la République française** (GPRF) dirigé par Charles de Gaulle gouverne le territoire métropolitain. Le GPRF s'appuie sur le programme défini par le **Conseil national de la Résistance** (CNR) et rétablit les valeurs républicaines avec l'adoption de grandes réformes **(dossier 2)**.

› Le GPRF obtient que le territoire soit rapidement évacué par les troupes alliées et désarme les anciens résistants. Pour mettre fin à la violence, éviter l'épuration sauvage, il organise le jugement des anciens collaborateurs : c'est l'**épuration** légale **(dossier 3)**.

B. Une démocratie rétablie et élargie

› En 1944, le suffrage est élargi aux femmes, également éligibles. Elles votent pour la première fois en avril 1945 **(dossier 1)**.

› En 1945, trois partis remportent les élections législatives : le PCF, la SFIO et le MRP. L'Assemblée nationale rédige une nouvelle **Constitution** : c'est la naissance de la IVe République qui, en plus de la démocratie, garantit des droits sociaux.

› Charles de Gaulle reproche à la IVe République d'être un régime parlementaire instable dans lequel se dégage difficilement une majorité **(dossier 1)**. Il démissionne en janvier 1946.

C. Un pays à reconstruire

› Les dégâts matériels dus à la guerre et les pénuries sont considérables : les transports sont désorganisés, la production industrielle est faible et certaines villes sont presque détruites. Deux millions de personnes sont encore prisonnières en Allemagne. Toutes ces conditions imposent à l'État des efforts rapides de reconstruction **(doc. 4 p. 231)**.

› Pour les réaliser dans l'esprit de la Résistance, des **nationalisations** sont effectuées, dès 1945, dans les secteurs clés de l'énergie, de l'industrie, des banques et des assurances : il s'agit de faciliter la reconstruction, en donnant la priorité à la production énergétique.

› Le GPRF crée en 1945 la Sécurité sociale, qui protège les malades et les personnes âgées et aide les familles. Ces droits sociaux accompagnent l'amélioration des conditions de vie. La IVe République construit la **démocratie sociale** **(dossier 2)**.

Je retiens

- **Le GPRF succède au régime de Vichy**
- **Le GPRF fonde ses premières décisions sur le programme du CNR**
- **Les collaborateurs sont jugés (épuration)**
- **Les femmes deviennent éligibles et électrices en 1944**
- **Création de la IVe République**
- **Démission de Charles de Gaulle**
- **La reconstruction**
- **Le rôle de l'État : nationalisations**
- **Une démocratie sociale**

1940 | 1945 | 1950

Régime de Vichy (1940-1944) | GPRF (1944-1946) | IVe République (1946-1958)

- **15 mars 1944** Programme du CNR
- **Avril 1944** Droit de vote des femmes
- **6 juin 1944** Débarquement en Normandie
- **Avril-mai 1945** 1er vote des femmes (municipales)
- **Octobre 1945** Sécurité sociale
- **Juin-décembre 1944** Libération
- **Octobre 1946** Nouvelle Constitution

Je retiens les personnages importants

Charles de Gaulle (1890-1970)
Chef de la France libre, le général de Gaulle conduit la lutte depuis l'étranger et dirige le GPRF à la Libération, de 1944 à 1946.

Jean Monnet (1888-1979)
Proche du MRP, il est le premier commissaire général au Plan (1946-1952), responsable de la reconstruction.

Vocabulaire

Le Conseil national de la Résistance (CNR) : union de la Résistance (mouvements, partis et syndicats de la Résistance intérieure), créée en 1943 par Jean Moulin.

Une Constitution : voir p. 226.

Une démocratie sociale : voir p. 229.

L'épuration : ensemble des traitements visant à punir les personnes accusées d'avoir collaboré avec l'ennemi.

Le Gouvernement provisoire de la République française (GPRF) : gouvernement qui dirige la France de juin 1944 jusqu'au début de la IVe République (octobre 1946).

Une nationalisation : prise de contrôle d'une entreprise privée par l'État.

Je révise avec un schéma

1944 - 1947

La Libération
- Libération en 1944
- Fin du régime de Vichy
- Instauration d'un Gouvernement provisoire (GPRF) dirigé par de Gaulle

La refondation de la République
- Rétablissement de la République par le GPRF
- Référendum
- Constitution de la IVe République (1946)

Les grandes réformes
- Programme du CNR (1944)
- Droit de vote des femmes (1944)

- Nationalisations (1945)
- Sécurité sociale (1945)

Téléchargez ce schéma sur LLS.fr/HG3Schema9

Je teste mes connaissances

Pour chaque question, il y a une ou plusieurs réponses correctes. Testez-vous sur LLS.fr/HG3Quiz9

Je m'exerce pour le brevet

Compétence Je pratique différents langages

Exercice 1 • Je maîtrise les repères spatiaux

1. Donnez un titre à la carte.
2. Nommez trois villes sur la carte.
3. Recopiez et complétez la légende.

Titre : ....
....

.... (fin 1944)

.... (fin 1944)

....

....

....

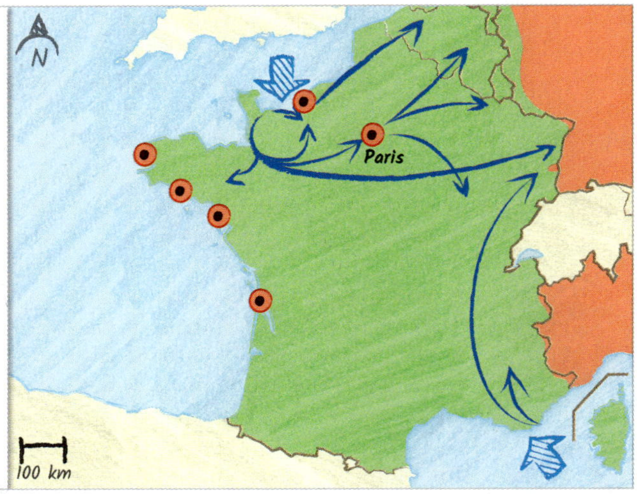

Numérique
Téléchargez la carte à compléter sur LLS.fr/HG3Cartes.

Exercice 2 • Je connais mon cours

Pour chaque proposition, dites si elle est vraie ou fausse, et justifiez votre choix.

1. Le GPRF s'appuie sur le programme d'action défini par le CNR. ○ Vrai. ○ Faux.
2. De Gaulle dirige le GPRF à la Libération. ○ Vrai. ○ Faux.
3. La IVᵉ République est mise en place en 1945. ○ Vrai. ○ Faux.
4. La IVᵉ République est un régime parlementaire. ○ Vrai. ○ Faux.
5. Paris est libéré grâce aux actions de sa population, des Alliés et des FFL. ○ Vrai. ○ Faux.
6. Les femmes obtiennent le droit de vote en 1943 et votent pour la première fois en 1944. ○ Vrai. ○ Faux.
7. De Gaulle s'oppose aux nouvelles institutions de la IVᵉ République et démissionne en 1946. ○ Vrai. ○ Faux.

Numérique
Retrouvez cet exercice en version autocorrigée sur LLS.fr/HG3Exoautocorrige9.

Exercice 3 • Je connais mon cours

1. Complétez les textes à trous avec les propositions suivantes :
   - nationalisation
   - CNR
   - IVᵉ République
   - le régime de Vichy
   - droit de vote
   - reconstruction
   - Charles de Gaulle
2. Replacez les textes dans l'ordre chronologique.

1. Pendant la Seconde Guerre mondiale, la France est dirigée par ....

2. L'État décide de la ...... de nombreuses entreprises et mène la ...... du pays.

3. La ...... est fondée en 1946.

4. Ses réformes s'inspirent du programme du ....

5. La France connaît de nombreux changements entre 1944 et 1947. Les femmes obtiennent le ...... en 1944.

6. À partir de 1944, c'est le GPRF, dirigé par ......, qui gouverne la France libérée.

Compétence J'utilise des informations numériques et j'exerce mon esprit critique

J'apprends en faisant un graphique sur les 33 femmes élues députées en 1945

ÉTAPE 1 Découvrir le site de l'Assemblée nationale

1. Rendez-vous sur le site de l'Assemblée nationale.
2. Allez sur la page consacrée aux 33 femmes élues députées pour la première fois en 1945.

ÉTAPE 2 Prendre connaissance de la biographie des 33 femmes élues députées le 21 octobre 1945

1. Cliquez sur « Biographie des 33 femmes élues députées le 21 octobre 1945 ».
2. Observez et relevez leur département d'origine ainsi que leur groupe politique.

ÉTAPE 3 Réaliser un graphique

1. Faites un graphique en barres montrant les tendances politiques de ces élues.
2. Ajoutez un commentaire à votre graphique en indiquant quel groupe politique semble dominer.

Numérique

Retrouvez le lien direct vers les biographies des 33 femmes élues députées le 21 octobre 1945 en cliquant sur LLS.fr/HG3Femmes.

À lire

Philippe Saada et Sébastien Vassant, *Juger Pétain*, Glénat, 2015
Cette bande dessinée est une adaptation d'un documentaire sur le procès de Pétain. Elle nous plonge dans les pensées de Pétain et laisse une large place aux protagonistes de la période comme Daladier, Laval ou encore Churchill.

À voir

Henri-Georges Clouzot, André Cayatte, Georges Lampin, Jean Dréville, *Retour à la vie*, 1949
Ce film à sketchs est une étude sur le retour à la vie normale des prisonniers de guerre et des déportés, à travers le parcours de cinq personnages : Emma de retour de Dachau, Jean torturé par la Gestapo ou encore Louis d'Allemagne, marié à une Allemande.

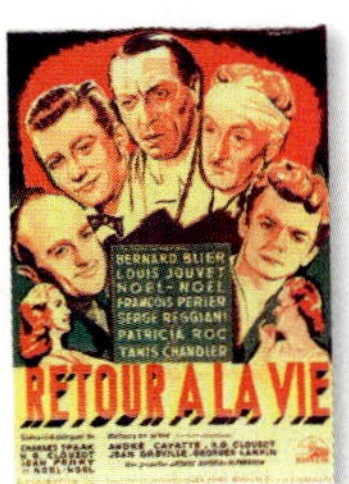

Jean-Philippe Amar, *Un village français* (saison 7), 2017
Cette septième saison montre la conclusion de la guerre pour tous les protagonistes, résistants comme collaborateurs.

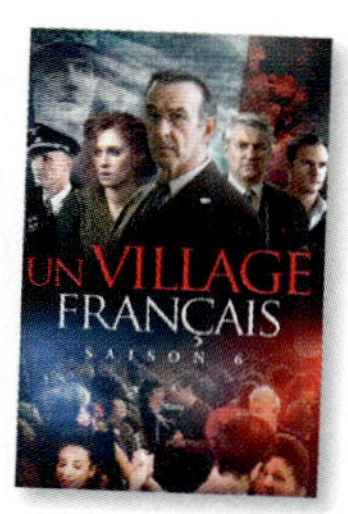

***Ces Français ont libéré la France - Ordre de la Libération*, Nota Bene, 2019**
Ce documentaire porte sur la création de la croix de la Libération, avec une visite des Invalides. Il est réalisé en partenariat avec le musée de l'Ordre de la Libération et l'ECPAD.

Sujet guidé

Exercice 1 • Analyser et comprendre des documents

1. **Doc. 1** Présenter le document et son contexte
   › GUIDE • Identifiez l'auteur, la nature et la date du texte.
   • Relevez une phrase illustrant le contexte.
2. **Doc. 1** À qui s'adresse l'auteur de cet article ? Quel est son objectif ?
3. **Doc. 1** Pour quelles raisons les femmes représentent-elles 62 % des électeurs ?
4. **Doc. 1** Quand et par qui la décision d'accorder le droit de vote aux femmes est-elle prise ?
5. **Doc. 1 et 2** À l'aide des documents et de vos connaissances, expliquez les points de vue et les arguments utilisés pour ou contre le droit de vote des femmes en 1944.

1 « Femme, tu vas voter »

Ce droit, que le général de Gaulle t'a accordé et qui fait de toi une vraie citoyenne, on ne t'en parle pas beaucoup. Peut-être as-tu négligé de t'inscrire sur les listes électorales. Tu as ton métier, tes enfants, tes soucis, et tu ne crois pas que voter puisse changer ton sort. Mais pour la première fois depuis cinq ans, la France va choisir ses représentants et tu ne peux pas rester en dehors de ce choix. En effet, nous, les femmes, nous formons 62 % des électeurs.
C'est une grosse majorité qui nous rend presque seules responsables du sort de notre pays. Et c'est bien ce qui effraie quelques hommes. Ils disent que nous ne connaissons rien à la politique et que nous voterons pour [...] le plus élégant. [...] Tu es seule, ton mari, ton fils ne sont pas encore revenus. [...] Ce n'est pas ta seule voix que tu apportes, mais aussi celle de ton mari prisonnier, de ton frère déporté ou de ton fils qui se bat sur le Rhin.

D'après Hélène Rault, *L'Écho du Centre-Valmy* (journal communiste), 20 avril 1945.

2 Le vote des femmes

◄ Un bureau de vote aux élections cantonales à Puteaux, 23 septembre 1945.

Méthode : Analyser une tribune

Identifier le support
- ► De quel journal le texte est-il issu ?
- ► L'auteur : le connaissez-vous ? Quelles sont ses fonctions ?
- ► Le contexte : quelle est la date de parution de l'article ? À quelle occasion est-il publié ?
- ► Le thème : de quoi est-il question dans cette tribune ?

Comprendre la tribune
- ► À quel événement l'auteur réagit-il ?
- ► À qui s'adresse-t-il ? Quel public vise-t-il ?
- ► Quels sont les mots ou expressions clés ?
- ► Que cherche à faire l'auteur : informer, démontrer, persuader, convaincre, distraire, etc. ?

Analyser la tribune
- ► Quels sont les points de vue exprimés ?
- ► Quels sont les arguments utilisés ?
- ► Qui l'auteur critique-t-il ?

Exercice 2 • Maîtriser différents langages

Sous la forme d'un développement construit d'une vingtaine de lignes, décrivez le programme du CNR et sa mise en œuvre dans la France de la Libération par le GPRF.

› GUIDE • Expliquez le contexte de la Libération, puis du GPRF.
• Rappelez ce qu'est le CNR et qui est son fondateur.
• Présentez au moins deux réformes sociales et une réforme politique.

Exercice 1 • Analyser et comprendre des documents

1. **Doc. 1** Expliquez ce que sont les nationalisations et relevez trois entreprises nationalisées en 1945.
2. **Doc. 1** À quels secteurs ces entreprises appartiennent-elles ? Quel est le but recherché par l'État à travers ces nationalisations ?
3. **Doc. 2** Identifiez le document (nature, auteur, date, contexte, destinataire) et décrivez-le précisément (différents plans, slogans, attitude des personnages). Dégagez le message porté par le document.
4. **Doc. 1 et 2** À l'aide des documents et de vos connaissances, rédigez un texte décrivant les principales mesures prises à la Libération pour reconstruire la France.

1 Les nationalisations

Nom de l'entreprise	Date
Les houillères (mines de charbon) du Nord et du Pas-de-Calais, puis ensemble des bassins miniers	Déc. 1944 à mai 1946
Les usines Renault (automobile)	Janvier 1945
Les usines Gnome et Rhône (moteurs d'avions)	Mai 1945
La Banque de France et quatre banques de dépôts (Crédit lyonnais, Société générale, etc.)	Déc. 1945
Création d'Électricité de France et de Gaz de France	Avril 1946
34 compagnies d'assurance	Avril 1946

2 La reconstruction

▲ Affiche du Commissariat au plan, 1945.

Exercice 2 • Maîtriser différents langages

1. Placez les trois périodes de gouvernement successives sur la frise.
   - GPRF
   - IVᵉ République
   - Régime de Vichy
2. Retrouvez les dates des événements suivants et placez-les sur la frise chronologique : droit de vote des femmes, création de la Sécurité sociale, démission du Général de Gaulle.
3. Sous la forme d'un développement construit d'une vingtaine de lignes, racontez la mise en place de la IVᵉ République.

Numérique

Téléchargez la frise à compléter sur LLS.fr/HG3Frises.

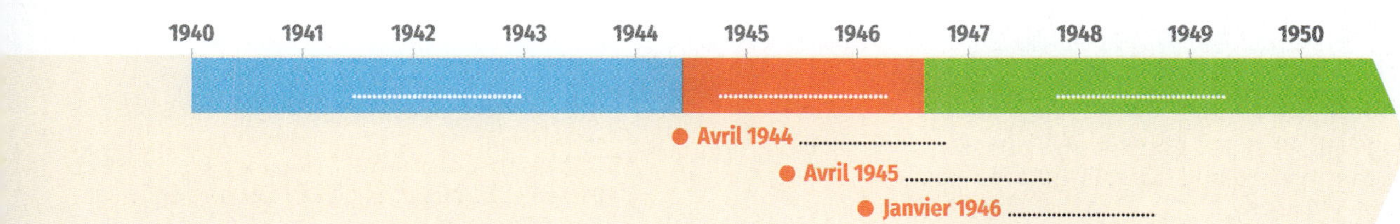

Chapitre

10 La Ve République

1944-1947,
REFONDER LA RÉPUBLIQUE

LA Vᵉ RÉPUBLIQUE

FEMMES ET HOMMES DANS LA SOCIÉTÉ DES ANNÉES 1950 AUX ANNÉES 1980

En 1958, Charles de Gaulle revient au pouvoir et instaure la Vᵉ République. Le régime semi-présidentiel de la Vᵉ République perdure après le départ du général de Gaulle, malgré les alternances politiques à partir de 1981.

Comment la vie politique évolue-t-elle sous la Vᵉ République ?

Quiz

1. Qui dispose d'un rôle majeur sous la IVᵉ République ?
   a. Le Parlement
   b. Le président de la République

2. Quel est le régime politique en vigueur aujourd'hui en France ?
   a. La démocratie populaire
   b. La monarchie constitutionnelle
   c. La république parlementaire

3. Comment le président de la République est-il désigné en France ?
   a. Il est élu au suffrage universel
   b. Il est désigné par les députés et les sénateurs réunis en congrès

Dans ce chapitre je vais

- Découvrir la mise en place des institutions de la Vᵉ République.
- Expliquer ce qu'est l'alternance des partis politiques au pouvoir.
- Apprendre comment fonctionne le pouvoir pendant les périodes de cohabitation.

Histoire et chanson

En 1965, Gilbert Bécaud, entré dans le Résistance à dix-sept ans et fervent partisan de De Gaulle, tremble à l'idée que le Général puisse perdre les premières élections électorales au suffrage universel. Alors que certains appellent à un changement au pouvoir, il avertit : « tu le regretteras ».

Numérique

Retrouvez un parcours numérique pour préparer la certification PIX sur LLS.fr/HG3PIX10.

◀ Charles de Gaulle, fondateur de la Vᵉ République
Sur la place de la République à Paris, Charles de Gaulle présente le projet de nouvelle Constitution, le 4 septembre 1958.

Repères

De la République gaullienne à l'alternance et à la cohabitation

Compétence Je situe et j'ordonne dans le temps

La Ve République s'installe dans la durée. L'élection de François Mitterrand en mai 1981 marque un tournant dans l'histoire récente puisque, pour la première fois, un homme politique de gauche accède à la présidence de la Ve République. Malgré les inquiétudes à propos de la stabilité du régime, les institutions sortent renforcées de cette alternance.

1 La Ve République de 1958 à nos jours

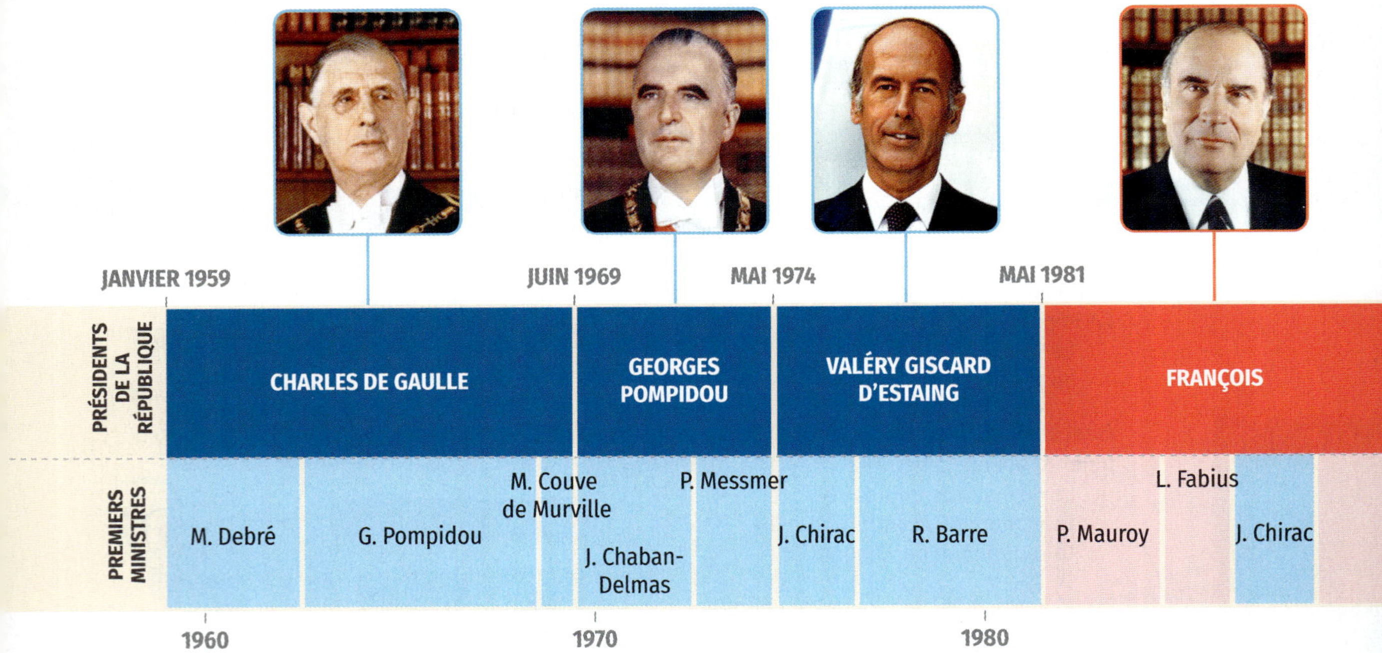

2 L'alternance

Mitterrand et la victoire de la gauche en mai 1981, photographie du 21 mai 1981.
Onze jours après sa victoire à l'élection présidentielle, le premier président de gauche de la Ve République, François Mitterrand, se rend au Panthéon et rend hommage à trois figures nationales : Victor Schœlcher, Jean Jaurès et Jean Moulin.

Notions

Constitution

Ensemble de lois fixant les règles de fonctionnement du pouvoir au sein d'un État, et précisant ses valeurs

1. **Doc. 1** Qui est le fondateur de la Ve République ?
2. **Doc. 1** Qu'est-ce qui montre la stabilité de ce régime ?

Vocabulaire

L'alternance : changement de majorité gouvernementale, généralement entre la droite et la gauche.

La cohabitation : partage du pouvoir entre un président et un premier ministre qui appartiennent à des tendances politiques opposées.

Un parti politique : organisation qui rassemble des citoyens unis par les mêmes idées politiques, dans le but d'exercer le pouvoir.

- Président de la République de droite
- Président de la République de gauche
- Président de la République se déclarant ni de gauche ni de droite
- Premier ministre de droite
- Premier ministre de gauche

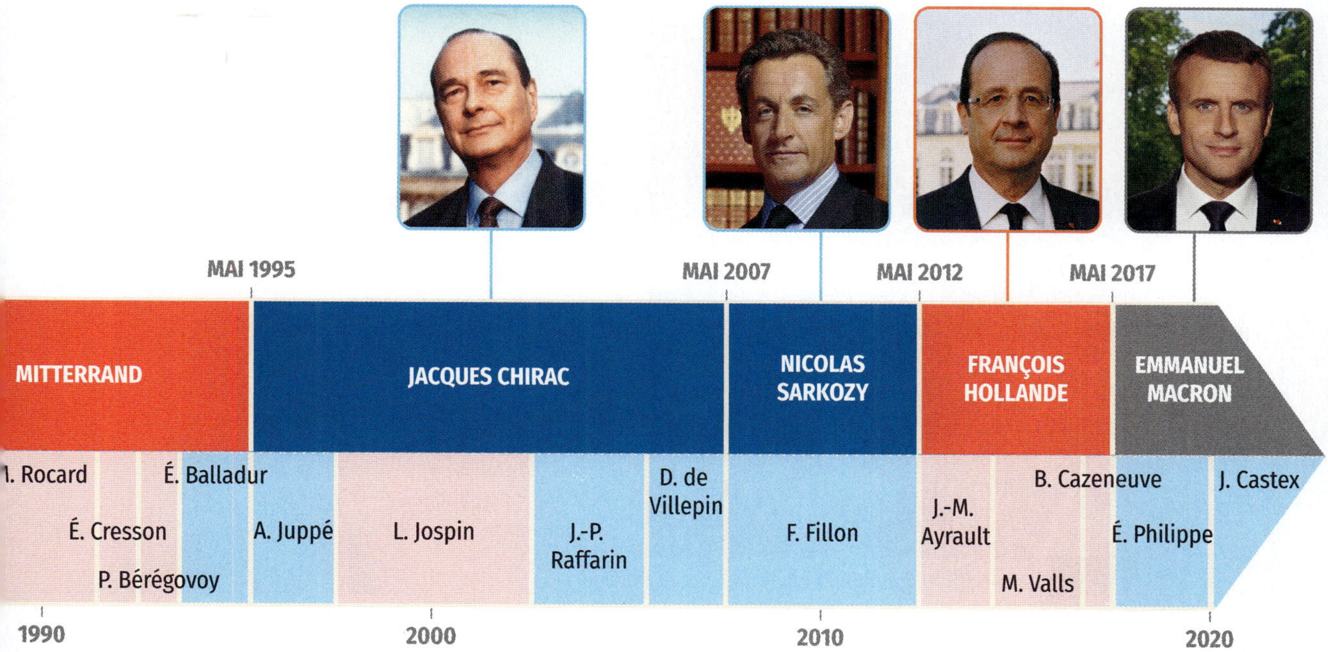

3 Un parti politique

Affiche de l'UNR, parti politique de De Gaulle, 1958.

4 La cohabitation

Une du magazine *Le nouvel Observateur* pour la première cohabitation entre François Mitterrand et Jacques Chirac en 1986.

Dossier 1

La République gaullienne

Compétence J'analyse et je comprends des documents

Charles de Gaulle est élu président de la République en décembre 1958. Il met en place une nouvelle **Constitution**, qui permet le renforcement des pouvoirs du président et la stabilité du gouvernement. Sa présidence marque une nouvelle conception de la République.

4 octobre 1958 Constitution de la Ve République

1962 Référendum sur l'élection du président

1965 Réélection de De Gaulle au suffrage universel

Quelles sont les caractéristiques de la République gaullienne ?

1 La crise algérienne du 13 mai 1958

Manifestation à Alger, 13 mai 1958.

Depuis 1954, les gouvernements successifs de la IVe République sont confrontés à la guerre d'Algérie. L'arrivée d'un nouveau président du Conseil favorable aux négociations avec le FLN provoque une crise à Alger, le 13 mai 1958. Pour soumettre l'armée et les partisans de l'Algérie française, de Gaulle est investi président du Conseil le 1er juin 1958. Il se rend en Algérie et prononce un discours resté célèbre : « Je vous ai compris ».

De Gaulle à Alger, juin 1958.

Numérique

Retrouvez une vidéo sur la naissance de la Ve République ainsi que sur les années de Gaulle sur LLS.fr/HG3P242.

2 Le référendum de 1958 sur la nouvelle Constitution

Affiches du PCF (gauche) et du mouvement gaulliste (droite), 1958.
De Gaulle demande une réforme des institutions. Il lance la rédaction d'une nouvelle Constitution. Elle est soumise à un référendum le 28 septembre 1958.

3 L'élection du président au suffrage universel

Élu président de la République en décembre 1958, de Gaulle s'attache à consolider la Ve République en renforçant le pouvoir exécutif. En 1962, par référendum, il demande que le président soit élu au suffrage universel direct.

La clé de voute de notre régime, c'est l'institution d'un président de la République désigné [...] pour être le chef de l'État et le guide de la France [...]. Cependant, pour que le président de la République puisse porter et exercer effectivement une charge pareille [...], il faut qu'il en reçoive mission de l'ensemble des citoyens [...]. Je crois donc devoir faire au pays la proposition que voici : quand sera achevé mon propre septennat[1] [...], le président de la République sera [...] élu au suffrage universel.

Discours du président de Gaulle, 20 septembre 1962.

1. Mandat de sept ans.

4 La crise politique de Mai 68

DE GAULLE : JE RESTE • JE GARDE POMPIDOU

France Soir 8e

• JE DISSOUS L'ASSEMBLÉE

• J'AJOURNE LE RÉFÉRENDUM

Si les élections sont rendues impossibles, je devrai prendre d'autres voies conformément à la Constitution

Elections entre le 19 juin et le 9 juillet

GRÈVES : LES NÉGOCIATIONS PIÉTINENT

29 % des Parisiens craignent une révolution à l'issue de la crise actuelle

Il faut que s'organise l'action civique

Les préfets commissaires de la République

▲ Une du journal *France Soir*, 31 mai 1968. En mai 1968, ébranlé par une grave crise sociale et politique, de Gaulle décide la dissolution de l'Assemblée nationale.

5 L'indépendance de la France

Le fait principal de ces sept dernières années, c'est que nous avons [...] choisi l'indépendance. [...] Dans le domaine politique, il s'agit que sans renier notre amitié américaine, nous nous comportions en européens que nous sommes et que nous nous appliquions à rétablir d'un bout à l'autre de notre continent un équilibre fondé sur l'entente et la coopération de tous les peuples qui vivent comme nous. Or, c'est ce que nous faisons en nous réconciliant avec l'Allemagne, en proposant à nos voisins, des deux côtés du Rhin et des Alpes, une réelle solidarité des six.

[...] Au point de vue de la sécurité, notre indépendance exige, à l'ère atomique où nous sommes, que nous ayons les moyens de dissuader nous-mêmes un éventuel agresseur sans préjudice de nos alliances mais sans que nos alliés tiennent notre destin dans leurs mains. Or, ces moyens, nous nous les donnons. [...]

Nous devons aussi, coûte que coûte, soutenir la concurrence dans les secteurs de pointe qui commandent la valeur, l'autonomie, la vie de tout l'ensemble industriel [...]. Nous organisons un marché industriel et agricole commun avec l'Allemagne, l'Italie, la Belgique, la Hollande, le Luxembourg. [...] Nous nous unissons à l'Angleterre pour construire le premier avion de transport supersonique du monde.

[...] La réapparition de la nation aux mains libres que nous sommes redevenus modifie évidemment le jeu mondial qui, depuis Yalta, paraissait être désormais limité à deux partenaires. [...] Pour nous, pour tous, autant que jamais, il faut que la France soit la France.

Allocution radiodiffusée et télévisée du général de Gaulle, 27 avril 1965.

Vocabulaire

Une Constitution : voir p. 241.

Un référendum : vote par lequel le peuple répond à une question, par oui ou par non.

Questions

Questionnement différencié sur LLS.fr/HG3P243

1. **Doc. 1** Dans quel contexte de Gaulle revient-il au pouvoir ?
2. **Doc. 2** Quels sont les arguments et les symboles utilisés par ces deux affiches ?
3. **Doc. 3** Comment de Gaulle renforce-t-il le pouvoir du président de la République ?
4. **Doc. 4** Comment réagit-il face à la crise de Mai 68 ?
5. **Doc. 5** Citez le mot qui résume la politique étrangère de De Gaulle. Illustrez-le à l'aide de trois exemples politique, économique et militaire.
6. **Doc. 1 à 5** Réalisez une carte mentale sur les caractéristiques de la République gaullienne.

> GUIDE
- Décrivez les changements institutionnels.
- Caractérisez la politique de De Gaulle à l'international.

Dossier 2

L'alternance : la gauche au pouvoir (1981-1986)

Compétence J'analyse et je comprends des documents

En 1981, la victoire du candidat du Parti socialiste, François Mitterrand, à l'élection présidentielle porte la gauche au pouvoir. C'est la première fois qu'un homme politique de gauche accède à la présidence de la Vᵉ République. Malgré les inquiétudes, les institutions de la Vᵉ République sortent renforcées de cette alternance.

1974 Giscard d'Estaing (droite)

1981 Mitterrand (gauche)

1995 Chirac (droite)

Quels changements l'alternance de 1981 apporte-t-elle à la vie politique française ?

1 L'alternance présidentielle

Les résultats de l'élection présidentielle de mai 1981

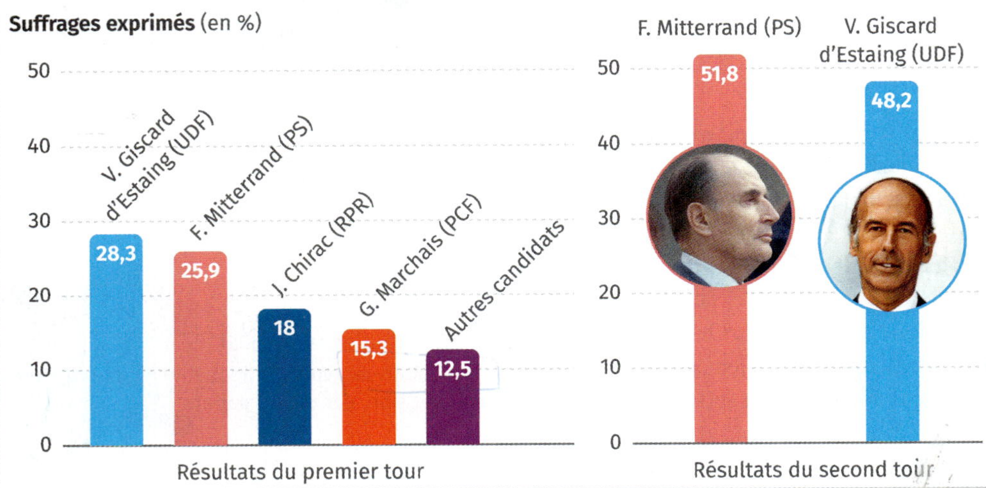

◀ Aux élections de 1981, le président sortant, Valéry Giscard d'Estaing, doit faire face à plusieurs candidats de gauche, mais aussi à un autre candidat de droite important : Jacques Chirac.

Les résultats des élections législatives de juin 1981

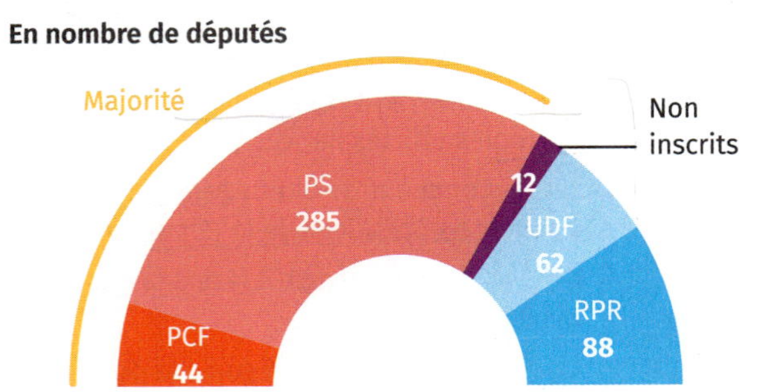

Assemblée nationale élue en 1981

François Mitterrand (1916-1996)

Élu député pour la 1ʳᵉ fois en 1946, il est ministre à plusieurs reprises sous la IVᵉ République. En 1958, il s'oppose au retour de De Gaulle au pouvoir et se présente contre lui à l'élection présidentielle de 1965. En 1971, il prend la tête du Parti socialiste et tente de réaliser l'union de la gauche, en s'alliant avec le PCF. Il échoue de peu aux élections présidentielles de 1974, face à Giscard d'Estaing, mais remporte les élections de 1981, et devient le premier président de gauche de la Vᵉ République. Il est réélu en 1988.

Vocabulaire

Le Parti socialiste (PS) : parti de gauche qui succède à la SFIO en 1971.
La rigueur : politique économique de réduction des dépenses de l'État.
Le SMIC : niveau minimum du salaire horaire fixé par l'État.

Numérique

Retrouvez une vidéo sur l'importance de l'alternance de 1981 sur LLS.fr/HG3Alternance.

2 Les mesures de la gauche au pouvoir

- Nationalisation de nombreuses banques et de secteurs industriels.
- Retraite à 60 ans, 5e semaine de congés payés, semaine de travail de 39 heures.
- Augmentation du **SMIC**.
- Lois Auroux améliorant les conditions de travail dans les entreprises.
- Impôt sur les grandes fortunes (IGF).
- Loi Defferre : début de la décentralisation.
- Abolition de la peine de mort.
- Autorisation des « radios libres ».

Libération

Les mesures sociales du gouvernement

ILS ONT OSE: LES PAUVRES SONT RICHES...

SMIC : + 10 % Allocations familiales : + 25 %
Vieillesse : + 20 % Handicapés : + 20 %

Tapis rouge pour Cheysson à Washington

La Maison Blanche décidée à s'accommoder d'un gouvernement socialiste en France. Lire pages 16 et 17.

L'Evangile selon Couilly-Pont-aux-Dames

Il aura fallu 17 ans aux dames patronnesses de Couilly pour convaincre les fidèles d'exiger la mutation de leur curé. Lire pages 10 et 11.

Livres: les fantasmes mythiques du Château Gracq

Une du journal *Libération*, 4 juin 1981.

3 L'abolition de la peine de mort (1981)

L'abolition de la peine de mort est défendue notamment par le ministre de la Justice, Robert Badinter. Elle est votée en 1981.

4 La politique de la gauche vue par la droite

▲ Affiche parodique d'une association proche de la droite, 1985.

▲ Affiche officielle de Mitterrand, 1981.
Après les mesures sociales, le gouvernement socialiste entame, à partir de 1984, le tournant de la **rigueur**.

Questions

Questionnement différencié sur LLS.fr/HG3P245

1. **Doc. 1** Après avoir lu la définition du mot alternance (voir p. 241), montrez que c'est le cas en 1981.
2. **Doc. 2 et 3** Citez une mesure économique, une mesure sociale, une mesure culturelle et une mesure sociétale prises par la gauche après son arrivée au pouvoir.
3. **Doc. 2 et 3** Quel est l'objectif de ces mesures ?
4. **Doc. 4** Que dénonce l'opposition politique à François Mitterrand ?
   > GUIDE
   - Dans quel contexte et par qui l'affiche est-elle produite ? Que détourne-t-elle ?
   - Décrivez et expliquez l'affiche.
5. **Doc. 1 à 4** Expliquez ce qu'est l'alternance et les changements qu'elle apporte.

Les cohabitations

Compétence Je travaille en autonomie
J'analyse et je comprends des documents

En 1986, sous la présidence de François Mitterrand, une majorité de droite est élue à l'Assemblée nationale. Pour la première fois sous la Ve République, le président doit nommer un Premier ministre qui n'appartient pas à son camp politique. C'est la cohabitation, qui se reproduit en 1993 puis en 1997.

1986-1988 Première cohabitation
1993-1995 Deuxième cohabitation
1997-2002 Troisième cohabitation

Comment les institutions fonctionnent-elles en cas de cohabitation ?

1 Le président et le gouvernement dans les institutions

Extrait de la Constitution
Article 5. Le président de la République veille au respect de la Constitution. Il assure [...] le fonctionnement régulier des pouvoirs publics ainsi que la continuité de l'État. Il est le garant de l'indépendance nationale, de l'intégrité du territoire et du respect des traités.
Art. 9. Le président de la République préside le conseil des ministres.
Art. 15. Le président de la République est le chef des armées. [...]
Art. 20. Le gouvernement détermine et conduit la politique de la nation. Il dispose de l'administration et de la force armée. Il est responsable devant le Parlement [...].

Constitution de la Ve République, 1958.

Question : comment la cohabitation doit-elle se dérouler ?

› GUIDE
- Quels sont les pouvoirs du président de la République et du gouvernement, selon la Constitution ?
- Citez la phrase qui affirme que le gouvernement doit avoir la confiance du Parlement.

Numérique
Retrouvez une vidéo qui explique pourquoi une cohabitation est devenue improbable sur LLS.fr/HG3Cohabitation.

2 La première cohabitation

Question : comment les institutions s'adaptent-elles à la première cohabitation ?

› GUIDE
- Identifiez l'auteur et sa fonction.
- Relevez dans le texte la phrase qui explique pourquoi François Mitterrand doit choisir un Premier ministre de la tendance politique opposée.
- Quelle est la décision de François Mitterrand ?

Depuis 1958 et jusqu'à ce jour, le président de la République a pu remplir sa mission en s'appuyant sur une majorité et un gouvernement qui se réclamaient des mêmes options que lui. Tout autre [...] est la situation issue des dernières élections législatives. Pour la première fois, la majorité parlementaire relève de tendances politiques différentes de celles qui s'étaient rassemblées lors de l'élection présidentielle [...]. Beaucoup de nos concitoyens se posent la question de savoir comment fonctionneront les pouvoirs publics. À cette question, je ne connais qu'une seule réponse, la seule possible, la seule raisonnable, la seule conforme aux intérêts de la nation : la Constitution, rien que la Constitution, toute la Constitution.

François Mitterrand devant le Parlement, 8 avril 1986.

Vocabulaire

La cohabitation : partage du pouvoir entre un président et un premier ministre qui appartiennent à des tendances politiques opposées.

3 La réalité du pouvoir présidentiel

La droite remporte les élections législatives de 1986. Le président Mitterrand, dont le mandat court jusqu'en 1988, est contraint de nommer comme Premier ministre Jacques Chirac, homme politique de droite.

Question : en quoi les pouvoirs du président sont-ils limités en période de cohabitation ?

> GUIDE
- Qui sont les deux personnes à la tête du pouvoir exécutif, en 1986 ? Comment qualifie-t-on cette situation ?
- Identifiez-les sur la caricature.
- Décrivez et expliquez l'attitude du président et celle du Premier ministre.

◂ © Plantu, dessin paru dans *Le Monde* du 21 novembre 1986.

4 La troisième cohabitation

Le gaulliste Jacques Chirac est élu président de la République en 1995. En 1997, sa décision de dissoudre l'Assemblée nationale débouche sur une victoire de la gauche. Il est contraint de nommer un Premier ministre socialiste, Lionel Jospin.

Les résultats des élections législatives de mai 1997

En nombre de députés

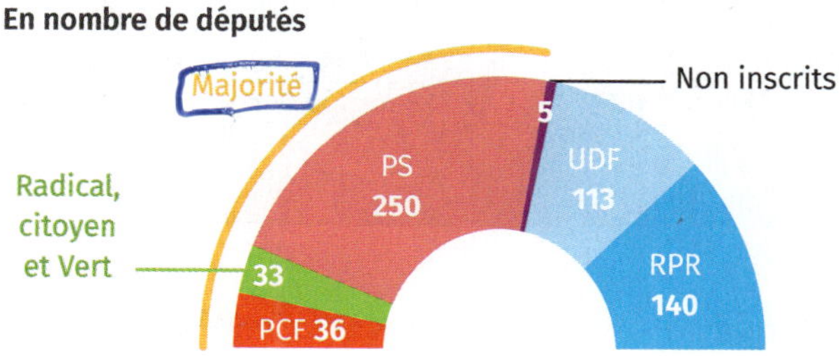

Question : comment la cohabitation de 1997 se met-elle en place ?

> GUIDE
- Identifiez qui est président en 1995.
- Identifiez qui remporte les élections législatives en 1997.
- Quelle est la conséquence de ce résultat électoral ?
- Observez la durée du mandat des députés et celle du président, après cette réforme (voir p. 240-241). En quoi le quinquennat doit-il éviter d'autres cohabitations ?

Tous les cinq ans se tiendra ce grand débat démocratique qui engage notre avenir [...]. Je vous avais appelés à faire ce choix. Vous avez répondu oui. Élu de tous les Français, le président incarne l'intérêt général et la continuité de la République. Vous le choisirez plus souvent [...], votre pouvoir démocratique s'en trouvera renforcé. [...] Beaucoup d'entre vous n'ont pas pris part au vote. L'abstention ne signifie pas qu'il y a trop de votes ou trop de démocratie, elle signifie au contraire qu'il n'y en a pas assez. [...] Il faut donc recourir au référendum plus souvent. Il faut en faciliter l'usage [...], permettre le référendum d'initiative populaire.

Discours télévisé de Jacques Chirac, 24 septembre 2000.

Synthèse

▸ Donnez une définition de la cohabitation, précisez les différentes périodes de cohabitation qu'a connues la France, puis expliquez la façon dont s'organisent alors les pouvoirs. Expliquez pourquoi une nouvelle cohabitation est peu probable aujourd'hui.

De nouvelles modes et de nouvelles consommations

Compétence Je prépare et présente un exposé d'histoire des arts

Quelles nouvelles pratiques culturelles et artistiques apparaissent dans les années 1960 ?

1 De nouveaux looks et une nouvelle place pour les femmes

Vêtements Courrèges, magazine *Elle*, 1963.
Le styliste André Courrèges créé une mode fonctionnelle, avec des lignes inspirées de l'architecture, et dans un style futuriste. C'est aussi le promoteur de la minijupe et du pantalon pour les femmes.

2 L'époque du plastique et du confort domestique

Catalogue Manufrance, impression offset couleur, 1966.

3 Les nouveaux mythes

Je crois que l'automobile est aujourd'hui l'équivalent assez exact des grandes cathédrales gothiques : je veux dire une grande création d'époque, conçue passionnément par des artistes inconnus, consommée dans son image, sinon dans son usage, par un peuple entier qui s'approprie en elle un objet parfaitement magique.

Roland Barthes, « La nouvelle Citroën », *Mythologies*, Seuil, 1957.

4 **Les rêves d'une ville nouvelle**

« Paris dans 20 ans », La Défense, *Paris Match*, 1967.

5 **Le confort moderne**

▲ Bibliothèque-télévision « Minvielle » pour Roche Bobois, 1960.

Numérique

Écoutez la chanson de Boris Vian, *La Complainte du progrès*, 1955, sur LLS.fr/HG3Vian.

Questions

Questionnement différencié sur LLS.fr/HG3P249

1. **Doc. 1 et 3** Présentez ces documents, en identifiant leur source. À qui s'adressent-ils ?
2. **Doc. 1 à 3** Quels nouveaux produits et matériaux apparaissent ?
3. **Doc. 1, 2 et 5** Quels sont les buts de ces images ?
4. **Doc. 1 à 5** Racontez quels sont les principaux changements dans la vie des Français des années 1960.
5. **Doc. 1 à 5** Vous êtes choisi pour refaire la décoration du bureau du président de la République à la fin des années 1960 !

> GUIDE
- Rédigez un court texte présentant les caractéristiques de cette période (décoration, couleurs).
- Constituez un *book* d'au moins trois photographies de meubles et de décoration à proposer au président dans le style demandé.

Synthèse

- Dans les années 1950-1960, le désir d'oublier la guerre et d'accéder à un monde « moderne », inspiré du modèle de l'*American way of life*, conduit à de nouvelles consommations. De nouveaux espaces se développent : les supermarchés avec leurs parkings et les espaces consacrés aux loisirs, par exemple.
- Les décorateurs, les *designers* et les publicitaires s'attachent à rendre les objets attrayants, d'autant qu'ils sont plus éphémères. La couleur gagne le quotidien (presse, magazine, télévision en 1967). Grâce aux matières plastiques, on ose de nouveaux vêtements.

Leçon

La Ve République

Compétence Je révise mes repères historiques

Numérique
Retrouvez une vidéo pour réviser sur LLS.fr/HG3Synthese10

A. La République gaullienne

› Fragilisée par les divisions politiques et la crise algérienne, la IVe République s'effondre en mai 1958. Charles de Gaulle, appelé à la tête du gouvernement pour résoudre la crise algérienne, accuse le régime parlementaire d'être à l'origine de la crise et exige une réforme des **institutions**.

▲ Affiche pour le référendum sur l'élection du président de la République au suffrage universel direct, 1962.

› De Gaulle devient le premier président élu de la Ve République, dont la Constitution est approuvée par référendum en 1958. L'autorité du Parlement est limitée et encadrée, celle du Premier ministre renforcée, et les compétences du président élargies. À partir de 1962, le président est élu au suffrage direct **(dossier 1)**.

› Le président de Gaulle se réserve la politique étrangère : indépendance nationale (arme atomique) et rayonnement international (rapprochement avec l'Afrique, la Chine, réconciliation avec l'Allemagne en 1963) **(doc. 5 p. 243)**. En mai 1968, son autorité est remise en cause par des grèves et des manifestations qui paralysent le pays. De Gaulle démissionne en 1969.

B. L'alternance

› Georges Pompidou poursuit l'action de De Gaulle en aménageant le territoire. Valéry Giscard d'Estaing adopte de nouvelles lois : le SMIC, le droit de vote à 18 ans et le droit à l'avortement.

› L'élection de François Mitterrand en mai 1981, premier président socialiste depuis 1958, montre qu'une **alternance** politique est possible. Des réformes économiques et sociales sont alors adoptées, comme l'abolition de la peine de mort et de nombreuses nationalisations. Les salariés obtiennent la semaine de 39 heures, une 5e semaine de congés payés et la retraite à 60 ans **(dossier 2)**.

› En 1983, face à la persistance de la crise économique et à l'endettement de l'État, une politique de rigueur est mise en place.

C. Les cohabitations

› Cette politique entraîne l'échec de la gauche aux élections législatives de 1986 et la première **cohabitation** entre un président de gauche, François Mitterrand, et un Premier ministre de droite, Jacques Chirac. La cohabitation se reproduit en 1993 puis 1997 **(dossier 3)**.

› La Ve République est alors installée dans la durée et s'adapte aux évolutions politiques et sociales : en 2000, c'est le passage au **quinquennat** par référendum.

› Mais les gouvernements successifs échouent à résoudre le problème du chômage, tandis que le déficit budgétaire met en péril l'État providence.

› La montée de l'abstention traduit la désaffection des Français pour la vie politique. En mai 2017, Emmanuel Macron est élu président, sans le soutien d'un parti traditionnel de gauche ou de droite.

Je retiens

- **Crise politique à Alger**
- **De Gaulle : Ve République, pouvoir exécutif fort**
- **Suffrage universel direct en 1962**
- **Affirmation de la place de la France au niveau international**
- **Après de Gaulle : Georges Pompidou et Valéry Giscard d'Estaing**
- **L'alternance pour la première fois en 1981 : François Mitterrand**
- **Nombreuses réformes sociétales**
- **Trois cohabitations entre 1986 et 2002**
- **Le quinquennat**
- **Montée de l'abstentionnisme**

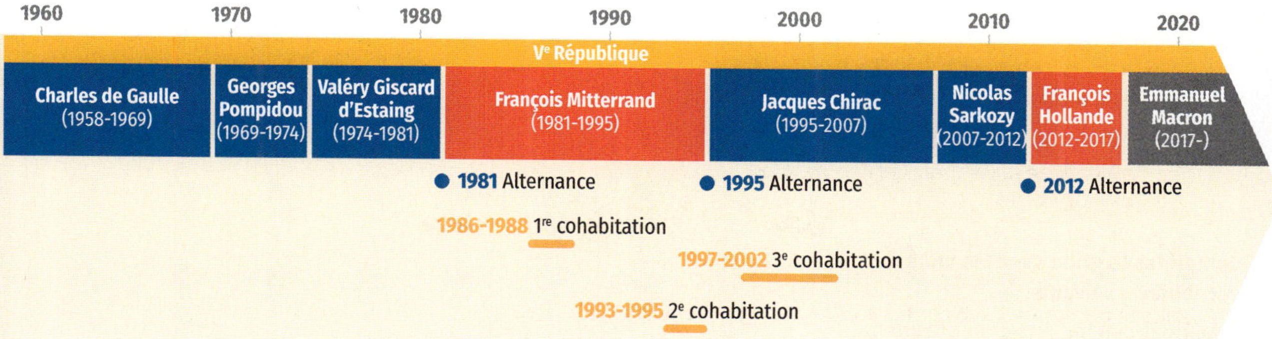

Je retiens les personnages importants

Charles de Gaulle (1890-1970)
Fondateur et premier président de la Vᵉ République, il donne aux institutions un caractère présidentiel.

François Mitterrand (1916-1996)
Élu avec un programme ancré à gauche, il abolit la peine de mort.

Valéry Giscard d'Estaing (1926-2020)
Président à 48 ans, il mène des réformes de société et modernise la vie politique.

Jacques Chirac (1932-2019)
Il supprime le service militaire et met en place le quinquennat.

Vocabulaire

L'alternance : voir p. 241.
La cohabitation : voir p. 241.
Les institutions : organismes de fonctionnement de l'État (Parlement, présidence de la République, etc.).
Le quinquennat : mandat du président de la République exercé pour cinq ans. Il remplace le septennat (sept ans).

Je révise avec un schéma

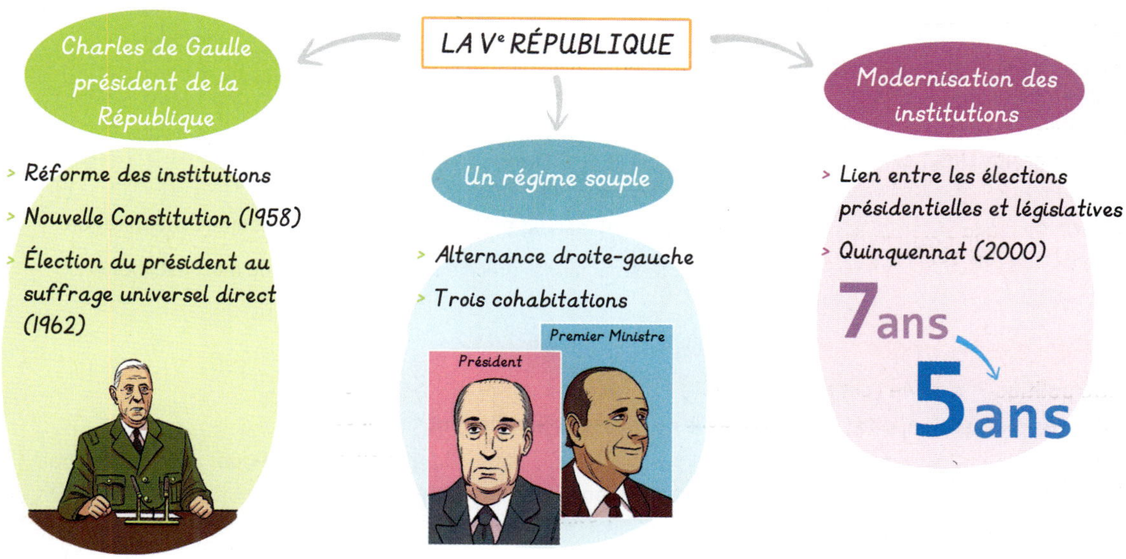

Téléchargez ce schéma sur LLS.fr/HG3Schema10

Je teste mes connaissances

Pour chaque question, il y a une ou plusieurs réponses correctes. Testez-vous sur LLS.fr/HG3Quiz10

Je m'exerce pour le brevet

Compétence Je pratique différents langages

Exercice 1 • Je connais le vocabulaire du chapitre

Complétez la grille avec les mots de vocabulaire suivants.

1. Mandat de cinq ans d'un président.
2. Changement de majorité gouvernementale.
3. Partage du pouvoir entre un président et un Premier ministre qui appartiennent à des tendances politiques opposées.
4. Organismes de fonctionnement de l'État.
5. Texte fondamental d'un État.
6. Consultation d'un peuple sur proposition.
7. Institution du pouvoir législatif.

Exercice 2 • Je connais les grands personnages du chapitre

Reliez ces grands personnages aux actions qui leur correspondent.

- Charles de Gaulle •
- François Mitterrand •
- Jacques Chirac •

- • **a.** Le premier président de la République de gauche.
- • **b.** La crise algérienne le porte au pouvoir.
- • **c.** Le premier président de la République élu au suffrage universel.
- • **d.** Il instaure le quinquennat.
- • **e.** C'est sous son mandat présidentiel qu'a lieu la première cohabitation.
- • **f.** C'est sous son mandat présidentiel que la peine de mort est abolie.

Exercice 3 • Je maîtrise les grandes logiques du chapitre

Pour chaque proposition, dites si elle est vraie ou fausse et justifiez votre réponse.

1. Les institutions de la Ve République affaiblissent le pouvoir du président de la République. ○ Vrai. ○ Faux.
2. Charles de Gaulle veut un État qui s'affirme sur la scène internationale. ○ Vrai. ○ Faux.
3. Il y a eu trois cohabitations entre 1958 et 2020. ○ Vrai. ○ Faux.
4. Le Premier ministre est le chef des armées. ○ Vrai. ○ Faux.
5. L'alternance est un changement de majorité gouvernementale. ○ Vrai. ○ Faux.

Numérique

Retrouvez cet exercice en version autocorrigé sur LLS.fr/HG3Exoautocorrige10.

Compétence Je réalise une carte mentale, un tableau, une frise ou un schéma

J'apprends en faisant une frise chronologique des présidents de la Vᵉ République

ÉTAPE 1 Replacer les présidents de la Vᵉ République dans l'ordre chronologique

1. Indiquez leurs nom et prénom.
2. Associez les visages des présidents à leur nom.

ÉTAPE 2 Associer chaque président à une loi ou un événement marquant

1. Réfléchissez à une loi ou un événement marquant pour chaque président.
2. Si nécessaire, vous pouvez vous appuyer sur le *Genially* accessible sur LLS.fr/HG3Genially pour compléter votre frise.

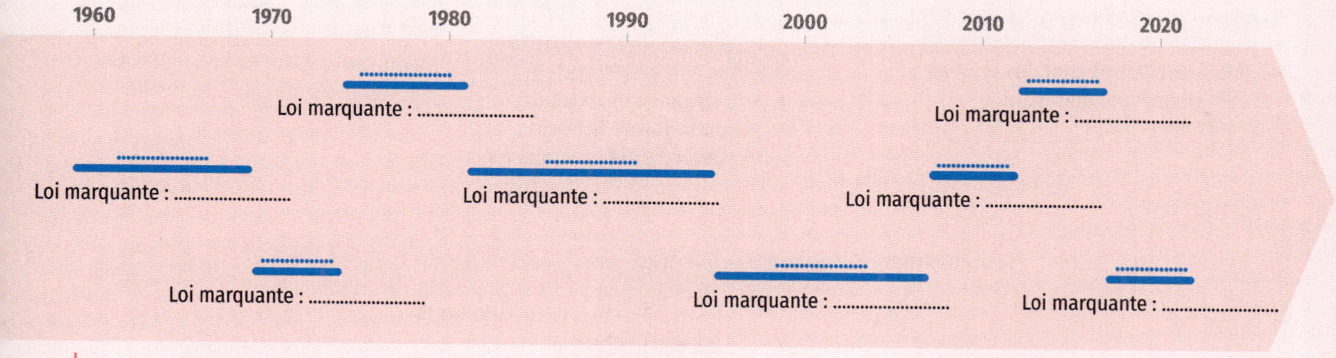

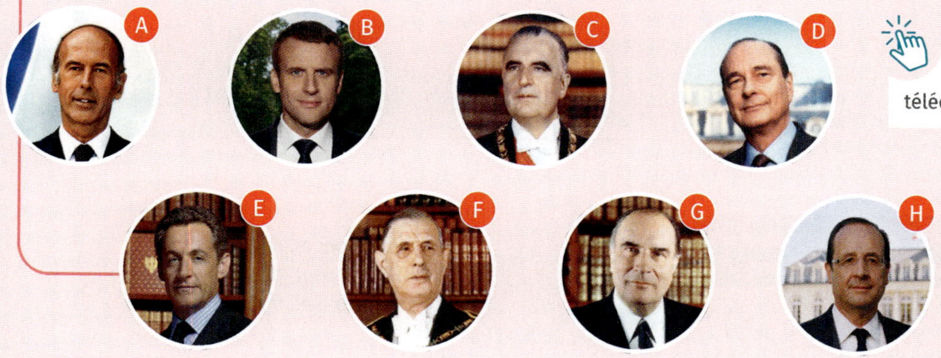

Numérique
Retrouvez la frise à télécharger sur LLS.fr/HG3Frises.

À lire

Mathieu Gabella et Michael Malatini, *De Gaulle* (tome 3), Glénat, 2020.
Ce 3ᵉ volet raconte de Gaulle président et fondateur de la Vᵉ République. Un récit bien dessiné de son action de mai 1958 à son départ en 1969.

Marie Gloris Bardiaux-Vaïente et Malo Kerfriden, *L'Abolition- Le combat de Robert Badinter*, 2019.
Dans un roman graphique, les auteurs racontent le récit du combat de l'avocat et garde des Sceaux, Robert Badinter, pour l'abolition de la peine de mort.

À voir

Gabriel Le Bomin, *La Vᵉ République, au cœur du pouvoir*, 2019.
À partir de ce documentaire, Lumni propose une collection de dix modules pédagogiques d'une durée moyenne de 5 minutes qui retrace les grandes étapes de la Vᵉ République.

Les institutions de la Ve République

Compétences La règle et le droit : je comprends les raisons de l'obéissance aux règles et à la loi dans une société démocratique
La règle et le droit : je comprends le rapport entre les règles et les valeurs

TÂCHE À RÉALISER

Dans ce chapitre d'histoire, vous avez appris comment s'est constituée la Ve République et comment elle s'est inscrite dans la durée. Vous allez ici étudier ses institutions et le rôle des acteurs politiques, en lien avec les principes démocratiques. Puis vous rédigerez un article de presse pour expliquer le parcours d'une loi.

1 Les institutions de la Ve République définies dans la Constitution de 1958

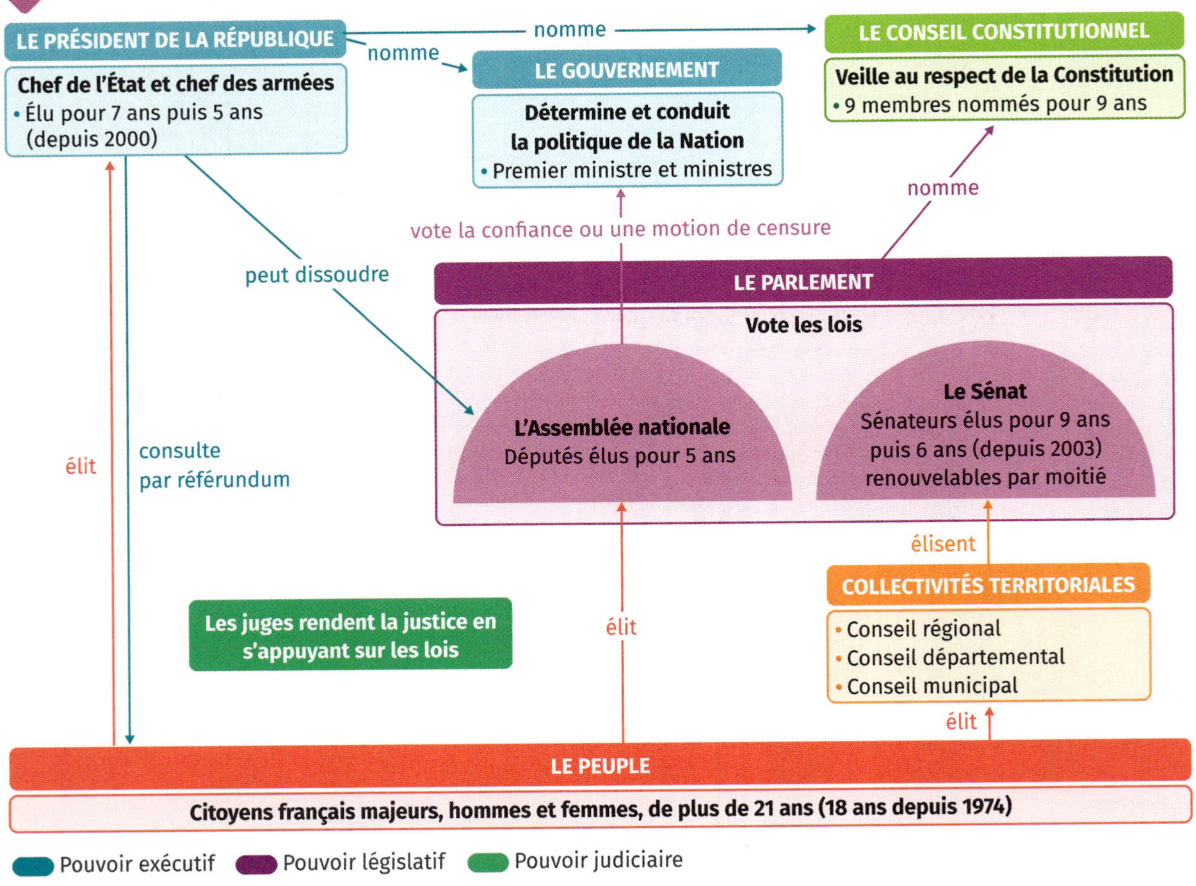

ÉTAPE 1 Comprendre les institutions de la Ve République

Doc. 1 et 2

1. Qui détient le pouvoir législatif ? Exécutif ? Judiciaire ?
2. Montrez que la Constitution donne à la fois du pouvoir au président et au Parlement.
3. Comment est garantie la souveraineté nationale ?
4. Pourquoi peut-on dire que ces institutions sont démocratiques ?

Numérique
Retrouvez un dossier sur le parcours d'une loi sur LLS.fr/HG3Loi.

ÉTAPE 2 Comprendre le parcours d'une loi

Doc. 2 et 3

1. Quel est l'objectif de cette loi ? Quels valeurs et principes de la République met-elle en œuvre ?
2. Qui a le pouvoir de voter la loi ?
3. Quel est le rôle du Conseil constitutionnel ?
4. Que veut dire « promulguer » ?

2 La loi sur l'égalité femmes-hommes

Les mesures phares de la loi du 4 août 2014 visent à inciter les pères à prendre un congé parental, à conditionner l'accès aux marchés publics au respect par les entreprises de l'égalité professionnelle, à protéger les mères isolées des impayés de pension alimentaire, ou encore à étendre à tous les champs de responsabilité le principe de parité. Elle permet aussi de mieux lutter contre les violences faites aux femmes, grâce au renforcement de l'ordonnance de protection et des infractions relatives au harcèlement.[...] Pourquoi ? L'égalité entre les femmes et les hommes est un sujet de première importance. Il existe toujours dans notre société des inégalités persistantes entre les hommes et les femmes : 18,8 % d'écarts de salaires, 40 % d'écarts de pensions, 26,9 % de femmes députées.

« La loi pour l'égalité réelle entre les femmes et les hommes », extrait du site du gouvernement, 15 mai 2017.

ÉTAPE 3 Rédiger un article pour présenter la loi sur l'égalité femmes-hommes

Doc. 1, 2 et 3

1. Présentez le rôle de cette loi.
2. Décrivez succinctement les étapes de sa préparation à son entrée en vigueur.

3 Le parcours de la loi

3 juillet 2013

LE PROJET DE LOI

Najat Vallaud-Belkacem, ministre des Droits des femmes, dépose le projet de loi sur l'égalité entre les femmes et les hommes.

du 17 septembre 2013 au 23 juillet 2014

L'EXAMEN ET LE VOTE AU PARLEMENT

Assemblée nationale
1re lecture, 2e lecture, amendements

Sénat
1re lecture, 2e lecture, amendements

navette

L'Assemblée nationale adopte définitivement la loi.

24 juillet 2014

LA SAISIE DU CONSEIL CONSTITUTIONNEL

Le 31 juillet, le Conseil constitutionnel émet des réserves, rejette deux articles et déclare le texte partiellement conforme.

4 août 2014

LA PROMULGATION DE LA LOI

Le président de la République, François Hollande, promulgue la loi pour l'égalité réelle entre les femmes et les hommes qui paraît au Journal officiel le 5 août 2014.

Vocabulaire

Une Constitution : voir p. 241.

Une institution : voir p. 251.

La souveraineté nationale : principe selon lequel le pouvoir est détenu par le peuple.

Je retiens l'essentiel

- **La Constitution fixe les règles de fonctionnement de notre démocratie. La souveraineté appartient à la Nation, qui élit des représentants.**
- **Les pouvoirs exécutif, législatif et judiciaire sont séparés. Le pouvoir exécutif est détenu par le président et le gouvernement, le pouvoir législatif par l'Assemblée nationale et le Sénat.**
- **La Ve République est un régime dans lequel le pouvoir du président est très important, mais il est contrebalancé par un Parlement aux pouvoirs étendus.**
- **La loi permet l'application des principes de la Constitution. Par exemple, la loi sur l'égalité réelle entre les femmes et les hommes doit faciliter l'égalité salariale et la parité femmes-hommes.**

L'engagement en politique : les partis et les militants

Compétences Le jugement : je comprends le sens de l'intérêt général
L'engagement : je comprends le sens de l'engagement et des responsabilités

TÂCHE À RÉALISER

Dans ce chapitre d'histoire, vous avez appris comment s'est mise en place la Vᵉ République. Vous allez ici découvrir les différences entre les partis politiques et leur rôle dans une démocratie représentative, puis les présenter sous forme de carte mentale. Ensuite, vous débattrez en classe de l'engagement en politique.

ÉTAPE 1 Découvrir les principaux partis politiques et leur rôle

Doc. 1 et 2

1. Inscrivez au centre de la carte mentale : l'engagement en politique. Puis dessinez une première branche intitulée : les partis politiques.
2. Classez les partis de gauche, du centre et de la droite, et inscrivez-les sur la carte mentale, en utilisant différentes couleurs.
3. Sur une autre branche, indiquez le rôle et l'importance des partis politiques en démocratie.

1 Les partis politiques à l'Assemblée nationale en 2020

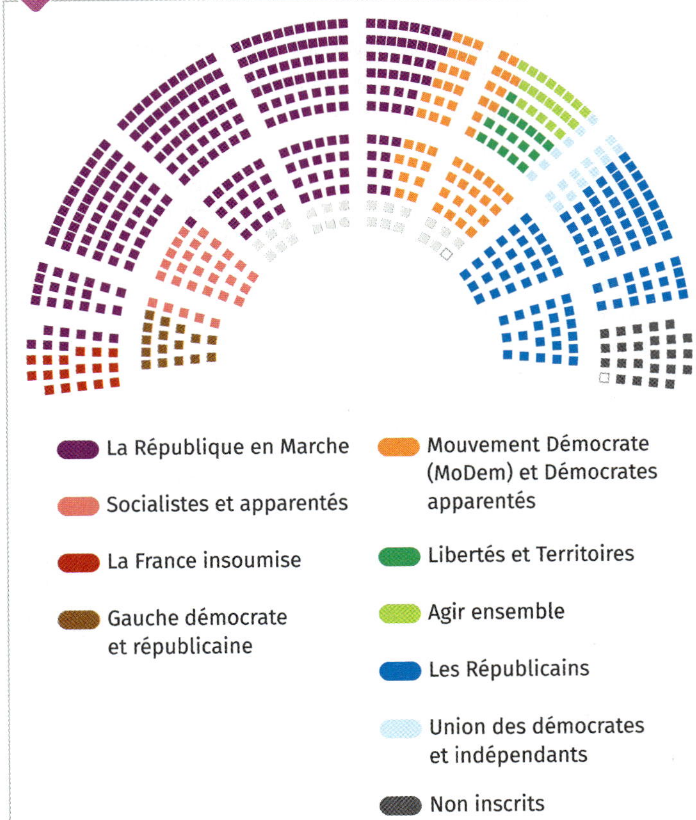

2 Deux rôles des partis politiques

On attribue deux fonctions principales aux partis politiques :

› Une fonction d'intermédiaires entre le peuple et le gouvernement. Le parti élabore un programme présentant ses propositions qui, s'il remporte les élections, seront reprises dans le projet du gouvernement. [...]

› Une fonction de direction. Ils ont pour objectif la conquête et l'exercice du pouvoir.

Extrait du site vie-publique.fr, consulté en janvier 2021.

Vocabulaire

La démocratie représentative : démocratie dans laquelle les citoyens s'expriment par la voie de leurs représentants élus.

Le pluralisme politique : existence de plusieurs partis politiques qui représentent différents intérêts et tendances politiques. C'est l'un des piliers de la démocratie.

ÉTAPE 2 Comprendre pourquoi et comment s'engager

Doc. 3 et 4

1. Tracez deux autres branches sur la carte mentale et inscrivez : pourquoi s'engager ? Et dans une autre : comment s'engager ?
2. Complétez-les à l'aide des documents.

ÉTAPE 3 Mener le débat

1. Organisez le cadre du débat avec un président de débat, un maître du temps, deux observateurs et deux secrétaires.
2. Échangez vos arguments : faut-il s'engager en politique selon vous, et pourquoi ? Les partis politiques représentent-ils tous les Français ? Quels sont les avantages et les difficultés à s'impliquer en politique ?

3 Jeunes militants lors d'un « Friday for Future »

▲ Photographie prise lors du Forum économique de Davos, le 24 janvier 2020.
Initiées par Greta Thunberg, les grèves scolaires pour le climat ont pour objectif de faire pression sur les décideurs en vue de la mise en œuvre de mesures plus radicales dans la lutte contre le réchauffement climatique.

4 Paroles de jeunes militants écologistes

Certains sont encore au lycée, d'autres bien avancés dans leurs études supérieures. Ces jeunes militantes et militants écologistes luttent pour le climat à Alternatiba ou Youth for Climate et recherchent dans leurs études et futurs métiers un moyen pour servir leur combat.[...]
« À la base, j'adore voyager, mon empreinte carbone est énorme », dit à *Reporterre* Marie, 17 ans, membre de Youth for Climate Paris, un mouvement de jeunes militants écologistes. « Je me voyais grande avocate dans un cabinet parisien, vivre dans un immense duplex et partir en voyage partout. J'ai un peu changé d'avis. » La jeune étudiante en licence de droit lâche un petit rire. Désormais, c'est à l'Union européenne ou à l'ONU qu'elle souhaite travailler. Son objectif est d'être au cœur des négociations internationales sur le climat.
Marie a le regard franc et le sourire facile. Elle est encore lycéenne lorsqu'elle s'engage à Youth for Climate. En mars 2019, une première marche mondiale pour le climat est organisée. En parallèle, la Suédoise Greta Thunberg entame la première grève pour le climat à 16 ans. « Quand j'ai vu ce qu'il se passait à Paris, en Suède, je me suis dit qu'il y avait peut-être moyen de faire quelque chose. Avec un ami de ma classe, on s'est dit qu'on devait agir et pas juste rester manger bio chez nous. La première réunion c'était le 27 février. Le 15 mars on a organisé notre première marche, j'étais à Laval à l'époque. On a dû réunir 2 000 personnes », se rappelle-t-elle.

Garance Diaconu, « Jeunes militants écologistes, ils cherchent un sens à leur avenir », *Reporterre*, avril 2020.

Je retiens l'essentiel

- **Le pluralisme est essentiel dans une démocratie représentative. L'existence des partis politiques doit permettre de représenter les différentes opinions présentes dans la société et d'offrir un choix au moment des élections.**
- **L'engagement politique peut se faire en militant au sein des partis politiques, mais il peut prendre aussi d'autres formes.**
- **Les manifestations, la participation à des marches citoyennes, le choix d'un métier en lien avec ses convictions, les pétitions, etc. sont d'autres façons de s'engager politiquement.**

Sujet guidé

Exercice 1 • Analyser et comprendre des documents

1. **Doc. 1** Identifiez le document.
2. **Doc. 1** Quel usage de Gaulle fait-il des médias ?
3. **Doc. 2** Qu'est-ce qu'un référendum ?
4. **Doc. 2** Par quel référendum de Gaulle veut-il renforcer le lien entre le président et les Français ?
5. **Doc. 2** À partir de vos connaissances et du document, indiquez quelle décision prend de Gaulle à la suite du référendum de 1969.
6. Selon de Gaulle, quel doit être le lien entre le président et les Français ?

> GUIDE
- Appuyez-vous sur les deux documents.
- Illustrez vos propos à l'aide de trois exemples précis.

1 De Gaulle et les médias

▲ Des Parisiens écoutant un discours du général de Gaulle à la télévision, le 20 avril 1963.
Entre 1958 et 1969, de Gaulle effectue plus de 80 interventions à la télévision et à la radio pour expliquer sa politique aux Français.

2 Les référendums sous la présidence de De Gaulle

Résultats (en %)

8 janvier 1961
Projet de loi sur l'autodétermination de l'Algérie — 75 %

8 avril 1962
Accords d'Évian sur l'indépendance de l'Algérie — 91 %

28 octobre 1962
Projet de loi sur l'élection du président de la République au suffrage universel — 62 %

27 avril 1969
Projet de loi sur la réforme du Sénat et la régionalisation — 47 %

Méthode : Analyser une photographie

Présenter un document photographique
- La date et le lieu.
- La technique (couleur ou noir et blanc).

Décrire l'image
- Le sujet : la photographie représente-t-elle un paysage ? Un portrait ? Une scène ?
- Les plans : que voit-on au premier plan ? Au second plan ou à l'arrière-plan ?
- Le point de vue : le photographe se trouvait-il face à son sujet ? A-t-il pris sa photographie de haut (en plongée) ou en contrebas ?

Interpréter
- La photographie peut être mise en scène par le photographe : quel message fait-il passer ?

Exercice 2 • Maîtriser différents langages

Sous la forme d'un développement construit d'une vingtaine de lignes, racontez la mise en place de la Ve République et décrivez le fonctionnement de ses institutions.

> GUIDE
- Présentez le contexte de la fin des années 1950.
- Expliquez le retour de De Gaulle et son rôle dans la mise en place de la Ve République.

Conseils • Les mots de liaison

- Organisez votre texte en utilisant les mots suivants : d'abord, parce que, par exemple, ensuite, en raison de, en revanche, c'est-à-dire, ainsi, pourtant, finalement, etc.

Exercice 1 • Analyser et comprendre des documents

1. **Doc. 1** Présentez le contexte de cette caricature.
2. **Doc. 1** Expliquez l'échange entre les deux personnages.
3. **Doc. 2** Quels sont les changements majeurs mis en place au lendemain de l'élection de François Mitterrand ?
4. **Doc. 2** Pourquoi François Mitterrand met-il en place une politique de rigueur ?
5. **Doc. 1 et 2** Racontez l'alternance de 1981, les mesures prises dans la première partie du mandat, puis le tournant de la rigueur.

1 L'alternance

▲ © Plantu, dessin paru dans *Le Monde* du 12 mai 1981.

2 De l'euphorie à la rigueur

François Mitterrand décide d'appliquer des promesses électorales [...]. Les réformes s'enchaînent [...]. Dans le domaine social [...] : les salaires et les prestations sociales sont augmentés [...]. L'impôt sur les grandes fortunes est institué. [...] Les salariés obtiennent [...] une cinquième semaine de congés payés, une durée légale du temps de travail ramenée à 39 heures par semaine, la retraite à 60 ans, et [...] l'abolition de la peine de mort.
Après l'échec des socialistes aux élections municipales, François Mitterrand décide d'opérer un virage à 360 degrés en matière économique. Le déficit budgétaire ne cesse de se creuser [...]. L'année 1983 signe la fin de « l'État de grâce ».

Fabienne Cosnay, « Mitterrand : de l'euphorie à la rigueur », *Europe 1*, mai 2011.

Exercice 2 • Maîtriser différents langages

1. Sous la forme d'un développement construit d'une vingtaine de lignes, montrez que le président de la République occupe une place majeure dans la Vᵉ République.
2. Complétez ce schéma des institutions par les termes suivants : Assemblée nationale, nomme, peut dissoudre, le peuple.
3. Quelle institution contrôle le respect de la Constitution ?

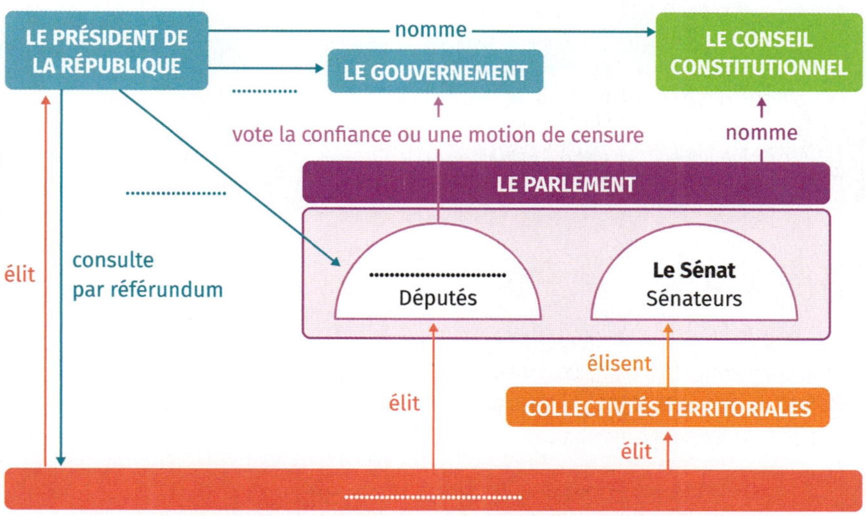

Chapitre 11

Femmes et hommes dans la société des années 1950 aux années 1980

1944-1947,
REFONDER LA RÉPUBLIQUE

LA Vᴱ RÉPUBLIQUE

FEMMES ET HOMMES DANS LA SOCIÉTÉ DES ANNÉES 1950 AUX ANNÉES 1980

La société française connaît des transformations profondes dans la seconde moitié du XXᵉ siècle. Les Français entrent dans la société de consommation et le mouvement de libération des femmes se développe.

Comment le modèle social républicain s'adapte-t-il aux transformations de la société française ?

Quiz

1. Qui met en place la Vᵉ République ?
   a. Valéry Giscard d'Estaing
   b. Charles de Gaulle
   c. Georges Pompidou

2. Que sont les Trente Glorieuses ?
   a. Une série de journées révolutionnaires en juillet 1830
   b. Un groupe de trente femmes qui ont résisté au nazisme
   c. Une période de forte croissance économique et de prospérité

3. Que désigne l'État-providence ?
   a. Un État dirigé par l'Église catholique
   b. L'ensemble des interventions économiques et sociales de l'État
   c. Un État où tous les citoyens ont le droit de vote

Numérique

Retrouvez un parcours numérique pour préparer la certification PIX sur LLS.fr/HG3PIX11.

Dans ce chapitre je vais

- Raconter l'émancipation progressive des femmes.
- Décrire l'évolution de la situation des immigrés.
- Expliquer les transformations de la vie des Françaises et des Français dans les années 1950-1980.

Histoire et musique

Salut les copains est le titre d'une émission musicale sur Europe 1, animée par Franck Ténot et Daniel Filipacchi, de 1959 à 1966. Elle réunit 40 % des 12-15 ans. En 1962, un magazine éponyme est lancé et vendu à plus d'un million d'exemplaires. L'émission et le magazine ont influencé toute une génération.

◀ Manifestation à Paris, mai 1968.
Au printemps 1968, un mouvement social de masse (grèves et manifestations) est enclenché par la jeunesse étudiante parisienne, suivie par le monde ouvrier. Les revendications révèlent de nouvelles aspirations de la jeunesse.

Repères

Une société profondément transformée

Compétence Je situe et j'ordonne dans le temps

Les Français, grâce à l'augmentation du pouvoir d'achat et au travail des femmes, entrent dans la société de consommation. L'allongement du temps libre et l'essor de l'instruction donnent une grande place aux loisirs et à la culture de masse, symbolisée par la télévision. Après le début de la crise en 1973, le chômage devient un phénomène de masse.

1945 — 1950 — 1955 — 1960 — 1965

CONTEXTE
- **1945-1973** Les Trente Glorieuses

POUR LES IMMIGRÉS
- Forte immigration de travail
- **Avril 1956** Régularisations d'immigrés

POUR LES FEMMES
- **1967** Légalisation de la contraception

POUR LES JEUNES
- **Mai 1968**

1 Le féminisme

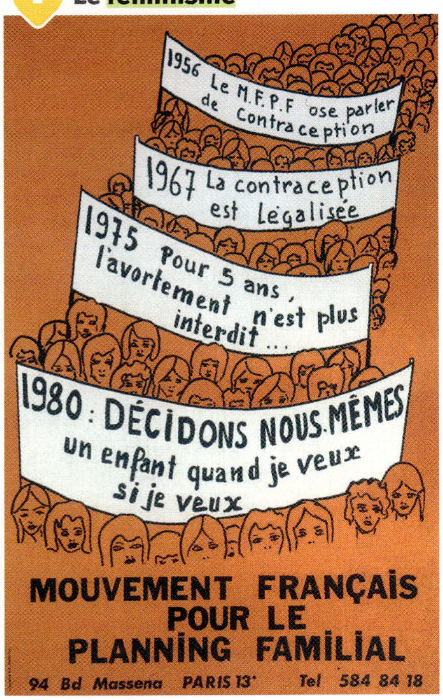

▲ Affiche, 1980.

2 L'émancipation

▲ Affiches de Mai 68.
Les événements de Mai 68 constituent un ensemble de grèves et de manifestations contre la société traditionnelle, le capitalisme et, plus directement, contre le pouvoir gaulliste en place.

Notions

Les Trente Glorieuses

Période de forte croissance économique en Occident et en France, de 1945 au premier choc pétrolier de 1973.

1. Lisez la définition de la société de consommation.
2. Comment la forte croissance économique se traduit-elle dans le quotidien des Français ?

1975 — 1980 — 1985 — 1990 — 1995

1973-1979 Crise économique

- **1976** Droit au regroupement familial
- **1989** Haut Conseil à l'intégration

Émancipation professionnelle, financière et politique progressive des femmes

- **1974** Secrétariat d'État à la Condition féminine
- **1975** Loi sur l'IVG (avortement)
- **1983** Loi sur l'égalité professionnelle

Naissance d'une « culture jeune »

- **1974** Droit de vote et majorité à 18 ans

3 La culture de masse

▲ L'émission littéraire *Apostrophes*, à la télévision, avec Bernard Pivot, les historiens Emmanuel Le Roy Ladurie, Jacques Le Goff, Georges Duby et l'écrivain Jean-Louis Bory, 1979.

Vocabulaire

La culture de masse : pratiques culturelles touchant un très large public (musique, cinéma, télévision, spectacles, etc.).

L'émancipation : le fait d'obtenir plus de libertés pour un individu ou un groupe, face à une domination. Dans le cas des femmes : face à la domination masculine. Dans le cas des jeunes : face à la pression familiale et sociale.

Le féminisme : mouvement en faveur de l'égalité réelle entre les femmes et les hommes. Il a pour objectif de réduire, voire d'abolir les inégalités en politique, dans le monde du travail, dans la société et dans les foyers.

La société de consommation : société dans laquelle les consommateurs sont poussés à consommer en grande quantité, par la publicité et le crédit (électroménager, voiture, loisirs, etc.).

Dossier 1

La place de la jeunesse de 1950 à 1980

Compétence J'analyse et je comprends des documents

Avant les années 1950, les jeunes ne se distinguent pas par une culture spécifique. Par la suite, les baby-boomers, nés peu de temps après la guerre, constituent un groupe à part avec des attitudes, des loisirs, des goûts et des mentalités spécifiques.

Comment la place de la jeunesse évolue-t-elle dans la société française ?

1 Le développement de la scolarisation

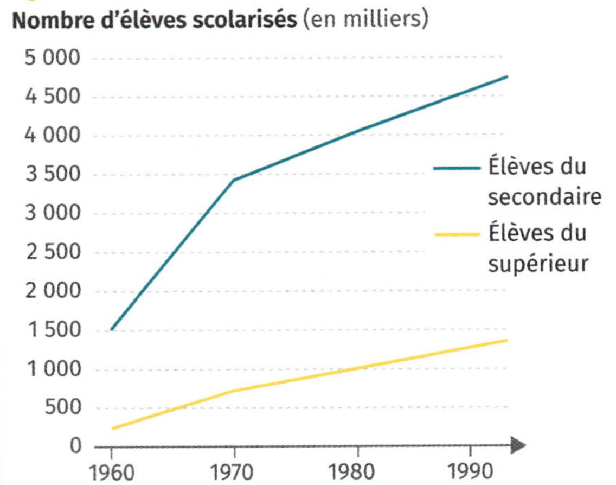

Source : portail de la statistique sur l'éducation et la formation, 2020.

2 La loi Haby

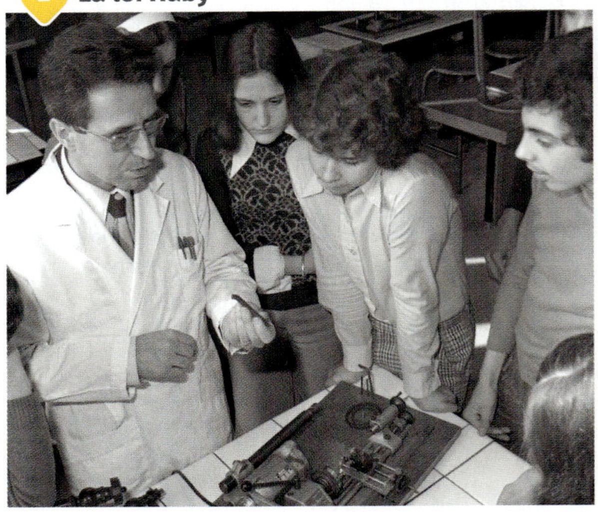

▲ Professeur expliquant un cours de physique, en 1975, à des filles et des garçons dans une classe mixte.
La loi Haby (1975) instaure la mixité obligatoire sur tous les cycles scolaires, le collège unique et modifie les matières enseignées qui deviennent tant intellectuelles que manuelles.

Numérique
Retrouvez des vidéos sur les années yé-yé et sur le déroulement de Mai 68 sur LLS.fr/HG3P264.

3 Naissance et affirmation de la culture jeune

Les paroles sont niaises, les airs importés des États-Unis et les talents incertains. Mais le yé-yé de Johnny [Hallyday], Sylvie [Vartan], Eddy [Mitchell], Richard [Anthony] et Françoise [Hardy] porte une énergie sans pareille. [...] Enfants de la croissance, de la prospérité naissante, de la consommation de masse et de la décolonisation, ils se préparent à faire éclater les cadres de la vieille société… Les teenagers écoutent *Salut les copains*, regardent *Âge tendre et tête de bois*, s'achètent des blousons de cuir, des boots noires, des « pattes d'éléphant » et roulent en scooter. À la Nation, en 1963, Johnny attend 15 000 fans. Il en vient 150 000 pour le premier concert de masse du rock français, et la première manifestation violente de la révolte adolescente… Coiffures, vêtements, langage, relations amoureuses, rien ne sera plus comme avant. La vieille discipline scolaire commence à plier et la pilule n'est pas loin.

Laurent Joffrin, « L'histoire en chantant, 40 ans de 45 tours en France », collection Dossiers du *Nouvel Observateur*, janvier 1991.

Couverture du magazine *Candide*, 13 juin 1966. ▲

4 Mai 1968 : ruptures et conscience politique

L'extrait ci-dessous est une reprise des revendications formulées par les élèves d'un lycée du sud de la France.

Nous, lycéens, nous occupons nos lycées ! QUE VOULONS-NOUS ? La société moderne nous refuse tout contact, [...] aucune possibilité de rencontre ; dans les lycées, aucun contact avec les professeurs en dehors des cours, aucune possibilité d'échanges entre nous. Les lycéens écoutent et ne participent pas à la vie active. Peuvent-ils devenir de véritables citoyens ? [...] Nous voulons un enseignement intelligent permettant l'éclosion de la personnalité, et non un bourrage de crâne systématique [...]. Nous voulons encore montrer à nos parents que nous prenons en main notre avenir [...].

Revendications d'élèves citées par Dominique Borne, *Histoire de la société française depuis 1945*, Armand Colin, Paris 1988.

▲ Des émeutiers affrontent les forces de l'ordre, boulevard Saint-Michel à Paris, le 6 mai 1968.

5 La modernisation de la société sous V. Giscard d'Estaing

Date	Événement
1974	Abaissement de la majorité à 18 ans
1974	Remboursement de la pilule, anonymement pour les mineures
1975	Loi Haby : collège unique et mixité scolaire
1975	Loi Veil : légalisation de l'**IVG**
1975	Démantèlement de l'ORTF Naissance de TF1, Antenne 2 et FR 3

6 Le droit de vote à 18 ans

▲ Affiche du mouvement du PCF encourageant l'inscription de jeunes majeurs sur les listes électorales après l'abaissement de l'âge de la majorité de 21 à 18 ans, 1974.

Questions

Questionnement différencié sur LLS.fr/HG3P265

1. **Doc. 1 et 2** Que montrent ces documents sur les changements dans le domaine scolaire ?
2. **Doc. 3** Quel contexte permet l'émergence d'une culture jeune ? Quelles sont les composantes de l'identité des jeunes ?
3. **Doc. 3** Que veut dire l'auteur à travers l'expression : « faire éclater les cadres de la vieille société » ?
4. **Doc. 4** Que dénoncent les lycéens et dans quels domaines souhaitent-ils des changements ?
5. **Doc. 5 et 6** En quoi les réformes de Valéry Giscard d'Estaing répondent-elles aux attentes exprimées en mai 1968 ?
6. **Doc. 1 à 6** Comment la jeunesse française prend-elle de plus en plus de place dans la société de 1950 à 1980 ?

> GUIDE
- Qui sont les baby-boomers ?
- En quoi Mai 68 est-il un tournant pour cette jeunesse ?
- Quelles réformes donnent davantage de liberté, d'une part, et d'égalité, d'autre part ?

Vocabulaire

Le baby-boom : période de forte natalité, de 1945 aux années 1970.

Une interruption volontaire de grossesse (IVG) : avortement provoqué de façon volontaire et légale.

Le yé-yé : style d'expression musicale et phénomène social en vogue dans la jeunesse des années 1960. Il s'agit d'une déformation de « yes » répété « Yeah ! Yeah ! » qui ponctue souvent les chansons américaines.

Menez l'enquête

L'émancipation des Françaises

1965
Liberté d'ouvrir un compte en banque

1967
Loi Neuwirth : légalisation de la contraception

1975
Divorce par consentement mutuel

1975
Loi Veil : légalisation de l'IVG

1983
Loi Roudy sur l'égalité professionnelle

Tâche à réaliser

Jeune Française dans les années 1960, vous décidez de protester contre les inégalités qui touchent les femmes. Racontez votre parcours, de votre vécu de jeune femme dans la société des années 1960 jusqu'à l'acquisition de nouveaux droits. Travaillez en groupe pour rédiger un discours collectif et prononcez-le devant la classe.

ÉTAPE 1 Raconter la vie d'une femme dans les années 1960

Doc. 1

1. Décrivez les deux femmes sur la photographie : âge, activité, tenue vestimentaire, comportement de l'une vis-à-vis de l'autre.

Doc. 2

2. Quelle est la condition sociale de la femme qui parle dans le texte ? Décrivez les différences entre ses rêves et la réalité.

1 Deux générations de femmes

▲ Photographie d'Henri Cartier-Bresson, Brasserie Lipp, 1969.

2 Témoignage d'une femme d'ouvrier

S'il n'y avait pas les enfants, j'aurais recommencé à travailler comme avant. Mais il y a ce quatrième : ah, il n'a pas été désiré celui-là ; j'en avais eu trois en moins de trois ans, je pensais que cela suffisait et puis en voilà un autre ! [...] Pour boucler les fins de mois, je fais du lavage et du repassage pour les autres, parfois je garde un enfant, mais en cachette de mon mari qui ne voudrait pas que je travaille. [...] Quand je vais chez quelqu'un d'autre, je me rends compte que je n'ai rien ; je me dis que [...] si je pouvais travailler, j'en aurais autant. [...] J'aimerais avoir une journée à moi, entièrement libre.

Interview, début des années 1960, Paris, citée par Christine Bard, *Les Femmes dans la société française au 20e siècle*, Armand Colin, 2003.

Numérique

Vous pouvez enregistrer votre discours dans une courte vidéo illustrée, en utilisant l'outil *PowToon*. Retrouvez les explications sur **LLS.fr/HG3PowToon**.

ÉTAPE 2 Expliquer la loi Veil

Doc. 3

1. Qu'est-ce que l'IVG ? Que permet la loi Veil ?
2. Relevez les limites prévues par le texte de loi.

▲ Simone Veil défendant le projet de loi sur l'avortement à l'Assemblée, 1975.

3 La loi légalisant l'interruption volontaire d'une grossesse (IVG)

La femme enceinte que son état place dans une situation de détresse peut demander à un médecin l'interruption de sa grossesse. [...] L'interruption volontaire d'une grossesse ne peut être pratiquée que par un médecin. [...] Si la femme est mineure célibataire, le consentement de l'une des personnes qui exerce l'autorité parentale ou, le cas échéant, du représentant légal est requis. [...] Chaque centre de planification et d'éducation familiale sera doté des moyens nécessaires pour informer, conseiller et aider la femme qui demande une interruption volontaire de grossesse.

Extraits de la loi Veil sur l'IVG, 1975.

Numérique

Retrouvez des vidéos sur la loi Veil ainsi que sur l'histoire des inégalités salariales sur LLS.fr/HG3P267.

4 Des inégalités qui subsistent

La situation de la femme dans notre société reste marquée par la dépendance, l'inégalité et le non-respect du droit de la personne [...]. Les femmes sont majoritaires parmi les smicards, les chômeurs, les allocataires du minimum vieillesse.

Discours de François Mitterrand pour la Journée des femmes (8 mars 1982) devant 400 ouvrières, employées, mères de famille, invitées à l'Élysée.

▲ © Plantu, dessin paru dans *Le Monde* de l'Éducation, juillet 1979.

ÉTAPE 3 Dénoncer les inégalités

Doc. 4

1. Identifiez les documents.
2. À quelle situation, dénoncée par François Mitterrand dans son discours, cette affiche fait-elle écho ?

BRAVO !

En menant cette enquête, j'ai appris à :

- Analyser et comprendre des documents
- Travailler en groupe, en équipe
- M'exprimer à l'oral

Dossier 2

Les immigrés dans les années 1950-1980

Compétence J'analyse et je comprends des documents

Face aux besoins en main-d'œuvre pendant les Trente Glorieuses (1945-1973), l'État organise l'immigration de travail. Les jeunes Français issus de l'immigration dénoncent dans les années 1980 leurs conditions de vie, le racisme et la montée du Front national.

1945 Reconstruction

1945-1973 Trente Glorieuses

1974 Fin de l'immigration de travail

1989 Haut Conseil à l'intégration

Quelle est la situation des immigrés en France des années 1950 à 1980 ?

1 Le bidonville de Nanterre (années 1960)

▲ Au milieu des années 1960, plus de 40 % des Algériens en France vivent dans des bidonvilles.

Numérique

Retrouvez une vidéo sur le bidonville de Nanterre sur LLS.fr/HG3Nanterre.

2 Témoignage de Nouredine Hagoug, fils d'immigrés algériens

En 1983, Nouredine Hagoug participe à la Marche pour l'égalité et contre le racisme. Il raconte l'histoire de ses parents ***immigrés*** *et son enfance à Marseille.*

Avec un de ses cousins, mon père a été un des premiers à débarquer ici, à Marseille, en 1953 – il avait 17 ans. [...] Fin 1961, il est retourné en Algérie pour se marier et ramener ma mère ici, directement au bidonville de la Timone. Je suis né à Marseille, un peu plus d'un an après, en février 1963. [...]

Mon père était l'aîné des fils. Il est d'abord parti parce que sa famille avait du mal à vivre. [...] De ses premières années en France, je sais très peu. [...] Il nous a fait comprendre, simplement, que la vie avait été dure. [...] [La] première victoire [de ma mère], [...] c'est d'avoir obtenu un HLM. [...] On s'est installé dans du dur en 1965, dans une cité qui s'appelait la Sauvagère. [...] À la Sauvagère, on était des gosses d'origine algérienne, italienne, espagnole, ce qu'on veut, mais surtout des enfants d'immigrés.

Extrait du site Internet www.histoire-immigration.fr.

3 Les politiques de l'immigration en France

1956	Régularisation des immigrés	→ Sur présentation d'un contrat de travail
1974-1977	Fin de l'immigration de travail	→ **Regroupement familial** ou prime d'aide au retour
1982-1984	Nouvelle politique des gouvernements socialistes	→ Régularisations, carte de résident de 10 ans
1986	Généralisation des visas	→ Obligatoires pour entrer sur le territoire
1989	Création du Haut Conseil à l'intégration	→ Consultation pour l'intégration des immigrés

4 **Travailleurs immigrés dans les années 1970**

5 Vie et travail des immigrés

Le recensement de 1954 trouve 210 000 Algériens en France, celui de 1962 fait état de 350 000 […] dont 24 000 femmes ou jeunes filles et 80 000 enfants. […] L'examen des zones géographiques en France vers lesquelles se dirigent l'ensemble des travailleurs venant des diverses régions d'Algérie […] indique très nettement une destination industrielle :[…] les départements de la Seine,[…] de l'Est, du Rhône, des Bouches du Rhône, et du Nord. […]

Dans la région parisienne, les deux secteurs majoritaires sont celui des industries mécaniques et ceux des travaux publics qui englobent les entreprises de construction. […] Depuis que la main-d'œuvre française répugne aux travaux accomplis par poste de huit heures, l'ouvrier algérien s'impose.

Benjamin Stora, *Les Algériens à Paris pendant la guerre d'Algérie*, 1995.

6 Deux réactions opposées : xénophobie et antiracisme

◂ Affiche du Front national, 1977 (à gauche) et affiche de la Marche pour l'égalité, 1983 (à droite). Dans les années 1970, le Front national s'empare du thème de l'immigration, en le liant au chômage. Il remporte une première victoire aux municipales à Dreux en septembre 1983 (allié au RPR). C'est dans ce contexte qu'une marche pour l'égalité et contre le racisme et la **xénophobie** rassemble 100 000 personnes à travers la France, du 15 octobre au 3 décembre 1983. Il s'agit de la première manifestation nationale d'immigrés et de jeunes Français issus de l'immigration.

Questions

Questionnement différencié sur LLS.fr/HG3P269

1. **Doc. 1 et 2** Décrivez les conditions de vie des immigrés.
2. **Doc. 3** Quelle date marque un tournant de l'immigration ? À quel contexte économique pouvez-vous la relier ?
3. **Doc. 4 et 5** Dans quelles régions et quel type de secteur économique les immigrés travaillent-ils majoritairement ? Pourquoi ?
4. **Doc. 6** Présentez ces deux affiches et leur contexte.
5. **Doc. 6** Quel parallèle le FN fait-il ? Comment l'affiche de la Marche illustre-t-elle l'idée d'égalité ?

Vocabulaire

Un immigré : personne ayant quitté son pays d'origine et résidant dans un autre pays.

Le regroupement familial : possibilité pour un immigré, sous certaines conditions, de faire venir sa famille (femme et enfants) dans son pays de résidence.

La xénophobie : hostilité systématique manifestée à l'égard des étrangers.

Dossier 3

Les évolutions économiques et la transformation des modes de vie

Compétence J'analyse et je comprends des documents

La société française change de visage au lendemain de la guerre, avec l'arrivée massive des enfants de l'après-guerre que l'on appelle baby-boomers. La société de consommation, le plein emploi des Trente Glorieuses et l'acquisition de nouveaux droits modifient durablement les modes de vie.

Quelles transformations des modes de vie accompagnent les transformations économiques de 1950 à 1980 ?

1 Les transformations de la population et de la société française

	1950	1970	1990
Population totale (millions)	41,8	50,7	56,7
Part des moins de 20 ans (%)	30,1	33,2	27,8
Part des bacheliers dans une génération (%)	4,8	20,1	43,5
Taux d'activité des femmes (%)	39,5	45	58,9
Taux de divorce pour 100 mariages (%)	10,46	9,89	36,8
Indice de fécondité (enfants par femme)	2,94	2,55	1,77

Numérique
Retrouvez une vidéo sur l'évolution de la famille sur **LLS.fr/HG3Famille**.

2 La société de consommation

▲ Publicité pour la Renault 4, 1980.

- **1946** 1er festival du cinéma de Cannes
- **1948** Lancement de la 2CV par Citroën
- **1950** Création du Club Med
- **1955** Naissance d'Europe 1
- **1955** Invention de la machine à laver
- **1960** Vivagel commercialise les 1ers surgelés
- **1967** Apparition de la carte bleue
- **1969** Ouverture du 1er centre commercial (Plus de 40 000m²)
- **1972** 3e chaîne de télévision
- **1976** 1er tirage du loto

3 Le changement de la cellule familiale

Repas de famille dans les années 1950 (à gauche). Repas de famille à la fin des années 1980 (à droite).

4 La récession et la montée du chômage

	1968	1975	1985	1995
Taux de croissance du PIB en %	4,5	-1	2,1	2,1
Taux de chômage en %	2,6	3,4	8,8	10
Taux de chômage des femmes en %	données non disponibles	4,6	10,5	11,6
Taux de chômage des 15-24 ans en %	données non disponibles	6,9	20,3	20,5

▲ Source : INSEE. Voir exercice 1 p. 283 pour aller plus loin.

Vocabulaire

Le chômage : ensemble des personnes de plus de 15 ans en recherche d'emploi.

La récession : période de faible croissance économique.

La société de consommation : voir p. 263.

5 Les conséquences de la crise

▲ Créés par l'humoriste Coluche en 1985, les « Restos du cœur » fournissent gratuitement des repas aux familles les plus pauvres, touchées par le chômage.

Questions

Questionnement différencié sur LLS.fr/HG3P271

1. **Doc. 1** Quelles évolutions majeures connaissent la population et la société entre 1950 et 1980 ?
2. **Doc. 2** Quels secteurs la société de consommation concerne-t-elle ?
3. **Doc. 3** Quelles sont les différences entre les deux familles (rôle du père, de la mère, des enfants) ?
4. **Doc. 4** Quelles sont les manifestations de la crise au milieu des années 1970 ?
5. **Doc. 4 et 5** Quel lien peut-on faire entre la montée du chômage et la création des « Restos du cœur » ?
6. **Doc. 1 à 5** Construisez une carte mentale sur l'évolution des modes de vie entre 1950 et 1980 en vous appuyant sur les réponses aux questions.

Histoire des arts

La démocratisation de l'art

Compétence Je propose une interprétation d'une œuvre d'art et une analyse critique

Pourquoi les Français adoptent-ils de nouveaux lieux de culture ainsi que de nouveaux comportements face à l'art ?

1 La naissance des expositions grand public

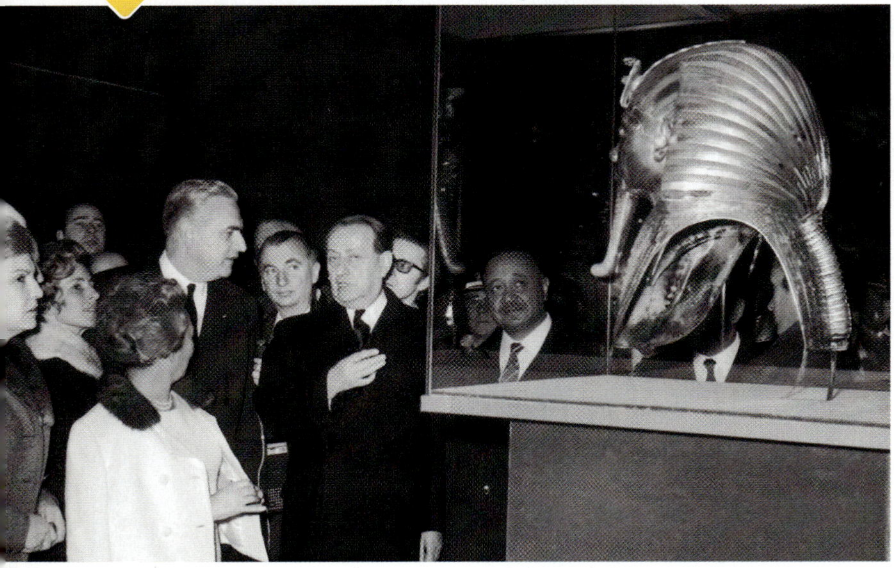

Le ministre chargé des Affaires culturelles, André Malraux, et le ministre égyptien inaugurent l'exposition « Toutankhamon et son temps », février 1967.
En quelques semaines, 1240 000 visiteurs découvrent ces œuvres égyptiennes exposées au Petit Palais à Paris. Les connaissances et les œuvres qui étaient réservées au domaine de la connaissance scientifique se diffusent auprès du grand public, fasciné par la civilisation égyptienne et les pharaons.

2 Les mutations du ministère de la Culture

Le ministère chargé des Affaires culturelles a pour mission de rendre accessibles les œuvres capitales de l'humanité, et d'abord de la France, au plus grand nombre possible de Français, d'assurer la plus vaste audience à notre patrimoine culturel et de favoriser la création des œuvres de l'art et de l'esprit qui l'enrichissent.

Extrait d'un décret de 1959.

Le ministère chargé de la culture a pour mission : de permettre à tous les Français de cultiver leur capacité d'inventer et de créer, d'exprimer librement leurs talents et de recevoir la formation artistique de leur choix ; de préserver le patrimoine culturel national, régional ou des divers groupes sociaux pour le profit commun de la collectivité tout entière.

Extrait d'un décret de 1982.

3 Festivals et décentralisation

Affiche de Jacno pour le Festival d'Avignon, 1954.
Le Festival d'Avignon, créé en 1947, cherche à diffuser les grands textes de théâtre à un large public. Il propose aujourd'hui plus de 1300 spectacles à 130 000 spectateurs, mais le public issu des classes populaires reste rare.

4 Exposer la création contemporaine

Le Centre national d'art et de culture Georges Pompidou à Paris, architectes Renzo Piano et Richard Rogers, 1977.

Le Musée d'Art Moderne de la ville de Paris ouvre en 1961 puis, quinze ans plus tard, le Centre Pompidou, qui regroupe les arts plastiques, la musique, le cinéma, le design et les livres. En 1960, 5 millions de visiteurs fréquentent les musées nationaux, et plus de 10 millions en 1978. Aujourd'hui, 35 % des Français se rendent au moins une fois par an dans un musée.

5 Patrimoines : de l'ethnographie à l'exotisme

◀ Publicité pour l'ouverture du musée du quai Branly, Paris, 2006.

Questions

Questionnement différencié sur LLS.fr/HG3P273

1. **Doc. 1** Pourquoi cette exposition est-elle un succès ?
2. **Doc. 2** Quelles évolutions relevez-vous dans les missions du ministère de la Culture entre 1959 et 1985 ?
3. **Doc. 3** De quelle manifestation culturelle cette affiche fait-elle la promotion ?
4. **Doc. 4** À quoi ce bâtiment sert-il ? En quoi est-il particulier pour Paris et ce quartier ?
5. **Doc. 5** Décrivez l'image et expliquez le slogan.
6. **Doc. 1 à 5** Présentez les nouvelles pratiques culturelles des Français depuis les années 1960.

Synthèse

- Les premiers musées publics apparaissent à la fin du XVIIIe siècle. La IIIe République mène une politique d'éducation aux arts. En 1959, au tout début de la Ve République, un ministère chargé des Affaires culturelles est créé pour faire rayonner l'art français à l'étranger, favoriser la création et l'accès à la culture.
- De grands musées ouvrent et exposent l'art contemporain, tandis que des maisons de la culture sont créées. Des festivals sont lancés dans toute la France.
- Le développement d'une société des loisirs ainsi que la démocratisation de l'enseignement supérieur favorisent les pratiques culturelles. Les équipements culturels sont aussi des moyens d'aménager le territoire et de réhabiliter des structures industrielles abandonnées (gare d'Orsay, halles de la Villette, etc.).
- Les Journées du patrimoine consolident ce lien entre les Français et leur patrimoine.

Leçon

Femmes et hommes des années 1950 aux années 1980

Compétence Je révise mes repères historiques

A. Les Trente Glorieuses et la société de consommation

› À la sortie de la guerre, l'économie française, portée par la reconstruction, connaît une période de prospérité : les **Trente Glorieuses** (1945-1973).

› Les Français s'enrichissent et s'équipent : c'est la naissance de la **société de consommation** **(dossier 3)**. Avec l'allongement des congés payés, les vacances se démocratisent.

› L'économie du pays se transforme : le nombre d'agriculteurs s'effondre avec la mécanisation. La France connaît un essor industriel et la population ouvrière augmente : c'est l'apogée des métiers de la mine, de la sidérurgie et du textile. Le secteur tertiaire se développe lui aussi. Ces changements s'accompagnent de l'urbanisation du pays. De grands ensembles sont construits dans les banlieues.

B. Les transformations de la société

› De 1945 à 1973, la population augmente et rajeunit grâce au **baby-boom**. La jeunesse développe une culture qui lui est propre et s'affirme lors du mouvement social de **Mai 68**. Les jeunes expriment leur aspiration à plus de liberté **(dossier 1)**. En 1974, la majorité est abaissée à 18 ans et l'accès aux études supérieures se démocratise.

› Les femmes **s'émancipent** à travers de nouveaux droits : droit à la contraception, à l'avortement et à l'égalité professionnelle **(dossier Enquête)**. Si la population active se féminise, les femmes restent moins payées que les hommes. La famille change : le mariage recule et le divorce progresse.

› Pendant les Trente Glorieuses, la France s'ouvre aux travailleurs immigrés, notamment du Maghreb **(dossier 2)**. Ils occupent des emplois majoritairement peu qualifiés.

C. La fin des Trente Glorieuses et les tensions sociales

› À partir de 1974, le monde entre en récession. Le chômage augmente et se maintient **(dossier 3)**. Le nombre d'ouvriers recule du fait de la robotisation et des délocalisations.

› Face à la montée de la pauvreté, à l'augmentation du nombre de personnes sans domicile fixe, les associations se multiplient. L'humoriste Coluche crée les Restos du cœur en 1985 pour distribuer des repas gratuits. L'**État providence** crée le **RMI** en 1988.

› Les tensions s'accentuent dans la société. Des flambées de violence éclatent là où le chômage est le plus fort, dans certaines banlieues. En 1974, la France ferme ses frontières aux travailleurs étrangers. Le racisme se développe alors que des associations, comme SOS Racisme, tentent de le combattre.

Numérique
Retrouvez une vidéo pour réviser LLS.fr/HG3Synthese11

Je retiens

- **Trente Glorieuses : période de prospérité**
- **Développement de la société de consommation**
- **Évolution de la population active et du cadre de vie**
- **Baby-boom et affirmation de la jeunesse**
- **Émancipation des femmes**
- **Accueil des travailleurs immigrés**
- **Crise à partir de 1974 et chômage de masse**
- **Entraide associative et État providence**
- **Accentuation des tensions et montée du racisme**

1955	1960	1965	1970	1975	1980

Les Trente Glorieuses — **Crise économique**

- **1956** Régularisations des immigrations de travail
- **19 décembre 1967** Loi sur la contraception
- **Mai 1968** Crise étudiante, sociale et politique
- **3 juillet 1974** Fermeture des frontières aux immigrés non européens
- **17 janvier 1975** Loi sur l'avortement

Je retiens les personnages importants

André Malraux (1901-1976)
Résistant, ministre des Affaires culturelles (1959-1969), il lance une politique de démocratisation culturelle avec la création des maisons de la culture.

Simone Veil (1927-2017)
Rescapée de la Shoah, ministre de la Santé entre 1974 et 1979, elle fait adopter la loi Veil légalisant l'IVG en 1975.

Yvette Roudy (1929-)
Féministe, ministre socialiste des Droits de la femme entre 1981 et 1986, elle fait adopter la loi Roudy sur l'égalité professionnelle hommes-femmes (1983).

Jack Lang (1939-)
Ministre socialiste de la Culture en 1981-1986, il double le budget du ministère et crée la Fête de la musique en 1982.

Vocabulaire

Le baby-boom : période de forte natalité, de 1945 aux années 1970.

La désindustrialisation : disparition progressive des activités industrielles, remplacées par des activités tertiaires.

L'émancipation : libération d'un état de dépendance, d'une domination.

L'État providence : intervention de l'État dans le domaine social pour assurer une redistribution des richesses.

Mai 68 : façon brève de désigner le printemps 1968, durant lequel des manifestations d'étudiants et des grèves générales secouent en profondeur la société française.

Le RMI : revenu minimum d'insertion, créé en 1988 et remplacé par le RSA en 2009.

La société de consommation : société dans laquelle les consommateurs sont poussés à consommer en grande quantité.

Les Trente Glorieuses : période de forte croissance économique en Occident et en France, de 1945 au premier choc pétrolier de 1973.

Je révise avec un schéma

LES TRANSFORMATIONS DE LA SOCIÉTÉ FRANÇAISE (ANNÉES 1950-1980)

Une population active en mutation
- Plus de femmes et de travailleurs immigrés
- Apparition du chômage de masse après la crise de 1973

De nouvelles façons de penser
- Société de consommation
- Culture de masse
- Nouvelles aspirations de la jeunesse

De nouvelles lois
- SMIC
- Émancipation des femmes : avortement et égalité professionnelle

Téléchargez ce schéma sur LLS.fr/HG3Schema11

Je teste mes connaissances

Pour chaque question, il y a une ou plusieurs réponses correctes. Testez-vous sur LLS.fr/HG3Quiz11

Je m'exerce pour le brevet

Compétence Je pratique différents langages

Numérique Retrouvez ces quiz en version autocorrigée sur LLS.fr/HG3P276.

Exercice 1 • Je connais les repères chronologiques du chapitre

1. Dans le tableau ci-contre, reliez chaque grande loi à la date correspondante.
2. Quelles lois participent à l'émancipation des femmes ?

1967 •	• **a.** Droit de vote et majorité à 18 ans
1989 •	• **b.** Création du Haut Conseil à l'intégration
1975 •	• **c.** Loi sur l'IVG
1956 •	• **d.** Loi sur la contraception
1974 •	• **e.** Régularisation des immigrations de travail

Exercice 2 • Je connais les grands personnages du chapitre

Associez chaque personnage à la proposition correspondante.

1. Féministe, j'ai été ministre des Droits de la femme dès 1981. J'ai surtout milité pour le travail des femmes et l'égalité professionnelle entre les hommes et les femmes. •

•  **Jack Lang**

2. J'ai survécu à la Shoah et je deviens ministre de la Santé en 1974. Je me suis surtout engagée pour les droits des femmes et j'ai fait voter la loi sur l'IVG. •

•  **Simone Veil**

3. J'ai beaucoup défendu les différentes formes de créations artistiques et j'ai soutenu la naissance de la Fête de la musique. J'ai notamment été ministre de la Culture. •

•  **Yvette Roudy**

Exercice 3 • Je connais les transformations sociales des années 1950 aux années 1980

Trouvez les propositions qui décrivent la situation des femmes, des jeunes et des immigrés en France entre les années 1950 et 1980.

1. La situation des femmes
   a. Elles sont de plus en plus nombreuses dans la population active. ○ Vrai. ○ Faux.
   b. Elles sont très touchées par le chômage de masse. ○ Vrai. ○ Faux.
   c. La société patriarcale les empêche de s'émanciper. ○ Vrai. ○ Faux.

2. La situation des immigrés
   a. Ils sont particulièrement actifs dans le mouvement de Mai 68. ○ Vrai. ○ Faux.
   b. Ils sont concernés par une loi de regroupement familial en 1976. ○ Vrai. ○ Faux.
   c. Ils sont très touchés par le chômage de masse. ○ Vrai. ○ Faux.

3. La situation des jeunes
   a. Ce sont les premiers adeptes du mouvement « yé-yé ». ○ Vrai. ○ Faux.
   b. Ils obtiennent le droit de vote à 18 ans au lieu de 21 ans. ○ Vrai. ○ Faux.
   c. Ils sont très touchés par le chômage de masse. ○ Vrai. ○ Faux.

Compétence Je réalise une carte mentale, un tableau, une frise ou un schéma

J'apprends en interrogeant ma famille

ÉTAPE 1 Interroger ses parents et grands-parents sur leurs conditions de vie

1. Pour commencer, notez la date de naissance de l'un de vos parents et de l'un de vos grands-parents.
2. Demandez-leur de décrire le lieu de leur enfance : campagne, ville moyenne, grande ville.
3. Renseignez-vous sur les équipements qu'ils avaient à domicile : toilettes à l'intérieur, chauffage dans toutes ou partie des pièces, eau courante à l'évier, sèche-linge, micro-ondes, poste de radio, congélateur, télévision, téléphone fixe, téléphone portable, console de jeu, ordinateur, etc.
4. Avaient-ils une chambre individuelle ?

ÉTAPE 2 Recueillir des informations sur leur structure familiale et sur leur vie professionnelle

1. Combien d'enfants ont-il eu ? Ont-ils connu des séparations ou de nouvelles unions ?
2. Les deux parents ou grands-parents travaillent ou travaillaient-ils ?
3. Dans quel secteur d'activité travaillent ou travaillaient-ils (agriculture, industrie, services, nouvelles technologies, etc.) ?

ÉTAPE 3 En apprendre plus sur leurs loisirs

1. Enfants, partaient-ils en vacances (jamais, une fois par an, 2-3 fois par an, souvent) ?
2. Demandez-leur de vous indiquer quel était leur principal loisir quand ils étaient jeunes : activités de plein air, cinéma, bals, télévision, lecture, Internet, etc.
3. Comparez les éléments recueillis avec votre propre situation.

Numérique

Retrouvez le questionnaire à compléter en téléchargement sur LLS.fr/HG3Questionnaire.

À lire

***Mai 68* (ouvrage collectif), Michel Lafon, 2008.**
Plus de deux cents dessins parus dans la presse ou affiches placardées sur les murs, accompagnés de textes inédits écrits par des dessinateurs comme Cabu, mais aussi par le Professeur Choron, qui racontent chacun leur *Mai 68*.

À voir

Claude Pinoteau, *La Boum*, 1980.
Chronique d'une vie d'adolescente dans les années 1980, à l'âge des premiers baisers. Vivant entre des parents en crise et sa confidente de grand-mère, Vic est en quête d'émancipation.

Nabil Ben Yadir, *La Marche*, 2013.
En 1983, dans une France en proie à l'intolérance et aux actes de violence raciale, trois adolescents et le curé des Minguettes lancent une grande marche pacifique pour l'égalité et contre le racisme, de plus de 1 000 km. Une vision romancée de la Marche pour l'égalité.

Libertés et droits syndicaux

Compétences La règle et le droit : je comprends les principes et les valeurs de la République française et des sociétés démocratiques
Le jugement : je comprends le sens de l'intérêt général

TÂCHE À RÉALISER

Dans ce chapitre d'histoire, vous avez appris que la société française a beaucoup évolué depuis les années 1950. La classe ouvrière, plus nombreuse alors, a pu s'appuyer sur des syndicats forts pour obtenir davantage de droits sociaux. À quoi servent aujourd'hui les syndicats en démocratie ? Comment et pourquoi peut-on exercer ses droits syndicaux ? Réalisez un exposé sur le sujet, puis présentez-le à la classe.

ÉTAPE 1 Connaître les syndicats et leur rôle

Doc. 1, 2 et 3

1. Qu'est-ce qu'un syndicat ? Depuis quand existent-ils en France ?
2. Parmi ceux présentés dans le doc. 1, lesquels connaissez-vous ?
3. À quoi servent les syndicats ?

1 Quelques syndicats aujourd'hui

FO la force syndicale — la cgt — MEDEF — Cfdt: S'ENGAGER POUR CHACUN AGIR POUR TOUS — CFE CGC — Union syndicale Solidaires

▲ En France, un salarié sur dix est syndiqué en 2020.

2 Le rôle des syndicats

Les syndicats assurent la défense collective et individuelle des intérêts des salariés, au niveau national et à l'échelle de l'entreprise. Par le biais de leurs délégués, ils assurent un rôle de communication important au sein de l'entreprise : en transmettant aux salariés les informations obtenues lors des réunions des divers organes paritaires, ou encore en les informant sur leurs droits individuels. En cas de conflit avec l'employeur, les syndicats défendent les intérêts des salariés auprès de la direction et peuvent engager toutes sortes d'actions de protestation (grèves, manifestations, pétitions...). Dans les cas de conflits individuels, ils peuvent accompagner les salariés à des entretiens, défendre leurs intérêts auprès des instances hiérarchiques, et même les soutenir en cas de litiges débouchant sur une procédure judiciaire. Les syndicats sont aussi des acteurs du **dialogue social** entre l'État, les employeurs et les salariés. En effet, les syndicats reconnus comme représentatifs dans leur secteur d'activité peuvent signer avec l'État ou le patronat des conventions collectives qui règlent les conditions de travail pour l'ensemble des salariés. [...]

« Quel est le rôle d'un syndicat ? »,
extrait du site vie-publique.fr.

3 Syndicats et avancées sociales

- **1864** Loi autorisant le droit de grève
- **1884** Autorisation des syndicats en France (loi Waldeck-Rousseau)
- **1886** Le 1er mai devient un jour de manifestation syndicale
- **1895** Création de la CGT
- **1901** Loi sur la liberté d'association
- **1936** Congés payés et semaine de 40 heures obtenus par les syndicats
- **1940-1944** Dissolution des syndicats par le régime de Vichy
- **1946** Liberté syndicale et d'opinion affirmée dans la Constitution

ÉTAPE 2 Comprendre l'action syndicale

Doc. 3 à 5

1. Quels sont les moyens mis en œuvre par les syndicats pour faire avancer leurs revendications ?
2. Présentez une mesure importante obtenue grâce à l'action des syndicats.

5 Manifester et appeler à la grève : un moyen d'action

ÉTAPE 3 Réaliser son exposé sous forme de Pecha Kucha

Ouvrez un document *Libre Office Impress*, créez 10 diapositives de 20 secondes. Sur chacune d'elles, inscrivez un titre, une image (avec sa source), un ou plusieurs mots-clés.

1. Présentez un syndicat choisi parmi ceux du doc. 1, en vous répartissant les sujets au sein de la classe.
2. Présentez ce syndicat, son organisation, son nombre d'adhérents, ses moyens d'action.
3. Expliquez en quoi, selon vous, les syndicats sont importants dans une démocratie.

4 Négocier : un moyen d'action des syndicats

En France, le patronat accepte d'ouvrir une négociation sur le télétravail, alors qu'il s'y était opposé jusqu'ici. Les syndicats souhaitent la négociation d'un accord national interprofessionnel. Deux premières réunions sont programmées, les 3 et 23 novembre 2020.

Avec la crise sanitaire et le confinement, le télétravail a explosé en France. Plus d'un quart des travailleurs ont réalisé l'ensemble de leurs tâches à distance. L'expérience a été concluante, puisqu'ils sont aujourd'hui près de 80 % à vouloir continuer le télétravail, de manière régulière ou ponctuelle.
Encadrement de la déconnexion, organisation matérielle, prise en charge des frais, tous ces éléments doivent faire l'objet d'une négociation, disent les syndicats qui souhaitent protéger les salariés contre les dérives.
C'est pourquoi ils demandent un accord national interprofessionnel. Le patronat accepte de négocier, mais ne veut pas d'un accord normatif. Pas question d'imposer des dispositions contraignantes pour les entreprises.
Du côté des syndicats, la CFDT, Force ouvrière et la CFE-CGC ont annoncé qu'elles seraient présentes à la table des négociations.

« France : les organisations patronales acceptent de négocier sur le télétravail », *RFI*, septembre 2020.

Vocabulaire

Le dialogue social : communication et échanges entre l'État, les salariés et les patrons.
Un syndicat : association regroupant les membres d'une même profession, ayant pour but de les représenter et de négocier au sein d'une entreprise ou d'une institution.

Je retiens l'essentiel

- **Les syndicats sont autorisés en France depuis le milieu du XIXe siècle. Ils participent au dialogue social entre les organisations patronales, l'État et les travailleurs.**
- **Ils ont obtenu de très nombreux droits sociaux, comme le droit de grève, les congés payés, la semaine de quarante heures.**
- **Après avoir été élevé dans les années 1950, le taux de syndicalisation a fortement chuté. Il est aujourd'hui de 11 % en France.**
- **Ils sont parfois vivement critiqués, mais sont néanmoins des organes présents dans toutes les démocraties occidentales.**

La justice des mineurs et les droits de l'enfant

Compétences La règle et le droit : je comprends le rapport entre les règles et les valeurs
Le jugement : je développe mes aptitudes au discernement et à la réflexion critique

TÂCHE À RÉALISER

Dans ce chapitre d'histoire, vous avez appris que les jeunes ont tenu une place particulière dans l'évolution de la société depuis les années 1950. Découvrez ici comment ont évolué les droits de l'enfant et la justice des mineurs en France.

1 La Convention internationale des droits de l'enfant (1989)

Ce texte a été ratifié par les Nations Unies et signé par 191 pays (sauf les États-Unis).

Art 3.1. Dans toutes les décisions qui concernent les enfants, [...] l'intérêt supérieur de l'enfant doit être une considération primordiale.
Art 9. Les États parties veillent à ce que l'enfant ne soit pas séparé de ses parents contre leur gré, à moins [...] que cette séparation [ne soit] nécessaire dans l'intérêt supérieur de l'enfant.
Art 13. l. L'enfant a droit à la liberté d'expression.
Art 19. Les États parties prennent toutes les mesures [...] appropriées pour protéger l'enfant contre toute forme de violence, d'atteinte ou de brutalités physiques ou mentales, d'abandon ou de négligence, de mauvais traitements ou d'exploitation.
Art 20. Tout enfant qui est temporairement ou définitivement privé de son milieu familial, ou qui dans son propre intérêt ne peut être laissé dans ce milieu, a droit à une protection et une aide spéciales de l'État.
Art 40.1. Les États parties reconnaissent à tout enfant suspecté, accusé ou convaincu d'infraction à la loi pénale le droit à un traitement qui soit de nature à favoriser son sens de la dignité et de la valeur personnelle, qui renforce son respect pour les droits de l'homme et les libertés fondamentales d'autrui, et qui tienne compte de son âge ainsi que de la nécessité de faciliter sa réintégration dans la société et de lui faire assumer un rôle constructif au sein de celle-ci.

Extraits de la Convention internationale des droits de l'enfant, 20 novembre 1989.

ÉTAPE 1 Comprendre le lien avec la Convention internationale des droits de l'enfant

Doc. 1 et 2

1. De quand date le texte ? Qui l'a voté ?
2. Relevez les articles liés aux libertés de l'enfant, ceux liés à sa protection, aux mesures prises lors d'infractions.
3. Montrez que, par ses deux rôles, la justice des mineurs met en œuvre la Convention internationale des droits de l'enfant.

Numérique
Retrouvez une vidéo sur le métier de juge des enfants sur LLS.fr/HG3JugeEnfants.

2 La justice des mineurs

LA JUSTICE CIVILE

Juge des enfants
RÔLE : protection des mineurs en danger
DÉCISIONS : mesures de protection, placements, suivi, etc.

Aide sociale à l'enfance

LA JUSTICE PÉNALE

Tribunal pour enfants
RÔLE : juge les infractions les plus graves commises par les mineurs de moins de 16 ans

Cour d'assises des mineurs (1 président, 2 juges des enfants, 9 jurés)
RÔLE : juge les crimes (viols, meurtres) commis par les mineurs de plus de 16 ans
DÉCISIONS : amendes, peines de prison (pour les mineurs entre 13 et 18 ans), accompagnement éducatif, réparations, etc.

ÉTAPE 2 Découvrir des exemples

Doc. 2, 3 et 4

1. Quelles missions de la justice des mineurs les photographies illustrent-elles ?
2. Choisissez l'un des deux rôles de la justice des mineurs et recherchez un autre exemple illustrant cette mission. Relevez la date, la nature de l'événement et les décisions de justice qui ont été prises.

ÉTAPE 3 Présenter son travail à la classe

1. Reprenez les étapes 1 et 2 et mettez-les en forme.
2. Présentez à l'oral votre travail : l'article de presse que vous avez choisi d'étudier, la mission de la justice qu'il illustre, le lien avec le doc. 1 (citez les articles entiers).

Vocabulaire

L'aide sociale à l'enfance : elle a pour mission de venir en aide aux mineurs en danger.
La justice civile : elle règle les litiges entre personnes.
La justice pénale : elle juge et punit les infractions à la loi.

3 Le tribunal pour enfants

▲ Audience au tribunal pour enfants, 2009. Le juge pour enfants est assisté de deux assesseurs et juge les délits les plus graves. Un avocat est présent lors d'un jugement en pénal.

4 Le cas des mineurs isolés

▲ Un mineur isolé dans un campement à Paris le 30 juin 2020. Les mineurs isolés sont des mineurs étrangers séparés de leur famille.

Je retiens l'essentiel

- **La Convention internationale des droits de l'enfant (CIDE) affirme depuis 1989 l'existence de droits spécifiques et de libertés fondamentales pour tous les enfants.**
- **La justice des mineurs a été mise en place en France après 1945. Elle comprend une justice pénale, qui juge les mineurs délinquants, et une justice civile, qui protège les mineurs en danger.**
- **Elle répond aux principes de la CIDE, en trouvant des solutions adaptées aux mineurs tout en respectant leurs droits.**
- **Le cas des mineurs isolés en France soulève la question du respect des droits fondamentaux de l'enfant.**

Exercice 1 • Analyser et comprendre des documents

1. **Doc. 1** Rappelez ce que sont les Trente Glorieuses. À quelle fonction et quand de Gaulle dirige-t-il la France ?
2. **Doc. 1** Relevez ce qui transforme la France, selon de Gaulle.
3. **Doc. 1** D'après vos connaissances, quelles évolutions la population active connaît-elle ?

   > GUIDE
   - Comment la population active féminine évolue-t-elle ?
   - Quelle nouvelle main-d'œuvre arrive en France à partir des années 1950 ?
4. **Doc. 1** Quelles évolutions les transports connaissent-ils ? Le logement ? Citez un exemple pour chacun.

1 Les Trente Glorieuses vues par Charles de Gaulle

Un an après Mai 68, Charles de Gaulle démissionne. Dans ses mémoires, il revient sur sa présidence.

Mon gouvernement [...] s'efforce de soutenir des espoirs nouveaux. Ainsi des sources d'énergie : [...] hydrocarbures d'Algérie [...], centrales atomiques [...]. Ainsi du Centre d'études spatiales, qui [...] prépare le lancement de satellites français. Ainsi des communications : en quatre ans, 2 000 nouveaux kilomètres de chemins de fer sont électrifiés, le réseau d'autoroutes passe de 125 kilomètres à 300 [...]. Ainsi des logements : plus de 300 000 sont construits chaque année [...]. La médaille a son revers ! Notre développement industriel réduit inéluctablement l'importance relative de notre agriculture [...]. Aux usines, ateliers, chantiers, magasins, le travail exige des gestes uniformément réglés, dans d'immuables engrenages, avec les mêmes compagnons.

Charles de Gaulle, *Mémoires d'espoir*, 1970.

Méthode : Analyser des mémoires

Un document complexe pour les historiens

- Les mémoires sont un récit autobiographique, écrit par un homme politique ou par un simple citoyen, rassemblant des souvenirs sur des événements qu'il a vécus, comme acteur ou comme témoin. Sources précieuses pour l'historien, ils lui fournissent un témoignage personnel mais subjectif sur une époque.

Comment aborder des mémoires ?

- Présentez l'œuvre et ses conditions d'écriture.
- Présentez l'auteur : qui est-il ? Quel rôle a-t-il joué dans l'histoire ?
- Repérez le contexte d'écriture. La situation de l'auteur au moment où il écrit son texte peut-elle influencer son souvenir et sa manière de raconter ? Quelle image de lui-même veut-il donner à ses lecteurs ?

Analysez le texte.

- Identifiez les événements racontés.
- Repérez les impressions que cherche à susciter l'auteur chez le lecteur.
- Confrontez le texte à d'autres documents et à vos connaissances pour comparer la vision de l'auteur à celle de ses contemporains.

Exercice 2 • Maîtriser différents langages

Sous la forme d'un développement construit d'une vingtaine de lignes et en vous appuyant sur des exemples précis, décrivez les transformations que connaît la société française dans la seconde moitié du XXe siècle.

> GUIDE
- Nommez des groupes de population qui connaissent des évolutions majeures.
- Citez des exemples de lois et de réformes, en les expliquant clairement.
- Datez les réformes et les mouvements que vous évoquez.

Conseils • S'appuyer sur un document pour rédiger

- Pour utiliser un document en rapport avec une question de rédaction, ne vous contentez surtout pas de le recopier ou d'en faire une simple description. Utilisez-le plutôt comme une ressource qui vous permettra de retrouver des idées, des connaissances et des exemples.
- Réfléchissez aussi à sa nature et à l'utilisation qui en est faite.

Exercice 1 • Analyser et comprendre des documents

1. **Doc. 1 et 2** Présentez chacun des graphiques, en précisant sa nature exacte et le thème.
2. **Doc. 1** Décrivez l'évolution globale de la population française de 1950 à 1990. Distinguez deux phases.
3. **Doc. 1** Comment désigne-t-on les générations nées entre 1945 et 1965 ?
4. **Doc. 1** Comment évolue la population immigrée en France entre 1950 et 1990 ? Distinguez deux phases.
5. **Doc. 2** Décrivez et expliquez l'évolution des grands secteurs de l'économie.
6. **Doc. 1 et 2** À l'aide des documents et de vos connaissances, caractérisez les Trente Glorieuses, puis les années de crise qui ont suivi.

1 L'évolution de la population

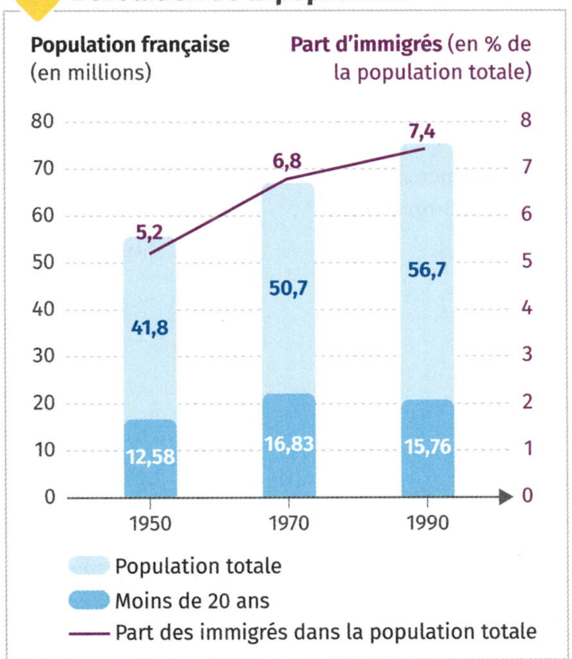

2 Les transformations économiques

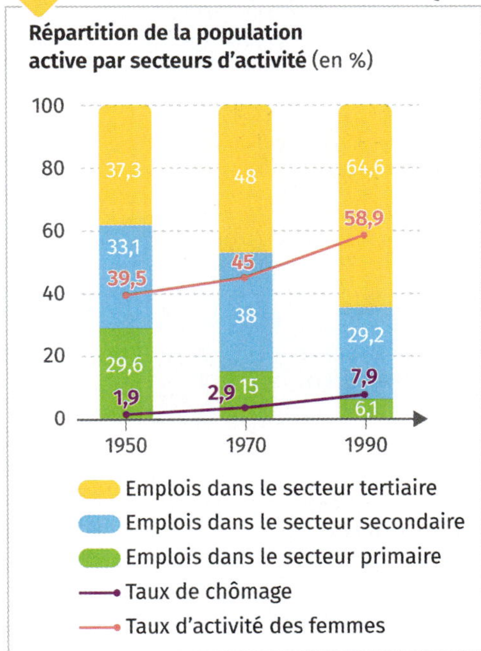

Exercice 2 • Maîtriser différents langages

1. Sous la forme d'un développement construit d'une vingtaine de lignes, expliquez la place des immigrés dans la société française, de la période de la reconstruction aux années 1980.
2. Pour chaque proposition, dites si elle est vraie ou fausse, et justifiez votre choix.
   a. Les Trente Glorieuses sont une période de crise économique. ○ Vrai. ○ Faux.
   b. Simone Veil fait voter la loi sur l'IVG. ○ Vrai. ○ Faux.
   c. L'immigration entre les années 1950 et les années 1980 concerne majoritairement le regroupement familial. ○ Vrai. ○ Faux.
   d. Durant les Trente Glorieuses, la France connaît un vieillissement de la population. ○ Vrai. ○ Faux.
   e. La jeunesse est mieux scolarisée et accède au baccalauréat en plus grand nombre. ○ Vrai. ○ Faux.

Numérique
Retrouvez ce quiz en version autocorrigée sur LLS.fr/HG3Exoautocorrige11.

Synthèse de thème

FRANÇAISES ET FRANÇAIS DANS UNE RÉPUBLIQUE REPENSÉE

1944 Les femmes obtiennent le droit de vote et d'éligibilité

1944-1945 Libération
Le général de Gaulle prend la tête du GPRF qui met en œuvre le programme du CNR (création de la Sécurité sociale)

1946-1958 La IVe République

1945-1973 Les Trentes Glorieuses

1958 Naissance de la Ve République

1962 Élection du président de la République au suffrage universel direct

1958-1969 De Gaulle président

Mai 1968 Crise étudiante, sociale et politique

1975 Loi Veil sur l'Interruption Volontaire de Grossesse

1981 Élection de François Mitterrand, première alternance

1986 Première cohabitation

LES POUVOIRS DU PRÉSIDENT DANS LA Ve RÉPUBLIQUE

QUELQUES CHIFFRES...

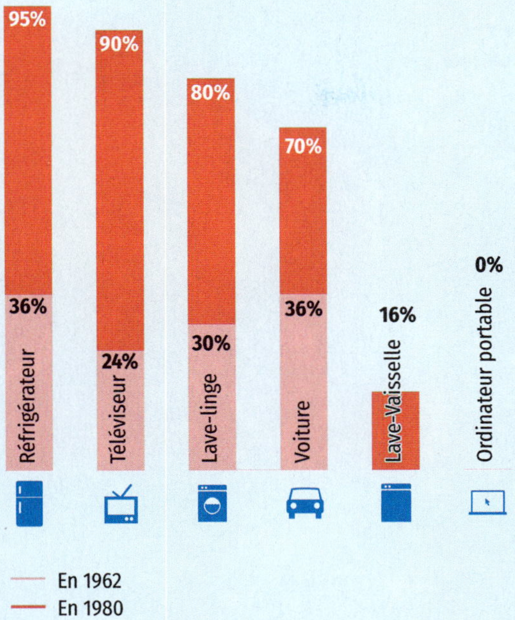

ÉVOLUTION DE L'ÉQUIPEMENT DES MÉNAGES ENTRE 1962 ET 1980

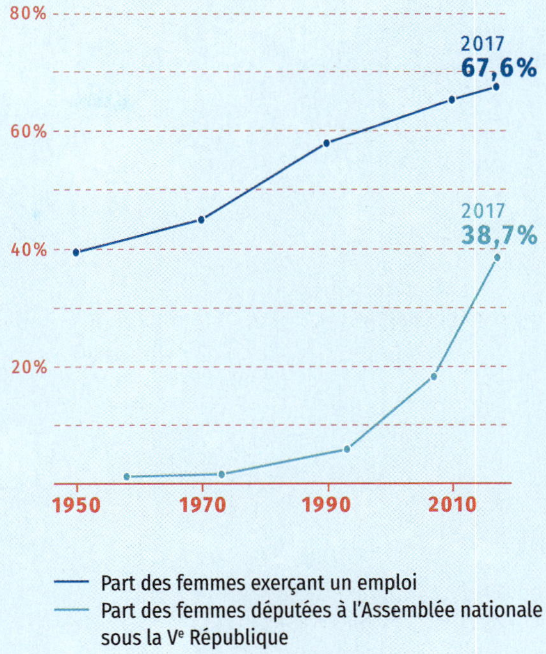

LA PLACE DES FEMMES DANS LA SOCIÉTÉ

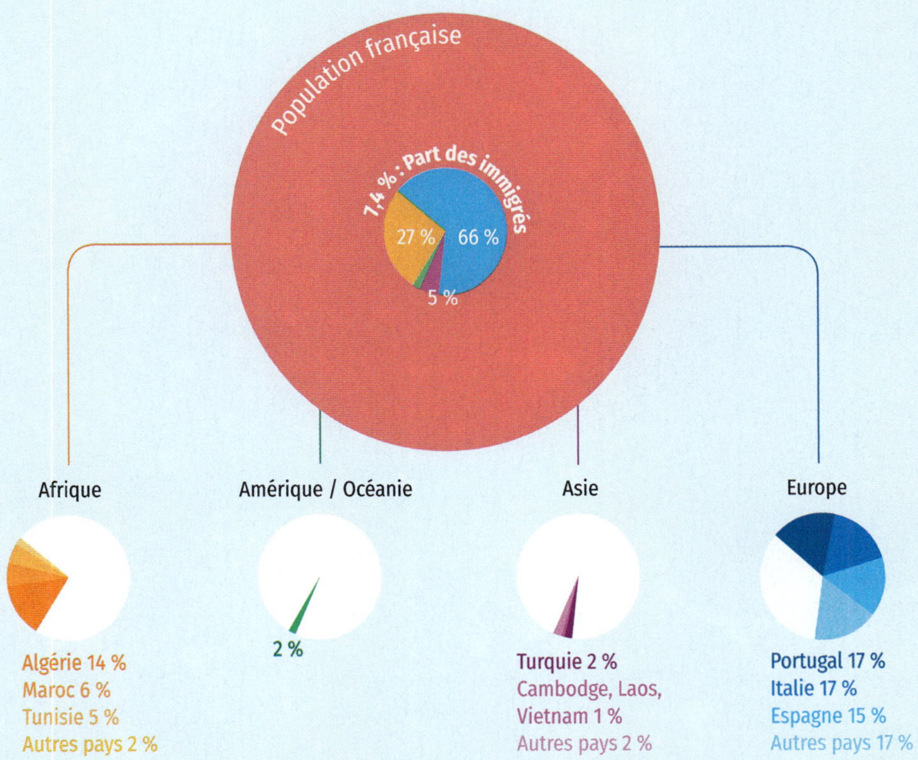

LA POPULATION IMMIGRÉE EN FRANCE EN 1975

THÈME I

Dynamiques territoriales de la France contemporaine

Après avoir parcouru le monde en début de cycle 4, vous allez partir cette année à la découverte des territoires français et européens. La France est un territoire sous influence urbaine : vous découvrirez comment l'influence des villes se lit dans les paysages et se fait sentir dans les modes de vie des Françaises et des Français. Les espaces agricoles, les espaces industriels et les villes sont transformés en profondeur par la mondialisation, l'urbanisation et l'intégration à l'Union européenne. Vous étudierez tout particulièrement les dynamiques des espaces faiblement peuplés, comme les espaces ruraux ou les montagnes : dynamisme des activités touristiques ou agricoles, accueil de nouveaux habitants ou désertification et déclin.

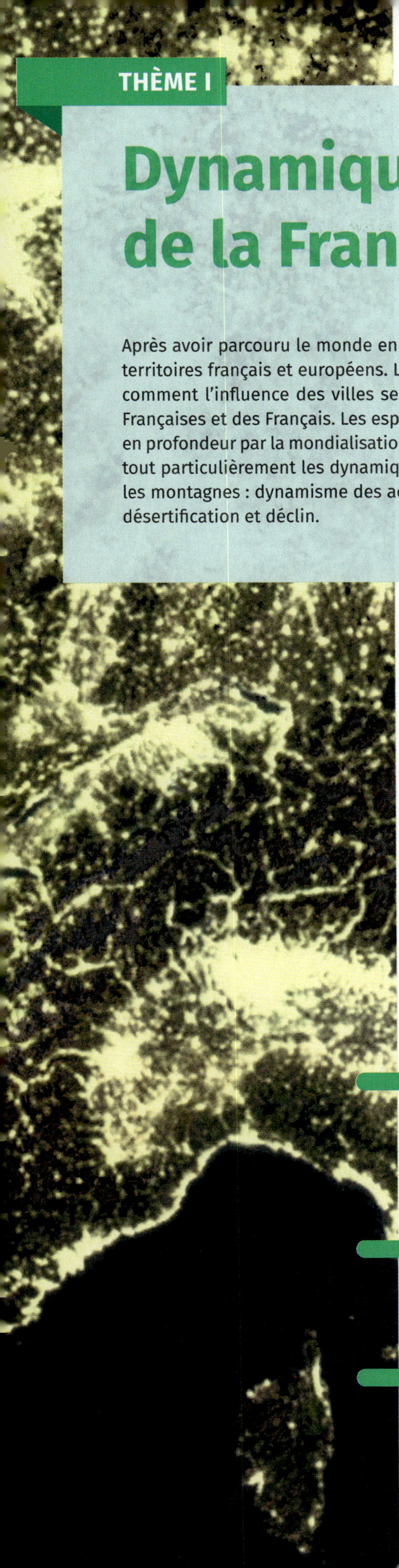

◀ Image satellite de la France dans la nuit, mettant en évidence les zones urbaines et industrielles.

Chapitre

12 Un territoire sous influence urbaine

UN TERRITOIRE SOUS INFLUENCE URBAINE

LES ESPACES PRODUCTIFS

LES ESPACES DE FAIBLE DENSITÉ ET LEURS ATOUTS

En 2021, plus de quatre Français sur cinq vivent en ville. La population urbaine continue d'augmenter sous l'influence de la métropolisation. La voiture individuelle permet aux citadins de s'installer loin des centres, entraînant la diffusion de l'urbanisation dans des espaces encore ruraux.

Comment l'urbanisation transforme-t-elle les paysages et les modes de vie en France ?

Quiz

1. Comment la population urbaine évolue-t-elle dans le monde depuis 1945 ?
   a. Elle est stable
   b. Elle augmente rapidement

2. Comment appelle-t-on la diffusion de l'urbanisation dans un espace encore rural ?
   a. La métropolisation
   b. La périurbanisation
   c. La croissance urbaine

3. Une métropole est une ville...
   a. Spécialisée dans les nouvelles technologies
   b. Qui compte plus de 10 millions d'habitants
   c. Où sont concentrés les lieux de pouvoir politique et économique

Dans ce chapitre je vais

- Décrire les effets de la métropolisation en France.
- Expliquer comment l'urbanisation a bouleversé les modes de vie, la répartition de la population et des activités en France.
- Décrire les différents espaces qui composent une aire urbaine.

Géographie et chanson

Dans la chanson intitulée *Toulouse*, les rappeurs BigFlo et Oli racontent leur ville en chanson, du quartier d'Arnaud-Bernard à la rue d'Alsace-Lorraine, en passant par la Garonne et le canal.

Numérique

Retrouvez un parcours numérique pour préparer la certification PIX sur LLS.fr/HG3PIX12.

◄ L'Ombrière du Vieux-Port, Marseille.
L'Ombrière est un miroir géant créé par l'architecte Norman Foster. Cet aménagement s'inscrit dans un plan de réaménagement du Vieux-Port, partiellement piétonnisé. Il a été inauguré en 2013, l'année où Marseille était capitale européenne de la culture.

L'aire urbaine de Toulouse (1/2)

Compétences Je travaille en autonomie
J'analyse et je comprends des documents

Située dans le sud-ouest du territoire en région Occitanie, l'aire urbaine de Toulouse est marquée par une croissance urbaine importante. Comme beaucoup de villes françaises du Sud et du Grand Ouest, elle bénéficie du phénomène de métropolisation.

Quels espaces composent l'aire urbaine de Toulouse ?

1 Une aire urbaine attractive

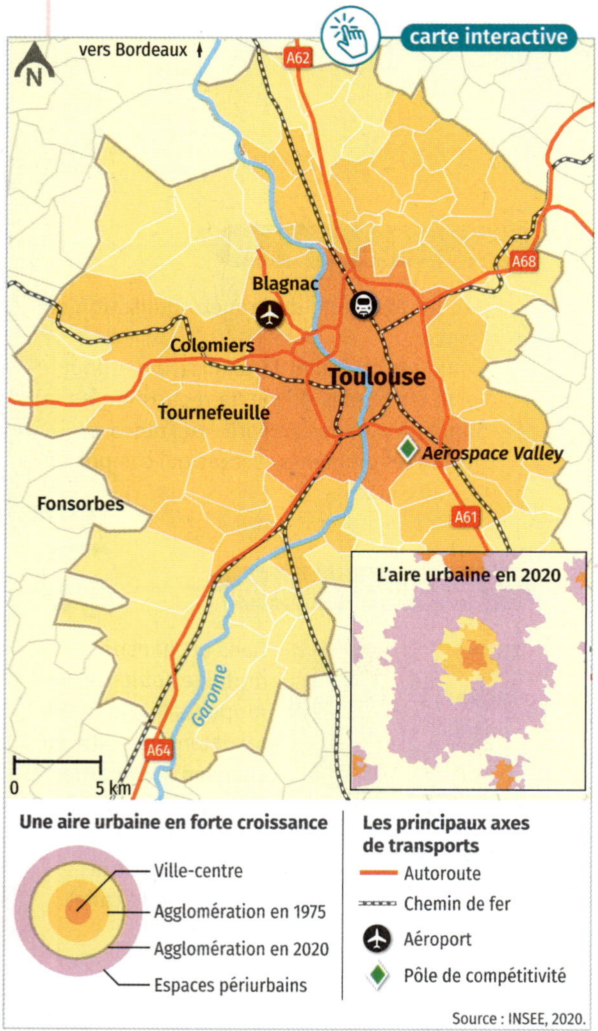

Question : comment la population de l'aire urbaine de Toulouse évolue-t-elle ?

> GUIDE
- Demandez-vous si la population de l'aire urbaine a augmenté ou a baissé entre 2012 et 2017.
- À quoi cette croissance est-elle principalement due ?

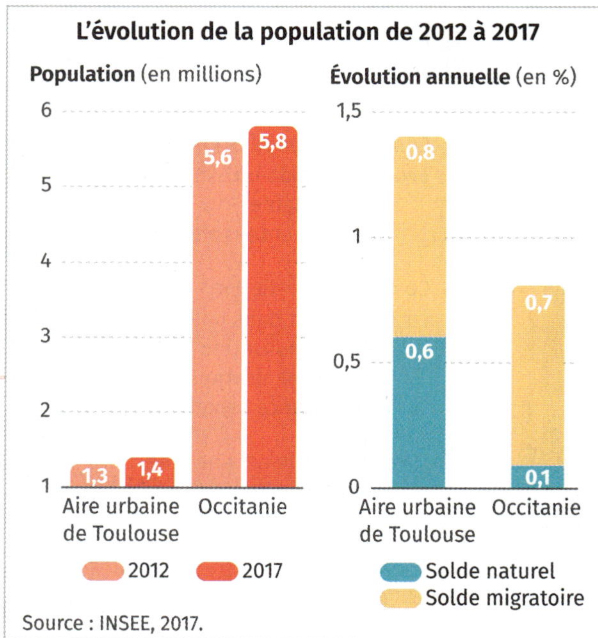

▲ L'aire urbaine de Toulouse est l'une des plus attractives de France.

Numérique
Retrouvez une vidéo sur l'évolution de l'aire urbaine de Toulouse sur LLS.fr/HG3Toulouse.

Vocabulaire

Une agglomération : ensemble urbain composé d'une ville-centre et de ses banlieues.

Une aire urbaine : espace constitué du pôle urbain (ville-centre et ses banlieues) et de la couronne périurbaine (les communes périurbaines).

La métropolisation : concentration des activités et des pouvoirs dans les plus grandes villes.

2 Les paysages de l'aire urbaine

Situé sur la rive gauche de la Garonne, dans la ville-centre, il s'agit d'un ancien faubourg populaire développé dès le XIIe siècle. C'est aujourd'hui un quartier attractif et cosmopolite.

a. Le quartier de Saint-Cyprien, un quartier historique de Toulouse.

Le grand ensemble du Mirail a été construit dans les années 1960. Il est relié au centre-ville par le métro depuis les années 1990.

b. Les quartiers de Bellefontaine et La Reynerie, dans le grand ensemble du Mirail.

c. La commune de Fonsorbes, au sud-ouest de l'aire urbaine de Toulouse.

La commune de Fonsorbes est située à une quinzaine de kilomètres de Toulouse. Elle fait partie de l'aire urbaine, mais elle est séparée de l'agglomération par des espaces non bâtis.

Question : quelles ont été les formes successives de la croissance urbaine ?

› GUIDE
- Photo **a** : à partir de recherches, expliquez ce qu'est un faubourg. Repérez sur l'image un matériau de construction emblématique de la ville de Toulouse.
- Photo **b** : repérez les éléments de la photographie qui permettent de parler d'un grand ensemble.
- Photo **c** : pourquoi ce type d'habitat provoque-t-il un phénomène d'étalement urbain ?

L'aire urbaine de Toulouse (2/2)

Compétences Je travaille en autonomie
Je raisonne, je justifie une démarche et les choix effectués

Où les nouveaux habitants de l'aire urbaine vivent-ils ?

3 La croissance des banlieues et des espaces périurbains

L'aire urbaine de Toulouse regroupe la ville-centre, les banlieues et les communes périurbaines. Chaque année, elle gagne 18 000 nouveaux habitants.

Question : quelle partie de l'aire urbaine connaît la plus forte croissance ?

› GUIDE
- Situez les communes de Colomiers et de Tournefeuille sur la carte p. 290 et sur les deux extraits de carte ci-dessous.
- Comparez leur superficie aux deux dates.
- Sur quels espaces les nouvelles constructions ont-elles été réalisées ?

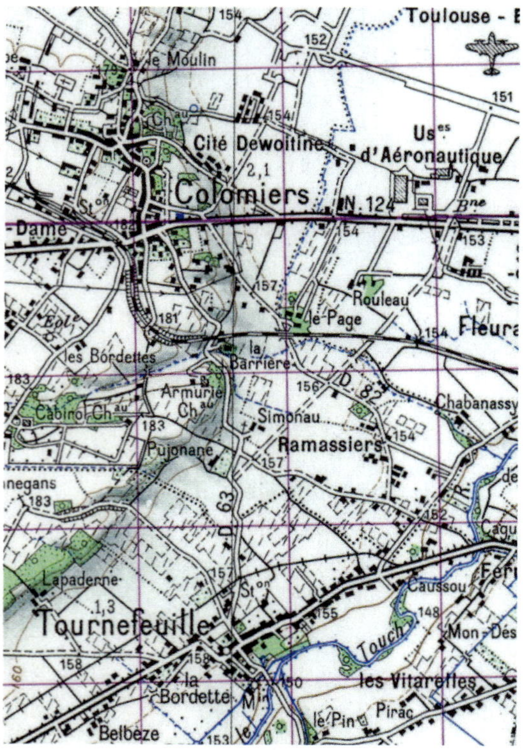

▲ Carte IGN TOP 25 (1950).

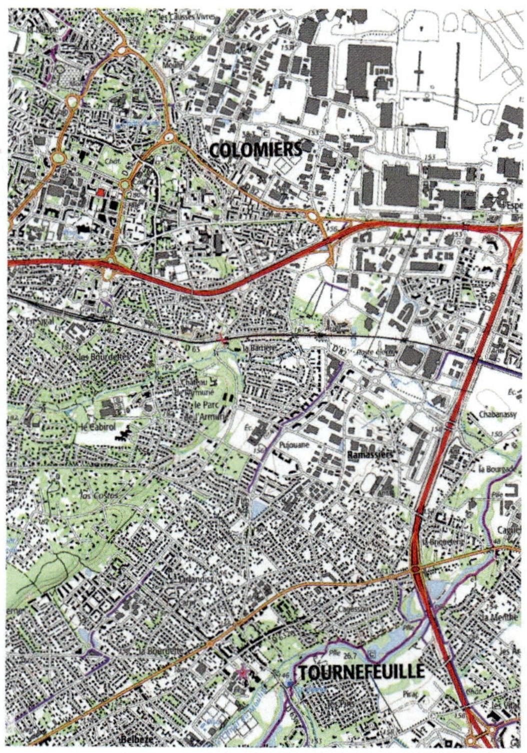

▲ Carte IGN TOP 25 (2019).

Numérique
Retrouvez l'évolution des communes de Colomiers et Tournefeuille grâce à l'outil « Remonter le temps » de Géoportail disponible sur LLS.fr/HG3Geoportail.

Vocabulaire

La périurbanisation : diffusion de l'urbanisation dans un espace encore rural.

Un navetteur : personne effectuant un trajet domicile-travail régulièrement. On parle aussi de mobilité pendulaire.

4 Faire le choix du périurbain

Nombre de ménages [font] le choix de quitter la ville pour ce que l'on nomme le périurbain, afin d'accéder à la propriété familiale avec, de plus, l'avantage de pouvoir acquérir un type de logement, la maison individuelle, qui offre quelques attraits supplémentaires par rapport à l'appartement pour un couple avec enfants. [...] L'accession pavillonnaire périurbaine n'est pas seulement un choix « par défaut » ou sous contrainte. [...] Un jardin lui est associé qui, même petit, permet de « vivre dehors ».

Marie-Christine Jaillet, « Peut-on encore vivre en ville ? L'exemple de Toulouse », *Esprit*, mars 2013.

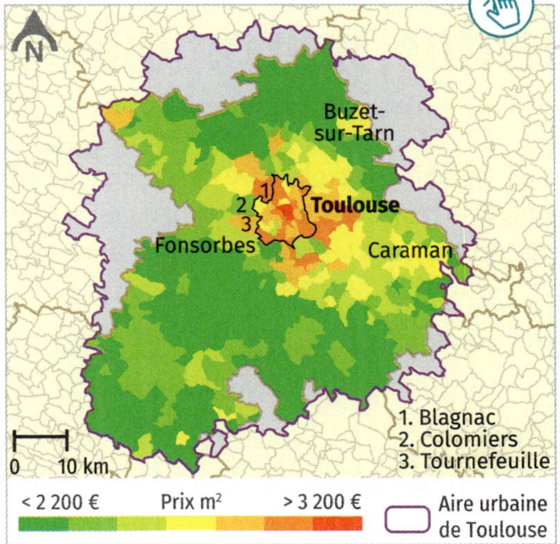

▲ Le prix du m² dans l'agglomération toulousaine.

Question : comment s'explique le développement de la **périurbanisation** ?

› GUIDE
- Identifiez deux raisons qui conduisent les périurbains à s'installer en périphérie de Toulouse.

5 Se déplacer dans l'aire urbaine

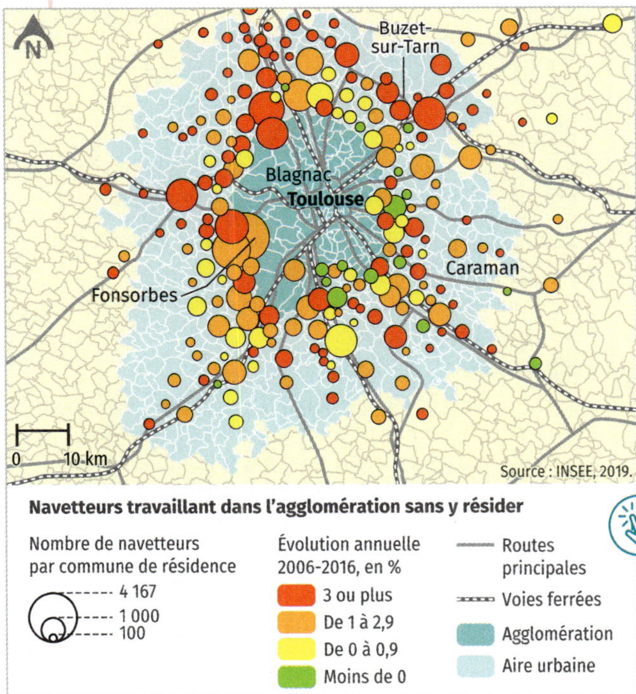

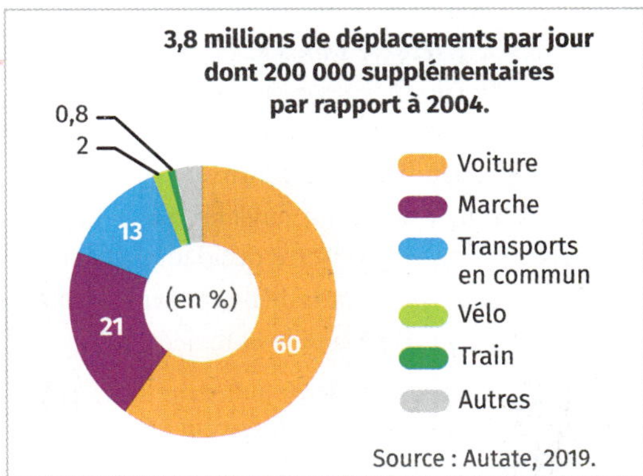

Question : quelles mobilités caractérisent l'espace périurbain toulousain ?

› GUIDE
- Sur le diagramme, quel mode de transport domine ?
- Sur la carte, comment l'influence de Toulouse se traduit-elle ?
- À l'aide de la carte, montrez que les mobilités entre le centre et la périphérie augmentent.

Numérique

Retrouvez la vidéo de présentation du projet Mobilités 2020-2025-2030 sur LLS.fr/HG3Mobilites.

Synthèse

▶ À l'aide des documents, montrez que l'aire urbaine de Toulouse connaît un phénomène de périurbanisation et identifiez ses conséquences.

Étude de cas 2

Nantes, métropole du Grand Ouest

Compétence J'analyse et je comprends des documents

Nantes connaît une croissance démographique et économique qui fait d'elle l'une des métropoles françaises les plus dynamiques. La population de l'aire urbaine augmente, en particulier dans les communes périurbaines, et les espaces urbanisés s'étendent.

Quelle forme prend la métropolisation dans l'aire urbaine de Nantes ?

1 Le projet urbain de l'île de Nantes

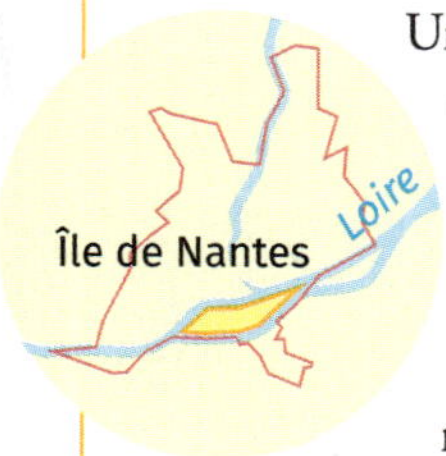

Une réflexion sur l'île de Nantes est engagée dès 1989. L'île des chantiers navals présente en effet des atouts nombreux. Tout d'abord, à l'échelle de la métropole, elle constitue une immense zone de terrains non utilisés au cœur de la ville. Dans un contexte de périurbanisation croissante et de fort étalement urbain, l'île constitue une importante réserve foncière pour redensifier la ville en son centre. De même, la situation de l'île qui se trouve au centre géométrique de l'agglomération et dans la continuité directe du centre ancien constitue un atout. Enfin, la situation fluviale [est un facteur] d'attractivité dans un contexte occidental généralisé de réappropriation des bords de fleuve par les piétons et de reconnexion entre la ville et le fleuve.

« L'Île de Nantes : du territoire industriel au "quartier de la création" », *Département Géographie et Territoires de l'ENS*, 2013.

2 L'île de Nantes : des espaces urbains en reconversion

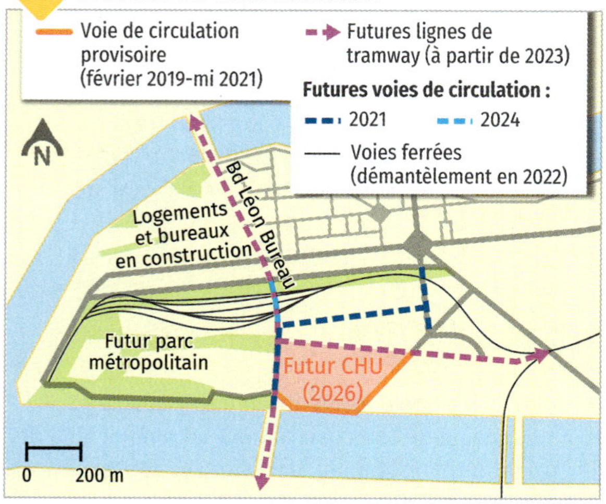

3 La croissance démographique de Nantes

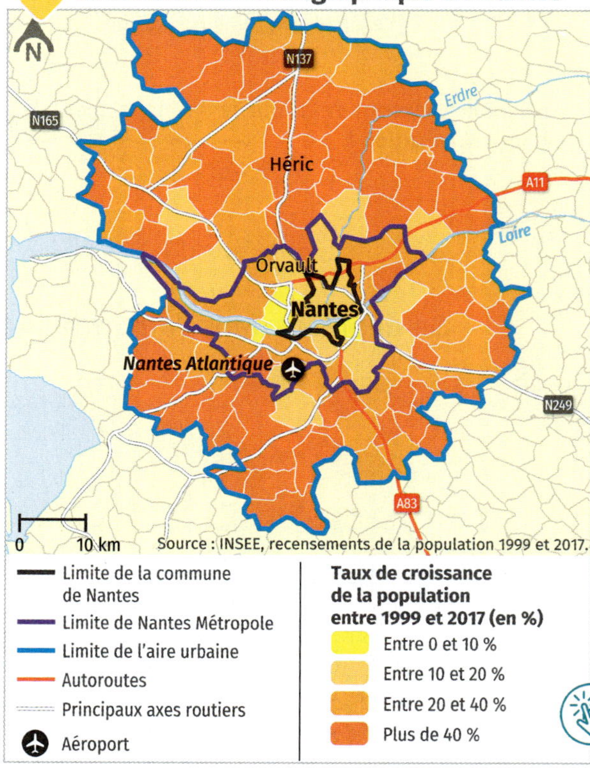

▲ Entre 1999 et 2017, la population de Nantes Métropole (regroupement de 24 communes) a augmenté de 92 044 habitants tandis que celle de l'aire urbaine (114 communes) passait de 784 992 à 972 828 habitants.

Numérique

Retrouvez une vidéo sur les machines de l'île de Nantes sur LLS.fr/HG3Machines.

Vocabulaire

L'étalement urbain : augmentation de la superficie des espaces urbains due au développement d'un habitat peu dense et à la généralisation de l'utilisation de l'automobile.

Une métropole : grande ville où sont concentrés les lieux de pouvoir politique, économique et culturel.

4 L'étalement urbain

Vue aérienne d'un quartier d'Orvault,dans l'agglomération nantaise.
La ville d'Orvault est située à 7 km de Nantes. De nouveaux lotissements sont construits autour du vieux village.

5 Une saturation des voies de transport ?

Ces dizaines de milliers d'automobilistes recensés mettent en moyenne 27 minutes pour rallier leur lieu d'habitation au centre de Nantes. « Mais le mardi, c'est 20 minutes en plus, soit 47 minutes en moyenne », assure l'Auran[1]. Soit + 79 % de temps de trajet les mardis maudits.
Par exemple, un habitant d'Héric au nord de Nantes met « au mieux 23 minutes » pour rejoindre le centre de Nantes, « mais entre 8 h et 8 h 45 le mardi matin », il double quasiment son temps au volant.
Comment fera-t-on en 2030 ?
La hausse des temps de parcours est estimée à quatre minutes de plus, en 2018, par rapport à 2017. « Un constat cohérent avec le dynamisme économique de Nantes et l'augmentation de la population. L'usage de la voiture baisse un peu, mais c'est insuffisant pour diminuer le nombre de véhicules. »

Michel Tanneau, « Accéder en voiture à Nantes : le mardi, jour maudit », *Ouest-France*, octobre 2018.

1. Agence d'urbanisme de la région et de l'agglomération nantaise.

Questions

Questionnement différencié sur LLS.fr/HG3P295

1. **Doc. 1 et 2** Identifiez deux avantages à la situation de l'île de Nantes.
2. **Doc. 1 et 2** Relevez deux éléments du projet qui visent à rendre le quartier attractif.
3. **Doc. 1 et 2** Comment ce projet peut-il renforcer l'attractivité de Nantes ?
4. **Doc. 3** Dans quelle partie de Nantes la croissance de la population est-elle la plus forte ?
5. **Doc. 4** Quelle conséquence la croissance urbaine a-t-elle sur les terres agricoles ? Justifiez votre réponse.
6. **Doc. 5** Quelles sont les conséquences de la croissance de l'aire urbaine sur les mobilités ?
7. **Doc. 1 à 5** Quelle forme la métropolisation prend-elle dans l'aire urbaine de Nantes ?

> GUIDE
- Lisez la définition de la métropolisation p. 290.
- Décrivez comment la ville cherche à renforcer son attractivité (doc. 1 et 2).

Étude de cas 3

La gentrification à Marseille

Compétence J'analyse et je comprends des documents

Depuis plusieurs décennies, un phénomène de gentrification est observé dans de nombreuses grandes villes françaises. Une population aisée s'installe dans les quartiers populaires du centre-ville, donnant lieu à la transformation progressive des paysages, de la population et de l'identité des quartiers. Le centre de Marseille, comme la plupart des grandes villes, est concerné par ce phénomène.

Quelles formes la gentrification prend-elle à Marseille ?

1 La gentrification dessinée

▲ Victor Locuratolo, « La gentrification en 3 étapes », février 2014.

2 Le projet Euroméditerranée

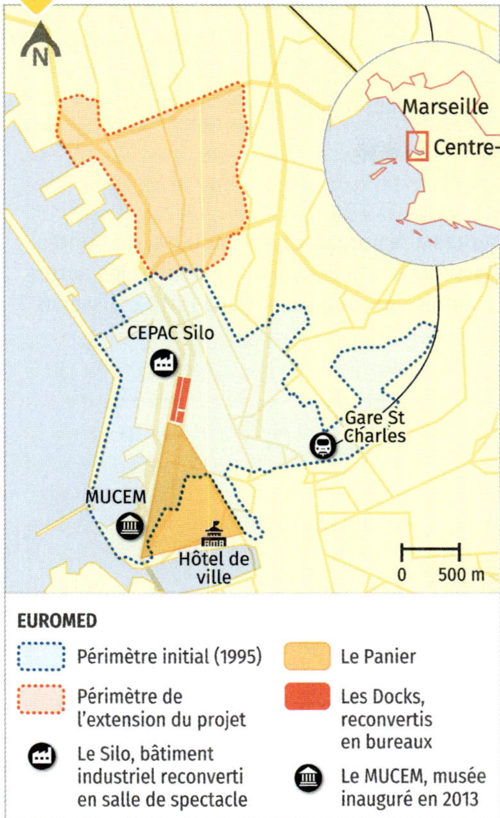

▲ Le projet Euroméditerranée, lancé en 1995, est un projet de **rénovation urbaine** dans le centre de Marseille.

3 Le quartier du Panier

▲ Le Panier est le quartier historique de Marseille.

Numérique

Retrouvez un reportage vidéo sur le centre-ville populaire de Marseille sur LLS.fr/HG3CentreMarseille.

4 Des quartiers en cours de gentrification ?

Le quartier du Panier fait figure de candidat idéal à [un] processus d'embourgeoisement. Populaire et pittoresque, il est une terre d'accueil traditionnelle pour les néo-marseillais, Corses, Italiens, puis Comoriens. Aujourd'hui, on y redoute l'arrivée des « Parisiens » ou des « bobos » [...]

Le foncier[1] est aussi devenu convoité sous l'effet de l'essor touristique du quartier lié au succès de la série « Plus belle la vie » dont il est le décor [...]. [Cependant, on y trouve] des appartements petits et vétustes, dont les rénovations faites à la va-vite ne cachent pas très longtemps la misère de logements humides, des canalisations qui craquent régulièrement et dont l'isolation laisse à désirer. [...]

Pourtant, Marseille a changé. Le long des docks[2] aménagés, les cadres se pressent en début de soirée pour boire un verre sur des terrasses chic.

Manon Rescan, « À Marseille, le centre-ville résiste toujours à la gentrification », *Le Monde*, juin 2015.

1. Espaces disponibles.
2. Hangars ou entrepôts situés en bordure de bassin.

Vocabulaire

La gentrification : transformation d'un quartier populaire due à l'arrivée de populations plus aisées.

La rénovation urbaine : reconversion d'un quartier, parfois en démolissant, pour reconstruire.

Questions

Questionnement différencié sur LLS.fr/HG3P297

1. **Doc. 1** Déterminez les trois étapes de la gentrification.
2. **Doc. 1** Quelles sont les conséquences de la gentrification dans les quartiers populaires ?
3. **Doc. 2** Localisez les quartiers des Docks et du Panier.
4. **Doc. 2, 3 et 4** Identifiez au moins deux éléments qui rendent le quartier du Panier attractif.
5. **Doc. 1 à 4** Comment la gentrification transforme-t-elle les centres-villes ?

Mise en perspective

Un territoire urbanisé

Compétence Je situe dans l'espace

Numérique
Découvrez le nouveau zonage en aires d'attraction des villes avec un parcours numérique sur LLS.fr/HG3PIX12.

Étape 1 : Je fais le bilan des études de cas

1. Pour faire le bilan des études de cas, expliquez quelles sont les causes et les conséquences de la croissance urbaine dans l'aire urbaine étudiée.

2. Localisez les aires urbaines de Toulouse, de Nantes et de Marseille sur le doc. 2. Où se situent les autres aires urbaines qui connaissent une forte croissance ?

Étape 2 : Je mets en perspective à l'échelle nationale

1 Les aires urbaines en France

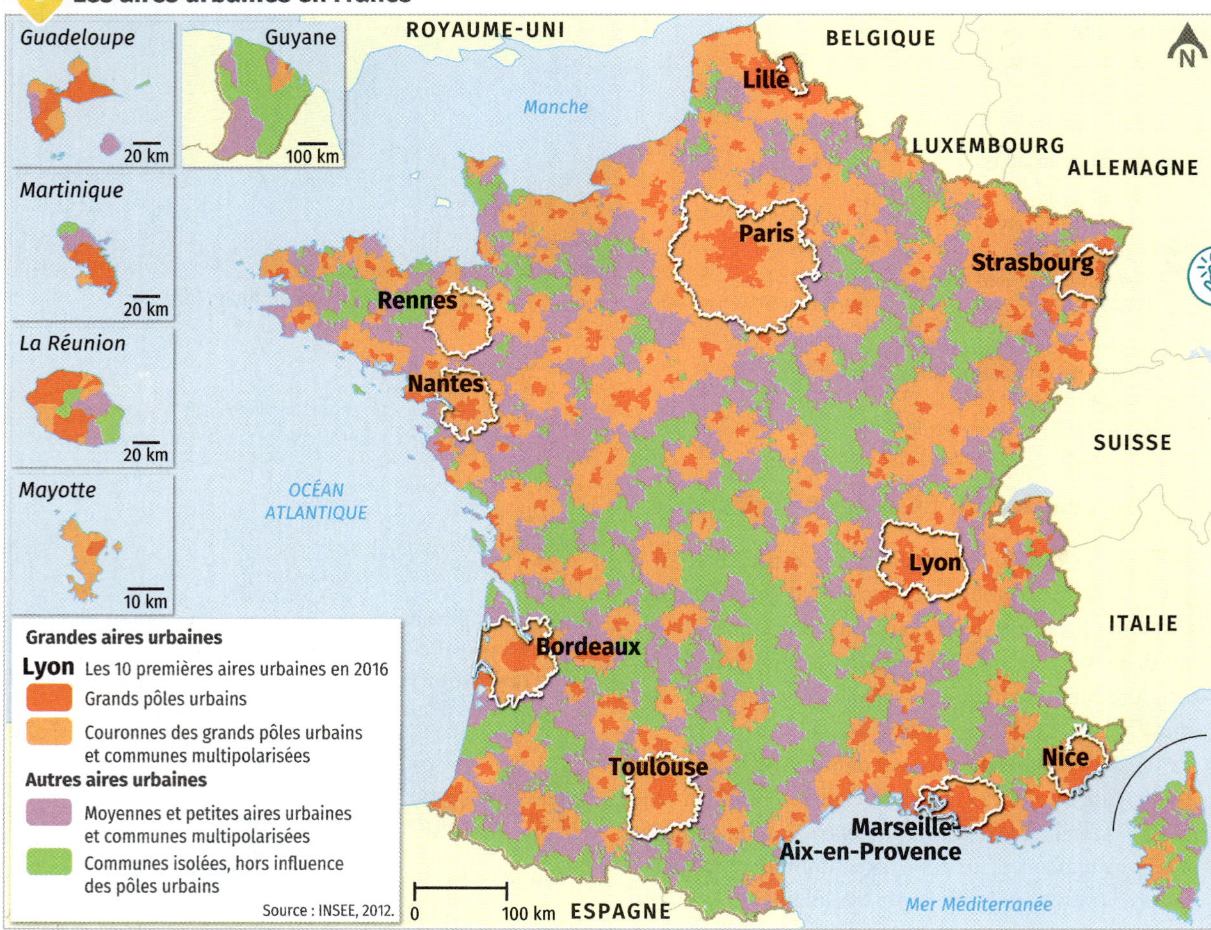

Guide de lecture

▶ **Doc. 1** Une aire urbaine (voir p. 290) regroupe toutes les communes dont plus de 40 % des habitants travaillent dans le pôle urbain. Depuis 2020, l'INSEE a mis en place un nouveau zonage en aires d'attraction des villes, qui remplace les aires urbaines.

▶ **Doc. 2** Les Français vivent majoritairement dans des villes. La métropolisation profite aux grandes agglomérations dont la population augmente. Les villes du sud et de l'ouest connaissent la plus forte croissance.

2 La population urbaine en France : répartition et dynamiques

carte interactive

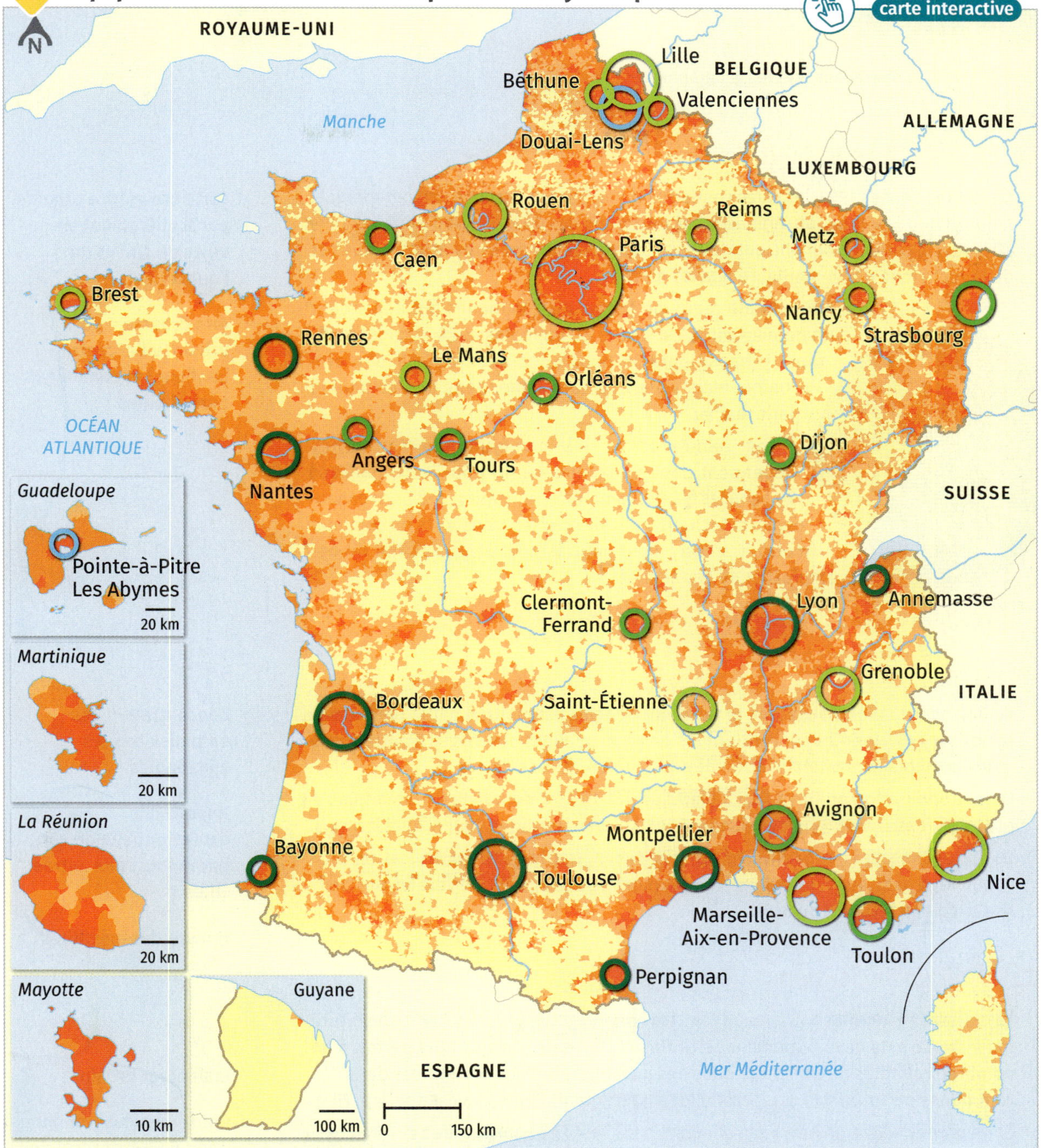

Nombre d'habitants par km² en 2017

- supérieur à 300
- de 80 à 300
- de 30 à 80
- inférieur à 30

Principales métropoles en nombre d'habitants en 2016

- supérieur à 10 millions
- de 1 à 2 millions
- de 500 000 à 1 million
- de 300 000 à 500 000

Croissance annuelle de la population des aires urbaines de 2011 à 2016

- Croissance très forte
- Croissance forte
- Croissance faible
- Croissance négative (baisse de la population)

Source : Insee, recensements de la population de 2011 et 2017.

Leçon

Croissance urbaine et métropolisation

Compétence Je révise mes repères géographiques

A. La croissance des villes sur le territoire français

› Depuis les années 1950, les villes connaissent une forte croissance démographique. Aujourd'hui, les villes du Grand Ouest **(étude de cas 2)** et du Sud sont les plus attractives, car elles bénéficient de l'essor de nouvelles activités économiques et de la recherche d'une meilleure qualité de vie.

› Une **aire urbaine** regroupe toutes les communes qui dépendent d'un pôle urbain, c'est-à-dire qu'au moins 40 % de leurs habitants y travaillent. On peut donc appartenir à une aire urbaine, mais vivre à la campagne, dans une commune périurbaine.

› Les banlieues et les communes périurbaines dépendent donc de la ville-centre pour les emplois et les services (santé, commerce, éducation, etc.). Les collectivités cherchent à développer les transports en commun (métro, tramway, bus) pour assurer l'accessibilité de ces emplois et de ces services.

▲ L'urbanisation autour de la Seine.

B. La métropolisation du territoire français

› En lien avec la **mondialisation**, le territoire français est marqué par la **métropolisation** : les **métropoles** concentrent les emplois qualifiés, les sièges d'entreprises et les activités de recherche et de développement **(étude de cas 1)**.

› La métropolisation profite à l'agglomération parisienne, dont la taille remarquable par rapport aux autres grandes villes est un trait caractéristique du territoire français.

› De fortes inégalités apparaissent au sein des métropoles. La **gentrification** provoque le départ des populations les plus pauvres du centre-ville vers les périphéries urbaines **(étude de cas 3)**.

C. La périurbanisation

› La **croissance urbaine** entraîne un fort **étalement urbain** **(doc. 4 p. 295)**. La voiture individuelle et le développement des infrastructures de transport ont permis à de nombreux citadins de s'installer dans des maisons individuelles, situées dans des communes **périurbaines**. Les prix du logement y sont moins élevés **(doc. 4 p. 293)**.

› Cette périurbanisation provoque d'importantes **mobilités pendulaires** et l'engorgement des principaux axes de transport aux heures de pointe **(doc. 5 p. 293)**.

› Le développement des espaces périurbains pose donc la question de leur développement durable, du fait des rejets de gaz à effet de serre des voitures individuelles et de la destruction des espaces naturels et agricoles que leur croissance peut provoquer.

▲ Lotissement pavillonnaire en Eure-et-Loir.

Numérique

Retrouvez une vidéo pour réviser sur LLS.fr/HG3Synthese12

Je retiens

- **Forte croissance urbaine, particulièrement les villes du sud et de l'ouest**
- **Aire urbaine = pôle urbain (ville-centre + banlieue) et communes périurbaines**
- **Concentration des emplois dans les métropoles**
- **Importance exceptionnelle de Paris par rapport aux autres villes**
- **Hausse des inégalités**
- **Étalement urbain**
- **Conséquences : mobilités pendulaires et recul des terres agricoles**

Je révise ma leçon

> Je retiens les lieux importants

Les 10 premières aires urbaines françaises en 2020 sont :

Paris, Lyon, Marseille-Aix-en-Provence, Toulouse, Lille, Bordeaux, Nice, Nantes, Strasbourg et Rennes.

> Je retiens les chiffres importants

93 %

C'est la part de la population française qui vit dans l'aire d'attraction d'une ville en 2020.

86 %

C'est la part des ménages français qui possèdent au moins une voiture en 2020.

Vocabulaire

Une aire urbaine : espace constitué du pôle urbain (ville-centre et ses banlieues) et de la couronne périurbaine (les communes périurbaines). Depuis novembre 2020, l'INSEE a remplacé le zonage en aires urbaines par un zonage en aires d'attraction des villes.

La croissance urbaine : augmentation de la population des villes.

L'étalement urbain : augmentation de la superficie des espaces urbains due au développement d'un habitat peu dense et à la généralisation de l'utilisation de l'automobile.

La gentrification : transformation d'un quartier populaire due à l'arrivée de populations plus aisées.

Une métropole : grande ville où sont concentrés les lieux de pouvoir politique, économique et culturel.

La métropolisation : concentration des activités et des pouvoirs dans les plus grandes villes.

Les mobilités pendulaires : déplacements quotidiens entre le lieu de résidence et le lieu de travail.

La mondialisation : ensemble de relations (économiques, culturelles, etc.) mettant en contact les différents espaces de la planète.

La périurbanisation : diffusion de l'urbanisation dans un espace encore rural.

Je révise avec un schéma

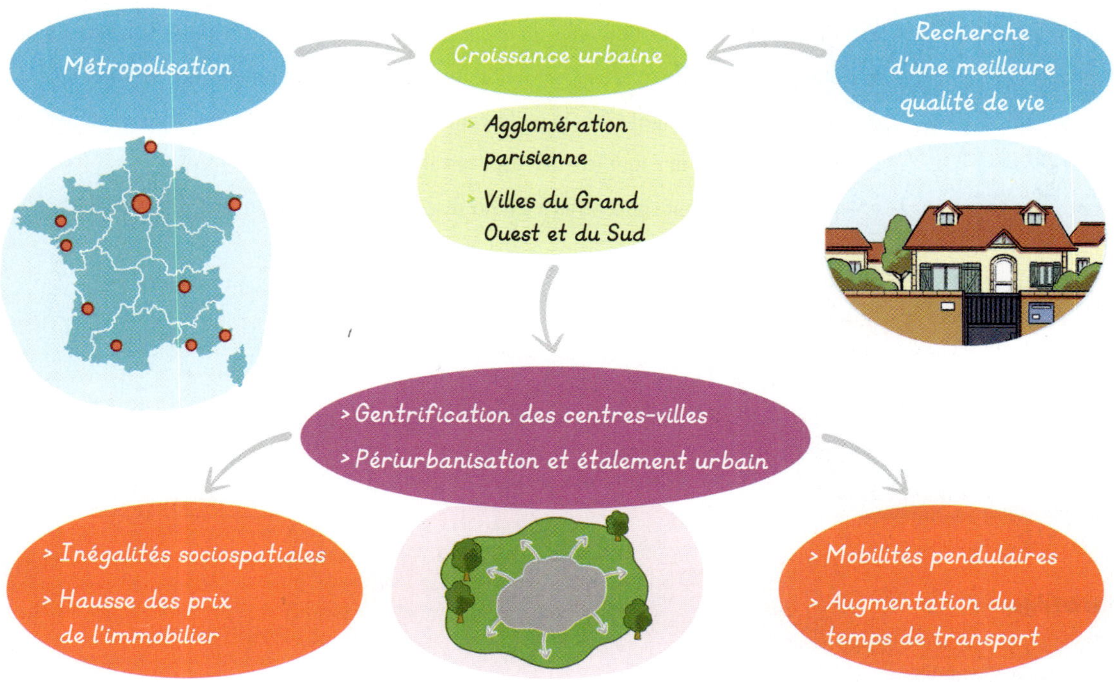

Téléchargez ce schéma sur LLS.fr/HG3Schema12a

Je teste mes connaissances

Pour chaque question, il y a une ou plusieurs réponses correctes. Testez-vous sur LLS.fr/HG3Quiz12

Je m'exerce pour le brevet

Compétence Je pratique différents langages

Exercice 1 • Je maîtrise une notion clé du chapitre

Complétez le schéma avec les termes suivants.

- banlieue
- mobilités pendulaires
- ville-centre
- pôle urbain
- commune rurale
- couronne périurbaine
- aire urbaine

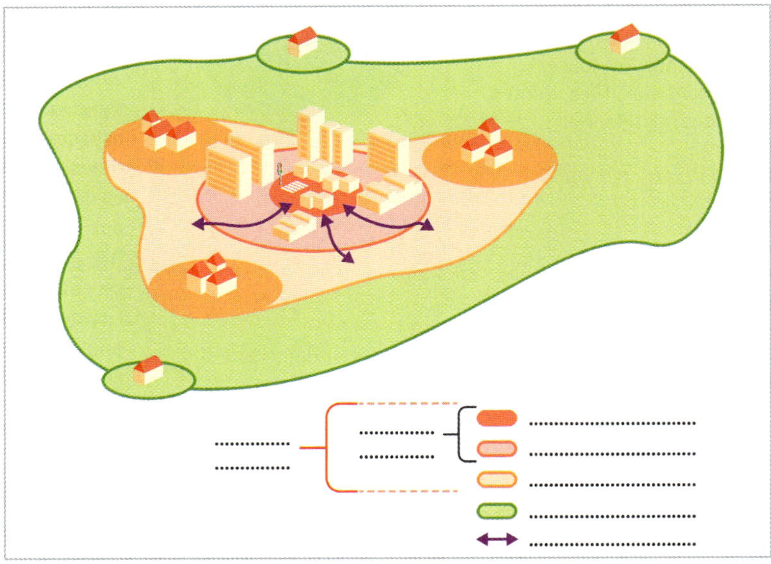

Numérique
Téléchargez le schéma à compléter sur LLS.fr/HG3Schema12b.

Exercice 2 • Je maîtrise le lexique de géographie urbaine

Reliez ces notions à leur définition.

Étalement urbain •	• **a.** Diffusion de l'urbanisation dans un espace encore rural, à partir d'une ville existante proche.
Périurbanisation •	• **b.** Transformation d'un quartier populaire due à l'arrivée de populations plus aisées.
Métropole •	• **c.** Espace constitué du pôle urbain (ville-centre et ses banlieues) et de la couronne périurbaine.
Aire urbaine •	• **d.** Augmentation de la superficie des espaces urbains.
Gentrification •	• **e.** Grande ville où sont concentrés les lieux de pouvoir politique, économique et culturel.

Exercice 3 • Je connais les grandes logiques du chapitre

Complétez le schéma suivant.

• Idéal de la maison ....
• Généralisation de la ....
→ • Périurbanisation et .... urbain
→ • Augmentation des temps de ....

Numérique
Téléchargez le schéma à compléter sur LLS.fr/HG3Schema12c.

J'apprends autrement

Compétence Je réalise un croquis ou une carte

J'apprends en réalisant un croquis cartographique

ÉTAPE 1 En s'appuyant sur la sémiologie graphique p. 362, réaliser un croquis de la répartition de la population française

1. Indiquez le nom des dix premières aires urbaines françaises.
2. Distinguez les zones peu peuplées, moyennement peuplées et très peuplées.
   - Coloriez en rouge les zones de forte densité.
   - Coloriez en orange les espaces de moyenne densité.
   - Coloriez en jaune les espaces de faible densité.

Numérique
Retrouvez une vidéo sur le langage cartographique sur LLS.fr/HG3LangageCarto.

ÉTAPE 2 Vérifier que le croquis est complet

1. Vérifiez qu'il dispose d'un titre.
2. Vérifiez qu'il dispose d'une légende et d'une échelle.

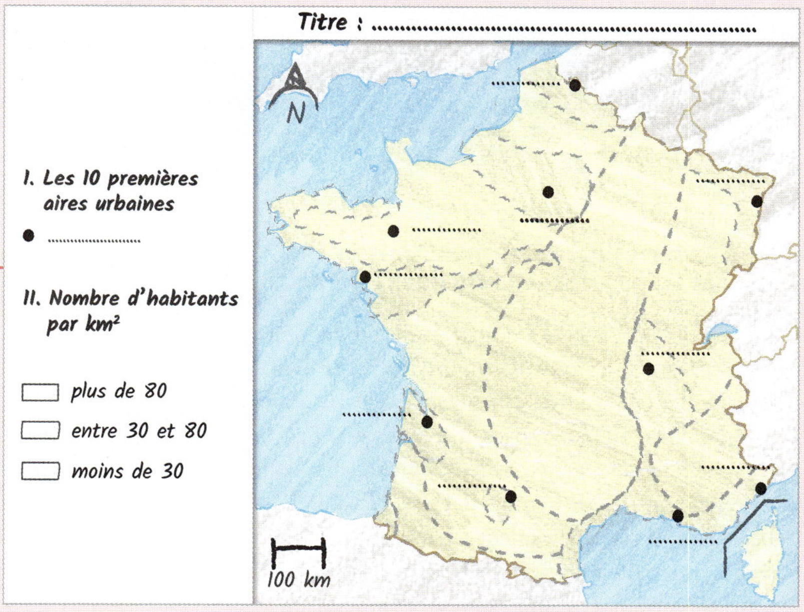

Numérique
Retrouvez le fond de carte à télécharger sur LLS.fr/HG3Cartes.

À lire

Hubert Ben Kemoun, *À samedi !*, édition Rue du monde, 2015

Un roman graphique qui décrit trois histoires d'amour dans une grande ville.

À écouter

Orelsan, « Dans ma ville on traîne », chanson tirée de l'album *La fête est finie*, 2017

Dans cette chanson, Orelsan raconte sa jeunesse à Caen, et plus généralement celle des adolescents vivant dans les villes françaises de taille moyenne.

À voir

Ladj Ly, *Les Misérables*, 2019

Stéphane, policier, intègre la brigade anti-criminalité (BAC) de Montfermeil en Seine-Saint-Denis. Un lionceau volé et une lourde bavure policière vont tendre les relations avec les jeunes de la cité.

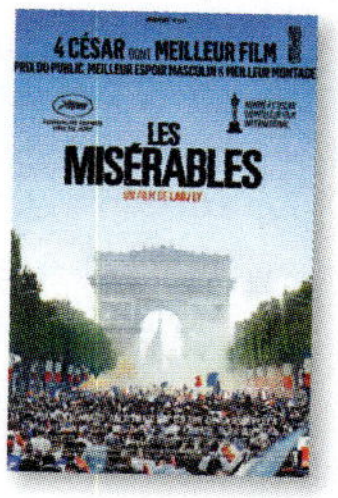

Sujet guidé

Exercice 1 • Analyser et comprendre des documents

1. **Doc. 1** Dans quelle partie de l'aire urbaine de Montpellier chacun de ces paysages est-il situé ?
2. **Doc. 1** Décrivez et comparez les deux paysages.
3. **Doc. 1** Quels éléments du paysage peuvent donner le sentiment aux habitants de Mudaison qu'ils vivent à la campagne ?
4. **Doc. 1 et 2** À l'aide des documents et de vos connaissances, expliquez ce qu'est l'étalement urbain et montrez ses effets sur les terres agricoles.

1 Deux communes dans l'aire urbaine de Montpellier

▲ Le centre-ville de Montpellier (Hérault), le pôle urbain de l'aire urbaine.

▲ Mudaison, une commune située dans la couronne périurbaine de l'aire urbaine de Montpellier.

2 Les terres agricoles menacées par la périurbanisation dans l'Hérault

Près de 17 000 hectares de terres ont été artificialisées[1] au cours des trois dernières décennies dans le département. Ces terres, prises de manière irréversible à l'agriculture ou aux espaces naturels, servent pour de nouveaux logements, zones commerciales, zones d'activité ou infrastructures. L'Hérault a de grands besoins, étant le département qui a la plus forte pression démographique de France : il accueille tous les mois en moyenne 1 400 nouveaux habitants, et ce chiffre, selon l'Insee, ne va pas baisser pendant les dix ans qui viennent.

Anne Devailly « L'Hérault grignote ses terres agricoles à un rythme alarmant », *Le Monde*, février 2017.

1. Transformées en espaces construits.

Méthode : Analyser un paysage

Un paysage est l'ensemble des éléments observables dans un lieu donné. Chaque espace est transformé par les usages que les hommes en font.

- Commencez par le localiser et le situer.
- Distinguez plusieurs plans : le premier plan, le second plan, l'arrière-plan.
- Décrivez ce que vous voyez avec un vocabulaire précis : quelqu'un qui n'a pas vu l'image doit pouvoir l'imaginer grâce à votre description.
- Repérez les éléments qui composent le paysage : forme des habitations, des champs, voies de communication, bâtiments, végétation, relief.
- Expliquez le paysage en vous posant les deux questions suivantes : pourquoi cet élément est-il ici et non ailleurs ? Pourquoi a-t-il cette forme ?

Exercice 2 • Maîtriser différents langages

Rédigez un texte d'une vingtaine de lignes décrivant les dynamiques des aires urbaines.

› GUIDE
- Décrivez l'organisation d'une aire urbaine en utilisant les mots suivants : ville-centre, banlieues et communes périurbaines.
- Expliquez quels espaces sont les plus attractifs et les plus peuplés et quelles sont les mobilités entre ces espaces.
- Appuyez-vous sur des exemples.

Conseils • Travailler au brouillon

- Avant de rédiger un développement construit, recopiez la consigne au brouillon, soulignez les mots-clés et définissez-les.
- Notez ensuite les connaissances et les informations extraites des documents qui correspondent au sujet.

Exercice 1 • Analyser et comprendre des documents

1. **Doc. 1** Expliquez pourquoi l'axe de transport n'est saturé que dans un sens de circulation.
2. **Doc. 1** Expliquez pourquoi on parle d'une « dépendance à l'automobile » concernant les espaces périurbains.
3. **Doc. 1** Identifiez au moins deux problèmes posés par l'usage massif de l'automobile individuelle.
4. **Doc. 2** Relevez deux objectifs de la métropole de Strasbourg concernant la voiture individuelle.
5. **Doc. 1 et 2** Identifiez les acteurs des mobilités urbaines.
6. À partir des documents et de vos connaissances, expliquez comment les métropoles opèrent une transition en termes de mobilités.

1 Des réseaux de transport saturés

▲ L'entrée dans la ville de Strasbourg, à une heure de pointe, le matin.

2 Strasbourg, vers de nouvelles mobilités urbaines

Au-delà de l'anticipation sur les technologies du futur, de nombreuses initiatives basées sur les nouvelles mobilités sont déjà lancées, qu'elles soient le fruit d'acteurs locaux institutionnels, associatifs ou privés. Certaines de ces initiatives sont basées sur des modes de déplacements actuels, l'innovation étant dans l'utilisation qui est faite de ce mode :
- renforcement des modes actifs (marche, vélo, etc.) et notamment du vélo à assistance électrique sur des distances bien plus importantes que la proximité. Notons que cela peut poser la question du positionnement des nouvelles solutions techniques de micromobilité (Segway, trottinettes électriques...) ;
- rationalisation de l'usage de la voiture par les solutions collaboratives de déplacement par auto-partage et covoiturage, notamment pour les courtes distances. Il peut être opportun d'accompagner la création de nouvelles communautés d'usagers à l'instar de BlaBlalines sur le Grand Reims ou Toulouse.

« Pour un Grenelle des mobilités : ouvrons le débat ! », *ADEUS (Agence de Développement et d'Urbanisme de l'Agglomération Strasbourgeoise)*, 2017.

Exercice 2 • Maîtriser différents langages

1. Sous la forme d'un développement construit d'une vingtaine de lignes, montrez que la France est un territoire sous influence urbaine.
2. Sur le fond de carte ci-contre, nommez dix aires urbaines françaises et donnez un titre à la carte.

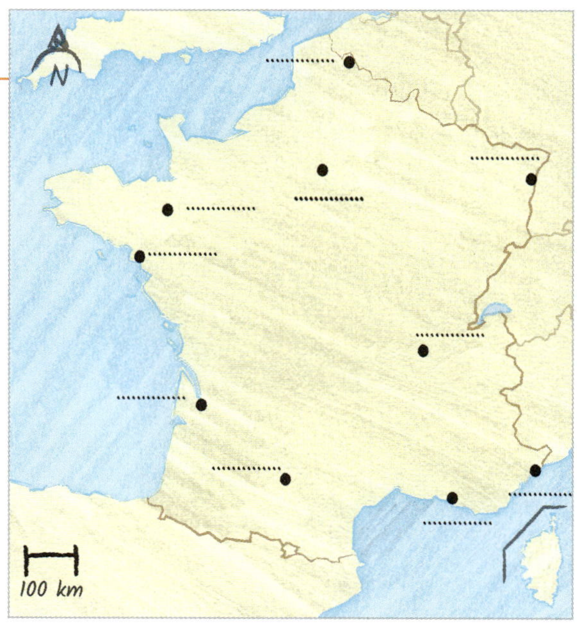

Numérique
Téléchargez le fond de carte sur LLS.fr/HG3Cartes.

Chapitre

13 Les espaces productifs

UN TERRITOIRE SOUS INFLUENCE URBAINE

LES ESPACES PRODUCTIFS

LES ESPACES DE FAIBLE DENSITÉ ET LEURS ATOUTS

Les espaces productifs sont des espaces aménagés pour développer des activités économiques et produire de la richesse. Ils sont mis en valeur par des acteurs divers, publics et privés. En lien avec la mondialisation, ces espaces connaissent des dynamiques contrastées.

Comment les espaces productifs français s'insèrent-ils dans la mondialisation ?

Quiz

1. Quels sont les trois grands types d'activités sur le territoire français ?
   a. La forêt, l'industrie et la banque
   b. L'agriculture, l'industrie, les services
   c. L'économie, le tourisme, les loisirs

2. Quels phénomènes transforment en profondeur les espaces productifs français ?
   a. L'urbanisation
   b. La mondialisation
   c. La croissance démographique

3. Citez une grande région agricole et une grande région industrielle.

Dans ce chapitre je vais

- Localiser les différents espaces de production de richesses sur le territoire français.
- Décrire les conséquences de la mondialisation sur les espaces productifs français.
- Identifier des acteurs qui cherchent à dynamiser les espaces productifs français.

Géographie et fiction

Ce qui nous lie, est un film de Cédric Klapisch sorti en 2017, qui met en scène une fratrie, en Bourgogne, reprenant l'exploitation viticole familiale à la suite du décès de leur père.

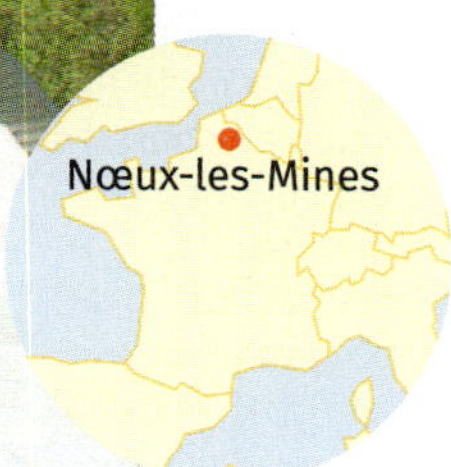

Numérique

Retrouvez un parcours numérique pour préparer la certification PIX sur LLS.fr/HG3PIX13.

◀ Une piste de ski sur un terril, photographie © Pidz/Euralens.
La piste de Nœux-les-Mines est un exemple de reconversion d'un ancien site minier. Un terril est une petite colline artificielle formée par l'accumulation de déblais issus des anciennes mines de charbon. On a utilisé la pente pour construire une piste de ski artificielle.

Étude de cas guidée 1

Les Chantiers de l'Atlantique : exporter le savoir-faire français

Compétence Je travaille en autonomie
Je raisonne, je justifie une démarche et les choix effectués

Les Chantiers de l'Atlantique est le nom officiel des chantiers navals de Saint-Nazaire. Ils sont les héritiers des chantiers navals, créés au milieu du XIXe siècle pour construire des paquebots de croisière. Aujourd'hui, Saint-Nazaire livre d'immenses paquebots de croisière qui sont exportés dans le monde entier.

Comment les Chantiers de l'Atlantique témoignent-ils de l'exportation d'un savoir-faire français ?

1 Le plus grand chantier naval d'Europe

Question : quels éléments témoignent de l'importance des chantiers navals de Saint-Nazaire ?

› GUIDE
- À quoi servent les différents bassins ?
- Quel commentaire pouvez-vous faire sur la situation de Saint-Nazaire ?

▲ **A.** Cale sèche : bassin que l'on peut remplir d'eau de mer ou vider. On dit que l'on « met le navire à sec ». Les cales sèches servent à la construction, à la réparation ou au démantèlement des navires.
B. Bassins à flot dotés d'une porte permettant de maintenir le niveau d'eau du bassin à marée basse (par opposition aux bassins à marée, dont le niveau d'eau varie en fonction de la marée). Ils permettent ainsi de maintenir à flot d'immenses paquebots.
C. Espace de production industrielle des pièces des navires.
D. L'estuaire de la Loire donnant directement sur l'Atlantique.

Vocabulaire

Un chantier naval : lieu de construction des navires.

Numérique

Retrouvez une vidéo sur la construction du *Harmony of the Seas* sur LLS.fr/HG3Harmony.

2 Une production diversifiée

À Saint-Nazaire (Loire-Atlantique), ce sont déjà 90 % des effectifs qui travaillent à la construction de paquebots et d'une sous-station électrique[1] sur les Chantiers de l'Atlantique. Le 18 mai, la cérémonie de la découpe de la première tôle a marqué le lancement en production de l'un des quatre navires ravitailleurs commandé par la Marine nationale. « C'est ici, à Saint-Nazaire, que sera construit le porte-avions de nouvelle génération, qui succédera au "Charles-de-Gaulle"», a annoncé à cette occasion la ministre des Armées, Florence Parly. Une annonce qui a réjoui le personnel du chantier naval, même si la mise à l'eau n'aura lieu qu'en 2038.

Olivier Cognasse et Hassan Meddah, « Les Chantiers de l'Atlantique au garde-à-vous ! », *L'Usine Nouvelle*, mai 2020.

1. Équipement de transformation et de distribution de l'électricité qui servira au parc éolien à proximité de Saint-Nazaire.

Chantier d'installation d'éoliennes en mer.

Question : quelles sont les productions des chantiers navals de Saint-Nazaire ?

› GUIDE
- Distinguez trois types de produits qui sortent des chantiers navals.
- Pourquoi peut-on parler d'une diversification des activités au sujet de l'éolien ?

3 Un espace productif compétitif à l'échelle internationale

Question : comment les chantiers navals de Saint-Nazaire s'imposent-ils sur le marché mondial ?

› GUIDE
- Quels sont les exemples célèbres des réalisations des chantiers navals de Saint-Nazaire ?
- Relevez un chiffre montrant la place de Saint-Nazaire sur le marché mondial de la construction navale.
- Pourquoi les pays asiatiques ne concurrencent-ils pas encore les chantiers navals européens ?

Forts de leurs 150 ans d'histoire, les fameux Chantiers de l'Atlantique de Saint-Nazaire, qui ont vu sortir du bassin de Penhoët les paquebots *Normandie*, *France* et *Queen Mary 2*, et plus récemment le plus grand navire de croisière au monde, le *Symphony of the Seas* (362 mètres de long, 18 ponts, 2 750 cabines pour plus de 6 000 passagers), se classent au troisième rang mondial du secteur avec un carnet de commandes de 12 navires à construire pour une valeur de 12 milliards de dollars. Les deux premières marches du podium sont occupées par le géant italien Fincantieri (44 navires en commande pour 27 milliards de dollars) et son rival allemand Meyer Werft (22 navires pour près de 20 milliards de dollars). Les chantiers coréens et chinois n'ont pas encore acquis le savoir-faire pour concurrencer les européens sur ce type de très grands navires. Mais ils rattrapent leur retard à toute vitesse.

Jean-Christophe Féraud, « Chantiers navals, la proue de la fortune », *Libération*, août 2019.

▲ Le *Symphony of the Seas* est le plus grand paquebot du monde en 2020. En 2017, il devance l'ancien plus grand paquebot du monde : l'*Harmony of the Seas*, lui aussi construit à Saint-Nazaire.

Synthèse

▸ Montrez que les Chantiers de l'Atlantique sont un espace productif compétitif.

Les vins de Bordeaux : un produit de l'agriculture française mondialisée

Compétence J'analyse et je comprends des documents

La ville de Bordeaux a inauguré la Cité du Vin en 2016. Elle s'affirme ainsi comme la ville contrôlant le vignoble de Bordeaux, dont les vins s'exportent aujourd'hui dans le monde entier.

Comment la région de Bordeaux s'affirme-t-elle comme une région agricole productive intégrée aux réseaux de la mondialisation ?

1 Garantir la qualité : de nombreuses Appellations d'origine contrôlée

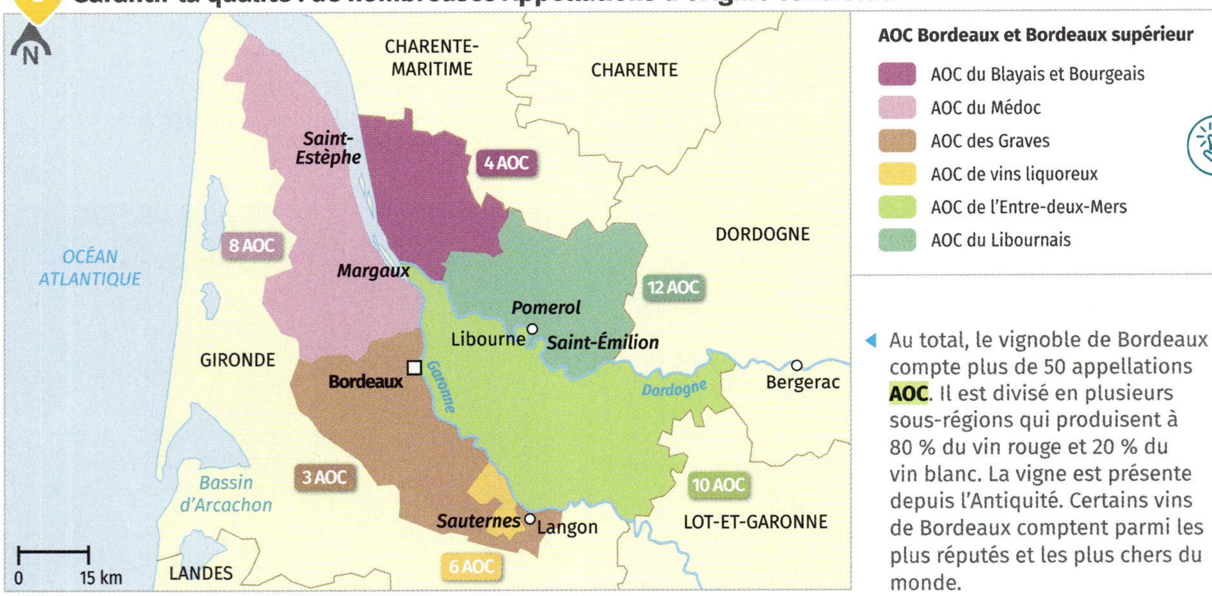

Au total, le vignoble de Bordeaux compte plus de 50 appellations **AOC**. Il est divisé en plusieurs sous-régions qui produisent à 80 % du vin rouge et 20 % du vin blanc. La vigne est présente depuis l'Antiquité. Certains vins de Bordeaux comptent parmi les plus réputés et les plus chers du monde.

2 Vendanges près de Saint-Émilion

La vendange désigne la récolte du raisin destiné à faire du vin. Dans le Bordelais, elle a lieu entre septembre et octobre. Certaines vendanges sont mécanisées, mais les vendanges des vins de qualité supérieure sont toujours effectuées manuellement par des travailleurs saisonniers.

Numérique

Retrouvez une vidéo sur le vignoble de Saint-Émilion sur LLS.fr/HG3Vignoble.

3 Touristes à Saint-Émilion

Le vignoble de Saint-Émilion est une étape importante sur la route des vins de Bordeaux, qui a été mise en place sur le modèle de la route des grands crus de Bourgogne et de la route des vins d'Alsace.

4 Développer l'œnotourisme

Premier vignoble inscrit au patrimoine de l'Unesco, dès 1999, la juridiction de Saint-Émilion est aujourd'hui le site touristique viticole le plus fréquenté avec 1,3 million de visiteurs et des propriétés toutes tournées vers les œnotouristes. […] À l'intérieur de cette cité monument, souvent appelée le « Mont Saint-Michel des vignes », les rues pavées et pentues, la collégiale, le cloître et les maisons de pierre blonde offrent une vision qui ramène 800 ans en arrière à l'époque de la création de la Jurade[1], par Jean sans Terre (fils d'Aliénor d'Aquitaine), le roi d'Angleterre. Le monarque délégua les pouvoirs économiques, judiciaires et politiques à des notables de la ville afin d'administrer ce territoire déjà prospère. En échange de quoi l'Angleterre pouvait jouir du privilège des vins de la Jurade. C'est ainsi que les vins de Saint-Émilion bénéficièrent d'une renommée outre-Manche dès le Moyen Âge. […]
De ce passé glorieux, Saint-Émilion conserve sa richesse patrimoniale, admirablement conservée.

Jérôme Baudoin, « Œnotourisme à Bordeaux : les pépites de Saint-Émilion », *La Revue du Vin de France*, 2016.

1. Nom des autorités de Saint-Émilion au Moyen Âge.

5 Exporter la production

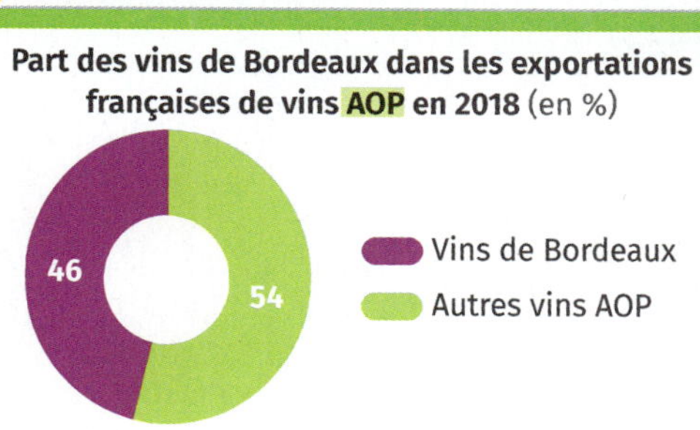

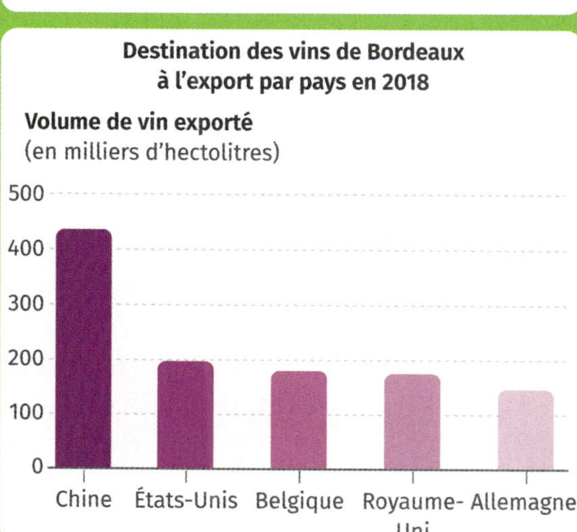

Source : Conseil interprofessionnel du vin de Bordeaux, 2019.

Vocabulaire

Une AOC et une AOP : labels mis en place par l'État (AOC) et l'Union européenne (AOP) pour garantir l'origine géographique et le savoir-faire associés à un produit alimentaire.

L'œnotourisme : tourisme qui repose sur la découverte des régions viticoles et de leur production.

Questions

Questionnement différencié sur LLS.fr/HG3P311

1. **Doc. 1** Localisez et situez le vignoble de Bordeaux.
2. **Doc. 1 et 2** Identifiez deux éléments mis en place pour garantir la qualité des produits.
3. **Doc. 3 et 4** Montrez que l'œnotourisme participe à la diversification des activités.
4. **Doc. 4 et 5** Identifiez le lien historique entre le vignoble de Bordeaux et l'Angleterre.
5. **Doc. 5** Où s'exportent principalement les vins de Bordeaux ?
6. **Doc. 1 à 5** À partir des documents et de vos connaissances, montrez que les vins de Bordeaux sont un produit mondialisé.

Étude de cas 3

Le Mont-Saint-Michel : un développement touristique durable ?

Compétence J'analyse et je comprends des documents

Le village du Mont-Saint-Michel, dans la Manche, s'est développé autour d'une abbaye du VIIIe siècle comme lieu de pèlerinage. Classé au patrimoine mondial de l'UNESCO en 1979, il est aujourd'hui un site majeur du tourisme en France. Le Mont a fait l'objet d'un vaste projet d'aménagement.

L'aménagement du Mont-Saint-Michel est-il durable ?

1 Un haut lieu touristique

▲ Le village du Mont-Saint-Michel est installé sur un îlot granitique (**A**). La silhouette de l'abbaye (**B**) se détache. La baie qui entoure le Mont est ensablée (**C**) par la **sédimentation** : cet ensablement est un phénomène naturel, mais il a été amplifié par la construction d'une digue pour accéder au Mont et par des bâtiments aménagés sur des terres gagnées sur la mer. L'ancienne digue a été détruite en 2015 et remplacée par un pont-passerelle (**D**).

2 Les acteurs du tourisme

3 millions de touristes par an

jusqu'à **20 000** visiteurs par jour

50 commerces

9 bars restaurants

16 hôtels

3 Les aménagements du Mont-Saint-Michel

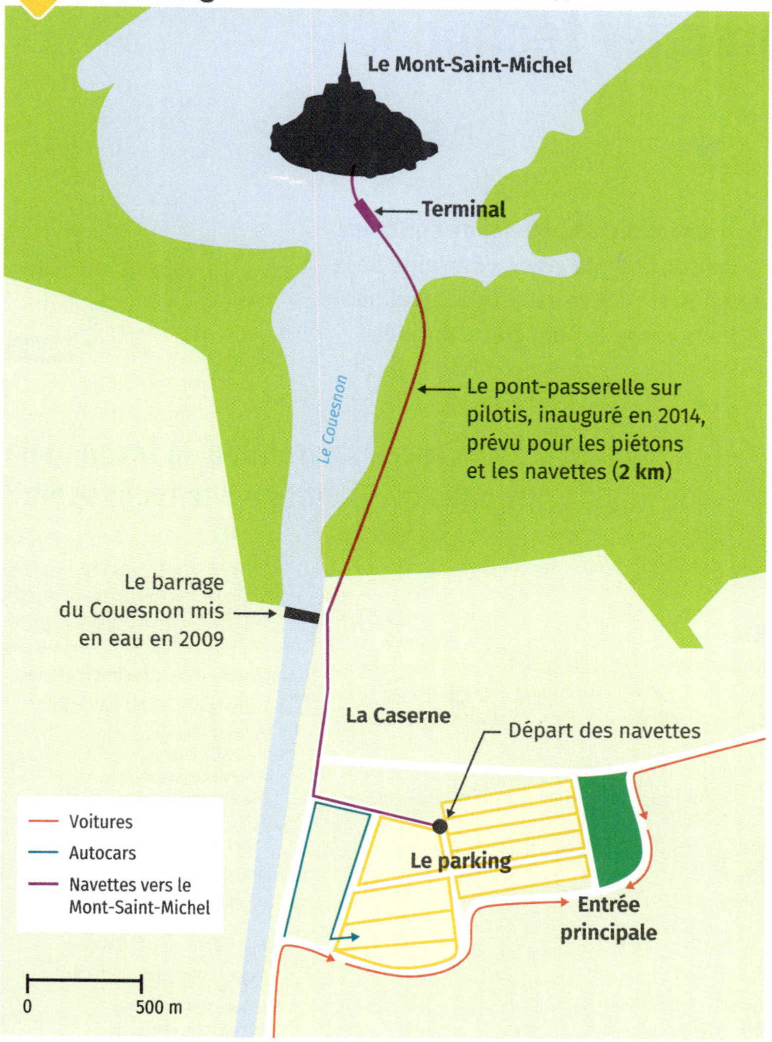

◂ L'aménagement de la baie a fait intervenir plusieurs acteurs :
- des collectivités territoriales (conseils régionaux, conseils départementaux et plusieurs communes) ;
- l'Union européenne ;
- l'État.

Numérique

Retrouvez une vidéo sur les acteurs du tourisme au Mont-Saint-Michel sur LLS.fr/HG3MontSaintMichel.

Vocabulaire

La sédimentation : processus d'accumulation de petits fragments solides (sable, boue, etc.) déposés par l'eau ou le vent.

★ **Le tourisme** : déplacement pour les loisirs entraînant un changement temporaire de résidence.

4 Vers un aménagement durable du Mont-Saint-Michel ?

Le rétablissement du caractère maritime du Mont-Saint-Michel est une opération à vocation durable. Initiée en 1995 pour les études et débutée en 2005 pour les travaux, elle s'achèvera en 2015. Elle participe d'une grande ambition : restaurer profondément le paysage qui sert d'écrin à l'un des hauts lieux de l'humanité et renouveler l'approche du site, dans l'esprit des traversées. […] Ce chef-d'œuvre est aujourd'hui menacé. Au fil des siècles et des interventions humaines, la sédimentation s'est accentuée autour du Mont : poldérisation, réalisation de la digue-route, construction du barrage équipé de portes-à-flot… Petit à petit, la mer recule, terre et prés salés progressent. Un parking de quinze hectares au pied des remparts dénature le paysage maritime depuis plus de 50 ans. […] Les experts internationaux sont formels. À l'horizon 2040, si rien n'est entrepris, le Mont-Saint-Michel s'ensablera irrémédiablement.

Extrait du site projetmontsaintmichel.com, consulté en 2020.

Questions

Questionnement différencié sur LLS.fr/HG3P313

1. **Doc. 1** Localisez et situez ce paysage, puis décrivez-le. En quoi s'agit-il d'un espace touristique majeur ?
2. **Doc. 2** Identifiez les différents acteurs du tourisme évoqués dans ce document.
3. **Doc. 3 et 4** Montrez que ce site fait l'objet d'aménagements nombreux.
4. **Doc. 3** Quels acteurs financent ces aménagements ?
5. **Doc. 4** Quels sont les objectifs de ces aménagements ?
6. **Doc. 1 à 4** À l'aide d'une carte mentale, présentez les enjeux de l'aménagement du Mont-Saint-Michel.

Étude de cas 4

Sophia Antipolis, premier technopôle de France ?

Compétence J'analyse et je comprends des documents

Situé en région PACA, Sophia Antipolis est le premier technopôle fondé en France, en 1969. L'ambition de son fondateur, Pierre Lafitte, était de créer « une ville de la science et de la sagesse », la « Florence du XXIe siècle ». Elle est parfois qualifiée aujourd'hui de « Silicon Valley française ». Le site prend le nom grec d'Antibes (Antipolis) et celui de la sagesse (Sophia).

Cinquante ans après sa création, le technopôle de Sophia Antipolis est-il devenu une technopole ?

1 Des activités de haute technologie

2 Un cadre de vie agréable

Vue aérienne de Sophia Antipolis.

3 Entretenir l'attractivité

▲ Infographie issue du site sophia-antipolis.fr, 2020.

4 Le rêve inachevé ?

Bâtie ex nihilo au milieu d'une garrigue sans route, ni eau, ni électricité, où l'on chassait le perdreau et la grive, la technopole se présente comme une succession de petits immeubles d'allure impersonnelle, au milieu d'une pinède parcourue de joggeurs et fléchée de pancartes parfois en anglais. [...]
La technopole brasse aujourd'hui 5,6 milliards d'euros de chiffre d'affaires annuel. En un demi-siècle, elle s'est construite avec des hauts et des bas, mais engrange 1 000 créations nettes d'emplois par an depuis cinq ans. « On a plus un problème de gestion de croissance » que l'inverse, assure le maire d'Antibes. [...]
Interrogez ses habitants ou ses promoteurs : tous vous diront qu'il fait bon vivre et travailler à Sophia Antipolis... à condition d'avoir une voiture et de supporter les bouchons aux heures de bureaux. Ici, pas de bouquinistes, la médiathèque est modeste, et les restaurants ouverts uniquement le midi. Le petit supplément d'âme qui permettrait de rivaliser avec un vrai centre-ville se fait attendre.

« Sophia Antipolis, la petite Silicon Valley de la Côte d'Azur fête ses 50 ans », *Le Point*, mars 2019.

Vocabulaire

- **Un technopôle** : parc d'activités de haute technologie associées à des centres de recherche et d'enseignement supérieur.
- **Une technopole** : ville concentrant des activités de haute technologie, associées à l'enseignement supérieur et à la recherche.

5 Habiter à Sophia Antipolis

Premier quartier créé au sein de la technopole, le Haut-Sartoux est à l'image des villages traditionnels des Alpes-Maritimes avec ses maisons basses et ruelles fleuries. Cet environnement en pleine nature dispose de nombreux restaurants et cafés animés autour de la célèbre Place Bermond et accueille aussi le Centre International de Valbonne (CIV), complexe scolaire emblématique de renom.

Extrait du site sophia-antipolis.fr, 2020.

Questions

Questionnement différencié sur LLS.fr/HG3P315

1. **Doc. 1** Dans un tableau, classez les établissements d'enseignement, de recherche, et les entreprises en trois colonnes.
2. **Doc. 1 à 3** Montrez que la situation de Sophia Antipolis est favorable à son développement.
3. **Doc. 2** Identifiez le mode de déplacement privilégié dans Sophia Antipolis.
4. **Doc. 3** Expliquez le but de ce document. Qui l'a produit ? À quel public s'adresse-t-il ?
5. **Doc. 4 et 5** Sophia Antipolis est-elle une ville ?
6. **Doc. 4 et 5** Sophia Antipolis est-elle une technopole ou un technopôle ?

Étude de cas 5

La Cosmetic Valley, un pôle de compétitivité

Compétence J'analyse et je comprends des documents

La Cosmetic Valley est un territoire industriel innovant implanté, autour de Chartres. Il s'agit du premier cluster de cosmétiques au monde. Environ 10 % des produits cosmétiques vendus dans le monde sont produits sur ce territoire industriel récent.

Comment la Cosmetic Valley constitue-t-elle un pôle de compétitivité français à l'échelle mondiale ?

1 Un territoire bien intégré aux réseaux français et mondiaux

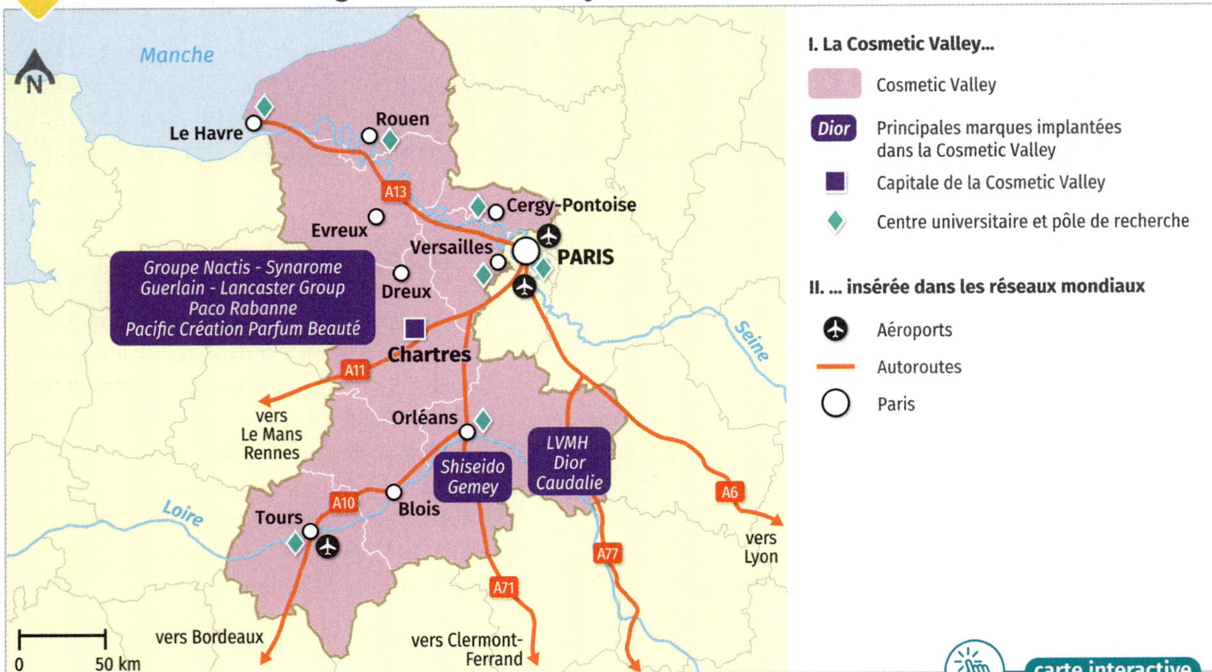

carte interactive

2 Une réponse à un besoin des entreprises

En 1994, parce qu'un dirigeant d'entreprise, fabricant de savons, ne trouvait pas de réponse à ses besoins de packaging à proximité de son usine, il nous a semblé nécessaire de faire le recensement des entreprises travaillant pour la parfumerie cosmétique depuis l'agriculteur cultivant des plantes pour la cosmétique ou la parfumerie, en passant par l'injecteur plastique spécialiste du bouchon de parfum, […] jusqu'aux grands noms […]. Pour permettre à notre fabricant de savons de connaître ses fournisseurs potentiels ou de nouveaux clients, nous avons créé une association. […] Cette association n'a pu voir le jour qu'avec le soutien, dès le départ, des collectivités locales, le département d'Eure-et-Loir et son bras économique le CODEL[1].

Jean-Luc Ansel (fondateur et ancien dirigeant de la Cosmetic Valley), « La Cosmetic Valley, du Système productif local au Pôle de compétitivité », *Vie & sciences de l'entreprise*, 2006.

1. Comité de développement d'Eure-et-Loir.

Numérique

Retrouvez une vidéo présentant la Cosmetic Valley sur LLS.fr/HG3CosmeticValley

3 Les chiffres clés de la Cosmetic Valley

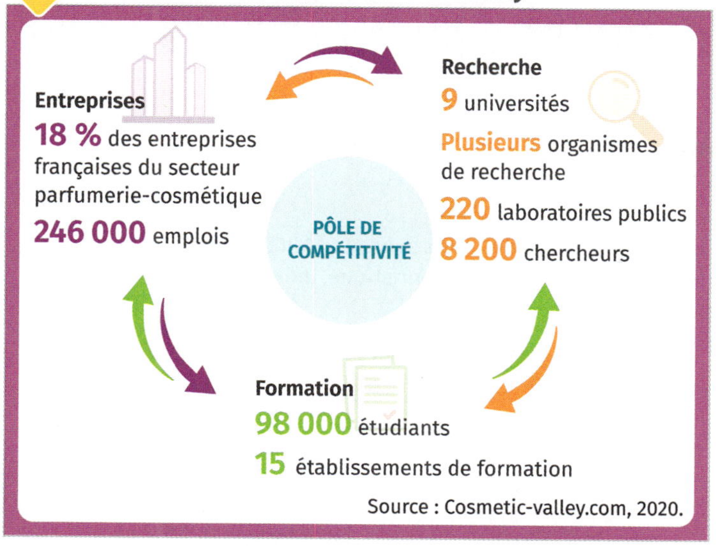

Source : Cosmetic-valley.com, 2020.

4 La Ruche, la nouvelle usine cosmétique Guerlain

La Ruche est le nouveau site de production de Guerlain. Installée à Chartres, cette usine emploie près de 400 personnes.

Les principes de conception bioclimatique de l'usine s'appliquent aussi à la climatisation naturelle, grâce à un puits canadien, aux sanitaires, alimentés par les eaux de pluie récupérées, et à l'eau chauffée par des panneaux solaires thermiques. Tout autour du site, plusieurs ruches ont été installées, et la récolte de miel est partagée entre tous les collaborateurs. [...]

Les salles blanches [de fabrication des produits aux normes pharmaceutiques] sont équipées de cinq machines ultra-modernes conçues sur mesure. [...]

Gestion de l'eau, gestion des déchets, économies d'énergie : tous les principes de l'économie circulaire sont appliqués avec rigueur. Ampoules basse consommation et détecteurs de présence rationalisent la consommation d'électricité. Le tri des déchets s'applique aussi aux produits défectueux. [...] Prochain objectif de Guerlain : éco-concevoir tous ses produits d'ici 2020.

Pascal de Rauglaudre, « Guerlain ouvre son site éco-conçu aux Entrepreneurs d'avenir », *Entrepreneurs d'avenir*, mars 2017.

5 Le *made in France* à l'international

▲ Affiche de publicité Dior à l'aéroport international de Shanghai en Chine.

Vocabulaire

Pôle de compétitivité : rassemblement, sur un territoire identifié et sur une thématique ciblée d'entreprises, de laboratoires de recherche et d'établissements de formation.

Questions

Questionnement différencié sur LLS.fr/HG3P317

1. **Doc. 1** Situez la Cosmetic Valley. Quels sont les atouts de cette localisation ?
2. **Doc. 1, 2 et 3** Quels sont les acteurs de ce territoire ?
3. **Doc. 1, 3 et 5** Pourquoi le secteur de la cosmétique de luxe est-il important pour l'économie française et pour le rayonnement mondial de la France ?
4. **Doc. 4** Montrez comment l'industrie cosmétique cherche à intégrer la qualité environnementale et la haute technologie dans sa production.
5. **Doc. 1 à 5** Montrez que la Cosmetic Valley est un **pôle de compétitivité** industriel, dont les acteurs sont reliés par des synergies.

Mise en perspective

Les dynamiques des espaces productifs français

Compétence Je situe dans l'espace

Étape 1 : Je fais le bilan des études de cas

1. Faites le bilan des études de cas en complétant le tableau à l'aide des mots suivants : AOC, pôle de compétitivité, chantiers navals, technopôle, entreprises, exportent, production agricole, touristique, industries, aménagement, enseignement, production industrielle, recherche.

Des espaces productifs variés	De nouvelles dynamiques liées à la mondialisation et à la concurrence internationale
Un espace de .... : les chantiers de l'Atlantique à Saint-Nazaire	Des .... produisent et .... des paquebots de croisière dans le monde entier
Un espace de .... : le Bordelais	Des vins réputés dont la qualité est garantie par des ....
Un espace .... : la baie du Mont-Saint-Michel	Un .... des sites touristiques plus respectueux de l'environnement
Un .... : Sophia Antipolis	Une association de la recherche, de l'........... et des ....
Un .... dans le domaine de la cosmétique : la Cosmetic Valley	Un pôle de compétitivité mondial qui associe des .... françaises et une activité de .... en profitant de la proximité de Paris

Étape 2 : Je mets en perspective à l'échelle nationale

1 Les espaces productifs agricoles en France

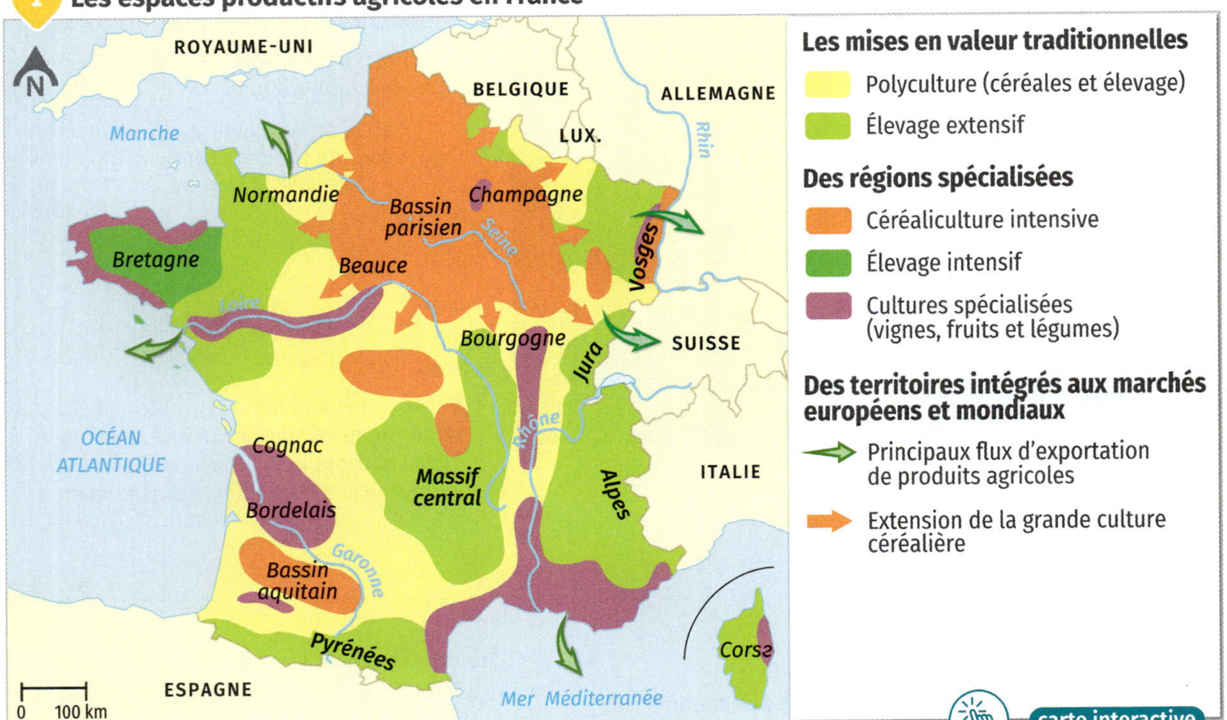

2 Les espaces productifs industriels en France

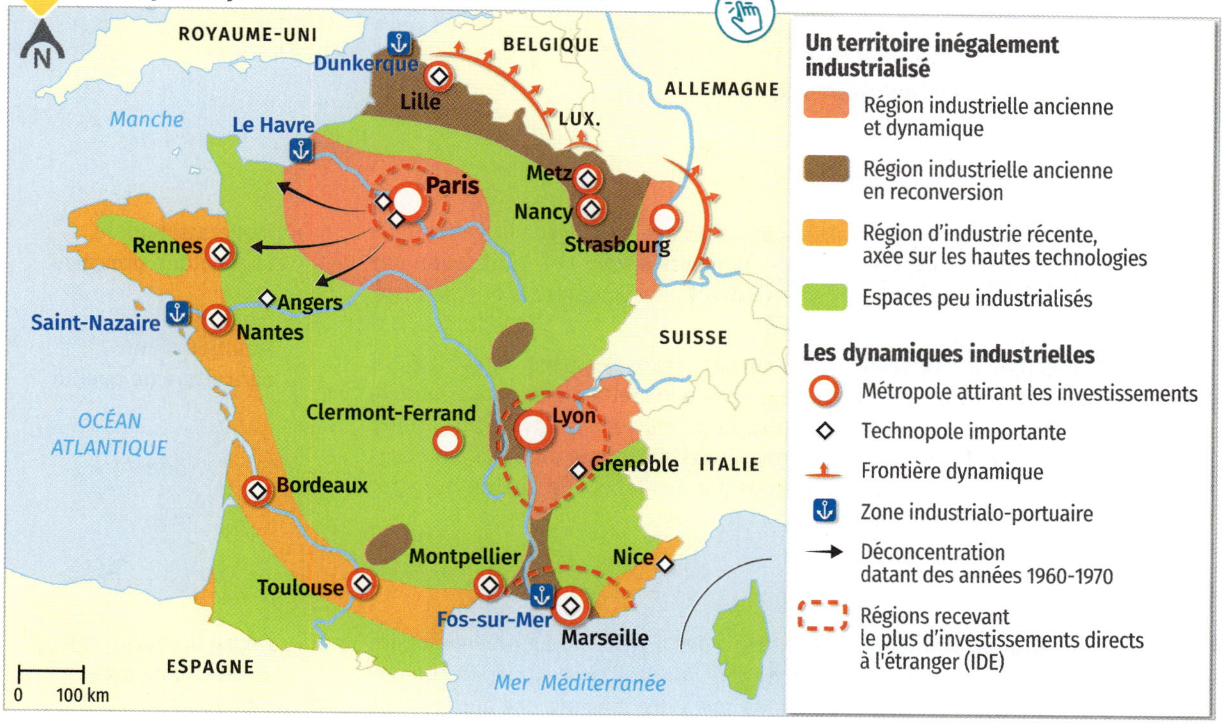

3 Les espaces touristiques en France

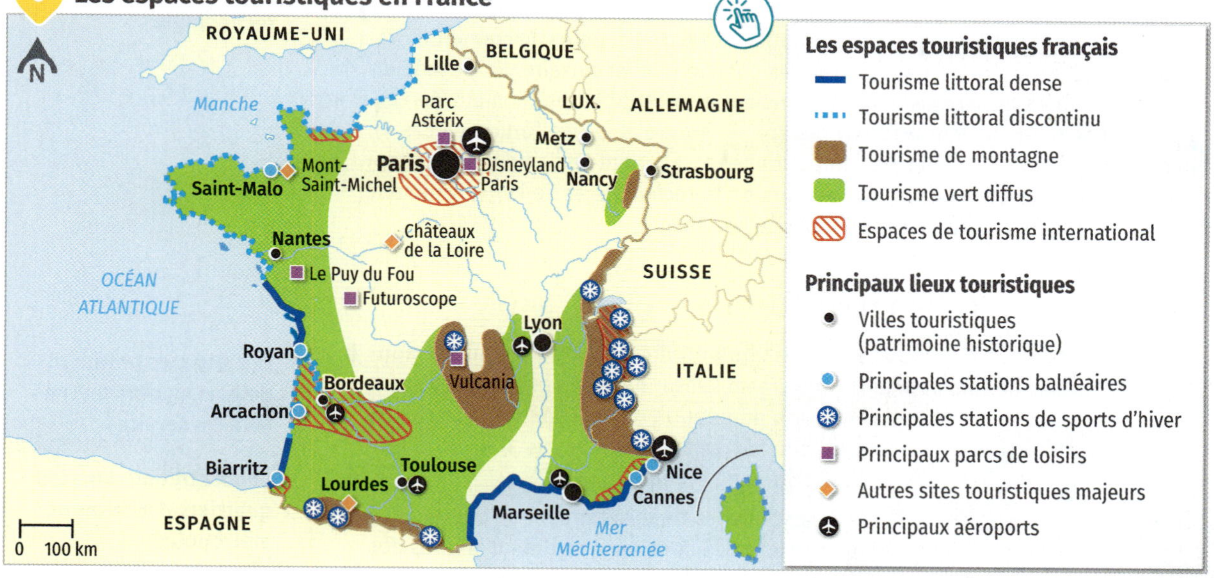

Guide de lecture

Doc. 1, 2 et 3

- Les espaces productifs français regroupent trois grands domaines d'activité : les **espaces agricoles**, les **espaces industriels** et les **espaces de services (tertiaire)**.
- La **mondialisation** et l'**intégration européenne**, ainsi que les mutations qui les accompagnent (multiplication des échanges, amélioration des communications, évolution des marchés internationaux), ont des conséquences importantes sur les localisations des entreprises et dessinent une **nouvelle répartition des activités** sur le territoire.

Leçon

Les mutations des espaces productifs français

Compétence Je révise mes repères géographiques

A. Une agriculture modernisée et spécialisée

› L'agriculture française s'est modernisée depuis les années 1960, sous l'effet de la **politique agricole commune** (PAC). Grâce à la mécanisation et à l'utilisation des produits chimiques et de semences sélectionnées, les rendements ont été améliorés et les paysages agricoles ont évolué.

› Cette modernisation a également eu des conséquences négatives : pollution des eaux et des sols, problèmes sanitaires notamment. Remettant en cause le modèle productiviste, de nouvelles pratiques agricoles moins néfastes pour l'environnement se développent. C'est le cas de l'agriculture biologique ou de nombreuses productions (vins, fromages, etc.) protégées par des labels de qualité qui s'appuient sur des terroirs **(étude de cas 2)**.

B. Les nouveaux territoires de l'industrie

› Sous l'effet de la mondialisation, la localisation des activités industrielles change. Les industries traditionnelles du Nord et de l'Est, fondées sur l'extraction minière, la sidérurgie et l'industrie textile ont connu une crise majeure des années 1960 à 1990 qui a abouti à une disparition de l'activité minière. Certains territoires se reconvertissent avec l'aide de l'État et des collectivités (régions, départements).

› Les régions du Sud et de l'Ouest connaissent un nouvel essor grâce à des politiques d'aménagement nationales (déconcentration industrielle, **pôles de compétitivité**, création des zones industrialo-portuaires comme à Saint-Nazaire, voir **étude de cas 1**). Ce sont les métropoles qui bénéficient le plus du redéploiement de l'industrie, grâce aux technopôles comme Sophia Antipolis à Nice **(étude de cas 4)**. Impulsés par l'État, les pôles de compétitivité rassemblent également sur un territoire donné des entreprises, des acteurs de la recherche et de l'enseignement autour d'un secteur d'activité précis **(étude de cas 5)**.

C. Une économie tertiarisée qui profite aux métropoles

› Le vieillissement de la population, la diminution du temps de travail, de nouvelles habitudes de consommation entraînent l'essor des entreprises fournissant des **services** à la population dans la santé, les loisirs, la culture et le **tourisme** **(étude de cas 3)**. C'est la **tertiarisation** de l'économie.

› Les activités de services sont de plus en plus concentrées dans les quartiers d'affaires des métropoles. Ces espaces attirent les entreprises financières (banques, assurances) et les sièges de grandes entreprises multinationales.

▲ Parc d'attraction Disneyland Paris.

Numérique
Retrouvez une vidéo de synthèse sur LLS.fr/HG3Synthese13

Je retiens

- Modernisation de l'agriculture française (PAC)
- Maintien d'une agriculture de qualité
- Face à la concurrence, redéploiement de l'industrie
- Orientation vers les activités de haute technologie
- Des espaces productifs de plus en plus tournés vers les services
- Concentration dans les quartiers d'affaires des métropoles

Je révise ma leçon

> Je retiens les chiffres importants

77 %

C'est la part de la population française qui travaille dans le secteur des services en 2018.

20 %

C'est la part de la population française qui travaille dans l'industrie en 2018.

3 %

C'est la part de la population française qui travaille dans l'agriculture en 2018.

Vocabulaire

La déconcentration industrielle : transfert d'activités industrielles de la région parisienne vers les autres régions.

Un pôle de compétitivité : regroupement d'entreprises, de centres de recherche et d'universités, encouragé par l'État.

La politique agricole commune (PAC) : politique mise en place par l'UE dans les années 1960 pour augmenter la production agricole. Elle vise aujourd'hui à soutenir les agriculteurs et à préserver l'environnement.

Les services : activités qui ne produisent pas de biens matériels. On parle aussi de secteur tertiaire (commerce, transport, finance, enseignement, médecine, recherche, etc.).

Un technopôle : voir p. 315.

La tertiarisation : transformation de l'économie vers des activités de services et de recherche.

Le tourisme : voir p. 313.

Je révise avec un schéma

AVEC LA MONDIALISATION

Modernisation des activités

- Agricoles : la PAC, la mécanisation
- Industrielles : ZIP, pôles de compétitivité
- De services : nouvelles habitudes de consommation, tourisme

De nouveaux facteurs de localisation

- Déconcentration industrielle
- Attractivité des métropoles

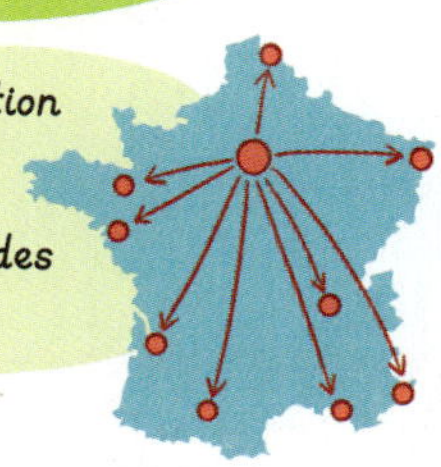

Des territoires de plus en plus spécialisés

- Zones industrialo-portuaires
- Agriculture intensive
- Technopôles

Une prise en compte accrue des enjeux du développement durable

- Hautes technologies liées au développement durable
- Agriculture biologique

AB

Téléchargez ce schéma sur LLS.fr/HG3Schema13a

Je teste mes connaissances

Pour chaque question, il y a une ou plusieurs réponses correctes. Testez-vous sur LLS.fr/HG3Quiz13

Je m'exerce pour le brevet

Compétence Je pratique différents langages

Exercice 1 • Je maîtrise les repères spatiaux

1. Attribuez à chaque lettre un élément de la légende suivante.

...	Un espace industriel en crise
...	Un espace agricole de céréaliculture intensive
...	Un espace d'industries récentes axées sur les hautes technologies

2. Attribuez à chaque chiffre un des espaces productifs suivants.

...	Le quartier d'affaires de la Défense
...	Disneyland Paris
...	Chantiers navals de Saint-Nazaire
...	Le Mont-Saint-Michel

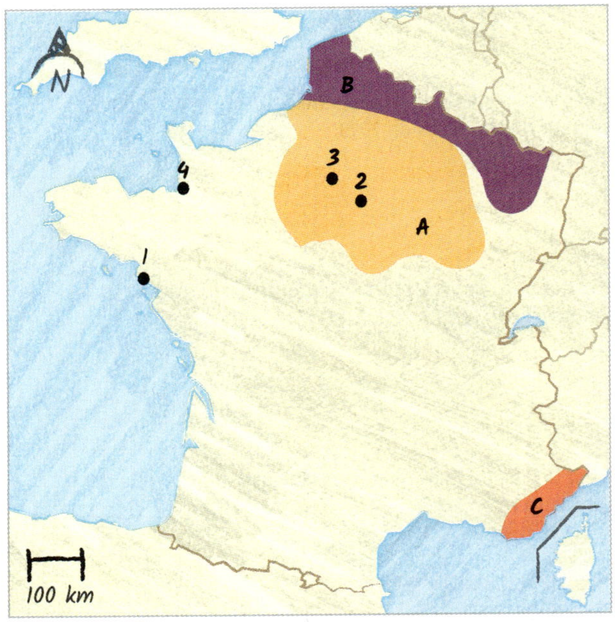

Numérique
Téléchargez le fond de carte sur LLS.fr/HG3Cartes.

Exercice 2 • Je connais le vocabulaire du chapitre

Placez les expressions suivantes dans les colonnes :

- PAC
- Cultures spécialisées
- Pôles de compétitivité
- Tourisme
- Espaces en crise dans le nord et l'est de la France
- Labels de qualité
- Déconcentration industrielle
- Métropoles, quartiers d'affaires

Les territoires industriels	Les espaces agricoles	Les espaces tertiaires
›	›	› ....
›	›	› ....
›	›	

Exercice 3 • Je maîtrise les grandes logiques du chapitre

1. Complétez ce schéma avec les termes suivants : le développement durable, modernisation, mondialisation, spécialisation.

2. Pour chaque case, trouvez deux exemples précis étudiés en classe.

3. Donnez un titre au schéma en complétant la case verte.

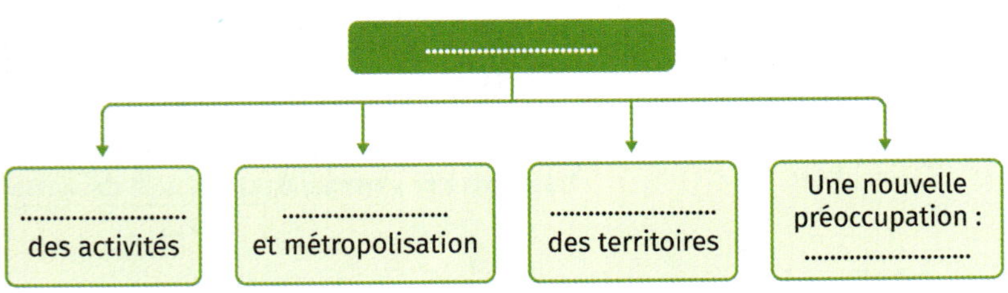

Numérique
Téléchargez la carte mentale sur LLS.fr/HG3Schema13b.

Compétence Je réalise un croquis ou une carte

J'apprends en réalisant un croquis des espaces productifs

ÉTAPE 1 Compléter le croquis des espaces productifs en France

En vous aidant des cartes p. 318-319 :

1. Coloriez en jaune deux espaces de céréaliculture intensive.
2. Coloriez en vert foncé un espace d'élevage intensif.
3. Coloriez en vert clair une région d'élevage extensif.
4. Coloriez en gris deux anciennes régions minières en reconversion.
5. Coloriez en bleu les littoraux et principaux espaces touristiques.
6. Coloriez en rouge deux régions d'industrie récente.

Numérique
Retrouvez le fond de carte à télécharger sur LLS.fr/HG3Cartes.

ÉTAPE 2 Réaliser la légende du document

1. Reportez les différentes couleurs utilisées dans la légende.
2. Trouvez un titre au croquis.

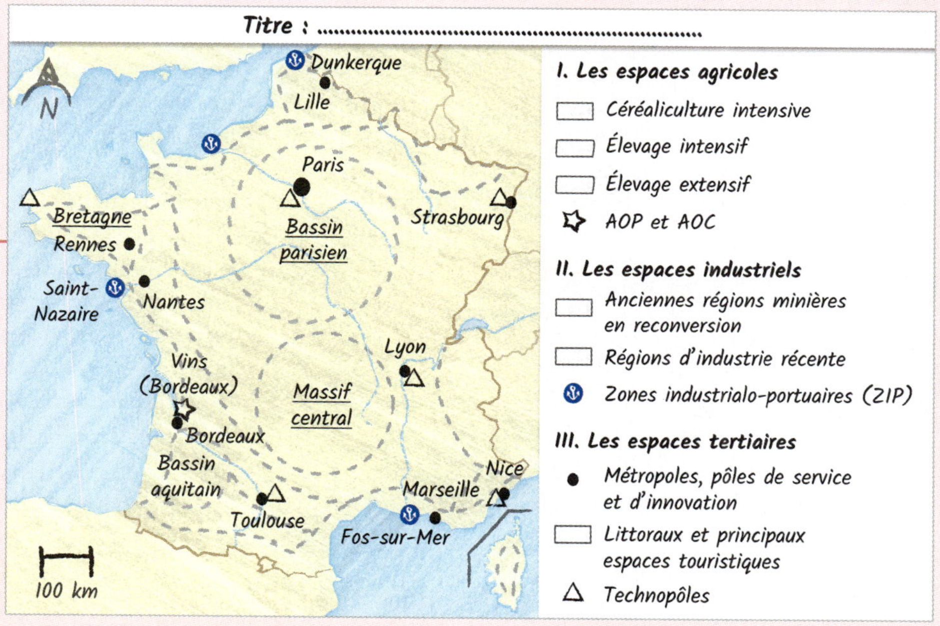

À lire

Inès Léraud et Pierre Van Hove, *Algues vertes, l'histoire interdite*, Delcourt, 2019
Depuis la fin des années 1980, des animaux et des hommes ont trouvé la mort sur la plage à cause de l'algue verte. Un plaidoyer contre les effets néfastes de l'agriculture productiviste sur l'environnement.

Étienne Davodeau, *Les ignorants*, Futuropolis, 2011
Un beau roman graphique qui raconte les découvertes de l'édition par un vigneron et celle de la vigne par un romancier graphiste.

À voir

Edouard Bergeon, *Au nom de la terre*, 2019
Ce film raconte les difficultés de Pierre, un agriculteur qui sombre peu à peu face à l'accumulation de ses dettes.

Sujet guidé

Exercice 1 • Analyser et comprendre des documents

1. **Doc. 1** Que représente ce document ?
2. **Doc. 1** Relevez deux régions dans lesquelles la part de l'emploi industriel est élevée et deux régions dans lesquelles elle est faible.
3. **Doc. 1** D'après vos connaissances, comment cela s'explique-t-il ?
4. **Doc. 1 et 2** Le port de Dunkerque est situé en région Hauts-de-France. Comment cette région se situe-t-elle par rapport au reste du territoire, pour l'emploi industriel ?
5. **Doc. 2** Rappelez ce qu'est une ZIP et relevez les activités industrielles présentes à Dunkerque.

1 L'emploi industriel par région

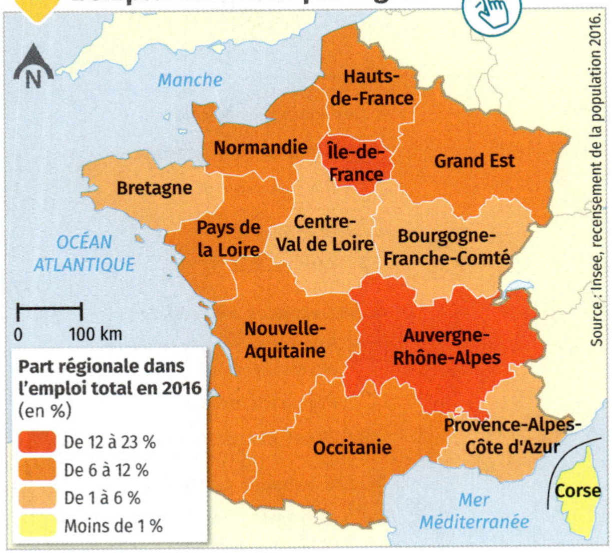

2 Dunkerque et ses activités industrielles

3e port français, le Port de Dunkerque est réputé comme port de grands vracs destinés à ses nombreuses implantations industrielles.
Le domaine du Port de Dunkerque s'étend sur un espace de 7000 hectares. Plus de 3000 hectares sont actuellement disponibles pour de nouveaux projets. [...]
Par son histoire et sa situation géographique, l'agglomération dunkerquoise est devenue un maillon essentiel du réseau énergétique européen, en raison de l'importance et de la multiplicité des installations de production, d'importation, de consommation et de transformation d'énergie que recèle son territoire. Centres nucléaire et thermique de production d'électricité, port charbonnier, centrale éolienne, centre de valorisation énergétique, gazoduc, font partie intégrante de ce pôle énergétique.
Dunkerque fournit de l'électricité au réseau français mais aussi aux pays limitrophes et depuis juillet 2016 avec le terminal méthanier l'agglomération dunkerquoise renforce sa position en matière d'énergie. Ce nouveau site peut accueillir les navires méthaniers jusqu'à 266000 m^3.

Site du Port de Dunkerque, www.dunkerque-port.fr, 2020.

Méthode : Analyser une carte

- **Les cartes** sont des représentations d'espaces et de territoires à des échelles variables, du planisphère au plan du quartier. Elles comportent une échelle, qui permet de mesurer des distances, un titre, une légende et une orientation (généralement le nord).
- **La légende** donne la signification des figurés. Pour bien lire une carte, il faut confronter les informations de la carte (symboles, couleurs, noms des lieux) à la légende.
- **Les cartes statistiques** représentent des indicateurs par grande région. Elles permettent de comparer les territoires selon ce critère.
- Pour relever des éléments de la carte, pensez à bien citer l'indice de manière complète : un pourcentage est toujours lié à un sujet précis ; les chiffres doivent être cités avec leur unité (en milliers, en millions, en pourcentage, etc.).

Exercice 2 • Maîtriser différents langages

Montrez l'évolution des espaces industriels en France.

> GUIDE
- Localisez les régions en reconversion industrielle et expliquez leurs dynamiques.
- Expliquez ce que sont les pôles de compétitivité et utilisez un exemple.

Exercice 1 • Analyser et comprendre des documents

1. **Doc. 1 et 2** Expliquez pourquoi on peut parler d'un élevage intensif en Bretagne.
2. **Doc. 1 et 3** Identifiez une conséquence majeure de l'élevage intensif en Bretagne.
3. **Doc. 1 et 3** Identifiez les deux activités qui provoquent un conflit d'usage sur les plages bretonnes.
4. **Doc. 1 à 3** Pourquoi le modèle de l'agriculture intensive est-il remis en cause ?
5. **Doc. 1 à 3** Quelles sont les alternatives à l'agriculture intensive ?

1 Les algues vertes et l'élevage

Ces marées à l'odeur putride ne sont pas récentes. Le phénomène a été observé la première fois en 1971, à Saint-Michel-en-Grève, près de Lannion. « L'algue *Ulva armoricana* est présente naturellement sur les côtes françaises, rappelle France Nature Environnement. Elle se développe sans support dans une frange de l'eau de mer de certaines plages et s'échoue en partie à marée descendante. » [...]
Le lien entre le développement de l'agriculture industrielle et les algues vertes n'est plus à démontrer. Dans les années 1960, le taux moyen de nitrate dans les eaux bretonnes ne dépassait pas les 5 mg/litre. Aujourd'hui, il est estimé à environ 33 mg/litre. [...]
Ces nitrates proviennent à 94 % de l'agriculture. Ils sont présents dans les engrais utilisés pour fertiliser les cultures et dans les déjections animales issues de l'élevage. En Bretagne, l'élevage est extrêmement intensif. La région ne couvre que 7 % de la surface agricole française, mais concentre 50 % des élevages de porcs français, 50 % des élevages de volailles et 30 % des bovins.

Gaspard d'Allens, « Algues vertes en Bretagne : 4 points pour comprendre le problème », *Reporterre*, septembre 2019.

2 Un élevage avicole en Bretagne

3 La plage de Postolonnec

La plage de Postolonnec, sur la presqu'île touristique du Crozon, en Bretagne.

Exercice 2 • Maîtriser différents langages

1. Sous la forme d'un développement construit d'une vingtaine de lignes et en vous appuyant sur des exemples précis, montrez la diversité des espaces agricoles en France.
2. Rédigez un paragraphe décrivant les bouleversements des espaces productifs français depuis 50 ans, en utilisant au moins quatre des mots suivants : mondialisation, concurrence, intégration à l'Union européenne, tertiarisation, métropoles, espaces en crise.

Chapitre

14 Les espaces de faible densité et leurs atouts

UN TERRITOIRE SOUS INFLUENCE URBAINE

LES ESPACES PRODUCTIFS

LES ESPACES DE FAIBLE DENSITÉ ET LEURS ATOUTS

Les espaces de faible densité occupent une vaste part du territoire français. Ces espaces peu peuplés présentent des atouts importants et font l'objet de divers usages, en particulier agricoles et récréatifs.

Quelles sont les dynamiques des espaces faiblement peuplés en France ?

Quiz

1. Pourquoi l'agriculture moderne utilise-t-elle peu de main-d'œuvre ?
   a. Elle produit moins
   b. Elle est mécanisée

2. Quelle part de la population française réside dans une aire urbaine ?
   a. Moins de 50 %
   b. Plus de 70 %
   c. Plus de 80 %

3. Quelle est la définition de la densité de population ?
   a. Le nombre moyen d'habitants par km²
   b. Le nombre d'habitants par pays
   c. La part des habitants vivant en ville

Dans ce chapitre je vais

- Situer les espaces de faible densité en France.
- Expliquer les atouts de ces espaces faiblement peuplés.
- Identifier les conflits entre les différentes activités dans ces espaces.

Géographie et chanson

Les oubliés, de Gauvain Sers, est une chanson qui évoque le sentiment d'abandon des campagnes françaises et la perte de leurs lieux de vie : épiceries, écoles, etc.

Numérique

Retrouvez un parcours numérique pour préparer la certification PIX sur LLS.fr/HG3PIX14.

La station du Lioran dans le Cantal

La station du Lioran est située dans le Parc naturel régional (PNR) des Volcans d'Auvergne. Elle s'étend de 1160 à 1850 m d'altitude. L'hiver, c'est une station de ski ; l'été, les touristes y pratiquent des activités de plein air comme la randonnée, le VTT ou l'équitation.

Étude de cas guidée 1

La mise en valeur des espaces de montagne : le massif de la Vanoise (1/2)

Compétence Je travaille en autonomie
J'analyse et je comprends des documents

Le massif de la Vanoise est un espace à fortes **contraintes**. Néanmoins, cet espace de montagne a été aménagé par les sociétés humaines pour exploiter les **ressources** du **milieu**, notamment grâce au tourisme. Les espaces de montagne sont fragiles et font l'objet de mesures de protection.

Quels sont les atouts des espaces de montagne ?

1 L'organisation des vallées de montagne

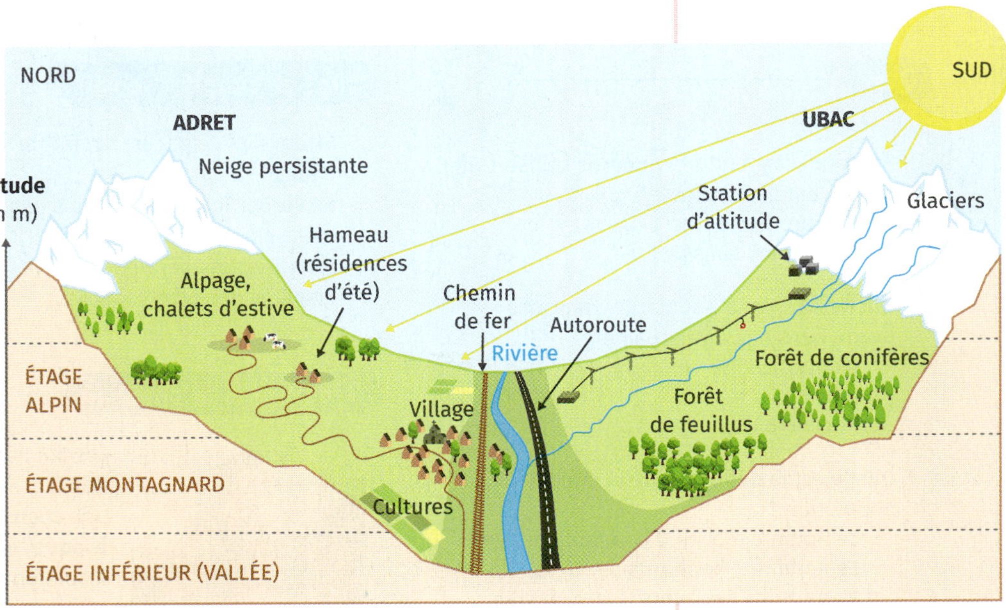

L'adret est le versant de la montagne orienté au sud et l'ubac est le versant orienté au nord. L'estive est la période pendant laquelle les éleveurs font paître leurs troupeaux dans l'alpage. C'est aussi le nom des parcelles où ils conduisent leurs bêtes.

Question : expliquez la localisation des activités et des habitations sur chaque versant.

> GUIDE
- Observez l'exposition de l'adret et de l'ubac par rapport au soleil (n'oubliez pas que les températures changent en été et en hiver !).
- Quelles activités ou habitations sont localisées uniquement sur l'adret ?
- Lesquelles sont localisées sur l'ubac ?

Vocabulaire

Une contrainte : élément qui limite et rend difficile les activités humaines.

Le milieu : ensemble des éléments physiques (climat, relief, etc.) et humains qui constituent notre cadre de vie.

Une ressource : richesse fournie par la nature et qui peut être utilisée par les hommes.

2 Les Arcs 2000, une station de sports d'hiver de « troisième génération »

Créées à partir des années 1960, les stations de sports d'hiver de troisième génération sont conçues autour de la pratique du ski. Elles sont localisées à une altitude élevée, sur l'ubac, ce qui garantit un enneigement important. Les immeubles construits pour accueillir les vacanciers sont disposés au pied des pistes et des remontées mécaniques.

Question : quels éléments du paysage montrent que cet espace accueille un tourisme de masse ?

› GUIDE • Observez la densité des habitations et des équipements.

3 Un éleveur et son troupeau dans l'alpage à Tignes

Question : relevez les éléments du paysage qui évoquent les activités hivernales et estivales.

› GUIDE
- Demandez-vous comment on peut exploiter l'alpage en hiver ou en été.
- Appuyez-vous sur des éléments précis du paysage.

Numérique

Retrouvez un autoportrait vidéo du Parc de la Vanoise sur LLS.fr/HG3Vanoise.

Étude de cas guidée 1

La mise en valeur des espaces de montagne : le massif de la Vanoise (2/2)

Compétence Je travaille en autonomie
Je raisonne, je justifie une démarche et les choix effectués

Les activités économiques sont-elles compatibles avec la préservation des espaces naturels ?

4 La charte du Parc national de la Vanoise

Article 3. Le cœur du parc national[1] constitue [...] un espace de découverte de la nature, de ressourcement et de tranquillité. [...] La conservation de la faune, de la flore, des formations géologiques, du patrimoine culturel [...] offre aux générations présentes et futures une source d'inspiration, de culture et de bien-être dont l'État est garant.
Article 6. L'aire d'adhésion[2], par sa continuité géographique et sa solidarité écologique avec le cœur, concourt à la protection du cœur du parc national, tout en ayant vocation à être un espace exemplaire en matière de développement durable.

Charte du Parc national de la Vanoise approuvée par décret du ministère de l'Écologie, 27 avril 2015.

1. La zone centrale du parc. 2. La zone périphérique du parc.

Une charte est un ensemble de règles. La charte du Parc national de la Vanoise fixe des objectifs de protection du cœur du parc et propose des mesures de mise en valeur durables pour la zone qui l'entoure.

Question : quelle est la fonction du parc ? Comment est-elle assurée ?

› GUIDE
- Repérez les deux zones du parc sur la carte.
- Identifiez la fonction du cœur du parc et de l'aire d'adhésion.
- Relevez les mesures mises en avant par la charte.

5 Le Parc national de la Vanoise et les stations de sports d'hiver

Les communes faisant partie de l'aire d'adhésion doivent adhérer à la charte du parc.

Question : qui est concerné par l'aire d'adhésion du parc ? Pourquoi ?

› GUIDE
- Localisez l'aire d'adhésion du parc sur la carte.
- Citez les acteurs qui en font partie.
- À quoi doivent-ils s'engager ? Citez un extrait du doc. 4.

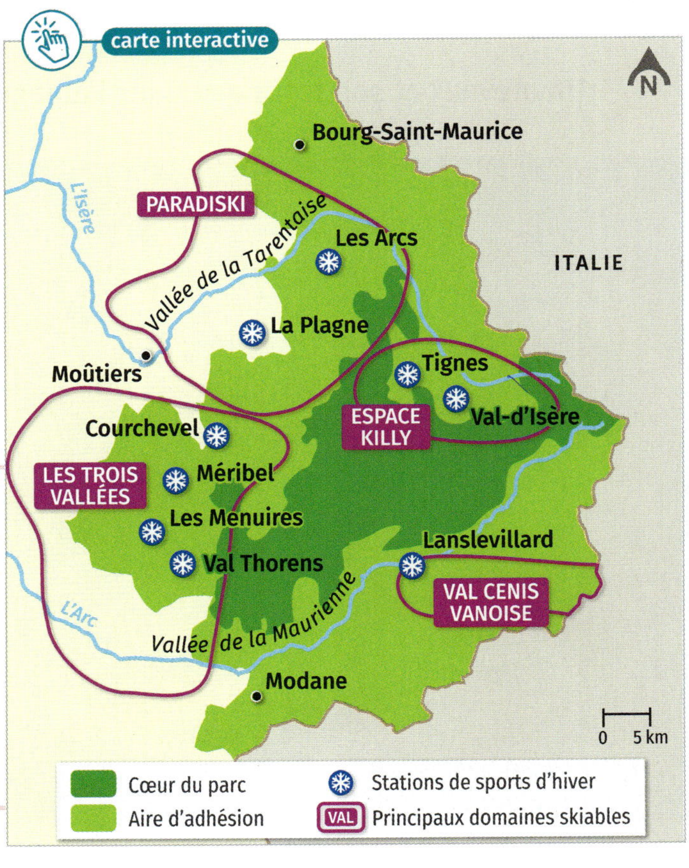

6 Les oppositions au Parc et à la charte

Termignon, comme 27 autres communes concernées (sur 29) a refusé l'automne dernier de signer la charte proposée par le parc. [...] « Leur charte, on n'en veut pas ! Ils sont chez nous, qu'ils nous laissent bosser », tempête l'éleveur maintenant que le troupeau de chèvres a fini par entrer dans la bétaillère. Direction Entre-deux-Eaux, l'une des vallées emblématiques de la Vanoise, que découvrent les randonneurs engagés sur le GR5. [...] La marche bucolique peut tourner au drame. Comme un été où une randonneuse était traînée par un patou d'un collègue de Gilles Mestrallet. Le chien de protection contre les loups était sans surveillance au milieu du troupeau de moutons. La femme a dû être évacuée par hélicoptère pour être soignée. Le loup n'a fait qu'attiser des conflits qui remontent à la création du parc en 1963. [...]
Alors le maire Rémi Zanatta désespère de voir sa commune trouver un jour un peu de sérénité. « Un audit indépendant va être mené pour tenter de trouver une solution. On ne peut pas continuer à vivre dans un état de tension permanente. En oubliant aussi ce que le parc a apporté pour le tourisme et l'agriculture. C'est un atout essentiel pour vendre nos produits et faire connaître la Vanoise. »

Jacques Leleu , « Vanoise : les uns randonnent, les autres s'affrontent », *Le Dauphiné Libéré*, juin 2016.

▲ « Non à la charte », graffiti sur le barrage de Plan d'Amont (Aussois).

Question : identifiez trois groupes d'**acteurs** qui sont en désaccord. Quels arguments les opposent ?

> **GUIDE** • Montrez que les acteurs de la protection entrent en conflit avec les acteurs économiques.

En 2015, le Parc national de la Vanoise propose aux communes concernées par son territoire une charte. Pour la première fois, habitants et élus locaux sont invités à se positionner vis-à-vis de l'institution. Seules 2 communes sur 29 décident d'y adhérer. C'est un échec pour le parc. Seulement 7 % d'adhésion en Vanoise, alors que les autres parcs nationaux français affichent un taux autour de 75 %. Une rancœur à première vue incompréhensible, une rancœur qui revient de loin. Mais qui donc en veut au parc national de la Vanoise ?
C'est l'histoire d'un territoire d'exception, un territoire de haute montagne qui s'est transformé à une vitesse folle après la guerre, d'abord avec l'arrivée d'EDF et de ses barrages hydroélectriques, puis avec l'arrivée du ski et la construction de très grandes stations françaises. Et puis en même temps, au milieu de ces hautes vallées, un parc, créé en 1963, un parc qui protégera les bouquetins et le chardon bleu, un parc avec des frontières, un parc qui bouleversera le rapport des habitants avec leur territoire.

« Vanoise, un Parc national pour qui ? », La Série Documentaire, *France Culture*, 2019.

Vocabulaire

Un acteur : en géographie, désigne une personne ou un ensemble de personnes qui agissent sur l'espace par leurs décisions et leur mode de vie.

Un conflit d'acteurs : opposition entre différents acteurs autour de l'utilisation d'un espace ou d'une ressource.

Un parc national : espace où la faune et la flore sont préservées grâce à une réglementation très rigoureuse des activités humaines.

Synthèse

▶ Quels **conflits d'acteurs** la mise en valeur des espaces de montagnes suscite-t-elle ?

Étude de cas 2

La Beauce : une campagne productive

Compétence J'analyse et je comprends des documents

La Beauce est parfois surnommée le « grenier à grain de la France ». La région couvre cinq départements du Bassin parisien. Elle est la première région productrice de céréales en Europe.

Comment un espace de faible densité peut-il s'affirmer comme un espace agricole dynamique ?

1 La récolte du blé dans la Beauce

2 La céréaliculture dans la région Centre-Val de Loire

9 millions de tonnes de céréales produites en moyenne chaque année

94 hectares C'est la taille moyenne des exploitations en Centre-Val de Loire (moyenne nationale : 55 hectares)

1/3 de la surface totale régionale dédiée aux cultures céréalières

44 % de la production régionale de blé tendre exportée à l'étranger

Source : Viavoice-Passion Céréales 2020, site de la Région Centre-Val de Loire, 2020.

Numérique
Retrouvez une vidéo sur la filière céréalière en Centre-Val de Loire sur **LLS.fr/HG3Cereales**.

3 Nouveaux moyens, nouvelles méthodes

Pour Thierry Beaumont, la période des **moissons** – elle s'étend sur une quinzaine de jours et touche à sa fin – est assez éprouvante. La modernité et les performances de sa **moissonneuse** (climatisation et GPS etc.) lui apportent « un peu de confort, mais, ça reste fatigant ».

« On fait des journées de 14 heures. C'est idéal pour la ligne ! Ce midi, j'ai juste pris le temps de manger une banane et du melon… Par contre, on s'hydrate énormément », décrit le céréalier exploitant 260 hectares, qui doit, en plus de moissonner, continuer à gérer l'irrigation du maïs. « Il y a aussi toujours un peu de stress : c'est là que l'on fait le bilan du travail d'un an ! On a toujours quelques surprises, plus ou moins agréables. Mais cette année, c'est globalement satisfaisant ».

Valérie Pernette, « Céréalier en Beauce, Thierry Beaumont ouvre la porte de sa moissonneuse », *La Nouvelle République*, juillet 2019.

4 L'évolution des exploitations

La plaine de la Beauce, « grenier à blé » de la France, [compte] 5740 kilomètres carrés de terres fertiles. Et ses agriculteurs [...], depuis la Seconde Guerre mondiale, ont fait tripler les **rendements**, au prix de mutations tous azimuts dont le paysage porte trace : le plateau calcaire est devenu une vaste plaine sans barrières naturelles, les plantes fourragères[1] ont été abandonnées au profit de nouvelles variétés comme les oléagineux[2], utilisés pour la production d'éthanol-carburant[3]. Dans les champs, les perdreaux ont disparu avec les haies. Dans les fermes, les écuries de percherons et les bergeries sont devenues des locaux destinés aux produits phytosanitaires[4] et des hangars où sont garés des tracteurs à air conditionné…

Isabelle Do O'Gomes, « Dans la tête d'un céréalier de la Beauce », *Sciences et Avenir*, juillet 2018.

1. Plantes destinées à être consommées par le bétail.
2. Plante ou graine cultivée pour sa teneur en huile.
3. Carburant produit à partir de produits agricoles.
4. Produit utilisé pour aider à la croissance des végétaux ou empêcher la prolifération des maladies et insectes.

5 Un espace de faible densité

carte interactive

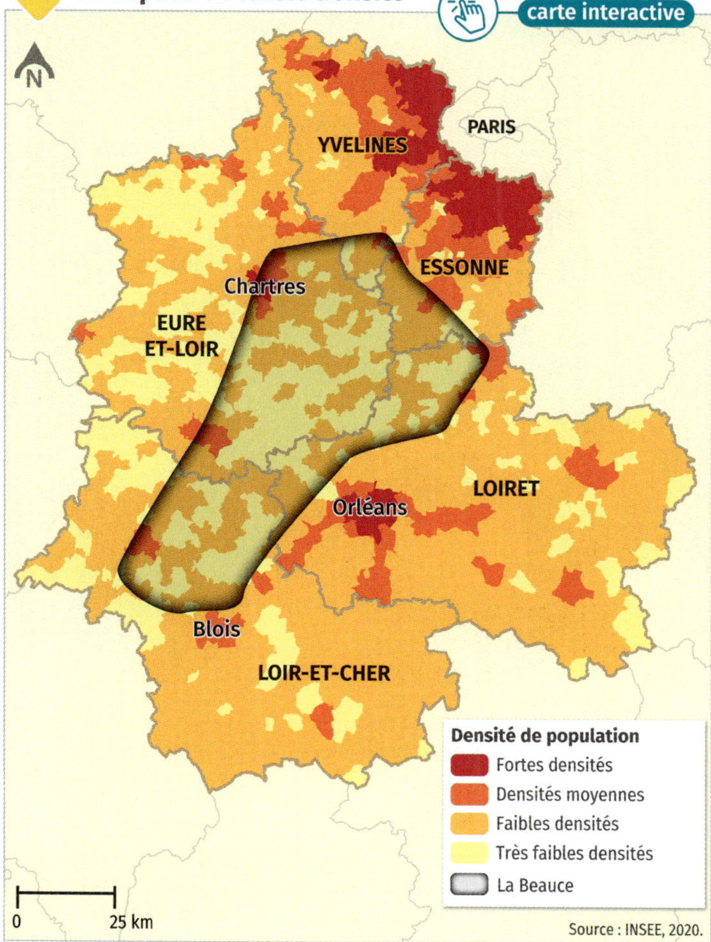

Vocabulaire

La moisson : récolte de céréales.

Une moissonneuse : machine agricole qui coupe les céréales, sépare le grain, qu'elle bat, de la paille, qu'elle rejette en paquets ou en gerbes.

Le rendement agricole : quantité de produits agricoles récoltés sur une surface donnée.

Questions

Questionnement différencié sur LLS.fr/HG3P333

1. **Doc. 1 et 4** Comment caractériser les paysages de la Beauce ?
2. **Doc. 1, 2 et 3** Montrez qu'il s'agit d'une agriculture moderne et industrielle.
3. **Doc. 4** Identifiez deux conséquences de ce type d'agriculture sur l'environnement.
4. **Doc. 5** Montrez que la Beauce est un espace de faible densité.
5. À partir de l'exemple de la Beauce, montrez qu'un espace de faible densité peut être dynamique.

> GUIDE • Utilisez des termes précis.
• Relevez des chiffres importants.

Étude de cas 3

Sainte-Enimie : les nouvelles dynamiques d'un espace de faible densité

Compétence J'analyse et je comprends des documents

Sainte-Enimie est un village situé dans le Parc national des Cévennes, dans le département le moins peuplé de France, la Lozère. La commune a compté jusqu'à 1200 habitants au début du XIXe siècle, avant l'exode rural. Le Parc national des Cévennes, créé en 1970, connaît un regain démographique.

Quelles nouvelles dynamiques connaît cet espace de faible densité ?

1 Le village de Sainte-Enimie en Lozère

▲ Les versants des causses (plateaux calcaires) ont été déboisés et aménagés en terrasses pour les cultures. Ces terrasses sont en partie abandonnées. La forêt progresse.

▲ 250 personnes vivent à l'année à Sainte-Enimie. Les autres habitants de la commune sont dispersés dans des hameaux.

▲ Ancien carrefour important des routes de transhumance empruntées par les troupeaux, Sainte-Enimie vit aujourd'hui du tourisme vert, grâce au Parc national des Cévennes. Ce parc a été créé en 1970 pour freiner le déclin démographique de la région.

▲ Le Tarn est longtemps resté la seule voie de transport de la vallée. La construction d'une route puis de l'autoroute a désenclavé cette région isolée.

2 Une commune nouvelle

Avec deux autres villages, Sainte-Enimie fait partie depuis 2017 de la commune nouvelle « Gorges du Tarn Causses ». Une partie des objectifs de cette fusion de communes est ici détaillée.

- Maintenir un service public de proximité au service des habitants du territoire par la constitution d'une véritable agglomération en milieu rural mutualisant tous les moyens humains, matériels, financiers des quatre communes permettant d'assurer le développement cohérent et équilibré de chacune des communes fondatrices dans le respect des intérêts de ses habitants et d'une bonne gestion des deniers publics.
- Conforter et développer l'attractivité du territoire en matière de tourisme, d'activité agricole, artisanale et commerciale.
- Préserver le patrimoine communal historique, touristique, culturel et cultuel et assurer le soutien aux activités associatives.

Extrait du site officiel de la commune Gorges du Tarn Causses, 2020.

3 La population de la commune Gorges du Tarn Causses

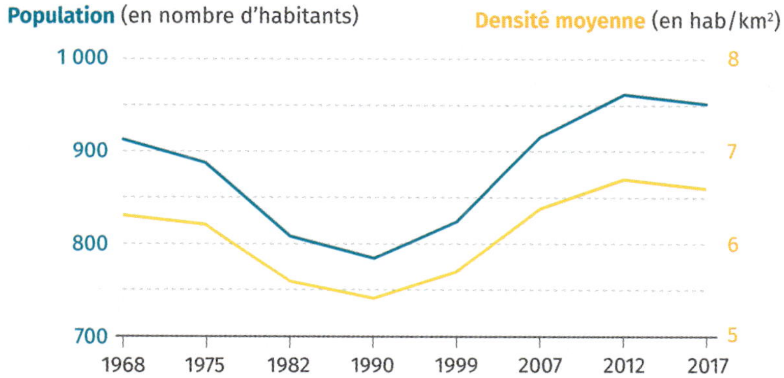

Source : INSEE, 2017.

Numérique

Retrouvez une vidéo sur ce village préféré des Français sur LLS.fr/HG3Village.

Vocabulaire

Un hameau : petit groupe d'habitations, généralement en dehors du centre de la commune.

4 Des hameaux difficiles d'accès

On a surnommé les habitants d'Hauterives « les culs mouillés ». Au bord du Tarn, entre La Malène et Sainte-Enimie (Lozère), le hameau se fait remarquer : on y accède en barque, au risque au moins avec la rosée du matin de finir la traversée les fesses humides. D'un côté ou de l'autre de la rive, cette même impression : le petit village adossé à la montagne, aux faux airs de site troglodyte tant les maisons se marient à la roche, est magnifique. Il aurait pu n'être plus que ruines. C'est sous l'impulsion du Sivom [Syndicat intercommunal à vocation multiple] Grand site des gorges du Tarn et de la Jonte qu'il renaît en partie dans les années 90 [...]. Une benne électrifiée est alors installée pour charrier les pierres, avec des câbles surplombant le Tarn. Murs remontés, toitures refaites. Tout en calcaire [...]. « C'est un petit paradis, on est sur une île, mais ce n'est pas parce qu'on est isolé qu'on est les derniers des Mohicans », résume Michèle Bancillon. Elle et son mari, qui font partie de la dizaine de propriétaires, n'occupent les lieux qu'une partie de l'année. Personne n'y vit en permanence. [...] Son mari, Jean, assure que le hameau « se meurt » depuis un an : la benne, qui dysfonctionnait, est à l'arrêt. [...] La commune Gorges du Tarn-causses, dont dépend le hameau, s'est refusée à lancer des travaux.

Arnaud Boucomont, « Les hameaux du bout du monde/Lozère : et au milieu coule une rivière... », *Midi Libre*, juillet 2018.

Questions

Questionnement différencié sur LLS.fr/HG3P335

1. **Doc. 1** Quelle était l'activité dominante de ce village ? Quelle est-elle aujourd'hui ?
2. **Doc. 2** Pourquoi y a-t-il eu une fusion de communes entre Sainte-Enimie, Quézac et Montbrun ?
3. **Doc. 3** Peut-on parler d'un regain démographique pour la commune Gorges du Tarn Causses ?
4. **Doc. 4** Quelle est la difficulté principale rencontrée par les habitants de ce hameau et des hameaux en général ?
5. **Doc. 1 à 4** Quelles évolutions connaît cet espace de faible densité ?

Mise en perspective

Les espaces de faible densité en France

Compétence Je situe dans l'espace

Étape 1 : Je fais le bilan des études de cas

1. Pour faire le bilan des études de cas, complétez le schéma à l'aide des mots suivants : Beauce, accessibilité, parc national, vieillissement de la population, céréaliculture, Sainte-Enimie, massif de la Vanoise, paysages des causses, protection de la nature, transhumance, sports d'hiver.

ESPACES PEU DENSES
- ....
- ....
- ....

→

ATOUTS ÉCONOMIQUES
- **Atouts touristiques :**
  - ....
  - ....
  - ....
- **Activités agricoles :**
  - ....
  - ....

→

DIFFICULTÉS
- ....
- ....
- **Conflits entre tourisme et** ....
- **Conflits entre agriculteurs et néoruraux :**
  - Nuisances liées à l'agriculture
  - Hausse des prix de l'immobilier

Étape 2 : Je mets en perspective à l'échelle nationale

1 Les espaces protégés en France

carte interactive

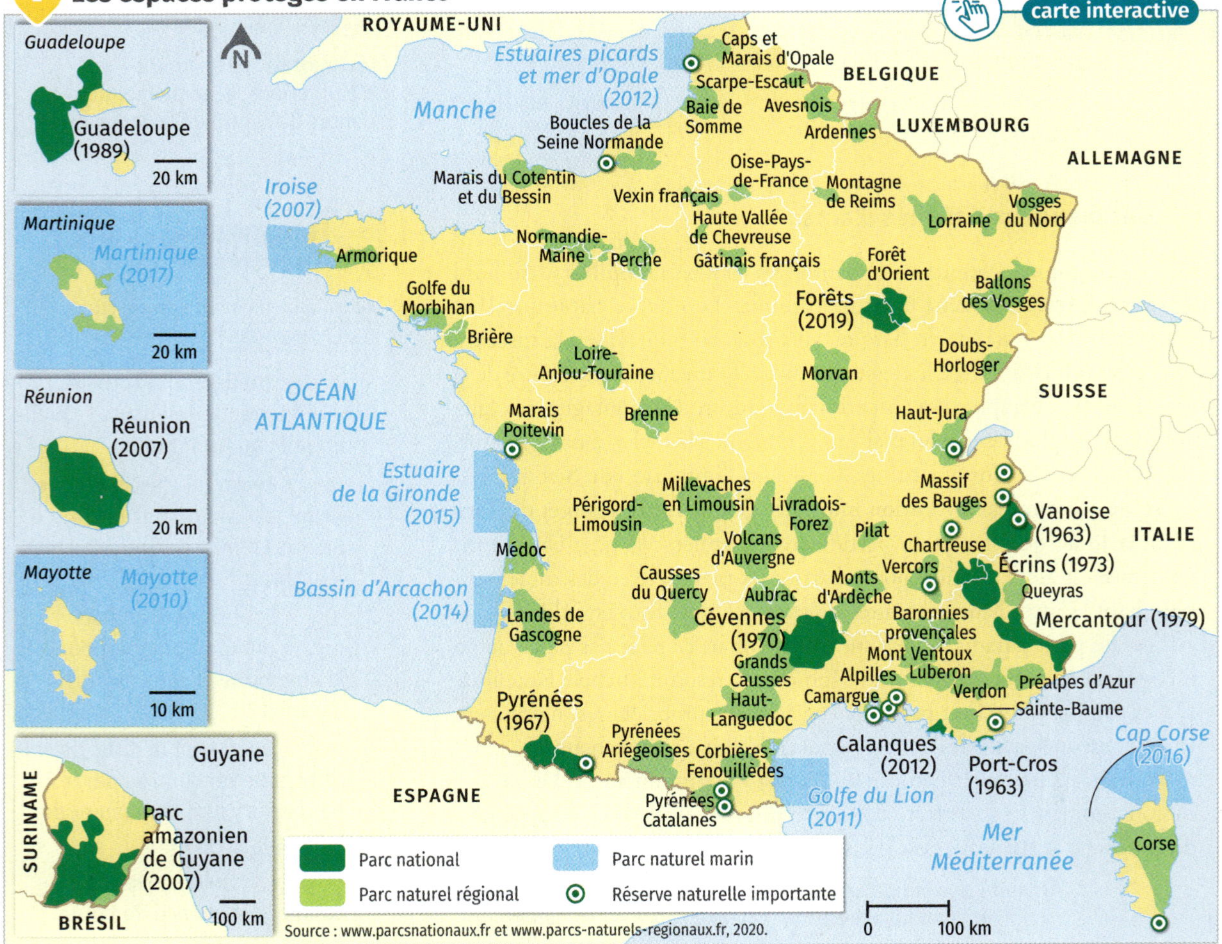

Source : www.parcsnationaux.fr et www.parcs-naturels-regionaux.fr, 2020.

2 Les espaces de faible densité

carte interactive

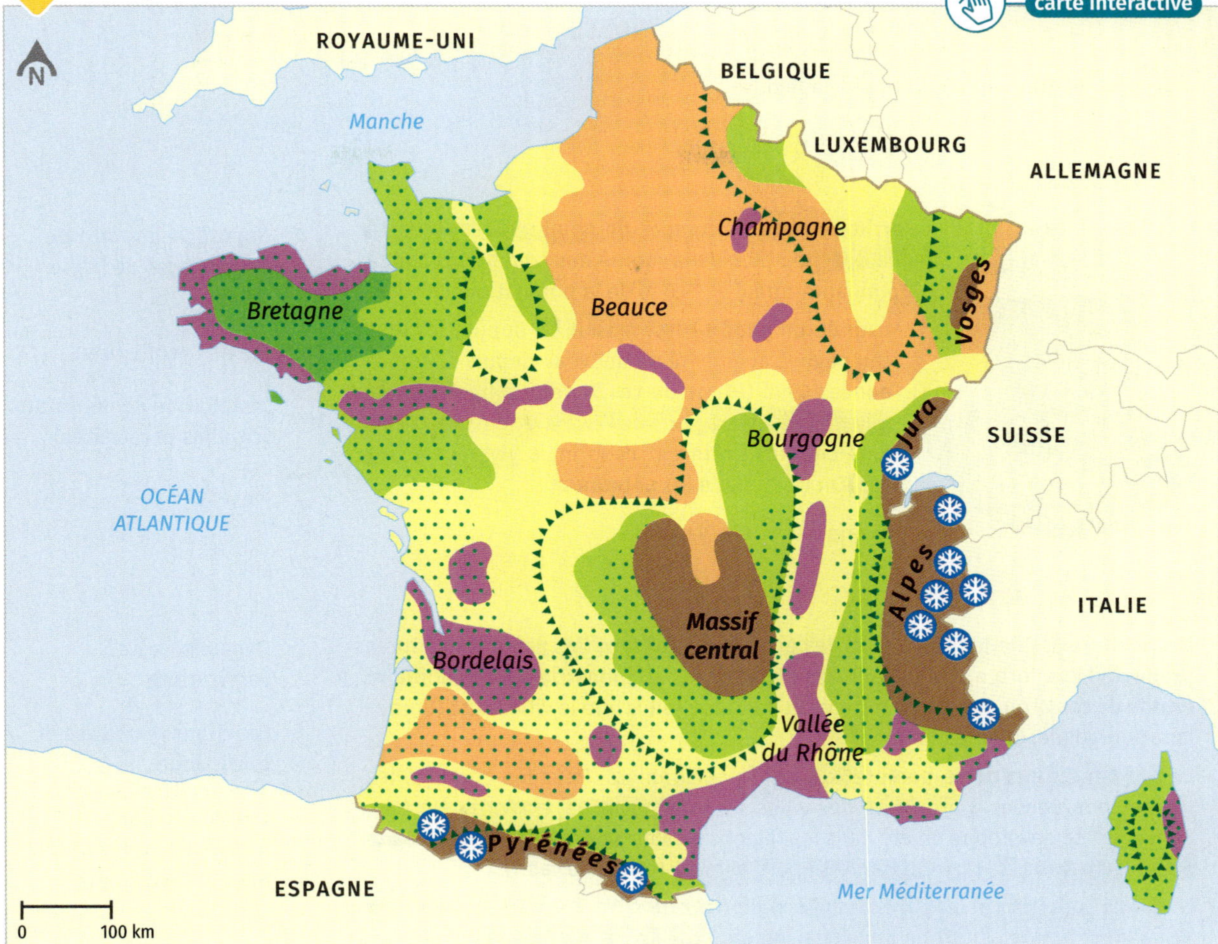

Des espaces mis en valeur par l'agriculture
- Céréaliculture intensive
- Polyculture
- Cultures spécialisées (vignes, fleurs, fruits, légumes)
- Élevage intensif
- Élevage extensif

Des espaces au fort potentiel touristique
- Tourisme de montagne
- Principales stations de sports d'hiver
- Tourisme vert diffus

Des espaces en déprise
- Régions où les friches et le reboisement progressent

Guide de lecture

Doc. 1

- Les espaces de faible densité comptent de **nombreux parcs naturels**. Des réglementations particulières s'y appliquent pour protéger ces **milieux fragiles**.
- Les **activités économiques** y sont encadrées, en particulier dans les domaines agricoles et touristiques.

Doc. 2

- L'**agriculture et le tourisme** contribuent au dynamisme de certaines régions peu densément peuplées.
- Ces activités entrent parfois en **conflit** avec la protection du milieu naturel (agriculture productiviste, tourisme de masse).
- Une partie des espaces de faible densité est **en déclin** ou peu mise en valeur.

Leçon

Des espaces aux dynamiques contrastées

Compétence Je révise mes repères géographiques

A. Le renouveau démographique des espaces peu denses

Une épicerie bio à Sault, Vaucluse.

› Le territoire français compte de nombreux espaces de faible densité : plus de la moitié des communes sont à dominante rurale et 19,6 % de la population y vivent.

› Après un exode rural massif, la population des campagnes augmente de nouveau depuis la fin des années 1990 **(étude de cas 3)** : des retraités s'installent dans les régions de l'Ouest et du Sud et certains citadins préfèrent désormais vivre hors des villes. On les appelle les **néoruraux**.

B. Des atouts agricoles et touristiques

› L'agriculture assure le dynamisme de certaines régions rurales : grandes cultures **productivistes** fortement mécanisées et intégrées à l'**industrie agroalimentaire** **(étude de cas 2)** ou activités à forte valeur ajoutée telles que la viticulture (Bordelais, Bourgogne, Champagne).

› Le tourisme procure de nombreux emplois saisonniers. Pour les citadins, les régions peu denses à proximité des villes sont des espaces récréatifs. Un **tourisme vert** se développe en été dans les régions rurales. Les régions de montagne bénéficient aussi de l'attrait pour les sports d'hiver **(étude de cas 1)**.

› Les **parcs nationaux** et les **parcs naturels régionaux** **(doc. 1 p. 336)** visent à protéger les milieux naturels, tout en favorisant une activité touristique respectueuse de l'environnement.

C. Les usages conflictuels des espaces ruraux

› En montagne, les acteurs de la protection des milieux naturels critiquent un tourisme de masse qui nuit à la faune, à la flore et aux paysages ; à l'inverse, les professionnels du tourisme dénoncent les entraves faites à une activité économique essentielle pour leur région et s'inquiètent des effets du réchauffement climatique **(étude de cas 1)**.

› Les citadins et les retraités venus s'installer à la campagne supportent parfois mal les nuisances liées aux activités agricoles (bruit, pollution, etc.). Leur arrivée provoque l'augmentation des prix de l'immobilier, ce qui rend difficile l'accès à la propriété pour les habitants.

Numérique
Retrouvez une vidéo pour réviser sur **LLS.fr/HG3Synthese14**

Le refuge de Petra Piana, Corse.

Je retiens

- **Superficie importante des espaces de faible densité**
- **Fin de l'exode rural**
- **Installation de néoruraux (citadins et retraités)**
- **Dynamisme lié à l'agriculture**
- **Fonctions récréative et touristique**
- **Le rôle des parcs nationaux et des parcs naturels régionaux**
- **Conflit entre tourisme de masse et préservation des espaces naturels**
- **Conflits entre agriculteurs et néoruraux**

Je révise ma leçon

> Je retiens les chiffres importants

19,6 %

C'est la part de la population qui vit dans une commune très peu dense.

> Je retiens les lieux importants

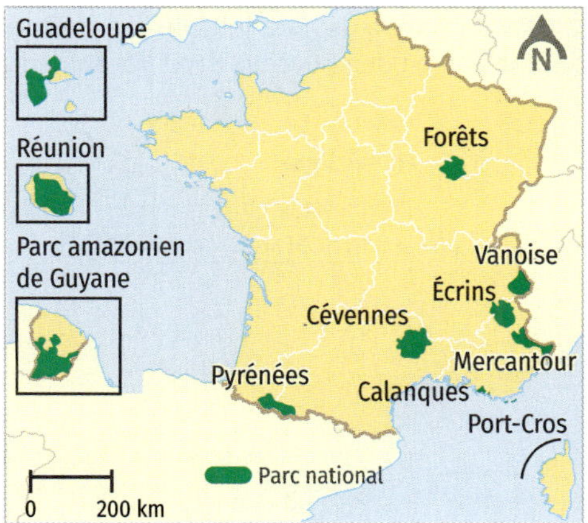

Vocabulaire

L'agriculture productiviste : agriculture qui recherche une production maximale et des rendements élevés.

Un conflit d'usage : opposition entre différents acteurs autour de l'utilisation d'un espace ou d'une ressource.

L'industrie agroalimentaire : industrie qui transforme la production de l'agriculture et de la pêche en de nouveaux produits alimentaires.

Les néoruraux : personnes venues des villes qui s'installent à la campagne, à la recherche de meilleures conditions de vie.

Un parc naturel : espace de protection de la nature et de préservation du patrimoine. L'habitat et les activités économiques y sont encadrés.

Le tourisme vert : tourisme centré sur la découverte de la nature et respectueux de l'environnement.

Je révise avec un schéma

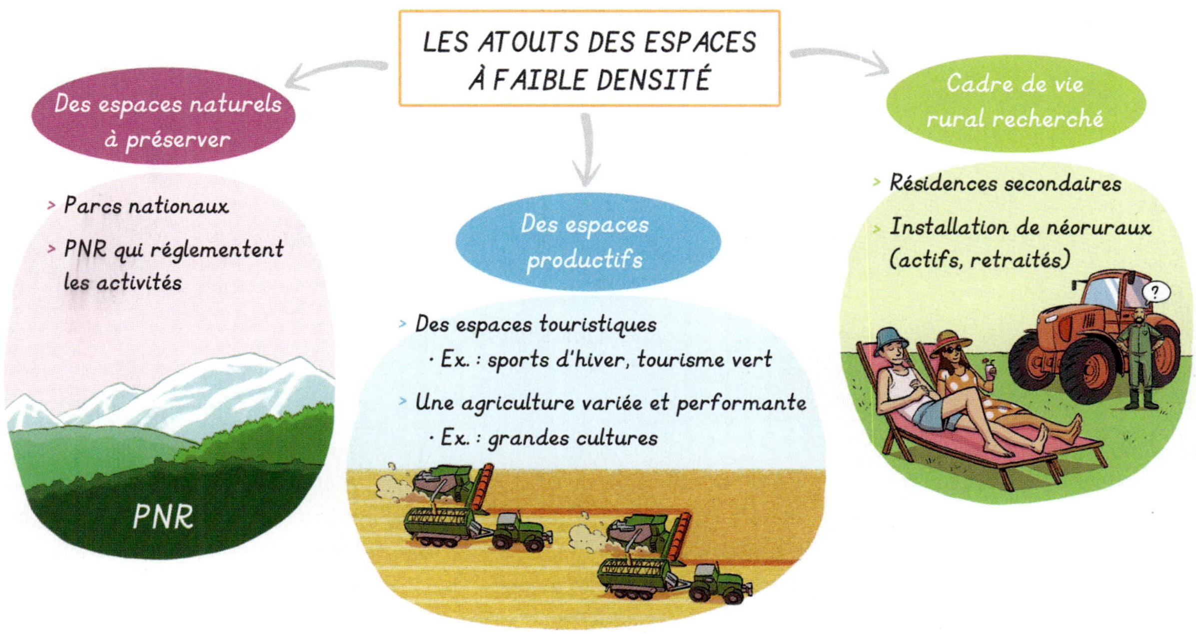

Téléchargez ce schéma sur LLS.fr/HG3Schema14

Je teste mes connaissances

Pour chaque question, il y a une ou plusieurs réponses correctes. Testez-vous sur LLS.fr/HG3Quiz14

Je m'exerce pour le brevet

Compétence Je pratique différents langages

Exercice 1 • Je connais le vocabulaire du chapitre

Pour chaque proposition, trouvez la bonne réponse.

1. Les néoruraux sont des personnes...
   a. qui pratiquent l'agriculture en ville.
   b. qui habitaient en ville et qui s'installent à la campagne.
   c. qui quittent la campagne et s'installent en ville.

2. Il existe en France plusieurs statuts d'espaces protégés :
   a. les parcs nationaux et les parcs naturels régionaux.
   b. les cœurs de parc et les aires d'adhésion.
   c. les zones maritimes et terrestres protégées.

3. L'industrie agroalimentaire désigne...
   a. la pratique d'une agriculture tournée vers la consommation familiale.
   b. la pratique d'une agriculture très mécanisée et utilisant des produits chimiques.
   c. la transformation des produits de l'agriculture et de la pêche en de nouveaux produits alimentaires.

Numérique
Retrouvez le quiz en version autocorrigée sur LLS.fr/HG3Exoautocorrige14.

Exercice 2 • Je maîtrise les repères spatiaux

1. **Nommez et localisez les cinq massifs montagneux.**
2. **Nommez deux parcs nationaux.**

Numérique
Téléchargez le fond de carte sur LLS.fr/HG3Cartes.

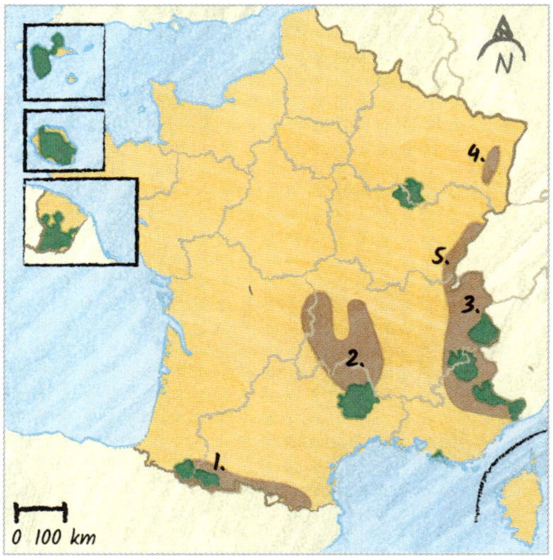

Exercice 3 • Je connais mon cours

Complétez ce texte avec les mots ou expressions suivants :

- l'agriculture
- parcs nationaux
- le Bordelais
- tourisme de masse
- conflits
- la Beauce
- désertification

Les espaces de faible densité sont très divers. Certains ont une économie dynamique, qui repose sur l'agriculture intensive comme ...., ou la viticulture comme .... Cela exerce de nouvelles pressions sur des espaces fragiles. De nouveaux .... ont été créés ces dernières années pour les protéger.
D'autres espaces sont moins attractifs et souffrent de la ....
Les acteurs n'ont pas toujours les mêmes usages des espaces ruraux. Cela peut déclencher des .... Ainsi, le .... transforme les paysages. De même, les citadins qui viennent habiter à la campagne se plaignent des nuisances de ....

J'apprends autrement

Compétence Je réalise une carte mentale, un tableau, une frise ou un schéma

J'apprends en réalisant une carte mentale qui résume le chapitre

ÉTAPE 1 Présenter les atouts des espaces de faible densité pour le tourisme

1. Donnez un exemple de région rurale touristique.
2. Donnez la définition de parc naturel régional et parc national.

ÉTAPE 2 Présenter les atouts des espaces de faible densité pour l'agriculture

1. Trouvez un chiffre significatif sur l'agriculture en France.
2. Identifiez un exemple de région agricole et indiquez les types de production.

ÉTAPE 3 Caractériser l'évolution de la population dans les espaces de faible densité

1. Trouvez un pourcentage significatif sur la population rurale en France.
2. Comment évolue le nombre d'habitants de ces espaces ?
3. Comment évolue l'âge des habitants de ces espaces ?

ÉTAPE 4 Identifier les conflits d'usage pouvant toucher les espaces de faible densité

1. Quelle activité entre parfois en conflit avec l'activité touristique ?
2. Trouvez un exemple.

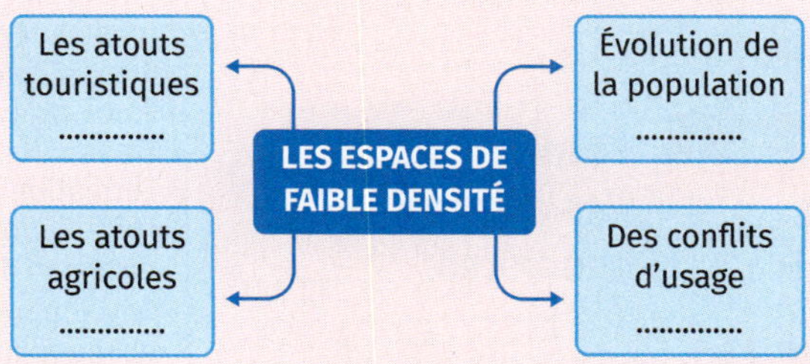

À lire

Cécile Coulon, *Les grandes villes n'existent pas*, Seuil, Paris, 2015
La vie d'adolescents dans le Massif central, de la campagne isolée aux banlieues dortoirs.

Jean-Marc Rochette, *Le Loup*, 2019
Un berger défend son troupeau en tuant une louve.

À voir

Hubert Charuel, *Petit Paysan*, 2017
Ce film met en scène Pierre, éleveur de vaches laitières, et les difficultés qu'il affronte.

Enseignement moral et civique

La décentralisation : un enjeu d'égalité

Compétences L'engagement : je prends en charge des aspects de la vie collective et de l'environnement, et je développe une conscience civique
Le jugement : je différencie mon intérêt particulier de l'intérêt général

TÂCHE À RÉALISER

Dans ce chapitre de géographie, vous avez appris que l'aménagement du territoire peut avoir des conséquences importantes sur les espaces et leurs habitants, notamment en matière d'égalité. Comment réduire les inégalités dans les espaces de faible densité ? Vous êtes membre du conseil municipal des jeunes d'un territoire de faible densité. Rédigez un discours proposant des solutions pour y réduire les inégalités.

ÉTAPE 1 Comprendre la décentralisation

Doc. 1

1. En quoi consiste la décentralisation ?
2. Quels sont les champs d'action des communes, des départements et des régions pour réduire les inégalités ?

ÉTAPE 2 Étudier des actions concrètes

Doc. 2 à 5

1. Qu'est-ce que les « territoires zéro chômeur » ? Comment cette action permet-elle de lutter contre les inégalités ?
2. Quelles inégalités ont été révélées par le confinement ? (doc. 3)
3. Qu'est-ce qu'une ZRR ? (doc. 4) Comment peuvent-elles lutter contre les inégalités ?
4. Dans quel domaine le département entend-il agir ici ? (doc. 5)

Numérique
Retrouvez une vidéo sur le « territoire zéro chômeur » à Mauléon sur LLS.fr/HG3Mauleon.

1 La décentralisation : comment ça marche ?

ÉTAT

délègue ses pouvoirs (lois de décentralisation 1982, 2003 et 2015)

Collectivités territoriales

RÉGIONS (13)	DÉPARTEMENTS (101)	COMMUNES (35 416)
Conseillers régionaux élus	**Conseillers départementaux élus**	**Conseillers municipaux élus et Maire**
• Lycées • Financement du logement et de l'habitat • Protection du patrimoine • Parcs régionaux • Transports régionaux • Formation des travailleurs sociaux et insertion des jeunes • Développement économique, etc.	• Collèges • Financement du logement et de l'habitat • Aides indirectes au développement économique • Fonds social du logement • Gestion des déchets • Développement du tourisme • RSA, aide aux personnes handicapées, etc.	• Écoles, transports urbains et scolaires, centres de loisirs • Collecte et traitement des déchets • Gestion de l'eau, voirie • « Territoires zéro chômeur », etc.

2 Les « territoires zéro chômeur »

Et si on n'avait pas tout essayé contre le chômage de longue durée ? Proposer un emploi en CDI à toutes les personnes au chômage depuis plus d'un an, en utilisant les 18 000 euros que coûtent leurs allocations à l'État, c'est l'idée révolutionnaire de l'initiative « territoire zéro chômeur de longue durée ». Cette initiative est testée dans dix communes de France. [...]
Il s'agit localement de créer une entreprise et d'embaucher en CDI des chômeurs de plus d'un an. À Mauléon, l'ESIAM (Entreprise Solidaire d'Initiative et d'Action du Mauléonais) a vu le jour en janvier 2017. Les activités sont variées : laverie pour les gîtes, dépôt de pain, entretien des espaces verts, tri de vêtements, valorisation du bois, traitement des menuiseries...

Extrait du site de la mairie de Mauléon, octobre 2020.

3 L'accès à Internet, un enjeu d'égalité

À Saint-Malon-sur-Mel, le maire, Gilles le Metayer, est pour le moins désabusé. Dans cette commune située à 40 kilomètres à l'ouest de Rennes, près de la mythique forêt de Brocéliande, « *la connexion Internet n'a jamais été formidable* », euphémise-t-il. D'après l'élu, la fibre devait arriver en 2018. Mais aujourd'hui, elle n'est toujours pas là. [...] Le maire ne se fait pas d'illusions : la période de confinement, qui oblige les habitants à rester chez eux pour ne pas propager le coronavirus, sera d'autant plus difficile à vivre avec un accès à Internet de piètre qualité. [...] « *L'enseignement à distance va discriminer des élèves,* témoignait un professeur du Finistère, jeudi dernier, au site Reporterre. *Un village de campagne breton n'aura pas le même débit Internet qu'une grande ville.* »

Pierre Manière, « Le confinement, un puissant révélateur des inégalités d'accès à Internet », *La Tribune*, mars 2020.

ÉTAPE 3 Rédiger son discours

1. Recherchez sur Internet ce qu'est le conseil municipal des jeunes.
2. Exposez les solutions que vous proposez pour réduire les inégalités dans votre territoire. Pour cela, reprenez les exemples des documents et expliquez en quoi ils peuvent réduire les inégalités.

4 Les zones de revitalisation rurale

▲ Extrait du site de la mairie de Faucon (26).

5 La lutte contre les violences faites aux femmes au niveau départemental

▲ Brochure du plan départemental de lutte contre les violences faites aux femmes de l'Yonne, septembre 2019.

Vocabulaire

La décentralisation : délégation par l'État de certains de ses pouvoirs aux régions, départements et communes.

Une zone de revitalisation rurale (ZRR) : zone de faible densité qui bénéficie d'aides financières pour encourager les entreprises à s'y installer.

Je retiens l'essentiel

- **L'État, depuis les lois de décentralisation de 1982, transfère de plus en plus de compétences aux collectivités territoriales que sont les régions, les départements et les communes.**
- **Depuis 2012, et encore plus depuis 2015, ces acteurs locaux jouent un rôle important dans la lutte contre les inégalités, et notamment contre la désertification, l'isolement, la pauvreté et le chômage.**
- **Cela se traduit par des actions concrètes : les parcs naturels nationaux et régionaux ou la création de zones de revitalisation rurale.**

Sujet guidé

Exercice 1 • Analyser et comprendre des documents

1. **Doc. 1** Comment la population de l'Isère évolue-t-elle entre 2011 et 2016 ? Citez un chiffre.
2. **Doc. 1** Comparez cette évolution avec celle de la population française sur la même période.
3. **Doc. 1** Quelle est la part du solde naturel et celle du solde migratoire dans cette évolution ?
4. **Doc. 2** Comment la population de l'Isère est-elle répartie ? Relevez des chiffres et proposez une explication.
5. **Doc. 1 et 2** À l'aide des documents et de vos connaissances, décrivez l'évolution et la répartition de la population de l'Isère et expliquez l'attractivité de cet espace à faible densité.

> **GUIDE** • Quelles grandes aires urbaines dominent le territoire régional ?
> • Quelle grande vallée proche fixe le peuplement ?
> • Identifiez les atouts de cet espace à faible densité.

1 L'évolution de la population en Isère

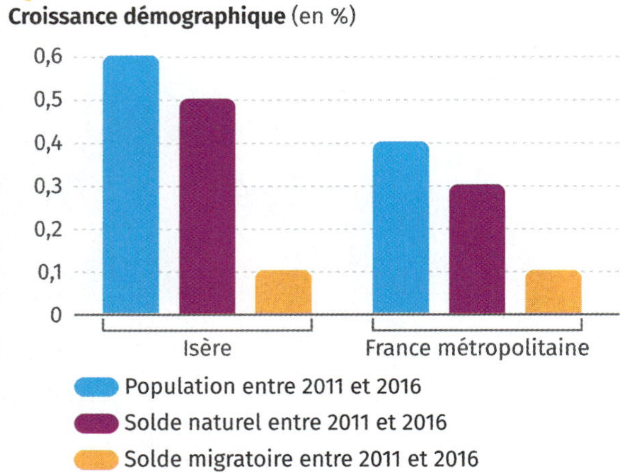

Source : INSEE, 2018.

2 La répartition de la population en Isère

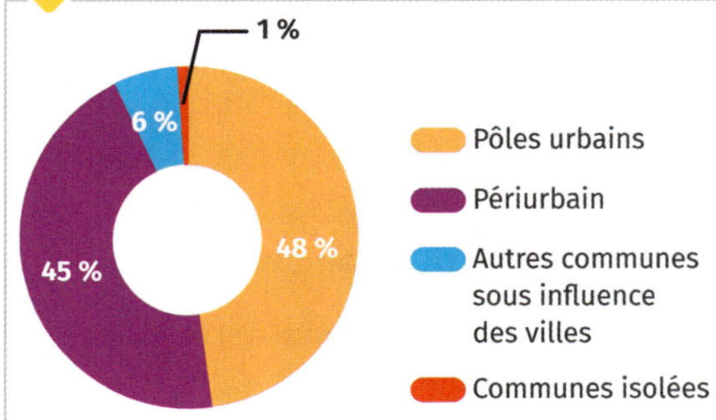

▲ L'Isère est un département situé dans la région Auvergne-Rhône-Alpes.

Méthode : analyser un graphique

- Un graphique est la représentation visuelle de données statistiques.
- Identifiez le type de graphique : le diagramme circulaire (ou « camembert »), le graphique en barres ou histogramme (ou « diagramme en bâtons »), le graphique linéaire ou à courbes.
- Identifiez également le sujet étudié et l'espace et/ou la période concernés.
- Déterminez ce que le graphique met en évidence : une comparaison entre deux espaces ? une évolution entre deux dates ? une répartition d'un phénomène dans un même espace ou entre des espaces différents ?
- Sur un histogramme ou un graphique à courbes, l'axe horizontal s'appelle l'axe des abscisses et l'axe vertical se nomme l'axe des ordonnées.

Exercice 2 • Maîtriser différents langages

Sous la forme d'un développement construit d'une vingtaine de lignes, montrez la diversité et les atouts des espaces de faible densité.

> **GUIDE** • Nommez et localisez des exemples d'espaces ruraux, de montagnes, de secteurs touristiques peu urbanisés.
> • Relevez les pratiques et les nouveaux types d'habitants qu'ils accueillent.

Conseils • Présenter sa copie

- Bien présenter sa copie est important : elle doit être aérée et lisible.
- Faites des paragraphes.
- Allez à la ligne à la fin de chaque réponse et pensez à bien indiquer le numéro de la question.

Exercice 1 • Analyser et comprendre des documents

1. **Doc. 1** Que désigne le terme de « néoruraux » ? D'où vient cette nouvelle population et que recherche-t-elle à la campagne ?
2. **Doc. 1** Pour quel motif certains habitants attaquent-ils des coqs ou des cigales ?
3. **Doc. 1 et 2** Pourquoi peut-on parler ici d'un conflit d'usage ?
4. **Doc. 1 et 2** Pourquoi peut-on parler d'un décalage entre l'imaginaire de la vie rurale et sa réalité ?

1 Conflits sonores dans les espaces ruraux

Débarqués en nombre dans les campagnes, les citadins œuvreraient sournoisement à établir sur terre le règne du grand silence. Le chant du coq est-il en train de devenir le chant du cygne ? C'est ce que laissent penser les derniers affrontements abondamment commentés depuis quelques mois : un coq condamné en justice pour son chant trop matinal (Maurice en Charente-Maritime, mais aussi un autre dans l'Oise), une propriétaire de canards appelée à comparaître mardi au tribunal de Dax (Landes) pour nuisances sonores, des grenouilles menacées de disparition par des voisins belliqueux (en Gironde), des cigales dans le viseur de vacanciers munis d'insecticide (dans le Var et le Gard). À l'origine de ces plaintes, toujours le même profil, disent les concernés : des touristes ou des « néoruraux » fraîchement exilés hors des villes et déroutés par les aléas de la vie à la campagne. [...] Il demeure que le monde rural se sent menacé par la déferlante citadine : depuis plusieurs semaines, le maire de Gajac, en Gironde, se bat, lui, pour faire inscrire les bruits de campagne au patrimoine mondial de l'Unesco.

Valentine Watrin « Ruraux et urbains en campagne, pas en guerre », *Libération*, 2019.

2 Affiche de la commune de Beaumont de Lomagne, Tarn-et-Garonne

Exercice 2 • Maîtriser différents langages

1. Sous la forme d'un développement construit d'une vingtaine de lignes, montrez que certains espaces de faible densité connaissent un renouveau démographique. Vous insisterez sur le phénomène des néoruraux et sur la périurbanisation.
2. Sous la forme d'un développement construit d'une vingtaine de lignes et en vous appuyant sur des exemples, vous identifierez les différents éléments qui rendent certains espaces de faible densité attractifs.

Synthèse de thème

DYNAMIQUES TERRITORIALES DE LA FRANCE CONTEMPORAINE

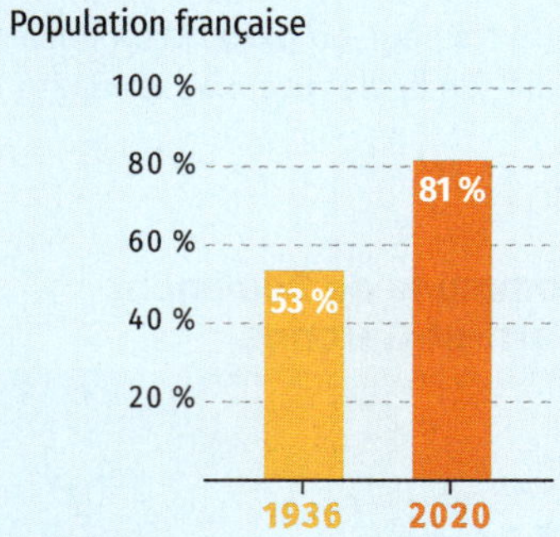

Évolution de la part de la population urbaine

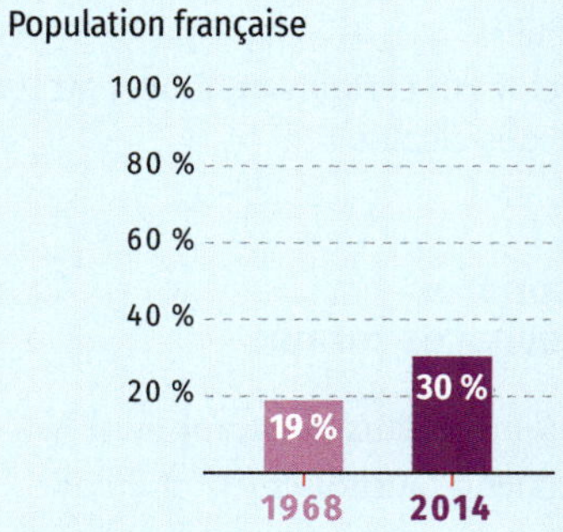

Évolution de la part de la population périurbaine

LA POPULATION FRANÇAISE

Principales aires urbaines en 2017

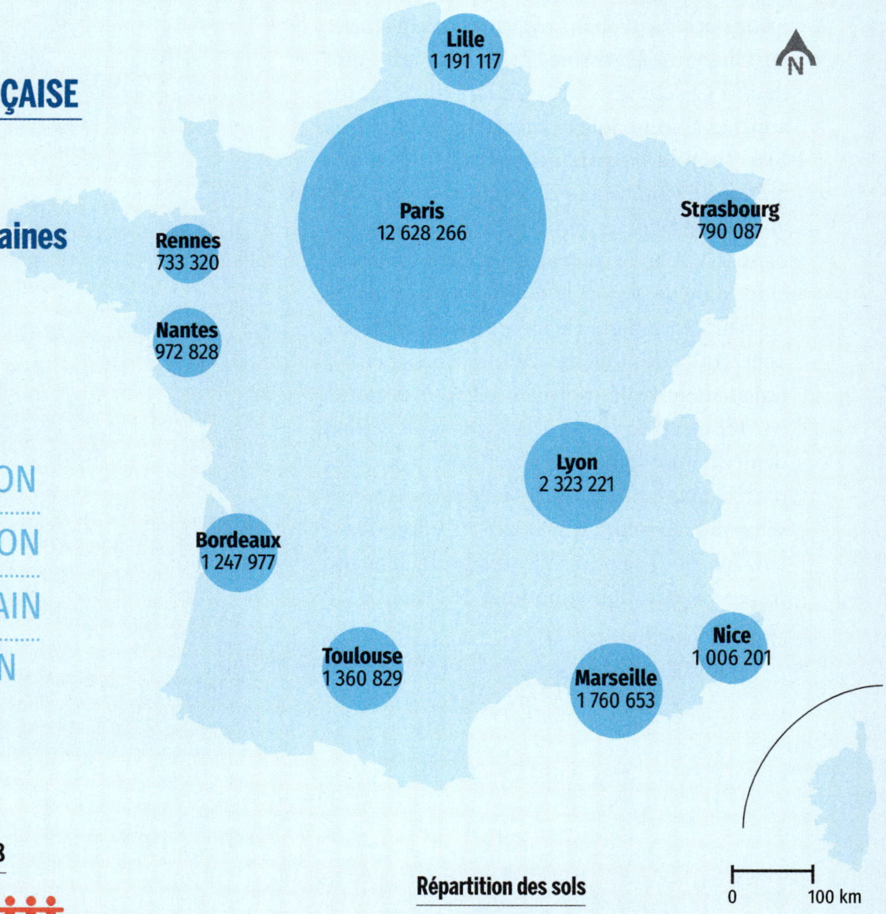

Les processus

MÉTROPOLISATION

PÉRIURBANISATION

ÉTALEMENT URBAIN

GENTRIFICATION

Part des actifs par secteur d'activité • 2018

77 % Tertiaire
20 % Industrie
3 % Agriculture

Répartition des sols

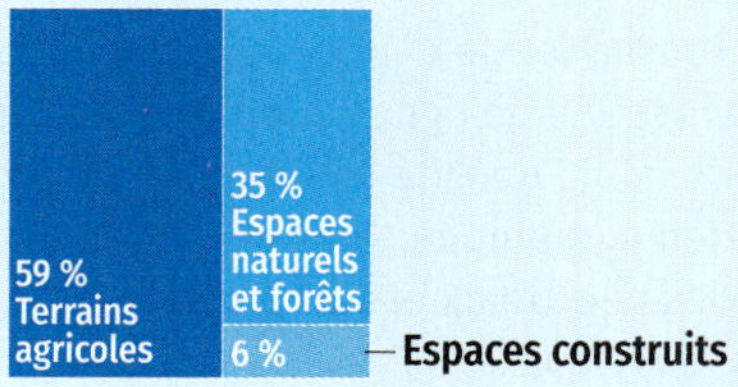

LES ESPACES RURAUX EN FRANCE

Des espaces productifs

- Polyculture : céréales et élevage
- Élevage extensif
- Élevage intensif
- Céréaliculture intensive
- Extension de la grande culture céréalière
- Cultures spécialisées : vignes, fruits et légumes

Des espaces protégés

- Parc national

Des espaces touristiques

- Tourisme balnéaire
- Principales stations de sports d'hiver

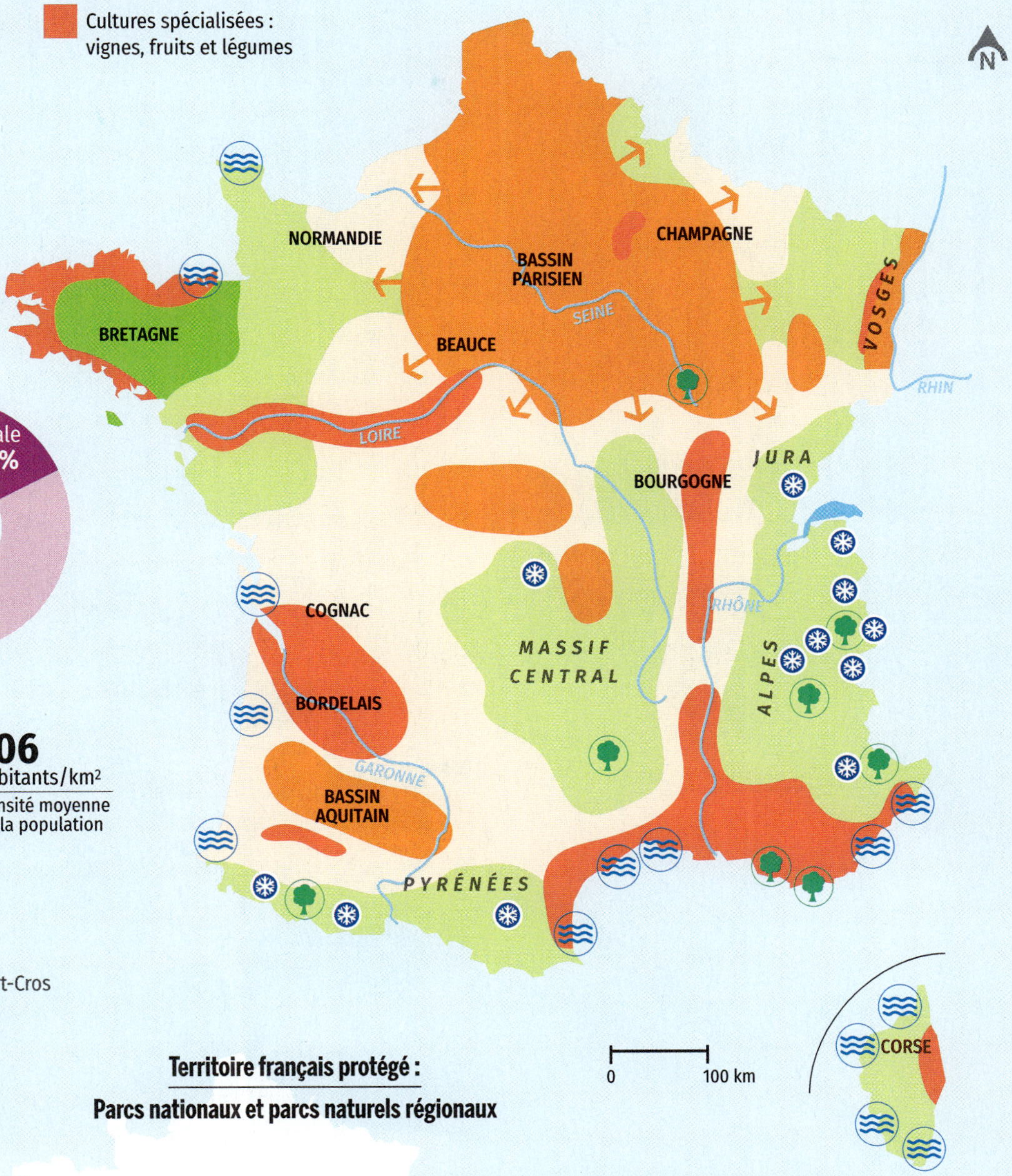

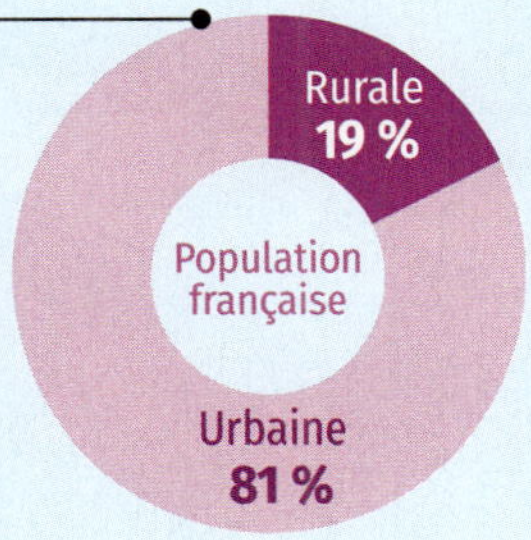

< 30 habitants/km² Faible densité

106 habitants/km² Densité moyenne de la population

- 1963 La Vanoise, Port-Cros
- 1967 Les Pyrénées
- 1970 Les Cévennes
- 1973 Les Écrins
- 1979 Le Mercantour
- 1989 La Guadeloupe
- 2007 La Réunion, La Guyane
- 2012 Les Calanques
- 2019 Le Parc national de forêts

Territoire français protégé :

Parcs nationaux et parcs naturels régionaux

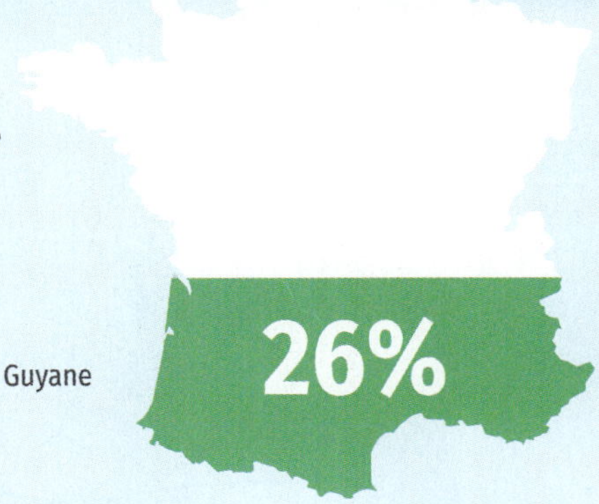

ZONES BLANCHES DÉSERTIFICATION
ESPACES PROTÉGÉS
CONFLIT D'USAGES TOURISME VERT
DÉSERTS MÉDICAUX NÉORURAUX

Garcia Lorca

THÈME II

Pourquoi et comment aménager le territoire ?

Vous avez vu, dans le thème précédent, que les territoires français étaient plus ou moins intégrés à la mondialisation et aux dynamiques urbaines. Inégalement dynamiques, les territoires sont aussi inégalement peuplés et inégalement développés. Les acteurs de l'aménagement tentent de compenser les inégalités entre les territoires par leur action sur l'espace : c'est l'aménagement du territoire. Vous étudierez les objectifs, les moyens et les acteurs de l'aménagement du territoire. Vous partirez ensuite à la découverte des territoires ultramarins, très éloignés de la métropole. Qui sont les habitants de ces territoires ? Par quelles inégalités les territoires ultramarins sont-ils marqués ? Quelles sont les contraintes pour aménager ces territoires ?

La ligne 4 du tramway à Montpellier.

Chapitre

15 Aménager le territoire

THÈME II. Pourquoi et comment aménager le territoire ?

AMÉNAGER LE TERRITOIRE

AMÉNAGER LES TERRITOIRES ULTRAMARINS

Le territoire national est marqué par d'importantes inégalités. L'aménagement du territoire vise à réduire les disparités qui peuvent être économiques ou sociales. Cette politique est menée par des acteurs, publics ou privés, à différentes échelles.

Quels sont les grands contrastes du territoire national ?

Quiz

1. Quel est l'objectif principal de l'aménagement du territoire ?
- a. Limiter la croissance des métropoles
- b. Protéger les forêts françaises
- c. Réduire les inégalités entre les territoires

2. Quelles sont les différentes inégalités entre les territoires français ?
- a. Des inégalités économiques, sociales et d'accès aux services
- b. Des risques naturels différents
- c. Une histoire différente

3. Citez des exemples d'aménagements dans votre espace proche.

Numérique

Retrouvez un parcours numérique pour préparer la certification PIX sur LLS.fr/HG3PIX15.

Dans ce chapitre je vais

- Décrire les grandes lignes de l'organisation du territoire français.
- Expliquer les objectifs d'un aménagement local ou régional.
- Identifier les acteurs qui aménagent le territoire français, leurs moyens et leurs buts.

Géographie et fiction

À l'origine est un film de Xavier Giannoli qui met en scène Paul, un escroc qui est pris par erreur pour un cadre d'une multinationale de travaux publics. Il est alors accueilli comme le héros susceptible de relancer un chantier local arrêté depuis deux ans, près d'une petite ville du nord de la France durement frappée par le chômage.

◄ Le quartier de la Duchère, à Lyon
Le quartier de la Duchère, à Lyon, fait l'objet d'une vaste opération de renouvellement urbain depuis 2003. L'objectif de cet aménagement est de renforcer l'attractivité du quartier, en en faisant l'un des premiers écoquartiers de France, et en améliorant sa desserte.

Étude de cas guidée 1

Le Louvre-Lens : un aménagement au service de la région

Compétence Je travaille en autonomie
Je raisonne, je justifie une démarche et les choix effectués

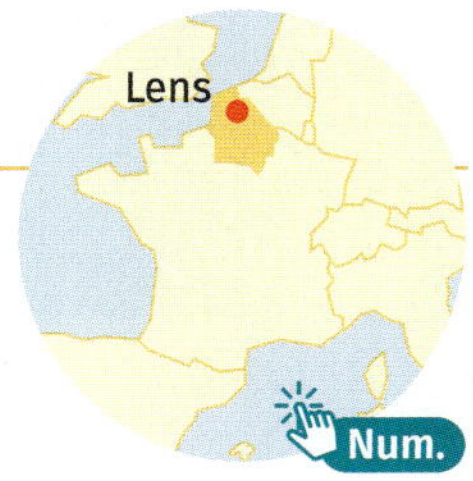

Le musée Louvre-Lens a été inauguré en 2012, en plein cœur du bassin minier des Hauts-de-France. Cette annexe du Louvre parisien, bâtie sur d'anciennes mines, est un symbole de la reconversion du bassin minier et de la décentralisation.

Comment le nouveau musée permet-il de dynamiser une région en reconversion ?

1 Un musée à l'architecture moderne, bâti sur une ancienne mine

▲ Les terrils, collines de résidus des mines.

▲ Les corons (habitations ouvrières).

◀ Le musée Louvre-Lens, annexe du musée du Louvre de Paris.

Question : pourquoi la ville de Lens a-t-elle été choisie pour accueillir le nouveau musée ?

> GUIDE
- Décrivez le paysage autour du musée.
- Quelle était l'activité dominante dans la région ?

Vocabulaire

La décentralisation : transfert de certaines compétences de l'État aux collectivités locales ou territoriales. Régions, départements et communes peuvent alors prendre des décisions au niveau local.
Une reconversion : changement d'activité d'un territoire.

Numérique
Retrouvez une vidéo sur le Louvre-Lens sur LLS.fr/HG3LouvreLens.

2 Un enjeu pour le territoire et ses habitants

Question : quels étaient les objectifs de cet aménagement ?

› **GUIDE** • Relevez trois objectifs.

L'arrivée du Louvre à Lens représente une exceptionnelle occasion de développement pour un territoire fortement marqué par la crise industrielle [...]. Redonnant fierté aux habitants du bassin minier et offrant à leur territoire une nouvelle image, c'est aussi un outil de cohésion sociale[1]. Surtout, le Louvre-Lens renforce l'attractivité culturelle de la région dans une zone où la présence des grands équipements culturels reste encore faible.

Dossier de présentation du Louvre-Lens, juin 2008.

1. Solidarité et liens forts entre les habitants.

3 Un aménagement financé par différents acteurs

Question : montrez que de nombreux acteurs ont participé au financement du musée.

› **GUIDE** • Observez le graphique : quelle part de l'aménagement a été financée par la région ?
• Identifiez d'autres acteurs ayant financé cet aménagement.

Le financement du Louvre-Lens

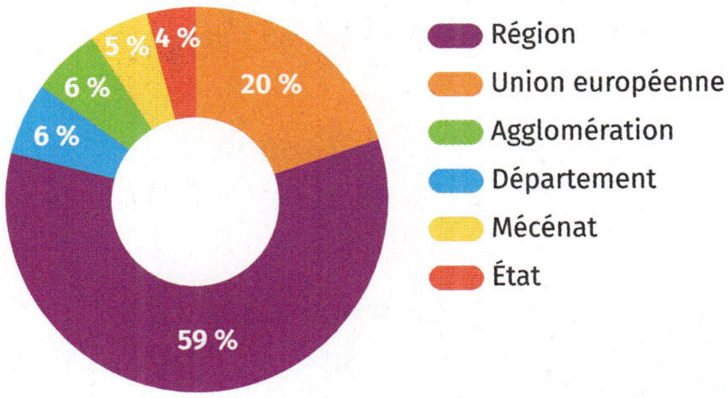

Source : Le Louvre-Lens.

4 Un bilan nuancé

Les attentes étaient immenses, les retombées cinq ans plus tard le sont moins. Le Louvre-Lens [...] a réussi le pari de la démocratisation culturelle dans un territoire frappé par la pauvreté, mais peine encore à stimuler l'économie locale. [...] Cet élégant et lumineux musée de verre et d'aluminium poli bâti sur un ancien carreau de mine [...] a accueilli 2,8 millions de visiteurs [...]. Soit la 3e fréquentation d'un musée en province, derrière le Mucem (Marseille) et Confluences (Lyon). [...] Près de 83 % des visiteurs sont français, en majorité de la région, et environ 18 % sont ouvriers et employés. Mais avec seulement 17 % de visiteurs étrangers l'impact sur l'économie locale reste limitée : « Non seulement il n'y a pas de visiteurs étrangers, mais ils ne restent pas à Lens », relève [Xavier Greffe, professeur d'économie culturelle à Paris I].
[...] Arras et Lille, hors de l'ex-bassin minier et son taux de pauvreté à 23,1 %, sont les principaux bénéficiaires des retombées hôtelières. [...]
Certains signes incitent toutefois à l'optimisme : des guides touristiques sur le Louvre-Lens et le bassin minier ont vu le jour, un hôtel 4 étoiles est prévu en 2019, tout comme le pôle de conservation de 250 000 œuvres du Louvre, à Liévin, tout près du musée.

« Cinq ans du Louvre-Lens : un pari culturel réussi, un impact limité pour le bassin minier », *L'Express*, 2017.

Question : quel est le premier bilan de cet aménagement ?

› **GUIDE** • Quelles sont les conséquences positives de cet aménagement ?
• Quelles en sont encore les limites, notamment pour la ville de Lens ?

Synthèse

▸ Expliquez pourquoi le nouveau musée représente un atout économique pour la région et la ville de Lens.

Étude de cas 2

Acteurs et enjeux de l'aménagement en Île-de-France (1/2)

Compétence J'analyse et je comprends des documents

Composée de huit départements, la région Île-de-France accueille la métropole parisienne et représente 31 % du PIB français. Riche et attractive pour les entreprises et les populations, cette région présente aussi de très fortes disparités de revenus entre habitants. Différents acteurs aménagent la région pour répondre aux défis économiques et sociaux.

Comment renforcer l'attractivité de la métropole parisienne ?

1 Paris, une métropole mondiale

▲ Le quartier de la Défense, à Paris, est le premier quartier d'affaires européen. Il héberge plus de 1500 sièges sociaux d'entreprises. 15 des 50 plus grandes entreprises mondiales y ont des bureaux.

2 La région Île-de-France en chiffres

En France

- 18 % de la population française sur 2 % du territoire français
- 23 % des emplois et 31 % du PIB national
- 23 % des universités françaises, 25 % des écoles d'ingénieurs et 22 % des écoles de commerce

En Europe et dans le monde

- 1er bassin d'emploi européen
- 1re région touristique mondiale
- 1er hub aérien d'Europe continentale : la plupart des métropoles européennes sont accessibles en moins de 2 heures de vol
- 4,6 % du PIB de l'Union européenne

Source : CCI de Paris, 2020.

3 Une capitale aux fonctions multiples

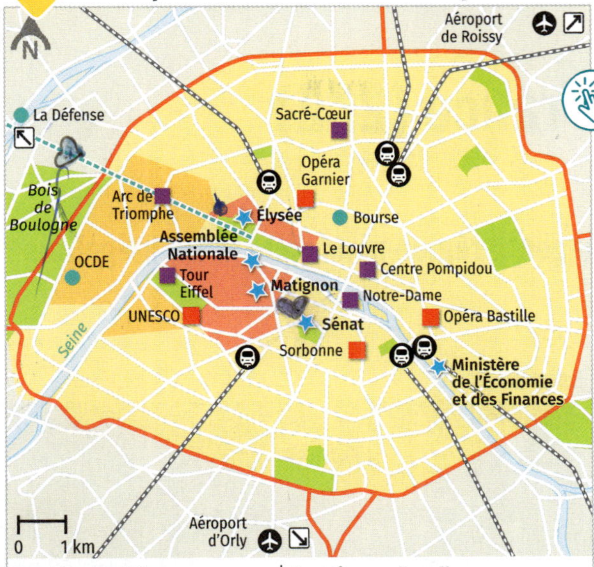

Fonctions politiques
- Quartier des ambassades
- Quartier des ministères
- Institutions politiques

Fonctions économiques
- Lieux de commandement économique et financier
- Axe des affaires

Fonctions culturelles
- Principales institutions culturelles
- Monuments et musées de renommée internationale

Transports
- Aéroports internationaux
- Gares
- Périphérique et autoroutes
- Voies ferrées

5 L'une des meilleures universités du monde ?

En 2020, l'Université Paris-Saclay [créée officiellement fin 2019] est sacrée meilleure université du monde en mathématiques devant la prestigieuse américaine Princeton, dans le classement de Shanghai par discipline, paru le 29 juin. Celui-ci désigne les meilleurs établissements du monde entier, principalement mesurés sur le critère de l'excellence de la recherche académique dans 54 disciplines.

Juliette Daumont, « Paris-Saclay, l'université française championne du monde des mathématiques », *Les Échos*, juillet 2020.

Vocabulaire

Une métropole : voir p. 294.
Un pôle de compétitivité : voir p. 317.
Le produit intérieur brut (PIB) : richesse produite en un an sur un territoire.

Numérique

Retrouvez une vidéo de présentation du pôle de compétitivité de Saclay sur LLS.fr/HG3Saclay.

4 Le pôle de compétitivité de Saclay

L'État encourage des organismes de recherche, des grandes écoles, des universités et des entreprises privées à se regrouper à Saclay, au sud de Paris.

Le pôle d'innovation Paris-Saclay est déjà reconnu mondialement. Classé parmi les huit plus puissants du monde, avec la Silicon Valley, Boston ou encore Tech City Londres, le *cluster*[1] scientifique et technique francilien rassemble 15 % de la recherche publique et privée française. [...] Intimement lié au projet du Grand Paris, [...] Paris-Saclay se donne pour objectif de « structurer la recherche scientifique autour du futur métro 18 », localise Philippe Van de Maele. Cette nouvelle ligne, au sud de Paris, devrait relier Massy-Palaiseau au plateau de Saclay en 2026 et à l'aéroport d'Orly en 2027.

Gautier Virol, « Comment le titanesque Paris-Saclay monte en puissance », *L'Usine Nouvelle*, avril 2019.

1. Entreprises qui s'associent sur un territoire.

▲ **A.** Aéroport d'Orly **B.** Ville de Massy **C.** École Polytechnique **D.** Danone **E.** Université Paris-Saclay **F.** École Supélec **G.** Synchrotron soleil (recherche)

Questions

Questionnement différencié sur LLS.fr/HG3P355

1. **Doc. 1 et 3** Situez le quartier de la Défense sur la carte. Comment ce paysage montre-t-il la puissance économique de Paris ?
2. **Doc. 2 et 3** Quels sont les atouts de la métropole parisienne ?
   › GUIDE
   - Repérez les différents aspects du rayonnement parisien.
   - Relevez des exemples de ce rayonnement.
3. **Doc. 4 et 5** Comment le pôle de compétitivité de Saclay associe-t-il recherche, enseignement et entreprises ?

Étude de cas 2

Acteurs et enjeux de l'aménagement en Île-de-France (2/2)

Compétence J'analyse et je comprends des documents

Comment aménager la région pour réduire les inégalités ?

6 Un quartier prioritaire : les Tarterêts à Corbeil-Essonnes

▲ Le quartier des Tarterêts est un quartier défavorisé. Différents acteurs participent à sa rénovation dans le cadre de la **politique de la ville** :
- l'État, par le biais de l'Agence nationale pour la rénovation urbaine (ANRU) ;
- la région Île-de-France ;
- le département de l'Essonne ;
- la ville de Corbeil-Essonnes.

De nombreux aménagements ont été réalisés, comme la construction de logements sociaux, la réhabilitation de logements, la création de services publics et d'un pôle associatif.

Vocabulaire

Le conseil régional : assemblée d'élu(e)s qui gère la région.

La politique de la ville : voir p. 365.

7 Les inégalités en hausse en Île-de-France

Le territoire francilien accueille en son cœur le département où les revenus sont les plus faibles de France – la Seine-Saint-Denis – et les deux départements les plus aisés, Paris et les Hauts-de-Seine. Les territoires très aisés (centre ouest) et les territoires très pauvres (banlieue nord) sont très proches géographiquement. La richesse apparaît plus concentrée et l'entre-soi plus marqué dans les espaces aisés : la moitié des ménages relevant des 10 % les plus aisés réside dans 26 communes (dont 17 arrondissements parisiens) quand la moitié des 10 % les plus pauvres résident dans 46 communes.

« L'Île-de-France, championne des inégalités », *Observatoire des inégalités*, septembre 2019.

8 Le projet du Grand Paris Express

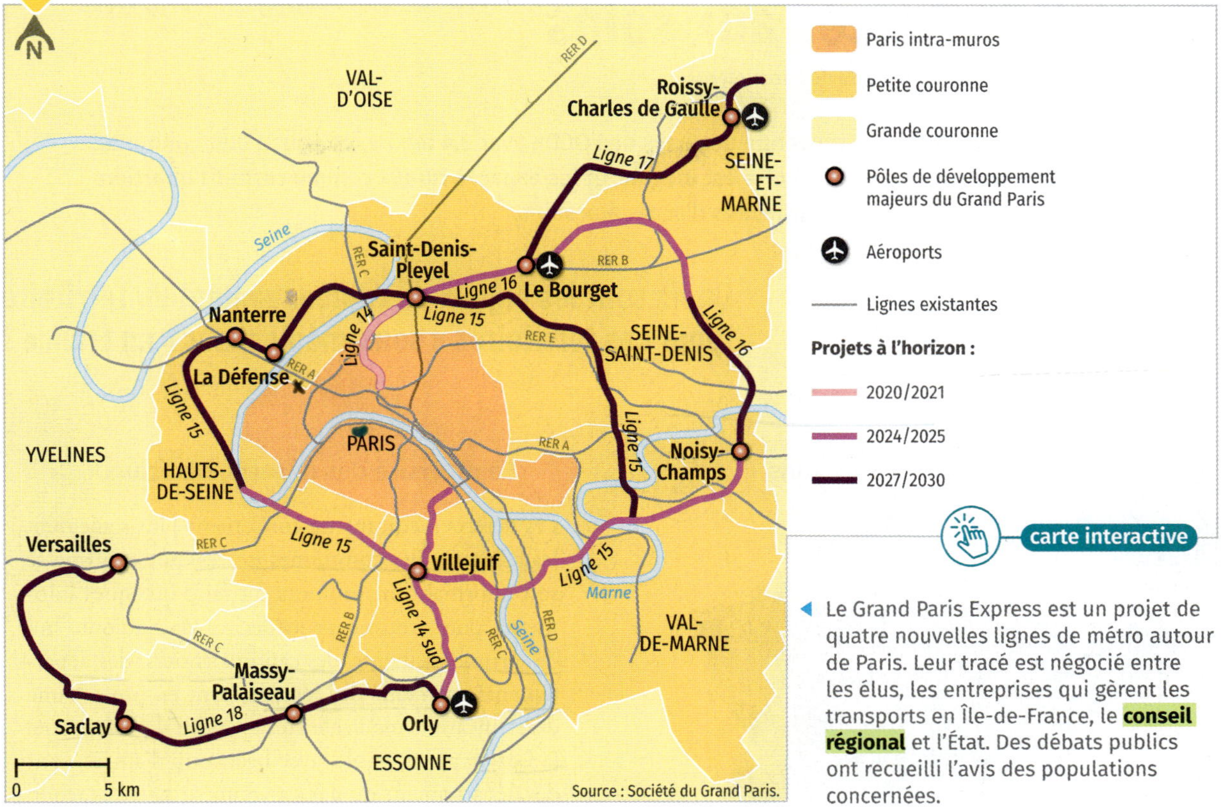

carte interactive

◀ Le Grand Paris Express est un projet de quatre nouvelles lignes de métro autour de Paris. Leur tracé est négocié entre les élus, les entreprises qui gèrent les transports en Île-de-France, le **conseil régional** et l'État. Des débats publics ont recueilli l'avis des populations concernées.

9 La gratuité des transports à Paris : vers plus d'inégalités ?

Plusieurs responsables régionaux ont signé un texte en réaction à la gratuité des transports pour les mineurs parisiens.

Votée à l'unanimité le 23 juillet au Conseil de Paris, la mise en place de la gratuité des transports en commun pour les Parisiennes et Parisiens de moins de 18 ans est une excellente nouvelle. En plus d'être une avancée pour la gratuité, dont les expériences se multiplient et sont systématiquement une réussite, cette mesure est un outil indispensable de lutte contre les fractures sociales et territoriales [dans la ville de Paris]. Mais justement. Nous aussi, nous voulons la gratuité pour nos jeunes Francilien·nes.

Nos départements et communes sont nombreuses à aider et subventionner le transport des adolescent·es, indispensable pour se rendre sur son lieu d'étude, de travail ou effectuer des entretiens – sans parler de l'importance de l'accès aux lieux de loisirs, de culture et d'équipements sportifs. Mais à la différence de Paris, nous n'avons pas les moyens de leur proposer, seuls, la gratuité. Nous n'en avons pas les moyens, car faire supporter les subventions aux échelons les plus petits revient à faire payer nos habitant·es, dont les moyens sont largement inférieurs aux revenus médians des Parisien·nes.

Tribune collective d'élus de départements et de communes d'Île-de-France, « La gratuité des transports à Paris accentuera les inégalités pour les jeunes de banlieue », *Libération*, juillet 2020.

Numérique

Retrouvez une présentation du projet d'aménagement urbain du Grand Paris Express sur LLS.fr/HG3GrandParis.

Questions

Questionnement différencié sur LLS.fr/HG3P357

4. **Doc. 6 et 7** Quelles inégalités marquent la région ?
5. **Doc. 8** Présentez le projet du Grand Paris Express et ses objectifs.
   > GUIDE
   - Repérez sur la carte les lignes de transport en commun existantes et les futures lignes.
   - Identifiez les gares reliées par les nouvelles lignes.
   - Passeront-elles toutes par Paris ?
6. **Doc. 9** Comment une mesure qui vise à réduire les inégalités de transport peut-elle en créer d'autres ?
7. **Doc. 6 à 9** Réalisez une carte mentale représentant les acteurs et les buts de l'aménagement en Île-de-France.

Étude de cas 3

Le défi de l'accès aux soins

Compétence J'analyse et je comprends des documents

En 2018, la France se situe dans la moyenne des pays de l'OCDE avec 3,4 médecins pour 1 000 habitants. Néanmoins, leur répartition sur le territoire est inégale, et les espaces ruraux comme certains quartiers prioritaires en ville connaissent des difficultés d'accès aux soins.

Quels sont les enjeux de l'aménagement du territoire pour ces territoires « sous-médicalisés » en France ?

1 Les inégalités d'accès aux soins

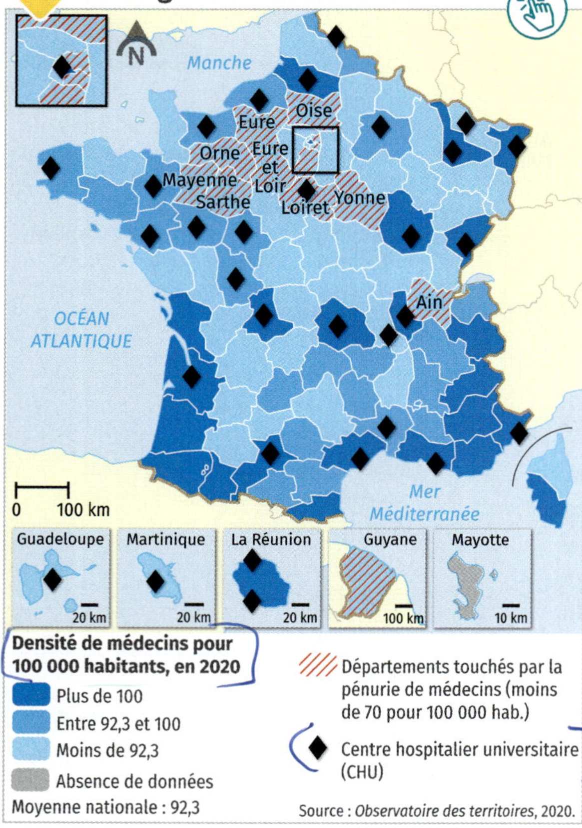

Densité de médecins pour 100 000 habitants, en 2020
- Plus de 100
- Entre 92,3 et 100
- Moins de 92,3
- Absence de données

Moyenne nationale : 92,3

- Départements touchés par la pénurie de médecins (moins de 70 pour 100 000 hab.)
- Centre hospitalier universitaire (CHU)

Source : *Observatoire des territoires*, 2020.

2 La diversité des déserts médicaux

Les déserts médicaux ne concernent plus seulement les habitants des communes isolées qui, sans que ce soit anormal, ont toujours dû faire quelques kilomètres pour trouver un médecin. Mais aujourd'hui des arrondissements, des cantons entiers, des départements, et même des régions, sont en proie à une désertification médicale très avancée. La Mayenne, la Lozère par exemple, avec beaucoup d'autres, sont des départements où il n'y a vraiment plus beaucoup de médecins. [...] Les déserts médicaux peuvent aussi se créer là où on ne les attend pas. C'est notamment le cas dans les très grandes villes comme Paris. Parce que les jeunes médecins ont du mal financièrement à s'établir en ville, à trouver un cabinet de taille suffisante à des prix abordables. [...] Après les zones rurales et les grandes villes, le troisième type de désert médical, ce sont les banlieues pauvres. Il y a 40 fois plus de spécialistes pour 10 000 habitants dans le 7e arrondissement de Paris qu'à La Courneuve où il n'y en a que 1,6 pour 10 000 habitants.

Nina Schmidt, « Les déserts médicaux se créent aussi là où on ne les attend pas : entretien avec Emmanuel Vigneron », *Observatoire des inégalités*, août 2017.

3 La distance aux maternités

Cela faisait des mois que la rumeur sur la fermeture prochaine du service de maternité et de pédiatrie de l'hôpital de la ville courait à Bar-le-Duc (Meuse). [...] La nouvelle a finalement été confirmée par l'Agence Régionale de Santé (ARS) du Grand-Est mardi 4 juin : à compter de fin juin, les femmes enceintes devront se rendre à Saint-Dizier ou à Verdun pour accoucher, ce qui représente des trajets de respectivement 20 et 50 kilomètres environ. [...] Bien que l'ARS se veuille rassurante, en expliquant que 95 % de la population rattachée à l'hôpital de Bar-le-Duc vit à moins de 45 minutes des hôpitaux de Saint-Dizier ou de Verdun, cette fermeture pose de véritables questions d'accessibilité et de sécurité en cas d'urgence.

Capucine Delattre, « La fermeture prochaine de la maternité de Bar-le-Duc inquiète ses habitants », *Le Figaro*, juin 2019.

4 Les déserts médicaux

Pierre Mus, 25 ans, en septième année de médecine, youtubeur sous le nom de Dr Mus, et Patrick Laine, 69 ans, médecin généraliste à Saulnot, en Haute-Saône donnent leur avis sur les déserts médicaux.

Pourquoi les jeunes [médecins] ne viennent-ils pas [s'installer dans les déserts médicaux] ?

Dr Mus : C'est très compliqué pour un étudiant en médecine de s'installer dans une zone rurale. J'ai toujours habité en ville, toutes les écoles sont en ville et j'ai du mal à me projeter ailleurs qu'en ville. [...] Dans la ville où il travaille, le médecin ne va pas réussir à ramener des écoles, des transports et des commerces. Le problème est bien plus profond et existe depuis des années. [...] Je pense que le principal avantage à devenir généraliste dans une petite commune est que l'on crée une relation de confiance et souvent très forte avec les patients. [...] Mais il faut aussi accepter que tout le monde n'ait pas envie de ce type de relations avec ses patients.

Dr Patrick Laine : [...] Beaucoup croient aussi qu'il est difficile d'avoir une vie familiale et d'être médecin en territoire sous-médicalisé, mais c'est faux. Et les écoles doivent valoriser cet aspect du métier, si on menace les mauvais élèves en leur disant qu'ils finiront généralistes dans le Cantal, forcément les choses ne vont pas s'arranger.

Gwendal Kerbastard, « Désert médical, et maintenant on fait quoi ? Un médecin et un étudiant répondent », *Ouest-France*, mars 2019.

◄ Les autorités de la commune de Matignon (Côtes-d'Armor) ont placé un panneau pour tenter de trouver de nouveaux médecins.

5 Lutter contre les déserts médicaux

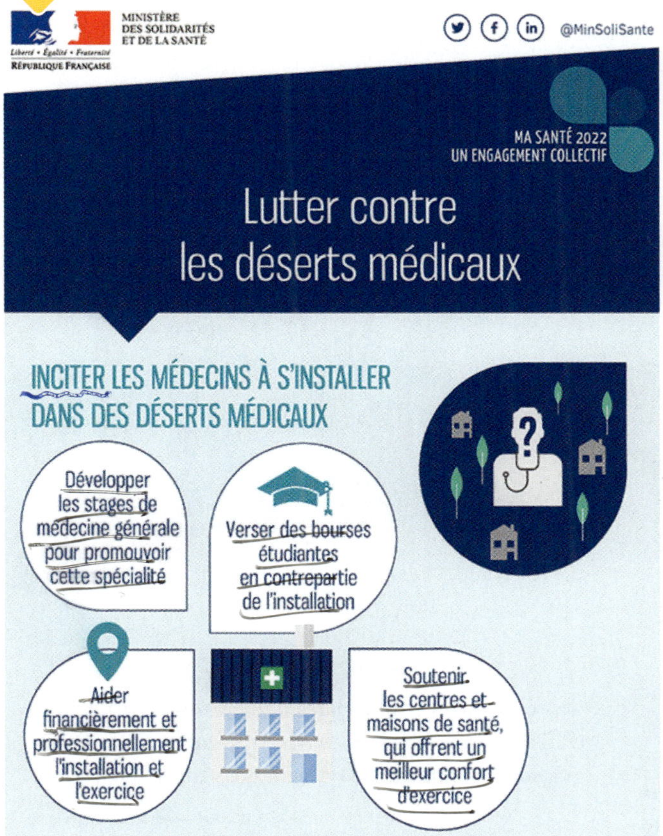

▲ Infographie du site du ministère des Solidarités et de la Santé, consulté en décembre 2020.

Numérique

Retrouvez un reportage sur les derniers jours d'un médecin de campagne sur LLS.fr/HG3Medecin.

Questions

Questionnement différencié sur LLS.fr/HG3P359

1. **Doc. 1** Quels sont les deux critères pris en compte pour parler de « désert médical » d'après cette carte ?
2. **Doc. 2** Identifiez trois espaces dans lesquels des déserts médicaux peuvent exister.

   > GUIDE
   - À quel type d'espace les déserts médicaux sont-ils traditionnellement associés ?
   - Quels sont les deux autres espaces touchés par ce phénomène ?
3. **Doc. 4** Identifiez deux raisons avancées par les médecins pour expliquer l'apparition de ces déserts médicaux.
4. **Doc. 2 à 4** Qui souffre de cette situation ?
5. **Doc. 5** Quelles mesures sont mises en place contre la désertification médicale ? Sont-elles incitatives ou obligatoires ?

Étude de cas 4

Les écoquartiers : vers un aménagement durable ?

Compétence J'analyse et je comprends des documents

L'aménagement d'écoquartiers, porté par le ministère de la Transition écologique, favorise de nouvelles façons de concevoir, construire et gérer la ville. Apparus en 2008 en France, les écoquartiers ont ainsi la particularité de promouvoir un mode de vie plus durable et plus respectueux de l'environnement.

Les écoquartiers sont-ils une solution pour rendre les villes durables ?

1 Qu'est-ce qu'un écoquartier ?

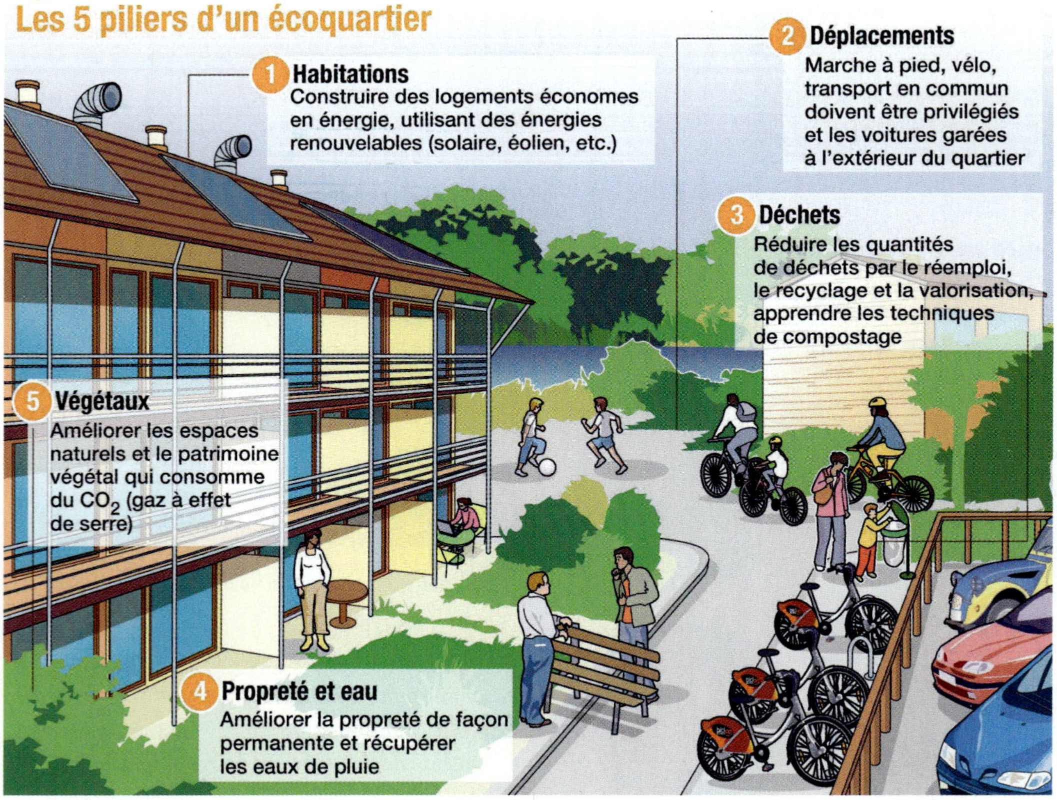

▲ Infographie de présentation d'un écoquartier, bondyblog.fr.

2 Un label national

Lancé en décembre 2012, le label ÉcoQuartier répond à l'objectif fixé par l'article 7 de la loi de programmation du 3 août 2009 relative à la mise en en œuvre du Grenelle de l'environnement. L'État a la mission d'encourager « la réalisation, par les collectivités territoriales, d'opérations exemplaires d'aménagement durable des territoires » et plus particulièrement des opérations d'ÉcoQuartier dans les territoires qui ont des « programmes significatifs de développement de l'habitat ».

Extrait du site du ministère de la Transition écologique, janvier 2021.

3 **Bonne (Grenoble), l'écoquartier à la française**

L'écoquartier de Bonne a reçu le Grand Prix national ÉcoQuartier en 2009.

4 La vie dans un écoquartier

L'écoquartier de la **ZAC** de Bonne à Grenoble est sorti de terre en 2009 grâce à l'aménagement d'une ancienne caserne militaire située à proximité du centre-ville. Véritable projet de rénovation urbaine, il dispose de 8 hectares, 850 logements , 5 000 m^2 de bureaux et 15 000 m^2 de commerces. Ses infrastructures comprennent un cinéma, un centre commercial et de nombreux espaces verts. [...]

La Haute qualité environnementale des bâtiments est au centre du projet. A la pointe en matière d'énergie renouvelable, le quartier s'approvisionne auprès d'une centrale photovoltaïque de 1 000 m^2… installée sur le toit du centre commercial ! Mais ce n'est pas tout : une attention particulière est portée sur les consommations d'eau, la gestion des déchets, la biodiversité et la mobilité. L'accès au centre-ville est un point fort du site : tram, vélo, voies piétonnes sont disponibles et permettent de réduire fortement l'usage de la voiture au quotidien.

D'un point de vue humain, l'écoquartier se veut multi-générationnel : aux côtés des immeubles, on y trouve une résidence pour personnes âgées, des écoles et une crèche. Le brassage social est moins évident car si 30 % d'habitat social est intégré au quartier, les prix au m^2 restent élevés et attirent essentiellement une population aisée. Les résultats sont là : des logements économes, des alternatives à l'automobile, un environnement sain et vert. Pourtant, l'évolution des pratiques collectives est plus longue que prévu au sein de l'écoquartier. En effet, l'adoption de nouveaux comportements dits « éco-responsables » par les habitants n'est pas systématique.

Gaëlle Brière, « 2 modèles d'écoquartiers inspirants qui rendent la ville écolo », *Youmatter*, juin 2017.

Numérique

Retrouvez une vidéo sur les écoquartiers sur LLS.fr/HG3Ecoquartiers.

Vocabulaire

Une ZAC : zone d'aménagement concerté, zone dans laquelle une collectivité publique décide d'intervenir pour réaliser l'aménagement et l'équipement de terrains.

Questions

Questionnement différencié sur LLS.fr/HG3P361

1. **Doc. 1 à 2** Proposez une définition d'un écoquartier.
2. **Doc. 1** Identifiez 3 objectifs principaux des écoquartiers.
3. **Doc. 2** Par quel moyen l'État encourage-t-il la construction d'écoquartiers ?
4. **Doc. 4** Pourquoi et comment les écoquartiers cherchent-ils à développer la mixité sociale et générationnelle ?
5. **Doc. 4** Identifiez deux limites au développement des écoquartiers.

› GUIDE
- Qui habite principalement dans ce quartier ?
- Quelle autre limite est citée à la fin du texte ?

Mise en perspective

L'organisation du territoire français

Compétences Je réalise un croquis ou une carte

Étape 1 : Je fais le bilan des études de cas

1. Faites le bilan des études de cas en complétant les deux premières colonnes du tableau. Pour la colonne « Objectifs », utilisez les mots suivants : promouvoir un mode de vie plus durable ; développer les transports ; développer le tourisme ; donner accès à des soins de qualité ; encourager la mixité sociale et générationnelle ; dynamiser une ancienne région industrielle ; réduire les inégalités.

Exemple(s) d'aménagement	Territoire	Acteurs impliqués	Objectifs
Le Louvre-Lens	....	....	› .... › ....
Les transports en commun en Île-de-France	....	....	› .... › ....
Les maternités, les CHU	....	....	› ....
Les écoquartiers	....	....	› .... › ....

2. Sur le site Internet de votre région, effectuez une recherche pour répondre aux questions suivantes.

- › Quel grand projet d'aménagement est financé par votre région ?
- › Présentez ce projet à la classe : objectif(s), nature, financement, acteurs qui l'ont pensé et financé. Précisez à qui il est destiné.

- › Qui sont les conseillers régionaux qui gèrent votre région ?
- › Quel est le budget de votre région ?
- › Quelles sont les principales dépenses ?

Étape 2 : Je mets en perspective à l'échelle nationale

Afin de mémoriser la carte ci-contre, entraînez-vous à la reproduire en vous aidant du point méthode ci-dessous.

Méthode : À la découverte du langage cartographique

On distingue trois types de figurés :

- **Les figurés de surface** (aplats de couleur) servent à représenter une surface ou une zone (par exemple, un pays, un espace touristique, etc.).
- **Les figurés ponctuels** (points, carrés, symboles) servent à situer un lieu ou à représenter une information dont la localisation est ponctuelle (par exemple, une ville, un port, une crise, etc.).
- **Les figurés linéaires** (lignes et flèches) servent à représenter des frontières, des fleuves, des voies de communication, des échanges (par exemple, des flux migratoires ou des flux de marchandises).

La hiérarchie :

- Pour montrer une hiérarchie (par exemple des villes plus ou moins importantes), on utilise des dégradés de couleur ou des formes plus ou moins épaisses.

\- + \- +

1 L'organisation du territoire français

carte interactive

Un territoire organisé par les métropoles
- Paris et la région Île-de-France
- Métropoles régionales
- Technopoles : des territoires de l'innovation

Un territoire inégalement attractif
- Espaces les plus attractifs pour les habitants et les entreprises
- Espaces dynamiques
- Espaces peu attractifs, à dominante rurale
- Espaces industriels en reconversion

Un territoire ouvert sur l'Europe et le monde
- Principaux axes de transport ouverts sur l'espace européen
- Principaux axes à l'échelle nationale
- Espaces transfrontaliers attractifs
- Aéroports
- Ports

Guide de lecture

- La **métropole parisienne** est le principal pôle de l'organisation du territoire français. Les **littoraux** et les **espaces frontaliers** sont de plus en plus attractifs. Le territoire français est fortement intégré à l'espace européen et à l'espace mondial.
- Les **inégalités** se creusent entre les espaces les plus attractifs et les espaces en marge (à dominante rurale ou espaces industriels en reconversion).
- Des **politiques d'aménagement du territoire** sont mises en place pour réduire ces déséquilibres et inégalités.

Leçon

Aménager pour répondre aux inégalités

Compétence Je révise mes repères géographiques

A. Un territoire marqué par des inégalités croissantes

› Les activités économiques se concentrent dans les grandes aires urbaines. Ces espaces reçoivent la majorité des investissements, notamment des investissements étrangers. Cela se traduit dans les paysages, avec les **aménagements** des quartiers d'affaires et des voies de communication.

› De nombreux espaces sont moins intégrés au reste du territoire. Les inégalités se voient à l'échelle nationale, mais aussi à l'échelle locale. Les habitants des zones rurales n'ont pas accès aux mêmes services et aux mêmes infrastructures que ceux des villes **(étude de cas 3)**.

› Face à ces inégalités, des mesures sont prises à l'échelle locale, comme la **politique de la ville** dans les zones urbaines **(étude de cas 4)**.

▲ L'A63 dans les Landes.

B. Les nouveaux acteurs de l'aménagement

› L'État a longtemps défini de grandes **politiques d'aménagement du territoire**. Depuis les lois de **décentralisation** en 1982-1983, son rôle dans les politiques d'aménagement du territoire se réduit.

› Le poids des acteurs locaux se renforce. Les **collectivités territoriales** (régions, départements, communes) cherchent à attirer des habitants et des entreprises et n'hésitent plus à faire le pari d'installer de grands aménagements culturels sur leur territoire **(étude de cas 1)**. Différents acteurs s'affrontent parfois autour de projets d'aménagement. Les collectivités cherchent également à développer des aménagements plus respectueux de l'environnement et socialement viables, notamment en matière de transport et de logement **(étude de cas 4)**. Elles promeuvent ainsi des aménagements durables.

› L'Union européenne joue également un rôle important dans l'aménagement du territoire en France par des subventions, ainsi que par des aides pour développer l'emploi.

C. Du rééquilibrage à la compétition entre les territoires

› La mondialisation renforce les inégalités entre les territoires. Afin de permettre l'installation des firmes transnationales et de faire face à la concurrence internationale, l'aménagement favorise la concentration des activités dans un nombre réduit de lieux (métropoles, **pôles de compétitivité**) **(étude de cas 2)**.

› Dans le même temps, les acteurs de l'aménagement du territoire continuent à essayer de fournir un niveau de service équitable à la population sur le reste du territoire **(doc. 5 p. 359)**.

Numérique
Retrouvez une vidéo pour réviser sur LLS.fr/HG3Synthese15

Je retiens

- **Des espaces bien intégrés : les grandes aires urbaines**
- **Des espaces moins intégrés : les zones rurales**
- **Politique de la ville**
- **Rôle de l'État dans l'aménagement du territoire**
- **Rôle accru des collectivités territoriales**
- **Rôle de l'UE**
- **Renforcement des inégalités entre les territoires avec la mondialisation**
- **Concentration des activités dans les pôles**
- **Aménager pour réduire les inégalités**

Je révise ma leçon

› Je retiens les chiffres importants

1 514

C'est le nombre de quartiers défavorisés aidés par la politique de la ville en 2020.

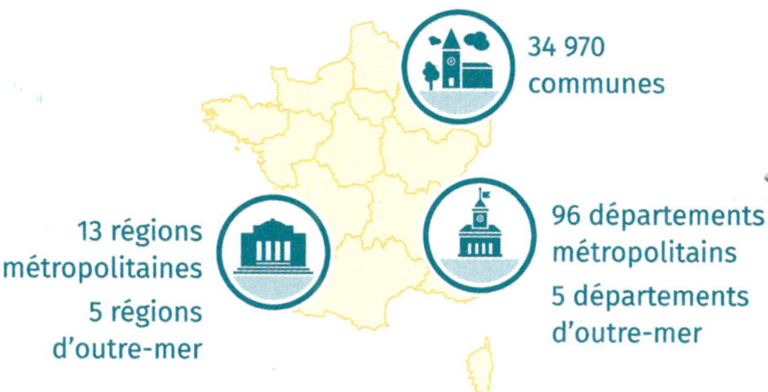

Vocabulaire

Un aménagement : action qui consiste à transformer l'espace pour répondre aux besoins des habitants.

Les collectivités territoriales : régions, départements et communes. Elles ont des compétences (pour exercer un pouvoir de décision) et un budget.

La décentralisation : transfert de certaines compétences de l'État aux collectivités locales ou territoriales. Régions, départements et communes peuvent alors prendre des décisions au niveau local.

Un pôle de compétitivité : rassemblement, sur un territoire identifié et sur une thématique ciblée d'entreprises, de laboratoires de recherche et d'établissements de formation.

La politique d'aménagement du territoire : ensemble de mesures pour organiser la répartition des hommes, des activités et des équipements sur un espace.

La politique de la ville : politique mise en place par les pouvoirs publics dans les quartiers défavorisés pour réduire les inégalités.

Je révise avec un schéma

Téléchargez ce schéma sur LLS.fr/HG3Schema15

Je teste mes connaissances

Pour chaque question, il y a une ou plusieurs réponses correctes. Testez-vous sur LLS.fr/HG3Quiz15

Je m'exerce pour le brevet

Compétence Je pratique différents langages

Exercice 1 • Je maîtrise des notions clés du chapitre

Reliez chaque acteur à la bonne proposition.

L'Union européenne •	• **a.** Au nombre de 101 (96 en métropole et 5 en outre-mer), ils s'occupent des transports et de l'éducation (collège).
L'État •	• **b.** On en compte près de 35 000.
Les régions •	• **c.** Leur nombre a été réduit à 13 (en métropole) le 1er janvier 2016.
Les départements •	• **d.** Délègue des compétences d'aménagement, par les lois de décentralisation.
Les communes •	• **e.** Finance de nombreux aménagements dans les régions des États membres.

Exercice 2 • Je maîtrise le vocabulaire du chapitre

Complétez la grille de mots croisés.

1. Transfert de compétences de l'État vers les collectivités territoriales.
2. Ville qui concentre des activités de haute technologie.
3. Transformation de l'espace pour répondre aux besoins des habitants.
4. Changement d'activité d'un territoire.
5. Ville qui concentre des fonctions de commandement.

Exercice 3 • Les acteurs de l'aménagement du territoire en France

Complétez l'organigramme avec les principaux acteurs de l'aménagement du territoire en France.

L' .... définit les grandes orientations de l'aménagement en France

↓

Les .... voient leur rôle se renforcer dans l'aménagement ces dernières années

↓

- La .... gère le développement économique et les lycées
- Le .... gère le développement social et les collèges
- Les .... gèrent les services quotidiens aux habitants et les écoles

Numérique
Téléchargez l'organigramme sur LLS.fr/HG3Organigramme.

Compétence J'utilise des informations numériques et j'exerce mon esprit critique

J'apprends en déterminant le trajet d'une ligne à grande vitesse (LGV) !

ÉTAPE 1 Découvrir le jeu « Des territoires, une voie » (tracé LGV)

1. Suivez le lien vers le jeu à télécharger.
2. Sélectionnez le mode élève et renseignez le mot magique transmis par le professeur ou utilisez celui pré-rempli (amstramgram).

Numérique

Retrouvez le lien vers le jeu à télécharger sur LLS.fr/HG3Jeu.

ÉTAPE 2 Tracer sa ligne LGV en essayant de satisfaire les différents acteurs

1. Veillez à suivre l'évolution de la satisfaction des acteurs : la couleur du *smiley* en haut à gauche vous indique leur niveau de satisfaction (vert ou rouge).
2. N'oubliez pas qu'il existe différents types d'acteurs. Certains ont des besoins spécifiques et peuvent poser un veto : il est impossible de négocier avec eux. D'autres sont des acteurs locaux avec qui il est possible de dialoguer et de proposer des solutions.
3. Appuyez-vous sur le glossaire en haut à droite, si vous ne connaissez pas certains mots.

À lire

Etienne Davodeau, *Rural ! Chronique d'une collision politique*, Delcourt, 2001

Cette BD-reportage raconte la vie d'une zone tranquille de la campagne française... jusqu'au jour où les habitants et agriculteurs apprennent qu'une autoroute va bientôt traverser leurs champs !

À voir

Géraldine Nakache et Hervé Mimran, *Tout ce qui brille*, 2010

Ely et Lila vivent dans la banlieue parisienne à dix minutes de RER de Paris. Le film évoque les inégalités socio-spatiales à travers l'histoire de ces deux amies.

Thomas Lilti, *Médecin de campagne*, 2016

Jean-Pierre est le seul médecin de son village. Lorsqu'il tombe malade, Nathalie, médecin à l'hôpital, s'occupe de ses patients et découvre son quotidien.

L'engagement citoyen et l'écologie

Compétences L'engagement : je comprends le sens de l'engagement et des responsabilités
La sensibilité : j'identifie et j'exprime mes sentiments et mes émotions en les régulant

TÂCHE À RÉALISER

Dans ce chapitre de géographie, vous avez appris que l'aménagement du territoire est l'affaire de tous, État, citoyens et collectivités locales. Dans ce dossier, vous allez découvrir les différents domaines dans lesquels des personnes s'engagent pour faire avancer les questions écologiques. À vous ensuite d'en choisir un et de préparer une campagne pour sensibiliser vos camarades et faire évoluer les comportements sur ce sujet.

ÉTAPE 1 Découvrir les différents sujets pour lesquels s'engager

Doc. 1 à 4

1. Examinez chaque document et trouvez dans quel domaine se situe l'engagement écologique :
   - de quoi s'agit-il ?
   - quel est le but de cette action ?
   - à quel nouveau comportement cela doit-il aboutir ?

1 « We Act for Good » : une application pour changer au quotidien

2 Aller vers le « zéro déchets »

Quelle est la règle des 5 R ?

La règle des 5 R est une recommandation de mode de vie écologique popularisée par Béa Johnson. Elle consiste à :

- Refuser ce dont on n'a pas besoin
- Réduire ce dont on a besoin
- Réutiliser ce qu'on peut réutiliser, transformer…
- Recycler
- Composter (« to rot » en anglais)

Bien s'organiser pour ne plus produire de déchets

Pour [Nina], consommer sans produire de déchets, c'est surtout une question d'organisation : « Quand j'achète des choses, je ne les achète que parce que j'en ai réellement besoin. J'achète tous mes fruits et légumes au marché, en bio ; tous les produits secs, je les achète en vrac. Par exemple, pour acheter de la viande ou du fromage, je vais chez les commerçants avec mes propres contenants. »

Les alternatives aux emballages jetables

Dans la cuisine de Nina, les emballages jetables sont proscrits. À la place, elle utilise des bocaux, des sachets en toile, des bouteilles en verre ou encore du tissu ciré. Ce qui peut être réutilisé l'est, même les épluchures […]. Pour réduire ses déchets au maximum, Nina a aussi décidé de faire du compost, chez elle […].

En moyenne, les Français produisent 354 kilos d'ordures ménagères par an et par habitant.

« Le *zero waste*, un mode de vie en vogue », *Lumni.fr*, novembre 2019.

ÉTAPE 2 Choisir un sujet et mener des recherches

Doc. 1 à 4

1. Seul ou à plusieurs, choisissez le sujet sur lequel vous souhaitez approfondir vos recherches.
2. Menez des recherches sur Internet sur votre sujet. Utilisez deux ou trois sites fiables, et prélevez les informations qui vous semblent importantes en notant soigneusement vos sources.

ÉTAPE 3 Mener une campagne de sensibilisation

1. Choisissez un support pour votre campagne de sensibilisation : affiche, poster, flyer, discours, BD, etc.
2. Sélectionnez les informations que vous allez mettre en avant dans votre campagne, pour convaincre vos camarades de changer certains comportements (chiffres, slogan, etc.).
3. Votre document doit être très visuel, comporter quelques slogans ou phrases « choc » ou chiffres qui font réfléchir.

3 Manifestation contre un projet d'éoliennes dans la baie de Saint-Brieuc

4 Changer sa façon de se déplacer

Contrairement aux idées reçues, le plus mauvais élève n'est pas l'avion, mais bien la voiture individuelle. Elle est à l'origine de 53,1 % des émissions de GES[1] en France, en 2014. Et pour cause : près des trois quarts des trajets quotidiens, même les plus courts, sont parcourus en voiture. [...] Mais les citoyens ne peuvent pas agir seuls. Les pouvoirs publics ont un rôle de premier plan dans la modification des comportements collectifs en matière de mobilité : offre de transports alternatifs, aménagement de la voirie et du stationnement en faveur des modes actifs, leviers fiscaux pour diminuer l'usage de la voiture, là où d'autres mobilités sont possibles… Le mot-clef est multimodalité[2] !

Marion Dugrenier, « Actions pour lutter contre le réchauffement climatique », *Kaizen Magazine*, juillet 2019.

1. Gaz à effet de serre, qui contribue au réchauffement climatique.
2. Utilisation de plusieurs moyens de transport différents.

Je retiens l'essentiel

- **L'engagement écologique peut être individuel, en changeant ses comportements au quotidien, en matière d'alimentation, de chauffage, de déplacement, d'habitudes de consommation, etc.**
- **Il mobilise aussi des groupes de citoyens, à travers des actions menées collectivement.**
- **L'État et les pouvoirs publics ont un rôle majeur à jouer pour encourager la lutte contre le réchauffement climatique. En 2004, la charte de l'environnement a été ainsi ajoutée à la Constitution.**

Sujet guidé

Exercice 1 • Analyser et comprendre des documents

1. **Doc. 1** Présentez les deux cartes : que représentent-elles et à quelle date ?
2. **Doc. 1** Décrivez les évolutions attendues en 2050 sur le territoire métropolitain.
3. **Doc. 2** Selon ce scénario, quels effets le réchauffement climatique aurait-il sur les espaces agricoles et touristiques ?
4. **Doc. 1 et 2** Les données présentées par cette carte sont-elles sûres ? Pourquoi ?
5. **Doc. 1 et 2** À l'aide des documents et de vos connaissances, expliquez ce qu'est la prospective et son intérêt pour l'aménagement du territoire.

1 Le territoire français face au changement climatique

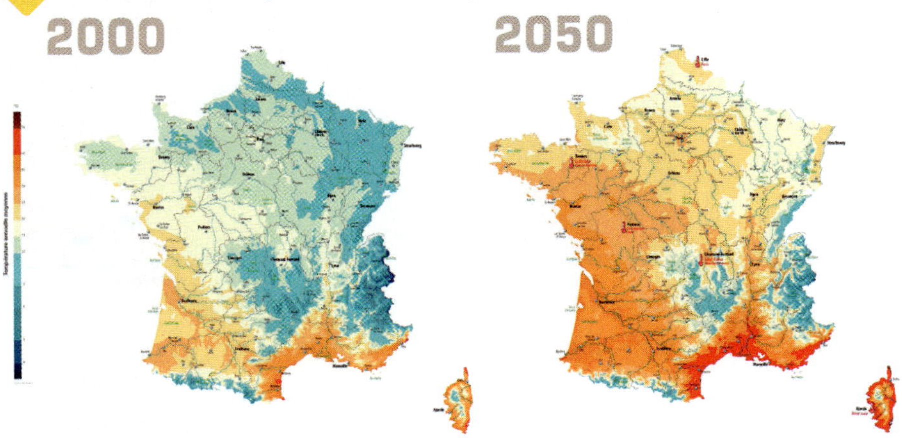

◂ Cartes issues de *Territoires 2040*, programme de prospective conduit de 2009 à 2012 par la Délégation interministérielle à l'aménagement du territoire et à l'attractivité régionale (Datar), 2012. La première carte montre les températures moyennes enregistrées en 2000. La deuxième carte est une projection des températures en 2050.

2 La prospective : la France en 2050

Ces cartes doivent être lues avec précaution. En effet, elles sont bâties à partir d'un des scénarios possibles [...] et sur la base de simulation climatique. [...] Les éléments ci-après figurent un scénario possible. En 2050, le paysage agricole français a évolué [...]. Les zones favorables à la viticulture se sont accrues au nord du pays. [...] Le tourisme hivernal est concerné au premier chef par le réchauffement climatique. En effet, la hausse des températures moyennes saisonnières a un impact non négligeable sur l'enneigement.

D'après *Des images de la France en l'an 2040*, Datar, 2012.

Méthode : Analyser un document de prospective

La prospective est la démarche qui consiste à anticiper et à élaborer des scénarios pour le futur.

- Relevez la date du scénario.
- Prêtez attention à la source : est-ce un géographe, un organisme officiel, tel que la Datar en France (organisme chargé d'élaborer les politiques d'aménagement du territoire), un média ou une source inconnue (auquel cas il faut se méfier du scénario, peut-être douteux) ?
- Décryptez les figurés utilisés et le vocabulaire employé. Ils sont parfois complexes pour représenter visuellement une réalité qui n'existe pas encore.

Exercice 2 • Maîtriser différents langages

Sous la forme d'un développement construit d'une vingtaine de lignes, décrivez les inégalités qui existent entre les territoires français et les actions pour les compenser.

› GUIDE
- Utilisez des exemples d'inégalités économiques, sociales ou d'accès aux équipements publics.
- Présentez les acteurs et les outils de l'aménagement.

Exercice 1 • Analyser et comprendre des documents

1. **Doc. 1** Décrivez et expliquez la répartition des pôles de compétitivité sur le territoire français.
2. **Doc. 2** Proposez une définition d'un pôle de compétitivité.
3. **Doc. 2** Quel est le bilan du pôle Cosmetic Valley ?
4. **Doc. 2** D'après la source, quel regard critique pouvez-vous porter sur ce texte ?
5. **Doc. 1 et 2** À l'aide des documents et de vos connaissances, montrez que la politique des pôles de compétitivité a des effets bénéfiques sur certains espaces, mais qu'elle ne dynamise pas l'ensemble du territoire.

1 Les pôles de compétitivité en France

2 Le rôle des pôles de compétitivité

Le label « pôle de compétitivité » est décerné par l'État à des projets réunissant plusieurs acteurs : des entreprises, des centres de recherche, des universités. L'objectif est de favoriser l'innovation. Par exemple, la Cosmetic Valley est un pôle centré sur le développement de cosmétiques et de parfums innovants. Son périmètre d'action s'étend sur trois régions : Centre, Île-de-France, Haute Normandie. Le pôle permet la collaboration de grandes entreprises comme Guerlain ou L'Oréal, et d'universités. Les acteurs du pôle revendiquent la création de plus de 3 000 emplois.

D'après le site Internet du pôle de compétitivité Cosmetic Valley, 2016.

Exercice 2 • Maîtriser différents langages

1. Sous la forme d'un développement construit d'une vingtaine de lignes et en vous appuyant sur l'étude de cas vue en classe, présentez un aménagement local ou régional.
2. Localisez et nommez sur la carte un grand port et trois villes disposant d'un aéroport majeur.
3. Complétez la légende de la carte.

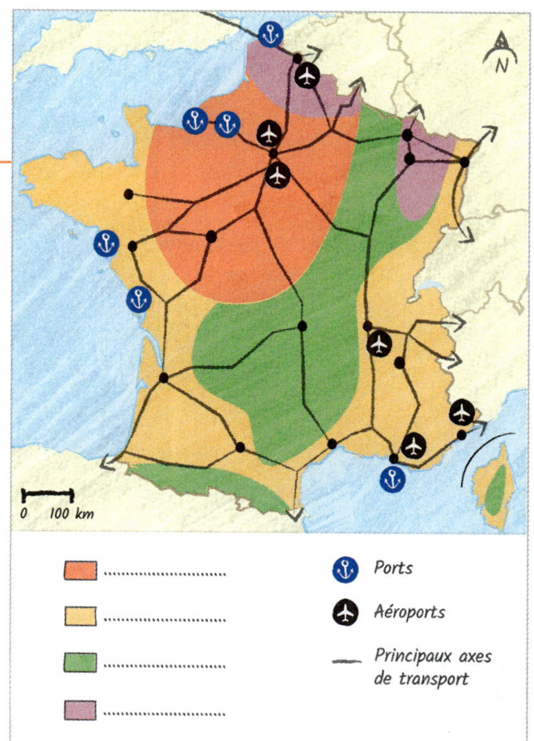

Numérique
Retrouvez le fond de carte à télécharger sur LLS.fr/HG3Cartes.

Chapitre 16

Aménager les territoires ultramarins

THÈME II. Pourquoi et comment aménager le territoire ?

AMÉNAGER LE TERRITOIRE

AMÉNAGER LES TERRITOIRES ULTRAMARINS

Douze territoires, majoritairement des îles, composent les espaces ultramarins français. Près de 2,6 millions d'habitants y vivent. Les acteurs de l'aménagement prennent en compte leurs particularités pour permettre un développement durable de ces territoires aux contraintes spécifiques.

Quels sont les enjeux d'aménagement dans les territoires ultramarins ?

Quiz

1. Quel est l'objectif de l'aménagement du territoire ?
   a. Planifier le développement des espaces ruraux en crise
   b. Concentrer les services publics et les équipements dans les villes
   c. Doter le territoire d'équipements et fournir des services publics, tout en réduisant les inégalités

2. Quels sont les principaux acteurs de l'aménagement du territoire en France ?
   a. Les habitants
   b. Les entreprises
   c. L'État, les collectivités territoriales et l'Union européenne

3. Citez un territoire ultramarin français.

Numérique

Retrouvez un parcours numérique pour préparer la certification PIX sur LLS.fr/HG3PIX16.

Dans ce chapitre je vais

- Localiser et situer les territoires ultramarins français.
- Expliquer l'organisation des territoires ultramarins.
- Identifier les difficultés d'aménagement de ces territoires.

Géographie et chanson

Zouk la sé sel medikaman nou ni est une chanson du groupe guadeloupéen Kassav', sortie en 1984. C'est l'une des premières chansons en créole guadeloupéen, qui s'exportera en France métropolitaine et participera à faire connaître le genre musical du zouk.

◄ Un quartier de Pointe-à-Pitre

Pointe-à-Pitre et son agglomération (Pointe-à-Pitre-Les Abymes) est le principal pôle urbain de la Guadeloupe. Elle rassemble plus de 60 % des habitants de l'archipel. Dans le cadre des programmes de l'Agence Nationale de Rénovation Urbaine (ANRU), financés par les fonds nationaux et européens, la ville de Pointe-à-Pitre a lancé plusieurs opérations de rénovation urbaine. La Direction de l'Environnement, de l'Aménagement et du Logement de Guadeloupe pilote ces différents projets.

Étude de cas 1

L'aménagement du territoire sur l'île de la Réunion (1/2)

Compétence J'analyse et je comprends des documents

L'île de la Réunion est un territoire français situé dans l'océan Indien, à plus de 9 000 km de Paris. L'isolement, le relief, les risques sismiques et volcaniques sont des **contraintes** importantes pour les habitants de l'île. Malgré ces contraintes, l'État doit proposer les mêmes services à la population qu'en **métropole** : c'est le principe de **continuité territoriale**.

Quelles sont les spécificités de l'île de la Réunion ?

1 Habiter l'intérieur de l'île : l'îlet de Marla (Mafate)

Le cirque de Mafate, où habitent 700 habitants, est accessible uniquement à pied ou en hélicoptère. Le Piton des Neiges (3 069 m) domine les trois cirques de Cilaos, Salazie et Mafate.

Vocabulaire

La continuité territoriale : principe visant à fournir les mêmes prestations et les mêmes services, notamment en matière d'aménagement, à tous les habitants d'un territoire.
Une contrainte : élément qui limite les activités humaines.
Un cyclone : très forte tempête en zone tropicale.
La métropole : ici, désigne le territoire continental français.

2 Des contraintes spécifiques

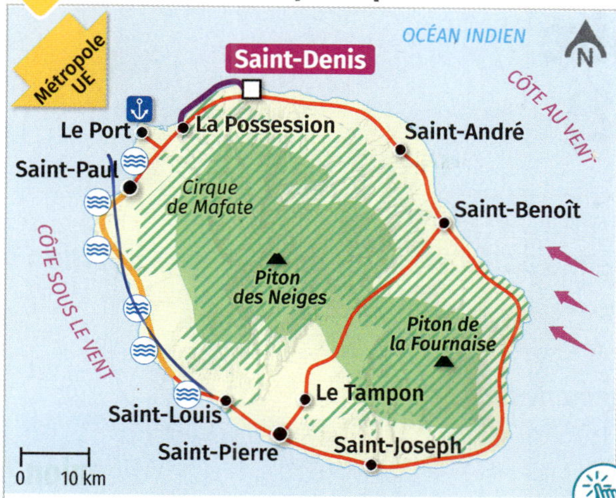

Les contraintes d'une île volcanique tropicale

- Volcan actif
- Alizés
- Altitude supérieure à 1 000 m

Des aménagements tournés vers le littoral

- Ville littorale
- Saint-Denis Chef-lieu
- Port
- Axes de transport principaux
- Route des Tamarins
- Nouvelle Route du Littoral
- Tourisme balnéaire

Des volontés de rééquilibrage

- Aides
- Tourisme vert (Parc national et réserves)

▲ L'île est formée de deux volcans dont le Piton de la Fournaise, particulièrement actif. Pendant la saison humide, l'île tropicale reçoit des pluies très importantes. De décembre à avril, elle est également touchée par les **cyclones**.

3 Le Piton de la Fournaise : un volcan actif

Avec plus de 250 éruptions observées depuis l'occupation humaine de l'île, au milieu du XVIIe siècle, le Piton de la Fournaise se révèle être un des volcans les plus actifs de la planète. Son activité se poursuit de nos jours avec autant d'intensité. Les éruptions se cantonnent pour l'essentiel dans la caldeira[1] de l'Enclos Fouqué. Lorsqu'elles surgissent exceptionnellement hors de ce chaudron de feu, elles peuvent affecter les populations locales, voire détruire leurs lieux de vie. Au-delà de ces drames, le volcan fascine : les projections et coulées de lave sont de véritables spectacles de feu qui attirent les foules. [...] Quelques coulées de lave atteignent l'océan et agrandissent l'île à cette occasion, dans des ambiances surnaturelles.

Extrait du site du Parc national de La Réunion, décembre 2020.

1. Cratère volcanique géant.

▲ Éruption du Piton de la Fournaise, 2015.

4 Port Réunion, poumon économique de l'île

Le Grand Port Maritime de La Réunion constitue un site stratégique majeur pour l'île, que ce soit concernant les importations et les exportations indispensables au fonctionnement de l'économie, mais aussi compte tenu de la zone d'activité qu'il représente et des emplois qu'il génère. Le complexe industrialo-portuaire de La Réunion rassemble en effet environ 350 entreprise et 4 500 emplois directs, dont la moitié se concentrent dans les activités maritimes (manutention de marchandise pour le trafic local et transbordement). Le secteur public (notamment militaires, douaniers et salariés) représente 17 % des emplois.

Extrait du site habiter-la-reunion.re, 2020.

Questions

Questionnement différencié sur LLS.fr/HG3P375

1. **Carte p. 382** Localisez l'île. Situez-la par rapport à la France. À quelle distance de la métropole se trouve-t-elle ?
2. **Doc. 1 et 2** Identifiez au moins deux contraintes pour les habitants de l'île.
3. **Doc. 1 et 2** Pourquoi la population est-elle principalement concentrée sur le littoral ?
4. **Doc. 3** Comment la contrainte volcanique peut-elle devenir un atout pour le territoire ?
5. **Doc. 4** Pourquoi ce port est-il important pour la Réunion ?
   › GUIDE
   - Identifiez les activités liées au port.
   - Relevez les chiffres qui témoignent de cette importance.

Étude de cas 1

L'aménagement du territoire sur l'île de la Réunion (2/2)

Compétence J'analyse et je comprends des documents

Quels acteurs interviennent dans l'aménagement de l'île de la Réunion ?

5 La Nouvelle Route du Littoral (NRL), un aménagement contesté

Cet axe de deux fois trois voies reliant Saint-Denis à La Possession, sur une partie en viaduc à 20 m au-dessus de la mer, est décrié par les écologistes en raison de ses conséquences sur l'environnement et de son coût croissant de plus de 2 milliards d'euros lié aux difficultés à mener à bien le chantier. [...]

Lancé en 2014, le chantier, qui est réalisé à 80 % selon la région, aurait dû être livré en 2020. Selon [le vice-président de la collectivité], la route n'entrera pas en service, en raison des retards, « au moins avant la fin 2024 ». La collectivité a acté l'idée d'ouvrir d'ici à la fin 2021 la première tranche de la route, soit 8 km comprenant le viaduc entre Saint-Denis et La Grande Chaloupe. [...] « Les Réunionnais ne comprendraient pas que 8 km de route soient terminés et pas mis en service », explique le vice-président. La NRL doit permettre aux Réunionnais de passer moins de temps dans les embouteillages et de fermer l'actuelle route qui longe la falaise. Un axe vital pour l'économie de l'île avec, en moyenne, plus de 66 000 véhicules par jour. Mais, depuis sa mise en service en 1976, 22 automobilistes ont été tués par des éboulements.

Jérôme Talpin, « À La Réunion, un accord trouvé pour terminer le chantier de la route du littoral », *Le Monde*, août 2020.

◀ L'ancienne route côtière fréquemment touchée par des éboulements.

◀ Une nouvelle route au coût financier et écologique élevé.

6 Les projets de rénovation urbaine

Les fractures sociales sont fortes à la Réunion. L'île compte 41 quartiers prioritaires dont les habitants bénéficient des actions de la politique de la ville.

Les quartiers de Bois d'Olive, le Gol, Vauban, Beaufonds, Ariste Bolon ou encore le centre-ville de Saint-André vont bientôt subir de profondes transformations. Ils entrent dans le cadre de la deuxième phase de l'ANRU[1] qui a pour objectif l'amélioration et la diversification des conditions de vie des habitants. Les logements, individuels ou collectifs, diagnostiqués comme vétustes seront ainsi réhabilités. Un aménagement urbain, incluant la mise en place d'infrastructures scolaires, d'espaces verts aménagés et des modes de transports doux, accompagne chaque projet.

Indranie Petiaye, « Six quartiers de l'île en voie de rénovation urbaine », *France info*, février 2019.

1. Agence nationale pour la rénovation urbaine, chargée de rénover les quartiers de la politique de la ville.

7 La rénovation du quartier Ariste Bolon

▲ Plaquette de présentation de la rénovation du quartier Ariste Bolon, dans la ville du Port.

Vocabulaire

Un acteur : en géographie, groupe humain qui agit sur l'espace.

La politique de la ville : politique mise en place par les pouvoirs publics dans les quartiers défavorisés pour réduire les inégalités.

8 Un territoire français lointain

	La Réunion	Métropole
Population	853 659 habitants soit 1,3 % de la population française	65 millions d'habitants
Densité	341 hab./km²	120 hab./km²
Part des moins de 20 ans dans la population	31 %	24 %
Taux de chômage	21 %	7,9 %
PIB/habitant	21 000 €	32 900 €
Écart des prix avec la métropole	+ 7,1 %	–
Taux de pauvreté	38 %	14,5 %

▲ Source : INSEE, 2017 et 2019.

Questions

Questionnement différencié sur LLS.fr/HG3P377

6. **Doc. 5** Quels sont les objectifs de la Nouvelle Route du Littoral ?
7. **Doc. 5** Quels sont les deux aspects du projet qui suscitent des critiques ?
8. **Doc. 6 et 7** Qui est concerné par ce projet ?
9. **Doc. 6 et 7** Comment ce projet va-t-il améliorer leur quotidien ?
10. **Doc. 8** Relevez deux indicateurs qui témoignent des inégalités entre la métropole et la Réunion.
11. **Doc. 1 à 8** Présentez les enjeux et les acteurs de l'aménagement de l'île de la Réunion.

Menez l'enquête

Les aménagements touristiques en Guadeloupe

Tâche à réaliser

La Guadeloupe est un **archipel** français situé dans les Caraïbes, à environ 6200 km de la métropole. Vous travaillez pour l'agence de voyage Terres d'outre-mer. Vous êtes chargé de réaliser une brochure touristique présentant à vos clients les atouts de la Guadeloupe.

ÉTAPE 1 Présenter le territoire

Doc. 1 et carte p. 383

1. Quelles sont les principales activités touristiques possibles en Guadeloupe ?
2. Citez différents atouts de l'île pour le tourisme.

1 Les atouts de la Guadeloupe pour le tourisme

Sainte-Anne (Guadeloupe). ▶

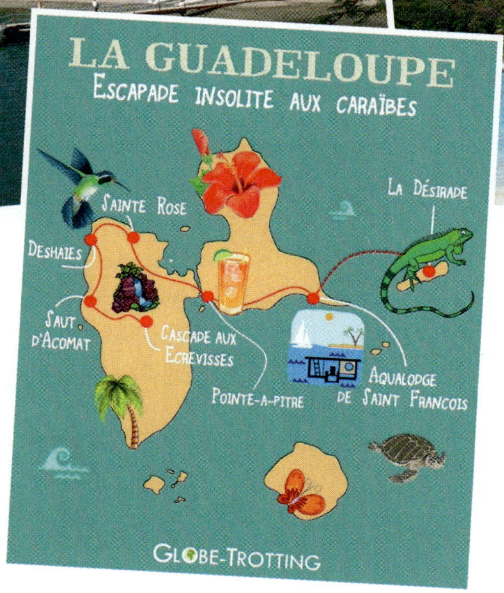

	Guadeloupe
Superficie	1628 km2
Population	390253 hab.
Densité	240 hab./km2
Part des moins de 20 ans	31 %
Taux de chômage	21 %
PIB/habitant	24027 €

▲ Source : INSEE, 2017 et 2019.

ÉTAPE 2 Valoriser le patrimoine naturel

Doc. 2

1. Identifiez le type de protection appliqué à cet espace et l'acteur qui lui correspond (État ou région).
2. Comment allez-vous valoriser la faune, la flore et le label de Parc national dans votre brochure ?

2 Le Parc national de la Guadeloupe

Page d'accueil du Parc national de la Guadeloupe, décembre 2020.

ÉTAPE 3 Développer l'activité de croisière

Doc. 3

1. Quelle visite pouvez-vous proposer dans votre circuit ?
2. Identifiez l'activité que le projet Karukera Bay cherche principalement à développer.

Numérique

Pour raconter les étapes de votre voyage, utilisez l'outil *Ma carte narrative* de l'IGN ! Retrouvez le tutoriel sur LLS.fr/HG3MaCarteNarrative.

Vocabulaire

Un archipel : ensemble d'îles disposées en groupe.

3 Le projet Karukera Bay

Le projet est grandiose. Rien de moins que la métamorphose du front de mer de Pointe-à-Pitre, une réhabilitation de « la porte d'entrée de l'île ». Il fallait pour cela un plan global et ambitieux. Appelé Karukera Bay, il porte l'ambition d'une vision, d'un schéma de développement économique du front de mer dont a besoin le développement de la croisière dans l'archipel. [...] L'activité croisière est en pleine expansion dans la zone caraïbe. [...] La Guadeloupe doit donc renforcer sa position sur le marché d'autant que le développement touristique durable est un objectif prioritaire des politiques publiques pour les outre-mer. [...] La darse[1], cœur historique portuaire de Pointe-à-Pitre sera réaménagée pour être reliée par une voie piétonne au Mémorial ACTe[2], au nouveau marché, au Yacht Club ainsi qu'à la nouvelle zone commerciale. [...]. La Promenade, principal lieu d'amarrage des bateaux de croisière, donne sur la vieille ville et accueille les touristes descendant des paquebots. Ses équipements vieillissants seront transformés et feront d'elle le centre touristique de la ville en liaison directe avec le centre-historique et le front de mer.

Nelly Bouveret, « Karukera Bay, un nouveau souffle pour l'archipel », ewag.com, avril 2018.

1. Bassin d'accueil des cargos.
2. Lieu dédié à la mémoire de l'esclavage, inauguré en 2015.

BRAVO !

En menant cette enquête, j'ai appris à :

- Analyser et comprendre un document
- Travailler en groupe, en équipe

Étude de cas 2

Les enjeux de l'aménagement du territoire en Guyane

Compétence J'analyse et je comprends des documents

À 7000 km de la métropole, la Guyane, région d'outre-mer nichée à la frontière nord de la forêt amazonienne entre le Suriname et le Brésil, doit faire face à de nombreuses problématiques. L'aménagement du territoire tente de répondre à ces enjeux multiples.

Quels sont les défis de l'aménagement du territoire en Guyane ?

1 La Guyane, un espace contrasté

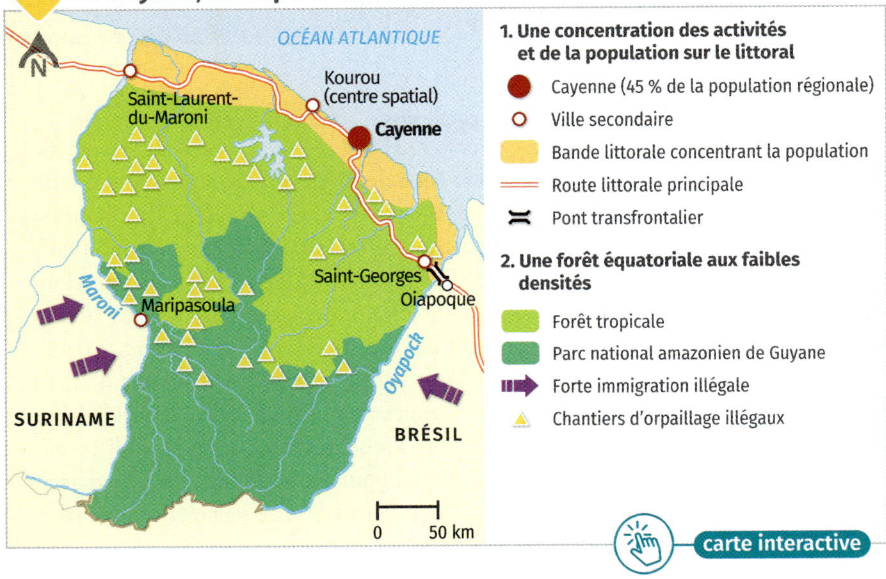

Vocabulaire

Une population autochtone : population originaire de l'espace qu'elle habite.

Une RUP (Région ultrapériphérique) : voir p. 385.

Numérique
Retrouvez une vidéo de l'inauguration du pont de l'Oyapock sur LLS.fr/HG3Oyapock.

2 Un pont entre la France et le Brésil

Sur la rive nord de l'Oyapock est sise Saint-Georges, une des villes les plus enclavées de Guyane. [...] Idem pour Oiapoque, installée sur sa rive sud. [...] La vie se menait indifférement d'un côté ou de l'autre du fleuve. Étendu, mais pas infranchissable en pirogue, on le traversait quotidiennement [...].
Les choses commenceront à changer à partir de 2005. Cette année-là, Brésil et France s'entendent pour lancer les travaux du pont. [...] Les travaux s'achèveront en 2011. Prise dans le tourbillon de négociations géopolitiques entre les deux pays, son inauguration patientera. Six ans passeront avant que la structure ne devienne opérationnelle.
[...] À quoi sert la structure ? [...] Longue de 378 mètres, culminant à 83 m, elle aura coûté 25 millions d'euros de cofinancement au Brésil et à la France, plus 20 millions d'euros à la France, pour un usage somme toute limité. Faute d'accords commerciaux aboutis, seuls les particuliers sont, pour l'heure, autorisés à l'emprunter.

Catherine Lama, « Guyane. Pont de l'Oyapock, passerelle de discorde », *L'Humanité*, avril 2017.

3 Le rôle de l'Union européenne

La Guyane bénéficie d'une aide financière de l'Europe dans le cadre de sa politique de cohésion visant à réduire les écarts entre les différentes régions de l'Union, et notamment entre l'Europe continentale et ses **RUP (régions ultrapériphériques)**, territoires de l'Union situés en dehors du continent européen. Ce soutien se traduit essentiellement à travers les fonds européens régulièrement attribués depuis une vingtaine d'années. [...] Le Fonds Européen de Développement Régional (FEDER) soutient l'amélioration de la compétitivité des régions européennes. Il finance de façon prioritaire l'innovation, l'économie de la connaissance et le développement durable des territoires. L'Union européenne investit 645 millions d'euros en Guyane avec le FEDER.

Extrait du site de la collectivité territoriale de Guyane, ctguyane.fr, décembre 2020.

Collectivité Territoriale de Guyane

l'Europe s'engage en Guyane

4 Le défi du logement social en Guyane

74,8 logements sociaux en France métropolitaine

pour **1 000** habitants

60,9 logements sociaux en Guyane

654 logements sociaux **construits** sur l'année 2017 en Guyane

CONTRE

4 400 logements supplémentaires **nécessaires** estimés par an, dont une grande partie de logements sociaux

Source : INSEE, « Bilan économique 2018, Guyane ».

5 Intégrer les populations autochtones

La famille Alemin est hébergée à Cayenne depuis 10 jours pour gérer la rentrée des classes de leurs adolescentes.

Yakapin et Aïku Alemin sont partis depuis fin juillet d'Antecume-Pata avec leurs 2 filles et 2 de leurs cousines du haut Maroni, en pirogue jusqu'à Saint-Laurent. 11 heures de bateau puis la route en covoiturage, avec encore près de 3 heures de voyage pour rejoindre Cayenne.

[...] Encore très peu de jeunes amérindiens des villages éloignés de Guyane poursuivent leurs études à l'issue du collège ou des premières années lycée. Un abandon lié souvent aux difficultés financières des familles mais aussi à une immersion parfois douloureuse dans un autre monde très éloigné de la culture Wayana[1].

Jocelyne Helgoualch, « Rentrée des classes : quitter le pays amérindien Wayana pour vivre à Cayenne », *France Info*, septembre 2020.

1. Population autochtone de la Guyane

Questions

Questionnement différencié sur LLS.fr/HG3P381

1. **Doc. 1** Sur quel espace les aménagements se concentrent-ils ?
2. **Doc. 1 et 2** Que permet la construction de ce pont ?
3. **Doc. 2** Relevez le passage du texte qui nuance la portée de cet aménagement.
4. **Doc. 3** Quel est le principal mode d'action de l'Union européenne en faveur du développement régional ?
5. **Doc. 4** Pourquoi peut-on parler d'inégalités d'accès au logement social entre la Guyane et la France métropolitaine ?
6. **Doc. 5** Identifiez deux éléments qui compliquent l'intégration des populations autochtones.
7. **Doc. 1 à 5** Réalisez une carte mentale sur les enjeux de l'aménagement du territoire en Guyane.

› GUIDE
- Établissez une liste des défis principaux de l'aménagement en Guyane (un défi principal par document).
- Listez les acteurs qui interviennent dans ces aménagements.

Mise en perspective

Les territoires ultramarins français

Compétence Je situe dans l'espace

Étape 1 : Je fais le bilan des études de cas

1. Pour faire le bilan des études de cas, réalisez un organigramme qui met en évidence les aménagements réalisés sur les espaces étudiés et les contraintes que les aménagements ont aidé à dépasser. N'oubliez pas de mentionner les acteurs à l'origine des aménagements et de donner un titre à votre organigramme !

Étape 2 : Je mets en perspective à l'échelle mondiale

1 Les territoires ultramarins français

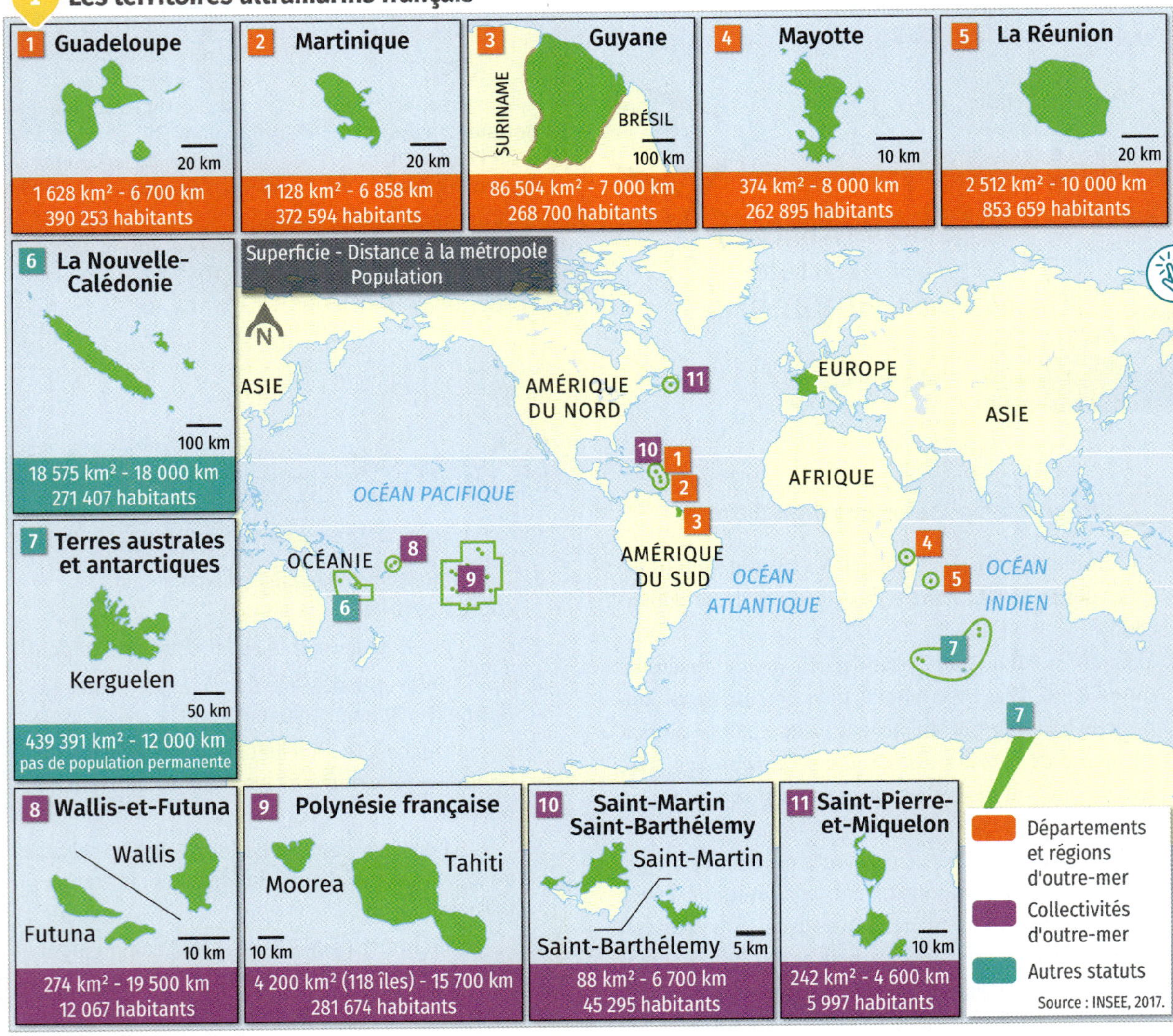

2 L'aménagement des territoires ultramarins français

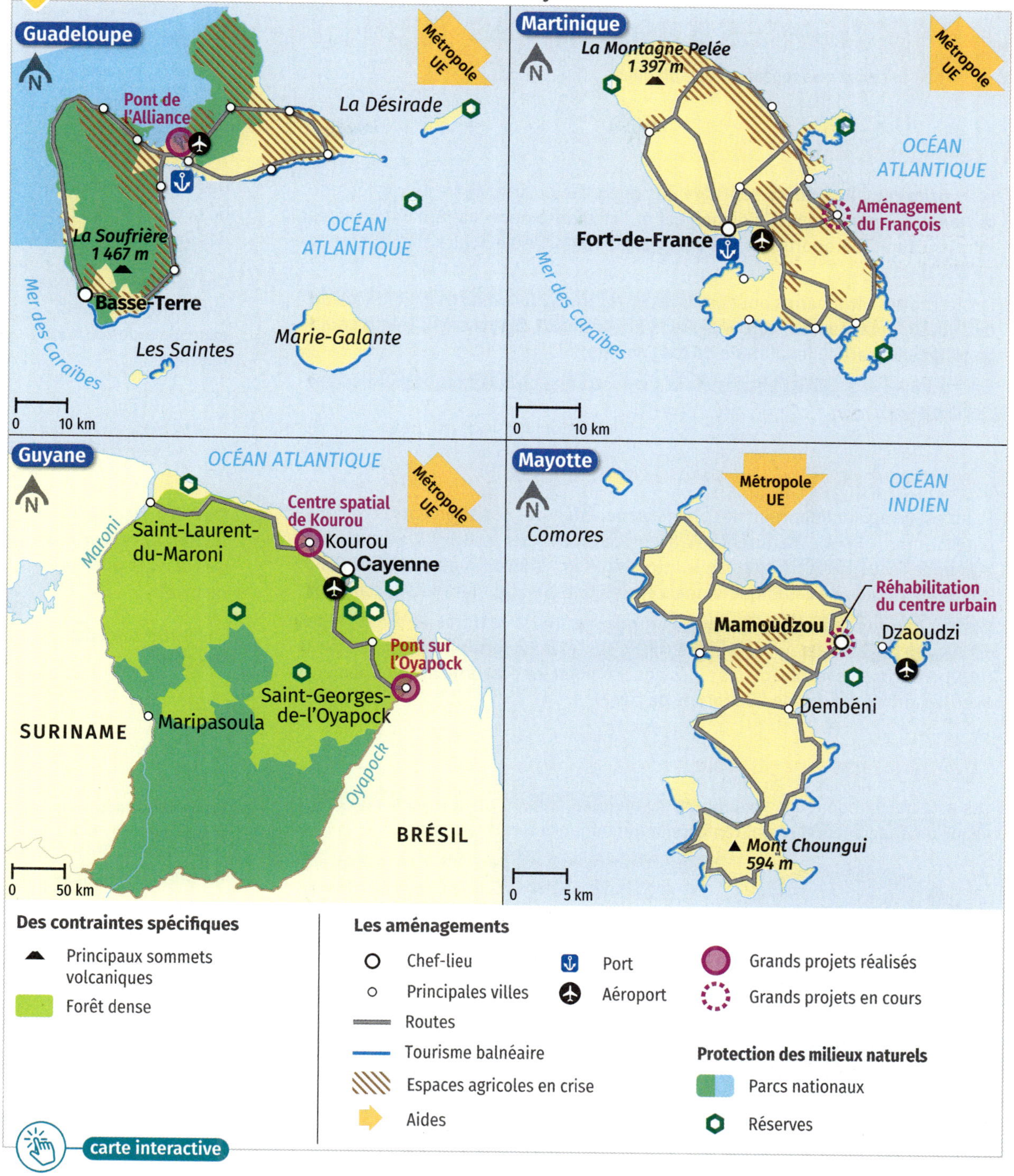

Guide de lecture

Doc. 1

- À l'exception de la Guyane, les territoires ultramarins français sont des **îles** de plus ou moins petite taille ou des **archipels**.
- Les territoires ultramarins sont situés dans trois océans (Atlantique, Indien et Pacifique).

Doc. 2

- Les territoires ultramarins sont **aménagés** pour répondre à des contraintes particulières : importance du relief et du volcanisme actif au centre, étroitesse des plaines sur le littoral.

Leçon

Des territoires spécifiques à aménager

Compétence Je révise mes repères géographiques

A. Des contraintes spécifiques

› Les territoires ultramarins sont des îles (excepté la Guyane) très éloignées de la France métropolitaine. L'éloignement et l'**insularité** nécessitent d'importantes infrastructures (aéroports, ports) pour accueillir passagers et marchandises **(étude de cas 1)**.

› Les territoires ultramarins ont des climats (tropicaux, polaires), un relief (îles volcaniques montagneuses), une végétation (mangroves), des paysages (récifs coralliens, lagons) particuliers **(étude de cas Enquête)**.

› Les cyclones, les séismes et les éruptions volcaniques touchent régulièrement ces espaces.

B. Aménager pour compenser les contraintes

› L'État est un acteur important de l'aménagement dans les départements et régions d'outre-mer (**DROM**). Il a orienté le développement des territoires ultramarins autour de l'activité touristique, sur le littoral (construction de complexes hôteliers, de routes) **(étude de cas Enquête)** mais également vers des cultures spécialisées.

› L'intégration de la France à l'Union européenne (UE) a renforcé le principe de **continuité territoriale**. Ainsi, tous les DROM sont des **régions ultrapériphériques** (RUP). À ce titre, ils reçoivent des aides pour combler les écarts de développement avec les autres régions de l'UE **(étude de cas 2)**.

C. Un aménagement durable ?

› Les acteurs économiques veulent attirer toujours plus de touristes avec de nouveaux aménagements, ce qui renforce la dépendance à cette activité.

› Le taux de chômage est plus important dans les DROM (supérieur à 20 % contre moins de 10 % en métropole). Le coût de la vie y est également plus élevé du fait de l'importation des produits de consommation courante.

› Les inégalités existent également au sein de ces territoires. Les aménagements visent à réduire les **fractures sociales** qui peuvent notamment se manifester dans l'habitat. Des opérations de rénovation urbaine sont ainsi mises en place **(doc. 7 p. 377)**.

▲ Moorea, Polynésie.

Je retiens

- **Des territoires éloignés de la métropole, souvent des îles**
- **Des territoires marqués par la tropicalité et exposés à des risques naturels**
- **Des aménagements nombreux réalisés par des acteurs publics et/ou privés**
- **Les DROM sont devenus des RUP**
- **La dépendance au tourisme**
- **Un taux de chômage élevé**
- **Des fractures sociales**

Numérique
Retrouvez une vidéo pour réviser sur LLS.fr/HG3Synthese16

Je révise ma leçon

> Je retiens les lieux importants

5 départements et régions d'outre-mer (DROM) :
Martinique, Guadeloupe, Guyane, Réunion, Mayotte.

4 collectivités d'outre-mer :
Wallis-et-Futuna, Polynésie française, Saint-Martin et Saint-Barthélemy, Saint-Pierre-et-Miquelon.

Autres statuts :
Nouvelle-Calédonie, Terres australes et antarctiques françaises (TAAF), Clipperton.

Vocabulaire

La continuité territoriale : voir p. 374.

Un DROM : Département et région d'outre-mer, type de collectivité territoriale française. Les DROM disposent du même statut qu'un département ou une région métropolitaine.

Une fracture sociale : fortes inégalités économiques et sociales entre les habitants d'un territoire.

L'insularité : caractère d'île. L'insularité peut être une contrainte (éloignement du continent) et un atout (tourisme).

Une région ultrapériphérique (RUP) : territoire marqué par un éloignement par rapport au continent européen, ainsi que par des difficultés économiques. Les RUP font l'objet d'aides spécifiques (voir étude de cas 2).

carte interactive

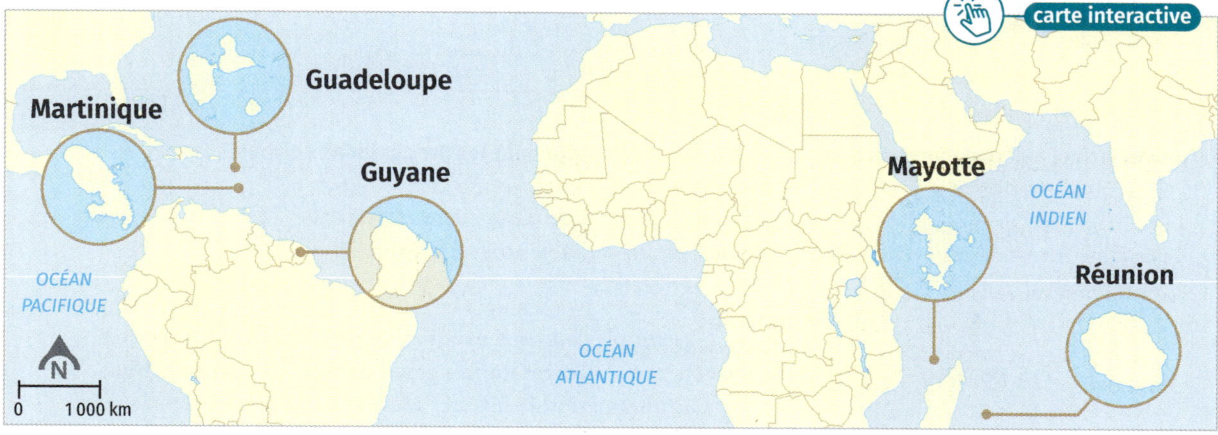

Je révise avec un schéma

LES TERRITOIRES ULTRAMARINS

Des contraintes nombreuses
- Insularité
- Relief et végétation marqués par la tropicalité
- Éloignement de la métropole

Des aménagements nécessaires
- L'UE et l'État sont des acteurs très importants
- Infrastructures de tourisme et de transport

Des problèmes persistants
- Fortes inégalités sociales
- Dépendance économique vis-à-vis de la métropole

Téléchargez ce schéma sur LLS.fr/HG3Schema16

Je teste mes connaissances

Pour chaque question, il y a une ou plusieurs réponses correctes. Testez-vous sur LLS.fr/HG3Quiz16

Je m'exerce pour le brevet

Compétence Je pratique différents langages

Exercice 1 • Je connais les grandes logiques du chapitre

Complétez le tableau avec les expressions suivantes.

- Taux de chômage élevé
- Union européenne
- Relief important
- Infrastructures de tourisme
- Insularité
- Fortes inégalités sociales
- État
- Éloignement par rapport à la métropole
- Infrastructures de transport

Contraintes	Aménagements	Acteurs	Difficultés à surmonter
›	›	›	› ....
›	›	›	› ....
›			

Exercice 2 • Je maîtrise le vocabulaire du chapitre

1. Trouvez à quel aménagement ou à quel milieu naturel correspondent les propositions suivantes :

a. Un récif corallien •

b. Un lagon. •

c. Un volcan. •

d. Un complexe hôtelier. •

• **1.** Je suis une étendue d'eau claire et profonde. Ma présence est un véritable atout touristique.

• **2.** Vaste ensemble constitué majoritairement d'habitations, parfois de luxe, je peux héberger un très grand nombre de touristes. Dans les espaces ultramarins, je suis très souvent sur le littoral.

• **3.** Ma présence est à la fois une contrainte pour les hommes (relief, danger) et un atout touristique.

• **4.** Grande formation animale en calcaire, je suis présent autour de plusieurs territoires ultramarins français. Je suis fragile, et me protéger est un vrai défi.

2. Légendez l'image en utilisant des mots de vocabulaire de la liste ci-dessus.

Saint-Martin (Caraïbes).

Compétence Je révise mes repères géographiques

J'apprends en réalisant une fiche de révision

ÉTAPE 1 Relire activement le chapitre

1. Relisez votre leçon (celle de votre professeur et la page leçon du manuel).
2. Construisez un exemple : à partir d'une étude de cas réalisée en classe, notez le nom du territoire, les spécificités de ce territoire, un exemple de projet d'aménagement ainsi que les différents acteurs qui interviennent dans l'aménagement de ce territoire.
3. Repérez et notez les définitions et les territoires vus dans ce chapitre ainsi que quelques chiffres pertinents.

Remarque : pour une relecture active, soulignez ou surlignez les éléments importants.

ÉTAPE 2 Synthétiser ses connaissances

1. Téléchargez la fiche à compléter.
2. Complétez les informations manquantes (définitions, localisations, exemples) en respectant le code couleur.

ÉTAPE 3 Se tester une fois sa fiche de révision complétée

1. Citez et situez sur un planisphère les territoires français d'outre-mer.
2. Présentez, en prenant un exemple précis (par exemple, la Réunion), les spécificités de ces territoires.
3. Présentez, toujours en vous appuyant sur un exemple, les différents aménagements réalisés et les acteurs impliqués.

Numérique
Retrouvez la fiche de révision à compléter sur LLS.fr/HG3P387.

À lire

Gaël Henry, *Tropique de la violence*, 2019
Cette bande dessinée, réalisée à partir du roman de Nathacha Appanah, raconte l'histoire de Moïse, orphelin comorien de 13 ans, qui se détourne de sa mère adoptive pour intégrer l'un des gangs de Mayotte.

Tehem, *Piments Zoizos*, 2020
Cette bande dessinée raconte l'histoire de Jean, séparé de sa petite sœur pour être envoyé dans la Creuse. Entre 1962 et 1984, 2 000 enfants réunionnais sont séparés de leur famille pour être envoyés en métropole.

Sujet guidé

Exercice 1 • Analyser et comprendre des documents

1. **Doc. 1** Localisez la Guyane.
2. **Doc. 1** Relevez un chiffre qui montre que le coût de la vie est plus élevé en Outre-mer qu'en métropole.
3. **Doc. 1** Expliquez pourquoi le coût des produits alimentaires est plus élevé en Guyane.
4. **Doc. 1 et 2** Identifiez différents acteurs qui peuvent intervenir dans l'élaboration de projets contre la vie chère.
5. À l'aide des documents et de vos connaissances, expliquez quelles sont les contraintes rencontrées par les habitants des territoires d'outre-mer.

> **GUIDE** • Décrivez la vie dans une île ou un archipel.
> • Illustrez les contraintes avec des exemples concrets.

1 Vie chère et insularité

Le poulet à 51 € vendu à St Martin et sa photo publiée sur les réseaux sociaux par le député Serville ont relancé le débat sur le coût de la vie en Outre-mer. Qu'en est-il précisément ? L'autorité de la concurrence a relevé des écarts impressionnants avec des marges de 55 % sur certains produits.
La vie chère en Outre-mer, c'est encore une réalité et l'alimentation fait partie des secteurs qui impacte directement le porte-monnaie des consommateurs. L'autorité de la concurrence constatait encore en 2019 des écarts de prix dans l'alimentaire de plus de 28 % entre la Guyane et la métropole.
Pour éviter la flambée des prix sur des produits de base, les distributeurs ont signé avec l'État un accord de modération des prix. 80 produits font ainsi partie d'une liste à prix négociés.

Jocelyne Helgoualch, « La vie chère en Outre-mer, une réalité qui perdure », *France Info*, janvier 2020.

2 Une mesure de la région pour répondre à la vie chère

▲ Capture d'écran du site régionguadeloupe.fr, décembre 2020.

Méthode : Analyser un document du quotidien

- Un document du quotidien est un extrait de ressources proposées à la population : campagne publicitaire ou de sensibilisation, extrait de site Internet, timbre commémoratif, plaquette d'information, etc.
- Commencez par identifier précisément la source.
- Relevez la date et expliquez le contexte du document, pour en comprendre les enjeux.
- Mettez en évidence l'usage auquel est destiné le document (information, promotion, commémoration).
- Les documents du quotidien cherchent généralement à donner le maximum d'informations dans le minimum d'espace et utilisent pour cela des allusions et des symboles.

Exercice 2 • Maîtriser différents langages

Sous la forme d'un développement construit d'une vingtaine de lignes, présentez la diversité des territoires ultramarins français.

> **GUIDE** • Localisez et situez les territoires ultramarins.
> • Expliquez la diversité de leurs contraintes et de leurs atouts.
> • Décrivez les aménagements qui répondent à ces contraintes et à ces atouts.

Exercice 1 • Analyser et comprendre des documents

1 La montée des eaux en Martinique

Située au nord-ouest de la Martinique entre la montagne Pelée et la mer, cette petite ville de 1 700 habitants a vu son trait de côte reculer de près de 100 mètres en une soixantaine d'années. Sous l'action de l'érosion, des plages ont été grignotées, certaines ont disparu, et des abris de pêcheurs ont été engloutis. Les habitants et les pouvoirs publics tentent aujourd'hui différentes méthodes pour composer avec l'avancée des flots. [À l'origine de ce phénomène, plusieurs facteurs. Non seulement le niveau de la mer s'élève de 1,5 à 2 mm par an, mais en plus la Martinique a tendance à s'enfoncer au nord-ouest à cause des massifs montagneux, détaille Pascal Saffache, professeur à l'université des Antilles et de la Guyane. Sans compter que pendant des décennies, d'énormes volumes de sable ont été prélevés dans la mer pour les besoins du BTP, accentuant l'érosion côtière.]

[...] La côte s'artificialise[1]. Les plages rétrécissent et laissent la place à des enrochements, des murs, des blocs « accropodes[2] » ... Autant d'ouvrages financés pour la plupart par la collectivité territoriale afin de protéger la route départementale 10, qui serpente le long du littoral. Mais pas seulement. L'aménagement de la côte est aussi le fait d'initiatives privées. Gustave Joseph, gérant du restaurant de bord de plage Le Mélodie, a ainsi « déboursé 17 000 euros » pour réaliser lui-même un enrochement. Il n'avait « pas le choix ».

Jules Prévost, « Lutter ou couler : la Martinique face à la montée des eaux », *GEO*, février 2016, © PrismaMedia.

1. Elle est modifiée par l'homme.
2. Blocs en béton armé à six protubérances conçus pour former les carapaces de digues côtières, de brise-lames.

2 Un exemple d'enrochement

▲ Un enrochement est un ensemble de morceaux de roche, de blocs de béton que l'on entasse pour servir de protection à des constructions immergées.

1. **Doc. 1** Quelles sont les causes des dégradations que subissent les côtes de ce village martiniquais ?
2. **Doc. 1 et 2** Quels sont les différents aménagements construits pour protéger ces côtes ?
3. **Doc. 1** Qui sont les acteurs de ces différents aménagements ?
4. À l'aide des documents et de vos connaissances, montrez que l'environnement est une source de risques mais aussi un atout pour l'attractivité des territoires d'outre-mer.

Exercice 2 • Maîtriser différents langages

1. Sous la forme d'un développement construit d'une vingtaine de lignes et en vous appuyant sur des exemples, montrez que les aménagements dans les territoires ultramarins français tentent d'atténuer des inégalités.
2. Retrouvez les propositions correctes.

- La France compte six DROM (départements et régions d'outre-mer). ○ Vrai. ○ Faux.
- Mayotte est le seul espace d'outre-mer à avoir le statut de département. ○ Vrai. ○ Faux.
- La Nouvelle-Calédonie possède un statut différent des autres espaces ultramarins. ○ Vrai. ○ Faux.
- La Polynésie française est à moins de 10 000 km de la métropole. ○ Vrai. ○ Faux.
- Le statut de RUP (région ultrapériphérique) a été mis en place par l'Union européenne. ○ Vrai. ○ Faux.

POURQUOI ET COMMENT AMÉNAGER LE TERRITOIRE ?

DIFFÉRENTS TYPES D'ACTEURS

Acteurs publics
- État
- Régions
- Départements
- Intercommunalités
- Communes
- Etc.

Autres types d'acteurs
- Habitants
- Entreprises
- Associations

DIFFÉRENTS EXEMPLES D'AMÉNAGEMENTS

Transports
- Ponts
- Routes
- Aéroports
- Liaisons TGV

Économie
- Quartiers d'affaires
- Zones industrielles
- Pôles de compétitivité

Éducation
- Écoles
- Collèges
- Lycées

Culture
- Musées
- Centres d'art
- Conservatoires

Environnement
- Parcs nationaux
- Parcs naturels régionaux

Habitat
- Écoquartiers
- Rénovation
- Réhabilitation

Santé
- Hôpitaux
- Maisons de santé

Connectivité
- Réseau Internet
- Réseau téléphone

DES TERRITOIRES INÉGALEMENT CONNECTÉS

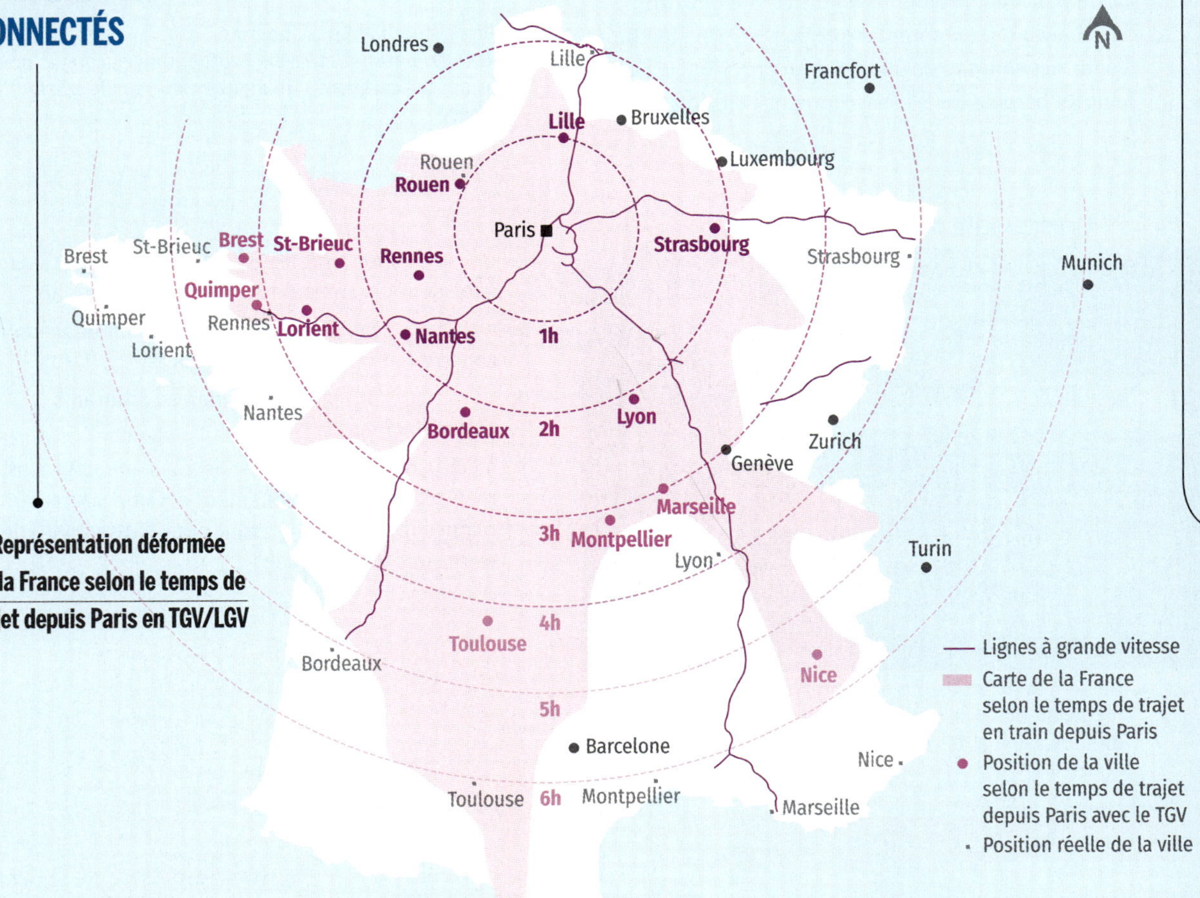

Représentation déformée de la France selon le temps de trajet depuis Paris en TGV/LGV

Sources : SNCF, RFF et Audiar.

DÉCENTRALISATION
AMÉNAGEMENT COMPÉTITIVITÉ
ACCESSIBILITÉ COLLECTIVITÉS TERRITORIALES INÉGALITÉS DE RICHESSE
POLITIQUE DE LA VILLE INÉGALITÉS D'ÉQUIPEMENTS

Des territoires ultramarins variés

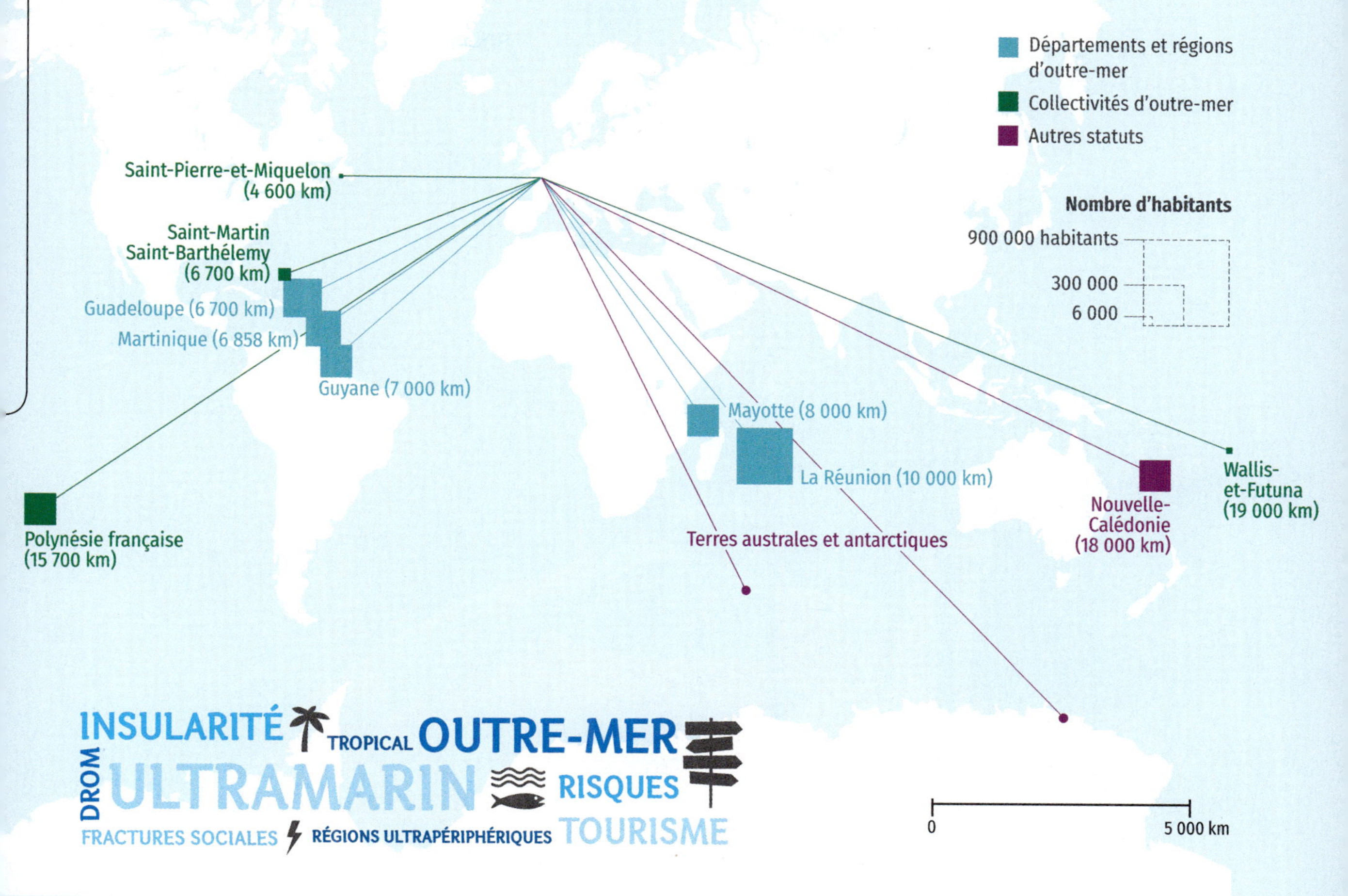

18 régions dont 13 régions métropolitaines, inégalement peuplées — **101 départements** — **34 970 communes**

67 millions habitants

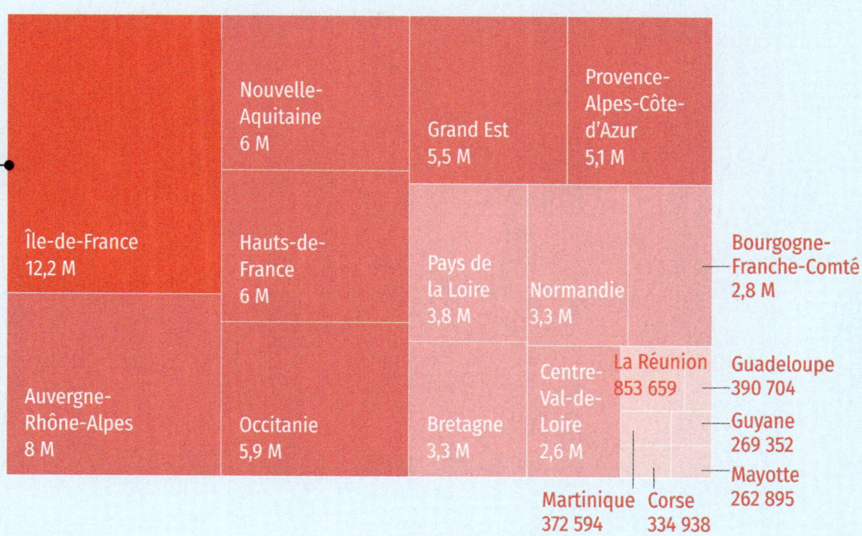

THÈME III

La France et l'Union européenne

Vous terminerez l'année par l'étude de l'Union européenne ainsi que de la place de la France et de l'UE dans le monde. Vous avez vu en histoire comment certains pays européens se sont rapprochés, au lendemain de la guerre, autour d'un projet commun. Vous étudierez en géographie les effets de la construction européenne sur les territoires. Comment les politiques européennes permettent-elles de construire un sentiment d'appartenance et un territoire commun ? Vous découvrirez enfin les atouts de la France et de l'UE dans la mondialisation. Quelle est l'influence de la France dans le monde ? Quelles sont les forces et les faiblesses de l'UE dans la mondialisation ?

◂ Le Parlement européen, à Strasbourg.

Chapitre 17

L'Union européenne, un nouveau territoire d'appartenance

L'UNION EUROPÉENNE, UN NOUVEAU TERRITOIRE D'APPARTENANCE

LA FRANCE ET L'EUROPE DANS LE MONDE

L'Union européenne (UE) n'est pas seulement une association économique, c'est aussi un territoire d'appartenance auquel les Européens s'identifient. Dans un contexte de fragilisation du projet commun, l'UE aménage le territoire européen pour mieux relier les États membres, atténuer les inégalités et relever des défis environnementaux.

Comment l'Union européenne est-elle devenue un nouveau territoire d'appartenance ?

Quiz

1. Qu'est-ce qui différencie les termes « Europe » et « Union européenne » ?
   a. L'Europe est une union économique, l'UE est une union politique
   b. L'Europe appartient à un continent (l'Eurasie), l'UE est une union politique et économique
   c. Ce sont des synonymes

2. En 2020, l'Union européenne compte
   a. 15 États membres
   b. 27 États membres
   c. 28 États membres

3. Parmi ces symboles, lequel est un symbole de l'UE ?
   a. L'hymne européen (*La Flûte enchantée* de Mozart)
   b. Le drapeau bleu, blanc, rouge
   c. La devise « Unie dans la diversité »

Numérique

Retrouvez un parcours numérique pour préparer la certification PIX sur LLS.fr/HG3PIX17.

Dans ce chapitre je vais

- Raconter comment l'UE est devenue un territoire d'appartenance pour les habitants de ses États membres.
- Différencier les espaces de richesse et les espaces en marge des dynamiques au sein de l'UE.
- Décrire les politiques mises en œuvre pour réduire les inégalités entre les territoires européens.

Géographie et fiction

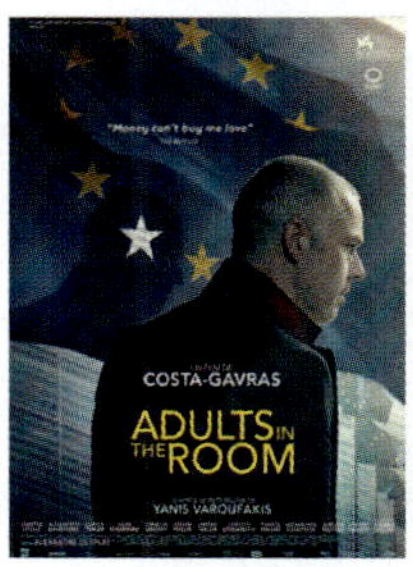

Adults in the room, réalisé par Costa-Gavras en 2019, est adapté du livre écrit par l'économiste et politique Y. Varoufakis. Ce film nous replonge dans la crise économique qu'a connue la Grèce en 2015. On y observe notamment les tractations menées par les institutions européennes.

◀ Pont Beatus-Rhenanus, à Strasbourg
Inauguré en 2017, cet aménagement transfrontalier relie les villes de Strasbourg et de Kehl, en Allemagne. Il est dédié aux transports doux (tramway, piétons, vélos).

Étude de cas 1

Faire de l'Europe une Union verte

Compétence J'analyse et je comprends des documents

Avec son Pacte vert, l'Union européenne souhaite réunir ses États membres autour d'un projet commun ambitieux : celui de devenir le premier pôle vert de la planète. Elle répond ainsi à une pression sociétale de plus en plus forte face aux changements climatiques et à la volonté de s'inscrire dans une transition durable.

Une Europe verte peut-elle favoriser la cohésion territoriale européenne ?

1 Le Pacte vert pour l'Europe

Le Pacte vert européen a été voté en janvier 2020 par la Commission européenne. En 2015, l'Union européenne était responsable de 10 % des émissions de CO_2 dans le monde.

Nous savons que le changement est nécessaire – et nous savons aussi qu'il est possible. Le pacte vert pour l'Europe est le projet qui nous permettra de mener à bien cette transformation. Il se concentre sur un objectif : faire de l'Europe le premier continent climatiquement neutre d'ici à 2050. [...] Nous avons organisé une vaste consultation publique et effectué une analyse d'impact approfondie. Sur cette base, la Commission européenne propose de porter l'objectif de réduction des émissions pour 2030 à au moins 55 %. Je reconnais que cette augmentation de 40 % à 55 % est trop importante pour certains et insuffisante pour d'autres. Mais notre analyse d'impact montre clairement que notre économie et notre industrie peuvent y faire face. [...] Nous sommes déjà engagés sur la voie d'une économie circulaire[1] avec une production neutre en carbone.

De plus en plus de jeunes militent pour le changement. De plus en plus d'éléments prouvent que ce qui est bon pour le climat est bon pour l'économie et bon pour nous tous.

Extraits du discours sur l'état de l'Union européenne, prononcé par la présidente de la Commission Ursula von der Leyen, 16 septembre 2020.

1. Système qui vise à limiter la production de déchets et le gaspillage.

En 2018, Greta Thunberg ▲ organise la première grève scolaire pour le climat. Depuis, elle est devenue un symbole pour une partie de la jeunesse internationale, au travers de son mouvement *Fridays for future* qui appelle les acteurs politiques à se mobiliser pour protéger la planète.

2 Les 8 axes du Pacte vert européen

Source : www.europa.eu

Numérique
Retrouvez une vidéo sur le Pacte vert européen sur LLS.fr/HG3PacteVert.

3 Développer l'éolien en mer

L'UE veut avancer dans le sens du vent. La Commission européenne propose d'augmenter de 25 % le parc éolien maritime. C'est l'une des propositions de la stratégie sur les énergies renouvelables en mer présentée jeudi par l'institution. […] Cette stratégie veut fait passer les capacités européennes de 12 GW actuellement à 60 GW en 2030 pour atteindre 300 GW en 2050. Mais face à un développement aussi rapide, les organisations environnementales veulent s'assurer que la biodiversité marine ne sera pas une victime collatérale de cette mesure. « Nous avons autant besoin d'énergies propres que de mers propres si nous voulons éviter des crises climatiques et environnementales », assure Sergiy Moroz du Bureau européen de l'environnement. L'autre défi concerne le coût de cette stratégie. La Commission estime que près de 800 milliards d'euros d'investissement seront nécessaires d'ici 2050 pour faire de ce projet un succès.

Christophe Pitchers, « L'Union européenne donne rendez-vous avec le vent », *Euronews*, novembre 2020.

4 Lancement de projets durables dans les Pyrénées

EuropeDirectPyrénées @EuropeDirectPyr · 18 sept. 2020
#EUGreenDeal: appel à projets avec 1 milliard d'euros d'investissements pour stimuler la transition écologique et numérique via @EU_H2020 dans 8 domaines : énergie, #Farm2Fork, industrie et économie circulaire, mobilité, biodiversité, "zéro pollution"...
europedirectpyrenees.eu/pacte-vert/eug...

▲ Campagne de communication du Centre d'Information Europe Direct Pyrénées pour le lancement de projets durables, septembre 2020.

Vocabulaire

Une transition durable : évolution vers un nouveau modèle économique et social plus juste, et plus responsable sur le plan environnemental.

5 Les difficultés de la transition énergétique

Ursula von der Leyen a fait de la transition climatique la colonne vertébrale de son mandat. Mais le principe de réalité risque de la rattraper plus d'une fois au cours des mois à venir. Illustration cette semaine au Parlement européen qui votait sur la proposition de la Commission de créer un Fonds de transition juste (doté de 10 milliards d'euros, selon les conclusions du Conseil européen) afin d'aider les régions à se passer des énergies carbonées[1]. Enjeu délicat pour des régions, notamment à l'est et au sud, qui sont dépendantes du charbon. La Pologne fait partie des pays les plus rétifs compte tenu des enjeux humains : vers quel métier convertir les travailleurs du charbon ? Avec quel argent ? C'est bien le rôle du Fonds de transition juste que d'accompagner les États membres à se tourner vers des énergies plus propres tout en allégeant le poids social de cette conversion.

Emmanuel Berretta, « Les centrales au gaz, une entorse au Pacte vert européen », *Le Point*, septembre 2020.

1. Pétrole, gaz, charbon.

Questions

Questionnement différencié sur LLS.fr/HG3P397

1. **Doc. 1** Identifiez l'objectif principal du Pacte vert pour l'Europe.
2. **Doc. 1** Déterminez le rôle de la jeunesse dans la mobilisation pour une transition durable.
3. **Doc. 2** À partir des huit axes, relevez les secteurs concernés par le Pacte vert pour l'Europe.
4. **Doc. 3** Quels sont les avantages et les limites des parcs éoliens maritimes ?
5. **Doc. 4 et 5** Comment le Pacte vert peut-il transformer les espaces de l'Union européenne ?
6. **Doc. 5** Pourquoi la transition énergétique est-elle difficile ?
7. **Doc. 1 à 5** Identifiez les acteurs impliqués dans la mise en place du Pacte vert pour l'Europe. Classez-les en trois catégories : acteurs économiques, acteurs politiques, acteurs sociaux.

Étude de cas 2

La construction d'un réseau de transport européen

Compétence J'analyse et je comprends des documents

Avec la politique européenne des transports, l'Union européenne met en œuvre des projets d'aménagement qui dépassent les frontières des États membres, puisque qu'elle favorise la construction d'axes de transport transnationaux. Les entreprises et les citoyens européens peuvent ainsi tirer parti de la libre circulation au sein de l'espace commun, et s'engagent de plus en plus en faveur des transports durables.

Comment la politique européenne des transports favorise-t-elle la construction d'un territoire européen commun ?

1 La création d'un espace européen des transports

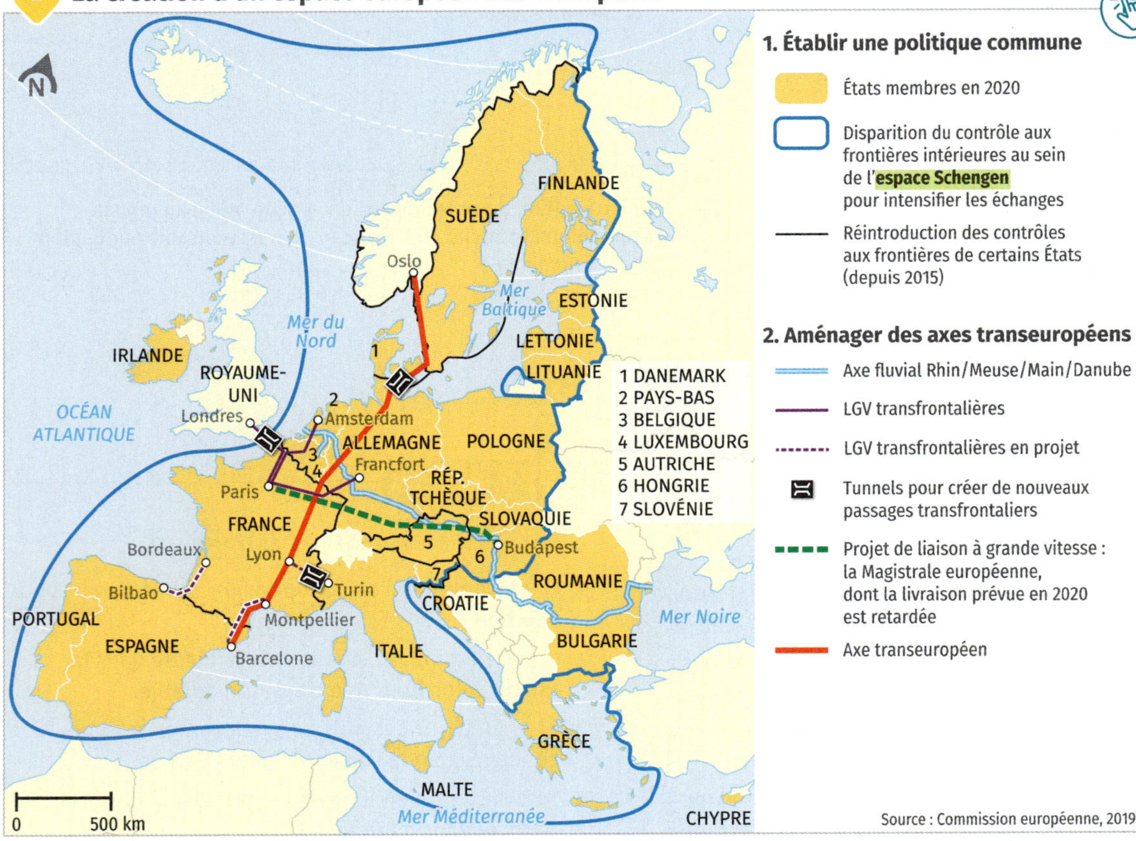

Source : Commission européenne, 2019.

Vocabulaire

L'espace Schengen : espace de libre circulation des personnes entre des États européens.

Une ligne à grande vitesse (LGV) : voie permettant la circulation des trains à grande vitesse (TGV).

La mégalopole européenne : espace densément peuplé et fortement urbanisé qui concentre les flux les plus importants en Europe.

Le réseau transeuropéen de transport : projets de construction d'infrastructures de transport dans l'UE, pour favoriser les échanges entre les pays membres.

2 Des temps de parcours réduits entre Paris et l'est de l'Europe

	Avant 2007	1re phase de la LGV Est (en 2007)	2e phase de la LGV Est (après 2016)
Paris-Strasbourg	4h00	2h20	1h50
Paris-Luxembourg	3h35	2h15	2h05
Paris-Francfort	6h15	3h50	3h40
Paris-Munich	8h30	6h15	5h45

▲ Source : SNCF Réseau, 2015.
La **ligne à grande vitesse** (LGV) Est européenne (Magistrale européenne) a pour but de relier Budapest, en Hongrie, à Paris. L'objectif est aussi de mieux relier Paris à la **mégalopole européenne**.

4 Un réseau de transport européen encore marqué par de nombreuses disparités

Quelle est la part des marchandises transportées par le train, chez nous et chez nos voisins européens ? Elle est plus faible chez nous que dans la moyenne des pays européens, indique le secrétaire d'État aux Transports. Invité de franceinfo jeudi 23 juillet, Jean-Baptiste Djebarri a notamment précisé : « 9 % des marchandises passent en France par le train. C'est très faible, deux fois plus faible que la moyenne européenne. Nous voulons doubler cette part du fret ferroviaire[1], c'est-à-dire atteindre les 18 % d'ici à 2030. » [...]
À Malte et à Chypre, le taux de transport par la route atteint 100 %, faute de réseau ferré et fluvial. La part de la route est élevée ensuite – plus de 90 % – en Irlande, en Grèce et en Espagne. À l'inverse, en Lettonie, plus des 3/4 des marchandises sont transportées par le train. La proportion atteint un peu moins de 70 % en Lituanie. On est à près de la moitié en Estonie. Cette part très importante du rail dans les États baltes est liée essentiellement au transport des produits énergétiques russes vers les ports de la Baltique.
Dans neuf États membres de l'Union, la part du transport par la route a eu tendance ces dernières années à baisser au profit du train. Cela a notamment été le cas au Portugal, en Lituanie et en Italie.

Emilie Gautreau, « La part des marchandises transportées par le train est-elle vraiment inférieure de moitié en France à ce qu'elle est en Europe ? », *France Info*, juillet 2020.

1. Ensemble des marchandises transportées par train.

Numérique
Retrouvez une vidéo sur les transports du quotidien en Europe sur LLS.fr/HG3Transportsquotidien.

3 Se déplacer autrement

▲ Semaine européenne de la mobilité, 2020.
Cette campagne a pour but de sensibiliser les citoyens européens à l'utilisation des transports publics et des transports doux (vélo, marche, etc.) plus respectueux du développement durable.

Questions

Questionnement différencié sur LLS.fr/HG3P399

1. **Doc. 1** Quel espace concentre le réseau le plus dense ? Quels espaces sont moins intégrés au réseau de transport européen ?
2. **Doc. 1** Relevez quelques projets de transport en Europe. Quelles villes relient-ils ?
3. **Doc. 1** À quelle échelle les aménagements ferroviaires sont-ils pensés ?
4. **Doc. 2** Que permet la LGV Est-européenne ?
5. **Doc. 3** Quel type de transport cette affiche promeut-elle ?
6. **Doc. 4** Quels contrastes observe-t-on entre les réseaux de transport des États européens ?
7. **Doc. 1 à 4** Dans un développement construit, montrez que le réseau de transport européen permet de construire un territoire commun.

> GUIDE
- Évoquez d'abord la mise en place des politiques de transport communes, en citant un exemple.
- Présentez ensuite quelques projets en cours, en vous appuyant sur des exemples.

Menez l'enquête

Les régions transfrontalières, des régions pas comme les autres ?

Tâche à réaliser

Les espaces transfrontaliers sont des espaces moteurs de l'intégration européenne. Vous êtes journaliste et vous préparez un reportage sur les habitants des régions transfrontalières. En groupe, vous allez présenter un projet qui permet de rapprocher les habitants de l'Union européenne et de renforcer la coopération entre les pays membres.

ÉTAPE 1 Expliquer ce qu'est une région transfrontalière

Doc. 1 et vidéo

1. Combien de frontières avec des pays membres de l'UE la France compte-t-elle ?
2. Grâce à quel programme l'UE finance-t-elle les projets transfrontaliers ?
3. Quels types de projets sont soutenus par l'UE dans les régions transfrontalières ?
4. Pourquoi est-il important de gérer des projets et des aménagements de façon commune, au-delà des frontières des États ?

Numérique

Retrouvez une vidéo sur la coopération transfrontalière sur LLS.fr/HG3Cooperation.

1 La coopération transfrontalière

l'Europe s'engage en France

LA COOPÉRATION TERRITORIALE EUROPÉENNE EN FRANCE

Des projets sans frontières : promouvoir et mener des actions communes

Coopérer avec 7 pays transfrontaliers, sur 5 espaces géographiques à l'échelle de toute l'Europe pour la France métropolitaine

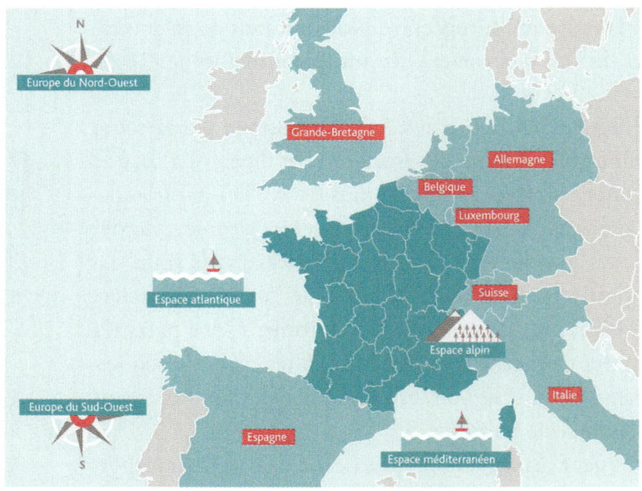

et construire des projets sans frontières qui contribuent à :

trouver des solutions communes à des enjeux communs au-delà des frontières

ET favoriser ainsi la création de partenariats entre acteurs publics et/ou privés de plusieurs pays

POUR mieux répondre aux besoins partagés des populations et des entreprises de régions frontalières ou de larges espaces géographiques

AFIN d'améliorer la qualité de vie des citoyens de l'Union européenne

ET de renforcer le sentiment de citoyenneté européenne.

Extrait du site Internet www.europe-en-france.gouv.fr, consulté en décembre 2020.

ÉTAPE 2 Choisir et présenter un projet transfrontalier

Doc. 2

1. Qui diffuse ce document ? Dans quel but, à votre avis ?
2. Sur le modèle du document, analysez un projet en expliquant les territoires transfrontaliers qu'il concerne, le but de cet aménagement ou de ce projet, et son impact auprès des habitants.

Numérique
Recherchez un projet transfrontalier sur LLS.fr/HG3Transfrontalier.

ÉTAPE 3 Présenter à l'oral

1. Pour organiser vos idées, aidez-vous de la fiche d'activité ci-dessous.
2. Vous pouvez aussi organiser vos idées autour d'une carte mentale !

NOM DU PROJET : ....

> Où ?
États concernés : ....
Frontières : ....

> Quand ?
Date de début : ....
Projet actuel : ....

> Qui ?
Nombre d'habitants : ....
Collectivités territoriales : ....
Organismes européens : ....

> Pourquoi ?
Les objectifs : ....

> Comment ?
Les actions : ....

Numérique
Téléchargez la fiche d'activité sur LLS.fr/HG3FicheActivite.

2 Des réalisations concrètes

Hôpital de Puigcerda

SOIGNER DES DEUX CÔTÉS DES PYRÉNÉES

FRANCE ESPAGNE

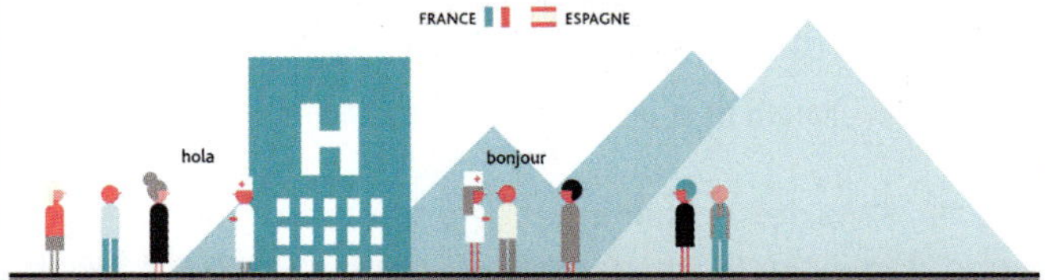

Date 2013 | Coût total 31 millions € | Subventions européennes 18,6 millions €

30 000 habitants qui bénéficient d'un nouvel accès à la santé

100 km en moins à réaliser pour des soins d'urgence

1 centre transfrontalier qui intègre 2 cultures et 2 systèmes de soins

Pour la première fois en Europe, un centre hospitalier transfrontalier est géré dès sa construction par deux pays. L'hôpital de Cerdagne et Capcir donne accès aux soins à 30 000 habitants dans une région de montagnes isolée et à une population de 150 000 habitants en saison touristique. Il vise à fournir, notamment, des soins d'urgence et d'obstétrique qui ne pouvaient être pris en charge qu'à Perpignan soit à plus de 100 km du territoire. Cet établissement intègre pleinement les deux cultures en employant du personnel français et espagnol et en accueillant les patients dans les mêmes conditions que dans leur pays d'origine.

*

Déploiement de la fibre optique entre la Guyane et le Brésil

TECHNOLOGIES DE L'INFORMATION ET DE LA COMMUNICATION

FRANCE BRÉSIL

Date 2013 | Coût total 1 million € | Subventions européennes 753 993 €

800 km de travaux

18 mois pour installer la fibre optique y compris dans des régions reculées

~100 emplois directs et indirects créés

Auparavant, la Guyane dépendait entièrement d'un seul câble pour toutes ses communications numériques. Via le programme SPANY, un nouveau raccordement à la fibre optique a été établi via la construction d'une dorsale entre Cayenne et Macapa au Brésil, représentant 800 kilomètres de travaux. Aujourd'hui, la région a réussi à sortir de de son enclavement numérique, permettant le développement des entreprises des NTIC et représentant une centaine d'emplois directs et indirects.

▲ Le site Internet www.europe-en-france.gouv.fr est cofinancé par l'Union européenne. Il recense et diffuse les différents projets menés en France avec l'aide de l'UE.
L'hôpital de Puigcerda a reçu le prix « Construire une Europe sans frontières » en 2016.

BRAVO !

En menant cette enquête, j'ai appris à :

- Réaliser et présenter un exposé, une production collective
- Utiliser des informations numériques et exercer mon esprit critique
- M'exprimer à l'oral
- Travailler en groupe, en équipe

Étude de cas 3

L'Union européenne face au défi du *Brexit*

Compétence J'analyse et je comprends des documents

En 2016, 52 % des Britanniques se prononcent par référendum en faveur d'un retrait du Royaume-Uni de l'espace commun : c'est le *Brexit*. L'Union européenne, dont la politique était jusqu'alors fondée sur son élargissement, doit faire face au défi de l'approfondissement, tout en négociant le départ d'une de ses puissances économiques majeures.

23 juin 2016
Victoire du *Leave* au référendum

Novembre 2018
Premier accord de sortie rejeté

1er février 2020
Le Royaume-Uni quitte l'UE

Comment la construction européenne se poursuit-elle après la sortie du Royaume-Uni ?

1 Les conséquences du *Brexit* en chiffres

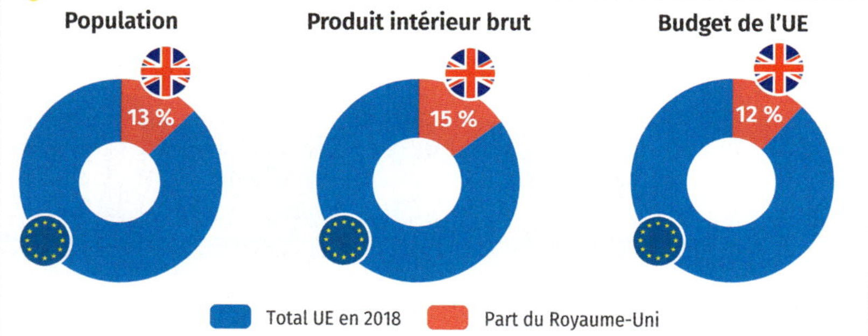

Source : Eurostat, Commission européenne, gov.uk.

2 Un départ qui divise les Britanniques

En mars 2019, des manifestations sont organisées à Londres pour critiquer la politique de Theresa May. Alors qu'elle tente de trouver un accord avec les acteurs européens, les anti-*Brexit* se montrent de plus en plus inquiets.

3 Le programme *Erasmus* remis en question

La réalité s'impose aujourd'hui aux étudiants du Royaume-Uni avec « l'accord de commerce et de coopération » agréé le 24 décembre par Londres et Bruxelles : Erasmus, pour eux, c'est fini. Ils n'en bénéficieront plus pour aller étudier à l'étranger, pas plus que les universités britanniques n'en bénéficieront pour accueillir les étudiants de l'Union européenne. […] Véritable machine à intégration européenne, Erasmus, créé en 1987 pour les étudiants et étendu aux apprentis en 1995, est le programme le plus populaire de l'UE, mais aussi l'une de ses réalisations les plus concrètes et les plus réussies. […] L'abandon d'Erasmus est très controversé au Royaume-Uni, en particulier dans les universités […]. Mais le contrecoup de la décision britannique est également négatif pour les étudiants de l'UE, traditionnellement attirés par les universités britanniques.

« Brexit : les Britanniques orphelins d'Erasmus », *Le Monde*, décembre 2020.

4 Le Royaume-Uni et l'Europe de la défense

L'Union européenne comptait jusqu'ici deux puissances nucléaires, deux membres permanents du Conseil de sécurité de l'ONU, deux armées capables de se projeter sur des théâtres d'opérations extérieurs. Le départ du Royaume-Uni laisse désormais la France seule dans cette position, principale force militaire sur un continent en pleine incertitude stratégique. [...]
Outre leur appartenance commune à l'OTAN, Paris et Londres sont liés par une série d'accords, qui ont culminé avec le traité dit de Lancaster House, en 2010. Ces accords ont une dimension opérationnelle - des hélicoptères britanniques volent aujourd'hui au Sahel avec les forces françaises -, et une dimension industrielle, avec la fabrication en commun de missiles ou de drones.

Pierre Haski, « Malgré le Brexit, le Royaume-Uni restera lié à l'Europe de la défense », *France Inter*, janvier 2020.

6 Relancer l'Europe

Steffen Seibert
@RegSprecher

À minuit, l'Allemagne a pris pour 6 mois la présidence du Conseil de l'Union européenne. La Porte de Brandebourg arborant le logo et le slogan "Tous ensemble pour relancer l'Europe" s'illumine. #eu2020de

▲ Image de la page *Twitter* du député allemand, S. Seiffert, à l'occasion de la prise de présidence de l'Allemagne, juillet 2020.

Vocabulaire

Le *Brexit* : processus de sortie du Royaume-Uni de l'Union européenne, votée par référendum en juin 2016, et effective depuis le 1er février 2020.

L'élargissement : intégration de nouveaux États membres au sein de l'espace commun.

Le programme *Erasmus* : programme d'échanges d'étudiants et de coopération entre les universités européennes.

5 Les territoires européens face au *Brexit*

Et si les papiers ne sont pas en ordre ? Trois postes-frontières ont été construits ces trois derniers mois par les autorités britanniques. Faute de place à Douvres, bloquée par les falaises, et pour éviter de boucher les routes locales, ils ont été placés très en amont sur la route. « On veut s'assurer que les camions qui n'ont pas les documents nécessaires ne s'approchent pas [du port] », explique Michael Gove, le ministre britannique chargé des préparatifs pour un « no deal[1] ».
Une fois les démarches faites, les camions pourront finalement prendre le ferry et arriver du côté français. Là aussi, du port de Dunkerque au tunnel sous la Manche, l'État s'est préparé à un « no deal » avec la mise en place d'un plan d'action de près de 40 millions d'euros présenté en août 2018 par le Premier ministre Edouard Philippe. Outre l'embauche de 300 douaniers chargés de faire face au déluge de formalités liées à l'import et à l'export, une frontière dite « intelligente » a été mise en place. Le dispositif numérique proposé repose sur trois principes : anticipation, identification et automatisation, par le système de code-barres.

Eric Albert et Laurie Moniez, « Les ports de Douvres et de Calais prêts à affronter le Brexit », *Le Monde*, octobre 2019.

1. Expression utilisée pour désigner une sortie du Royaume-Uni de l'Union européenne sans qu'il n'y ait d'accord sur leurs relations futures.

Numérique

Retrouvez une vidéo sur l'inquiétude des marins pêcheurs concernant le *Brexit* sur LLS.fr/HG3BrexitPecheurs.

Questions

Questionnement différencié sur LLS.fr/HG3P403

1. **Doc. 1** Pourquoi le départ du Royaume-Uni déstabilise-t-il autant l'Union européenne ?
2. **Doc. 1 et 5** Quels sont les impacts économiques du *Brexit* sur l'Union européenne ?
3. **Doc. 2, 3, 4 et 5** Les conséquences ne sont-elles qu'économiques ? Justifiez.
4. **Doc. 6** Que montre ce document sur la réaction des États européens face au *Brexit* ?
5. **Doc. 3 à 6** Dans un développement construit, montrez comment les acteurs européens agissent face au *Brexit*.

   > GUIDE
   - Identifiez les conséquences du départ du Royaume-Uni.
   - Montrez comment les pays membres y font face.

Étude de cas 4

S'identifier à un espace commun

Compétence J'analyse et je comprends des documents

Pour renforcer le sentiment d'appartenance à un espace politique et culturel commun, les acteurs européens ont créé des repères spatiaux et identitaires. Les atouts culturels sont valorisés et des programmes européens sont mis en place pour favoriser les échanges culturels.

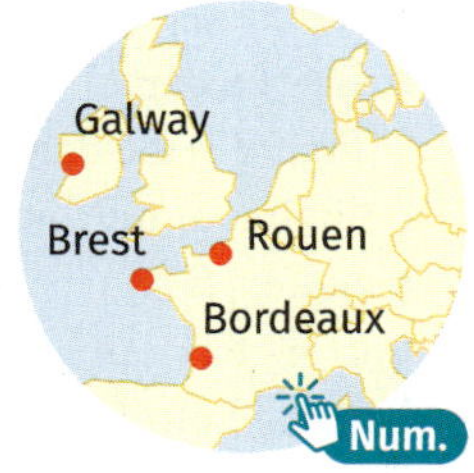

Comment une identité européenne commune s'affirme-t-elle ?

1 Fêter l'Europe

La Journée de l'Europe est célébrée tous les ans le 9 mai, et ce depuis 1985. C'est en effet le 9 mai 1950 que Robert Schuman a présenté sa proposition relative à une organisation de l'Europe, indispensable au maintien des relations pacifiques [sur le continent]. La Journée de l'Europe a été instaurée par les dirigeants européens lors du Conseil européen de Milan en juin 1985 et fêtée la première fois en 1986.

Extrait du site touteleurope.eu, mai 2020.

◀ Chaque année, la ville de Bordeaux organise une fête à l'occasion de la Journée de l'Europe, qui a lieu le 9 mai.

2 *Erasmus*, à la découverte de pays européens

Depuis sa création, en 1987, plus de 4,4 millions d'étudiants ont bénéficié du programme Erasmus. *Chaque année, plus de 800 000 étudiants ont la possibilité d'étudier, de se former, d'acquérir une expérience professionnelle ou de travailler comme bénévoles à l'étranger. Le* Brexit *et la crise économique, qui remettent en question la répartition du budget européen, fragilisent le programme.*

Un étudiant Erasmus sur quatre a rencontré son partenaire lors de son séjour à l'étranger, et un million de bébés issus de couples Erasmus sont nés [...] depuis l'entrée en vigueur de ce programme d'études, en 1987. [...] Actuellement, environ 10 % des jeunes Européens étudient ou se forment à l'étranger grâce à des soutiens publics et privés, selon les données de la Commission. [...] Plus d'un étudiant sur trois qui a effectué un stage Erasmus à l'étranger a été embauché ou s'est vu proposer de l'être dans son entreprise d'accueil. [...] Les anciens Erasmus ont deux fois moins de risque de devenir chômeurs de longue durée que ceux qui n'ont pas séjourné à l'étranger. [...] [Enfin], 33 % des anciens étudiants Erasmus partagent leur vie avec une personne de nationalité différente, soit près de trois fois plus que les anciens étudiants non mobiles.

Claire Ané, « Erasmus, une foule de bébés et moins de chômage », *Le Monde*, septembre 2014.

Vocabulaire

Le FEDER : Fonds européen de développement régional. Il apporte un soutien financier aux territoires pour corriger les déséquilibres au sein de l'Union européenne.

Numérique

Retrouvez le récit de quatre jeunes européens sur leur rapport à l'Union européenne sur LLS.fr/HG3JeunesEurope.

3 Un exemple de projet soutenu par le fonds européen FEDER à Brest

◀ Campagne de communication de l'UE, 2017.

4 Les capitales européennes de la culture

▲ Rencontre organisée par la Métropole de Rouen au sujet de la candidature de la ville comme capitale européenne de la culture en 2028.

5 Galway ou les difficultés d'une capitale européenne de la culture

La Galway estivale résonne d'habitude d'accents espagnols, américains, français… Mais avec les restrictions de voyage cette année, on n'entend que des accents irlandais. Et d'habitude, des artistes de rue, danseurs, musiciens, comédiens se produisent à chaque carrefour avec les attroupements qui vont avec. Or ils sont rares cette année à cause de la distanciation sanitaire imposée. L'absence de touristes se fait également cruellement sentir d'un point de vue économique : pas de souvenirs, pas de visites guidées… Un coup dur pour Galway qui s'attendait à une saison exceptionnelle grâce à sa désignation comme capitale européenne de la culture cette année. Tout n'est pas annulé. L'équipe de Galway 2020 a réinventé son programme, qui a commencé mardi 1er septembre avec un nombre réduit d'événements, qui ont dû être relocalisés, en ligne ou à l'extérieur. Mais pour les acteurs économiques, qui se préparent depuis six ans, la déception est grande.

Emeline Vin, « En Irlande, Galway, capitale européenne de la culture moins européenne que prévue », *France info*, septembre 2020.

Questions

Questionnement différencié sur LLS.fr/HG3P405

1. **Doc. 1, 2 et 3** Quel symbole européen retrouvez-vous sur tous ces documents ? Faites une recherche pour en connaître la symbolique.
2. **Doc. 2** Présentez le programme *Erasmus*.
3. **Doc. 3** Présentez le document et sa source. Que pouvez-vous en conclure sur son but ?
4. **Doc. 3 et 4** Comment la protection du patrimoine européen peut-elle renforcer le sentiment d'appartenance à l'Union européenne ?
5. **Doc. 1 et 3** Montrez que la solidarité est l'une des valeurs fondamentales de l'Union européenne.
6. **Doc. 4 et 5** Quelles sont les retombées pour les capitales européennes de la culture ?
7. **Doc. 1 à 5** Vous souhaitez organiser un événement à l'occasion de la Fête de l'Europe. Pour attirer un public jeune, vous voulez l'organiser sur le web. Que proposez-vous ?

   > GUIDE
   - Trouvez un titre et construisez le visuel de votre événement.
   - Décrivez votre projet en une dizaine de lignes.

Mise en perspective

L'Union européenne, un territoire à géométrie variable

Compétence Je situe dans l'espace

Étape 1 : Je fais le bilan des études de cas

1. Pour faire le bilan des études de cas, complétez le tableau suivant.

Des projets européens	Leurs objectifs	Les acteurs impliqués (échelle)
....	....	....

Étape 2 : Je mets en perspective à l'échelle européenne

1 L'Union européenne, une union d'États en construction

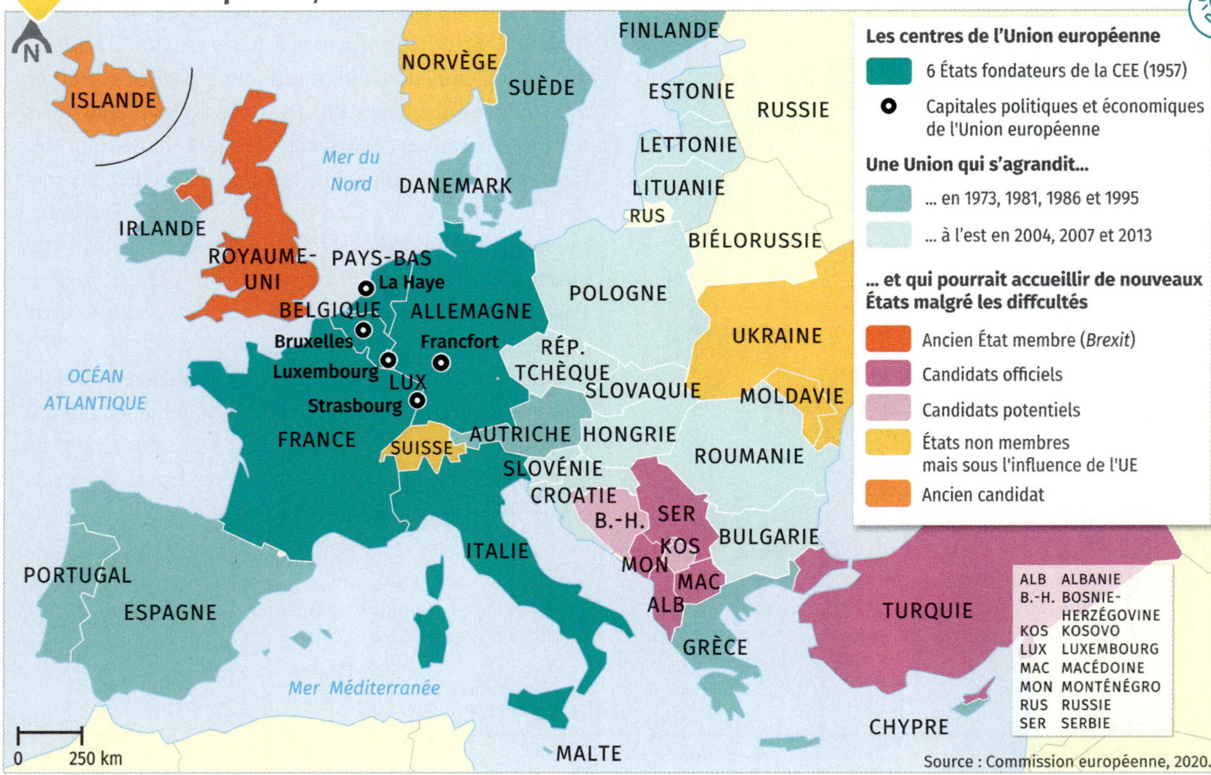

Guide de lecture

▶ **Doc. 1** La construction européenne a intégré **28 États** entre 1957 et 2013 (voir p. 178). Depuis, le processus d'élargissement **se poursuit** avec de nouvelles candidatures malgré le départ du Royaume-Uni avec le *Brexit*.

▶ **Doc. 2** L'Union européenne est un **territoire à géométrie variable.** Les États membres choisissent de s'impliquer selon leurs préférences. La **zone euro** intègre 19 États membres de l'UE et 6 États non membres.

▶ **Doc. 3** **L'espace Schengen** désigne l'ensemble des pays européens où les personnes peuvent circuler sans contrôle. 22 États membres de l'UE ont signé cette convention. Certains États non membres y sont associés.

2 L'euro, une monnaie unique

carte interactive

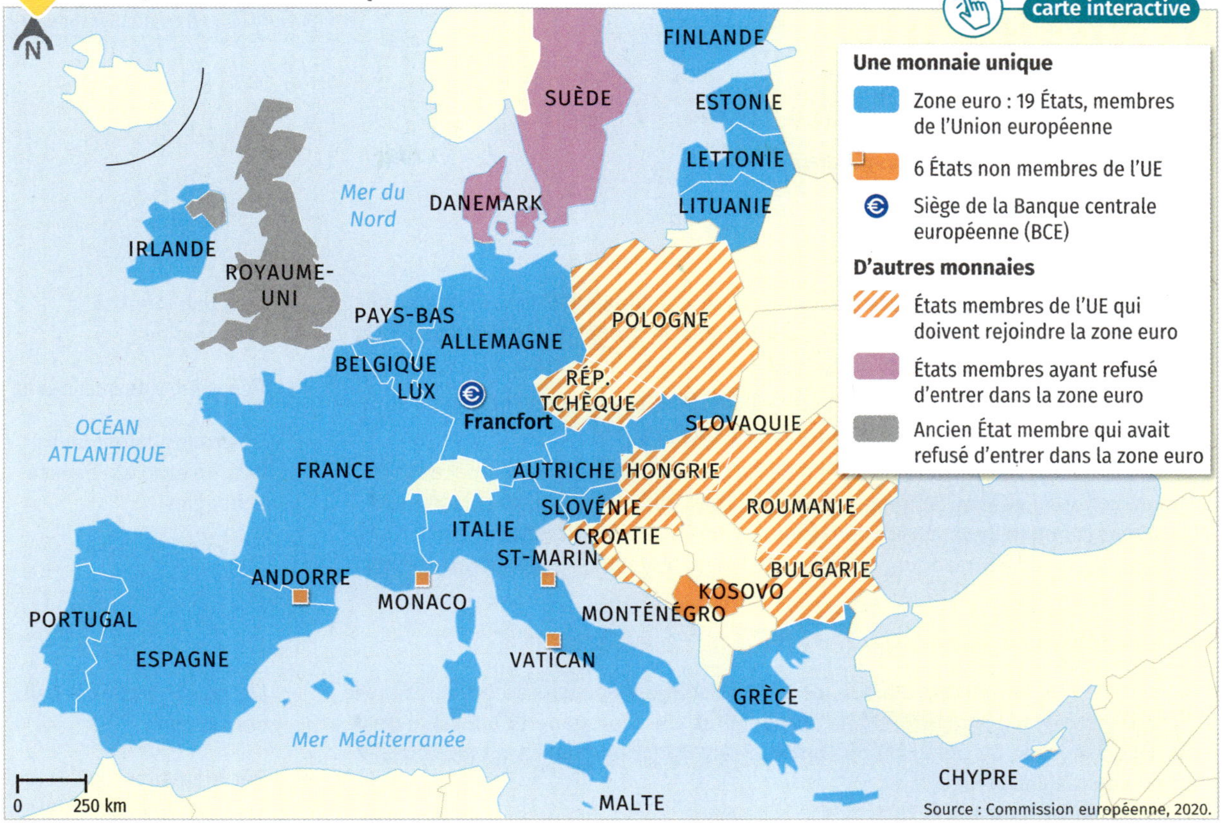

Source : Commission européenne, 2020.

3 L'espace Schengen, un espace de libre circulation

carte interactive

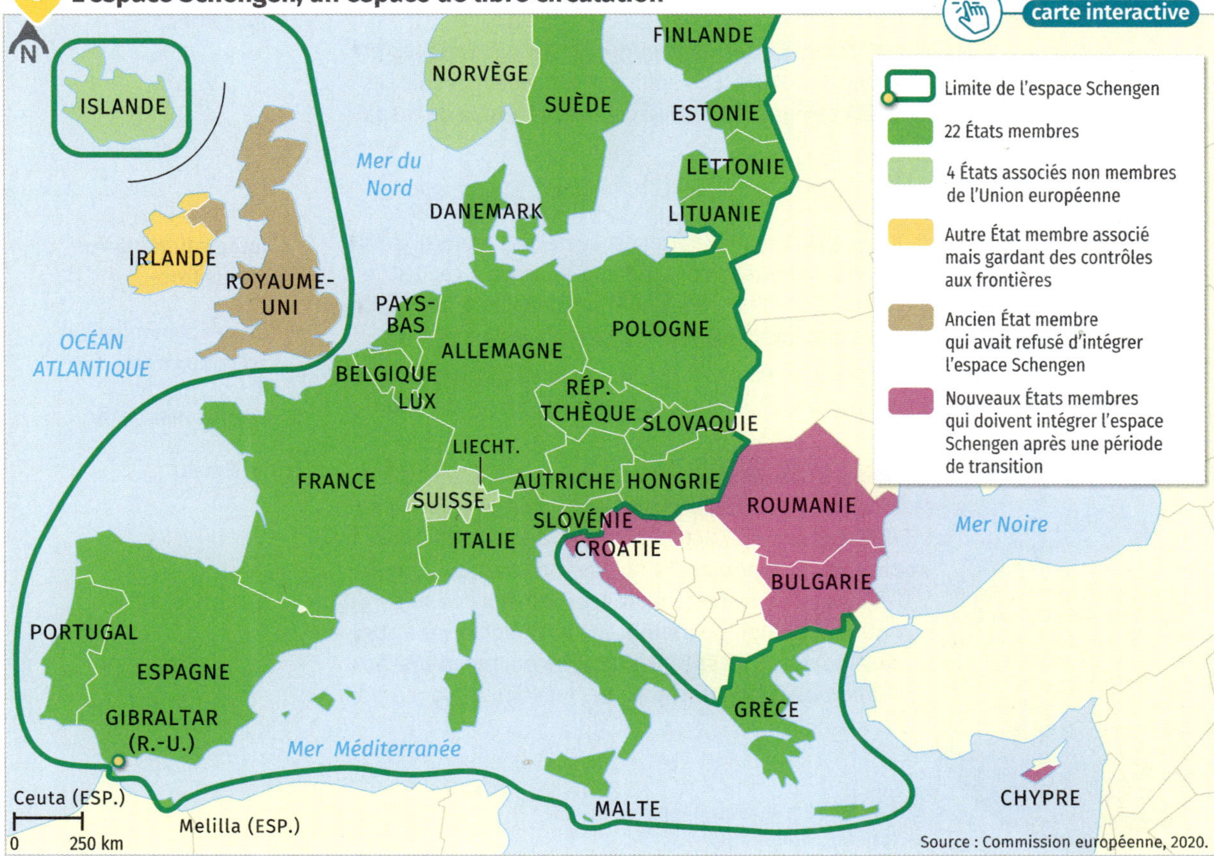

Source : Commission européenne, 2020.

Leçon

Appartenir à un territoire commun

Compétence Je révise mes repères géographiques

Numérique
Retrouvez une vidéo pour réviser sur LLS.fr/HG3Synthese17

A. La construction d'un territoire commun

› L'Union européenne s'est construite progressivement depuis 1957 **(chapitre 7)**. Pour créer une identité européenne, des symboles sont mis en place : un drapeau à 12 étoiles, un hymne européen et une devise (« Unie dans la diversité »).

› Chaque année, le 9 mai est la Journée de l'Europe : les citoyens européens sont invités à célébrer la construction européenne **(doc. 1 p. 404)**.

› La construction du territoire européen passe par la mise en place d'espaces communs, comme l'**espace Schengen** (1985), la **zone euro** (1999) ou encore de programmes communs, comme *Erasmus* **(doc. 2 p. 404)**. Des institutions comme le Parlement européen à Strasbourg et à Bruxelles représentent les citoyens européens.

B. Construire et aménager le territoire européen

› Au sein de l'UE, les projets d'aménagement ne sont plus pensés exclusivement à l'échelle des États, mais à l'échelle européenne. C'est le cas de la politique des transports **(étude de cas 2)** ou des projets transfrontaliers dans les **eurorégions** **(étude de cas Enquête)**.

› Les inégalités entre les États membres sont importantes. Face à la **mégalopole européenne**, qui est le cœur politique et économique de l'Europe, les espaces en marge de la dynamique économique sont nombreux (espaces périphériques situés aux confins nord et sud de l'UE).

› Par sa **politique régionale**, l'UE tente d'atténuer les inégalités économiques et sociales entre ses territoires **(doc. 3 p. 405)**. Elle souhaite également réunir ses États membres autour d'un projet commun, le Pacte vert européen **(étude de cas 1)**.

C. Un sentiment d'appartenance fragile

› Tous les États membres ne sont pas prêts à renoncer à leur souveraineté dans certains domaines, et ne s'intègrent pas de la même façon à l'UE : une « Europe à géométrie variable » voit le jour. Un certain nombre d'États, dont les États fondateurs, adhèrent aux structures communes, tandis que d'autres États ne participent pas à toutes.

› Depuis 2008, dans un contexte de crise économique mondiale, l'UE montre des fragilités. Certains de ses États membres connaissent des crises profondes. L'**euroscepticisme** gagne du terrain.

› Ces divergences se sont cristallisées avec le ***Brexit*** **(étude de cas 3)**. Le Royaume-Uni est le premier pays à sortir de l'Union européenne suite à un référendum en 2016, à l'occasion duquel 51,9 % des votants se sont prononcés favorablement à un départ. Devant un événement inédit, les modalités de départ ont fait l'objet de nombreuses négociations. Le Royaume-Uni n'est officiellement plus membre de l'Union européenne depuis le 1er février 2020.

◂ Vue extérieure du Parlement européen, Strasbourg.

Je retiens

- Vers une identité européenne
- Des symboles européens
- Des zones communes : la zone euro et l'espace Schengen
- Les transports à l'échelle européenne
- Des inégalités économiques et sociales
- La politique régionale pour réduire les inégalités
- Intégration plus ou moins forte
- Crise économique et crise de l'euro
- L'euroscepticisme
- Le *Brexit*

Je révise ma leçon

› Je retiens une date importante

2020

Départ du Royaume-Uni de l'Union européenne.

› Je retiens les chiffres importants

27

C'est le nombre d'États membres de l'Union européenne depuis 2020.

› Je retiens les lieux importants

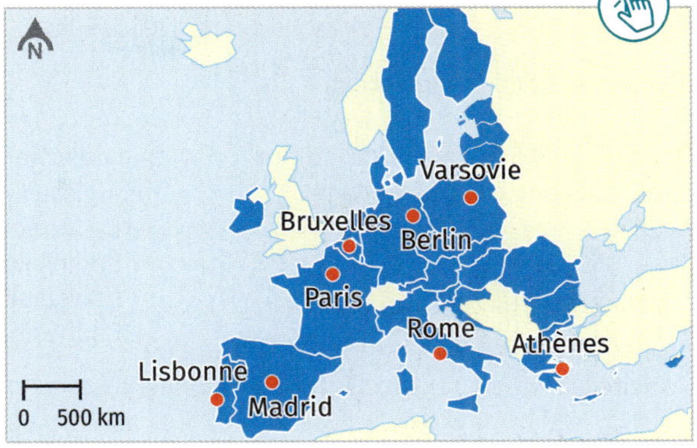

Vocabulaire

Brexit (de « British exit ») : processus de sortie du Royaume-Uni de l'Union européenne, votée par référendum en juin 2016, et effective depuis le 1er février 2020.

L'espace Schengen : espace de libre circulation des personnes entre des États européens.

Une eurorégion : région formée de territoires frontaliers de plusieurs États européens, dans laquelle se multiplient les projets transfrontaliers.

L'euroscepticisme : fait de mettre en doute l'utilité ou la viabilité de l'UE.

La mégalopole européenne : espace densément peuplé et fortement urbanisé qui concentre les flux les plus importants en Europe.

La politique régionale : aides financières pour réduire les inégalités de richesses entre les régions de l'UE.

La zone euro : pays ayant adopté l'euro comme monnaie unique.

Je révise avec un schéma

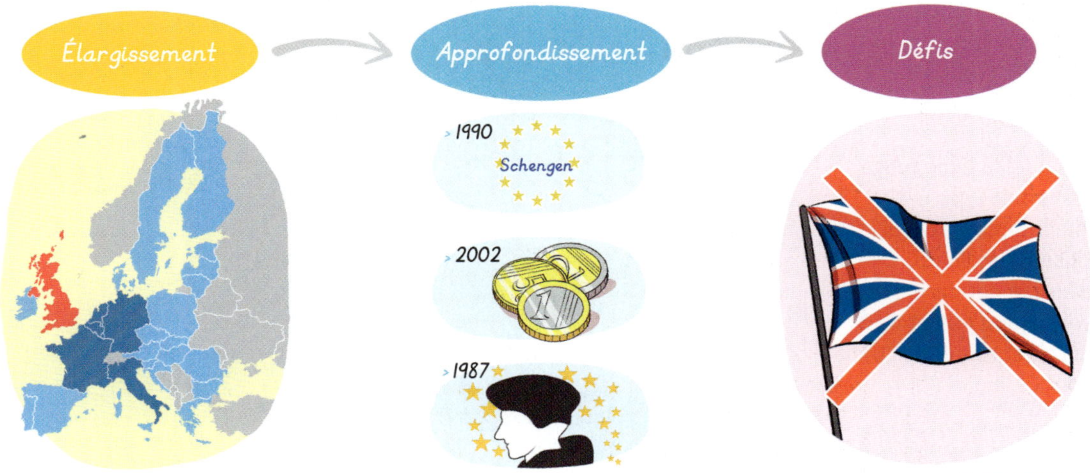

Téléchargez ce schéma sur LLS.fr/HG3Schema17

Je teste mes connaissances

Pour chaque question, il y a une ou plusieurs réponses correctes. Testez-vous sur LLS.fr/HG3Quiz17

Je m'exerce pour le brevet

Compétence Je pratique différents langages

Exercice 1 • Je connais les notions clés du chapitre

Trouvez la bonne proposition.

1. Combien d'États membres l'Union européenne compte-t-elle en 2020 ?
   a. 15
   b. 25
   c. 27

2. Que désigne-t-on par l'expression « élargissement de l'UE » ?
   a. L'adoption de l'euro
   b. L'adhésion progressive de nouveaux membres à l'UE
   c. L'adhésion à l'espace Schengen

3. Quel pays a fait le choix de sortir de l'Union européenne ?
   a. L'Italie
   b. La Croatie
   c. Le Royaume-Uni

Exercice 2 • Je connais le vocabulaire du chapitre

Remplacez les expressions en gras par les mots de vocabulaire qui conviennent.

- La convention de Schengen
- L'euroscepticisme
- Eurorégions
- Zone euro
- Union
- *Brexit*

L'union européenne est une **association (1)** d'États qui compte 27 membres en 2020. Il s'agit d'une construction à géométrie variable. Ainsi l'Irlande n'applique pas **le texte qui prévoit la libre circulation des personnes (2)** et tous les États ne font pas partie de la **zone où l'on utilise une monnaie commune (3)**. Dans les **territoires frontaliers, dans lesquels se multiplient les projets communs (4),** des aménagements concrets sont réalisés. Pour certains, le sentiment d'appartenance à l'Europe est contrebalancé par **le fait de mettre en doute l'utilité de l'UE (5)**. L'Union européenne a connu **le départ du Royaume-Uni (6)** en 2020.

Exercice 3 • Je maîtrise les repères spatiaux

1. Nommez les six États fondateurs de la construction européenne.
2. Nommez un État qui a quitté l'Union européenne en 2020.
3. Expliquez à quoi correspond la ligne rouge sur la carte.
4. Nommez deux États qui n'utilisent pas l'euro.
5. Nommez le dernier État à avoir rejoint l'UE et un des États entrés dans l'UE en 2004.

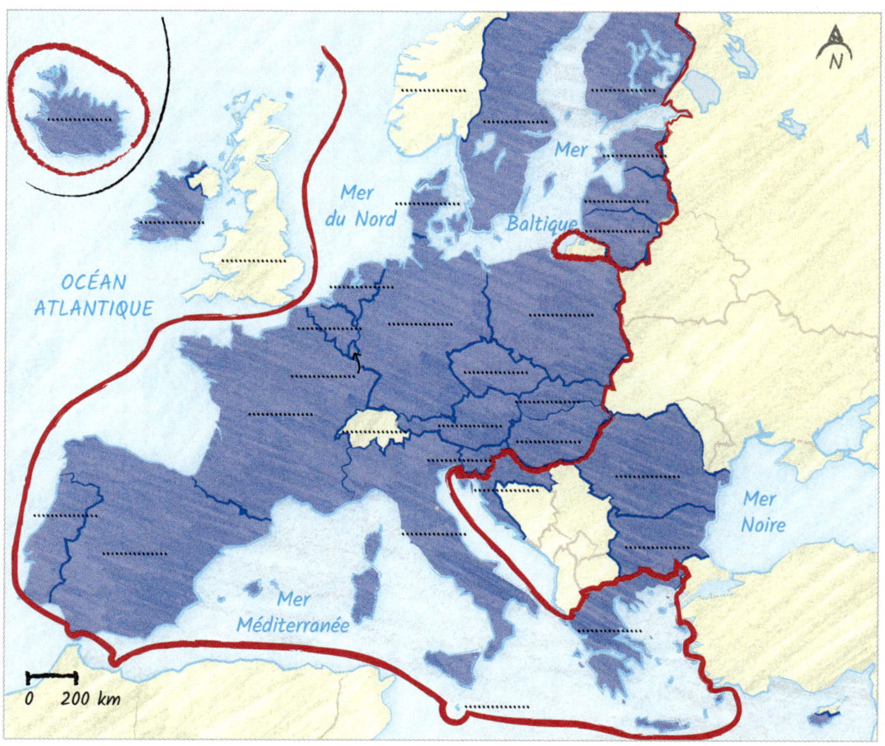

Numérique
Téléchargez le fond de carte sur LLS.fr/HG3Cartes.

Compétence Je révise mes repères géographiques

J'apprends en synthétisant une leçon sous forme de *sketchnote*

ÉTAPE 1 Relire son cours et relever les idées importantes du chapitre

1. Notez une première idée. Par exemple, l'Union européenne est une association en construction : elle s'élargit et s'approfondit.
2. Notez une deuxième idée. Par exemple, l'Union européenne est un territoire en construction grâce à des axes de transport européens et à des politiques communes.
3. Notez une troisième idée. Par exemple, l'Union européenne est fragilisée par le *Brexit* et l'euroscepticisme.

ÉTAPE 2 Traduire les idées importantes en symboles, images et mots-clés

1. Trouvez des symboles évocateurs qui pourront être compris par tous.
2. Cherchez des images qui illustrent vos grandes idées.
3. Utilisez des couleurs ou des tailles d'écriture différentes pour les informations importantes à retenir.

ÉTAPE 3 Représenter les liens entre les idées

1. Matérialisez enfin les liens entre les idées avec des symboles (flèches, séparateurs, etc.).
2. Différenciez la taille des flèches selon l'importance de l'information.
3. Introduisez des séparateurs pour structurer votre *sketchnote*.

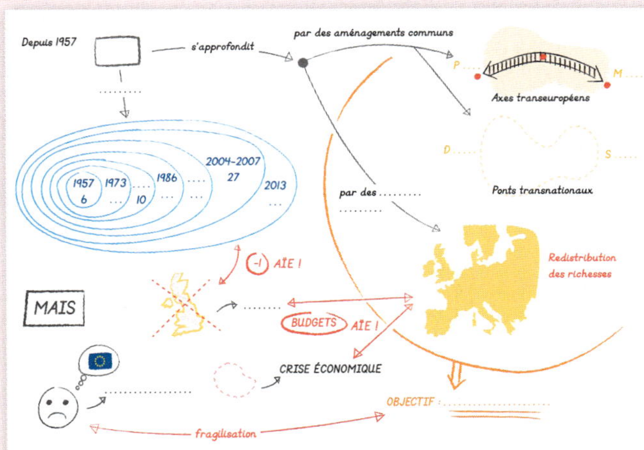

Numérique

Pour vous aider, vous pouvez télécharger un *sketchnote* à compléter sur LLS.fr/HG3SketchNote17.

À lire

Jérémie Dres, *Carnet d'Europe*, 2016

Dans ce roman graphique, un ancien étudiant *Erasmus* tente de comprendre pourquoi l'Europe de 2016 traverse une phase de remise en question. Il part à la rencontre de ses camarades de promotion avec lesquels il avait eu l'impression de vivre le rêve d'une Europe unie et multiculturelle, en 2006. Retrouvez le lien vers ce roman graphique sur LLS.fr/HG3Carnet.

Caroline Gillet et Amélie Fontaine, *I like Europe*, 2015

En 2014, la chaîne de radio *France Inter* dresse le portrait de la jeunesse européenne à travers une dizaine de témoignages. Les illustratrices C. Gillet et A. Fontaine les présentent dans un album illustré.

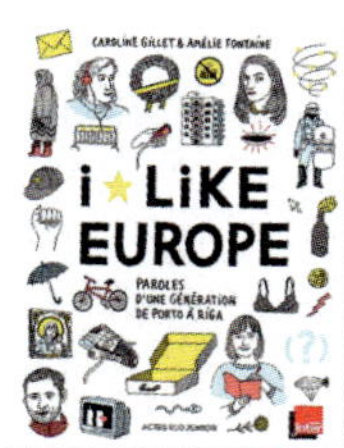

À explorer

Europe s'organiser + ensemble ! (site Internet)

Cette publication de février 2020, sous forme de brochure numérique, a été réalisée par les institutions européennes, à destination des jeunes citoyens de l'espace commun.

Sujet guidé

Exercice 1 • Analyser et comprendre des documents

1. **Doc. 1** Rappelez ce qu'est le programme *Erasmus*.
2. **Doc. 1** Quel est le nombre total d'Européens qui ont étudié à l'étranger pendant l'année 2017-2018 ?
3. **Doc. 1** Quels sont les trois pays qui ont fourni le plus grand nombre d'étudiants *Erasmus* pendant l'année 2017-2018 ?
4. **Doc. 1** Citez un pays qui participe au programme *Erasmus* sans faire partie de l'UE.
5. **Doc. 1** À l'aide des documents et de vos connaissances, expliquez ce qu'est le programme *Erasmus*.

   > GUIDE
   - Dans une première partie, expliquez quels États sont concernés.
   - Expliquez ensuite comment ce programme permet de renforcer l'identité européenne.

1 Nombre d'étudiants *Erasmus* par pays en 2017-2018

Pays	Date d'adhésion à l'UE	Nombre d'étudiants du pays partis en échange à l'étranger
Allemagne	1951	41 971
Autriche	1995	7 129
Belgique	1951	9 520
Espagne	1986	39 939
Finlande	1995	5 911
France	1951	47 589
Grèce	1981	5 619
Irlande	1973	3 666
Italie	1951	38 376
Pays-Bas	1951	14 323
Pologne	2004	15 109
Portugal	1986	9 629
Rép. Tchèque	2004	7 272
Roumanie	2007	8 061
Royaume-Uni	1973-2020	16 868
Suède	1995	4 416
Turquie	/	17 851
TOTAL	/	293 249

Source : Commission européenne, 2020.
Le programme *Erasmus* favorise la mobilité des étudiants. Depuis sa création en 1987, plus de 4 millions d'Européens ont étudié dans un autre pays européen que le leur.

Méthode : Analyser un tableau statistique

- Un tableau statistique regroupe des données chiffrées de manière organisée.
- Il permet de faire des comparaisons, de mettre en évidence des évolutions ou de montrer la répartition d'un phénomène.
- Pour analyser un tableau statistique, déterminez quel est le sujet : lisez attentivement le titre du tableau et les titres des colonnes.
- Identifiez ensuite quels pays et quelle(s) période(s) sont représentés.
- Prêtez également attention à l'unité dans laquelle les valeurs sont exprimées (nombre de personnes, année, pourcentage, etc.).

Exercice 2 • Maîtriser différents langages

Sous la forme d'un développement construit d'une vingtaine de lignes, expliquez le but de la politique régionale de cohésion menée par l'UE.

> GUIDE
- Présentez les contrastes au sein de l'UE.
- Présentez une politique européenne dont bénéficient les États européens.
- Illustrez-la avec un exemple concret.

Conseils • Rédiger un développement construit

- Chaque paragraphe de votre développement doit apporter un élément de réponse à la consigne.
- Utilisez vos connaissances pour expliquer les mots-clés de la consigne et les informations tirées des documents étudiés.

Exercice 1 • Analyser et comprendre des documents

1. **Doc. 1 et 2** Pourquoi la Guadeloupe est-elle soutenue par l'Union européenne ?
2. **Doc. 1 et 2** Identifiez au moins trois domaines dans lesquels l'Union européenne intervient en Guadeloupe.
3. **Doc. 1 et 2** Présentez le principal mode d'action de l'Union européenne pour favoriser le développement d'une région.
4. À partir des documents et de vos connaissances, montrez que l'Union européenne est marquée par de nombreuses inégalités qu'elle tente d'atténuer.

1 Les actions de l'UE en Guadeloupe pour la période 2014-2020

▲ Le FSE est le Fonds social européen. Dans le cadre de la politique de cohésion économique, sociale et territoriale, il vise à réduire les écarts de développement entre les régions de l'UE.

2 La Guadeloupe, une région ultrapériphérique de l'UE

La région Guadeloupe est la troisième région la plus petite de France. Située dans la mer des Caraïbes, au sein de l'archipel des Antilles, elle fait partie des cinq départements et régions d'outre-mer français, et des neuf régions ultrapériphériques de l'Union européenne. […]

La Guadeloupe bénéficie entre 2014 et 2020 d'un peu plus d'un milliard d'euros de financements européens. Plus de la moitié de ces fonds lui sont attribués au nom du FEDER, le fonds de développement régional. Ce dernier soutient en particulier les PME[1] et finance la recherche et l'innovation en faveur de la transition énergétique de la région, encore très dépendante aux énergies fossiles, ou de la résilience aux catastrophes naturelles. Elle profite également de fonds d'aide au développement rural et de soutien aux ressources aquatiques.

Extrait du site touteleurope.eu, février 2020.

1. Petites et moyennes entreprises (artisans, commerçants, restaurateurs, etc.).

Exercice 2 • Maîtriser différents langages

1. Sous la forme d'un développement construit d'une vingtaine de lignes et en vous appuyant sur l'activité p. 400, présentez une région transfrontalière.
2. Localisez et nommez sur le fond de carte ci-contre 10 États membres de l'UE. Donnez un titre à la carte.

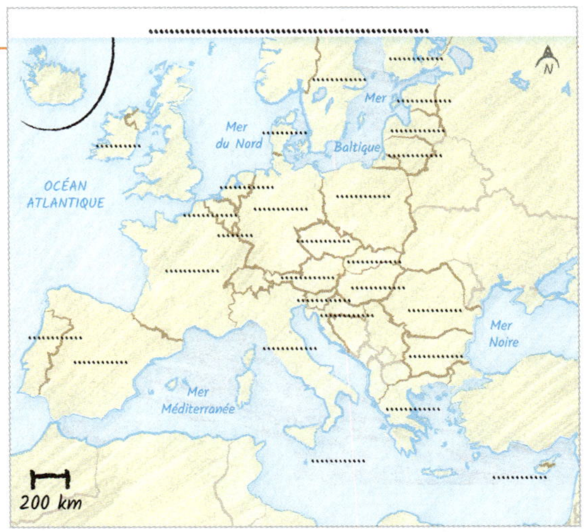

Numérique
Téléchargez le fond de carte sur LLS.fr/HG3Cartes.

Chapitre

18 La France et l'Europe dans le monde

THÈME III. La France et l'Union européenne

L'UNION EUROPÉENNE,
UN NOUVEAU TERRITOIRE D'APPARTENANCE

LA FRANCE ET L'EUROPE DANS LE MONDE

L'Union européenne est un acteur majeur de la mondialisation. Dans le contexte de crise sanitaire et économique, la construction d'un espace commercial et politique commun est une priorité pour les États européens. Parmi eux, la France, deuxième puissance européenne et sixième puissance économique mondiale, est un acteur moteur.

Quelle est la place de la France et de l'Europe dans le monde ?

Quiz

1. Quelle est la place de l'UE dans le commerce mondial ?
   a. C'est la première puissance économique mondiale
   b. C'est la sixième puissance économique mondiale
   c. Elle participe peu aux échanges internationaux

2. Quelle est la place de la France sur la scène internationale ?
   a. Son influence se limite au continent européen
   b. C'est la deuxième puissance mondiale
   c. C'est une puissance économique, politique et culturelle importante

3. Grâce à quels territoires la France a-t-elle une présence mondiale ?
   a. Grâce aux territoires ultramarins
   b. Grâce au Commonwealth

Dans ce chapitre je vais

- Décrire la place de l'Europe dans le monde.
- Expliquer l'influence mondiale de la France dans le monde grâce à ses territoires ultramarins et à la francophonie.
- Identifier les différents aspects de la puissance de la France et de l'Europe, et les limites de leur influence.

Géographie et fiction

Génération Expat est un documentaire de 2016 qui nous fait découvrir le quotidien de Français qui ont fait le choix de s'expatrier.

Numérique

Retrouvez un parcours numérique pour préparer la certification PIX sur LLS.fr/HG3PIX18.

◀ La place de la Concorde, à Paris, le 23 juin 2019
À l'occasion de la Journée olympique, la place de la Concorde est transformée en terrain de jeu géant. La métropole parisienne accueillera les Jeux olympiques d'été en 2024.

Étude de cas guidée 1

L'Union européenne, une puissance économique et commerciale

Compétences Je travaille en autonomie
Je raisonne, je justifie une démarche et les choix effectués

L'Union européenne est une puissance économique et commerciale mondiale. Ses 448 millions d'habitants, au niveau de vie élevé, représentent l'un des premiers marchés de consommation au monde. L'Union européenne s'affirme ainsi comme un acteur majeur des échanges mondialisés, par l'importance de ses importations et de ses exportations.

Sur quels facteurs la puissance économique européenne repose-t-elle ?

1 Michelin, une entreprise européenne présente dans le monde entier

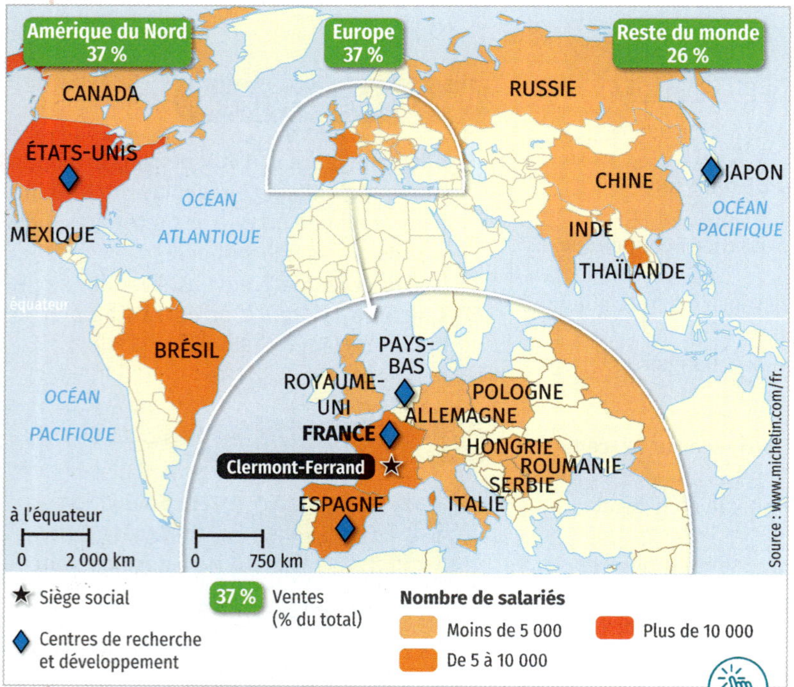

Question : montrez que Michelin est une **firme transnationale** (FTN).

› GUIDE
- Lisez la définition d'une FTN.
- Décrivez les implantations de Michelin dans le monde.
- À partir du texte, expliquez la stratégie d'implantation actuelle de Michelin.

Une camionnette de dépannage en Thaïlande, 2015.

Au salon de l'automobile de Detroit aux États-Unis, 2017.

Pour Michelin, la localisation en France des activités à haute valeur ajoutée du groupe est gravée dans le plan de marche de l'entreprise. La marque au bibendum va implanter, en coentreprise avec Faurecia, une unité de production de piles à hydrogène près de Lyon. […]« Localiser en France les technologies à venir, oui c'est possible », souligne le dirigeant, qui cite également le cas des imprimantes 3D implantées à Clermont-Ferrand, dans le cadre d'une société commune avec le groupe Fives.

Grégoire Pinson et Alain-Gabriel Verdevoye, « Industrie : le casse-tête de la relocalisation », *Challenges*, septembre 2020.

Numérique
Retrouvez une vidéo sur le poids économique de l'Union européenne dans le monde sur LLS.fr/HG3EuropeEco.

2 La *Northern Range*, une façade littorale ouverte sur le monde

Située dans le nord de l'Europe, la *Northern Range* compte les deux plus grands ports européens : Rotterdam et Hambourg. C'est la deuxième façade maritime au monde. Sa puissance remonte au Moyen Âge et s'appuie sur un *hinterland* (arrière-pays) riche et densément peuplé.

Question : quel rôle les littoraux jouent-ils dans l'intégration de l'UE aux échanges mondiaux ?

› GUIDE
- Comptez le nombre de ports.
- Relevez les plus importants.
- À l'aide de l'échelle, calculez sur quelle distance la *Northern Range* s'étend.
- Comment ces ports sont-ils reliés aux grandes villes européennes ?

3 Une puissance économique et commerciale

	UE	États-Unis	Chine
Population (en millions)	447	330	1 430
Part du PIB mondial (en %, en 2018)	18,5 %	23 %	15 %
Part des exportations mondiales (en %, en 2018)	15 %	11 %	16 %
Part des importations mondiales (en %, en 2018)	15 %	16 %	13 %

▲ Sources : FMI, Banque mondiale, Unesco, 2020.

Si l'UE-27 se place en première puissance commerciale au monde, elle n'est en 2018 que deuxième importatrice (devancée par les États-Unis) et deuxième exportatrice (devancée par la Chine).
Ses principaux partenaires commerciaux sont les États-Unis, plus importante destination des exportations européennes en 2019 et deuxième source d'importations […], la Chine, le Royaume-Uni, la Suisse, la Russie et la Turquie. Avec le Japon et la Norvège, ces marchés représentent 62,6 % des flux commerciaux de l'UE, et plus de la moitié des exportations de biens européens. Ces sept pays sont également les plus grands fournisseurs de biens importés par l'Union européenne, la Chine se classant ici au premier rang.

Agnès Faure, « Le commerce extérieur de l'Union européenne », extrait du site *touteleurope.eu*, juin 2020.

Question : quelle est la place de l'UE dans les échanges internationaux ?

› GUIDE
- Grâce au tableau, comparez les pôles de puissance mondiaux. Quelle part du PIB mondial est produite par l'UE ? Les États-Unis ? La Chine ?
- Rappelez ce que sont les exportations et les importations. Que montrent-elles de la puissance commerciale de l'UE ?
- D'après le texte, avec qui l'UE échange-t-elle ?

Vocabulaire

Une firme transnationale (FTN) : grande entreprise qui déploie son activité à l'échelle mondiale, en étant présente dans plusieurs États (au minimum cinq) en plus de celui d'origine.
Une puissance : voir p. 427.

Synthèse

▶ Rédigez un développement construit expliquant les fondements de la puissance européenne dans le monde.

Étude de cas 2

Assurer le rayonnement mondial de la France

Compétence J'analyse et je comprends des documents

Classée comme la 6e puissance économique mondiale par la Banque mondiale (2020), la France s'appuie sur un fort rayonnement culturel et une présence territoriale internationale. Pour maintenir son rang, la France doit néanmoins s'adapter aux attentes du marché international et imposer sa marque sur les grands événements internationaux.

Quelles stratégies assurent une influence mondiale à la France ?

1 Le défi de l'attractivité

La France prenait en 2019 la très convoitée première place sur le podium européen des **investissements étrangers** avec 1197 projets annoncés (soit une hausse de 17 % en un an), devant ses compétiteurs historiques, le Royaume-Uni (1109 projets) et l'Allemagne (971 projets). Elle conservait aussi la 1re place, déjà conquise l'année précédente, pour la production et la Recherche & Développement. [...]

La question se pose surtout car ce qui va se passer maintenant est déterminant pour l'économie française et le retour de la croissance. Les entreprises étrangères implantées sur le territoire emploient 2 millions de personnes, représentent 21 % des dépenses de R&D privées et 31 % de nos exportations.

Marie Visot, « Rester attractive, un enjeu pour la France », *Le Figaro*, mai 2020.

2 Des Jeux olympiques respectueux de l'environnement

WWF France
@WWFFrance

.@Paris2024 & @WWFFrance : une ambition commune pour des Jeux à impact environnemental positif : bit.ly/2nhFITX #Paris2024

▲ Compte twitter de l'ONG WWF, 2017.
La France s'engage à organiser des Jeux olympiques plus respectueux de l'environnement.

Numérique

Retrouvez une vidéo sur les « licornes » françaises sur LLS.fr/HG3Licornes.

Vocabulaire

Un investissement direct à l'étranger (IDE) : investissement réalisé par une firme transnationale pour créer ou racheter une entreprise dans un autre pays.

Une zone économique exclusive (ZEE) : zone de 200 milles marins (environ 370 km) au large d'un État, dans laquelle l'exploitation des ressources lui revient.

3 Le Louvre Abu Dhabi, une vitrine de la France à l'international

L'édifice, inauguré en 2017, a été construit par l'architecte Jean Nouvel.

4 Le luxe français à l'étranger

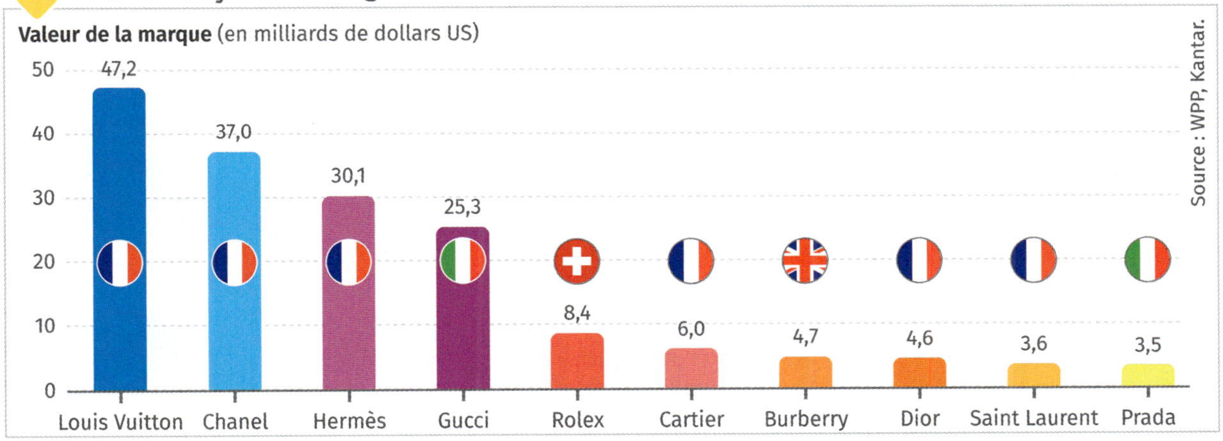

5 Une puissance maritime en évolution

La France possède le deuxième plus grand domaine maritime, ses délimitations sont évaluées autour de 11 millions de km^2, derrière celui des États-Unis en superficie. Le domaine maritime français est composé en grande majorité des territoires d'outre-mer (97 %). La Polynésie et les archipels du Pacifique représentent la plus grande surface du domaine maritime avec 4,5 millions de km^2. Les autres principales localisations françaises sont : les terres australes et antarctiques (presque 2 millions de km^2) ; l'île de Clipperton dans l'océan Pacifique avec une **ZEE** de 440 000 km^2 tandis que les zones maritimes de France métropolitaine sont d'une surface de 350 000 km^2. Depuis le début de l'année 2020, trois nouveaux décrets sont parus sur les délimitations du domaine maritime français au large de Mayotte, de la Guyane et de la Polynésie française. [...] Une négociation est en cours pour l'extension du plateau continental français au niveau de l'archipel de Saint-Pierre-et-Miquelon.

« Mers et océans : les espaces maritimes en six questions », extrait du site www.vie-publique.fr, juin 2020.

Questions

Questionnement différencié sur LLS.fr/HG3P419

1. **Doc. 1** Relevez deux chiffres qui montrent que la France reste attractive pour les acteurs économiques mondiaux.
2. **Doc. 2** Identifiez deux acteurs qui s'engagent pour organiser des Jeux olympiques respectueux de l'environnement.
3. **Doc. 3 et 4** Identifiez deux domaines dans lesquels la France rayonne à l'étranger.
4. **Doc. 5** Lisez la définition d'une ZEE. Qu'apporte-t-elle à la France ?
5. **Doc. 1 à 4** Rédigez un développement construit expliquant comment la France agit pour rayonner sur la scène internationale.

Étude de cas 3

Les métropoles, des vitrines de la puissance de l'Union européenne

Compétence J'analyse et je comprends des documents

Grâce à ses villes mondiales aux paysages verticalisés, l'Union européenne s'intègre dans la compétition internationale. Connectées et innovantes, les métropoles européennes s'inscrivent dans l'ensemble des flux de la mondialisation. Cependant, peu sont en tête de la hiérarchie mondiale.

Comment les métropoles européennes participent-elles à l'influence mondiale de l'Union européenne ?

1 Paris dans le monde

Économie
- Quartier d'affaires de La Défense
- Siège de nombreuses FTN

Diplomatie
- 177 ambassades
- Siège de l'UNESCO

Tourisme
- 1re ville pour les congrès
- 3e ville pour le nombre de touristes

Échanges
- Aéroport Paris-Charles de Gaulle, l'un des plus fréquentés au monde

Culture
- Musée le plus visité au monde (le Louvre)
- Plusieurs universités classées parmi les meilleures du monde (la Sorbonne est l'une des plus anciennes du monde)

2 La *Skyline* de Francfort, au cœur de la mégalopole européenne

Au premier plan, la *Skytower* accueille le siège de la Banque centrale européenne. À l'arrière-plan, la *skyline* du quartier d'affaires de Francfort (Allemagne), surnommée « Mainhattan ».

3 Le port et la ville de Rotterdam (Pays-Bas), à l'embouchure du Rhin

S'étirant sur 42 km, le port de Rotterdam (2e ville des Pays-Bas) génère 6 % du PIB du pays et occupe 5 % de la population active. Environ 500 millions de tonnes de marchandises y transitent chaque année.

4 Copenhague, les ambitions d'une métropole verte

En 2014, Copenhague a été nommée « Capitale verte de l'Europe ». Son maire, Frank Jensen, explique pourquoi. « On veut devenir la première capitale neutre en carbone d'ici 2025 », explique-t-il. La capitale danoise a déjà réduit ses émissions de CO_2 de 42 % entre 2005 et 2014, malgré une augmentation de 20 % de la population depuis 2010.

Pour ce faire, la ville a investi dans des infrastructures cyclables durant les deux dernières décennies. Désormais, plus de 60 % des habitants de Copenhague utilisent un vélo pour les trajets quotidiens. Outre cela, la ville a une « tradition » qui consiste à fabriquer de l'énergie à partir de déchets. « On en extrait de la chaleur », précise le maire. Concernant l'alimentation, le maire de la ville fait aussi preuve d'ambition : « 98 % de toute la nourriture produite dans les cantines publiques doit être bio », s'exclame le maire. Résultat : 97 % de la nourriture servie l'est déjà.

« Cantines bio, vélos... Copenhague, la "Capitale verte de l'Europe" », *France Info*, 2020.

5 Des villes high-tech ?

Le nombre d'emplois liés au high-tech, les brevets déposés, le nombre de start-up établies... Autant d'éléments qui ont permis de déterminer les 25 villes les plus à la pointe en matière de nouvelles technologies. [...]

À égalité avec l'Amérique du Nord, le continent européen place neuf villes au sein du classement high-tech. [...] C'est bien l'Allemagne qui compte le plus de villes classées dans ce top 25. Elles sont trois : Berlin (13), Munich (14) et Stuttgart (18).

Enrique Moreira, « Le classement des villes les plus high-tech du monde », *Les Échos*, 2016.

Questions

Questionnement différencié sur LLS.fr/HG3P421

1. **Doc. 1** Pourquoi peut-on parler d'un « rayonnement mondial » de la ville de Paris ?
2. **Doc. 2 et 3** Décrivez les paysages de ces villes européennes. À quelles autres villes mondiales vous font-ils penser ?
3. **Doc. 1, 3 et 5** Quels types de flux matériels et immatériels transitent par ces villes ?
4. **Doc. 4 et 5** Identifiez trois domaines dans lesquels les villes européennes cherchent à rester compétitives.
5. **Doc. 1 à 5** Dans un texte argumenté, vous répondrez à la problématique.

> GUIDE
- Vous montrerez que les métropoles participent aux échanges mondialisés.
- Vous montrerez qu'elles sont aménagées pour être compétitives.

Étude de cas 4

La France, une puissance mondiale ?

Compétence J'analyse et je comprends des documents

Longtemps, la France a construit sa puissance sur son rayonnement culturel et diplomatique. Aujourd'hui, elle renforce son influence par des opérations militaires extérieures et une politique étrangère volontariste. C'est notamment sur la scène européenne que la France ambitionne de maintenir une place de premier ordre.

Par quels moyens la France s'impose-t-elle comme une puissance militaire et diplomatique ?

1 Les opérations extérieures de la France en 2020

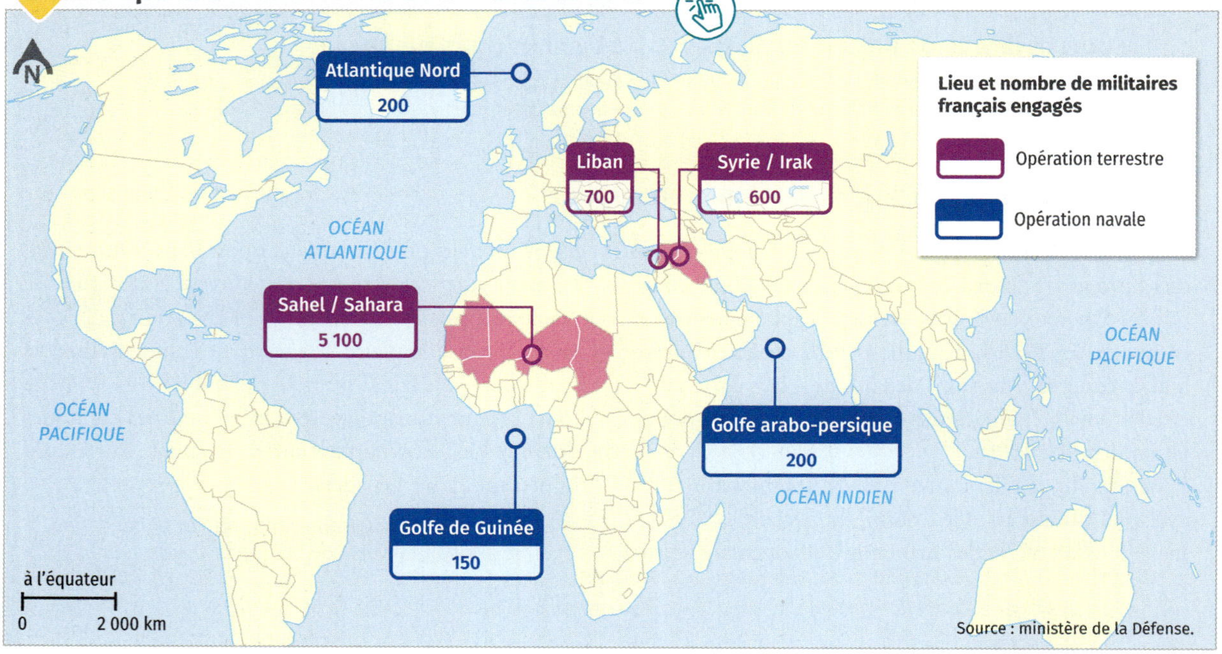

2 Une puissance militaire

Au sein des Vingt-Sept, la France est la principale puissance diplomatique depuis le départ du Royaume-Uni de l'Union européenne en 2020. Elle est en effet le seul pays à disposer d'un siège permanent au Conseil de sécurité de l'ONU et possède par ailleurs un important réseau d'ambassades. [...] En Europe, la France est le pays disposant des principales forces armées depuis le retrait du Royaume-Uni. Elle est également la seule à disposer d'un arsenal nucléaire.

Sur le plan opérationnel, certains pays européens sont engagés sur le plan militaire à l'étranger. C'est surtout le cas de la France encore présente dans la région du Sahel et du Sahara (opération Serval de janvier 2013 à juillet 2014 puis Barkhane depuis juillet 2014) ainsi qu'au Moyen-Orient (opération Chammal depuis septembre 2014).

[...] Principale puissance militaire d'Europe continentale, la France cherche à jouer un rôle moteur en matière de défense. Elle a ainsi été à l'origine du projet d'une initiative européenne d'intervention (IEI) lancé en juin 2018 et rassemblant actuellement 13 pays de l'UE. La France a également défendu la création d'un fonds européen de défense et a lancé, avec l'Allemagne notamment, plusieurs projets de coopération industriels dans le domaine militaire.

Jules Lastennet, « La diplomatie et la défense dans l'Union européenne », extrait du site touteleurope.eu, janvier 2021.

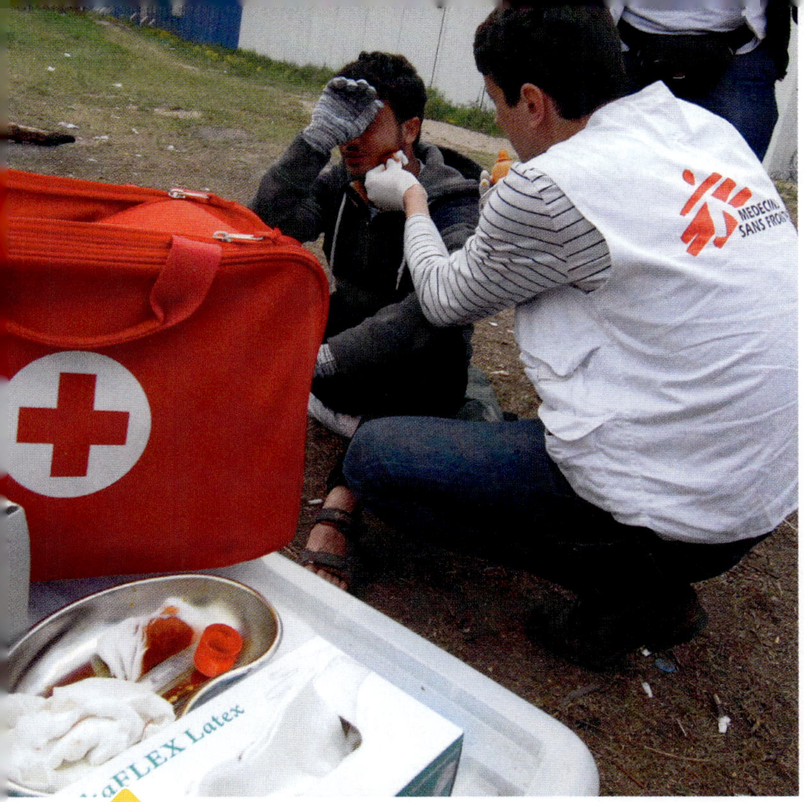

3 **L'ONG française *Médecins sans frontières* en Serbie**

En 1999, l'ONG a reçu le prix Nobel de la paix. Elle mobilise plus de 65 000 personnes dans 70 pays différents.

4 La France vue d'ailleurs

Vue de Suède : « La culture française fascine les Suédois et plus généralement les Scandinaves. La musique, la littérature exercent un attrait important ce qui s'explique à la fois par le besoin de traduction des ouvrages français en suédois et par la mobilité étudiante vers la France. »
Vue de Roumanie : « L'image la plus répandue est bien sûr celle de la France des philosophes, de la liberté, de la Révolution. »
Vue du Sri Lanka : « La France, pays des Droits de l'homme [...], terre d'accueil. »
Vue de New York : « La France est admirée pour son patrimoine culturel (art, littérature, cinéma, mode, gastronomie) et fascine par son art de vivre, mais est souvent raillée [...] au niveau géopolitique (ambitions démesurées, indépendance par rapport aux États-Unis un peu trop affirmée [...]) ou au niveau économique. »

D'après *latitudeFrance.org*, 2016.

5 La francophonie, un instrument de puissance ?

Après sept années consécutives de baisse, le budget de l'Institut français connaîtra, en 2019, une hausse de près de 6 %. [...]. Ces moyens accrus visent à permettre à notre pays de renforcer son dispositif afin de promouvoir la francophonie mais aussi et surtout le « soft power » hexagonal. [...] L'exécutif de l'Institut français a présenté [...] les grandes lignes du redéploiement qu'il entend conduire dans les deux années à venir. Cette politique s'articule autour de trois grandes priorités : la promotion de la culture et de la langue françaises dans le monde, mais aussi le développement des échanges culturels avec des partenaires ciblés, singulièrement dans les pays émergents. « Le rayonnement culturel de notre pays, à travers la planète, est exceptionnel. Nous devons le préserver », a exprimé le diplomate Pierre Buhler, nommé président de cet établissement, en août 2017. [...]
L'apport du réseau de l'Alliance qui compte plus de 800 « centres d'apprentissage du français » dans plus de 130 pays à travers le monde doit permettre à l'Institut [français] de se concentrer davantage sur la promotion de la diplomatie culturelle de la France. « À ce jour, le français est la 5e langue la plus parlée dans le monde – la 3e dans le monde des affaires – et la 2e la plus apprise, après l'anglais », expose Judith Roze, directrice du département Langue française, livre et savoirs de l'[Institut français]. Mais les artistes français peinent souvent à percer hors de nos frontières.

Baudouin Eschapasse, « Comment la France réinvestit dans sa diplomatie culturelle », *Le Point*, janvier 2019.

Questions

Questionnement différencié sur LLS.fr/HG3P423

1. **Doc. 1 à 5** Dans les documents, repérez les différentes formes d'intervention de la France à l'étranger.
2. **Doc. 1 et 2** Sur quel continent la présence militaire française est-elle la plus importante ? Comment expliquer la présence dans cette zone ?
3. **Doc. 2** Quelle est la place de la France en Europe sur les plans diplomatique et militaire ?
4. **Doc. 3** Menez une recherche sur l'ONG *Médecins sans frontières* : quelles sont ses actions à l'international ?
5. **Doc. 4** En quoi ce document témoigne-t-il du rayonnement culturel français à l'étranger ?
6. **Doc. 4** Et vous, quelle image vous faites-vous de la France ?
   › **GUIDE** • Trouvez des arguments solides.
   • Illustrez-les par des exemples.
7. **Doc. 5** Pourquoi la France redéploie-t-elle ses réseaux culturels dans le monde ?

Mise en perspective

La France et l'Europe dans le monde

Compétence Je situe dans l'espace

Étape 1 : Je fais le bilan des études de cas

1. Pour faire le bilan des études de cas, complétez le tableau suivant.

	Les atouts économiques et commerciaux	Les atouts territoriaux et diplomatiques	Les atouts culturels
Union européene	....	....	....
France	....	....	....

2. Mettez-vous dans la peau d'un journaliste qui part à la découverte d'un pays européen : réalisez un film de découverte ou un diaporama, avec au moins cinq documents d'illustration montrant les atouts de ce pays à différentes échelles.

Étape 2 : Je mets en perspective à l'échelle mondiale

1 Les territoires ultramarins de l'Union européenne

carte interactive

Sur le continent
- États de l'Union européenne ayant des territoires ultramarins
- Autres États de l'Union européenne
- Autre État du continent européen ayant des territoires ultramarins

Dans les espaces ultramarins
- RUP (régions ultrapériphériques) faisant partie de l'UE
- PTOM (pays et territoires d'outre-mer) de l'Europe non intégrés à l'UE
- Espaces ultramarins britanniques
- Zones économiques exclusives (ZEE) des États membres de l'UE
- Distance avec la métropole

2 L'Union européenne, un pôle de l'organisation de l'espace mondial

carte interactive

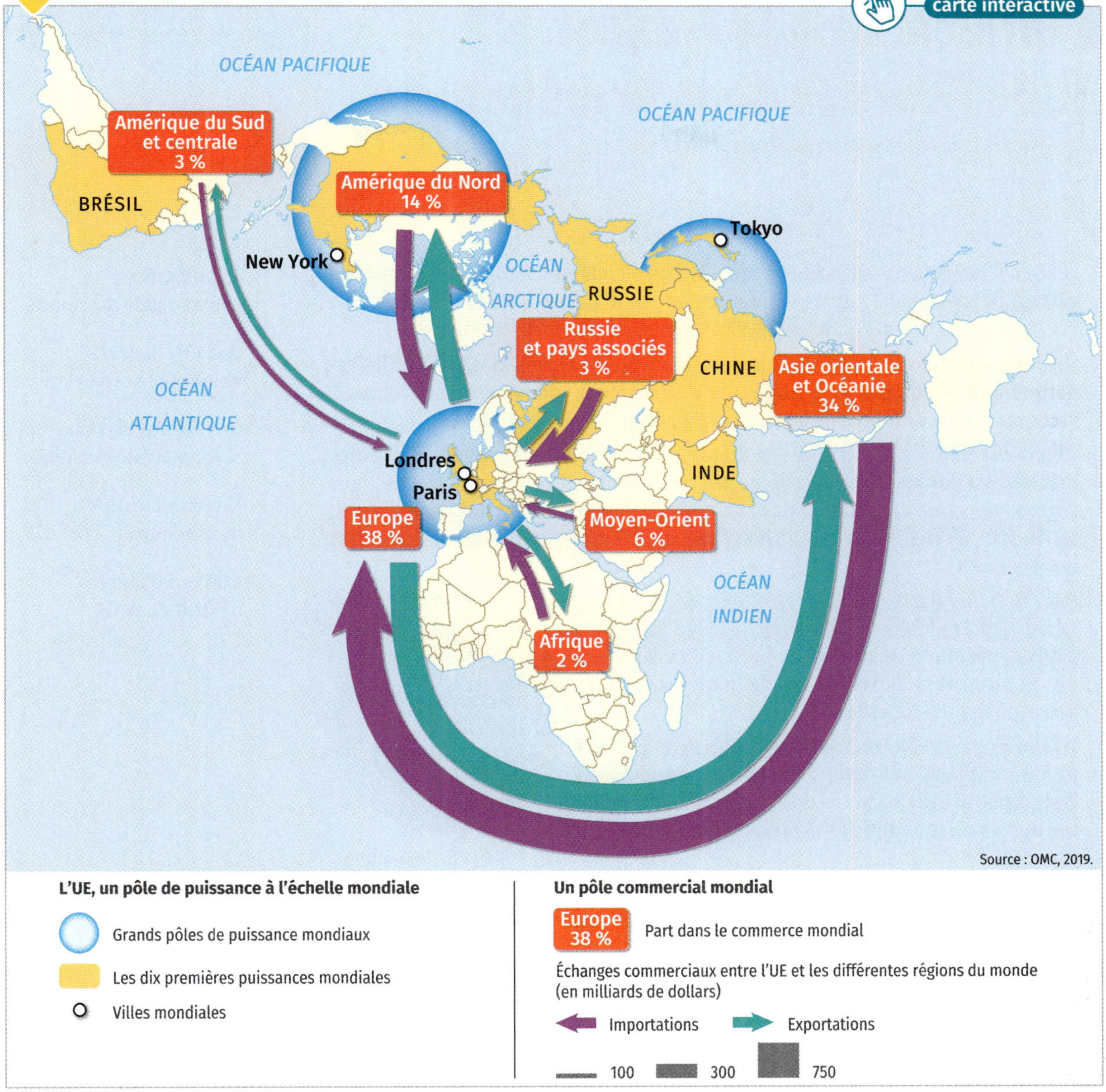

Guide de lecture

Doc. 1

- Cinq États membres de l'UE, dont certains furent de grandes puissances coloniales, possèdent des **territoires ultramarins**.
- Ceux-ci sont presque tous **insulaires**, de très petite taille et plus ou moins **éloignés** de leur métropole.
- Ils apportent une **zone économique exclusive** (ZEE, voir p. 427) de plusieurs millions de km² à leur métropole. La France, par exemple, possède la deuxième ZEE la plus étendue au monde.

Doc. 2

- La projection et l'orientation particulières de cette carte permettent de mettre en évidence les échanges entre les grandes régions du monde.
- En Europe, l'UE est un espace de richesse. Dans le monde, c'est l'un des trois pôles majeurs des échanges internationaux : elle réalise 38 % des échanges mondiaux.
- Elle échange avec tous les continents, notamment avec les autres puissances mondiales.
- Deux des quatre plus grandes villes mondiales sont situées en Europe : Londres et Paris.

Leçon

L'influence de la France et de l'Europe dans le monde

Compétence Je révise mes repères géographiques

Numérique Retrouvez une vidéo pour réviser sur LLS.fr/HG3Synthese18

A. L'Europe, un pôle majeur de la mondialisation

› Grâce à l'intensité des échanges entre les pays membres, l'Europe est la première **puissance** commerciale du monde (**étude de cas 1**). Quatre des États membres de l'UE font partie des dix principales puissances économiques mondiales.

› L'Europe s'appuie sur une agriculture aux rendements élevés, la deuxième industrie mondiale et des services performants (transports, tourisme, recherche, etc.). Cette puissance se fonde également sur l'euro.

› L'Europe compte de nombreuses **firmes transnationales**, dans des domaines diversifiés : par exemple, Airbus ou Michelin dans les transports, Nestlé dans l'agroalimentaire, Carrefour dans la grande distribution, Total dans l'énergie, etc. La recherche scientifique renforce la capacité d'innovation des étudiants et des entreprises.

› Francfort et Paris sont des métropoles au rayonnement mondial, très bien connectées aux réseaux de la mondialisation (**étude de cas 3**). Les ports de la *Northern Range* forment la deuxième façade maritime la plus active au monde (**doc. 1 p. 435**).

› Très investie à l'ONU et au **G8**, l'UE joue toutefois un rôle politique et militaire marginal par rapport aux États-Unis ou à la Chine. Les décisions communes dans ces domaines sont difficiles à prendre pour les 27 États.

▲ Siège de la Banque centrale européenne, Francfort.

B. La France, puissance européenne et mondiale

› La France est une grande puissance économique (**étude de cas 2**), ainsi qu'une puissance politique de rang mondial. Elle est membre de toutes les organisations internationales, elle siège au Conseil de sécurité de l'ONU. Elle est en mesure d'intervenir militairement dans des conflits hors de ses frontières (**étude de cas 4**).

› La **francophonie** (**voir p. 430**) assure le rayonnement international de la langue et de la culture françaises. Le réseau d'ambassades français est l'un des plus importants au monde. 89 millions de touristes internationaux visitent la France chaque année (**doc. 1 p. 420**). Deux millions et demi de Français sont **expatriés**.

› La France cherche à garder un rayonnement mondial. Pour ce faire, elle mise sur l'organisation d'événements internationaux et sur sa capacité d'innovation (**doc. 2 p. 418**).

› Sa **ZEE** et les **territoires ultramarins** assurent à la France des ressources et une puissance géopolitique stratégiques sur tous les continents.

◄ La tour Eiffel, Paris.

Je retiens

- 1re puissance commerciale du monde
- Des FTN dans de nombreux secteurs
- Des métropoles au rayonnement mondial
- Façade maritime dynamique
- L'UE représentée à l'ONU et au G8
- La France, 6e puissance économique mondiale
- Une puissance diplomatique et militaire
- La francophonie
- Les territoires ultramarins

Je révise ma leçon

> Je retiens les chiffres importants

18,5 %

C'est la part de l'Union européenne dans le PIB mondial en 2018.

300 millions

C'est le nombre de personnes qui parlent français en dehors de la France en 2018.

2,5 millions

C'est le nombre d'expatriés français dans le monde en 2018.

Vocabulaire

Un expatrié : personne résidant dans un autre pays que son pays d'origine.

Une firme transnationale (FTN) : grande entreprise qui déploie son activité à l'échelle mondiale, en étant présente dans plusieurs États (au minimum cinq) en plus de celui d'origine.

La francophonie : ensemble des personnes et des pays parlant le français.

Le G8 : réunion des huit plus grandes puissances économiques mondiales.

Une puissance : État ou territoire qui se distingue par son poids territorial, économique et démographique, ainsi que par son influence militaire, diplomatique et culturelle.

Les territoires ultramarins : ensemble des territoires d'outre-mer.

Une zone économique exclusive (ZEE) : zone de 200 milles marins (environ 370 km) au large d'un État, dans laquelle l'exploitation des ressources lui revient.

Je révise avec un schéma

L'INFLUENCE DE LA FRANCE ET DE L'EUROPE DANS LE MONDE

Influence militaire et diplomatique
- *Puissance nucléaire*
- *Réseau d'ambassades et de consulats*
- *Membre de toutes les organisations internationales*

Présence sur tous les continents
- *Expatriés*
- *Territoires ultramarins*

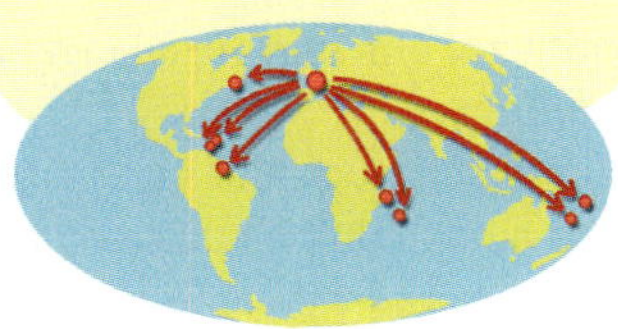

Influence culturelle
- *Nombreux prix Nobel*
- *Francophonie*

ORGANISATION INTERNATIONALE DE la francophonie

Influence économique
- *Firmes transnationales*
- *Échanges nombreux avec le reste du monde*

Téléchargez ce schéma sur LLS.fr/HG3Schema18

Je teste mes connaissances

Pour chaque question, il y a une ou plusieurs réponses correctes. Testez-vous sur LLS.fr/HG3Quiz18

Je m'exerce pour le brevet

Compétence Je pratique différents langages

Exercice 1 • Je maîtrise le vocabulaire du chapitre

Complétez la grille de mots croisés.

1. Grande entreprise européenne spécialisée dans les transports, dont le siège est situé à Toulouse.
2. Territoire d'outre-mer.
3. Se dit d'une grande firme qui déploie son activité à l'échelle mondiale, dans au moins cinq pays.
4. Ensemble des personnes et des pays parlant le français.
5. Personne résidant dans un autre pays que son pays d'origine.
6. Zone de 200 miles marins autour d'un État et dans laquelle ce dernier peut prélever des ressources.

Exercice 2 • Je sais décrire une image

Pour chaque image :

- identifiez si elle renvoie à la France ou à l'Union européenne,
- expliquez en quoi elle illustre le rayonnement de la France ou de l'Union européenne dans le monde.

▲ Musée du Louvre, Abu Dhabi.

▲ Lycée français de Pondichéry, Inde.

▲ Paris, France.

▲ Le Parlement européen, Bruxelles.

▲ Aide humanitaire pour la Somalie.

Compétence Je travaille en groupe, en équipe

J'apprends en construisant des *Flashcards*

ÉTAPE 1 Construire ses *flashcards*

1. Inscrivez une information, une date ou un mot-clé sur le recto d'une fiche cartonnée.
2. Proposez une définition ou une explication sur le verso de cette fiche.
3. Faites 4 *flashcards* en tout.

ÉTAPE 2 Réviser en équipe

1. Mettez-vous par groupes de deux, et interrogez-vous mutuellement grâce aux *flashcards*.
2. Faites circuler les fiches entre les différents groupes.

L'UE est la première puissance commerciale du monde.

VRAI ou FAUX ?

Réponse

Réponse

VRAI.

Elle assure 18,5 % du PIB mondial et c'est la première puissance exportatrice du monde.

Numérique
Retrouvez un exemple de *flashcard* à télécharger sur LLS.fr/HG3FlashCard18.

À lire

Clémentine Latron, *Les expats*, 2020
Clémentine Latron raconte en BD le quotidien d'expatriés français, de l'épreuve de la langue étrangère à la recherche de baguettes de pain.

À voir

Paule Muxel et Bertrand de Solliers, *Le Monde selon Michelin*, 2011
Ce documentaire montre comment cette entreprise familiale française est devenue une firme internationale dès le début du XXe siècle.

Collectif, *The Love Europe Project*, 2019
Dix jeunes réalisatrices et réalisateurs européens ont réuni leurs talents pour déclarer leur amour au continent qui les a vus grandir, à travers une série de courts métrages originaux.

Anne Gintzburger, *Du fil à retordre*, 2018

Ce documentaire montre comment l'entreprise française vosgienne Bleuforêt renouvelle ses produits (chaussettes, collants...) pour s'adapter aux nouvelles attentes du marché mondialisé.

La francophonie pour la promotion de la langue et de la culture françaises

Compétences La sensibilité : je me sens membre d'une collectivité
Le jugement : je m'informe rigoureusement

TÂCHE À RÉALISER

Dans ce chapitre de géographie, vous avez appris que l'influence française prend différentes formes dans le monde. Vous allez ici découvrir que la francophonie participe au rayonnement de la France à l'échelle mondiale. Utilisez les documents pour réaliser une présentation orale sur le sujet.

1 La francophonie dans le monde

carte interactive

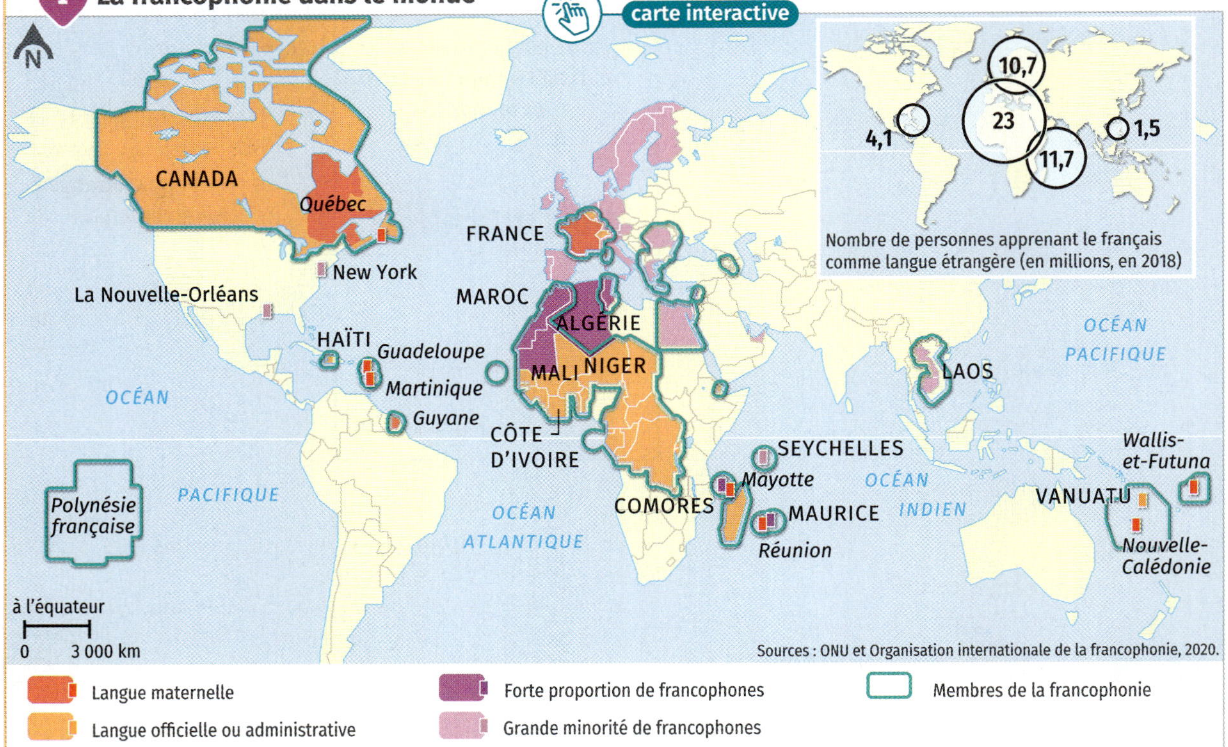

▲ L'influence culturelle française dans le monde est héritée de son histoire. Dans les anciennes colonies, le français est resté une langue officielle et de communication. L'**Organisation internationale de la francophonie** (OIF), le réseau des lycées français à l'étranger, les Alliances françaises et les médias français diffusent la langue française à l'étranger.

2 La langue française dans le monde

300 millions de francophones dans le monde	**5e** langue mondiale	**132** millions d'apprenants du et en français	**59 %** des locuteurs quotidiens sont en Afrique

Source : Organisation internationale de la francophonie.

Numérique
Retrouvez une vidéo sur l'importance de la langue française dans le monde sur LLS.fr/HG3LangueFr.

ÉTAPE 1 Comprendre le rôle de la francophonie

Doc. 1 à 4

1. Commencez par présenter la francophonie et ses membres.
2. Expliquez le rôle de la langue française dans un pays comme le Sénégal, selon Senghor.

4 Les missions de la francophonie

Les images que vous avez vues défiler, Mesdames et Messieurs, sont celles d'une grande et belle aventure, d'un grand projet humain, porté par des hommes d'État visionnaires et audacieux : le projet de bâtir entre les nations francophones des coopérations, des solidarités, et partant, une communauté politique. Nous fêtons donc cette année les 50 ans de ce grand projet initié par Senghor, Bourguiba, Diori, Norodom Sihanouk, ces héros de l'indépendance de leur pays qui voyaient dans la langue française un levier pour leur ouverture et leur développement international. Ces hommes qui viennent d'histoires et de géographies différentes ont su créer la francophonie. Au cours de ces 50 ans, notre communauté s'est considérablement élargie. Alors qu'elle était composée au départ de 21 pays, elle rassemble aujourd'hui, comme vous le savez, 88 États et gouvernements, soit plus d'1 milliard d'habitants, répartis sur tous les continents. C'est la marque d'une extraordinaire attractivité. La francophonie a également, au cours de ces décennies, étendu et diversifié ses activités : promouvoir la langue française, contribuer au développement de l'éducation et de la culture, bien sûr ; mais aussi conforter la paix, la démocratie, les droits de l'homme ; mais aussi encourager la coopération économique, la solidarité face aux défis climatiques et environnementaux.

Discours de Louise Mushikiwabo, Secrétaire générale de la Francophonie, lors de la Cérémonie des vœux, janvier 2020.

ÉTAPE 2 Réaliser une présentation orale sur la francophonie

1. Rappelez ce qu'est la francophonie et quelles sont ses missions.
2. Montrez que la francophonie est un espace d'ouverture et d'échanges.

3 Senghor et la francophonie

Léopold Sédar Senghor fut président du Sénégal en 1960, après les indépendances, et l'un des fondateurs de la francophonie.

Parmi ses premières décisions, [Léopold Sédar Senghor] entreprit de transcrire six langues orales sénégalaises couvrant la totalité du Sénégal : le wolof, le peul, le sérère, le diola, le malinké et le soninké ; il s'agissait de les transformer en langues écrites, pour qu'elles deviennent des langues d'enseignement. [...] Si le français a été choisi pour compléter le diptyque, c'est parce qu'on ne pouvait ignorer trois cents ans de présence française au Sénégal qui ont marqué la société ; et puis les langues sénégalaises n'étant pas en état d'être enseignées, il fallait bien continuer à l'utiliser comme véhicule d'enseignement.
[...] La langue française garde pour le moment l'avantage d'être le seul véhicule d'enseignement ; elle reste dans une certaine mesure une langue de communication interne et certainement de communication internationale. C'est une langue étrangère, enseignée comme telle. Une langue de science, de culture et d'éducation.

Christian Valantin, « Senghor, l'école et la langue française », *La Croix*, août 2018.

Vocabulaire

La francophonie : ensemble des pays et des communautés parlant la langue française.
L'OIF : Organisation internationale de la francophonie, elle réunit 88 pays et gouvernements et favorise les relations et les échanges entre eux.

Je retiens l'essentiel

- **La francophonie rassemble toutes les personnes qui parlent le français dans le monde, soit 300 millions de locuteurs.**
- **L'Organisation internationale de la francophonie (OIF) compte 88 États et gouvernements, soit 1 milliard d'habitants, sur tous les continents.**
- **La francophonie favorise la diffusion de la langue, de la culture et des valeurs de la France. Elle est célébrée chaque année le 20 mars.**

Les citoyens et la Défense nationale

Compétences L'engagement : je sais m'intégrer dans une démarche collaborative et j'enrichis mon travail ou ma réflexion grâce à cette démarche
La règle et le droit : je comprends les principes et les valeurs de la République française et des sociétés démocratiques

TÂCHE À RÉALISER

Dans ce chapitre de géographie, vous avez appris que la puissance française se manifeste dans différents domaines. À travers cette activité, découvrez quelles sont les missions de la Défense nationale et les nouveaux défis auxquels elle est confrontée.

ÉTAPE 1 Comprendre les missions et l'organisation de la Défense

Doc. 1, 2 et 3

1. Relevez les différentes missions de la Défense en France.
2. Quelles personnes dirigent la Défense en France ? Qui est le chef des armées ?
3. Comment les citoyens sont-ils associés à l'organisation de la Défense ?

Numérique
Retrouvez des informations sur la JDC sur LLS.fr/HG3JDC.

1 Les missions de la Défense

La stratégie de sécurité nationale a pour objet d'identifier l'ensemble des menaces et des risques susceptibles d'affecter la vie de la Nation, notamment en ce qui concerne la protection de la population, l'intégrité du territoire et la permanence des institutions de la République, et de déterminer les réponses que les pouvoirs publics doivent y apporter. L'ensemble des politiques publiques concourt à la sécurité nationale. La politique de défense a pour objet d'assurer l'intégrité du territoire et la protection de la population contre les agressions armées. Elle contribue à la lutte contre les autres menaces susceptibles de mettre en cause la sécurité nationale. Elle pourvoit au respect des alliances, des traités et des accords internationaux et participe, dans le cadre des traités européens en vigueur, à la politique européenne de sécurité et de défense commune.

Extrait du code de la Défense, version en vigueur en janvier 2016.

2 L'organisation de la Défense

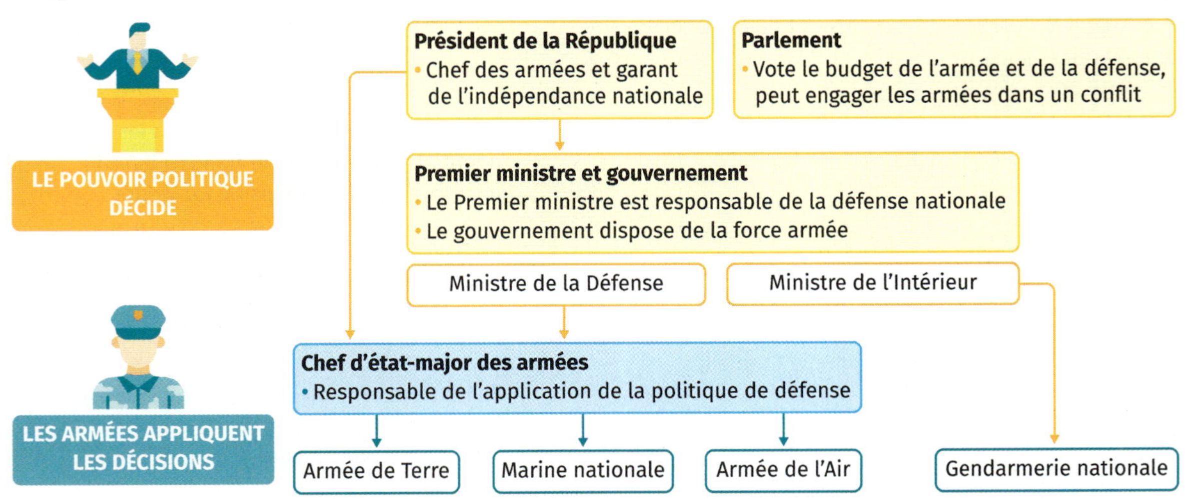

ÉTAPE 2 Approfondir

Doc. 1 p. 422, doc. 4 et 5

1. Où et comment interviennent les forces armées françaises ?
2. À quelles nouvelles menaces doivent-elles faire face ?

4 La cyberdéfense

Les questions de surveillance, de défense et de sécurité dans l'espace numérique posent aujourd'hui de nombreux défis au ministère des Armées. Le ministère est en effet responsable des systèmes les plus stratégiques, ceux liés à la dissuasion nucléaire, mais également des systèmes d'armes sophistiqués : aéronefs de combat ou de transport, navires de surface ou sous-marins, véhicules de combat terrestres. [...] Une atteinte aux systèmes d'information pourrait poser une question de souveraineté majeure en cas de prise de contrôle ou de paralysie de secteurs vitaux pour l'État. Erigée au rang de priorité nationale par le Livre blanc pour la défense et la sécurité nationale[1] de 2013, la cyberdéfense représente un enjeu majeur pour le ministère des Armées.

Site du ministère de la Défense, 2020.

1. Texte de 2013 fixant les objectifs en matière de défense et de sécurité.

ÉTAPE 3 Créer un quiz

Doc. 1 à 5

1. Sur feuille ou en salle informatique, créez un quiz sous forme de *flashcards* : au recto une question, au verso la réponse, en vous inspirant des documents du dossier.
2. Échangez vos cartes avec d'autres groupes, pour réviser sur le sujet.

3 La journée défense et citoyenneté

La Défense est une composante essentielle de la Nation. [...] Depuis 1997, la France a une armée professionnelle. Il est donc essentiel de maintenir le lien Armées Nation alors que le service national est suspendu depuis 2001. La Journée d'appel et de préparation à la défense (JAPD), à laquelle tous les jeunes doivent participer entre la date de recensement et l'âge de 18 ans est ainsi l'occasion de découvrir la Défense.

Site du ministère de la Défense, 2020.

5 Le plan Vigipirate

▲ Un soldat français devant la Tour Eiffel, décembre 2015.

Vocabulaire

La cyberdéfense : ensemble des moyens mobilisés pour prévenir et empêcher les cyberattaques.

La Défense : ensemble des moyens mobilisés pour la défense d'un territoire et de sa population.

Je retiens l'essentiel

- **Les missions et l'organisation de la Défense française sont exposées dans la Constitution de 1958 et dans le Livre blanc pour la défense et la sécurité nationale.**
- **La politique de défense est décidée par le président de la République (qui est le chef des armées) et le Premier ministre, en lien avec le ministre des Armées et le Parlement.**
- **Aujourd'hui, les troupes françaises sont présentes sur tous les continents, pour remplir des missions diverses.**
- **La sécurité nationale nécessite de répondre à de nouveaux défis, comme le terrorisme ou les cyberattaques.**

Sujet guidé

Exercice 1 • Analyser et comprendre des documents

1. **Doc. 1** Présentez les documents. Par qui ont-ils été produits ?
2. **Doc. 1** Quelle est la langue utilisée sur ces affiches ? Pourquoi ?
3. **Doc. 1** Pourquoi ces images ont-elles été choisies ?
4. **Doc. 1** Quels atouts de la France ces affiches mettent-elles en avant ?
5. **Doc. 1** À l'aide des documents et de vos connaissances, montrez que la France attire des touristes du monde entier.

> GUIDE
- Citez un chiffre, d'après vos connaissances.
- Utilisez un exemple de promotion de la France à l'étranger.

1 Campagne publicitaire d'Atout France (2017)

▲ Traduction du texte sur l'image : « Faites une croisière de nuit et naviguez en kayak toute la journée ». Traduction du bandeau : « #RessentezlaBretagne ».

▲ Traduction du texte sur l'image : « Réjouissez vos enfants en leur disant qu'ils peuvent jouer dans la boue ». Traduction du bandeau : « #RessentezlaBretagne ».

L'entreprise Atout France gère la communication touristique de la France. Cette campagne est construite autour du slogan « Feel France » : « Ressentez la France ».

Méthode : Analyser une affiche publicitaire

Une publicité est un outil de communication utilisé pour attirer l'attention du public et pour convaincre. Une publicité peut prendre différents formats : affiche, page ou encart dans un journal ou sur Internet, vidéo, etc.

Présenter le document

- **La source de la publicité :** qui émet cette publicité ? Quand et où ?
- **La description :** la publicité représente-t-elle le produit ou l'action dont la publicité fait la promotion ? Utilise-t-elle une autre image ?
- **Le slogan et le logo :** le slogan est une phrase courte et efficace destinée à être retenue ; le logo est l'identification visuelle de l'entreprise ou de l'organisme qui diffuse la publicité.

Analyser le message publicitaire

- **L'image :** que met-elle en avant ?
- **Le texte publicitaire :** quels arguments utilise-t-il pour convaincre ?

Interpréter la publicité

- **La cible :** quel est le public visé ?
- **Le but :** la publicité cherche-t-elle à vendre un produit en particulier ou à construire et diffuser une « image de marque » ?

Exercice 2 • Maîtriser différents langages

Sous la forme d'un développement construit d'une vingtaine de lignes, expliquez l'influence culturelle, politique et économique de la France dans le monde.

Conseils • Relire sa copie

- À la fin de l'épreuve, la relecture de votre copie est une étape essentielle.
- Lisez d'abord attentivement toutes vos phrases en vérifiant que vous n'avez pas oublié de mots.
- Vérifiez ensuite la ponctuation !

Exercice 1 • Analyser et comprendre des documents

1. **Doc. 1** Décrivez la photographie.
2. **Doc. 1** Comment appelle-t-on la façade maritime dans laquelle ce port s'insère ?
3. **Doc. 2** Quelle est la place de Rotterdam dans la hiérarchie européenne et mondiale des ports ?
4. **Doc. 2** Combien y a-t-il de ports européens dans le classement mondial ?
5. **Doc. 1 et 2** À l'aide des documents et de vos connaissances, expliquez l'importance de l'Union européenne et le rôle de la *Northern Range* dans les échanges mondiaux.

1 Un porte-conteneurs dans la *Northern Range*

▲ Le porte-conteneurs singapourien *Maersk Effingham* dans le port de Rotterdam (Pays-Bas), juillet 2015.

2 Les premiers ports européens et mondiaux

Nom	Trafic total (millions de tonnes)	Pays
1. Rotterdam	**469**	**Pays-Bas**
2. Anvers	212	Belgique
3. Hambourg	118	Allemagne
4. Amsterdam	100	Pays-Bas
5. Algésiras	89	Espagne
6. Marseille	76	France
7. Le Havre	65	France

▲ Les premiers ports européens (2018). Source : Eurostat, 2020.

Nom	Trafic total (millions de tonnes)	Pays
1. Ningbo-Zhoushan	**1 080**	**Chine**
2. Shanghai	731	Chine
3. Tangshan	637	Chine
4. Singapour	630	Singapour
5. Guangzhou	613	Chine
6. Qingdao	540	Chine
7. Suzhou 1	532	Chine
8. Port hedland	519	Australie
9. Tianjin	508	Chine
10. Rotterdam	**469**	**Pays-Bas**

▲ Les premiers ports mondiaux (2018). Source : Rotterdam Port Authorities, 2020.

Exercice 2 • Maîtriser différents langages

1. Classez les propositions suivantes dans le tableau : plusieurs États au G8, la francophonie, l'euro, 4 États sur les 10 premières puissances économiques mondiales, membre du Conseil de sécurité de l'ONU, 2e plus grande ZEE du monde, plusieurs langues internationales (anglais, espagnol, français, etc.).
2. Sous la forme d'un développement construit d'une vingtaine de lignes, présentez la place de l'Union européenne dans l'économie mondiale.

	Rayonnement politique	Rayonnement économique	Rayonnement culturel
Union européenne	› ………………	› ……………… › ………………	› ………………
France	› ………………	› ………………	› ………………

LA FRANCE ET L'UNION EUROPÉENNE

LA FRANCE ET L'UNION EUROPÉENNE

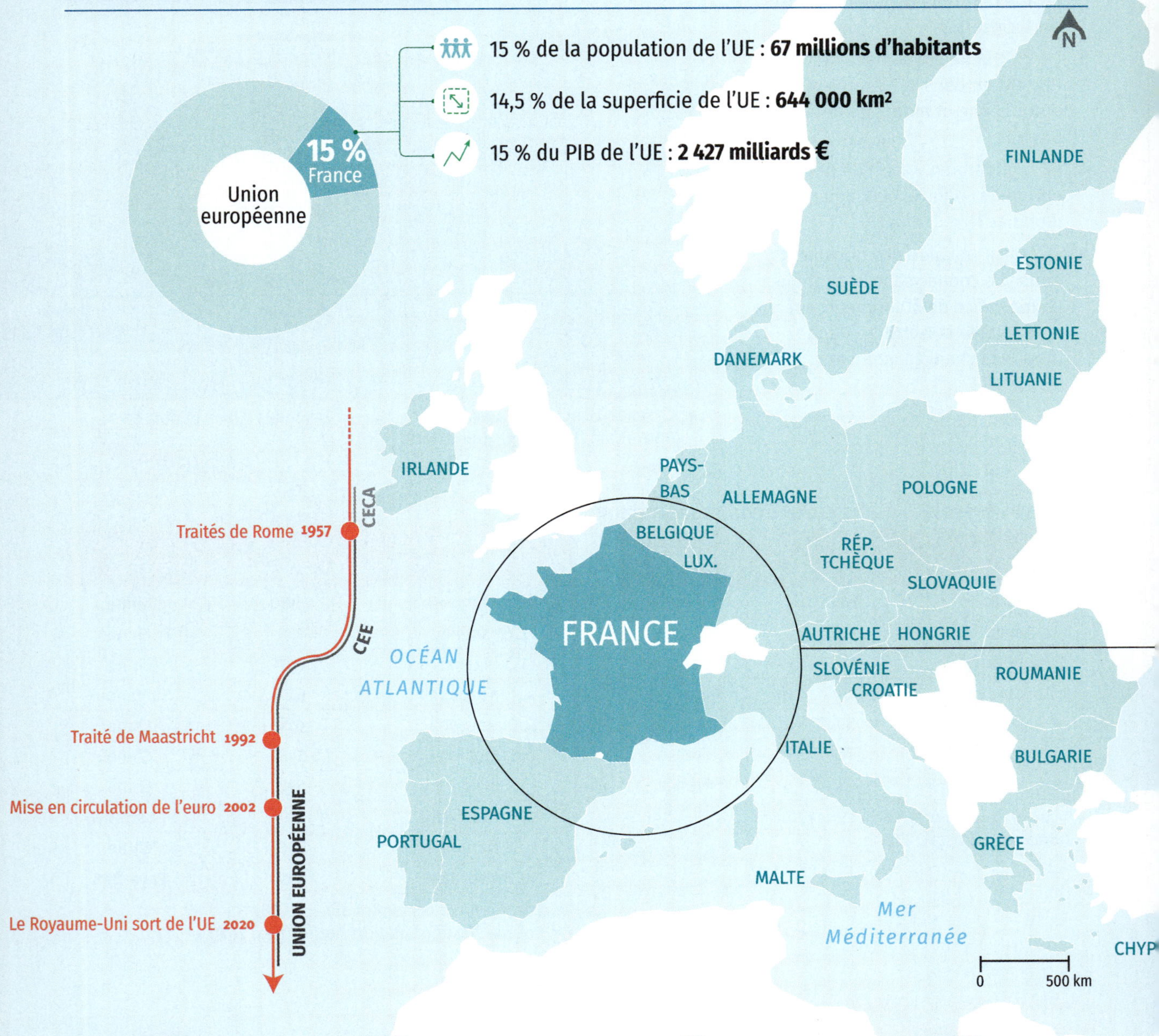

IDENTITÉ

- **9 mai :** Fête de l'Europe
- **Drapeau européen** aux 12 étoiles
- **Hymne européen :** l'*Ode à la joie*

APPARTENANCES

- **Union européenne :** 27 États membres
- **Espace Schengen :** 22 membres + 4 États non membres
- **Zone euro :** 19 membres + 6 États non membres

RÉALISATIONS

- **Monnaie commune**
- **Pacte vert**
- **Politique régionale** pour réduire les inégalités
- **Transports** à l'échelle européenne
- ***Erasmus***

FRAGILITÉS

- **Euroscepticisme**
- **Crise économique**
- **Inégalités de développement**
- **Gestion de la crise migratoire**
- ***Brexit***

LA FRANCE DANS LE MONDE

Tourisme — **1re** destination touristique : 89 millions de touristes par an

Étendue maritime — **2e** puissance maritime : nombreux espaces ultramarins, ZEE

Diplomatie — **3e** puissance diplomatique : nombreuses ambassades et consulats

Culture — **4e** puissance culturelle pour les sites classés à l'UNESCO

Langue — **5e** puissance linguistique : langue officielle dans 29 pays

Économie — **6e** puissance économique

Défense — **7e** puissance militaire : arme atomique

L'EUROPE DANS LE MONDE

CHIFFRES CLÉS

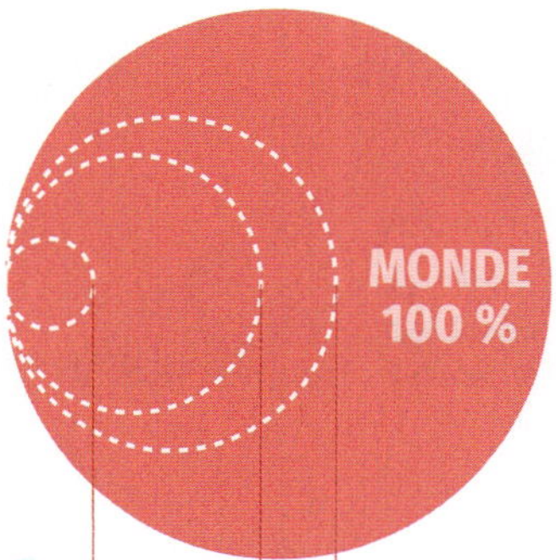

Mer Noire

PUISSANCE DIPLOMATIQUE

Membres permanents au Conseil de sécurité de l'ONU :

France
Royaume-Uni
Russie

Pays européens ayant le plus d'ambassades et de consulats :

1er • **France** : 267
5e • **Russie** : 242
7e • **Allemagne** : 224
9e • **Espagne** : 215
10e • **Italie** : 209

Représentation de l'UE au **G8** et à l'**ONU**

Sièges d'organisations internationales :
UNESCO, France
OMS, Suisse
Cour internationale de justice, Pays-Bas

PUISSANCE ÉCONOMIQUE ET COMMERCIALE

Principaux partenaires commerciaux de l'UE :

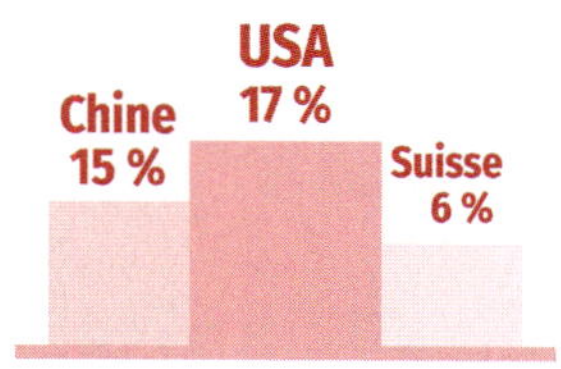

FTN européennes :
Shell, Pays-Bas
BP, Royaume-Uni
Volkswagen, Allemagne
Carrefour, France
Nestlé, Suisse

Pays européens faisant partie des puissances économiques mondiales :
4e • **Allemagne**
5e • **Royaume-Uni**
6e • **France**
8e • **Italie**

1 Les régions et les départements français

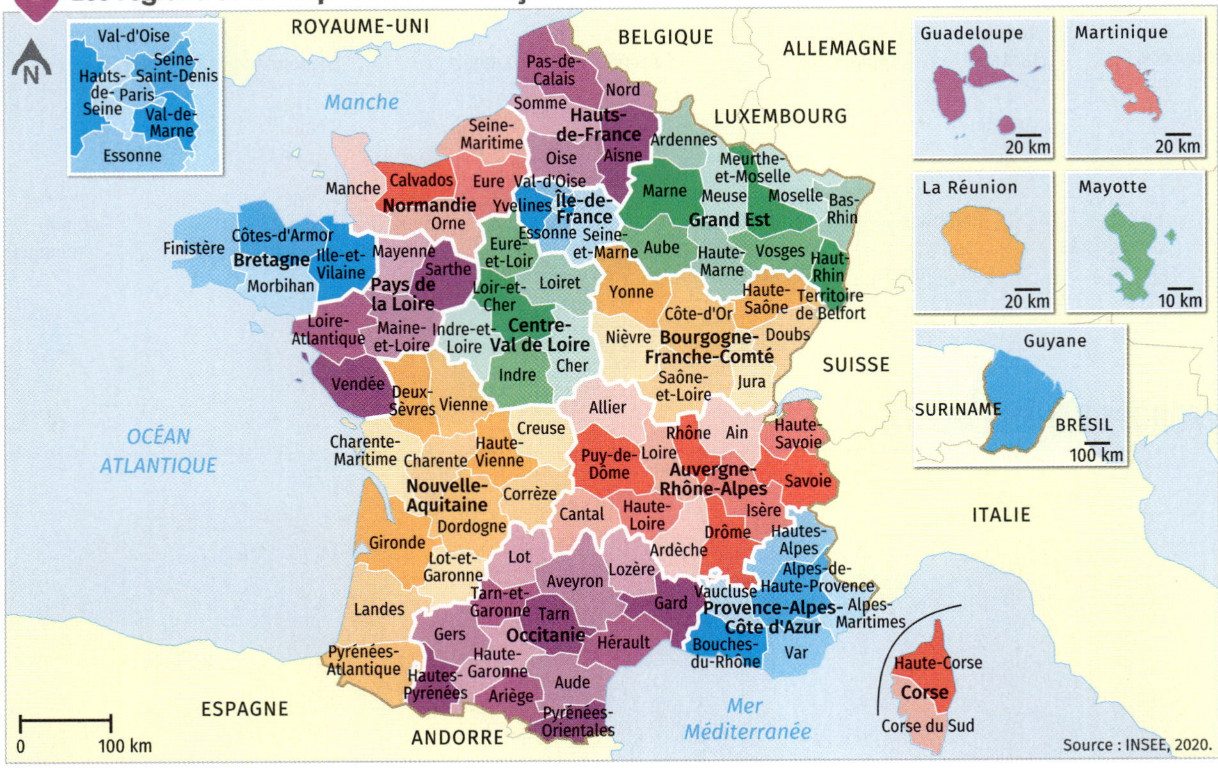

2 Les principaux axes routiers et ferroviaires

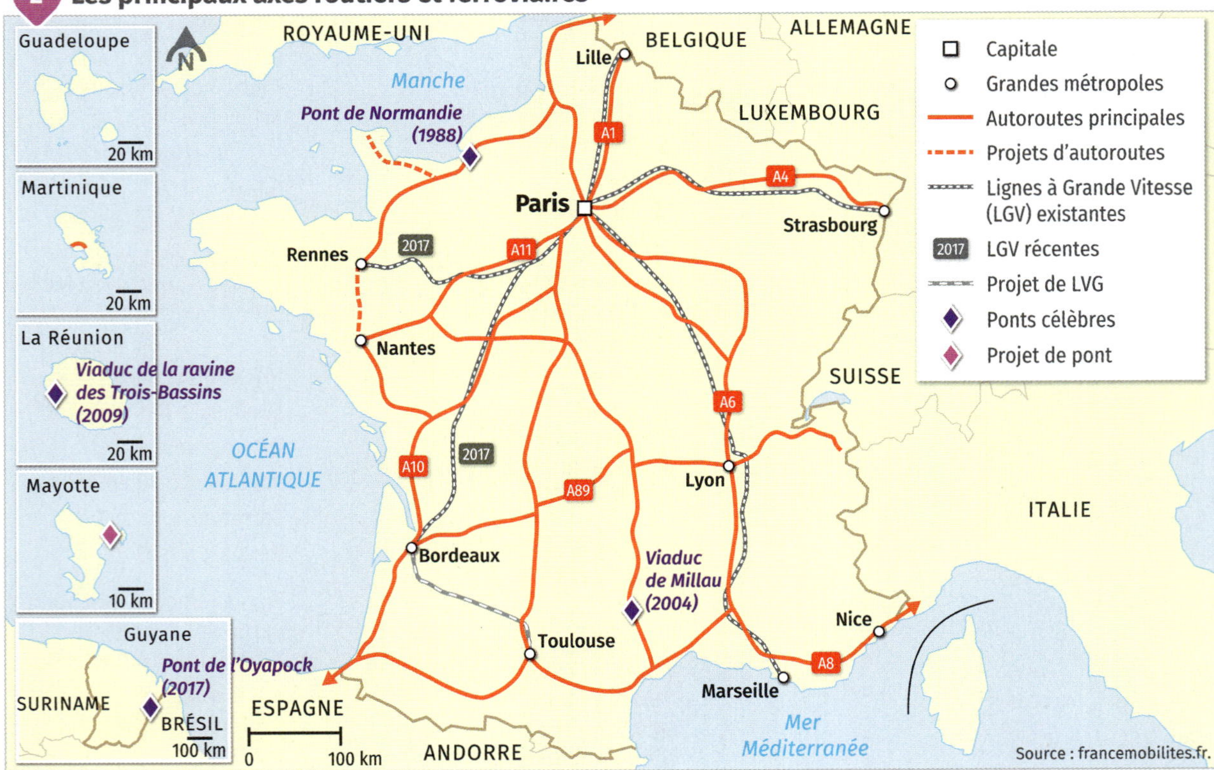

3 Le relief de la France

4 Le PIB régional par habitant

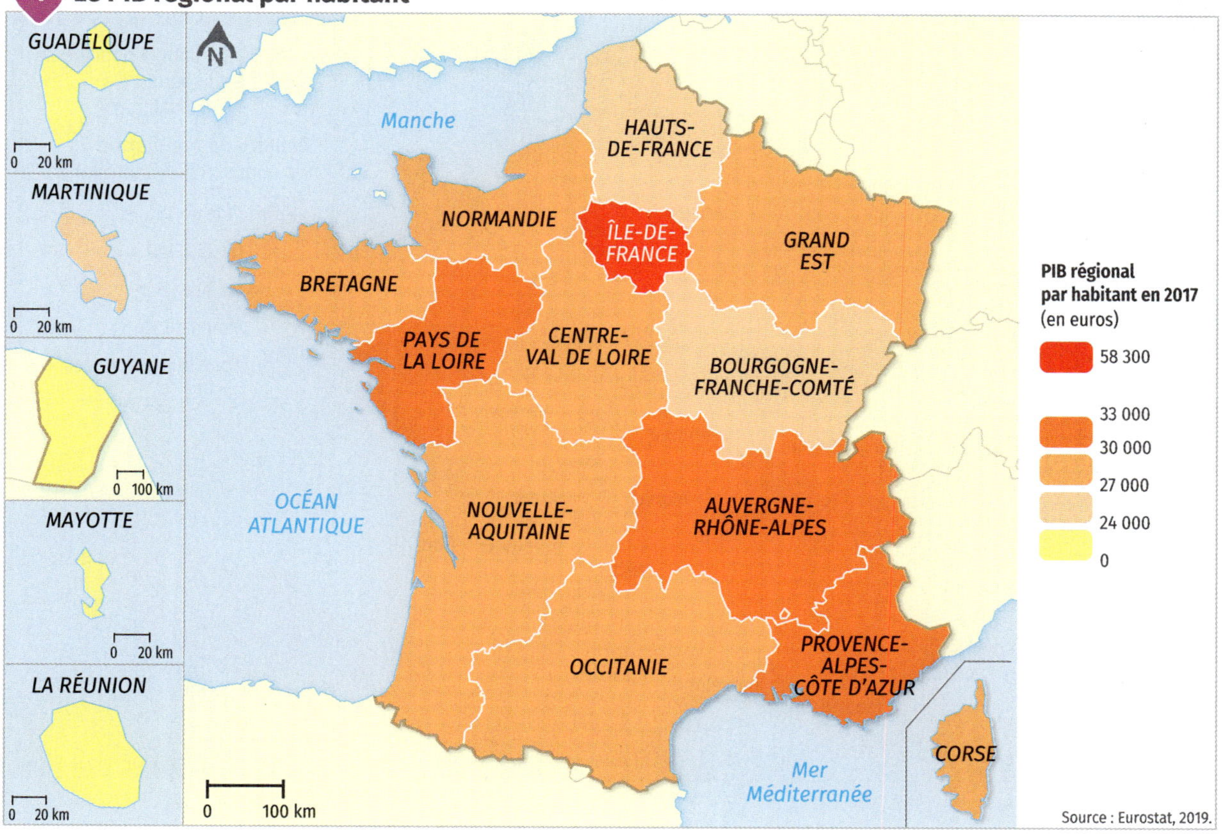

Source : Eurostat, 2019.

5 Le relief de l'Europe

6 Les densités de population en Europe

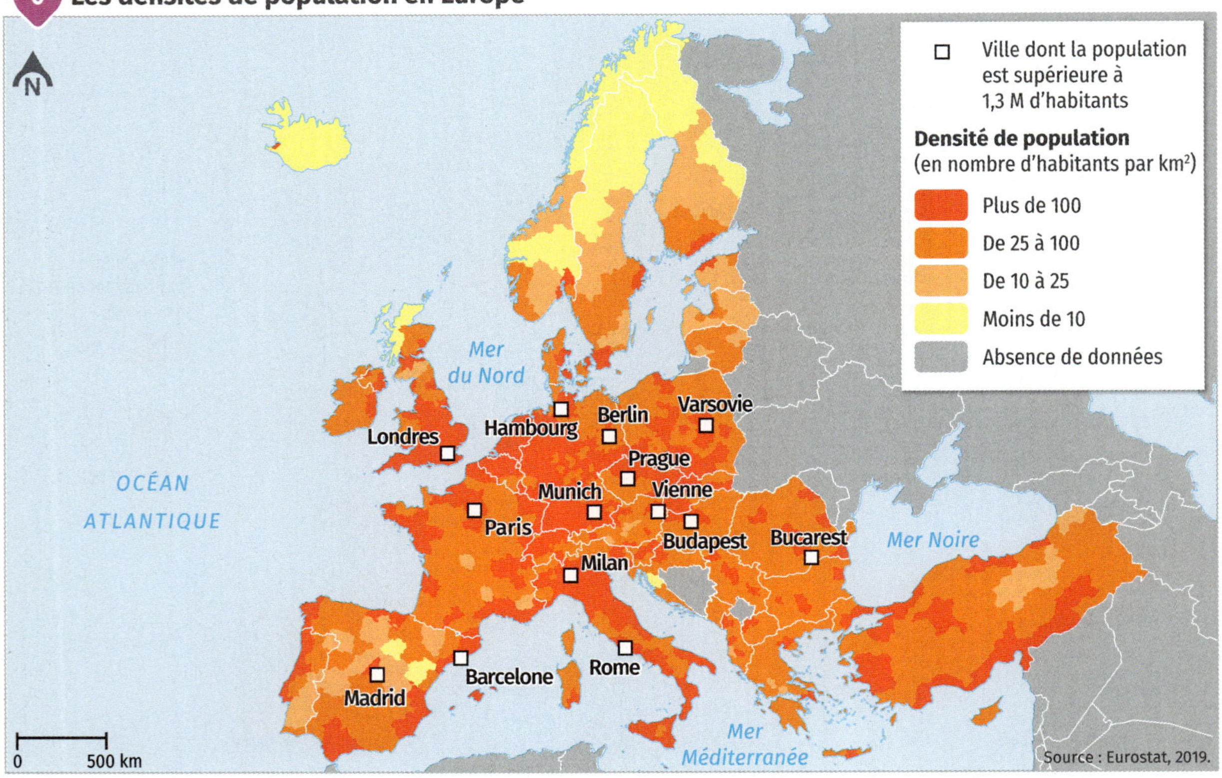

7 Le PIB par habitant en Europe

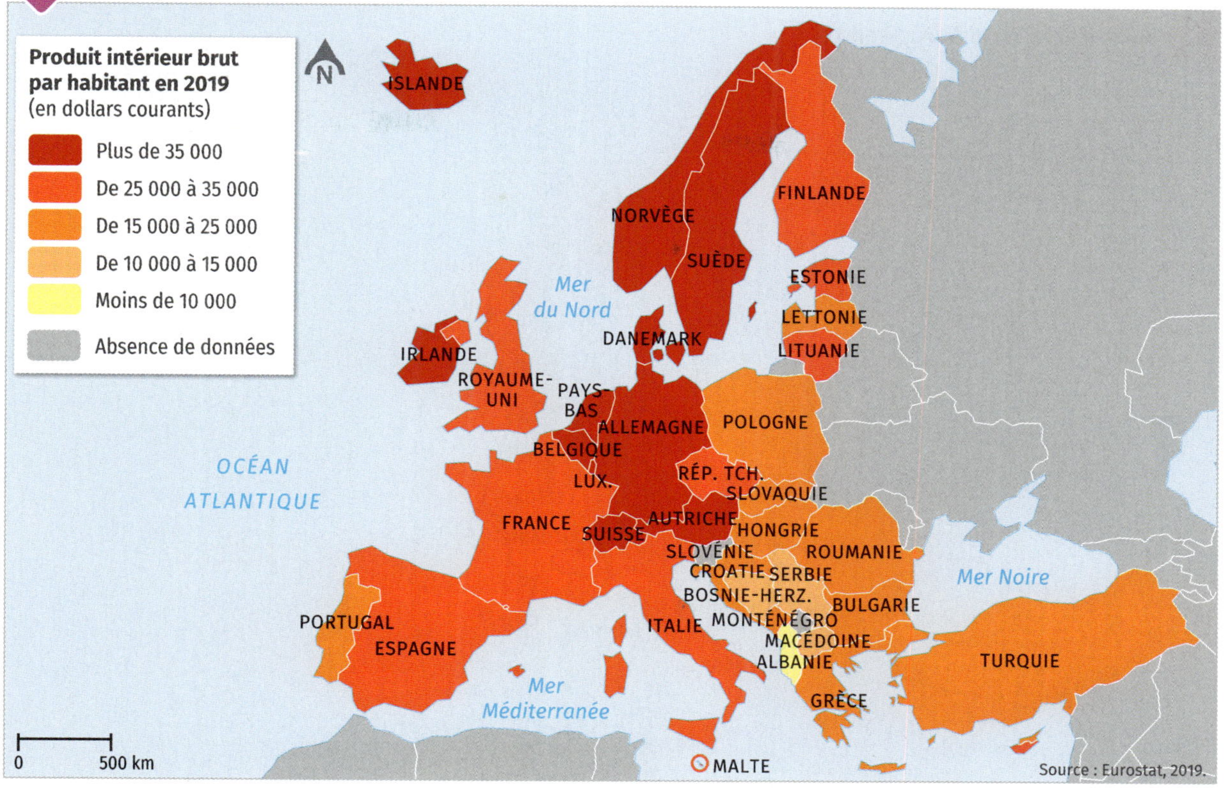

8 L'IDH en Europe

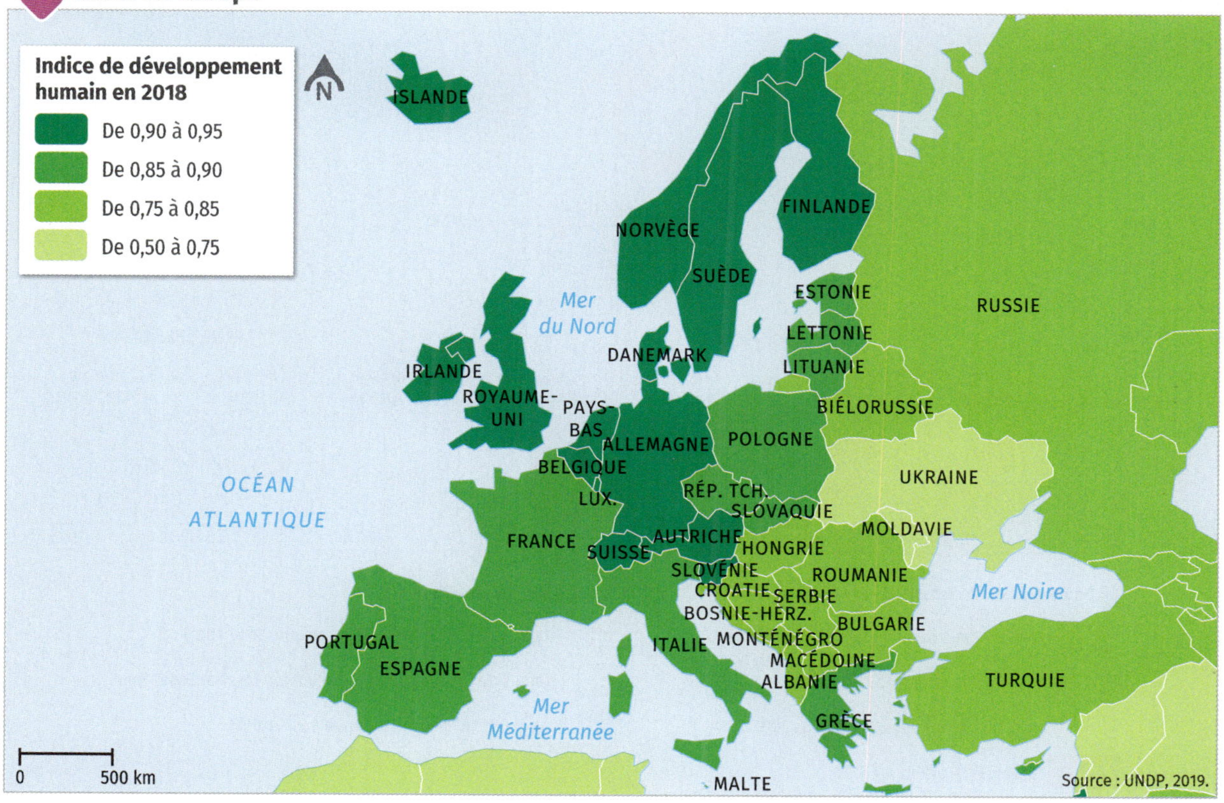

9 La construction européenne

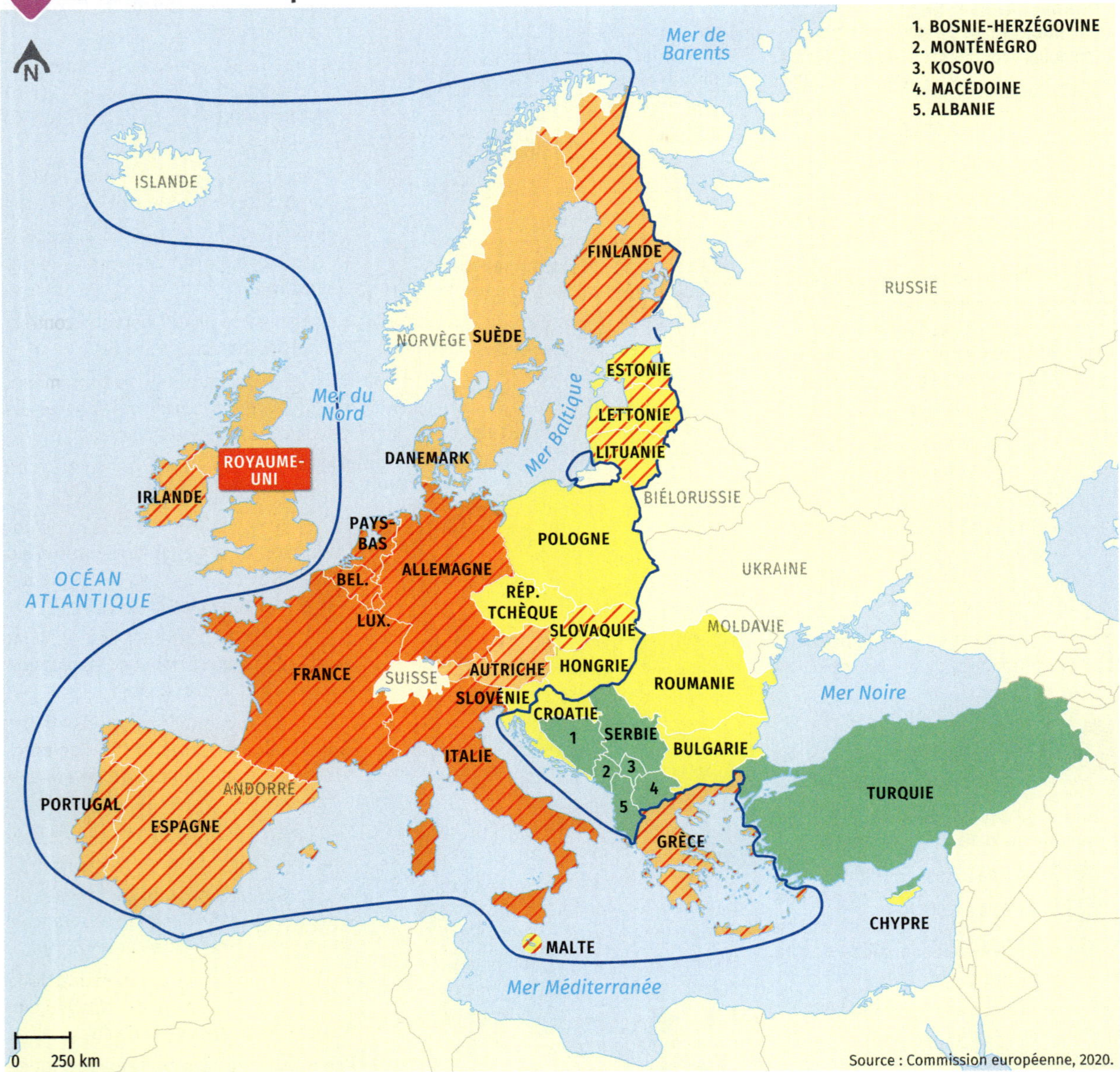

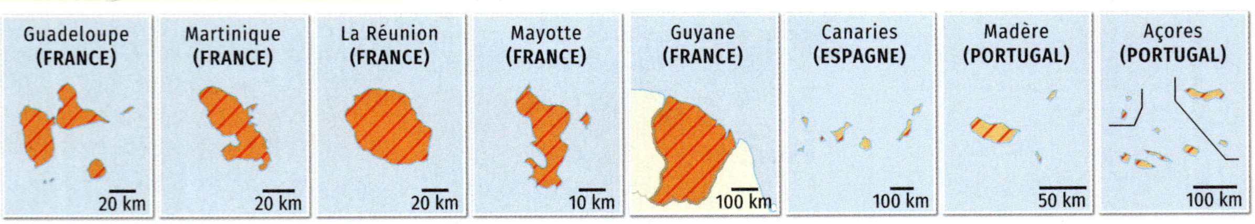

1. Les étapes de la construction européenne

- 6 États fondateurs de l'Union européenne
- 9 États entrés entre 1973 et 1995
- 13 États membres entrés depuis 2004
- ROYAUME-UNI : État membre sorti en 2020

2. Les frontières communes

- États de la zone monétaire commune (zone euro)
- Limites de l'espace de libre circulation (espace Schengen)
- Candidats officiels ou potentiels en attente

Alternance : changement de majorité gouvernementale, généralement entre la droite et la gauche.

American way of life : mode de vie américain, fondé sur la société de consommation et le respect des libertés individuelles.

Antiparlementarisme : opposition au régime parlementaire, accusé de favoriser l'instabilité gouvernementale et la corruption.

Anschluss : annexion de l'Autriche par Hitler.

Approfondissement : renforcement des politiques communes permettant d'accroître la solidarité et l'intégration européennes (domaines économique, énergétique, puis agricole, culturel, monétaire).

Armistice : arrêt des combats.

Arrière : régions dans lesquelles on ne se bat pas (en arrière du front).

Assimilation : fait pour une population d'adopter le mode de vie d'une autre population.

Baby-boom : période de forte natalité, de 1945 aux années 1970.

Bloc : coalition d'États alliés partageant la même idéologie.

Blocus : isolement d'un territoire dans le but de couper l'accès à tout ravitaillement.

Bolcheviks : militants du parti ouvrier social-démocrate fondé par Lénine, favorables à une révolution communiste.

BRICS : voir « Puissance émergente ».

Capitalisme : économie fondée sur la recherche du profit et sur la propriété privée.

Capitulation : acte militaire par lequel un pays ou une armée reconnaît sa défaite et se rend.

Censure : intervention de l'État visant à contrôler la diffusion de l'information et à interdire les idées ou nouvelles jugées dangereuses.

Centre de mise à mort : lieu fermé et surveillé dans lequel est organisé l'assassinat de masse des détenus.

Cohabitation : partage du pouvoir entre un président et un Premier ministre qui appartiennent à des tendances politiques opposées.

Collaboration : coopération avec l'occupant nazi.

Collectivisation : mise en commun des terres agricoles dans de grandes exploitations collectives.

Colonialisme : idéologie d'origine européenne, justifiant la colonisation.

Colonie : territoire occupé, administré et exploité par un État étranger.

Communauté économique européenne (CEE) : fondée en 1957 par les traités de Rome, elle organise un marché commun.

Communauté européenne du charbon et de l'acier (CECA) : marché commun du charbon et de l'acier entre les six États membres (1951).

Communisme : idéologie qui veut créer une société sans classes sociales et dans laquelle la propriété privée est abolie.

Conseil national de la Résistance (CNR) : union de la Résistance (mouvements, partis et syndicats de la Résistance intérieure), créée en 1943 par Jean Moulin.

Constitution : ensemble de lois fixant les règles de fonctionnement du pouvoir au sein d'un État.

Crime contre l'humanité : actes inhumains et persécutions commis de façon systématique contre une population.

Culte de la personnalité : pratiques diverses (éloges, diffusion de portraits, etc.) qui poussent à considérer un homme comme un héros, un surhomme.

Culture de masse : pratiques culturelles touchant un très large public (musique, cinéma, télévision, spectacles, etc.).

Cyberguerre : attaques informatiques visant à déstabiliser un État ou de grandes entreprises à l'aide de logiciels malveillants.

Daesh ou État islamique : organisation djihadiste et terroriste qui veut rétablir un califat dans les territoires qu'il domine, en Syrie et en Irak.

Débâcle : expression désignant la défaite rapide de l'armée française face aux armées allemandes, en mai et juin 1940.

Décolonisation : processus par lequel une colonie accède à l'indépendance.

Démocratie : régime politique dans lequel le pouvoir appartient au peuple.

Démocratie sociale : régime politique qui, en plus de donner le pouvoir au peuple, essaie de mettre en œuvre une meilleure répartition des richesses.

Déportation : déplacement forcé d'une population ou de prisonniers vers une région isolée ou dans des camps.

Désindustrialisation : disparition progressive des activités industrielles, remplacées par des activités tertiaires.

Détente : période d'apaisement entre les États-Unis et l'URSS.

Diktat : terme péjoratif dénonçant l'écriture du traité de Versailles par les vainqueurs, sans négociation avec l'Allemagne.

Économie de guerre : ensemble des mesures prises par l'État afin de mettre l'économie au service de la guerre.

Einsatzgruppen : unités de soldats SS et de policiers allemands chargés d'arrêter et d'exécuter les Juifs dans les territoires soviétiques occupés.

Élargissement : adhésion de nouveaux États membres à la CEE (Communauté économique européenne) puis à l'UE (Union européenne).

Émancipation : libération d'un état de dépendance, d'une domination.

Embrigadement : contrôle de la pensée et des opinions, par la propagande et l'éducation.

Endiguement : politique qui vise à contenir l'expansion du communisme.

Épuration : ensemble des traitements visant à punir les personnes accusées d'avoir collaboré avec l'ennemi.

État : autorité politique exercée sur un territoire, délimité par des frontières.

État français : nom officiel du régime politique de la France, sous l'autorité du maréchal Pétain, de 1940 à 1944 (aussi appelé « régime de Vichy »).

État-providence : intervention de l'État dans le domaine social pour assurer une redistribution des richesses.

Eurocorps : force armée constituée de soldats des différents pays de l'UE. Son effectif (environ 1 000 hommes) et le nombre d'interventions restent limités.

Euroscepticisme : fait de mettre en doute l'utilité de l'Union européenne.

Exode : devant l'avancée des troupes allemandes, plus de 8 millions de Français fuient vers le sud en mai et juin 1940.

Expressionnisme : mouvement artistique qui cherche à faire partager l'émotion de l'artiste en déformant la réalité.

Fascisme : idéologie politique appliquée par Mussolini en Italie, qui prône l'autorité du chef, le recours à la force et la supériorité du groupe sur l'individu. Elle s'exprime dans un nationalisme conquérant et la promotion d'une société inégalitaire.

Féminisme : mouvement en faveur de l'égalité réelle entre les femmes et les hommes. Il a pour objectif de réduire, voire d'abolir les inégalités en politique, dans le monde du travail, dans la société et dans les foyers.

FLN : mouvement indépendantiste algérien (Front de libération nationale).

Forces françaises de l'intérieur (FFI) : regroupement de l'ensemble des groupes armés de la Résistance intérieure à partir de 1944.

Forces françaises libres (FFL) : nom donné aux troupes de la Résistance basées à Londres (la France libre). Elles combattent aux côtés des Alliés.

Front : zone dans laquelle les combats ont lieu.

Front populaire : alliance électorale des grands partis de gauche en France au pouvoir entre 1936 et 1938 (parti communiste, SFIO et parti radical-socialiste).

Führer : titre par lequel Hitler se faisait appeler : « le guide ».

Futurisme : mouvement littéraire et artistique européen du début du XXe siècle, qui cherche à représenter le monde moderne, en particulier les machines, les villes, la vitesse.

Génocide : mise à mort programmée, méthodique et organisée d'un peuple en raison de son origine, de sa religion, de son appartenance ethnique ou culturelle.

Ghetto : quartier fermé destiné à isoler une communauté.

Goulag : camp de travail forcé où sont envoyés tous les opposants à la politique de Lénine, puis de Staline.

Gouvernement provisoire de la République française (GPRF) : gouvernement qui dirige la France de juin 1944 jusqu'au début de la IVe République (octobre 1946).

Guerre d'anéantissement : conflit qui se caractérise par la volonté d'anéantir toutes les capacités humaines et matérielles de l'ennemi, et de briser toute capacité de résistance.

Guerre civile : conflit entre les habitants d'un même pays.

Guerre de mouvement : stratégie militaire de déplacements rapides des armées (offensives).

Guerre de position : stratégie militaire défensive visant à maintenir les positions, en s'installant dans des tranchées.

Guerre froide : affrontement idéologique entre les États-Unis et l'URSS. Les deux superpuissances s'opposent par alliés interposés, sans aucun conflit direct entre eux.

Guerre idéologique : guerre dans laquelle les belligérants veulent imposer leur vision du monde.

Guerre mondiale : conflit qui implique des États de plusieurs continents.

Guerre totale : mobilisation humaine, économique, culturelle et morale de toute la société pour gagner la guerre.

Harki : soldat algérien qui combat aux côtés de l'armée française pendant la guerre d'Algérie.

Idéologie : ensemble d'idées politiques, économiques et sociales qui constituent une vision du monde et guident le choix d'un système politique.

Immigré : personne ayant quitté son pays d'origine et résidant dans un autre pays.

Impérialisme : tendance d'un État à imposer à d'autres États sa domination politique ou économique.

Institutions : organismes de fonctionnement de l'État (Parlement, présidence de la République, etc.).

Intégration économique : processus par lequel des pays réduisent entre eux les barrières commerciales.

Islamisme : mouvement politique qui veut créer une société organisée autour des préceptes de l'islam.

IVG : interruption volontaire de grossesse, avortement provoqué de façon volontaire et légale.

Kolkhoze : exploitation agricole appartenant à un groupe de paysans, qui mettent en commun leurs terres, leur bétail et leurs outils.

Koulak : paysan aisé opposé à la collectivisation.

Libération : entre 1944 et 1945, période marquée par la fin de l'occupation allemande, la chute du régime de Vichy et le rétablissement de la République.

Ligue d'extrême droite : association qui s'oppose à la République avec une organisation souvent paramilitaire.

Maquis : région isolée, souvent en montagne ou dans des zones à la végétation dense, servant de base arrière d'opération pour un groupe de résistants.

Marché commun : union économique de pays où les biens, les services, les capitaux et les personnes circulent librement (sans barrières douanières).

Métropole : pays qui a conquis des territoires outre-mer afin d'en exploiter les richesses.

Milice : organisation policière créée en 1943 par le régime de Vichy pour traquer les Juifs, les réfractaires au STO et les résistants.

Monde bipolaire : division du monde autour de deux grandes puissances.

Monde multipolaire : monde dans lequel les relations entre pays sont organisées autour de plusieurs puissances.

Monde unipolaire : domination du monde par une seule superpuissance : les États-Unis, à la fin de la guerre froide.

Mouvement nationaliste : organisation qui se bat pour l'indépendance de son pays et sa constitution en nation.

Nationalisation : prise de contrôle par l'État d'une entreprise privée.

Nationalisme : idéologie politique qui repose sur l'affirmation de la supériorité de la nation.

Nazisme : idéologie raciste, antisémite, agressive et totalitaire élaborée par Hitler.

Néocolonialisme : domination économique des pays pauvres par les pays riches, après l'indépendance.

Non-alignement : refus de rentrer dans la logique des blocs imposée par la guerre froide.

Occupation : période pendant laquelle la France est occupée par l'Allemagne (de l'armistice du 22 juin 1940 à la libération progressive du territoire national, entre 1944 et 1945).

OTAN : organisation militaire qui rassemble les États-Unis et les pays d'Europe de l'Ouest, depuis 1949 (Organisation du traité de l'Atlantique Nord).

Pacifisme : idéologie qui s'oppose à toute forme de guerre et veut instaurer la paix.

Parlement : l'Assemblée nationale et le Sénat, qui détiennent le pouvoir législatif.

Parti politique : organisation qui rassemble des citoyens unis par les mêmes idées politiques, dans le but d'exercer le pouvoir.

Parti unique : seul parti politique autorisé dans un régime totalitaire. Il contrôle étroitement l'État.

Pères fondateurs : nom donné aux principaux initiateurs de la construction européenne dans les années 1950.

Pied-noir : terme qui désigne un Européen qui vivait en Algérie sous autorité coloniale.

Plan Marshall : aide financière apportée par les États-Unis aux pays d'Europe après la guerre.

« Printemps arabes » : vastes mouvements de révolte dans le monde arabe ayant abouti au renversement de plusieurs dictateurs.

Projet européen : volonté d'unifier politiquement le continent européen.

Prolifération nucléaire : accroissement du nombre d'États détenant l'arme nucléaire ou cherchant à l'obtenir.

Propagande : communication destinée à répandre certaines idées dans l'opinion publique. L'expression « bourrage de crâne » apparaît en 1914.

Puissance émergente : pays dont l'économie se développe rapidement et où le niveau de vie moyen progresse. Parmi eux, les BRICS désignent le Brésil, la Russie, l'Inde, la Chine et l'Afrique du Sud.

Quinquennat : mandat du président de la République exercé pour cinq ans. Il remplace le septennat (sept ans) depuis 2000.

Récession : période de faible croissance économique.

RDA : République démocratique allemande. État est-allemand fondé le 7 octobre 1949 (capitale : Berlin-Est), allié du bloc soviétique.

Référendum : vote par lequel le peuple répond à une question par oui ou par non.

Régime autoritaire : régime politique dans lequel une seule personne concentre beaucoup de pouvoirs.

Régime de Vichy : nom donné à l'État français du maréchal Pétain. Celui-ci met en œuvre une politique autoritaire, conservatrice, antirépublicaine et antisémite.

Régime parlementaire : régime politique dans lequel l'essentiel des pouvoirs est détenu par le Parlement, qui exerce le pouvoir législatif.

Régime totalitaire : dictature qui contrôle l'ensemble de la société, au moyen d'un parti unique, de la terreur, de la propagande, du contrôle de l'économie.

Regroupement familial : possibilité pour un immigré, sous certaines conditions, de faire venir sa famille (femme et enfants) dans son pays de résidence.

Reichstag : parlement allemand.

République : littéralement, « ce qui appartient à tous ». En France, le régime républicain a presque toujours été associé au suffrage universel et à la démocratie.

Réseau : organisation clandestine de la Résistance intérieure menant des activités de sabotage, de renseignement ou d'évasion.

Résistance : ensemble des organisations clandestines luttant contre l'occupation allemande pendant la Seconde Guerre mondiale.

Révolution nationale (idéologie du régime de Vichy) : volonté de transformer en profondeur la société française. Elle s'appuie sur la devise « Travail, Famille, Patrie ».

RFA : République fédérale d'Allemagne. État ouest-allemand fondé le 23 mai 1949 (capitale : Bonn), allié du bloc américain.

Rideau de fer : expression utilisée par Winston Churchill en 1946 pour désigner le partage de l'Europe sous l'influence des deux blocs.

Rigueur : politique économique de réduction des dépenses de l'État.

RMI : revenu minimum d'insertion, créé en 1988 et remplacé par le RSA en 2009.

Satellisation : domination de pays d'Europe de l'Est (les États satellites) qui deviennent dépendants de l'URSS.

SDN : Société des Nations, créée par le traité de Versailles et voulue par le président américain Wilson, elle a pour vocation d'éviter les conflits dans l'Europe d'après-guerre.

Sécurité sociale : organisme qui garantit aux citoyens une aide dans le paiement des charges liées à la famille, à la santé et à la vieillesse.

Service du travail obligatoire (STO) : réquisition et envoi de jeunes travailleurs français vers l'Allemagne, à partir de 1943.

Shoah : mot hébreu signifiant « catastrophe », utilisé pour désigner l'extermination des Juifs européens.

SMIC : niveau minimum du salaire horaire fixé par l'État.

Société de consommation : société dans laquelle les consommateurs sont poussés à consommer en grande quantité.

Solution finale : expression employée par les nazis pour désigner l'extermination des Juifs entre 1942 et 1945.

Soviet : « conseil » mis en place pendant la révolution russe, rassemblant des ouvriers, des paysans et des soldats.

Terreur : climat de peur permanente qu'instaurent les régimes totalitaires pour maintenir leur pouvoir sur la population. Toute personne jugée « socialement nuisible » peut être arrêtée, déportée dans un camp ou exécutée.

Terrorisme : actions violentes destinées à terroriser une population pour atteindre un but politique.

Tiers-monde : pays pauvres qui souhaitent n'appartenir à aucun des deux blocs pendant la guerre froide (l'expression est créée en référence au tiers état sous l'Ancien Régime en France).

Traité de Versailles : traité qui met fin à la Première Guerre mondiale. Il est signé le 28 juin 1919 entre les représentants de l'Entente et l'Empire allemand, dans la galerie des Glaces du château.

Trente Glorieuses : période de forte croissance économique en Occident et en France, de 1945 au premier choc pétrolier de 1973.

Tziganes : populations d'Europe, de tradition nomade.

Unilatéralisme : politique menée par un État pour défendre ses propres intérêts, sans s'occuper des autres États ni des institutions internationales.

Victory Program : programme d'économie de guerre lancé par le président des États-Unis F. D. Roosevelt en janvier 1942.

Violence de masse : violences extrêmes exercées à grande échelle contre les militaires et les civils.

GÉOGRAPHIE

Acteur : en géographie, désigne une personne ou un ensemble de personnes qui agissent sur l'espace par leurs décisions et leurs modes de vie.

Agglomération : ensemble urbain composé d'une ville-centre et de ses banlieues.

Agriculture productiviste : agriculture qui recherche une production maximale et des rendements élevés.

Aire urbaine : espace constitué du pôle urbain (ville-centre et ses banlieues) et de la couronne périurbaine (les communes périurbaines). Depuis novembre 2020, l'INSEE a remplacé le zonage en aires urbaines par un zonage en aires d'attraction des villes.

Aménagement : action qui consiste à transformer l'espace pour répondre aux besoins des habitants.

***Brexit* (de « *British exit* »)** : processus de sortie du Royaume-Uni de l'Union européenne, votée par référendum en juin 2016, et effective depuis le 1er février 2020.

Collectivités territoriales : régions, départements et communes. Elles ont des compétences (pour exercer un pouvoir de décision) et un budget.

Lexique

Conflit d'acteurs : opposition entre différents acteurs autour de l'utilisation d'un espace ou d'une ressource.

Conseil régional : assemblée d'élu(e)s qui gèrent la région.

Continuité territoriale : principe visant à fournir les mêmes prestations et les mêmes services, notamment en matière d'aménagement, à tous les habitants d'un territoire.

Contrainte : élément qui limite et rend difficiles les activités humaines.

Croissance urbaine : augmentation de la population des villes.

Culture maraîchère : culture intensive de légumes, de certains fruits et de fleurs.

Cyclone : très forte tempête en zone tropicale.

Décentralisation : processus par lequel l'État transfère certaines compétences aux collectivités territoriales (région, département, commune).

Déconcentration industrielle : transfert d'activités industrielles de la région parisienne vers les autres régions.

DROM : type de collectivité territoriale française. Les DROM disposent du même statut qu'un département ou une région métropolitaine.

Espace Schengen : espace de libre circulation des personnes entre des États européens.

Étalement urbain : augmentation de la superficie des espaces urbains due au développement d'un habitat peu dense (maisons individuelles) et à la généralisation de l'automobile.

Eurorégion : région formée de territoires frontaliers de plusieurs États européens, dans laquelle se multiplient les projets transfrontaliers.

Expatrié : personne résidant dans un autre pays que son pays d'origine.

Firme transnationale (FTN) : grande entreprise qui déploie son activité à l'échelle mondiale, en étant présente dans plusieurs États (au minimum cinq) en plus de celui d'origine.

Fractures sociales : fortes inégalités économiques et sociales entre les habitants d'un territoire.

Francophonie : ensemble des personnes et des pays parlant la langue française.

Gentrification : transformation d'un quartier populaire due à l'arrivée de populations plus aisées.

Industrie agroalimentaire : industrie qui transforme la production de l'agriculture et de la pêche en de nouveaux produits alimentaires.

Insularité : le caractère d'île. L'insularité peut être une contrainte (éloignement au continent) et un atout (tourisme).

Ligne à grande vitesse (LGV) : voie permettant la circulation des trains à grande vitesse (TGV).

Mégalopole européenne : espace densément peuplé et fortement urbanisé, qui concentre les flux les plus importants en Europe.

Métropole : ce terme désigne le territoire continental français pour le distinguer des territoires ultramarins. Il peut aussi définir une ville qui concentre des fonctions de commandement et exerce une attraction sur le territoire environnant.

Métropolisation : concentration des activités et des pouvoirs dans les plus grandes villes.

Mobilités pendulaires : déplacements quotidiens entre le lieu de résidence et le lieu de travail.

Milieu : ensemble des éléments physiques (climat, relief, etc.) et humains qui constituent notre cadre de vie.

Mondialisation : ensemble de relations (économiques, culturelles, etc.) mettant en contact les différents espaces de la planète.

Néoruraux : personnes venues des villes qui s'installent à la campagne à la recherche de meilleures conditions de vie.

Parc national : espace où la faune, la flore et le milieu naturel sont préservés grâce à une réglementation très rigoureuse des activités humaines.

Parc naturel régional : espace de protection de la nature et de préservation du patrimoine. L'habitat et les activités économiques y sont encadrés.

Périurbanisation : diffusion de l'urbanisation dans un espace encore rural.

Pôle de compétitivité : association d'entreprises, de centres de recherche et d'établissements de formation, encouragée par l'État, qui travaillent en commun.

Politique agricole commune (PAC) : politique mise en place par l'UE dans les années 1960 pour augmenter la production agricole. Elle vise aujourd'hui à soutenir les agriculteurs et à préserver l'environnement.

Politique d'aménagement du territoire : ensemble de mesures pour organiser la répartition des hommes, des activités et des équipements sur un espace.

Politique de la ville : politique mise en place par les pouvoirs publics dans les quartiers défavorisés pour réduire les inégalités.

Politique régionale : aides financières pour réduire les inégalités de richesse entre les régions de l'UE.

Produit intérieur brut (PIB) : indicateur qui permet de calculer la richesse produite en un an sur un territoire.

Puissance : État ou territoire qui se distingue par son poids territorial, économique et démographique, ainsi que par son influence militaire, diplomatique et culturelle.

Région ultrapériphérique (RUP) : territoire marqué par un éloignement par rapport au continent européen et des difficultés économiques. Les RUP font l'objet d'aides spécifiques.

Ressource : richesse fournie par la nature et qui peut être utilisée par les hommes.

Sédimentation : processus d'accumulation de petits fragments solides (sable, boue, etc.) déposés par l'eau ou le vent.

Services : activités qui ne produisent pas de biens matériels. On parle aussi de secteur tertiaire (commerce, transport, finance, enseignement, médecine, recherche, etc.).

Technopole (une) : ville concentrant des activités de haute technologie, associées à l'enseignement supérieur et à la recherche.

Technopôle (un) : parc d'activités de haute technologie associé à des centres de recherche et d'enseignement supérieur.

Territoires ultramarins : ensemble des territoires d'outre-mer.

Tertiarisation : transformation de l'économie vers des activités de services et de recherche.

Tourisme : déplacement de loisir entraînant un changement temporaire de résidence.

Tourisme vert : tourisme centré sur la découverte de la nature et respectueux de l'environnement.

Zone économique exclusive (ZEE) : zone de 200 milles marins (environ 370 km) au large d'un État dans laquelle l'exploitation des ressources lui revient.

Zone euro : ensemble de pays ayant adopté l'euro comme monnaie unique.

EMC

Casques bleus : force de maintien de la paix de l'ONU, constituée de soldats des pays membres, envoyée dans une zone de conflit pour protéger la population civile.

Citoyenneté : fait d'être un citoyen qui dispose de droits et de devoirs.

Cohésion nationale : sentiment de l'ensemble de la population de faire partie d'une même nation.

Constitution : ensemble de lois fixant les règles de fonctionnement du pouvoir au sein d'un État.

Cour internationale de justice : cour de justice créée par la Charte des Nations Unies (1945). Son siège se trouve à La Haye.

Cyberdéfense : ensemble des moyens mobilisés pour prévenir et empêcher les cyberattaques.

Défense nationale : protection de la population contre les menaces et les agressions.

Démocratie représentative : démocratie dans laquelle la volonté des citoyens s'exprime à travers des représentants (les élus), qui incarnent la volonté générale.

Dialogue social : communication et échanges entre l'État, les salariés et les patrons.

Discrimination : fait de traiter quelqu'un différemment en raison de son genre, de son origine, de sa religion, de son orientation sexuelle ou politique.

Fake news : fausse information, rumeur destinée à manipuler une partie de la population.

Justice civile : elle règle les litiges entre personnes.

Justice pénale : elle juge et punit les infractions à la loi.

Laïcité : principe de séparation des Églises et de l'État. La laïcité est un principe qui permet de bien vivre ensemble.

Multimodalité : utilisation de moyens de transports différents.

Nation : groupe partageant la même langue, la même culture, une histoire et des valeurs communes.

Organisation internationale de la francophonie (OIF) : organisation internationale favorisant les relations et les échanges entre les pays francophones.

Pluralisme politique : existence de plusieurs partis politiques qui représentent différents intérêts et tendances politiques. C'est l'un des pilliers de la démocratie.

Principe : fonctionnement commun qui permet à un groupe de vivre en société et d'appliquer certaines valeurs.

Programme *Erasmus* : programme d'échanges d'étudiants européens.

Symbole : représentation (image, objet, personnage).

Syndicat : association regroupant les membres d'une même profession, ayant pour but de les représenter et de négocier au sein d'une entreprise ou d'une institution.

Théorie conspirationniste : présentation pseudo-scientifique de faits réels comme résultant d'un complot d'un groupe caché, agissant dans l'ombre et l'illégalité pour modifier le cours des événements dans son intérêt particulier.

Traité de Maastricht : traité signé en 1992 créant la citoyenneté européenne.

Valeur : idéal, objectif commun qu'un peuple se donne à atteindre.

Zone de revitalisation rurale (ZRR) : zone de faible densité qui bénéficie d'aides financières pour encourager les entreprises à s'y installer.

CRÉDITS

Couverture : Photo Josse/Leemage, AKG, Bridgeman, Fabrice Coffrini/AFP, Château la Renommée, Eye Ubiquitous/Alamy, Design Pics Inc/Alamy

Début du manuel : **9** AKG, **10** Granger/Bridgeman, Roger-Viollet, **12** Manfred Gottschalk/Alamy, Jochen Tack/Alamy

HISTOIRE - Thème I : **28** AKG, **30** AKG, **31** AKG, Collection Jewish Historical Museum (Amsterdam)/Charlotte Salomon Foundation, Deutsche Fotothek/Richard Peter/DPA/Picture Alliance/Leemage, André Zucca/BHVP/Roger-Viollet, British Topical Committee for War Films/DR, **33** Photo Josse/Leemage, Fernand Cuville/Bilderwelt/Roger-Viollet, Matthead/Wikimedia, **34** MGA73bot2/Wikimedia, Robin Afecher/Wikimedia, Stemoc/Wikimedia, Musée Carnavalet/Roger-Viollet, **35** AKG, 白拍子花子/Wikimedia, Photo Josse/Leemage, **36** Coll. Dixmier/Kharbine-Tapabor, Kharbine-Tapabor, Tallandier/Bridgeman, **37** AKG, Guigui169/Wikimedia, M.d.l. Grande Guerre/AKG, **38** Collection IM/Kharbine-Tapabor, AKG, **39** WHA/World History Archive/AKG, Stemoc/Wikimedia, AKG, Coll. Dixmier/Kharbine-Tapabor, **41** Lee/Leemage, SyntaxTerror/Wikimedia, **42** Auditus/Wikimedia, Daniel Villafruela/Wikimedia, **43** Collection Sirot-Angel/Leemage, Collection IM/Kharbine-Tapabor, **44** AISA/Leemage, Photo Josse/Leemage, Keystone-France/Getty, **46** Granger Historical Picture Archive/Alamy, **47** 白拍子花子/Wikimedia, Dietmar Katz/BPK/RMN, **48** DEA/M. Seemuller/Getty, Kharbine-Tapabor, Bridgeman/ADAGP, **49** Musée de l'Armée/RMN, Hubert Josse/Musée de l'Armée/RMN, Jörg P. Anders/BPK/RMN/ADAGP, **50** De Agostini Picture Lib./G. Costa/AKG, AKG, **51** Windwhistler/Wikimedia, Collection Sirot-Angel/Leemage, **54** Eric Feferberg/AFP, **55** Christian Hartmann/Pool/AFP, **56** Staatliche Kunstsammlungen Dresden/Bridgeman/ADAGP, **57** Maurice Létang/Roger-Viollet, **58** Collection Jewish Historical Museum (Amsterdam)/Charlotte Salomon Foundation, **59** AKG, Popperfoto/Getty, Deutsche Fotothek/Richard Peter/DPA/Picture Alliance/Leemage, André Zucca/BHVP/Roger-Viollet, Brandt Luke Zorn/Wikimedia, **61** David King Coll./DR, Selva/Leemage, FDRMRZUSA/Wikimedia, Thespoondragon/Wikimedia, Tallandier/Bridgeman, Coll. Dixmier/Kharbine-Tapabor, **62** AKG, Collection Gregoire/Bridgeman, **63** AKG, **64** Universal History Archive/UIG/Bridgeman, **65** PVDE/Bridgeman, AKG, Everett Collection/Bridgeman, **66** Hugo Jaeger/Getty, Keystone-France/Getty, FineArtImages/Leemage, **67** AKG, David King Coll./DR, Hugo Jaeger/Getty, Popperfoto/Getty, **68** Mémorial de la Shoah/DR, Bogomolov.PL/Wikimedia, AKG, Elizaveta Becker/AKG, **69** CPA Media Pte Ltd/Alamy, Giancarlo Costa/Bridgeman, **70** David Seymour/Magnum Photos/DR, Archives Charmet/Bridgeman, Gerald Bloncourt/Bridgeman, **71** PVDE/Bridgeman, Kharbine-Tapabor, Coll. Dixmier/Kharbine-Tapabor, **72** agefotostock/Alamy/Succession Picasso 2021, **73** AKG, **74** Roger-Viollet, **75** JLPC/Wikimedia, AKG, Direktor/Wikimedia, **76** JLPC/Wikimedia, Direktor/Wikimedia, AKG, **78** sylv1rob1/Shutterstock, Collection IM/Kharbine-Tapabor, Assemblée nationale, **79** David Bertho/Alamy, **80** Universal History Archive/Getty, Science Photo Library/AKG, **81** Collection IM/Kharbine-Tapabor, **82** Deutsche Fotothek/Richard Peter/DPA/Picture Alliance/Leemage, **83** AKG, Collection Jewish Historical Museum (Amsterdam)/Charlotte Salomon Foundation, BRLNHUSA/Wikimedia, André Zucca/BHVP/Roger-Viollet, Max Milo, **86** Pictures From History/AKG, FineArtImages/Leemage, Musée national d'histoire américaine/Wikimedia, AKG, AKG, Lebrecht/Leemage, **87** AKG, AKG, Usis-Dite/Leemage, Science Photo Library/AKG, **88** AKG, Science Source/AKG, **89** Shawshots/Alamy, Prisma by Dukas/Getty, **91** AKG, agefotostock/Alamy, AKG, **92** DHM/Bridgeman, Everett Collection/Bridgeman, Tex Avery/MGM/Christophel, **93** Bridgeman, costa/Leemage, **94** BRLNHUSA/Wikimedia, **95** Hohum/Wikimedia, Gualtherus/Wikimedia, **96** WilliamH/Wikimedia, **97** UIG/Leemage, **98** Poeticbent/Wikimedia, **100** AKG, **101** Collection IM/Kharbine-Tapabor, **102** Andrew J.Kurbiko/Wikimedia, **103** AlMare/Wikimedia, Ralf Roletschek/Wikimedia, Materialscientist/Wikimedia, **105** Bridgeman, **107** Ssolbergj/Wikimedia, El Funcionario/Wikimedia, **109** ONU/Marco Dormino, UN Photo/Nektarios Markogiannis, La Revue dessinée/DR, **111** AKG, **112** André Zucca/BHVP/Roger-Viollet, **113** AKG, Collection Jewish Historical Museum (Amsterdam)/Charlotte Salomon Foundation, Deutsche Fotothek/Richard Peter/DPA/Picture Alliance/Leemage, SZ Photo/Scherl/Bridgeman, Les Films Marcel Pagnol/DR, **114** Lapi/Roger-Viollet, **115** SZ Photo/Scherl/Bridgeman, Leemage, Tallandier/Bridgeman, Lordprice Collection/Alamy, **116** Coll. JeanVigne/Kharbine-Tapabor, SZ Photo/Scherl/Bridgeman, **117** Bridgeman, Alonso de Mendoza/Wikimedia, **118** Hulton Deutsch/Getty, Apic/Getty, Erich Lessing/AKG, **119** Stefano Bianchetti/Bridgeman, AKG, Henri-Pierre Verger/AKG, **120** CHRDD/DR, Tallandier/Bridgeman, **121** Tallandier/Bridgeman, Bridgeman, Yann/Wikimedia, **122** Roger Berson/Roger-Viollet, Selva/Leemage, Kharbine-Tapabor, **123** Collection IM/Kharbine-Tapabor, **124** Klarsfeld Fondation, US National Archives bot/Wikimedia, **125** CocoricoPolynesien/Wikimedia, Tm/Wikimedia, AKG, **126** AKG, CocoricoPolynesien/Wikimedia, Tm/Wikimedia, **127** Bridgeman, **128** Bridgeman, **129** Ministère de l'Éducation nationale, **130** Tallandier/Bridgeman, **131** Musée de Bretagne-Olivier/Wikimedia

Thème II : **134** Granger/Bridgeman, **136** Granger/Bridgeman, **137** AKG, Roger-Viollet, Presse- und Informationsamt der Bundesregierung, Andy Singer, Columbia Pictures/DR, **138** Fototeca Gilardi/AKG, Denniss/Wikimedia, FDRMRZUSA/Wikimedia, Bridgeman, **140** USAF/Wikimedia, Bettmann/Getty, SNA/AKG, Keystone/Getty, **141** AP Images, SZ Photo/Jose Giribas/Bridgeman, SZ Photo/Andreas Schoelzel/Bridgeman, **142** AKG, Archives du PCF-Archives départementales de la Seine-Saint-Denis, Collection Grob/Kharbine-Tapabor, **143** Fine Art Images/Bridgeman, **144** Granger/Bridgeman, Tallandier/Bridgeman, **145** Wow/Wikimedia, Picture Alliance/Bridgeman, Witt/Sipa, **147** Coll. et Cliché Caricadoc, Cartoon by Leslie Illingworth, **148** Collection CL/Kharbine-Tapabor, **150**

Crédits

CBS Photo Archive/Getty, Warner Bros. Pictures/DR, Bridgeman/ADAGP, 151 R. Hamilton/AKG/ADAGP, Norman Rockwell, 152 BDIC/DR, 153 Collection NB/Kharbine-Tapabor, Elizaveta Becker/AKG, Frecsh/Wikimedia, WikiJunkie/Wikimedia, 155 World History Archive/Alamy, 156 Plantu, Presse-und Informationsamt der Bundesregierung, 158 Roger-Viollet, 159 Granger/Bridgeman, Hervé Lewandowski/RMN, Presse-und Informationsamt der Bundesregierung, Andy Singer, Le Grand Kallé, 160 Hervé Lewandowski/RMN, TopFoto/Roger-Viollet, 161 AY Images/Alamy, 162 GandhiServe India/AKG, 163 Yann/Wikimedia, GandhiServe India/AKG, Bridgeman, 165 AGIP/Bridgeman, ullstein bild/AKG, Tor Eigeland/Alamy, 166 Roger Pic/Wikimedia, Cinematheque de Bretagne/TCD/DR, Malick Sidibé, 167 Mark Henderson/Alamy, DEA/A. Dagli Orti/Getty, 168 Dbenbenn/Zscout370/Jacobolus/Indolences/Technion/Wikimedia, Huhsunqu/Wikimedia, rotemliss/Wikimedia, 169 TopFoto/Roger-Viollet, 170 PIX/Wikimedia, Kharbine-Tapabor, 171 Look and Learn/Elgar Collection/Bridgeman, AFP staff/Wikimedia, 173 SKopp/Wikimedia, 174 Le Figaro, 175 Plantu, 176 Presse-und Informationsamt der Bundesregierung, 177 Granger/Bridgeman, Roger-Viollet, Yves Beaujard, Andy Singer, Philips/DR, 178 Bridgeman, 180 Jean Jacques Allevi/Bridgeman, AKG, 181 Europa Grafica/Représentation de la Commission européenne au Luxembourg, 183 Pierre Kroll, 184 Libération, 185 dpa picture alliance/Alamy, 186 Viou, MattiaATH/Shutterstock, 187 Ji-Elle/Wikimedia, Direktor/Wikimedia, Guise/Wikimedia, 188 Guise/Wikimedia, Ji-Elle/Wikimedia, Direktor/Wikimedia, 190 Librairie citoyenne, Ssolbergj/Wikimedia, 191 Maison de l'Europe de Gap et des Alpes du Sud, 193 Plantu, 194 Andy Singer, 195 Granger/Bridgeman, Roger-Viollet, Presse-und Informationsamt der Bundesregierung, BDS2006/Wikimedia, Grand Corps Malade/Anouche Productions/DR, 197 BDS2006/Wikimedia, Kremlin Pool/Alamy, 198 Majority World/UIG/Bridgeman, 199 Kangura/DR, Willem, 200 Jason Hook/AKG, 201 Goran Tomasevic/File Photo/Reuters, Hub, 203 Fethi Belaid/AFP, Sia Kambou/AFP, Minusma/Marco Dormino/DR, 204 Idealink Photography/Alamy, 205 Courrier International/DR, 206 Assorted Icebergs/Amada44, Kinoko kokonotsu/Wikimedia, Arend van Dam, 207 Lucas Jackson/Reuters, 208 Fir0002/Wikimedia, 209 Gustavo neto/Wikimedia, StanMan87/Wikimedia, 212 Le Before du Grand Journal/DR, 213 JiMo/Cahiers pédagogiques, 214 Chalvin, 215 David Horsey/DR

Thème III : 218 AFP, 220 United archives/Leemage, 221 Albert Harlingue/Roger-Viollet, Keystone-France/Getty, Janine Niepce/Roger-Viollet, Wikiwatcher1/Wikimedia, 223 Jean Dieuzaide/Bridgeman, Conseil national de la Résistance/Arch. dép. Sarthe, Bridgeman, Roger-Viollet, 224 Tallandier/Bridgeman, 225 Universal History Archive/UIG/Bridgeman, Bridgeman, 227 Archives Charmet/Bridgeman, Albert Harlingue/Roger-Viollet, 228 Kharbine-Tapabor, Sécurité Sociale, 230 Everett Collection/Bridgeman, René Dazy/Bridgeman, 231 Daniel Haté, Archives municipales du Havre/CAP/80W31-5, Imprimerie du PCF/Archives du PCF-Archives départementales de la Seine-Saint-Denis/DR, 232 Roger-Viollet, 233 IM/Kharbine-Tapabor, Guise/Wikimedia, 235 Assemblée nationale, 236 AGIP/Bridgeman, 237 Archives Charmet/Bridgeman, 238 Keystone-France/Getty, 239 United archives/Leemage, STF/AFP, Janine Niepce/Roger-Viollet, Parlophone/DR, 240 Portrait officiel de Charles de Gaulle Président de la République française (1958-1969)/Jean-Marie Marcel/La Documentation française, Portrait officiel de Georges PompidouPrésident de la République française (1969-1974)/François Pagès/Paris-Match/La Documentation française, Portrait officiel de Valéry Giscard d'Estaing Président de la République française (1974-1981)/Jacques Henri Lartigue/La Documentation française, Portrait officiel de François Mitterrand Président de la République française (1981-1995)/Gisèle Freund/La Documentation française, M. Setboun/Sipa, 241 Portrait officiel de Jacques Chirac Président de la République française (1995-2007)/Bettina Rheims/La Documentation française, Portrait officiel de Nicolas Sarkozy Président de la République française (2007)/Philippe Warrin/La Documentation française, Portrait officiel de François HollandePrésident de la République française (2012)/Raymond Depardon/DILA-La Documentation française, Portrait officiel d'Emmanuel MacronPrésident de la République (2017)/Soazig de La Moissonnière/DILA-La Documentation française, Caricadoc/Bridgeman, L'Obs/DR, 242 Bridgeman, Bridgeman, Collection Jean Jacques Allevi/Bridgeman, Bridgeman, 243 Grob/Kharbine-Tapabor, 244 Ken Takahashi/Wikimedia, Portrait officiel de Valéry Giscard d'Estaing Président de la République française (1974-1981/Jacques Henri Lartigue/La Documentation française, Portrait officiel de François Mitterrand Président de la République française (1981-1995)/Gisèle Freund/La Documentation française, 245 Libération, Pierre Guillaud/AFP, Coll. Dixmier/Kharbine-Tapabor, Coll. Dixmier/Kharbine-Tapabor, 247 Plantu, Ken Takahashi/Wikimedia, Philippe Ledru/AKG, ullstein bild/AKG, Slick-o-bot/Wikimedia, 248 Les Arts Décoratifs/Jean Tholance/AKG, Manufrance/M. Charpy, Ralf Roletschek/Wikimedia, 249 Paris Match/M.Charpy, Roche Bobois/M. Charpy, 250 Archives Charmet / Bridgeman, 251 IM/Kharbine-Tapabor, Coll. Dixmier/Kharbine-Tapabor, Hrald/Wikimedia, Slick-o-bot/Wikimedia, 257 Fabrice Coffrini/AFP, 258 Archives/AFP, 259 Plantu, 260 Janine Niepce/Roger-Viollet, 261 United archives/Leemage, Keystone-France/Getty, AFP, Mca Distribution/DR, 262 Coll. Bib. M. Durand/Kharbine-Tapabor, Wikimedia, AKG, 263 Louis Monier/Bridgeman, 264 Gerald Bloncourt/Bridgeman, Coll. Jonas/Kharbine-Tapabor, 265 Jacques Marie/AFP, Paris Province impression (PPI)/Archives du PCF-Archives départementales de la Seine-Saint-Denis/DR, 266 Henri Cartier-Bresson/Agence Magnum, 267 AFP, Plantu, 268 AGIP/Bridgeman, Coll. particulière-aB/ Musée de l'Histoire de l'immigration, 269 Dominique Berretty/Getty, Collection Jean Jacques Allevi/Bridgeman, Coll. Dixmier/Kharbine-Tapabor, 270 Toutain Jacques/Publicis Conseil/DR, 271 AKG, Robert Fried/Alamy, Michel Gangne/AFP, 272 Keystone-France/Getty, Festival d'Avignon/DR, 273 Wikimedia, Musée du quai Branly-Jacques Chirac/RMN, 274 Wikimedia, 275 Yann/Wikimedia, Keystone-France/Getty, Frederic Reglain/Getty, Pruneau/Wikimedia, 276 SteinsplitterBot/Wikimedia, Keystone-France/Getty, Frederic Reglain/Getty, 278 Futurhit12/Wikimedia, Thmsgrmd/Wikimedia, Papillus/Wikimedia, Fugitron/Wikimedia, Jan Pierre CFE-CGC/Wikimedia, 279 Mathieu Menard/Hans Lucas/AFP, 281 Michel Le Moine/Divergence Images, Xosé Bouzas/Hans Lucas/AFP

GÉOGRAPHIE - Thème I : 286 Universal Images Group North America LLC/Alamy, 288 Justin Kase zsixz/Alamy, 289 Altitude Drone/Alamy, Pidz/Euralens, T. Marsilhac, Polydor Universal, 291 Altitude Drone/Alamy, Trappy Blog, ECTM, 292 IGN, 295 Agence photo Vjoncheray, 296 Vito, 297 Chrispictures/Shutterstock, 300 Maciej Bledowski/Shutterstock, Patrice Blot/Bridgeman, 301 Tupungato/Shutterstock, 304 Patrice Blot/Bridgeman, 305 Jean Isenmann, 306 Pidz/Euralens, 307 Justin Kase zsixz/Alamy, ClaudiaMImages/Alamy, T. Marsilhac, Ce qui me meut/France 2 Cinéma/StudioCanal, 308 LEROY Francis/Hemis, 309 Rob Arnold/Alamy, Sergey Chernyaev/Alamy, 310 Chad Ehlers/Alamy, 311 Château la Renommée, 312 ClaudiaMImages/Alamy, 314 Robert Palomba Photographe, 315 Communauté d'Agglomération Sophia Antipolis, 317 Qiongna Liao/Alamy, 320 Henrik Kettunen/Alamy, 325 PhotoAlto/Alamy, C.Lotongkum/Shutterstock, 326 T. Marsilhac, 327 Justin Kase zsixz/Alamy, Pidz/Euralens, Photononstop/Alamy, Fontana Records/DR, 329 Hervé Champollion/AKG, Beatrix von Conta 2007/Alpage à Tignes/Observatoire photographique des Paysages de Vanoise, 331 Justine Le Quilleuc, 332 Photononstop/Alamy, 334 Tobi 87/Wikimedia, 338 Stockfolio/Alamy, blickwinkel/Alamy, 343 Délégation départementale aux droits des femmes et à l'égalité entre les femmes et les hommes de l'Yvonne, Lepetitjournal.net/DR

Thème II : 348 Manfred Gottschalk/Alamy, 350 Laurence Danière, 351 Laurent Weyl/Argos/Saif images/DR, Bertrand Marion/Wikimedia, EuropaCorp Distribution/DR, 352 Iwan Baan, 353 Gruffydd Thomas/Alamy, 354 Alfonso de Tomas/Shutterstock, 355 Paris-Saclay 2015/DR, 356 Laurent Delage/Balloide-photo, 359 Martin Bertrand/Hans Lucas/AFP, Ministère des Solidarités et de la santé/DR, 360 Bondy Blog/DR, 361 Bertrand Marion/Wikimedia, 364 Larrousiney/Wikimedia, 368 WAG/DR, 369 Soizic Quéro, 370 Datar Météo France, 372 Laurent Weyl/Argos/Saif images/DR, 373 Laurence Danière, Jdada42/Wikimedia, Kassav', 374 imageBROKER/Alamy, 375 Zuma Press, Inc./Alamy, 376 LAVIGNE & CHÉRON Architectes, 377 Ville du Port, 378 Globetrotting philo/Wikimedia, Rolf Richardson/Alamy, Westend61 GmbH/Alamy, 379 Parc national de la Guadeloupe, 380 Matyas Rehak/Shutterstock, 381 https://europe-guyane.fr/, 384 Magnus Manske/Wikimedia, 386 Sean Pavone/Shutterstock, 388 Région Guadeloupe/DR, 389 Jules Prévost

Thème III : 392 Arterra Picture Library/Alamy, 394 Mattes René/HEMIS/AFP, 395 Arterra Picture Library/Alamy, Gardel Bertrand/HEMIS/AFP, Wild Bunch/DR, 396 Daniele Cossu/Alamy, 397 Europe Direct Pyrénées, 399 Maison de la Mobilité TPM/DR, 400 L'Europe s'engage, 401 L'Europe s'engage, 402 Avpics/Alamy, 403 Steffen Seibert, 404 Maison de l'Europe Bordeaux-Aquitaine, Ssolbergj/Wikimedia, 405 Commission européenne, Métropole de Rouen/DR, 408 Leonid Andronov/Shutterstock, 413 Conseil départemental de la Guadeloupe/DR, 414 Gardel Bertrand/HEMIS/AFP, 415 Mattes René/HEMIS/AFP, Tupungato/Shutterstock, Chapka Assurances/Les Coflocs, 416 nitinut380/Shutterstock, Zuma Press, Inc./Alamy, 418 WWW France, 419 Delphotos/Alamy, 420 allOver images/Alamy, 421 frans lemmens/Alamy, 423 Agenzia Sintesi/Alamy, 426 Magnus Manske/Wikimedia, Tupungato/Shutterstock, 428 Kamran Jebreili/AP/Sipa Press, Hugh Mitton/Alamy, Iakov Kalinin/Shutterstock, Botond Horvath/Shutterstock, European Union/Martin Karimi/Flickr, 433 Guillaume Louyot/Alamy, 434 Atout France, 435 Rolf H./Wikimedia

Autres : Flaticon, StorySet/Freepik Licence

Direction éditoriale : Manon Deveaux.
Assistance éditoriale : Alix Rondeau, Annwenn Jégou, Marthe Status.
Maquette : Alejandra Adeikalam, Joëlle Dutreilly, Julie Meister, Morgane Druet.
Mise en page : Morgane Druet, Marlène Zablocki.
Iconographie : Alix Rondeau, Annwenn Jégou.
Couverture : Alejandra Adeikalam.
Cartographie : Mélanie Marie, Nelly Babillon.
Retouches photo : Anaëlle Dos Santos.
Relecture : Marie-Pierre Frondziak, Joachim Estevez.

Avec la participation de : Raphaël Garcia, Alexia Vicente, Clément Teyssier, Mellie Chapatte.
Remerciements : Émilie Blanchard, Mélina Boyer.
Dépôt légal : mai 2021.
ISBN : 978-2-37760-919-2

Imprimé en France par BLG.

Lelivrescolaire.fr Éditions
14 rue Rhin et Danube
69009 Lyon
contact@lelivrescolaire.fr